한국 최초의 개신교 (의료) 선교사

호러스 N. 알렌 자료집 II.
1884~1885

박형우 편역

한국 최초의 개신교 (의료) 선교사

호러스 N. 알렌 자료집 II. 1884~1885

초판 1쇄 발행 2020년 9월 18일

편역자 | 박형우
발행인 | 윤관백
발행처 | 도서출판 선인

등록 | 제5-77호(1998.11.4)
주소 | 서울시 마포구 마포대로 4다길 4 곶마루빌딩 1층
전화 | 02)718-6252 / 6257 팩스 | 02)718-6253
E-mail | sunin72@chol.com

정가 80,000원

ISBN 979-11-6068-404-9 94900
979-11-6068-296-0 (세트)

A Source Book of Dr. Horace N. Allen II.
1884~1885

Edited & Translated by Hyoung W. Park, M. D., Ph. D.

한국에 처음으로 정주(定住)하였던 개신교 선교사는 미국 북장로교회가 파송한 호러스 N. 알렌이었습니다. 당초 미국 북장로교회가 1884년 4월 한국 선교사로 처음 임명하였던 존 W. 헤론은 그해 가을 일본으로 가서 한국말을 배우며 한국으로 들어갈 준비를 할 예정이었습니다. 1883년 9월 중국으로 파송되었던 알렌은 부인의 건강 문제 때문에 임지인 지난푸로 가지 못하고 난징과 상하이에 머물게 되었습니다. 게다가 지난푸의 의료 선교사가 선교사직 사임 의사를 번복함으로써 알렌은 어떻게 해야 할 지 곤란한 입장에 놓이게 되었습니다. 상하이의 동료 의사들로부터 한국에서 장래를 개척하라는 권유를 받은 알렌은 1884년 6월 한국행을 요청하였고, 미국 북장로교회 선교본부는 이를 허락하였습니다. 그해 9월 미국 북장로교회의 한국 선교부가 설립되었습니다. 알렌은 9월 20일 제물포에 도착하였고, 미국 공사 루셔스 H. 푸트의 도움으로 무사히 서울에 정착하였습니다.

알렌은 1884년 12월 4일 일어난 갑신정변 당시 칼에 찔려 사경을 헤매던 민비의 조카 민영익을 서양 의술로 치료하여 그의 생명을 구하였습니다. 그는 모든 외국인이 제물포로 피난하였지만 서울을 떠나지 않았고, 정변이 실패로 끝난 후 서양식 병원의 설치를 조선 정부에 건의하여 1885년 4월 10일 한국 최초의 서양식 병원인 광혜원(제중원)이 탄생하게 되었습니다. 일종의 합작 병원으로 운영된 제중원의 진료 책임을 맡은 알렌은 병원이 성공적으로 운영되자 한국 최초의 서양 의학교육을 시작하였습니다. 제중원은 알렌에 이어 한국에 온 호러스 G. 언더우드 목사(1885년 4월)와 헤론(1885년 6월) 등의 선교사들이 선교 준비를 할 수 있었던 일종의 선교 기지이었습니다.

알렌은 제중원의 책임 뿐 아니라 고종의 시의, 외국인 진료, 세관 의사, 의학교육 등 다양한 일을 하였습니다. 하지만 제중원과 관련된 일 등에서 조선 정부의 전폭적인 신임을 받고 있던 알렌은 언더우드 및 헤론과 심한 갈등을 빚었습니다. 마침 조선 정부가 워싱턴에 공사관을 개설하면서 알렌에게 동행하여 일을 도와달라고 부탁하였습니다. 여러 상황을 심사숙고한 알렌은 이를 수락하고 1887년 9월 미국으로 갔습니다. 선교사로 한국에 온 지 3년 후의 일입니다. 1년 반 후에 한국에 다시 온 알렌은 부산, 제물포 등지에서 정착하려고 노력하였으나 여러 여건이 여의치 않았습니다. 결국 그는 1890년 주한 미국 공사관 서기로 임명되었으며, 1897년 공사로 임명된 후 러일전쟁에서 미국의 중재에 대한 의견 차이로 1905년 미국 정부로부터 소환되어 귀국하였습니다. 그의 소환과 함께 일본은 을사늑약으로 한국의 외교권을 박탈하였습니다.

이와 같이 알렌은 1884년부터 1905년까지 21년 동안 크게 의료 선교사와 외교관으로 한국에서 활동하였습니다. 이 기간은 한국이 외국에 문호를 개방하고 서양 문물을 활발하게 받아 들였던 개화기이자 격동기와 일치합니다. 이 기간 동안 의료 선교사로서 또 외교관으로서 한 알렌의 활동에 대한 평가는 학자에 따라 긍정적이기도 하고 부정적이기도 합니다.

알렌과 관련하여 몇몇 논문과 단행본이 출판되었지만, 알렌의 행적과 관련된 자료를 담은 단행본은 거의 없었습니다. 알렌과 관련된 자료집은 '김인수, 알렌 의사의 선교 · 외교편지: 1884~1905(서울: 장로회신학대학교 부설 한국교회사연구원: 쿰란, 2007)'이 거의 유일합니다. 하지만 이 자료집은 알렌이 미국 북장로교회로 보낸 편지 중 일부만을 담고 있을 뿐입니다. 미국 북장로교회의 기록보관소에는 이 책에 담겨 있는 편지 이외에도 그의 선교사 임명, 중국에서의 활동 등과 관련된 많은 자료, 그리고 앞의 책에서 누락된 자료들이 소장되어 있습니다. 알렌은 생전에 자신이 소장하고 있던 자료들을 미국 뉴욕 공립도서관에 기증한 바 있습니다. 외교문서에도 알렌과 관련된 것이 많이 있습니다.

본 연구자는 알렌과 관련된 방대한 자료들을 가능한 대로 모두 모아 연대순으로 정리한 자료집을 발간하고자 합니다. 다만 본 연구자의 교육 배경을 고려하여 의료 선교사로서의 알렌에 대해서만 정리할 것입니다. 외교관 시기의 자료 중에서는 한국의 여러 기독교 교파와 관련된 내용도 추리기로 하였습니다.

본 연구자는 최근 10년 동안 초기 의료 선교사들과 관련된 자료집 발간에 주력하여, 존 W. 헤론(2권), 호러스 G. 언더우드(1권), 올리버 R. 에비슨(3권), 윌리엄 B. 스크랜턴(2권), 에스터 L. 쉴즈(2권)와 관련된 자료집을 발간하였습니다. 최초의 (의료) 선교사이었던 알렌도 당연히 포함되었어야 하지만 이제야 발간하게 되었습니다.

2015년 연세대학교 창립 130주년 사업의 하나로 알렌 자료집의 발간을 결정되었고, 당시 알렌 자료집을 준비하기 위해 미국 오하이오 주 델라웨어, 컬럼버스,

톨레도 등지를 방문하여 알렌이 다녔던 오하이오 웨슬리언 대학교, 교회, 묘지 등도 둘러보았습니다. 이때 박규 동창(1968년 연세대학교 의과대학 졸업)의 큰 도움과 격려를 받았습니다. 하지만 여러 사정으로 자료집을 발간하지 못하여 마음속에 큰 빚으로 남아있었습니다. 이후 여러 자료집이 간행된 끝에 이제 알렌 자료집을 발간하게 되어 그 빚을 일부나마 해소할 수 있게 되어 대단히 기쁩니다.

이 자료집 발간은 2018년 9월 남대문 교회가 본 연구자에게 수여했던 제1회 알렌 기념상이 큰 자극이 되었습니다. 기념상 수상을 계기로 알렌 자료집을 발간하기로 하고 준비에 들어갔습니다. 그리고 이경률 동창(1985년 연세대학교 의과대학 졸업, SCL 헬스케어그룹 회장)의 귀중한 출판 지원에 힘입어 2019년 9월 알렌의 집안 배경, 교육 배경, 선교사 임명과 중국 파송, 그리고 한국으로의 이적 및 정착을 담은 제1권이 간행되었습니다.

이번에 간행되는 제2권은 1884년 12월에 일어난 갑신정변부터 1885년까지를 다루었습니다. 불과 1년 1개월의 짧은 기간이지만, 본문 쪽수가 750쪽 정도로 적지 않은 분량입니다. 이 자료집에는 조선 정부의 자료, 미국의 한국 관련 각종 외교문서, 미국 북장로교회 해외선교본부의 자료 등 공적 자료들과 함께, 알렌의 일기 등이 주로 수록되어 있습니다.

이 책에 담긴 자료의 가장 중요한 주제는 알렌의 제안으로 1885년 4월 10일 설립된 한국 최초의 서양식 병원인 제중원입니다. 먼저 조선 정부가 제중원의 원활한 운영을 위해 나름대로 애쓰는 모습을 볼 수 있습니다. 미국 북장로교회는 알렌에 이어, 언더우드, 헤론을 파송하였고, 1885년 7월 한국 선교부가 정식으로 조직되어 활동하게 됩니다. 하지만 각자의 입장이 같을 수 없었고, 알렌이 독주한다고 느끼기 시작하면서 갈등이 표출되기 시작합니다. 이런 가운데 알렌은 대학교 설립을 추진하였지만, 미국 공사의 반대로 제중원에 부속된 의학교의 설립을 추진하였습니다.

알렌의 '병원 설립안'이 제출되기 제중원의 설립 이 시기에는 주한 미국 공사의 위치가 격하되어 루셔스 H. 푸트 공사가 이임하고, 대신 해군 무관 조지 C. 포크가 임시 공사로 임명되었습니다. 포크는 알렌과 상당히 우호적인 관계를 유지하였으며, 알렌은 여러 고급 정보들을 접하였고 이를 선교본부에 보고하였습니다. 서울에 주재하는 거의 모든 외교관의 주치의로도 활동하였던 알렌은 그들로부터도 많은 정보를 얻어 한국과 관련된 정세를 상당히 정확하게 파악하고 있었습니다. 또한 주치의로서 고종을 직접 접촉하는 일이 많았고, 고종이 알렌에게 의견을 구하기도 하였습니다. 이런 상황이 후에 그가 주한 미국 공사관 서기로 외교관이 이적할 수 있었던 중요한 바탕이 되었다고 할 수 있습니다.

이번에 발간되는 '호러스 N. 알렌 자료집 II'와 '자료집 III', '자료집 IV'는 모두 이경률 동창의 후원으로 간행되는 것입니다. 이경률 동창께 다시 한 번 깊은 감사를 드립니다. 이 책을 기꺼이 출판해 주신 도서출판 선인의 윤관백 대표님, 그리고 편집실의 임현지 님께도 감사를 드립니다.

2020년 9월
알렌의 내한 136주년을 맞이하여
안산(鞍山) 자락에서
상우(尙友) 박형우 씀

The very first resident protestant missionary in Korea was Dr. Horace N. Allen, sent by the Board of Foreign Missions, Presbyterian Church in the U. S. A. Dr. John W. Heron, who was appointed as the first missionary to Korea on April, 1884, was expecting to go to Japan that Fall to prepare for his work in Korea while learning Korean language. Dr. Allen was originally sent to China on September, 1883 to head to his final destination, Chinanfu, however, never reached the city due to Mrs. Allen's illness, and stayed in Nanjing and Shanghai instead. Moreover, withdrawing the intention to resign of the medical missionary at Chinanfu put Dr. Allen in a rather awkward position. Dr. Allen's colleagues advised him to think about prospering future at Korea instead. Dr. Allen asked the Board of Foreign Missions to send him to Korea on June 1884, and his request was accepted, and the Korean Mission was established officially on September of that year. Dr. Allen arrived safely in Chemulpo (Inchun) on September 20, and settled in Seoul with the help of U. S. Minister Lucius H. Foote.

Kapsin emeute occurred on December 4, 1884, and among many victims, Yong Ik Min, cousin of Queen Min, was one of them. He was stabbed during the coup and was in serious condition, however, was lucky enough to meet Dr. Allen who performed Western-style surgery and saved his life. While most foreigners escaped to Chemulpo, Dr. Allen stayed in Seoul with his family, and when the coup ended in a three days, he proposed to the Korean (Chosen) government to establish a western-style hospital in Korea. His proposal was accepted and the first western Hospital in Korea, Kwanghyewon (Jejoongwon), was opened on April 10, 1885. The hospital was operated as a kind of joint venture. When it ran successfully, smoothly, Dr. Allen started the first medical education in Korea. Jejoongwon held a symbolic significance to other missionaries such as Rev. Horace G. Underwood (entered on Apr., 1885) and Dr. Heron (entered on June, 1885), as a base to prepare their missionary work in Korea.

Dr. Allen devoted himself not only in general hospital work, but also worked as a physician to King Gojong and as a physician to many Legations, Customs, and foreigners, and also had a class of medical education. However, Dr. Allen was in conflict with Mr. Underwood and Dr. Heron because the Korean government had its full trust in Dr. Allen in his work including Jejoongwon.

In the meantime, the Korean Government asked for Dr. Allen's assistance in establishing a Legation in Washington, D. C. Dr. Allen, taking various situations into consideration, decided to head to Washington to assist Korean Government work and left Korea on September, 1887. This happened three years after Dr. Allen's coming to Korea as a missionary. After a year and a half, Dr. Allen returned to Korea and while he tried to settle in areas such as Busan and Chemulpo, it was not an easy job. He was then nominated as the Secretary of U. S. Legation in Korea in 1890, and appointed as a Minister in 1897. While having conflict with the U. S. Government in regard to different opinions in terms of U. S. intervention in Russo-Japanese War, he was recalled by the U. S. Government in 1905. With Dr. Allen's return, Japan deprived Korea's diplomatic sovereignty in the Protectorate Treaty between Korea and Japan concluded in 1905.

As stated above, Dr. Allen dedicated himself as a medical missionary and a diplomat for 21 years in Korea (1884~1905). This period marks an important time in the history of Korea, as a time of enlightenment and turbulence, opening up to foreign countries and accepting various cultures and economy from western countries. Scholars hold both positive and negative views on the role of Dr. Allen as a missionary and a diplomat.

Several articles and books were published regarding Dr. Allen, but most of them did not include original sources. 'In Soo Kim, Horace N. Allen, M. D.'s Missionary and Diplomatic Letters: 1884~1905 (Seoul: Institute of Studies of the Korean Church History, Presbyterian College and Theological Seminary, 2007)' is probably the only source book published in Korea. However, this book only includes segments of letters which was sent by Dr. Allen to the Presbyterian Church in the U. S. A. At the Presbyterian Historical Society (Philadelphia), various resources can be found including his appointment as a missionary, his letters from China, and other valuable materials that were not included in the prior book mentioned. Dr. Allen donated papers and materials he kept to the New York Public Library. Also information regarding Dr. Allen can also be found in the Diplomatic documents.

My goal is to publish a chronicle source book regarding Dr. Allen. However, considering my education background, I will only concentrate to collect sources regarding medical missionary. During his time as a diplomat, data regarding various christian denominations will be included.

Focusing on publishing source books regarding early medical missionaries for the last decade, I have published source books regarding Dr. John W. Heron (2 volumes), Rev. Dr. Horace G. Underwood (1 volume), Dr. Oliver R. Avison (3 volumes), Dr. William B. Scranton (2 volumes), and Miss Esther L. Shields, R. N. (2 volumes). Dr. Allen's work should have been included earlier and I am happy to include his work into the collection today.

On 130th anniversary of Yonsei University in 2015, a project for publication of the source book of Dr. Allen was made and I visited various locations such as Delaware, Columbus, Toledo, Ohio Wesleyan University, Delaware Presbyterian Church, Cemetery, and others to collect data on Dr. Allen. Dr. Kyle Park (1968 Class of Yonsei University Medical School) provided me with huge help during that time, however, due to some difficulties, the data collected during that time never made it to a complete publication and it remained as a personal debt to me, considering what Dr. Kyle Park had provided and supported me all along. Now that I am able to publish a fully completed source book on Dr. Allen, I am very happy and honoured to make his effort into a successful piece of work.

On September 2018, South Gate Church, Seoul awarded me with the 1st Allen Commemoration Award and this event triggered my passion towards completing a source book on Dr. Allen. With the generous and valuable support from Dr. Kyoung Ryul Lee (1985 Class of Yonsei University Medical School, Chairman of SCL Healthcare Group), the first volume was able to make its way to final publication. The Volume I has been covered Dr. Allen's familial and educational backgrounds, appointment as a missionary, his work in China, and his settlement in Korea.

Volume II covers the period from Gapsin coup in December 1884 to 1885. It is a short period of only one year and one month, but the number of pages in the main text is not so small, about 750 pages. This book contains public data such as data from the Chosen government, various diplomatic documents related to

Korea in the United States, and data from the Board of Foreign Missions, Presbyterian Church in the U. S. A., as well as Allen's diary.

The most important subject of the materials in this book is Jejoongwon, Korea's first Western-style hospital, founded on April 10, 1885 by the suggestion of Dr. Allen. It can be seen that the Chosen government is making its own efforts for the smooth operation of Jejoongwon. The Board of Foreign Missions sent Mr. Horace G. Underwood (arrived April, 1885) and Dr. Heron (arrived June, 1885), and in July 1885, the Korean Mission was formally organized. However, each missionary couldn't stand the same opinion, and the conflict began to emerge as they felt Dr. Allen being run alone. In the midst of this, Dr. Allen promoted to establish a University, but due to the objection of the U. S. Minister, he promoted to establish a medical school attached to Jejoongwon.

Just before submitting "Proposal for Founding Hospital in Seoul", the position of the U. S. Minister in Korea was downgraded, and Lucius H. Foote took over, and Navy officer George C. Foulk was appointed as Charge d'Affaires. Mr. Foulk maintained a very friendly relationship with Dr. Allen, and Dr. Allen could access to a number of valuable informations and reported it to Dr. Frank F. Ellinwood, Secretary of Board of Foreign Missions. Dr. Allen, who also served as the physician for almost all diplomats in Seoul, received a lot of informations from them and was able to get a fairly accurate picture of the situation related to Korea. Also, as a royal physician, he often contacted King Gojong directly, and sometimes King asked Dr. Allen for his advice. This situation could be said to be an important basis for his transfer to diplomat, the Secretary of the U. S. Legation in Korea.

The "A Source Book of Horace N. Allen II", "III" and "IV" are all published with the support of Dr. Kyoung Ryul Lee. Thank you again to Kyoung Ryul Lee. I would also like to show my sincere gratitude to Mr. Kwan Baik Yoon, C. E. O. of Sunin Publishing Co., Miss Hyun ji Lim, from the editing office.

Sept., 2020

Celebrating Dr. Allen's 136th year of his Coming to Korea

At the Foot of Mt. Ansan(鞍山)

Sangwoo(尙友) Hyoung Woo Park

1. 이 책은 호러스 N. 알렌에 대한 자료집으로, 1884년 12월부터 1885년까지 다루었다.

2. 다수의 자료에서는 영어 원문은 가능한 한 그대로 수록하였지만, 필요한 부분만 번역한 경우가 있다. 한글 번역만으로 이해가 잘 되지 않는 경우 영어 원문을 참고하기 바란다.

3. 번역은 가능한 한 원문에 충실하게 하였다.

4. 원문에서 철자가 해독되지 않는 부분은 빈칸에 밑줄을 그어 표시하였다.

5. 고유명사는 가능한 한 원 발음을 살리도록 노력하였다.

6. 필요한 경우 각주를 달아 독자의 이해를 도왔다.

7. 미국 북장로교회에서 선교사를 파견하는 부서는 '해외선교본부(Board of Foreign Missions)'로, 한국의 선교 업무를 총괄하는 단체는 '한국 선교부(Korea Mission)'로 표기하였다.

제6부 갑신정변과 한국 최초의 서양식 병원 제중원

1885년

Contents

Part 6. Kap Sin Coup and Jejoongwon, the First Western Hospital in Korea

1884

1885

제6부 갑신정변과 한국 최초의 서양식 병원 제중원

(Part 6. Kap Sin Coup and Jejoongwon, the First Western Hospital in Korea)

18841200

윌리엄 S. 홀트, 중국, 한국, 샴 및 해협 식민지의 개신교 선교사 명단. 1884년 12월 정정

한국.

미국인.

장로교회 선교부, 1884년

알렌, H. N., 의학박사, 서울 … 1883년

William S. Holt, List of Protestant Missionaries in China, Corea, Siam, and the Straits Settlements. Corrected to December, 1884

Corea.

American.

Presbyterian Mission. 1884.

Allen, H. N., M. D. Seoul … 1883

18841204

윤치호 일기 (1884년 12월 4일)[1]

Diary of Yun Chiho (Dec. 4th, 1884)

1884년 12월 4일 (17일, 목, 맑음, 삼가다)

(중략)

저녁 7시에 미국 공사, 서기와 우정국(郵政局)으로 가서 연회에 참석하다. 좌수(座首)는 홍영식, 상객(上客)은 푸트, 좌우(左右)는 김홍집이었고, 나머지 김옥균, 서광범, 박영효, 민영익, 한규직, 이조연, 민병석(閔丙奭), 목인덕(木人悳: 묄렌도르프), 아스톤, 시마무라 히사시(島村久), 스카더(司各德: Charles L. Scudder), 카와가미 다지이지로(川上立一郎)가 차례에 따라 좌우로 줄지어 앉았다. 나는 푸트 공사 다음에 있었다.

저녁 연회가 거의 끝날 무렵에 어떤 사람이 후면에서 불이 일어났음을 알렸다. 앉아있던 손님들이 일어나 바라보니 전동(磚洞) 근처에서 화염이 자못 크게 일어나고 있었다. 이에 모두 다시 자리에 가 앉았다.

(중략)

내가 통역을 하여 여러 사람이 듣게 하려 하였으나 놀래어 당황하는 자가 많았다. 이제 홍금석(홍영식)에게 통역을 하려 할 즈음에 보니 목 씨(묄렌도르프)가 작별하고 돌아가려고 한다. 미국 공사가 왜 그러느냐고 물었다. 목 씨는 "불난 곳이 우리 집과 가까워 가보지 않으면 안 되겠다."고 하였다. 또 보니 이조연, 한규직 두 영사(營使)도 가려하고 있다. 아마 장임(將任)을 띠고 있어 불을 끄러 가려는 것이리라. 그런데 갑자기 한 사람이 바깥으로부터 신음하면서 들어오는데 피가 흘러 옷을 적시었고 얼굴빛이 창황(蒼黃)하였다. 만좌가 놀래어 보니 그는 민운미(민영익)이었다. 자객에게 귀에서 볼까지 찔리어 떨어질 만큼 쪼개져 있었다.

밖으로부터 또 떠들썩하는 소리가 들려왔다. 무슨 일이 일어날 것 같아 여러 손님들이 모두 뒤쪽으로 달아나고 있었다. 나도 같이 달아나다 보니 미국 공사는 아직 식당에서 목야와 같이 운미를 구호하고 있었다.

(중략)

1) 윤치호의 일기는 국사편찬위원회의 홈페이지에서 실려 있는 것을 인용하였다.

민운미는 목 씨 집에 누워있다. 미국 의사가 가서 치료하였으나 매우 치료하기 어렵겠다고 하니 딱하다.

(중략)

晩七時伴美使與書記, 往郵政局參宴, 座首洪英植, 上客福特, 座右金弘集, 餘金玉均 · 徐光範 · 朴泳孝 · 閔泳翊 · 韓圭稷 · 李祖淵 · 閔丙奭 · 木人 · 阿須頓 · 島村久 · 司各德(川上立一郎, 依次左右列坐, 余在福公之次, 夕宴幾畢, 人報後面火起, 座客起而觀之, 磚洞近處, 火焰頗大, 乃更就座, …… 余方欲譯之, 使諸人皆聽, 而多驚惶彷徨者, 乃將譯言于洪琴石之際, 見木[穆, 편자주] 氏欲辭去, 美使悶其何意, 木(穆, 편자주) 日, 失火處近於吾家, 不得不往見, 又見李 · 韓兩使欲去, 蓋以其將任, 欲往鎭火也, 忽有一人自外呼苦而入, 流血滿衣, 面色蒼黃, 滿座驚看, 見是閔芸眉, 被暗刺連耳和頰, 割至幾墮, 外面又有喧嘩, 若將有事, 諸客俱奔出後面, 余亦共奔, 見美使尙在食堂, 與木(穆, 편자주) 也共救護芸眉(楣, 편자주), 余乃回身入堂, …… 閔芸眉臥在木(穆)氏家, 而美醫往施調理之方, 而見甚難治云, 可哀

18841205

알렌 박사의 일기 제1권(1883~1886년) (1884년 12월 5일)

1884년 12월 5일 (금)

어젯밤은 서울에 거주하는 외국인에게는 아주 중대한 날이었다. 나는 저녁에 외국인 환자를 진료하러 외출하였다가 9시경에 집으로 왔다. 그날은 달빛이 밝았으며, 인기척 없는 거리는 매우 조용하고 아름다웠기에 나는 패니와 함께 밖으로 나가 달빛이 없어지기 전에 아름다운 도시의 밤을 산책하기로 계획하였다.

우리는 10시 30분에 집으로 돌아와 누웠지만 많은 사람들의 큰 고함소리가 들려 잠들지 못하였다. 우리 집 초인종이 요란하게 울렸고, 한 외국인이 계속 나를 부르고 있었다.

나는 거실로 나갔고 미국 공사관의 서기관인 스커더 씨[2)]를 발견하였는데, 그는 '자신의 앞에서 죽어가고 있는 사람이 있으니 자신이 있는 곳으로 즉시 오라'는 내용의 긴급한 묄렌도르프 씨의 전갈을 지참하고 있었다. 이어 스커더 씨는 그날 밤 외아문(묄렌도르프)에서 열린 만찬에 모든 외교관들이 참석하였는데,[3)] 불이 났다는 경보 소리가 들렸고, 한국의 귀족 중 가장 걸출한 왕비의 조카인 민영익(閔泳翊)이 어디에서 불이 났는지 알아보기 위해 밖으로 뛰어 나갔다가 괴한의 칼을 맞았다고 설명하였다. 이 민영익은 미국을 방문하였던 보빙사의 정사(正使)이었으며, 진보적이고 외국과의 관계에 호의적인 사람이었다. 그의 아버지는 1881년에 지금 묄렌도르프가 살고 있는 집에서 살해당하였으며,[4)] 그 당시는 외국에 동조하

---

2) 주한 미국 공사관의 서기관인 찰스 L. 스커더(Charles L. Scudder)는 푸트 부부 이외에 공사관 특별 담당관 피어 L. 주이(Pierre Louis Jouy, 1856~1894), 일본어-영어 통역으로 사이토 수이치로[齋藤修一郎, 1855~1910], 한국어-일본어 통역으로 윤치호(1865~1945)로 구성된 일행과 함께 겐카이 마루[玄海丸]를 타고 5월 6일 저녁 나가사키에, 이어 5월 12일 제물포에 도착하였다.

3) 갑신정변은 외아문에서가 아니라 새로 개설된 우정국 청사에서 일어났다.

4) 임오군란 때 살해당한 사람은 민겸호(閔謙鎬, 1838~1882)이었다. 민겸호의 자형은 흥선대원군이며, 그의 큰 아들은 민영환(閔泳渙, 1861~1905)이다. 민겸호의 둘째 형인 민승호(閔升鎬, 1930~1874)는 11촌 숙부의 계자(繼子)가 되어 민비의 오빠가 되었다. 민겸호는 민승호가 1874년 사망한 후 민규호(閔奎鎬, 1836~1878)를 거쳐 민 씨 집안의 중심인물이 되었다. 그는 1866년 알성장원(謁聖壯元)으로 급제한 이후 부수찬, 성균관 대사성, 예조참판, 1873년 형조참판에 임명되었다. 이후 1880년까지 형조, 병조, 이조, 예조 판서를 비롯하여, 한성부 좌윤, 홍문관 부제학, 시강원 좌부빈객(侍講院左副賓客), 약원제조(藥院提調).판의금부사(判義禁府事), 금위대장(禁衛大將), 지삼군부사(知三軍府事), 무위도통사(武衛都統使), 무위소제조(武衛所提調), 지중추부사, 어영대장(御營大將), 판돈녕 부사 등 요직을 역임하였다. 1880년 12월에는 새로 설치된 통리기무아문의 당상에 임명되었으며, 1881년 4월 별기군을 창설하였다. 그러나 1882년 5월 선혜청 당상 겸 병조판서로 있을 때 도봉소 사건을 불합리하게 무마하는 과정에서 임오군란이 일어났고 결국 군졸들에 의해 박동(현 수송동 79번지)의 집, 즉 박동궁에서 살해되었다.

그림 6-1. 박동의 묄렌도르프 집

는 사람들을 학살하던 때이었다. 당연히 나는 서둘러 그곳으로 갔다. 완전 무장한 50명의 군사가 나를 호위하기 위해 우리를 기다리고 있었으며, 나는 그들 한 가운데에서 아주 빨리 뛰어갔다. (묄렌도르프 집에 당도해보니) 환자는 출혈이 심해 심각한 상태에 있었으며, 열네 명의 한의사들은 나의 과감한 치료를 크게 반대하였다. 민영익의 자상(刺傷)은 오른쪽 눈의 외측안각에서 시작하여 측두부를 가로 질러 측두동맥의 가지가 절단되었고 우측 귀가 세로로 찢어져 상처가 목의 외측부까지 이어져 있었다. 다행히 경동맥이나 경정맥, 그리고 기도(氣道)는 손상되지 않았다. 이 상처는 척추골과 견갑골 내측연 사이에서 후방 및 내측으로 견갑골 하각 쪽으로 이어졌으며, 등의 표층 근육들이 찢어져 있었다. 예리한 도구에 의해 근육이 남아있는 부위에서는 끝이 휘어 있었다. 나는 출혈이 일어나고 있는 측두동맥을 묶고, 갈라진 측두부, 외이의 연골 두 군데, 목 네 군데 등을 견봉합사로 꿰매었고, 등의 깊은 두 군데는 은봉합사로 꿰매었다.

환자는 너무나 탈진 상태에 있었으므로 그렇게 지혈을 시켜야 했고, 우측 팔꿈

이 집은 1882년 12월 내한한 묄렌도르프가 사용하였다. 1885년 12월 묄렌도르프가 소환된 후에는 1886년 11월 낙동에 있던 독일 영사관이 이곳으로 이전하였다가 1889년 봄 정동으로 이전하였다. 1891년에는 정동의 육영공원이 이전하여 두 번째 교사(校舍)로 사용되었으나, 육영공원은 1894년 문을 닫았다. 1891년 4월 내한한 캐드월러더 C. 빈튼은 육영공원의 사택에 잠시 살았으며, 1893년 9월에는 올리버 R. 에비슨도 잠시 살았다. 1897년 10월 선포된 대한제국이 경운궁을 새로운 황궁으로 정하면서 정동에 있던 용동궁(명종의 첫째 왕자인 순회세자가 살던 집)이 이곳으로 이전하였다. 용동궁은 왕후가 관할하던 궁(宮)이었는데, 1906년 황귀비 엄 씨가 이곳에 숙명여학교의 전신인 명신여학교를 설립하였다. 현재는 공원으로 조성되어 있다.

치에서 상완골의 외측상과를 노출시키고 하방으로 전완 배측부를 지나는 약 20센티미터 길이의 상처를 견봉합사로 네 번 꿰매었다. 그의 좌측 팔에는 두 군데 상처가 나있었는데, 하나는 손목 부분이었고, 나머지는 전완의 하측 ⅓과 중간 ⅓의 경계 부위이었는데, 모두 배측부에 있었다. 손목 부위의 상처는 벌어져 있었고, 소지신근의 건이 손상되어 있었다. 나는 이들 상처 부위를 깨끗이 소독하고, 더 이상 출혈이 되지 않도록 길이가 약 5센티미터인 곡선 모양으로 자른 살균 거즈로 감쌌다. 나는 붕대를 대충 감았다. 다음날 환자의 상태가 호전되면 붕대를 제대로 감을 작정이었다. 우측 귀 뒤에 있는 길이가 4센티미터 되는 작은 상처는 피부만 찢겨 있었다. 대퇴부 외면에서 우측 무릎 바로 위의 길이가 15센티미터 정도 되는 긴 상처는 그대로 놔두었다. 실내가 어둡고 머리가 헝클어져 있어 두정부에서 정중선 약간 우측에 있는 작은 상처는 발견하지 못하였다. 이것은 계란 같은 모양을 하고 있었다. 전체 조각을 잘라내었으며 상투에서 엉켜있는 머리털에 겨우 매달려 있었다. 중앙부의 뼈까지 상처가 나 있었다. 만약 그가 몸을 피하지 않았더라면 목을 날렸을 둔중하고 예리한 무기에 얻어맞은 것 같았다.

나는 새벽 2시에서 3시까지 한 시간 동안 내 가족을 돌보기 위해 집에 다녀온 것을 빼고는 밤새도록 그의 곁을 지켰다. 나는 다시 군인들의 호위를 받았고, 아무런 방해도 받지 않았다. 해군 무관 버나도우 씨가 우리 집 경비를 담당하고 있는 것을 알게 되었다. 이때 궁궐에서 전령이 도착하였다. 왕이 푸트 공사에게 1881년과 같은 폭동[5]과 대학살이 예상되니, 모든 외국인들이 궁궐에 모여 사태가 진정될 때까지 머물러 달라고 요청하는 내용의 전갈이었다. 우리는 협의하였고 집에 머물러 있기로 현명하게 결정하였다. 일본 수비병의 호위를 요청하자 즉각 받아들여졌다. 하지만 다시 외아문으로 떠나기 전에 최종 결정을 알지 못하였다. 그래서 나는 패니와 가정부, 아이에게 옷을 입게 하고, 며칠 동안 입을 옷을 여행용 가방에 꾸려 미국 공사관으로 가서 만약 푸트 가족이 가야 한다면 함께 궁궐로 가기로 하였다. 영국 총영사 애스톤 부부도 푸트 집에 와 있었고, 나는 환자에게 갔다. 나는 더운 물을 채운 병으로 그의 몸을 따뜻하게 하고, 테이블스푼에 틸프 약 10방울을 넣고 2번씩 10분 혹은 15분마다 찬 물과 함께 복용하게 하였으며, 30분마다 같은 양의 브랜디를 마시게 하였다.

오전 5시에 맥박은 만져지지 않았지만 그의 상태는 호전되었고, 체온은 4시에 화씨 97도[6]에서 5시에는 98도[7]로 올라갔다. 나는 일본 공사관의 의사에게 전갈을

---

5) 1881년이 아니라 1882년의 임오군란이다.

6) 섭씨로 36.1도이다.

7) 섭씨로 36.7도이다.

보내어 오전 7시에 상처 부위에 붕대를 감는 것을 도와달라고 요청하였다.[8] 그는 왔고, 우리는 그의 상태가 붕대를 감아도 괜찮다고 판단하였다. 그래서 우리는 봉합사의 일부를 조심스럽게 제거하고, 40배로 희석한 석탄산 용액으로 상처 부위를 말끔히 씻어낸 다음 요오드포름을 발랐으며, 필요한 상처 부위를 추가로 봉합하였다. 모두 일곱 군데 상처가 있었다. 그중 다섯 군데는 같거나 다른 무기로 얻어맞은 타박상이었다.

27바늘의 봉합을 모두 한 결찰사로 봉합한 후 여덟 조각의 고무 고약을 붙였는데, 다음과 같았다. 측두부에서 견갑골의 하각까지 기다랗게 깊이 베인 상처에 14바늘 봉합에 한 번의 결찰을 하였고, 우측 전완에 나있는 상처에는 4바늘을 봉합하였다. 좌측 전완에 두 군데, 우측 대퇴에 다섯 군대의 깊은 상처가 있었다. 두피의 상처는 깨끗이 하고 머리카락을 면도로 밀었다. 그리고 요오드포름으로 소독하고 린트 천을 댄 다음 고무 붕대로 위치를 고정하였다. 일본인 의사는 민영익을 그의 집로 옮기는 것에 동의하였지만, 나는 동의하지 않았다. 하지만 친구들이 그를 옮길 준비를 하고 있는 것을 보고 나도 의료 기구를 닦았고 상태가 좋아 보이자 환자를 떠났다. 만약 왕진을 요청하면 이에 응할 것이다.

Dr. Allen's Diary No. 1 (1883~1886) (Dec. 5th, 1884)

Dec. 5th, (18)84 (Friday)

Last night was a most eventful one to foreigners in Seoul. I was out to see a foreign patient in the evening and came home about 9 P. M. It was bright moonlight and the deserted streets were so quiet and picturesque that I planned with Fannie that we should go out for a walk thru the lovely city some evening before the moon ceased shining.

We retired about 10:30 but had barely gotten flied in bed when a great shout of many men was heard. Our gate bell was violently rung and a foreigner kept calling for me.

I went into the sitting room and found Mr. Scudder, Secretary to the U. S.

8) 당시 일본 공사관의 의사는 가이세 도시유키(海瀨敏行)이었다.

Legation, with a note for me from Mr. von Mullendorf urging me to come to his place at once as he had a dying man on his hands. Mr. Scudder then explained that that evening the foreign officials were all in attendance upon a dinner party at the foreign office (Mullendorf) and that an alarm of fire was heard and Min Yong Ik, - one of the most prominent Corean noblemen, was cousin to the Queen, ran out to see where the fire was and was cut down with a sword by an unknown person. This Min Yong Ik was the Ambassador to the U. S., a progressive man and one in favor of foreign relations. His father was killed in '81 in the house now occupied by Mullendorf, at the time of the massacre of the foreign sympathizers. Of course I hastened to the spot. I found a guard of fifty soldiers, all armed, waiting in our compound to escort me through the streets and I marched at double quick in their midst. I found the patient in a horrible condition all blood and gore and attended by fourteen Corean doctors who made great objections to my heroic measures. I found a cut extending from the external canthus of the right eye across the temple severing a branch of the temporal artery splitting the right ear lengthwise down the side of the neck laying bare the carotid artery and jugular vein, but not cutting either them or the breathing organs. It extended backwards and inwards between the spine and internal border of the scapula to about the inf. angle of the same and cutting through the superior layer of muscles. The point was curved where the sharp instrument left the flesh. I tied the bleeding temporal artery, put a silk suture in the divided temple, two in the cartilage of the ear, four in the neck and two deep silver ones in the back.

Owing to his exhausted condition 1 was compelled to stop with that, and putting in four silk sutures in a long cut which extended from the right elbow about eight inches down the back of the fore arm and laying bare the external condyle of the humerus. His left arm was cut in two places, one cut just over the carpal bones and another about over the juncture of the lower with the middle third of the fore arm and both in the posterior surface. The one over the carpal bones laid bare and severed the tendon, extensor minimi digiti. I could only sponge out these wounds which were both of a curved shape and about two inches in length. After cleansing them and assuring myself of the absence of hemorrhage, I simply bandaged them and waited for the more complete dressing in the morning by daylight when the patient's condition should be improved. A small cut behind the right ear of about an inch and a half and only skin deep. I left, together with a long cut about six inches in length just above the right knee on the external aspect of the thigh, and not more than an eight of an inch in depth. Owing to the darkness confusion and his matted head dress, I missed a cut on the top of his head a little to the right of the median line. It was the size of an egg (chicken's egg) and oval in shape. The whole piece was cut off and only hanging by the hair which was coiled in the top knot. It extended to the bone in the center and must have been dealt by a swinging motion with a heavy sharp instrument which would have cut off his head had he not dodged.

I stayed with him all night excepting one hour from 2 to 3 A. M., when I came home to attend my family. I had an escort of soldiers again and was unmolested. I found Mr. Bernadou of the U. S. Navy keeping guard in our house. A messenger from the palace arrived at the same time. I did with a message from the King to Gen'l Foote asking him to come with all the foreigners at his place and stop in the palace till the excitement was over, for a general uprising and massacre was expected as in '81. We had a consultation and wisely decided to remain at home. Asking however for a guard of Japanese soldiers which was promptly granted. I however did not know of the final decision before leaving for the foreign office again. So I had Fannie and the Amah & baby dress and pack a valise with clothing for a few days and go to the U. S. Legation expecting to go to the Palace with the Footes if they should go. Mr. & Mrs. Aston of the English Consulate General came also to the Footes and I went back to my man. I kept him warm with bottles of hot water, gave him ice water to drink in doses of two table spoons full every ten or fifteen minutes with ten drops of Tillpii and the same of brandy every half hour.

By 5 A. M. he was improved in condition though his pulse at the wrist could not be felt and his temperature had risen from 97° at 4 A. M. to 98° at 5 A. M. I then sent a note to the physician to the Japanese Legation and invited him to help me dress the wounds at 7 A. M. He came and we decided his condition would admit of the dressing. So we removed some of the sutures, carefully washed out the wound with a 1-40 solution of carbolic acid dusted in Iodoform freely and put back the sutures with additional ones where necessary. Altogether there were seven different wounds, five of which must have been made by different blows either from the same or different instruments.

We put in altogether one ligature, twenty seven sutures and, put on eight strips of rubber plaster - all distributed as follows. Fourteen sutures & one ligature in the long gash from the temple to the inf. angle of the scapula, four in the gash on the right fore arm. Two each in the cuts in the left fore arm and five in the gash on the right thigh. The scalp wound I cleansed, shaved off the surrounding hair dusted in Iodoform and put on a pad of lint held in place by a strip of rubber bandage. The Japanese Dr. consented to have the patient moved to his own home, but 1 did not. However on seeing the friends making all preparation to move him, I cleaned up my instruments and left the patient in as good condition as possible. Offering to come if called.

민영익(閔泳翊, Min Yong Ik)

민영익(閔泳翊, 1860~1914)의 아버지 민태호(閔台鎬, 1834~1884)는 갑신정변 때 김옥균 등 개화파에 의해 참살 당하였다. 당시 민 씨 족당의 수령이며 민비의 오빠인 민승호(閔升鎬, 1830~1874)는 흥선대원군 축출 공작에 나서 그가 1873년 실각하자 국정 전반에 참여하게 되었다. 그러나 1874년 폭탄이 장치된 소포의 폭발로 일가와 함께 폭사하였다. 그러자 1875년 민영익이 민승호의 양자로 입양되어 이른바 '죽동궁(竹洞宮)'의 주인이 되었다. 민영익은 1877년 정시 문과에 병과로 급제하여 이조 참의가 되었으며, 자신의 사랑을 자주 출입하였던 개화당 인사들과 교분을 쌓았다. 그는 1881년 경리통리기무아문 군무사 당상, 별기군 교련소 당상으로 임오군란 이전까지 윤웅렬 등과 함께 별기군을 실질적으로 운영하였다. 그러나 1882년 임오군란이 일어났을 때 민 씨 척족의 거물로 지목되어 집을 파괴당하였고, 군란이 진압된 후 박영효를 정사로 하는 사죄 사절의 일

그림 6-2. 민영익

원으로 김옥균 등과 함께 비공식 사절로 일본을 시찰하였다. 1883년 9월 보빙사의 정사로 미국을 방문하여 국서를 전달하고 여러 곳을 시찰하였다. 세계 일주를 마치고 1884년 5월 귀국한 민영익은 혜상공국 총판(總辦), 이조참의, 금위대장, 협판군국사무 등을 역임하였으며, 10월 친군영 실시 뒤 우영사로 있으면서 급진 개화파를 압박하였다. 1884년 12월 갑신정변 때 자상을 입어 생명이 위독하였으나 알렌의 치료로 생명을 건졌으며, 1885년 협판내무부사로서 지리국과 군무국의 총판을 겸직하였고, 한성부 판윤과 병조판서를 지내며 민 씨 정권의 핵심 인물로 활동하였다. 그러나 1886년 민비의 친로거청(親露拒淸) 정책을 거부하고 이를 중국의 위안스카이에게 밀고하였다가 발각되자 1887년 국외로 피신하여 홍콩, 상하이 등지를 전전하였다. 이후 귀국하여 1888년 연무공원 판리사무, 1894년 선혜청 당상 등을 역임하였으나 고종 폐위 사건과 관련하여 다시 홍콩, 상하이로 망명하였다. 그 후 일시 귀국하였으나 1905년 을사보호늑약이 체결되고 친일정권이 수립되자 다시 상하이로 망명하여 1914년 그곳에서 죽었다.

그림 6-3. 민영익의 친아버지인 민태호

가이세 도시유키[海瀨敏行, Kaise Toshiyuki]

가이세 도시유키[海瀨敏行, 1848?~1904]는 갑신정변이 일어났을 당시 일본 공사관 의원의 의사로서 알렌의 요청으로 민영익의 치료를 도운 인물이었다.

그는 야마가타[山形] 현 요네자와[米沢] 출신으로, 아버지도 난학을 배운 의사이었다. 그는 17세이던 1865년 바쿠후[幕府]의 '의학소(醫學所)'에 들어가 교장인 마츠모토 료준[松本良順, 1832~1907]과, 동향 선배인 츠보이 타메하루[坪井為春, 1824~1886]로부터 교육을 받았다. 그런데 1868년 무진년에 유신(維新) 정부군과 구(舊) 바쿠후군[幕府軍] 사이에 내전, 즉 보신[戊辰]전쟁이 일어나자 5월 바쿠후는 의학소를 접수하고 8월 의과대학으로 개칭 설립하였다. 전쟁 중 그는 아즈마 치토세[吾妻千齡]로부터 난학에 대한 기초 지식을 배웠으며, 1870년경 대학 동교(東校)로 개칭된 의학교(醫學校)에 진학한 후 소조교(小助教)가 되었다. 의학교는 1874년 도쿄[東京]의학교(후의 도쿄대학교 의학부)로 개칭되었다. 그는 1874년 5월 야마가타[山形] 현 야마가타 시의 공립병원(후의 제생관)에 월봉 150엔, 2년 계약의 병원장으로 초빙되어 진료와 함께 34명에 대한 의학 교육을 맡았다.

1876년 5월 야마가타 병원장 직에서 물러난 가이세는 확실한 연도는 알려져 있지 않지만 육군 군의관에 임용되었다. 그는 임오군란 후 다케조에 신이치로[竹添進一郎]가 한국에 부임하면서 일등 군의의 계급으로 내한하여 1883년 6월 10일 개설된 일본 공사관 의원의 책임을 맡으면서, 한국인 환자도 진료하였다. 그의 치료는 한국인에게 상당한 호감을 주었던 것으로 알려져 있으며, 한성순보에 "그 학설이 서양의 과학에 근거한 것이어서 치료를 받으면 기효(奇效)를 보는 이가 많으므로 현재도 거의 빈 날이 없이 사람들이 찾아오고 있다."는 기사가 실리기도 하였다. 하지만 1884년 6월 소년 김팽경의 손을 수술하다가 실수로 마취를 깨우지 못해 죽게 하는 등 그의 의술이 그리 세련된 것은 아닌 것 같으며, 더구나 일본 공사에게 사망의 원인이 소년의 허약한 체질이라고 보고하였다.

알렌이 병원 설립안을 제출하자 조선 정부는 그에게 병원 규칙의 초고 작성을 맡겼다. 이후 한국에서 그의 행적은 알려져 있지 않으며, 1886년 이전에 일본으로 돌아간 것으로 추정된다.

이등 군의정 계급이던 가이세는 1890년 3월경 설립된 마루가메[丸亀] 위수병원(衛戍病院) 원장에 취임하였으며, 후에 일등 군의정으로 승진하였다.

18841205

윤치호 일기 (1884년 12월 5일)

Diary of Yun Chiho (Dec. 5th, 1884)

1884년 12월 5일 (18일, 금, 맑음, 삼가다)

(중략)

공사관으로 돌아오는 길에 미, 영, 독의 공사 및 영사가 목 씨(묄렌도르프) 집에 들려 운미(민영익)를 문병하였다. 목 씨가 일본 병의 궁중 호위를 크게 논하되, 비록 공법(公法)에는 어긋나지 않으나 방비를 긴밀히 하여 물샐 틈도 없으니 이게 무슨 도리냐고 하였다. 공사관으로 돌아와 점심을 마친 뒤 계동 집으로 가서 부모님을 뵈옵고 저녁때 집으로 돌아왔다. 저녁때 미국 공사가 운미를 가서 보다.

(중략)

(중략)

歸館之路, 與美英 德使入木(穆, 편자주) 氏家, 問芸眉病, 木(穆)氏大論日兵之警衛, 雖無背公法之理, 而防塞緊密, 水泄不通, 是何理耶云, 歸館飯畢, 往桂洞家, 覲親而晚歸家, 是晚美使往看芸眉 (楣, 편자주)

(중략)

18841208

한국 - 선교부 자산의 구매가 승인되다. 미국 북장로교회 해외선교본부 실행이사회 회의록, 1837~1919 (1884년 12월 8일)

한국 - 선교부 자산의 구매가 승인되다. 재무 위원회는 H. N. 알렌 박사의 10월 8일자 편지[9]에 언급된 선교부 자산의 구매를 모두 선교본부가 승인하고 알렌 박사의 화물비와 세관 경비를 허용하여 줄 것이며, 선교본부는 알렌 박사가 미국 공사관의 (무급) 의사 직을 수락함에 있어 선교본부와의 관계를 유지하고 자신의 주요 목적인 선교 사역을 수행하기 위한 진실한 목적을 표명하였다는 사실에 만족함을 표명하여 달라고 권고하는 보고서를 만들었다.

보고서는 채택되었다.

Corea - Purchase of Mission Property Sanctioned. *Minutes [of Executive Committee, PCUSA], 1837~1919* (Dec. 8th, 1884)

Corea - Purchase of Mission Property Sanctioned. The Finance Committee made a report upon a letter of Dr. H. N. Allen dated, Oct. 8th, recommending that the Board sanction the purchase of all the mission property referred to, and that it allow Dr. Allen's expenses for freight and custom House charges. Also, that the Board express its satisfaction with the fact that Dr. Allen, in accepting the post of physician to the U. S. Legation, had signified his earnest purpose to retain connection with the Board, and to make mission work, his chief aim.

The report was adopted.

---

9) Horace N. Allen (Seoul), Letter to Frank F. Ellinwood (Sec., BFM, PCUSA) (Oct. 8th, 1884)

18841208

호러스 N. 알렌(서울)이 프랭크 F. 엘린우드(미국 북장로교회 해외선교본부 총무)에게 보낸 편지 (1884년 12월 8일)

한국 서울,
1884년 12월 8일

친애하는 엘린우드 박사님,

지난 며칠 동안 일어났던 일들을 짧게 적겠습니다. 박사님께서 아시는 것처럼 한국은 중국과 일본 양국으로부터 요구를 받고 있습니다. 각 열강은 자신들의 권리를 주장하기 위하여 이곳에 군대를 상주시키고 있습니다. 따라서 한국은 정치적으로 크게 세 집단으로 분열되어 있습니다. 즉, 친중파와 친일파가 있으며, 나머지 집단은 외국과의 모든 관계를 반대하는 세력입니다. 최근까지 일곱 개의 고위직을 친중파가 차지하였습니다. 반대파들은 그 자리를 차지하려고 안달을 부렸고, 그들의 일본 '후원자들'은 지난 목요일 12월 5일까지 그들을 부추겼습니다.[10] 그날 외국인 관리들에게 베푼 저녁 파티에서, 그리고 그 직후 7명이 살해되었습니다.[11] 제가 살해되었다고 말하지만, 그중 한 명인 가장 저명한 사람은 아직 살아 있고 회복될 가능성을 보이는데, 그는 끔찍하게 난도 당하였습니다. 그는 우리 정부가 상당한 경의를 표해 미국 군함 트렌튼 호로 세계 일주를 시켰던 보빙사의 정사(正使)이었던 민영익입니다. 저는 그의 상처를 치료하도록 즉시 왕진 요청을 받았고, 이후 계속해서 진료하고 있습니다.

이러한 학살이 실행되자마자 일본군이 왕과 궁궐을 장악하고 중국인들이 들어오지 못하게 하였습니다. 그 결과 중국이 많은 군대로 공격하여 궁궐과 왕을 장악하였고 일본인들을 그들의 공사관으로 밀어내었으며, 얼마나 공격을 가하였던지 어제 그들은 자신들의 신축한 비싼 공사관 건물에 불을 지르고,[12] 도시를 빠져나가면서 전투를 벌이면서 격노하여 만나는 사람마다 쏴 죽이고 백성들로 가득 차 있는 거리에서 사람들을 쓰러트렸습니다.

---

10) 알렌은 '목요일 12월 4일'을 '목요일 12월 5일'로 잘못 적었다.

11) 알렌의 12월 26일자 일기를 참고할 것.

12) 일본은 1882년 임오군란 당시 서대문 밖 청수관(淸水館)을 공사관으로 사용하고 있었는데, 화재로 소실되자 8월 남산 밑 왜성대(倭城臺) 부근의 이동(泥洞, 현재의 중구 필동)에 있던 금위대장 이종승(李鍾承)의 집으로 이전하였다. 이후 교동(校洞, 현재의 종로구 낙원동)에 있던 박영효의 저택 자리에 15만 엔을 투입하여 2층 양옥인 공사관 건물을 신축하고 1884년 4월 17일 이전하였다.

지금 우리가 돌보고 있는 난민 몇 명을 제외하고 모든 일본인들이 가버려서 조용합니다. 중국인들은 우호적이며, 민영익의 상처를 치료할 때 있었던 사령관[13]이 저를 요새로 초대하였기 때문에 저는 어젯밤과 오늘 그들의 상처를 꿰매면서 보냈습니다. 일본인들은 돌아와서 며칠 내에 그들의 손실을 메우려 하고 있지만, 외교관과 영사관이 그것을 막기 위해 가능한 모든 행동을 취하고 있습니다.

지금 우리는 공사관 가까이에 사는 것에 감사해 하고 있습니다. 모든 외국인들이 공사관 부지 뒤편에 있는 작은 집에 모였습니다. 그리고 남자들이 호위병과 함께 보초를 섰습니다. 저는 한때 선교사가 무기를 소지하는 것이 적절한지에 대한 의문을 가졌습니다. 지금 저는 의문을 갖고 있지 않으며, 무기를 숨겨 착용하지 않으면 밖에 나가려 하지 않습니다. 지금까지 외국인들(유럽인들)이 살해당하지는 않았지만, 우리 일본인 하인들 몇 명이 죽었고 남은 사람들은 몰래 제물포로 달아날 예정입니다. 이번 사건은 전체가 괴롭고 대가가 큰 것이었습니다. 그러나 이번 일로 저는 궁궐을 드나들게 되었고, 그렇지 않았다면 얻을 수 없었던 명성을 얻게 되었습니다. 사람들이 벌써 저를 알고 있으며, 우리의 사역은 이번 일로 어려움을 겪게 되지 않을 것입니다. __ ____ ____ ___

안녕히 계십시오.

H. N. 알렌, 의학박사

13) 위안스카이[袁世凱]를 말한다.

Horace N. Allen (Seoul), Letter to Frank F. Ellinwood (Sec., BFM, PCUSA) (Dec. 8th, 1884)

Seoul, Corea,
Dec. 8th, (18)84

Dear Doctor Ellinwood: -

I write you briefly the events of the past few days. Corea, you know, is claimed by the China and Japan. Each power keeps a standing army here to maintain their rights. Hence Corea is politically divided into three (3) great classes, i. e. the Chinese admirers and the Japanese sympathizers. The other class is that which is opposed to all foreign relations. Until recently seven high offices were held by the Chinese party. The opposition were itching for the place and their Japanese "backers" urged them on, till on last Thursday the Dec. 5th. The seven men murdered at and after a dinner party given to the foreign officials. I say murdered, tho' one man, the most prominent of all, is still living and has hopes of recovery; he was terribly mangled. This is Ming Yong Ik, the Ambassador to America whom our government so highly honored and sent around the world in the U. S. Flagship Trenton. I was at once called over to dress his wounds and have been in attendance constantly since.

As soon as these murders were committed the Japanese army took the King and Palace and would not admit the Chinese. The result was that the later made and attack with a large force, took the Palace and King, drove the Japs into their Legation and so harassed them that yesterday they fired their new and costly Legation building and fought their way out of the city, killing every one they met, in their rage, and literally mourning down the people in the crowded streets.

At present it is quiet as the Japs are all gone excepting some refugees we have on our hands. The Chinese are friendly and I have spent the past night and today sewing up their wounds, being invited to the fort by the commander who was present when I dressed the wounds of Ming Yong Ik. The Japs intend to return and make good their loss in a few days but the diplomatic & consular body is doing all that is possible to prevent it.

We now appreciate being close to the Legation. All the foreigners were assembled in one little house in the back of the Legation grounds. And the men did duty with a good guard. I once had doubts as to the propriety of a missionary's bringing arms with him. I have none now, and don't venture out without concealed weapons with me. So far no foreigners (Europeans) have been killed but some of our Japanese servants have been, and what are left are to be smuggled off to Chemulpoo. The whole affair has been trying and expensive. But it has admitted me to the Palace and given me a prominence I could not have gotten otherwise. Already the people know me and our work will not suffer from this event _____ _____ ____ you desire.

Yours faithfully,
H. N. Allen, M. D.

위안스카이[袁世凱, Yuan Shikai]

위안스카이[袁世凱, 1859. 8. 20~ 1916. 6. 6]는 중국 허난[河南]성 샹청[項城]에서 부유하고 대대로 명문세도가인 집안에서 태어났다. 그는 문(文)보다 무(武)에 더 관심이 많았으며, 진사 시험에 3번이나 떨어졌다. 하지만 양아버지의 추천으로 리훙장의 참모인 우창칭[吳長慶]의 휘하에 들어갔다. 그의 경력은 한국에서 시작되었는데, 1882년 7월 임오군란이 일어났을 때 중국은 우창칭에게 출병을 명령하였고 이때 위안스카이가 함께 참전하였다. 민비가 환궁하자 위안스카이는 중국군 3,000명, 우창칭 및 띵루창 등 장군 2명과 함께 임오군란을 수습하기 위하여 서울에 진주하였다.

그림 6-4. 위안스카이(1912년)

1885년에 한국과 러시아 사이의 밀약설, 영국의 거문도 점령 사건 등이 일어나자 중국은 총판조선상무위원 첸슈탕을 소환하고, 그 후임에 위안스카이를 임명하였다. 동시에 그의 직함도 주차조선총리교섭통상사의(駐箚朝鮮總理交涉通商事宜)라고 개칭하여 지위를 강화하였다. 그는 청일전쟁이 발발하기 직전 대부분의 거류민을 대동하고 철수할 때까지 내정 간섭을 하였다.

귀국한 위안스카이는 1895년 신식군대인 신건육군(新建陸軍)을 창설하였다. 이 군대에는 리훙장이 조직한 북양군(北洋軍)이 포함되어 있었는데, 가장 강력한 집단이었다. 1901년 리훙장이 죽자 위안스카이는 북양군의 실질적인 주인이 되었다. 그는 1898년 일어난 변법자강운동을 서태후의 측근에게 밀고한 이후 서태후의 총애를 얻게 되었고, 1899~1901년에 일어난 의화단 사건을 강력하게 진압한 후 한동안 중국 외무부의 책임을 맡았으나 1908년 서태후가 죽은 뒤 선통제(푸이)의 섭정으로 오른 순친왕의 압력으로 낙향하였다.

하지만 1911년 10월 신해혁명이 일어나자 내각총리대신이 되었는데, 바로 휘하의 북양군 때문이었다. 그는 신해혁명군의 세력을 꺾은 후 1912년 1월 쑨원과 타협하여 2월 선통제(宣統帝)를 퇴위시킴으로서 청나라는 멸망하였다. 자신은 3월, 새로 탄생한 중화민국의 제2대 임시 대총통에 취임하였다.

중화민국은 행정적인 공백을 각 지방군의 군정을 통해서 메꾸었는데, 1916년 위안스카이가 사망한 후 북양군이 분열하여 중앙에서 독립한 독자적인 지방 군벌(軍閥)이 형성되었다.

18841209

호러스 N. 알렌(서울)이 프랭크 F. 엘린우드(미국 북장로교회 해외선교본부 총무)에게 보낸 편지 (1884년 12월 9일)

(1884) 12월 9일

친애하는 엘린우드 박사님,

저는 이 마지막 기회에 박사님께 보고 드리기 위해 급하게 장부를 정리하였습니다. 죄송하지만 저는, 많은 것들에 대해 기본적인 언급 이상으로 설명드릴 수 없습니다. 봄에 끝내는 데에는 2달러 이상이 들 것입니다.

이번 정변으로 지금 일이 중단되었습니다. 공사가 이끄는 모든 외국인들은 내일 떠납니다. 우리는 그렇게 하고 싶어도 할 수 없고, 할 수 있다고 해도 그렇게 하고 싶지 않습니다. 저는 바로 그런 일을 위해 왔고, 다친 이 사람들을 모두 두고 떠날 수 없습니다. 저는 장부의 계정을 맞추었으며, 만일 후임자가 왔을 때 제가 이곳에 없으면 금고 속에 모든 것이 안전하게 있다는 것을 발견하게 될 것입니다. 우리는 공사관에서 살면서 역사 깊은 군기(軍旗)를 휘날리고 이곳 사람들을 위해 열심히 일을 하며, 우리를 이곳으로 보내신 자비로운 하나님께 의지할 것입니다.

서둘러 인사드립니다.
H. N. 알렌

Horace N. Allen (Seoul), Letter to Frank F. Ellinwood (Sec., BFM, PCUSA) (Dec. 9th, 1884)

Dec. 9th (1884)

Dear Dr. Ellinwood,

I hurriedly balanced my books to get off a statement to you by this our last opportunity. Sorry I can't enter into explanation as many things would not appear so large as they do with the base statement. It will take $2.00, or more to finish up in the spring.

This war has stopped work now. All the foreigners headed by the Minister leave tomorrow. We couldn't if we would & wouldn't if we could. I came to do just such work & can't leave all these wounded people. My accts. are all square & if I am not here when my successor comes he will find everything in the safe. We will live in the Legation, keep the old flag flying, work hard for the people and trust the kind Father that sent us to care for us.

In haste yours,
H. N. Allen

18841200

호러스 N. 알렌(서울)이 프랭크 F. 엘린우드(미국 북장로교회 해외선교본부 총무)에게 보낸 편지 (1884년 12월)[14)]

친애하는 엘린우드 박사님,

이것이 우편선으로 편지를 보낼 마지막 기회입니다. 저는 서둘러 장부를 정리하였으며, 그 결과를 박사님께 보내드릴 것입니다. 죄송하지만 설명을 드릴 수 없습니다. 우리를 제외한 모든 외국인들이 내일 떠납니다. 우리는 그렇게 하려고 해도 떠날 수 없으며, 그럴 수 있다 해도 그렇게 하지 않을 것입니다. 부상당한 사람들을 돌보는 것이 저의 의무이며, 제 아내는 저를 떠나려 하지 않을 것입니다. 우리는 공사관에 머물 것이며, 역사 깊은 군기(軍旗)가 휘날리도록 하면서 하나님의 보호에 의지할 것입니다.

저는 5,210.72달러를 받았습니다.

수리비	577.78달러
의료비	78.08
여행 및 화물비	507.60
12월 1일까지의 봉급	340.46
부지 구입, 도색 수수료 등	1,910.71
환전	19.25
소계	3,433.88
잔액	1,776.84
	5,210.72

14) 뉴욕 공립도서관에 소장되어 있는 알렌 자료에 포함되어 있는 이 편지는 날자가 표시되어 있지 않지만 거의 동일한 내용을 포함하고 있는 12월 9일자 편지의 사본으로 생각된다.

Horace N. Allen (Seoul), Letter to Frank F. Ellinwood (Sec., BFM, PCUSA) (Dec. 9th, 1884)

Dear Dr. Ellinwood,

It is my last chance to get off a mail. I have hurriedly balanced my books and will send you the result. Sorry I can't enter into explanations. Every foreigners but ourselves leave tomorrow. We couldn't if we would and wouldn't if we could. It is my duty to care for these wounded people and my wife won't leave me. We well stay in the Legation and keep the old flag flying, and trust God for protection.

I have received	$5,210.72
Account for Repairs	$ 577.78
Medical Acct.	78.08
Travelling & Freight	507.60
Salaries till Dec. 1st	340.46
Purchases Land, safe	
Paints Commissions, etc.	1,910.71
Exchange	19.25
	3,433.88
to balance	1,776.84
	5,210.72

18841211

알렌 박사의 일기 제1권(1883~1886년) (1884년 12월 11일)

1884년 12월 11일 (목)

지난 주(週)는 바쁘고 혼란한 한 주이었다. 첫 암살 사건이 발생한 이후 우리는 집에서 조용히 잠을 잤다. 5일 저녁, 나는 다시 민영익을 진료하도록 요청을 받았는데, 그는 아직 묄렌도르프의 집에 있었으며 그날 저녁 나는 두 번, 그 다음 날 아침 일찍 한 번 그를 진료하였다. 6일(토요일) 오후 우리는 집에서 조용히 즐거운 시간을 즐기고 있었는데, 푸트 공사가 사람을 보내 즉시 자신들이 있는 곳으로 오라고 전하였다. 우리는 그렇게 하였으며, 푸트와 애스톤 씨 가족, 핼리팩스 씨[15] 가족, 타운젠드 씨 가족, 이 사건을 담당하던 버나도우 씨가 있는 공사관에서 패니와 아기가 안전한 것을 확인한 후 옷가지를 챙기기 위해 돌아왔다. 민(閔)이 암살된 것으로 여겨지자마자 친중 혹은 반일 진영의 고위 관리 6명이 살해되었으며, 일본 공사[16]는 표면적으로는 보호한다는 명분으로 공사관을 떠나 왕과 궁궐을 장악하였다. 친중 진영의 고위 관리들을 죽이고 궁궐을 장악한 180명 일본군의 일사불란한 그 행동은 일본이 모종의 관련이 있음을 분명하게 보여 주었다. 중국과 일본 양국은 다 같이 한국의 왕이 자신들의 신하이며, 그를 보호할 의무가 있다고 주장하였다. 따라서 왕이 승하하였다는 소문이 듣자 중국 공사[17]는 알현을

---

15) 1882년 5월 조미수호통상조약이 체결된 후 통리교섭통상사무아문의 협판 겸 총세무사로 부임한 독일인 묄렌도르프의 제의로 1883년 8월 통상아문의 부속기관으로 동문학(同文學)이 설립되었는데, 통변학교(通辯學校)라고도 한다. 이 학교는 영어 통역관의 양성이 목적이었으며, 장교(掌敎)에 김만식(金晩植)이 취임하였고, 교사에 중국인 우청엔[吳仲賢]과 탕사오이[唐紹儀]가 임명되었다. 10월 1일에는 영국인 T. E. 핼리팩스가 주무교사로 임명되었다. 동문학은 1886년 9월 23일 육영공원(育英公院)이 세워지면서 문을 닫았다.

16) 다케조에 신이치로(竹添進一郎, 1842~1917)는 일본 메이지 시대의 외교관, 한학자, 문학박사이었다. 그는 이토 히로부미의 인정을 받아 1875년 대장성(大藏省)에 들어갔으며, 1880년 천진 영사에 이어, 베이징 공사관의 서기관이 되었고, 1882년 임오군란이 일어난 후 하나부사 요시모토[花房義質]의 뒤를 이어 12월 26일 주한 일본 변리공사로 부임하였다. 그는 일본의 실질적 권익 확보에 주력하여 한일 해저전선 부설 조약, 한일통상장정, 일본인 어채범죄조규(漁採犯罪條規) 등 불평등 조약을 체결하는 한편, 중국 세력을 제거하기 위해 김옥균, 박영효, 홍영식 등의 급진 개화파가 일으킨 갑신정변을 도왔다. 하지만 정변이 실패하면서 일본으로 망명하기 위하여 일본 선박인 치도세 마루[千歲丸]에 승선한 이들에게 내리라고 요구하는 등 극히 냉담한 태도를 취하였다. 갑신정변에 연루된 그는 1885년 1월 9일 곤도 마스키[近藤眞鋤]로 교체되었다. 그는 1893년 도쿄 제국대학교의 교수로 임명되어 한문학을 강의하였다.

17) 첸슈탕[陳樹棠]은 중국 청나라 말기의 외교관이며, 1880년 1월부터 1882년 4월까지 샌프란시스코 주재 중국 총영사로 활동하였고 귀국 후 리홍창의 막료로 활동하다가 한국과 중국이 조청상민수륙무역장정(朝淸商民水陸貿易章程)을 체결한 직후인 1882년 10월 23일, 이 장정의 제1조에 근거하여 총판조선상무위원(總辦朝鮮商務委員)으로 파견되었다. 첸슈탕은 서울에 상무위원공서(常務委員公署)를 설립하고, 이어

요청하였다. 일본 공사는 그것을 거절하였고, 중국 사령관은 발포를 명령하였다. 이 교전에서 다수의 일본군이 죽었다. 100명의 중국인과 100명의 한국인도 희생되었다. 중국은 궁궐과 왕을 장악하였고, 일본인들을 그들의 공사관으로 내쫓았다. 우리들의 새로운 공포를 일으킨 것은 바로 이 전투이었으며, 우리는 밤새 의무를 수행할 준비를 하였다. 나는 중국인 및 일본인 하인들과 함께 연발 권총과, 빌린 윈체스터 연발식 소총으로 나의 재산을 지켰는데, 이것은 나의 재산을 보호할 가치가 없다고 생각하는 것 같은 공사관 직원들의 바람에 상당히 배치되는 일이었다. 밤새 거리에서 약간의 전투가 있었지만 우리는 해를 입지 않았다.

나는 민영익을 치료하기 위하여 두 번 왕진 요청을 받았지만 푸트 공사가 가는 것을 거절하였기에 나는 좋았다. 하지만 다음 날 아침에 유럽인 세관원 두 명이 호위대와 함께 나에게 왔고 나는 (그들과 함께) 갔다.[18] 그는 잘 견디고 있었지만 대단히 침착하지 못한 상태이었다. 왕으로부터 더욱 안전하게 하기 위해 민영익을 궁궐로 옮기라고 재촉하는 전갈을 받았다. 나는 동의하고 집으로 갔다.

우리는 호위를 받으며 일요일(7일)을 보냈다. 오후 4시 경에 일본 공사관 방향에서 심한 총성이 들렸다. 그 소리는 점차 가까워졌고 서대문 쪽으로 가서 그것을 통과한 후 도시 주위에서 들렸다. 그것은 잔여 일본군이 탈출하면서 전투를 벌인 것이었다. 이내 우리는 그들의 멋지고 사치스런 공사관 건물에서 불길이 치솟는 것을 보았다. 친일본 혹은 반중국 진영의 한 명인 김옥균은 그들과 함께 탈출하였고, 그의 멋진 집은 새로 산 유럽식 가구와 함께 불길에 휩싸였다. 이전에 고위 관료들을 살해하였던 그의 진영의 많은 사람들은 중국의 선동으로 살해되었다. 미국 공사관에는 경호를 위해 파견된 4명의 일본군이 있었다. 우리는 그날 밤 그들을 조심스럽게 숨겼다. 나는 중국 진영으로부터 그들을 지키기 위해 병사들에게 공사관 정문에 보초를 서게 하였다.

나는 지난 96시간 동안 8시간을 제외하고 잠을 자지 못하였으며, 민영익이 왕과 함께 중국군 진영에 있으며 내가 즉시 오기를 바란다는 쪽지를 중국 호위병이 들고 왔을 때 유감스럽지 않았다. 나는 (호위병을 따라) 갔는데, 거리가 화재로 밝혀져 있었고 그 주위에 겁을 먹은 사람들이 모여 있는 것을 보았다. 나는 시신들에 발이 걸려 비틀거렸지만 당당하게 중국 진영 안으로 들어갈 수 있어 기뻤으며,

---

인천, 부산, 원산 등에도 분서(分署)를 설립하였다. 또한 중국 상인들의 한국 진출 활성화를 위해 이들 개항장에 청국 조계지를 설치하는 데 노력을 기울였다. 그는 통상 관련 업무뿐만 아니라 외교에도 개입하였지만 1885년에 대두된 한국과 러시아 사이의 밀약설, 영국의 거문도 점령 사건 등에 적극적으로 대처하지 못하여 3년의 임기를 채우지 못하고 경질되어 1885년 9월 23일 귀국하였다. 그의 후임으로 위안스카이가 임명되었다.

18) 당시 해관에 근무하던 서양인은 방판(幫辦, Assistant) J. R. 맥베스(J. R. Macbeth, 미국인)와 H. G. 아르노스(H. G. Armous, 독일인)이었는데, 이들을 의미하는 것 같다.

띵(鄭) 사령관[19]과, 잘 움직이는 것 같이 보였던 내 환자가 간절하게 반겨 주었다. 그를 진료한 후 나는 사령관 실에서 낮잠을 잤다. 아침에 환자를 진료한 후에 나는 사령관과 함께 부상당한 중국군을 진료하러 갔다. 나는 다리에 총알이 박힌 세 명을 발견하였고, 총알 하나를 제거하였다. 두 명은 대퇴부에 부상이 있었다. 세 명은 손에, 한 명은 뼈는 다치지 않은 채 전완부로 총알이 관통하였다. 한 명은 목의 오른쪽에 심한 창상이 있었는데, 손가락 두 개가 통과할 만큼 큰, 심한 관통상이었다.

그림 6-5. 띵루창

위안스카이 - 후에 공사, 더 후에 황제가 됨[20]

나는 이 사람들의 상처를 치료해주었고, 정오에 사령관과 함께 아침을 먹었으며 오후 2시에 집에 도착하였다. 모든 것이 조용하였다. 제물포에 정박해 있는 영국 군함에서 갬블 함장이 지휘하는 8명의 해병 분대가 휠러 군의관과 함께 (서울로) 올라 왔으며, 모두는 우리 집으로 가서 조용한 밤을 보냈다.

다음 날인 9일 아침, 버나도우 씨는 호의적인 중국 및 한국 호위병과 함께 우리가 숨겨주고 있던 일본 피난민들을 데리고 제물포로 떠났다.[21] 그날 아침 나는 환자를 보기 위해 갔는데, 휠러 박사와 함께 갔다. 그는 민영익이 그렇게 오래 살아남았다는 것에 놀랐으며, 그의 예후에 대하여 회의적이었다. 우리는 부상당한 중국 군인들을 진찰하였으며, 이어 다른 중국인들을 치료하기 위하여 궁궐

19) 띵루창[鄭汝昌, 1836. 11. 18~1895. 2. 12]은 중국의 구식 해군의 함대에 들어간 뒤 1868년 청나라에 반대하는 무장집단의 토벌에 공을 세워 참장(參將)으로 승진하였다. 그는 1880년 영국에 가서 군함을 인수하였고, 1883년 텐진진[天津鎭] 총병(總兵), 1888년 정식으로 출범한 북양함대의 제독에 임명되었다. 그는 1882년 한국의 수호조약 체결에 협조한다는 명목으로 군함을 거느리고 인천으로 들어 왔으며, 임오군란이 일어나자 다시 3척의 군함에 4,500명의 군인을 들여와 군란을 진압하고 대원군을 텐진으로 압송하였다. 그는 1884년 갑신정변, 1885년 영국 함대의 거문도 점령, 1894년 7월 동학란이 일어났을 때 군함을 이끌고 왔다. 그 해 청일전쟁이 일어났을 때 북양함대 사령관으로 일본군과 싸웠으나 패하여 웨이하이웨이[威海衛]로 퇴각하였다. 1895년 2월 일본의 공격이 치열해지자 부하들의 구명을 조건으로 항복한 후 자살하였다.

20) 후에 알렌이 첨가한 설명이다.

21) 이 공로로 버나도우는 후에 일본 정부로부터 포상을 받았다.

로 돌아갔다. 우리는 전복부에 총상을 입은 4명의 중국군을 발견하였다. 어느 누구도 명백히 복막을 관통하지 않았으며, 그들 모두는 사출구(射出口)를 갖고 있었다. 다른 한 사람은 명백히 원뿔형의 공에 의해 만들어진 상처가 있었는데, 한쪽 엉덩이를 관통하면서 장골(腸骨)을 관통하였고 분명히 천골(薦骨)도 손상되었다. 한 명은 대퇴부에 자상을 입었다. 다른 세 명은 동일한 총상을 입었다. 각 환자에서 사출구가 보였다. 우리는 각 환자에게 찜질약을 처방하였다. 마지막 환자는 오른쪽 손의 뒤쪽 부분에 칼로 잘려진 부위가 있었고, 첫 손가락의 지골이 두 개로 잘려 있었다. 우리는 즉시 손가락을 절단하려하였으나, 그 병사는 절단수술에 동의하지 않았다.

오후 3시에 집에 도착하니, 푸트와 애스톤 가족이 모든 짐을 꾸려 아침에 제물포로 떠날 준비를 하고 있었다. 그들은 묄렌도르프와 독일 공사가 떠나버려 우리가 (서울에 남아있는) 유일한 외국인이라며 함께 떠나자고 재촉하였다. 패니와 나는 그것에 대해 이야기를 나누었고, 다음과 같은 이유로 떠나지 않기로 결정하였다. 첫째, 우리는 바로 이런 일을 위해 이곳에 왔으며, (우리를) 절실하게 필요로 할 때 떠날 수 없다. 둘째, 우리는 다양한 먹거리와 함께 편안하게 이곳에서 지내왔다. 반면 제물포에는 우리가 묵을 숙소도 없을 것이며, 먹을 것도 적을 것이다. 또한 그곳에서 아기도 제대로 먹이지 못할 것이다. 셋째, 우리는 촉박한 통고를 받았는데, 사용할 수 있는 모든 가마는 다른 사람들이 모두 차지하여 우리가 원해도 갈 수 없다. 우리는 (이곳에) 남아 임무를 수행하며, 모든 것을 하나님께 맡기기로 결정하였다.

푸트 공사에게 이렇게 말하자 그는 나에게 자신의 집에 와서 살라고 재촉하였는데, 내가 예상한 것, 즉 그는 우리의 안전에는 조금도 관심이 없고 그저 자신의 자산을 지켜줄 누군가를 바라고 있었다는 것이 사실임을 그의 말에서 알게 되었다. 나는 우리 집을 위한 경호를 요청하였으며, 그런 후에 내가 가서 그가 요청하는 것을 하겠다고 말하였다. 그는 내 메시지를 전달하겠다고 단단히 약속하였으나, 그 후 그는 잊어버렸다고 나에게 말하였다. 푸트 씨는 자신이 정말 잊어버렸다고 나를 납득시키기 위해 노력하였고 나의 견해가 사실이었다고 이야기하였는데, 다시 말해 그는 거짓말을 하였던 것이다. 그리고 난 후 나는 그들에게 우리가 피난 갈 이유가 더 많아질 때까지 집에 머물 것이라고 말하였다. 하지만 다음 날 아침 푸트 부인이 아파 갈 수가 없었다.

공사는 이틀 안에 돌아올 예정으로 애스톤 가족 및 타운젠드와 함께 떠났다. 그래서 서울에 남아있는 외국인은 푸트 부인, 스커더 씨, 알렌 씨(영국 공사관 직원),[22] 핼리팩스 씨, 그리고 우리 가족뿐이다. 어제인 10일(사람들이 제물포로 떠난 날)에 민영익을 진료하기 위해 그의 집으로 갔다. 그가 거처를 옮긴 것이 그에게 손상을 주었다. 봉합사가 뜯어져 상처들이 심하게 벌려져 있었기에 그는 심한 통증을 느끼고 있었다. 나는 한 시간 반을 머물렀으며, 그에게 ¾그램의 모르핀과 아트로핀 1/48그레인을 피하에 놓아 그를 진정시킬 수 있었다.

오늘인 12월 10일[23] 탈출하는 일본군에 의해 총상을 입은 군인의 눈 절제 수술을 시행하였다. 나는 또 민영익을 왕진 치료하였다. 그는 가만히 있지 못하고 있고, 일어나기를 원하고 있으며 즉시 자신을 완치시켜 주기를 원하고 있다.

나는 점점 낙담해 하고 있으며, (이 상황에서) 벗어났으면 좋겠다. 핼리팩스 씨가 나에게서 돈을 빌리러 왔다. 그는 맥주 애호가이며, 무일푼이기에 나는 빌려줄 수 없었지만 그가 갖고 있는 약간의 식량과 나무 60달러어치를 샀다. 나는 영국 영사관에 현금으로 이미 지급한 80,000냥 이외에도 200달러를 빌려 주었다.

우리는 한국군 병사 4명을 배정 받았는데, 우리를 위해 호위대를 결코 마련해 주지 않았을 우리의 공사를 통해서가 아니라 민영익을 통해 (조선) 정부로부터 받았다. 그렇지만 그들은 별 쓸모가 없기에 나는 그들을 곧 떠나게 할 생각이다. 우리는 일본인들이 곧 도착하리라고 말하는 지원군이 올 때까지는 더 이상의 문제가 발생하리라고 예상하지 않는다. 지금 제물포에 체류 중인 외교관들은 더 이상 문제가 일어나지 않도록 노력하고 있다. 우리가 내보낸 일본인 요리사를 대신하여 중국인 요리사를 구한 것은 행운이었다. 나는 그가 떠나기 전에 13달러를 지불해야만 하였다.

Dr. Allen's Diary No. 1 (1883~1886) (Dec. 11th, 1884)

Thursday Dec. 11th[, 1884]

The past week has been a busy and unsettled one. The night after the first assassination, we slept quietly in our homes. I was called the evening of the 5th to see Min Yong Ik again, he was still at Mullendorfs and I saw him twice in the evening and once early the next morning. The afternoon of the 6th (Sat.) we

22) E. L. B. 알렌(E. L. B. Allen)은 서울 주재 영국 영사의 보좌관으로 1884년 10월 9일 내한하여 1886년 5월 11일까지 근무하였다. 이후 중국에서 부영사 및 영사로 활동하였다.

23) 오늘은 12월 11일이다.

were quietly enjoying our pleasant home when a messenger came from Gen'l Foote telling us to come at once to their place. We did so and I returned for clothing after seeing Fannie and the baby safe at the "Top Side House" at the Legation where were the Footes and Astons, Mr. Hallifax & family, Townsend and family and Mr. Bernadou who had had charge of affairs. It seems that as soon as the assassination of Min was supposed to be performed, six other nobles of the Chinese or Anti-Japanese Party were killed and the Japanese Minister left his Legation and took possession of the King and Palace, ostensibly for protection of the same. The action was so concerted in killing the high officials of the Chinese Party and taking possession of the Palace by the 180 Japanese soldiers that it became evident Japan had something to do with it. China and Japan both claim the Corean King as their subject and owe him protection. Therefore upon hearing the rumor that the King was dead, the Chinese Minister demanded an audience with him. The Japanese Minister refused it and the Chinese Commander opened fire. In the engagement party Japs were killed. One hundred Chinese and one hundred Coreans shared the same fate. The Chinese got possession of the Palace and King and drove the Japs back to their Legation. It was this fighting that caused our new alarm and we prepared to do duty all night. With my Chinese and Japanese servant my revolver and a borrowed Winchester repeating rifle I guarded my own property, much against the desire of the Legation people who seemed to think my property not worth guarding. Some fighting was kept up all night in the streets but we were unmolested.

I was sent for twice to go and see Min but was glad to have Gen'l Foote refuse to let me go. However in the morn a good guard with 2 of the European Customs staff came for me the next morn and I went. Found him holding his own but very impatient. A message came from the King urging me to let Min be removed to the Palace for greater safety. I consented and went home.

We spent the Sunday (7th) on guard. About 4 P. M. severe firing was heard in the direction of the Japanese Legation. It came nearer and passed on towards and through the West Gate and around the city. It was the remnant of the Japanese fighting their way out. And soon we saw the flames rising from their magnificent and costly Legation building. Kim Ok Khun, one of the Japanese or Anti-Chinese Party escaped with them and his fine house with his new European furniture was also in flames. A number of his party who had been given the offices of the nobles previously killed were themselves killed at the instigation of the Chinese. We had four Japanese soldiers at the Legation, who had been sent there as a guard. These with a number of refugees and our Japanese servants, we carefully concealed that night. I mounted guard at the front gate of the Legation with a band of soldiers from the Chinese Camp.

I had not slept but eight hours in the past ninety six and was not sorry when a message came with a Chinese guard saying that Min, with the King was at the Chinese Camp and anxious to have me come at once. I went and found the streets lighted with fires around which were gathered the frightened people. I stumbled over some dead bodies and was glad to get inside the imposing Chinese but when I was welcomed by the Commander Chung and eagerly by my patient, who seemed to have borne the moving well. After attending to him I took a nap in the Commander's room. In the morn after attending to my patient I went to look after the wounded Chinese soldiers with the Commander. I found three with gunshot wounds in the leg and removed one bullet. Two had wounds of the thigh. Three of the hand and one of the fore arm made by a bullet which passed clear through injuring neither bone. One had an ugly spear wound of the right side of the neck making an ugly perforation large enough to put two fingers clear through.

Yuan Shi Kai - later Minister, still later Chinese Emperor

I dressed these peoples wounds, took breakfast at noon with the commander and reached home at 2. P. M. Everything was quiet. A squad of eight marines under Capt. Gamble with Surgeon Wheeler came up from an English Gunboat at Chemulpoo and we all went to our homes where we passed a quiet night.

The next morn 9th Mr. Bernadou with a good Chinese and Corean guard left for Chemulpoo taking with them the Japanese refugees that we were concealing. That morn I went to see my patient and took with me Dr. Wheeler. He was surprised that Min Yong Ik should have lived so long and was doubtful as to his prognosis. We looked at the wounded Chinese, and then went to the other Chinese put back of the Palace. We found four soldiers with gunshot wounds of the front of the abdomen. None of them apparently perforating the peritoneum and all of them having the wound of exit. One other had a wound made evidently by a conical ball which passed through one buttock and out of the other, piercing the illei and evidently injuring the sacrum. One had a clean sword thrust through the thigh. Three others had gun shot wounds of the same. Wound of exit being visible in each case. We prescribed poulticing in each case. The last case was one where a sword cut had taken away a part of the back of the right hand and had cut the phalanx of the first finger in two. We went about to amputate it (the finger) at once but the soldier would not consent.

On reaching home at 3. P. M. I found the Footes, Astons, and all packed up and ready to leave in the morn for Chemulpoo. They urged us to go for as Mullendorf and the German Minister had left, we would be the only foreigners. Fannie and I talked it over and decided not to leave for these reasons - first we had come here for just this very work and could not leave when so needed, secondly we were comfortable here with a plenty to eat. While at Chemulpoo we would have no accommodation and but little to eat. Also the baby would probably fare badly there. And thirdly we had such short notice that as all the available chairs had been taken, we might not be able to go if we desired. We decided to stay and do our duty and trust all to God.

I told Gen'l Foote the same and then he urged me to come and live in their place, but I soon learned from his remarks that what 1 expected was true, namely, that he cared not a bit for our safety but simply desired some one to look after his own effects. I asked him to ask for a guard for my place and then I would come and do as he requested. He firmly promised to send my message, but afterwards told me he had forgotten it. Mr. Foote however in his endeavors to assure me he had really forgotten it, assured me that my opinion was true, namely that he lied. I then told them we would stay at home till we saw more cause for fleeing. The next morn however Mrs. Foote was sick and could not go.

The Gen'l went with the Astons and Townsend, intending to return in two days. Thus leaves Mrs. Foote, Mr. Scudder, Mr. Allen (Sec. British Legation), Mr. Hallifax and ourselves here. On yesterday the 10th (the day the people left for Chemulpoo) I went to see Min, who was at his own home. The moving had hurt him. The stitches had torn out, the wounds were gaping badly and he was in great pain. I stayed an hour and a half and gave him ¾ gram morphine and 1/48 gr. Atropin hypodermically before I could quiet him.

Today Dec. 10, I performed abscis[s]ion upon a man's eye which was destroyed by a shot from the Japanese as they were escaping. I also went to see Min. He is very impatient, wants to get up, and wants me to cure him immediately.

I am getting disheartened and wish I were out of it. Mr. Hallifax came to borrow money of me. As he is a beer drinker & penniless I could not loan it, but I bought some provisions and wood of him to the amount of $60.00. I also loaned the British Consulate $200.00 in addition to the 80,000 cash already advanced to them.

We have now four Corean soldiers from the Government obtained by myself through Min, and not by our Minister who would never get us a guard. They are of little use tho' and I think of letting them go soon. We don't anticipate any further trouble till the Japanese return which they say they will do as soon as reinforcements arrive. The diplomats are now at Chemulpoo trying to prevent any further trouble. We were fortunate in getting a Chinese cook to take the place of the Jap. whom we sent away. I had to give him $13.00 before leaving.

18841220

알렌 박사의 일기 제1권(1883~1886년) (1884년 12월 20일)

1884년 12월 20일 (토)

또 다른 대탈출이 내일과 모래에도 일어날 것이다. 포크 씨, 공사관의 해군 무관 버나도우 씨, 그리고 우리들을 제외하고 수리(修理)를 위해 돌아왔던 몇몇 외국인들은 물건을 챙겨 안전한 곳으로 떠났다. 우리는 무모하게 행동하기를 원하지 않으며, 조심스럽고 늘 기도하며 문제들을 숙고하였다.

푸트 공사는 어느 방식이든 우리에게 조언을 하지 않을 것이다. 그는 "만약 내가 당신에게 머물러 있으라고 조언하고, 그래서 당신이 해를 당한다면 나는 비난을 받을 것이다. 만약 내가 당신에게 가라고 해서 당신 재산이 파괴된다면, 물론 당신이 떠난다면 반드시 그러하겠지만, 당신이 재산을 잃은 것에 대해 나를 비난할 것이다."라고 말하고 있다. 그래서 우리는 절박한 위험이 닥쳐 그가 제물포에서 우리에게 편지를 쓸 때까지 남기로 결정을 하였다. 그렇게 된다면 나는 패니와 아기를 제물포로 보내 아마도 나가사키로 떠나게 할 것이다. 지금 모든 것들이 평온하며, 나의 환자는 비록 오늘 밤에 약간 약화되었지만 조금씩 회복되고 있다. 절단을 거부하였던 한 중국인 병사는 이번 주에 파상풍으로 사망하였다.

Dr. Allen's Diary No. 1 (1883~1886) (Dec. 20th, 1884)

Dec. 20th[, 1884 (Sat.)]

Another exodus takes place tomorrow and next day. The few foreigners who returned to fix up things leave for good, excepting Mr. Foulk and Mr. Bernadou, naval attaches to the Legation, and ourselves. We do not want to act rashly, but have carefully and prayerfully considered the matter.

Gen'l Foote will not advise us one way or the other. He says, "If I advise you to stay and harm comes to you I will be blamed. If I advise you to go and your property is destroyed as it must be if you leave, then in case of their being no danger you will blame me for the loss of your property." So we have decided to remain till he writes us from Chemulpoo of the imminence of danger. Then I will send Fannie and the baby to Chemulpoo and off to Nagasaki probably. Everything is quiet now and my patient is improving slowly, though he is some worse this eve. A Chinese soldier who refused amputation, died with tetanus this week.

18841226

알렌 박사의 일기 제1권(1883~1886년) (1884년 12월 26일)

1884년 12월 26일 (금)

어제는 성탄절이었다. 패니는 멋지게 수놓은 견수자 모자 하나와 두 개의 견수자 넥타이를 비단 상자에 담아 나에게 주었는데 모두 그녀가 직접 만든 것이다. 나는 그녀를 위해 요코하마에서 15달러에 멋진 비단 가운을 샀지만 많은 외국 우편물 및 선물과 함께 정변이 발생하여 분실된 것 같다.[24]

우리는 이번 주에 부상당한 민영익 공(公)을 치료해 준 대가로 왕으로부터 멋진 선물을 받았다. 그것은 백색 견수자 바탕 위에 비단으로 화려하고 고상하게 10개의 잎을 수놓은 수려한 병풍이었다. 이러한 물건들에 대해 아마도 최고로 감정하는 포크 중위는 그가 이전에 본 것 중에서 최고라고 한다. 다른 하사품은 오래된 고려자기인데, 매우 우수하고 6, 7백 년 전의 것이라고 말하였다. 그는 이것이 진귀하고 뛰어난 도자기라고 평가한다. 우리는 어제 버나도우 중위 및 포크 중위와 함께 저녁식사를 하였다. 나의 환자는 회복되고 있다. 어제의 온도는 화씨 38도[25]이었으나 오늘은 12도[26]이었다. 사태는 조용하며, 아기는 이를 하나 갖고 있다.

정변 중에 반포된 포고령

부상배(負商輩)에 대한 공고

위의 포고는 다음과 같은 이유로 게시되었다.

국운이 불운하였다. 친일 악당들이 일어났다. 왕은 위기에 처해 있고 종묘사직이 파괴될 위험에 처해 있으며(왕조의 폐망), 최악의 상황이 일어났다.

중국 황제는 말없이 우리를 돕고 있으며, 중국 장군은 병사들을 소집하여 싸웠다. 하늘의 도움은 끝이 없으며 왕은 지금 안전하다. 장군의 호의는 컸으며, 이에 우리는 감사를 드린다.

---

24) 이 물건은 1월 말경 배달되었다. *Dr. Allen's Diary No. 1* (1883~1886) (Feb. 3rd, 1885)

25) 섭씨로 3.3도이다.

26) 섭씨로 영하 11.1도이다.

우리는 지금 의병으로서 반드시 중국을 도와야 하며, 이를 악물고 친일 악당들을 파멸시키려는 바람을 위해 이 명령을 게시하는 바이다. 우리의 모든 동지들은 이 점을 유의하고, 그 목적을 위해 부공국에서 만나자.

만약 이 명령을 무시하는 자들이 있다면 그들은 일본을 도왔다는 죄목으로 처리할 것이다. 모두 우리의 임무수행을 잊지 말자.

백성들에 대한 왕의 포고

한성부 재판소

갑신년 10월 22일

5명 역적의 범죄 공고.

김옥균, 박영효, 홍영식, 서광범, 서재필은 오랫동안 사악한 반란을 꾀하며 비밀리에 이를 모색하였다. 17일 밤에 홍영식은 우정국(외아문)에서 연회를 개최하였다. 사관생도인 서재창과 다른 10명 이상의 생도들은 함께 집에 불을 지르고, 문밖에 숨어 민영익이 오기를 기다렸다.[27] 그들은 그를 칼로 찌르고 상처를 입혔고, 이러한 행동을 한 이유를 백성들에게 발표하였다. 김옥균, 박영효, 홍영식과 서광범은 즉시 일본 공사관으로 갔으며, 그 이후 궁궐로 향하였다. 그들은 왕에게 큰 변란이 일어났으며 즉시 떠날 것을 강요하였다.[28] 반란이 일어난 그날 밤 왕은 경우궁으로 거처를 옮겼다. 일본 공사는 그의 병사들을 소집하고 궁으로 가서 포위하였다.

10명 이상의 사관생도들은 문에서 보초를 섰고, 한국인들의 통행을 막으면서 왕에게 접근하는 것이 불가능해졌다. 이어 김옥균, 박영효, 홍영식, 서광범과 서재필은 일본 군인들을 믿고 고위 관료들인 민영목, 민태호, 이조연, 한규직, 윤태준과 내시 유재현을 참살하였다. 몹시 끔찍한 사건이었다.

이 5명의 역적들은 이후 다른 역적들의 도움을 받아 병조와 호조의 권위 및 업무를 장악하였다. 그날의 일은 몹시 비참하며, 생각조차 하기 싫은 사건이었다.

한국인들이 이것에 대해 유감을 표명하는 것을 기회로 여겨 중국은 군대를 앞장 세웠다.[29] 그들은 궁으로 갔다. 그때 일본군이 첫 발포를 하였으며, 양국 군인들은 함께 싸워 죽고 부상을 당하였다. 왕은 북문으로 피신하였다. 중국군과 한국군은 함께 안으로 진입하였으며, 거리에 있던 백성들은 서로를 기뻐하였다. 홍영식

27) 서재필이 이끌었던 사관생도는 모두 13명이었다.

28) 창덕궁이다.

29) 정변이 발생하자 김윤식, 남정철 및 심순택 등은 중국 진영으로 피신하여 김옥균 등의 친일 개화파를 토벌할 것을 청하였다.

(洪英植)은 백성들에 의해 참수당하였다. 다른 주동자들은 도망쳤으며, 아직 잡히지 않았다. 그러나 서재창은 잡혀 꼼꼼한 신문을 받았으며, 자세한 내용이 지금 완전히 밝혀져 있다.30)

그림 6-6. 홍영식

이들 5명의 반란자들은 왕에게 불경죄를 저질렀으며, 위와 같은 암살과 참살을 저질렀기에 사형도 그들에게 충분한 처벌이 아니다.

일본 공사는 이 자들을 신뢰하며 그들과 함께 행동하였는데, 그가 왜 그렇게 행동했는지 우리가 아는 것은 영원히 불가능할 것이다. 그러나 조약에 명기된 사법 제도는 가치가 있으며, 우리는 불평해서는 안 된다. 그리고 일본인들이 다쳐서도 안 된다. 그렇게 명예롭게 대처할 필요가 있지만, 만약 왕의 명령을 들은 이후 일본인들에게 폭력을 가한 자들이 있다면 각별한 관심으로 그들을 처벌할 것이며 가능한 빠르게 이들을 진압할 것이다.

암살된 사람들의 명단

민영목(閔泳穆)	외아문 독판
민태호(閔台鎬)	표정(表旌)
조영하(趙寧夏)	보국(숭록대부)
이조연(李祖淵)	좌영 감독, 좌포도대장
한규직(韓圭稷)	전영 감독, 전포도대장
유재현(柳在賢)	내시
윤태준(尹泰駿)	우영 감독, 우포도대장

30) 서재창(徐載昌, 1866. 10. 29~1884. 12. 13)은 조선 말기의 무신이자 개화 사상가로 서재필의 동생이다. 먼 친척 서광래의 양자로 입양된 그는 1883년 일본 토야마[戶山] 육군 유년학교에서 신식 군사 훈련을 받은 뒤 정6품의 품계를 받고 무위영 별기군 작전관에 임명되었다. 그는 우정국이 개국하기 2개월 전에 우정국 사사(司事)에 임명되어 우정국 개설 업무에도 관여하였다. 갑신정변이 실패한 후 관군에게 붙잡혀 12월 13일 사형 당하였다.

반란자들에 의해 임명된 관리 명단[31]

박영효(朴泳孝)	전영사, 포도대장 [전후영사 겸 좌포장]
김옥균(金玉均)	호조참판
신복모 [신기선(申箕善)]	전영 부영관, 포도대장 [이조판서 겸 홍문관제학]
이창건	후영 부영관, 포도대장
이재완(李載完)	병조판서
서재필(徐載弼)	후영 정령관, 포도대장 [병조참판 겸 정령관]
홍진우 [홍순형(洪淳馨)]	영의정 [공조판서]
이재원(李載元)	우의정 [영의정]
홍영식(洪英植)	우의정 [좌의정]
박이영 [박영교(朴泳敎)]	동부승지 [도승지]
서광범(徐光範)	협판 ____________ [좌우영사 겸 대리외무독판 및 우포장]
윤웅렬(尹雄烈)	형조판서

북문으로 피신한 것은 의미가 있다. 서울에서 북동쪽 약 7마일 지점에는 7,000 피트 높이의 화산 분화구가 있다.[32] 그 분화구는 서울만 한 크기인데, 그 안에는 나무가 울창하고 약수 물이 흐르며 많은 승병들을 거느린 절들과 꽉 찬 창고가 있다. 이 지역으로 접근할 수 있는 입구는 오직 하나이다. 다른 모든 면들은 벼랑이다. 여태껏 그곳을 방문하였던 유일한 외국인인 포크 중위는 (그는 그 수비를 살펴보기 위해 왕에 의해 파견되었다) 200명이 10,000명을 상대로 방어할 수 있다고 말한다.

이곳으로 왕이 피신하였다. 그는 궁궐 벽에 있는 북문을 통해 이곳에 이르렀으며, 이 문은 이런 목적으로만 사용된다. 대문을 지나자마자 매우 깊은 틈을 가로질러 정밀하게 화강암과 모래로 만든 좁은 길로 이어진다. 왕이 통과한 후 삽으로 몇 번 내리쳐 모래를 흐트러뜨리면 전체가 깊은 계곡으로 떨어지고 추격을 따돌리게 된다.

전국에 이런 산성(山城)이 많이 산재해 있으며, 승려들이 지키고 있다. 이러한 승려들은 정부가 식량을 제공하기에 자신들의 종교적 수양에 게으르고 그들에게 자금을 지원하는 왕에게 충성하며, 그들은 첩자 등의 가치가 있다고 말할 수 있다.

일반 백성들은 중국에서와 마찬가지로 승려들을 존경하지 않는다. 왕비는 대단

31) [ ]속의 내용은 다른 자료들을 참고하여 알렌이 기록한 것을 수정 보완한 것이다.
32) 북한산성(北漢山城)을 의미하는데, 높이가 7,000피트, 즉 약 2,100미터라는 것은 잘못된 설명이다.

히 미신에 사로잡혀 있으며, 임신 하였을 때 48일 동안 황소, 호랑이 그리고 다른 동물들을 제물로 바쳤으며, 결혼 하였을 때 처음에 그녀는 남편을 사로잡기 위해 여우의 질(膣)을 묶어 그녀의 가슴 위에 부적으로 달고 다녔다.

보부상 조합은 사업을 위해 전국 각지를 돌아다니는 150,000명의 봇짐장수로 구성되어 있다. 이들은 한때 곤욕을 치렀지만 봉기하여 매우 강력한 존재임을 보여주자, 왕은 그들과 협상하여 궁내직과 일정한 권리를 주었고 그들의 빈곤 상태를 확실히 돕겠다고 약속하였다. 그들은 필요할 때 반대로 왕을 돕기로 하였다. 그들은 탐정과 같은 역할을 하여 왕을 돕는다. 예를 들어 죄인을 수배하면, 그의 용모가 보부상들에게 전해지고, 그들이 장부에 적어 그것을 널리 알리면 이들의 동료들이 그들의 상품을 팔기 위해 어느 곳에나 있기 때문에 이내 전국으로 퍼져나간다. 그 사람은 반드시 발견된다. 왕이 큰 곤경에 처하면, 보부상을 부르기 위해 상아 수판(象牙 手板) 친서를 휴대한 관리를 보낸다. 이들은 커다란 벙거지 모자를 벗고 양반들의 검은 모자 형태와 유사한 하얀 짚 모자를 쓴다. 모자의 양쪽은 흰 무명으로 묶었으며, 모자챙의 아래의 앞쪽은 충성을 의미하며, 뒤쪽은 성실을 의미한다. 이 사람들은 매우 강력하고 매우 충성스럽기 때문에 몹시 두렵고 대단한 신임을 받고 있다.

최근의 정변 때문에 왕은 불안한 상황에 있다. 그는 이 씨 가문이지만, 왕비는 민 씨 가문이다. 이전 왕조는 왕(王) 씨 가문이었다. 왕 씨들은 중국으로부터 독립을 원하였고, 반란을 일으키려 했었다. 그 군대의 총 사령관은 이 씨 가문이었다.[33]

왕의 현재 입장

그는 그것이 불가능하다고 선언하였고, 보수 세력들이 그를 지지하기 위해 모여들었다. 그는 모든 왕 씨 사람들을 살해하였고, 왕의 예복을 입었으며, 그들의 종묘를 파괴한 후 수도를 송도(松都)에서 지금의 서울로 천도하였다.

중국은 그가 매우 충성스러운 가신(家臣)인 것에 만족하며 그를 왕으로 앉히고 많은 선물들을 보냈는데, 그중에 아름다운 여인도 있었다. 그녀는 중국 혈통인 민 씨 가문의 실질적인 지도자이며, 약 450년 전으로 거슬러 올라간다. (이 왕조의 초기)

지금의 왕조, 특별히 현재 왕은 최근 독립하기를 갈망하여 왔다. 그는 최근 정변에서 그 역적들의 지지를 받았지만, 그의 왕비 가문은 반발하였다. 왕세자는 민

33) 이성계(李成桂)를 말한다.

영익의 형제 집안과 결혼하였기에 그들은 왕을 모든 방면에서 속박하였다.[34] 현 시점에서 역적들의 처형 혹은 망명으로 인해 왕은 외로운 처지에 있으며, 일본의 지지를 받고 있지만 중국의 불신을 받고 있다.

Dr. Allen's Diary No. 1 (1883~1886) (Dec. 28th, 1884)

Dec. 26[th, 1884 (Fri.)]

Yesterday was Christmas. Fannie gave me a nice embroidered satin cap and two satin ties with a silk case to keep them in all of her own make. I had bought a nice silk dressing gown for her in Yokohama at a cost of $15.00 but it with a lot of foreign mail and it may be presents was lost at the beginning of our trouble.

We received a nice presents from the King this week in return for my services to the wounded Prince Min Yong Ik. It was a handsome folding screen of ten leaves richly and tastefully embroidered in silk on a white satin back. Lieut. Foulk who is probably the best judge of these things says it is the best he ever saw. The other present was a piece of the ancient Corean pottery, very perfect and said to be six or seven hundred years old. The same man pronounces it a rare and choice piece. We had Lieuts. Bernadou & Foulk with us for dinner yesterday. My patient is improving. Yesterday thermometer stood +38°, today +12°. Things are quiet and the baby has a tooth.

Copies of the Decrees Issued During the Uprising

Notice to the Pou Syang Pei (A Peddler's Guild)

The above is posted for the following reasons.

The nation's lot has been unfortunate. The Japanese villains risen. The King is

34) 민태호의 딸, 즉 민영익의 여동생은 순종의 비인 순명효황후(純明孝皇后)로 간택되었다.

in peril, and his ancestral tablets in danger of being destroyed (his dynasty abolished), a bad state of things has been brought about.

The Chinese Emperor silently aids us and the Chinese General has summoned his soldiers and fought. Heaven's favor has been infinite and the King is now safe. The General's kindness has been great and we are thankful.

We now as volunteers must assist the Chinese gritting our teeth in our desire to destroy the Japanese villains we post this order. All our comrades must give this matter due attention, and meet for the purpose at the Pou Kong Kouk.

But if there be those who disregard this order they will be treated as guilty of the crime of having assisted the Japanese. Let none of us forget our duty.

King's Notice to the People

Han Syung Pou Tribunal. Kap Sin, 10th Mo. 22nd Day.

Notice of the crimes of five conspirators, Kim Ok Kiun, Pak Yeung Hio, Hong Yong Sik, So Koang Pom, and So Tjay Pil, secretly sought to betray the King having long wickedly conspired. On the 17th day at night Hong Yong Sik gave a dinner at the Ou Tjyeng Kouk (Foreign Office). The military student So Tjay Chang and more than ten others set fire to a house and then hid outside the gate and waited for the coming of Min Yong Ik. They stabbed and wounded him, telling the people that there was reason for the act. K. O. K., P. Y. H., H. Y. S. and S. K. P. at once went to the Japanese Legation and afterwards to the Palace. Having addressed the King, they told him that a great trouble had arisen and forced him to allow himself to be taken away. And in the night as the King was troubled he went to the Kyeng O Koung. The Japanese Minister gathered his soldiers and went to the Koung and surrounded it.

The students, more than ten, stood at the gate and prevented the passage of Coreans, and soon it became impossible to obtain access to the King. Then K. O. K., P. Y. H., H. Y. S., S. K. P. & S. J. P., trusting in the Japanese soldiers badly assassinated the high officials Min Yong Mok, Min Tai Ho, Yi Tjo Yeun, Han Kyou Tjik, Yun Tai Tjoun and the eunuch You Tjin Hyen - a most deplorable event.

These five conspirators then assuming the authority and dignity of the Boards of War and Finance were supported by the other rebels. This day's work was most deplorable and makes one sick to think of.

The Chinese soldiers took occasion of the peoples regret and the troops were led out. They went to the Palace. At that time the Japanese soldiers first fired and the soldiers fought together and killed and wounded each other. The King retired by the North Gate. The Chinese and Corean soldiers having joined together went in, and the people on the street congratulated each other. Hong Yong Sik had his head cut off by the people. The other conspirators ran away and have not yet been caught. But So Tjay Chang was caught and carefully questioned and the particulars are now fully known.

These five rebels did violence to the King and caused the above assassinations, and death is not sufficient punishment for them.

The Japanese Minister believed in these men and went together with them and it will be forever impossible for us to know why he acted thus. However justice by treaty has its worth and we must not yet complain. And so the Japanese must not be injured. It is necessary to act thus in honor; but if after hearing the King's command there are those who do violence to the Japanese especial care will be taken to punish them and suppress them as quickly as possible.

Names of Assassinated

Min Yong Mok (Tok Pan or Pres. Foreign Office)
Min Tai Ho (Pho Tyeung)
Tjo Ryong Hoa (Po Kouk)
Ni Tjio Yun (Tjoa Yong Kamtok, General of Left)
Han Kyou Tyik (Tjyen Yong Kamtok, General of Fore)
Ryou Tyai Hyon (Eunuch)
Youn Tjai Joun (Ou Yong Kamtok, General of Right)

Names of Officers Nominated by Conspirators

Pak Yeung Hyo (Tjyen Yong Sa, General)
Ho Tjo Tcham Pan or Pres. Board Finance = Kim Ok Kiun
Sin Pok Mo (Tjyen Yong Pou Ryong Koan, General)

Ni Tchuang Kyon (How Yong Pou Ryong Koan, General)
Ni Tjai Own (Pyong Tjo Pan So - Pres. of Board of War)
So Tjay Pil (Hou Ryong Tjyong Ryong Koan, General)
Hong Tjin You (Yong Wi Tjyong)
Ni Tjai Own (You Wi Tjyong)
Hong Yong Sik (You Wi Tjyong)
Pak I Yung (Tong Pou Seung Tji)
So Koang Pom (Hyem Pan Kyou Syestong Yang So Pou)
Youn Young Ryoll (Hyong Tjo Pan So - Pres. Board Justice)

Fleeing thro the North Gate has a meaning. About seven miles north east of Seoul is a volcanic crater 7,000 feet high. The crater is in area about the size of Seoul, inside are heavy groves of trees, a stream of living water and numbers of Buddhist temples with numbers of armed priests, and a well filled store house. This place is only accessible by one entrance. It being precipices on all other sides. Lieut. Foulk, the only foreigner who ever visited it (he being sent by the King to look after its means of defense), says that 200 men could hold it against 10,000.

This is the King's retreat and he reaches it by the North Gate which is situated in the Palace wall and only used for this purpose. Immediately one passing thro the gate the way leads along a narrow path made by carefully placed granite sand making a ridge across a huge very deep and almost impossible gully. When the King has passed over a few blows with a shovel so loosens the sand that the whole thing falls and pursuit is cut off.

There are numbers of these mountain fortresses scattered about over the country, and guarded by Buddhist priests. I may say that these priests are fed by the Govern't and are a lazy set ______ of their religion and loyal to the King who funds them and to whom they are valuable as spies etc.

The people do not worship with them as in China. The Queen is very superstitious and for forty eight days when pregnant she kept sacrificing bulls, tigers and other animals. And when first married she wore a charm upon her breast made of a string of fox vaginae to captivate her husband.

The Pouk Sang, a peddler guild is composed of 150,000 footers who travel the whole country over in their business. They were once much abused but arose and were found to be so very formidable that the King made terms with them giving them a royal officer and certain rights also promising certain help to the destitute. They were in turn to help the King when necessary. This they do by acting as detectives. For instance a culprit is wanted, his description is given to a Pouk Sang man who writes it in a board and passes it along it soon traverses the whole country and as these fellows are every where with their wares. The man is sure to be found. In times of great extremity the King sends out an officer with a letter ivory tablet calling out the Pouk Sang. These men put off their big felt hats and don a white straw hat similar in shape to the black hats of the gentry. On each side of the hat is a bunch of white cotton and on the under side of the rim is a character in front meaning loyalty and behind meaning fidelity. These people are very powerful and very loyal, greatly feared, & greatly trusted.

Owing to the recent murders the King is in strange circumstances. He belongs to the E family; the Queen to the Min family. The previous dynasty was that of the Wang family. The Wangs wanted to be independent of China and were about to rebel. The Chief General of the Army was of the E family.

Present Position of the King.

He declared it impossible and the conservatives flocked to his support. He killed all of the Wang family, took the King's robes, destroyed his ancestral tablets and moved the Capital from Chung do to this place Seoul.

The Chinese glad of such a loyal subject, sent over and crowned him among many rich presents sent the new king was a beautiful woman. She is the real head of the Min family which is of Chinese extraction and dates back but about 450 years (the reign of this dynasty).

The present dynasty and especially the present King has recently become anxious to be independent. He was supported by the conspirators in the late trouble and opposed by his Queen's family. His son, the Prince royal is married to the own brother of Min Yong Ik and they hedge the King in on all sides. At present owing to the death or departure of the conspirators the King stands alone, favored by Japan but mistrusted by China.

18841227

서울의 격분.

The Japan Weekly Mail (요코하마) (1884년 12월 27일), 627쪽

지난 18일자 *North China Daily News*는 최근 한국에서 일어난 사건에 대해 다음과 같은 상세한 기사를 실었다.

(중략)

손님들은 자신들이 공격, 아마도 살해될까 두려워 폰 묄렌도르프 씨와 (민영익) 공(公) 만을 남겨두고 서둘러 연회장을 떠나 집으로 돌아갔다. 후에, 아마도 45분 후에 소년 한 명이 민(閔)에 대한 암살 시도가 있었다는 소식을 듣고 우정국에서 가까운 곳에 위치한 폰 묄렌도르프 씨의 집으로 갔다. 그 집에 있던 두세 명의 외국인들은 무장을 하고 민(閔)을 구하기 위해 갔고 그를 안전하게 우정국으로부터 멀리 옮기는데 성공하였다. 동시에 최근에 상하이에 있었으며 미국 공사관 근처에 살고 있는 알렌 박사를 불렀으며, 그는 즉시 민(閔)의 상처를 치료하였다. 분명 공의 상처는 대단히 심하였지만 그는 회복될 것으로 예상된다. 민(閔)이 폰 묄렌도르프 씨 집에 머물러 있는 동안 작년에 임명된 병조판서가 그를 방문하여 금요일 오전 4시까지 머물렀다.

(중략)

The Outrage at Soul.
The Japan Weekly Mail (Yokohama) (Dec. 27th, 1884), p. 627

The *N. C. Daily News* of the 18th inst. publishes the following account of the recent affair in Korea: -

(Omitted)

The guests, fearing that they might be attacked, and perhaps murdered hastily left the feast and endeavoured to return to their homes, leaving Herr von Mollendorff and the Prince alone. Later on, perhaps there quarters of an hour, a boy went to Herr von Mollendorff's residence, a short distance from the Post Office, with the intelligence that there had been an attempt to assassinate Ming. There were two or three foreigners in the house, so they armed themselves and went to the rescue and succeeded in getting Ming safely away from the Post Office. At the same time Dr. Allen, lately in Shanghai, who lives close to the American Legation was sent for; he promptly attended and dressed Ming's wounds. There is no doubt the Prince's wounds were very serious, but it is hoped he will recover. While Ming remained at Herr von Mollendorff's house, the Corean Minister of War, who was in office last year, called to see him and stayed with him till 4 a. m. on Friday.

(Omitted)

18850100

편집자 단신. *The Foreign Missionary* 43(8) (1885년 1월호), 324쪽

서울에서 10월 8일자로 H. N. 알렌 박사가 보낸 두 번째 편지[35]는 그가 한국의 수도에 있는 모든 외국인들로부터 대단히 따뜻한 환영을 받았으며, 왕의 허락으로 미국 공사 L. H. 푸트 장군에 의해 미국 공사관의 의사로 임명되었다고 언급하고 있다. 그는 자신의 선교부를 위해 공사관에 접한 훌륭한 부지를 대단히 유리하게 구입하는 데 성공하였으며, 부지는 주인이 1882년 반란이 일어났을 때 학살당한 '귀신이 나오는 부지'라 대단히 싼 가격에 구입하였다. 알렌 박사의 설명에 의하면 한국은 보다 나은 문명의 필요성이 크다. 선천적으로 명랑한 사람들은 습관이 태만하고 더러우며, 삶의 안락함을 증진시키는데 거의 신경을 쓰지 않는 것 같다. 당연히 산에는 석탄이 있지만, 수입된 사치품으로 톤 당 가격이 20달러이다. 쌀과 사냥감은 충분히 풍부하고, 소고기는 대단히 질이 나쁘며, 원예 야채는 거의 알려져 있지 않다. 우유도 수입된다. 우리가 출판을 준비 중에 있을 때 왕에 대한 반란이 일어났으며, 관리 중 일부가 살해되었다는 소식을 전하는 전보가 날라들었다.[36] 왕의 진보적 정책에 대항하는 집단이 계속 있었으며, 중대한 방해가 개입되었다 해도 이상하지 않다. 그래서 세계의 모든 곳이 움직이기 시작하였다.

---

35) Horace N. Allen (Seoul), Letter to Frank F. Ellinwood (Sec., BFM, PCUSA) (Oct. 8th, 1884)
36) 1884년 12월 4일에 일어난 갑신정변을 말한다.

Editorial Notes. *The Foreign Missionary* 43(8) (Jan. 1885), p. 324

A second letter from Dr. H. N. Allen, dated Seoul, October 8th, states that he has been very warmly welcomed by all foreigners at the capital of Korea, and that he has, with the consent of the king, been appointed Physician to the Legation by our United States Minister, Gen. L. H. Foote. He has succeeded in purchasing, very advantageously, a fine property, adjoining the Legation, for his Mission, the premises having been held at a very low price as *haunted property*: its native occupants had been massacred at the time of the revolt in 1882. According to Dr. Allen's description, Korea is greatly in need of a better civilization. The people, though naturally bright, are negligent and dirty in their habits; and very little attention seems to have been paid to increasing the comforts of life. Although the mountains are doubtless well supplied with coal, that commodity costs $20 per ton, as an imported luxury. Rice and game are sufficiently abundant, and beef of a very poor quality, but garden vegetables are almost unknown. Even milk is imported. As we go to press, telegraphic dispatches bring tidings of revolt against the king, and of the assassination of some of his officials. There has been all along a party which opposed the progressive policy of the king, and it would not be strange if serious obstacles were interposed. So it has been everywhere when the world began to move.

18850111

알렌 박사의 일기 제1권(1883~1886년) (1885년 1월 11일)

1885년 1월 11일 (일)

지난 주(週)는 한국에게는 다사다난(多事多難)하였다. 일본 외무경은 2,500명의 군대를 이끌고 전권대신 자격으로 이곳으로 왔다. 그들은 한국 대표와 협상을 하지 않고, 한국에게 협상 조건에 응하든지 전쟁을 하든지 선택하라고 하였다. 그들은 매우 적은 배상금인 은화 120,000달러를 요구하였는데 그것은 즉시 합의되었고 일본과 한국 사이에 평화가 선포되었다.[37] 이제 일본 (전권대신)은 중국과 협상을 벌이기 위해 베이징으로 간다. 중국 공사 또한 3,000명의 군사와 함께 이곳에 왔지만, 늘 그렇듯 그는 다른 중국 공사처럼 힘이 없었다.[38]

그림 6-7. 이노우에 가오루

미국 군함 오시피 호의 함장 맥글린지,[39] 기관장 로빈슨,[40] 군의관 A. T. 프라

37) 외무경 이노우에 가오루[井上 馨, 1836~1915]는 외무대서기관 곤도 마스키[近藤眞鋤], 미국인 고문 더럼 W. 스티븐스(Durham W. Stevens, 1851~1906), 육군 중장 다카시마 도모노스케[高島鞆之助, 1844~1916], 해군 소장 가바야마 스케노리[樺山資紀, 1837~1922] 등을 수행원으로 하는 교섭단과 2개 대대의 병력 및 7척의 군함을 이끌고 1884년 12월 30일 인천에 상륙하여 강경한 교섭에 나섰다. 이들은 1885년 1월 3일 서울에 도착하였으며, 한국 측 전권대신으로 임명된 좌의정 김홍집과 협상을 벌여 1월 9일 한성조약을 체결하였다. 이 조약은 5조로 되어 있으며, 갑신정변 와중에 일본인이 입은 손해 배상금으로 10만 엔, 불에 탄 일본 공사관 건축비로 2만 엔을 지불하도록 되어 있었다.

38) 청국 공사 우따쩡[吳大徵, 1835~1902]은 공식직함이 청국회판북양사의(淸國會辦北洋事宜)이었으며, 1884년 12월 30일에 아산만에 도착하여 1885년 1월 17일 입경하였다.

39) 존 F. 맥글린지(John Franklin McGlensey, 1842?~1896. 5. 3)는 펜실베이니아 주에서 태어났으며, 1857년 미국 해군 사관학교에 입학하여 1860년 졸업하였다. 1862년 대위, 1866년 소령, 1875년 중령으로 승진하였으며, 1883년부터 1886년까지 아시아 전대(station)의 오시피 호의 함장으로 근무하였다. 그는 1890년 대령으로 승진하였고, 1893년 5월 전역하였다.

40) 루이스 W. 로빈슨(Lewis Wood Robinson, 1840~1903)은 뉴저지 주의 해든필드 근처에서 태어났다. 그는 1861년 제3 부기관사로 입대하였으며, 1863년 제2 부기관사, 1866년 제1 부기관사(대위 계급), 1883년 기관장(소령 계급)으로 승진하였다. 그는 1884년 1월 오시피 호로 발령이 났고 1887년 3월까지 복무하였다. 그는 1895년 중령으로, 1898년 대령으로 승진하였다.

이스,[41] 기관사 캐스카트,[42] 해군 소위 랜스데일,[43] 넬슨[44] 등이 지금은 제물포에 있지만, (서울에 와서) 이곳에서 며칠 동안 지냈다.[45] 군의관은 우리와 함께 있었으며, 즐거운 시간을 보냈다.

지난 주에 민영익은 나의 처방과는 반대로 그의 친구가 주는 한약인 인삼을 복용하였기 때문에 병세가 악화되었다. 오늘 왕비는 나에게 민영익의 친구들이 얼마나 우리 모두를 속이고 있는가를 언급하는 내용의 반가운 편지를 보내었다. 또한 왕비는 나를 확실히 신뢰하며, 나 혼자 그녀의 조카를 진료하여 줄 것을 부탁하였다.

Dr. Allen's Diary No. 1 (1883~1886) (Jan. 11th, 1885)

Jan. 11th, 1885 [(Sunday)]

Last week was an eventful one for Corea. The Japanese Minister of Foreign Affairs came here as ambassador with 2,500 troops. They did not parley with the Coreans but just gave them their choice of accepting their truce or war. They demanded a very small indemnity $120,000 which was at once granted, and peace declared between Japan & Corea. Japan now goes to Pekin to treat with China. A Chinese Minister with 3,000 troops also came here but he had no powers as is usual with Chinese Ministers.

---

41) 에이벌 F. 프라이스(Abel F. Price)는 펜실베이니아 주에서 태어났다. 그는 1868년 펜실베이니아 대학교 의학부를 졸업하고 입대하여 군의관 중위로 임명되었고, 1872년 대위로, 1878년 소령으로 승진하였다. 그는 1884년부터 1887년까지 오시피 호의 군의관으로 복무하였다. 그는 1895년 중령, 1899년 대령으로 승진하였다.

42) 윌리엄 L. 캐스카트(William Ledyard Cathcart, 1855~1926)는 코네티컷 주에서 태어났다. 그는 1873년 기관사 후보생으로 입명되었고, 1877년 부기관사(중위), 1884년 대기 기관사(대위)로 승진하였다. 그는 1884년 1월 18일부터 1887년 3월 5일까지 오시피 호에서 복무하였다. 후에 중령의 계급으로 전역하였다.

43) 필립 H. 랜스데일(Philip Van Horne Lansdale, 1858~1899)은 워싱턴 D. C.에서 태어났다. 그는 1877년 해군사관학교를 졸업하고 1881년 소위로 승진하였다. 그는 1884년부터 1887년까지 오시피 호에서 복무하였다. 그는 1893년 대위로 승진하였으며, 1899년 사모아에서 일어난 반란을 진압하던 중 매복 공격을 받아 사망하였다.

44) 발렌타인 S. 넬슨(Valentine Sevier Nelson, 1855~1932)은 테네시 주의 존스버러에서 태어났다. 그는 1879년 해군사관학교를 졸업하고 1880년 소위로 승진하였으며, 1884년부터 1887년까지 오시피 호에서 복무하였다. 그는 1887년 중위, 1892년 대위, 그리고 1900년 소령으로 진급하였다.

45) 오시피 호에 승선한 미국 해병대는 제물포에 상륙하여 12월 18일 서울에 도착하였다.

The Capt. McGlensey, Chief Engineer Robinson, Dr. A. T. Price, Engineer Cathcart & Ensigns Lansdale and Nelson of U. S. Man o. War, Ossipee, now at Chemulpoo, have been here for a few days. The Dr. stayed with us and we had a pleasant time.

Min Yong Ik was very much worse last week owing to his friends dosing him with Corean medicine, Ginseng contrary to my orders. Today the Queen sends me a pleasant message stating how his friends have been deceiving all of us. Also assuring me of her confidence in me and her desire to have me alone attend to her royal cousin.

1885년의 미국 아시아 함대(Asiatic Station)

1885년 미국의 아시아 함대는 대리 소장 존 L. 데이비스(John Lee Davis, 1825~1889)가 지휘를 맡았다. 아시아 함대는 트렌튼 호, 오마하 호, 매리온 호, 오시피 호, 얼러트 호 및 팔로스 호로 구성되었는데, 주니아타 호와 엔터프라이즈 호가 귀국하고, 오마하 호와 매리온 호가 새로 함대에 합류하였다.

1885년 아시아 함대에 속한 군함 중 일부가 제물포 항에 정박하였는데, 다음과 같았다.

오시피 호는 1885년 1월 19일 제물포를 떠나 22일 나가사키에 도착하였다가 1월 24일 제물포에 도착하였다. 오시피 호는 5월 6일 제물포를 출발하여 5월 12일 나가사키에 도착하였다. 오시피 호에 이어 트랜튼 호가 5월 3일 제물포에 도착하여 오시피 호와 임무를 교대하였으며, 6월 17일 제물포를 떠났다. 얼러트 호는 6월 15일 제물포에 도착하여 트랜튼 호와 임무를 교대하였다가 9월 4일 제물포를 떠났다. 다음으로 매리온 호가 1885년 9월 1일 제물포에 도착하여 얼러트 호와 임무를 교대하였다가 12월 25일 제물포를 떠났다.

오시피 호(USS Ossipee)

오시피 호는 뉴햄프셔에서 건조된 1,240톤 규모의 증기 범선이며, 1862년 11월 취역하였다. 이 배는 남북전쟁 중에는 멕시코 만에서 활동하였으며, 1866년부터 1872년까지 태평양 함대에 소속되었다가 이후 12년 동안 서대서양 함대에 소속되었다. 1884년부터 1887년까지 극동함대에 소속되었으며, 갑신정변 직후인 1884년 12월 18일에는 서울의 미국 공사관에 해병대를 파견하였다. 1885년 1월 19일 나가사키를 향해 제물포를 떠났다가 24일 돌아왔으며, 5월 10일 제물포를 떠났다.

그림 6-8. 오시피 호

오시피 호의 장교 명단과 계급 (1885년)

존 F. 맥글린지 (1860년 해사 졸업)	함장
윌리엄 B. 뉴먼 (1861년 입대)	소령
존 A. 로저스 (1868년 해사 졸업)	대위
프랭크 J. 밀러건 (1874년 해사 졸업)	대위
윌리엄 E. 수웰 (1871년 해사 졸업)	대위
윌리엄 B. 케이퍼튼 (1875년 해사 졸업)	중위
벤저민 W. 호지스 (1879년 해사 졸업)	소위
필립 H. 랜스데일 (1877년 해사 졸업)	소위
발렌타인 S. 넬슨 (1879년 해사 졸업)	소위
에이벌 F. 프라이스 (1868년 입대)	군의관, 소령
애벌리 C. H. 러셀 (1879년 입대)	군의관, 중위

루이스 W. 로빈슨 (1861년 입대)	기관장, 소령
윌리엄 L. 캐스카트 (1873년 기관사 후보생)	기관사, 대위

18850119

찰스 리먼(중국 난징)이 프랭크 F. 엘린우드 (미국 북장로교회 해외선교본부 총무)에게 보낸 편지 (1885년 1월 19일)[46]

(중략)

우리는 알렌 박사와 채핀 씨[47]를 잃었다는 소식을 듣고 유감스러웠지만 두 경우 모두 다른 방도가 없었던 것 같습니다. 이후 알렌 박사는 한국에서 일생일대의 기회를 잡았으며, 그는 그것을 감당할 수 있을 것 같습니다.

(중략)

Charles Leaman (Nanjing, China), Letter to Frank F. Ellinwood (Sec., BFM, PCUSA) (Jan. 19th, 1885)

(Omitted)

We are sorry to hear lost Dr. Allen & Mr. Chapin but there seemed no other way of it in either case. Dr. A. has since in Corea had the opportunity of his life, and he seems to be equal to it.

(Omitted)

46) 찰스 리먼(Charles Leaman, 1845. 9. 3~1920.12. 2)은 펜실베이니아 주의 랭커스터 카운티에서 태어났다. 그는 1874년 필라델피아 노회에 소속되었으며, 미국 북장로교회의 선교사로 난징으로 파송되었다. 그는 1873년 중국으로 파송된 루시 A. 크라우치(Lucy A. Crouch, 1850~1917)와 결혼하였으며, 1920년 사망할 때까지 난징에서 활동하였다.

47) 올리버 H. 채핀(Oliver H. Chapin)은 미국 북장로교회의 선교사로 1882년부터 중국 난징에서 활동하였다. 그는 1884년 봄에 건강 문제로 산동 지부의 즈푸로 이적되었다가 1885년 8월 귀국하였다.

18850122

알렌 박사의 일기 제1권(1883~1886년) (1885년 1월 22일)

1885년 1월 22일 (목)

현재 주한 미국 공사 직을 맡고 있는 포크(미국 해군 중위) 씨는 내가 작성한 다음의 병원 설립안을 자신이 쓴 소개말 및 한문 번역과 함께 기꺼이 제출하여 주었다.

미국 공사관[48]
한국 서울

1885년 1월

각하,

본인은 영광스럽게도 폐하의 정부가 검토하도록 미국 공사관의 미국인 의사, H. N. 알렌 씨가 작성한 서울의 병원 설립안을 제출하는 바입니다.

알렌 씨가 계획한 설립안은 실질적인 경로를 통하여 제출되었고 폐하의 백성들을 이로운, 순수하게 비이기적인 동기로 작성되었기에 상당히 추천할 만한 것 같습니다.

알렌 박사의 성품과 능력에 대해서는 최근 서울에서 성공적인 의술을 통해 충분하게 입증되었기 때문에 제가 더 이상 추천의 글을 추가할 필요는 없습니다.

알렌 박사의 계획을 호의적으로 검토해 주시기를 요청 드리면서 저는 그것이 한국인들의 복지를 위한 미국인들의 우의의 상징으로 여겨질 수 있다는 것을 각하께 보증하고자 합니다.

안녕히 계십시오.
조지 C. 포크

조병호 각하
외아문 독판

48) 조지 C. 포크가 쓴 소개 편지이며, 1월 27일 조선 정부에 제출되었다. 제출된 원본과 한문 번역은 이 책의 1월 27일자에 실었다.

한국 폐하의 정부를 위한 서울 병원 설립안[49)]

최근 정변이 일어난 후 저는 많은 한국인들의 요청으로 총알을 제거하고 총상을 치료하였을 뿐 아니라 다른 원인으로 아픈 사람들도 치료하였습니다.

저는 제가 할 수 있는 것을 하였지만, 많은 사람들이 저의 집에서 멀리 떨어진 곳에 살고 있었고 제가 민영익 각하와 부상당한 중국군들의 치료에 시간을 많이 빼앗겼기 때문에 그들을 진료하지 못하였습니다. 몇몇 환자들은 부유하여 제가 살고 있는 곳 근처에 방을 임대하였고, 그래서 저는 그들을 매일 진료할 수 있었습니다. 하지만, 많은 가난한 사람들이 적절한 시설이 없어 돌아가야 했습니다.

미국 시민의 한 사람으로서 저는 한국인들을 위하여 할 수 있는 모든 것을 하였으면 좋겠습니다. 그리고 만일 (조선) 정부가 저에게 약간의 시설을 허락한다면 서양 과학에 따라 환자를 치료하며, 부상당한 군인들을 치료할 장소를 갖게 됨으로써 충분히 보상 받을 것이라고 생각합니다. 또한 젊은이들에게 서양 의학과 위생학을 가르치는 기관이 될 것입니다. 미국의 모든 도시는 하나 이상의 병원을 갖고 있습니다. 서울도 병원을 하나 가져야 하며, 적은 비용으로 가질 수 있습니다. 저는 업무에 대한 대가를 받지 않고 조선 정부의 후원으로 병원의 책임을 기꺼이 맡겠습니다. 필요한 것은 단지 건강에 좋은 장소에 위치한 큰 한옥 한 채와, 등화(燈火), 난방, 조수, 간호원, 그리고 막일꾼, 음식을 살 수 없을 정도로 가난한 환자의 식비, 그리고 약 300달러 정도의 약품비를 포함하는 연간 운영비입니다. 이것이 허락된다면 저는 6개월 내에 또 다른 미국인 의사를 갖게 될 것이라고 약속드릴 수 있으며, 우리는 현재 베이징, 톈진, 상하이, 광둥 및 중국의 다른 도시들에 있는 병원들을 후원하고 있는 미국의 자선 단체로부터 생활비를 받을 것인데, 이 중 두 곳은 리훙장 자신이 비용을 제공하고 있습니다, 만일 이 병원의 설립이 허락된다면 '한국 폐하의 병원(왕립병원)'이라 불릴 것인데, 고통을 받고 있는 백성들이 적절하게 보살핌을 받는 것을 보는 것이 반드시 폐하께 기쁨이 되고 백성들도 틀림없이 계속해서 군주를 더욱 사랑하게 되며 여러모로 백성들을 북돋우게 될 것입니다.

(서명) H. N. 알렌, 의학박사

포크 씨는 민영익의 영향력으로 이 제안이 추진되기를 희망한다. 묄렌도르프 씨는 의학교를 시작하려는 무모한 계획을 갖고 있는데, 내가 다소의 영향력을 얻

49) 호러스 N. 알렌이 작성한 병원 설립안이다. 제출된 원본과 한문 번역은 이 책의 1월 27일자에 실었다.

었기 때문에 자신의 계획 아래 있기를 원하고 있다. 만약 그가 이 제안을 듣는다면. 모든 것들을 짓눌러 버릴지 모른다.

Dr. Allen's Diary No. 1 (1883~1886) (Jan. 22nd, 1885)

Jan. 22[, 1885 (Thur.)]

Mr. Foulk (Lieut. U. S. Navy) who is now occupying the place of U. S. Minister to Corea has kindly offered to forward the following proposal for a hospital, which I wrote, with some introductory remarks by himself, and a Chinese translation.

Legation of the United States
Seoul, Korea

Jany, 1885

Sir:

I have the honor to submit herewith for the consideration of His Majesty's Government a proposal for founding a Hospital in Seoul, by Mr. H. N. Allen, an American physician in attendance upon the[50] Legation.

The proposal as planned[51] by Dr. Allen would seem to be highly commendable as being directed through practical[52] channels, and purely unselfish motives towards benefitting His Majesty's subjects.

I need not add any commendatory remark as to the character and ability of Doctor Allen, as these have been so amply attested to in his late very successful practice in Seoul.

In requesting the favorable consideration of Doctor Allen's scheme, I would assure Your Excellency that it may be regarded as a token of the friendly regard

50) 제출된 소개문에는 'this'로 되어 있다.
51) 제출된 소개문에는 'framed'로 되어 있다.
52) 제출된 소개문에는 'practicable'로 되어 있다.

for the well being of the people of Korea by those of the United States.

I am, Sir,

Your very obedient servant,
George C. Foulk

To His Excellency
Cho Peung Ho
President of the Foreign Office.

Proposal for Founding an Hospital for the Government of His Majesty, the King of Korea in Seoul.[53)]

Since the recent troubles, I have been called upon by many Corean people to remove bullets and repair injuries done by fire arms, as also to treat people sick from other causes.

I have done what I could. But many of these people lived at a distance from my place, which prevented my attending them, owing to my time being taken up with His Excellency[54)] Min Yong Ik and the wounded Chinese soldiers. In a few cases the patients were rich and hired rooms near to my place, so that I could see them daily. Many of the poorer ones had to be turned away for lack of proper facilities.

As an American citizen, I would be glad to do all I can for the Corean people, and if the Government would grant me a few facilities, I think they would be amply repaid by having their sick cared for according to Western Science, and by having a place for wounded soldiers to be attended to.

Also it would be the means of instructing young men in Western Medical and Sanitary Science.

Every American city has one or more hospitals: Seoul should have one and could have one at a small expense.

53) 알렌의 병원 설립안 원문에는 제목이 없다.
54) 알렌의 병원 설립안 원문에는 His Excellency가 빠져 있다.

I am willing to take charge of one under the care of the Government[55] and not charge for my services. All that would be necessary would be to provide a large Corean house in a healthy locality, with an annual appropriation for running expenses, which would include lights and fires, men to act as assistants, nurses and coolies, food for such patients as are too poor to buy their own food, and about $300.00 for drugs.

Should this be granted I could promise to have another American Doctor[56] here in six months and we would work together without pay, drawing our living from a benevolent society in America that at present supports hospitals in Pekin, Tientsin, Shanghai, Canton and other Chinese cities, two of which are furnished by Li Hung Chang himself.

Should this be granted, the institution should be called "His Corean Majesty's Hospital," and it would certainly be gratifying to His Majesty to see his people cared for properly in their distress, while it would undoubtedly still further endear the people to their monarch and elevate them in many ways.

(Signed) H. N. Allen, M. D.[57]

Mr. Foulk hopes to get this pushed right thro by Min Yong Ik's influence. Mr. Mullendorf has a wild scheme for starting a medical college and wants to get me under his thumb because I have gained some influence. If he hears of this he may squash the whole thing.

알렌의 병원 설립안 원본 (Original Documents of Proposal)

알렌의 병원 설립안은 모두 세 벌이 남아 있다. 우선 자신의 일기에 적어 둔 설립안이 있다. 다음으로 조지 C. 포크 대리공사가 1885년 1월 27일 자신의 소개 편지와 함께 조선 정부에 제출하였던 '한국 폐하의 정부를 위한 서울 병원 설립안'이 있다. 그동안 이것을 알렌이 직접 쓴 원본으로 생각하였다. 하지만 이 설립

55) 알렌의 병원 설립안 원문에는 Govrn't로 되어 있다.
56) 알렌의 병원 설립안 원문에는 Dr.로 되어 있다.
57) 알렌의 병원 설립안 원문에는 I remain etc., etc,
H. N. Allen, M. D. 로 되어 있다.

안의 필체가 알렌의 것과 다르며, 포크의 필체이다. 즉 알렌의 설립안 원본을 보고 포크가 옮겨 적은 것이었다. 그렇다면 알렌의 설립안 원본은 어디에 있을까? 알렌이 직접 쓴 원본은 다른 외교문서와 함께 미국 국무부로 보내져 보관되어 있다.

ports Hospitals in Pekin
Shanghai, Canton,
Chinese cities.
are furnished
Chung himself.
this be granted. The
institution could be called
"Corean Majesty's Hospital"
and it would certainly be
gratifying to His Majesty to
his people cared for
properly in their distress.
and it would undoubtedly
draw the people to their
and elevate
in many ways.
I remain etc
H. N. Allen, M.D.

Since the recent troubles. I
have been called upon by
many Corean people to remove
bullets and repair injuries
done by fire arms, as also
to treat people sick from
other causes.
I have done what I could.
But many of these people
lived at a distance from
my place, which prevented
my attending them, owing
to my time being taken
up with Min Yong Ik and
the Chinese soldiers.
In a few cases the patients
were rich and hired rooms
near to my place, so that
I could see them daily

그림 6-9. 알렌이 조지 C. 포크에게 제출한 병원 설립안 원본. 왼쪽이 4쪽, 오른쪽이 1쪽이다. '한림대학교 아시아문화연구소, 주한 미국 공사관 · 영사관 기록: 1882~1905'에서 인용함.

Record Group 84. *Records of Foreign Service Posts of the Department of State. U. S. Legation in Korea.* C8.2 *Foote, Parker, July 1883~March 1887 Miscellaneous Received* (No. 20b) (Jan. 27, 1885) many of the poorer ones had to be turned away from lack of proper facilities. As an American citizen I would be glad to do all I can for the Corean people. And if the Government would grant me a few facilities I think they would be amply repaid by having their sick cared for according to Western Science. and by having a place for wounded soldiers to be attended to. Also it would be the means of instructing young men in Western Medical and Sanitary Science. Every American city has one or more hospitals. Seoul should have one and could

I am willing to take charge of one under the care of the Gov'mt. and not charge for my services. All that would be necessary would be to furnish a large clean house in a healthy locality. with an annual appropriation for running expenses. which would include. lights and fires. men to act as assistants nurses and coolies. food for such patients as are too poor to buy their own food. and about $300.00 for drugs. Should this be granted I could promise to have another American Dr. here in six months. and we would work together without pay. Drawing our living from a benevolent society in

왼쪽이 2쪽, 오른쪽이 3쪽이다.

조지 C. 포크(George C. Foulk)

그림 6-10. 조지 C. 포크

조지 C. 포크(George C. Foulk, 1856. 10. 30~1893)는 펜실베이니아 주에서 출생하였으며, 1876년 미국 해군사관학교를 졸업한 후 아시아 함대에서 복무하였다. 그는 1882년 벤저민 H. 버킹엄(Benjamin Horr Buckingham, 1848~1906) 및 월터 맥린(Walter McLean, 1855~1930)과 함께 시베리아를 가로질러 여행하였다. 그는 1883년 민영익 보빙사가 미국에 도착하였을 때 워싱턴에서 한국어를 통역할 수 있는 유일한 사람이었다. 그는 1884년 6월 5일 주한 미국 공사관의 해군 무관으로 임명되었으며, 두 번에 걸쳐 가마를 타고 전국을 여행하였다. 그는 1885년 1월 10일 푸트가 공사 직(職)에서 사임하자 임시대리공사로 임명되어 1886년 6월 11일까지 근무하였으며, 파커(William Harwar Parker, 1826~1896) 공사가 9월 3일 해임되자 1887년 4월 13일 휴 A. 딘스모어(Hugh A. Dinsmore, 1850~1930)가 부임할 때까지 다시 임시대리공사로 활동하였다. 이후 일본으로 건너가 1888년부터 1890년까지 아메리칸 트레이딩 컴퍼니에서 일을 하였고, 이후 도시샤[同志社] 대학에서 수학을 가르쳤다. 그는 1893년 교토에서 사망하였다.

18850126

호러스 G. 언더우드(요코하마)가 프랭크 F. 엘린우드 (미국 북장로교회 해외선교본부 총무)에게 보낸 편지 (1885년 1월 26일)

일본 요코하마,
1885년 1월 26일

엘린우드 박사님

친애하는 박사님,

저는 다소 험한 항해 끝에 어제 아침 이곳에 도착하였으며, 지금은 헵번 박사님 댁에 머물고 있습니다. 알렌 박사는 헵번 박사께 보낸 편지에서 저에게 즉시, 아니면 최대한 빨리 한국으로 올 것을 요청하였습니다. 오늘 오후에 이곳을 떠나 나가사키로 가는 증기선이 있는데, 한국으로 가는 증기선과 연결이 됩니다. 그러나 저는 필요한 물품을 거의 구할 수 없었고 그렇게 빨리 떠날 수 없었으며, 더욱이 이곳의 선교사들이나 한국인들과 친분을 맺어 두는 것이 바람직하다고 생각하였습니다. 루미스 씨는 이번 주에 한국인들에게 저에게 소개시켜 주겠다고 하였습니다. 그래서 2~3주일 후에 있을 다음 증기선을 기다리기로 결정하였습니다.

안녕히 계십시오.
호러스 G. 언더우드

Horace G. Underwood (Yokohama), Letter to Frank F. Ellinwood (Sec., BFM, PCUSA) (Jan. 26th, 1885)

Yokohama, Japan,
Jan. 26th, 1885

To Dr. Ellinwood

Dear Doctor: -

I arrived here yesterday morning after a rather rough passage & am now stopping at Dr. Hepburn's. I found a letter from Dr. Allen to Dr. Hepburn, in which he asked that I should go at once or as early as possible. There was a steamer that left here this afternoon for Nagasaki to connect with the steamer for Korea, but I could hardly get what few things I may need & be off quite so soon, and still farther I deemed it advisable to make the acquaintance of the missionaries here & also the Koreans, & Mr. Loomis had spoken about introducing me to them this week. I therefore concluded to wait for the next steamer which will be in about 2 or three weeks.

Yours truly,
Horace G. Underwood

제임스 C. 헵번(James C. Hepburn)

제임스 C. 헵번(James C. Hepburn, 1815~1911)은 새로 조직된 미국 북장로교회가 해외 선교를 위해 임명한 최초의 의료 선교사로서 싱가포르에서 2년 동안 활동하다가 1843년부터 2년 동안 중국에서 활동하였다. 1845년 미국으로 돌아와 뉴욕 시에서 개업을 하던 헵번은 1853년 일본이 미국과 화친조약을 맺은 이후, 1859년 10월 미국 북장로교회 최초의 선교사로 일본에 도착하였다. 일본 정부가 모든 외국인을 요코하마에 거주하도록 하자 헵번은 이곳에서 진료소를 차리고 활동하였다.

그림 6-11. 제임스 C. 헵번

그림 6-12. 미국 북장로교회의 도쿄 주재 선교사들과 가족들. 1883~4년경. 별표(*)한 사람이 헵번이다.

그는 1867년 첫 일영사전을 편찬하였고 1887년에는 성경 번역을 완료하였다. 1872년 자신의 진료실에서 교회가 시작되었으며, 1883년 메이지학원 총장을 지냈다. 그는 1892년 귀국하였으며, 1911년 9월 뉴저지 주 이스트 오렌지에서 96세의 나이로 사망하였다.

핸리 루미스(Henry Loomis)

그림 6-13. 헨리 루미스

헨리 루미스(Henry Loomis, 1839~1920)는 1859년 해밀턴 대학에 입학하였으며, 1862년 남북전쟁에 참전하였다가 1865년 7월 제대하여 학업을 계속하였다. 1866년 대학을 졸업하고, 이어 어번 신학교를 졸업한 후 미국 북장로교회의 중국 선교사로 임명받았다. 하지만 건강이 나빠 파송이 지연되는 중에 임지가 일본으로 바뀌어 1872년 5월 파송되었다. 다시 건강이 나빠진 그는 1876년 4월 미국으로 돌아 왔다. 5년 동안 캘리포니아에서 체류하던 그는 1881년 미국성서공회 일본지부의 총리로 임명받아 1911년까지 활동하였다. 그는 1883년 5월 이수정에게 성경 번역을 맡겼으며, 1883년 7월부터 1904년까지 미국성서공회 한국지부의 총무를 겸임하였다.

18850127

[호러스 N. 알렌의 병원 설립안.] 미원안(美原案), 영문, 한문 번역, 규장각 18046의 1 (1885년 1월 27일, 고종 21년 12월 12일) [Proposal for Founding the Hospital in Seoul.] Original Diplomatic Documents from U. S. Legation in Seoul to Foreign Office, English and Chinese Translation, Kyujanggak 18046-1 (Jan. 27th, 1885)

알렌의 1월 22일자 일기에 실려 있는 알렌의 병원 설립안은 포크의 추천 편지와 1월 27일 조선 정부에 접수되었으며, 이곳에 영어 원문과 한문 번역본을 실었다. 영어 원문은 알렌의 1월 22일자 일기를 참고하기 바란다. 실제 조선 정부는 한문으로 번역된 것을 참고하였을 것이기에 한문 번역본을 한글로 번역하여 이곳에 실었다.[58)]

58) 자세한 것은 다음의 글을 참고할 것. 이경록, 박윤재, 여인석, 박형우, 광혜원의 개원과 제중원으로의 개칭과정. 연세의사학 2(4) (1998년 9월), 478~570

Legation of the United States,
Seoul, Korea,
Jany. 27, 1885.

Sir,

I have the honor to submit herewith for the consideration of His Majesty's Government a proposal for founding a Hospital in Seoul, by Mr. H. N. Allen, an American physician in attendance upon this Legation.

The proposal as framed by Dr. Allen would seem to be highly commendable as being directed through practicable channels, and purely unselfish motives towards benefitting His Majesty's subjects.

I need not add any commendatory remark as to the character and ability of Doctor Allen, as these have been so amply attested to in his late very successful practice in Seoul.

In requesting the favorable consideration

1b

그림 6-14. 조지 C. 포크의 소개 편지(영문). 규장각 18046-1 (1885년 1월 27일)

of Doctor Allen's scheme, I would assure Your Excellency that it may be regarded as a token of the friendly regard for the well being of the people of Korea by those of the United States.

I am, Sir,

Your very obedient servant

George C. Foulk.

To

His Excellency

Cho Piung Ho,

President of the Foreign Office.

17

[한역] 규장각 18046의 1

삼가 말씀드릴 것은 귀국 정부의 배려에 상응하여 우리 공사관의 미국 의사 알렌이 서울에 병원을 건설하려는 구체적 계획안[節論]입니다 이것은 의사알렌의 사심없는 마음에서 나온 것으로, 확실하게 병원을 건설하는 방법이며 공사(公私)간에 모두 편리할 것입니다. 저는 알렌을 옹호하려는 것이 아니며 귀국 인민들도 (알렌을) 잘 알고 있습니다. 그리고 간략하게나마 말씀드린 내용은 다름 아니라 미국인의 귀국 인민에 대한 호의에서 나온 것입니다. 이것을 승인함이 어떻겠습니까?

미국 해군 중위 겸 대리공사 포크

謹啓者, 今爲貴國政府垂念, 鄙公使舘美國醫師安連, 欲建京中病院, 節論呈上, 而此則醫師安連提公取要, 眞是營造病院之道, 於公於私亦有便宜之理, 僕非爲安連之顧護也, 貴國人民亦得慣知者耳, 且以略申者無他焉, 自美國之人有親切於貴國人民處故也, 以此下諒若何

美國 海軍 中尉 兼 代理公使 福

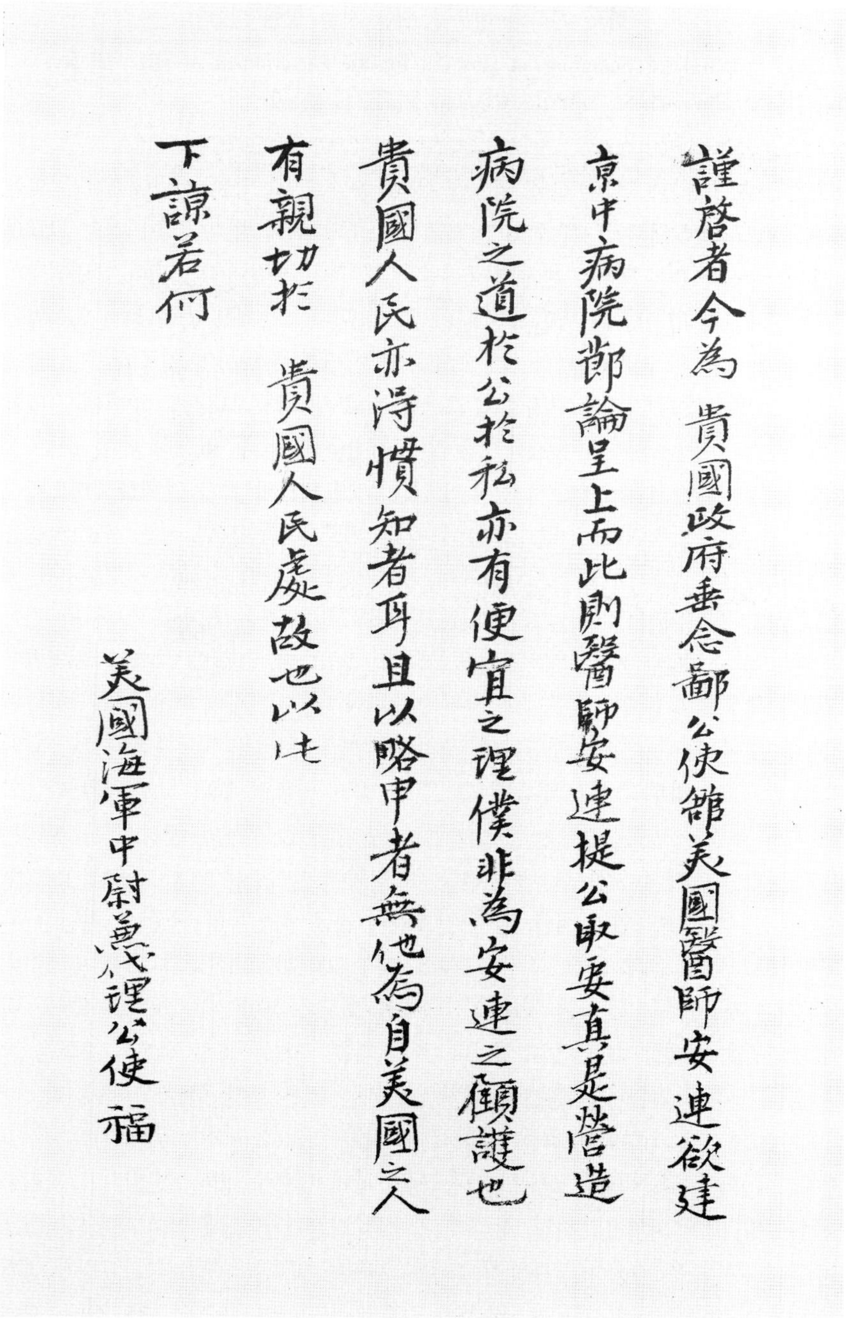

謹啓者今爲 貴國政府垂念鄙公使館美國醫師安連欲建
京中病院節論呈上而此則醫師安連提公取要真是營造
病院之道於公於私亦有便宜之理僕非爲安連之顧護也
貴國人民亦得慣知者耳且以略申者無他爲自美國之人
有親切於 貴國人民處故也以此
下諒若何

美國海軍中尉兼代理公使 福

그림 6-15. 조지 C. 포크의 소개 편지(한문 번역). 규장각 18046-1 (1885년 1월 27일)

한국 폐하의 정부를 위한 서울 병원 설립안

Proposal for Founding an Hospital for the Government of His Majesty, the King of Korea in Seoul.

지난번 소요 때 저는 한국 인민을 위해 총상(銃傷) 입은 사람에게서 탄환을 제거하고 자상(刺傷) 입은 사람의 상처를 치료하기 위해 불려왔으며 계속 치료를 하고자 하였습니다. 그러나 환자 가운데는 멀리 사는 사람이 있는데다가 민영익의 병과 청국인의 병 때문에 바빠서 겨를이 없었습니다. 또 재산 많은 환자 3, 4인은 치료차 제 처소의 근처로 와서 살았으므로 매일 간병(看病)하며 치료할 수 있었습니다. 그러나 많은 가난한 환자들은 스스로 치료 받으러 오더라도 주변에 간병할 만한 장소가 없을 뿐더러 한가하지도 않아 최선을 다할 수 없으니 매우 슬픈 일이었습니다. 저는 미국인으로서 한국 인민을 위해 다음과 같은 계획을 하고 있습니다. 귀 정부가 저에게 널리 치료할 수 있는 기회를 주신다면 저는 서양 학문을 이용해 한국의 병든 군인과 사람들에게 적절한 조치를 할 수 있을 것입니다. 또한 한국인 생도(生徒)는 서양 의법(醫法)을 배우고 약 쓰는 방법을 알게 될 것이며 아울러 조리(調理)하는 방식을 깨치게 될 것입니다. 미국에서는 각 지역마다 병원을 세우고 수도에는 곳곳에 병원이 있습니다. 만약 서울에 병원을 건설한다면 비용이 많이 들지는 않을 것입니다. 조선 정부에서 병원을 만든다면 저는 그 책임을 맡고 귀 정부의 봉급[年金]은 한 푼도 받지 않으려 합니다. 병원은 다음의 몇 가지 조건을 만족함으로써 건설할 수 있습니다 1. 서울의 공기가 잘 통하는 맑고 정결한 곳에 위치한 한 채의 건물. 1. 병원에 들어가는 비용 가운데 등촉(燈燭), 땔감, 의사 보조인의 월급, 환자 간호인의 월급, 하인들의 월급 및 가난한 환자가 매일 먹을 음식 등 1. 각종 약품비 대략 300원(圓), 한국의 대군주(大君主) 정부가 이것들을 승인한다면 저는 의사 1명을 오도록 하여 자비(自費)로 6개월 뒤에는 병원을 건설할 수 있을 것입니다. 저와 다른 의사는 조선 정부의 봉급을 받고 싶은 생각이 없습니다. 봉급을 받지 않으려는 것은 다른 이유가 아닙니다. 미국에서는 인민을 위하여 병원을 설립하는 단체가 있으며 저와 다른 의사는 이 단체에 소속되어 있습니다. 그러므로 (봉급을) 받지 않아도 되는 것입니다. 이러한 병원은 청나라의 베이징, 톈진, 상하이, 광둥과 다른 나라들에 많이 건설되어있으며, 그중 두 곳은 리훙장[李鴻章]이 스스로 재원을 마련한 곳입니다, 서울에 병원을 만드는 것이므로 이 병원은 곧 조선 정부의 병원이며, 인민이 병이 있을 때에는 모두 치료를 받고 완쾌될 것입니다 이 제안을 한국 대군주께서 윤허하신다면 매우 다행스런 결정이겠습니다.

미국 의사 알렌
이상 조선 정부의 서울 병원 설립계획안
미국 공사관

向於亂擾時, 僕爲朝鮮人民銃傷者取丸, 釖傷者治瘡次, 以爲招來, 將欲試治爲計, 然其病者或在遠方, 且因閔泳翊之病與淸國人病, 汨汨無暇, 又或有財病者三四人, 則以治療次來寓於僕之近隣, 故每日看病試治, 然多有貧寒病者, 自進問病, 則鄙邊無看病處所, 且無暇閑, 未得遂誠, 甚悵甚悵, 僕則美國人, 將欲爲朝鮮人民另旋爲計也, 貴政府如以使僕幸垂周護之道, 則僕亦使西洋學文能有朝鮮病軍病士處極要之道,[59] 且有朝鮮生徒, 亦學西洋医法, 能識用藥之法, 又覺調理之節矣, 美國則各處大道建營病院, 而京都則處處有之矣, 而若於京中營設病院, 則物財亦不爲致多耳, 朝鮮政府如或營建病院, 則僕常主首之任, 而於貴政府年金, 則雖一錢不欲取矣, 此以數件事, 亦足以設建, 一, 朝鮮京中空氣通行, 淸幽淸潔大一家屋, 一, 病院入用之財, 則燈燭柴炭, 與僞医師幹事人月給, 爲病者幹事人月給, 下人等屬月給, 又貧寒病人每日食飮等節, 一, 各種藥材価之假量三百圓, 面朝鮮大君主政府, 此等車件, 如有好允之道, 則僕當招致医師一員, 自費, 六朔之後, 能建此院, 僕與他医, 於朝鮮政府年金則不欲取焉, 年金不取之故, 則無他, 美國爲人民設立病院社而僕與他医, 亦其社中之人, 故不取亦可, 如此病院於淸國北京天津上海廣東與外他各國多有建造, 而其中二院, 李鴻章之自辨物財者耳, 建院于朝鮮京中, 則此是朝鮮政府之病院, 而人民有病之時, 各自愼調𧍧矣, 此等事由, 朝鮮大君主若或洞諒, 則當常有愀幸之處分矣

美國醫師 安連
美國公使舘
朝鮮政府 京中設建病院節論

59) 영어 원문을 제대로 한역하지 않았다.

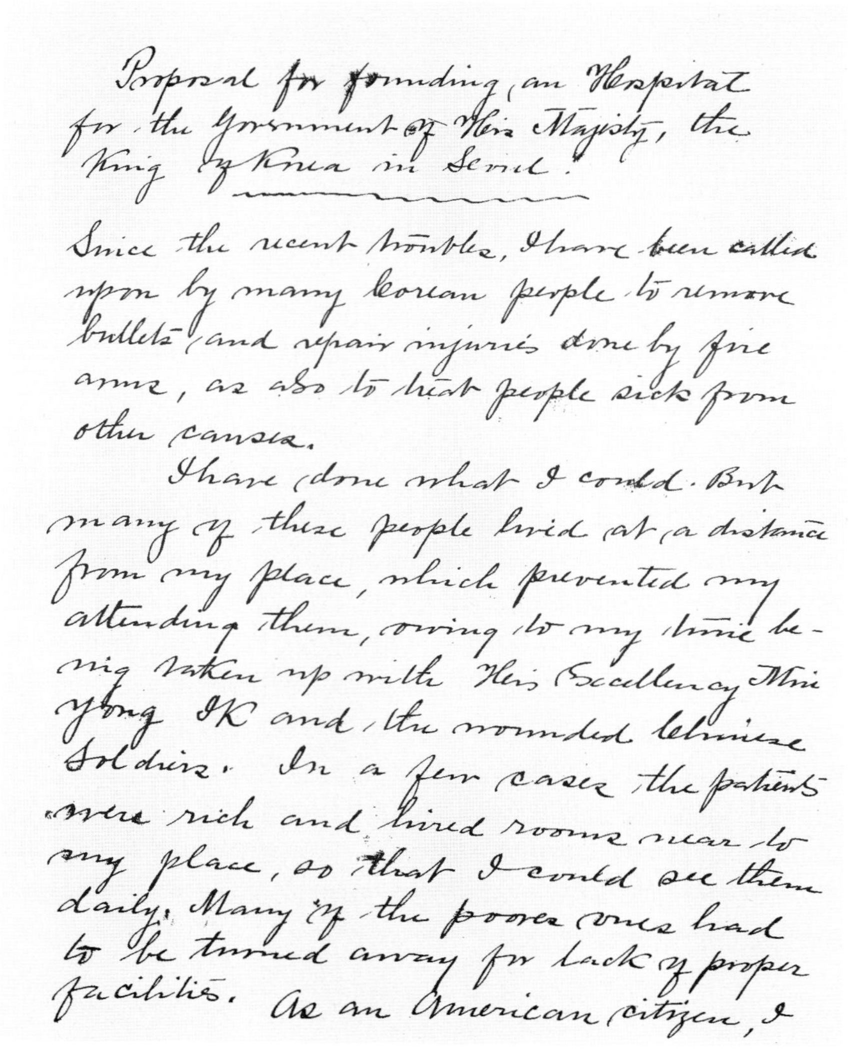

Proposal for founding an Hospital for the Government of His Majesty, the King of Korea in Seoul.

Since the recent troubles, I have been called upon by many Corean people to remove bullets and repair injuries done by fire arms, as also to treat people sick from other causes.

I have done what I could. But many of these people lived at a distance from my place, which prevented my attending them, owing to my time being taken up with His Excellency Min Yong Ik and the wounded Chinese Soldiers. In a few cases the patients were rich and hired rooms near to my place, so that I could see them daily. Many of the poorer ones had to be turned away for lack of proper facilities. As an American citizen, I

그림 6-16. 알렌의 병원 설립안(영문). 규장각 18046-1 (1885년 1월 27일)

would be glad to do all I can for the Korean people, and if the Government would grant me a few facilities, I think they would be amply repaid by having their sick cared for according to Western Science, and by having a place for wounded soldiers to be attended to.

Also, it would be the means of instructing young men in Western Medical and Sanitary Science.

Every American city has one or more hospitals: Seoul should have one and could have one at a small expense.

I am willing to take charge of one under the care of the Government and not charge for my services. All that would be necessary would be to provide a large Korean house in a healthy locality, with an annual appropriation for running expenses, which would include lights

17

and fires, men to act as assistants, nurses and coolies, food for such patients as are too poor to buy their own food, and about $300.00 for drugs. Should this be granted I could promise to have another American Doctor here in six months, and we would work together without pay, drawing our living from a benevolent society in America that at present supports hospitals in Pekin, Tientsin, Shanghai, Canton and other Chinese cities, two of which are furnished by Li Hung Chang himself.

Should this be granted, the Institution could be called "His Corean Majesty's Hospital", and it would certainly be gratifying to His Majesty to see his people cared for properly in their distress, while it would ... 30

doubtedly still further endear the people to their monarch and elevate them in many ways—

(Signed) H. N. Allen, M.D.

21

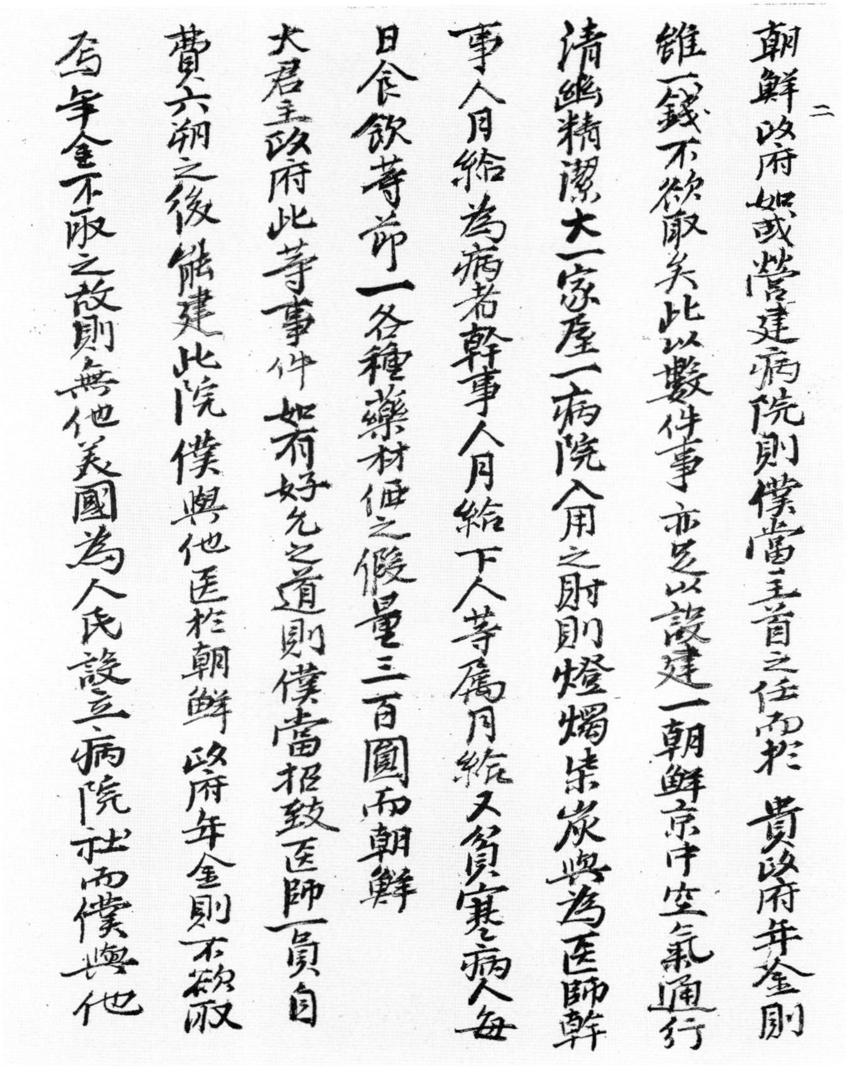

二

朝鮮政府如或營建病院則僕當主首之任而於 貴政府年金則
雖一錢不欲取矣此以數件事亦足以設建一朝鮮京中空氣通行
清爽精潔大一家屋一病院入用之財則燈燭柴炭與為醫師幹
事人月給為病者幹事人月給下人等雇月給又貧寒病人每
日食飲等節一各種藥材價之假量三百圓而朝鮮
大君主政府此等事件如有好允之道則僕當招致醫師一員自
費六朔之後能建此院僕與他醫於朝鮮政府年金則不欲取
為年金不取之故則無他美國為人民設立病院社而僕與他

그림 6-17. 알렌의 병원 설립안(한문 번역). 규장각 18046-1 (1885년 1월 27일)

向於亂擾時僕爲朝鮮人民銃傷者取丸劒傷者治瘡次以爲招來將欲
試治爲計然其病者或在遠方且因閔泳翊之病與淸國人病汨汨無暇
又或有財病者三四人則治療次來寓於僕之近隣故每日看病試治然
多有貧寒病者自進問病則卽邊無看病處所且無暇閑未得
遂誠甚悵悵 僕則美國人將欲爲 朝鮮人民另旋爲計也 貴府
如以使僕奉看護之道則僕亦使西洋學文能有朝鮮病軍病
士處極要之道且有 朝鮮生徒亦學西洋醫法能識用藥之法又
覺調理之節矣以美國則各處大道建營病院而京都則處處
有之矣而若於京中營設病院則物財亦不爲致多耳

医亦其社中之人故不敢亦許 如此病院於清國北京天津上海廣東

與外他各國多有建造而其中二院李鴻章之自辦物財者耳

建院于 朝鮮京中則此是 朝鮮 政府之病院而人民有病之時

各自慎調無憾矣此等事由 朝鮮

大君主若或洞諒則當有愀幸之處分矣

美國醫師 安連

美國公使館

朝鮮政府京中設建病院節論

리훙장이 후원한 중국의 병원과 의료 선교사
Chinese Hospital patronized by Li Hung Chang and Medical Missionaries

그림 6-18. J. 케니스 매켄지

알렌은 병원 설립안에서 중국의 리훙장이 두 곳의 병원을 후원하고 있다고 언급하였는데, 그중 한 곳은 톈진이었으며 영국인 의료 선교사인 J. 케니스 매켄지(John Kenneth MacKenzie, 1850. 8. 25~1888. 4. 1)가 병원의 책임을 맡았다.

매켄지의 부친은 대단히 종교적이었으며, 케니스는 그런 영향을 크게 받았다. 노포크의 야무스에서 태어나 유아 때 브리스톨로 이주한 후 사립학교에 다니던 케니스는 학업에 흥미를 잃고 15세가 되던 1865년 무역회사의 점원으로 취직하였다. 기독교 청년회 모임에 정기적으로 참여하던 그에게 친구인 커늘 던컨(Colonel Duncan)이 "이중 치료, 혹은 의료 선교는 무엇인가?"(The Double Cure; or. What is a Medical Mission?)란 제목의 책을 소개하면서 해외 선교지에서 주님의 사업에 동참할 것을 열심히 권한 것이 그에게 큰 영향을 미쳤다. 이 책을 읽은 후 그는 의료 선교사로서 중국으로 가겠다는 목표를 세우게 되었다.

1870년 10월 브리스톨 의학대학에 입학한 그는 에든버러에서도 교육을 받아 1874년 런던 왕립내과협회 및 에든버러 왕립내과협회 면허를 받았다. 졸업 직후 잠시 런던의 왕립 안과병원에서 경험을 쌓았다. 그는 에든버러에 있는 동안 후베이[湖北] 성의 한커우[漢口]에 있는 병원의 책임을 맡을 의료 선교사가 절실히 필요하다는 에든버러 의료선교사협회의 존 로우(John Lowe) 박사의 권고를 받아들였고, 그의 소개로 런던 선교회의 의료 선교사로 임명되었다.

1875년 4월 10일 떠나 6월 8일 한커우에 도착한 그는 환자를 진료하면서 중국어를 배우며 전도에 나섰다. 그가 치료한 환자의 대부분은 눈 질환, 아편 중독, 그리고 수술이 필요한 환자들이었다. 그는 1877년 1월 9일 영국 브리스톨에서 만난 어밀리어 A. 트래버스(Amelia Adelaide Travers, 1845~1919?)와 상하이에서 결혼하고 한커우로 돌아왔다. 매켄지는 병원에서 매일 평균 100명의 환자를 진료하였으며, 트래버스는 중국어를 배우기 시작하였다. 이후 외과 환자가 증가하였는데, 이것은 서양의학에 대한 중국인들의 신뢰가 구축되어 가고 있음을 나타내는 것이었다.

그런데 아내의 건강이 쇠약해지자 매켄지는 환경의 변화가 최상이라고 판단하고 1879년 3월 톈진으로 옮겼다. 당시 톈진에는 작은 진료소만 있었을 뿐 병원이나 외국산 약품을 없었다. 매켄지는 자비를 들여 병원을 건립하였으나 단지 몇 명의 환자만 내원할 뿐이었다.

당시 리훙장은 아내의 건강이 좋지 않아 크게 걱정을 하고 있었는데, 1879년 8월 초 그녀를 진료한 중국인 한의사는 그녀가 살 가망이 없다며 포기를 선언하였다. 이를 알게 된 영국 영사관 직원은 서양 의사로부터 진료를 받아볼 것을 권하였고, 그는 마지못해 이에 응하였다. 매켄지 외에 영국 출신의 앤드류 어윈(Andrew Irwin) 박사가 진료 요청을 받았고, 리훙장 아내는 치료되었다. 하지만 이후 리훙장 아내의 진료를 위해 베이징에서 활동하던 미국 감리교회의 여의사 리어노러 A. 하워드 박사를 초청하였고, 그녀는 5주일 동안 진료하였다.[60] 리훙장은 이들 세 명의 의사들에 대해 감사의 표시로 전임자들을 기념하기 위해 건립하였던 절을 진료소로 사용하도록 조치하고 이를 중국 무료병원(Chinese Free Hospital), 이른바 '총독 병원'이라 불렀다. 동시에 하워드는 리훙장 아내의 주치의로, 매켄지와 어윈은 박사는 나머지 가족의 주치의로 임명되었다.

그림 6-19. 리어노러 A. 하워드

하지만 환자가 몰려들고 여러 상황에 불만족스러워했던 매켄지는 런던

60) 리어노러 A. 하워드(Leonora A. Howard, 1851. 4. 17~1925. 6. 30)는 온타리오 주 리즈 카운티의 랜즈다운에서 출생하였으며, 화머스빌과 뉴욕에서 교육을 받고 잠시 교사로 활동하였다. 그녀는 미국 북감리교회의 후원으로 1876년 미시건 대학교 의과대학을 졸업하였으며, 1877년 7월 캐나다 인 최초의 의료 선교사로 중국 베이징에 도착하여 베이징 병원의 책임을 맡았다. 그는 1879년 3월 리훙장의 부인 진료를 위해 톈진을 방문하였다가 베이징으로 돌아왔다. 하지만 톈진으로 이적되어 '총독 병원'에서 여성 진료를 담당하였다. 감리교회는 1881년 이사벨라 피셔병원을 개원하였는데, 하워드는 1884년 런던 선교회의 선교사인 알렉산더 M. 킹(Alexander M. King)과 결혼하면서 미국 북감리교회 여자해외선교회와 관계가 끊여질 때까지 이 병원의 책임을 맡았다.

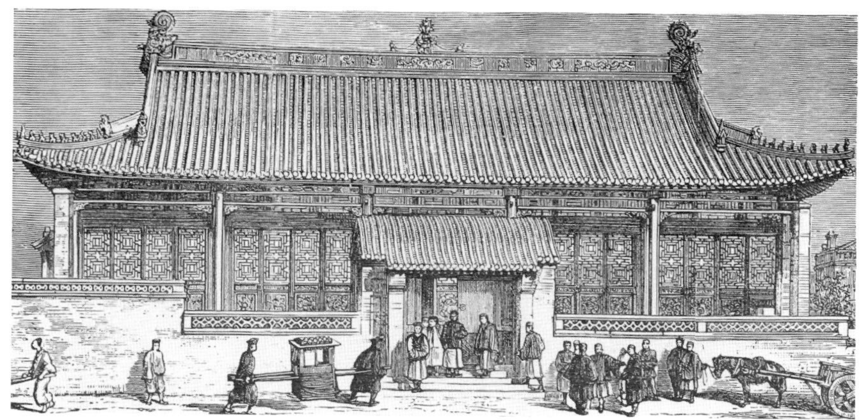

그림 6-20. 1880년 새로 지은 중국 무료병원(총독 병원)

선교부 부지에 병원을 건축하기로 결정하였다. 어느 날 한 장군을 치료한 후 매켄지는 새로운 병원 건축 계획에 대해 그에게 설명하였다. 이 소식을 들은 리훙장은 건축비와 운영비 지원을 결정하였다. 이 병원은 1880년 12월 2일 개원하였다. 매켄지는 많은 안과 환자를 보았고 많은 수술을 집도하였으며 수천 건의 예방접종을 시행하였다. 그는 자신의 사역에서 많은 부분에 전도 개념을 적극 도입하였다.

매켄지의 활동 중 중요한 것 중의 하나는 병원과 연관된 의학관(醫學舘)에서 의학 교육을 시작한 것이었다. 1881년 12월 15일 총독의 후원 하에 중국 육군 및 해군에 서양 의술을 배운 외과 의사를 배치하기 위해 8명의 학생들로 이루어진 특별 강습반이 시작되었다. 이 중 6명이 1884년 졸업하였고 9품의 직급을 받았으나 중국인 관리 배출을 위한 시간을 허비하는 것을 원하지 않았던 매켄지는 의학교육에서 빠졌다. 매켄지는 중국 의료 선교사협회의 조직에도 큰 역할을 하여 부회장으로 활동하면서, 협회가 간행하는 *The China Medical Missionary Journal*의 편집위원으로 활동하였다.

매켄지는 아내의 병 때문에 1883년 2월 런던으로 돌아갔다가 9월 톈진으로 돌아왔다. 그런데 매켄지는 환자로부터 옮은 천연두 때문에 1888년 4월 1일 부활절 날에 갑자기 사망하였다. 매켄지의 후임자로 어윈이 임명되었다.

18850127

[호러스 N. 알렌의 병원 설립안.] 미안(美案), 한문 번역, 규장각 17733[61] (1885년 1월 27일, 고종 21년 12월 12일) [Proposal for Founding the Hospital in Seoul.] Diplomatic Documents from U. S. Legation in Seoul to Foreign Office, Chinese Translation, Kyujanggak 17733 (Jan. 27th, 1885)

<u>美館來函 十二月 十二日</u>[62]

謹啓者, 今爲貴國政府垂念, 鄙公使館美國醫師安連, 欲建京中病院, 節論呈上, 而此則醫師安連提公取要, 眞是營造病院之道, 於公於私亦有便宜之理, 僕非爲安連之願護也, 貴國人民, 亦得慣知者耳, 且以畧伸者, 無他焉, 自美國之人有親切於貴國人民處故也, 以此下諒若何

美國 海軍 中尉 兼 代理公使 福

向於亂擾時, 僕爲朝鮮人民銃傷者取丸, 釰傷者治瘡次, 以爲招來, 將欲試治爲計, 然其病者或在遠方, 且因閔泳翊之病与淸國人病, 汨汨無暇, 又或有財病者三四人, 則以治療次來寓於僕之近隣, 故每日看病試治, 然多有貧寒病者, 自進問病, 則鄙邊無看病處所, 且無暇閒, 未得遂誠, 甚悵甚悵, 僕則美國人, 將欲爲爲朝鮮人民另旋爲計, 貴政府如以使僕幸垂周護之道, 則僕亦使西洋學文能有朝鮮病軍病士處極要之道, 且有朝鮮生徒, 亦學西洋醫法, 能識用藥之法, 又覺調理之節矣, 美國則各處大道建營病院, 而京都則處處有之矣, 而若於京中營設病院, 則物財亦不爲致多耳, 朝鮮政府如或營建病院, 則僕當主首之任, 而於貴政府年金, 則雖一錢不欲取矣, 此以數件事, 亦足以設建, 一, 朝鮮京中空氣通行, 淸幽淸潔大一家屋, 一, 病院入用之財, 則燈燭柴炭, 与僞醫師幹事人月給,

61) 한문으로 번역된 규장각 18047과 거의 동일한 문서이다. 자세한 것은 다음의 글을 참고할 것. 이경록, 박윤재, 여인석, 박형우, 광혜원의 개원과 제중원으로의 개칭과정. 연세의사학 2(4) (1998년 9월), 478~570

62) 밑줄을 친 부분이 미원안, 규장각 18046의 1과 다르지만, 해석에는 별 차이가 없다.

爲病者幹事人月給, 下人等屬月給, 又貧寒病人每日食飮等節, 一, 各種藥材價之假量三百圓, 面朝鮮大君主政府, 此等車件, 如有好允之道, 則僕當招致醫師一員, 自費, 六朔之後, 能建此院, 僕與他醫, 於朝鮮政府年金則不欲取焉, 年金不取之故, 則無他, 美國爲人民設立病院社而僕與他医, 亦其社中之人, 故不取亦可, 如此病院於淸國北京天津上海廣東与外他各國多有建造, 而其中二院, 李鴻章之自辦物財者耳, 建院于朝鮮京中, 此是朝鮮政府之病院, 而人民有病之時, 各自愼調瘥矣, 此等事由, 朝鮮大君主若或洞諒, 則當常有愀幸之處分矣

美國醫師 安連

美國公使館

右 朝鮮政府 京中設建病院節論

18850127

통리교섭통상사무아문일기
(1885년 1월 27일, 고종 21년 12월 12일)
Daily Records of Foreign Office (Jan. 27th, 1885)

(갑신년, 고종 21년 [1884] 12월) 12일 …… 미국 공사관에서 두 통의 공문을 보내왔다. 1. 우리 공사관의 미국인 의사 알렌이 서울에 병원을 건설하고자 하여 구체적 계획을 삼가 말씀드리니, 이것은 알렌의 사심 없는 마음에서 나온 것으로 확실하게 병원을 건설하는 방안이고 공사(公私)에 모두 편리할 것이라는 등의 내용이다. 병원에 대한 구체안 3편이 포함되어있다. ……

(甲申 十二月) 十二日 …… 美館來函二度, 一, 謹啓者, 鄙公館美國醫師安連 欲建京中病院, 節論呈上, 此則醫師提公取要, 眞是營造病院之道, 公私亦有便云云, 有病院 節論 三篇, ……

18850127

알렌 박사의 일기 제1권(1883~1886년) (1885년 1월 27일)

1885년 1월 27일 (화)

오늘 민영익은 나에게 선물로 100,000냥을 보냈는데, 이것은 그가 개인적으로 나에게 표시하는 감사의 의미라고 강조하면서 생활비로 사용할 것이며, 한국에서는 손님에게 음식을 대접하는데 그 대신 선물로 (이 돈을) 주어 나를 기쁘게 하기 위한 것이라고 하였다. 그는 이것은 손님에게 주는 선물에 불과하며, 나의 진료에 대한 치료비와는 아무런 관계가 없을 것임을 분명히 하였다. 이러한 상황에서 나는 이것을 개인적으로 받았다.

그는 최근 나에게 미국과 상하이 등 세계 여행을 다녀오라고 몇 차례 권고하였다. 그리고 나를 그의 형으로 모시겠으며, 내가 없으면 아무 일도 할 수 없음을 확인하여 주었다.[63] 위의 병원 설립안은 곧 민영익에게 전달되었고, 이 같은 사실은 세상에 널리 알려지게 되었다. 그를 비롯하여 모든 한국인 친구들, 심지어 한의사들까지도 나의 병원 설립안에 찬동하였다. 민영익은 오늘 이 문제를 협의하기 위하여 두 사람의 관리를 나에게 보내왔다. 나는 오늘 그가 다소 열(熱)이 있어 그

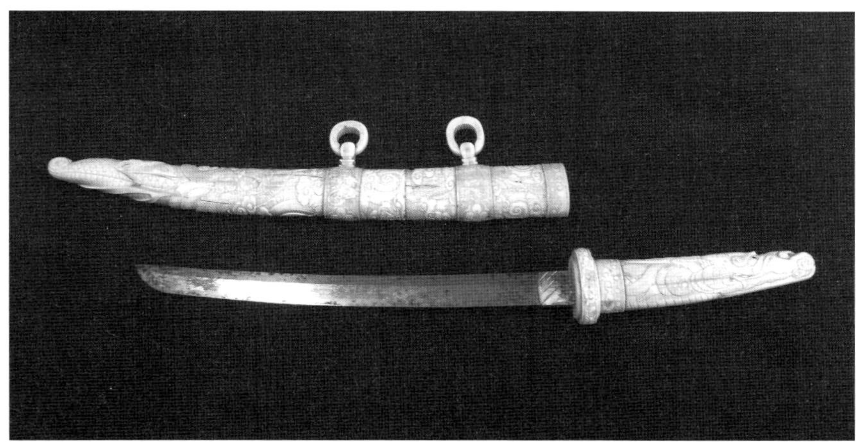

그림 6-21. 민영익이 알렌에게 선물로 보낸 일본도. 칼잡이와 칼집이 상아로 되어 있다. 동은의학박물관 소장

63) 알렌은 민영익보다 2살이 더 많다.

를 방해하고 싶지 않았기 때문에 그에게 이것과 관련하여 개인적인 언급을 하지 않았다.

그는 자선 조항에 이의를 제기하지는 않았지만 그 문제를 묄렌도르프의 손을 통해 제출하지 않았기 때문에 (그가 관장하던 모든 다른 업무처럼 그 안이 취소될 수도 있다는 두려움에), 나는 그가 설립안 전체를 효과적으로 저지하기 위해 자선 조항을 매우 소상하게 설명할지 몰라 우려하고 있다.

그래서 나는 그에게 다음과 같은 편지를 썼다.

존경하는 묄렌도르프 씨,

저는 일전에 의료 사업과 병원에 대해 우리가 나누었던 짧은 대화에 대단히 감명을 받았으며, 포크 씨와 오랫동안 이야기한 끝에 저에게 매우 감사해 하는 민영익을 통해 제가 쓴 설립안을 제출하기에 이르렀습니다.

포크 씨는 그것을 번역하였고, 오늘 민영익에게 보내졌다고 들었습니다.

귀하께서는 그것을 보게 될 혹은 이미 보았을 것이며, 그것이 귀하의 생각을 실행하는 것으로 생각하여 훌륭한 영향력을 발휘해 주실 것으로 믿습니다.

안녕히 계십시오.
H. N. 알렌

서울
1885년 1월 27일

Dr. Allen's Diary No. 1 (1883~1886) (Jan, 27th, 1885)

Jan. 27[th, 1885 (Tue.)]

Today Min Yong Ik sent me a present of 100,000 cash which he insisted on my taking as a token of his personal regard for me, and to be used to fill my belly and make me feel good being a gift to take the place of the food which they would give a Corean guest. And assuring me that it was but a gift to his guest and would have nothing to do with the final payment for my services.

Under these circumstances I accepted it personally.

He has several times of late asked me to go on trips around the world, to America, Shanghai, etc. And has assured me that I am his brother and he cannot do without me. The above proposal for a Hospital has been presented to him and has been made known widely. He and all others even the Corean physicians are in favor of it. And Min sent two officials here today to confer with me. I didn't talk to him personally today about it as he is a little more feverish than usual & I don't wish to disturb it.

He made no objection to the Benevolent clause but as the matter was not presented thro von Mullendorf's hands (for fear of its death from suffocation as all other things have done that he got hold of) I fear he may so expound the "benevolent" clause as to effectually squelch the whole matter.

Hence I wrote him the following.

Dear Mr. von Mullendorf

I was so impressed by our little talk the other day about medical work and a Hospital that I had a long talk with our Mr. Foulk which ended m my writing out a proposal to be presented thro Min Yong Ik who seems quite grateful to me.

Mr. Foulk made a translation and I hear it was sent to Min today.

You will or have seen it and I trust much from your good influence as it is but carrying out your idea.

Yours truly,
H. N. Allen

Seoul
Jan. 27/ 85

18850128

알렌 박사의 일기 제1권(1883~1886년) (1885년 1월 28일)

1885년 1월 28일 (수)

중국 공사 첸슈탕이 오늘 우리에게 2병의 절임을 보냈다.

나는 정변 이후 부상당한 병사들을 진료하기 위해 매일 중국 진영을 방문하였다.

그들은 뚜렷하게 잘 회복되었으며, 나는 간농양(肝膿瘍)으로 공사관에 있는 한 사람을 제외한 모든 사람들을 퇴원시켰다.

Dr. Allen's Diary No. 1 (1883~1886) (Jan. 28th, 1885)

Jan. 28th[, 1885 (Wed.)]

Chen Shu Tang, Chinese Minister today sent us two jars of preserves.

I have been going daily to the Chinese camps to attend to the wounded soldiers since the riot.

They have done remarkably well and I have discharged all but one who is a man at the Ambassadors with a linear ab[s]cess.

18850129

존 W. 헤론(블랙웰 아일랜드, 뉴욕)이 프랭크 F. 엘린우드 (미국 북장로교회 해외선교본부 총무)에게 보낸 편지 (1885년 1월 19일)

구호병원, 블랙웰 아일랜드, 뉴욕,
1885년 1월 29일

친애하는 엘린우드 박사님,

(중략)

최근에 알렌 박사로부터 소식을 받으셨습니까? 저는 알렌 부인이 여자 선교본부의 선교사로 임명을 받았을 것으로 생각합니다. 만일 알렌 박사로부터 소식을 받으시면 어떤 소식이라도 제게 알려주시면 대단히 기쁠 것이며, 그 소식은 어쨌건 우리들에게 도움이 될 것입니다. ……

John W. Heron (Blackwell Island, New York), Letter to Frank F. Ellinwood (Sec., BFM, PCUSA) (Jan. 29th, 1885)

Almshouse Hospital, B. I., New York,
Jan. 29, 85

My dear Dr. Ellinwood,

(Omitted)

Have you heard from Dr. Allen lately? I suppose that Mrs. Allen has been appointed by the Women's Board as their missionary. If you have heard from Dr. A. I should be very glad if you will give me any information be may give which will aid us in any way. ……

18850129

알렌 박사의 일기 제1권(1883~1886년) (1885년 1월 29일)

1885년 1월 29일 (목)

(어학) 선생과 함께 한국어 공부를 시작하였다. 나는 시간이 많이 없었지만 왕진 사이에 틈틈이 그와 공부할 수 있으며, 패니는 내가 일하는 동안 그와 공부할 것이다. 나는 이전에 며칠 동안 선생이 있었지만 그가 좋지 않았기에 해고 해야만 하였다. 이번 선생은 정변이 일어났을 즈음 단 며칠 동안만 있었으며, 사라졌다가 이제야 나타났다.

그래서 나는 오늘부터 공부를 시작해야만 할 것이다. 지금의 선생은 정변이 발생하였던 그날 오후에 나의 한문 성경을 빌렸던 사람이다.[64] 나는 통역을 통해 만약 그것을 읽은 것이 발견되면 그의 머리가 잘릴 것이라고 경고하자 그는 알고 있다는 표정으로 자신의 머리를 흔들었으며, 그 위험을 무릅썼다. 우리는 그것의 결과가 무엇인지 보게 될 것이다. (그것이 그를 개종시켰다.)

---

64) 노춘경(盧春京)이다.

Dr. Allen's Diary No. 1 (1883~1886) (Jan. 29th, 1885)

Jan. 29th[, 1885 (Thu.)]

Commenced to study Corean today with a teacher. I haven't much time but can use him between calls, and Fannie will use him while I am away. I had a teacher before for a few days but had to discharge him as he was no good. This present one I had had for a few days only when the trouble arose and disappeared to only turn up now.

So I will have to date my study from today. This present teacher is the one who borrowed my Chinese Testament on the afternoon of the day when the trouble broke out. I cautioned him thro an interpreter that he would have his head cut off if found reading it but he shook his head knowingly and took the risks. We will see what comes of it. (*It converted him.*)

18850130

알렌 박사의 일기 제1권(1883~1886년) (1885년 1월 30일)

1885년 1월 30일 (금)

오늘 나는 민영익을 진료하러 가던 길에, 우리 집 근처에서 남북으로 길게 뻗어있는 길거리에 머리와 손발이 절단된 시체 4구가 있는 것을 보았다.[65] 이 4구의 시체는 최근의 정변 직후에 세워 놓은 작은 나무푯말 밑에 놓여 있었으며 한자가 새겨있었다. 도시 여러 지역에 다른 시체들이 있는데, 모두 똑같은 목적을 위한 것이다.

나는 이 사람들이 탈출해 실패한 반역자들의 일부임을 알게 되었으며, 그 4명은 이 구역에 할당된 시체였다. 이 시체들은 3일 동안 엎드려 눕혀 그곳에 놓여 있을 것이다. 개들은 시체들로 사육제를 즐겼다.

민영익은 그가 사육제를 즐겼으며, 적(敵)을 먹었다고 내가 이야기하자 상당한 충격을 받았다. 그는 내가 정변 이후 개들이 죽은 일본인 시체를 먹고 있는 것을 보았다고 말할 때까지 믿으려 하지 않았으며, 그 이후로 개고기를 먹어 왔다. 나는 이제 그에게 그가 백성들을 먹고 있다고 말할 수 있다.

65) 1885년 1월 28~29일에 갑신정변에 참여했던 주모자 12명이 처형되었다.

Dr. Allen's Diary No. 1 (1883~1886) (Jan. 29th, 1885)

Jan. 30th[, 1885 (Fri.)]

Today as I passed through the streets on my way to see Min Yong Ik, I saw in the long street, running north and south and nearest to our place, four bodies (human) with heads, hands and feet cut off. They were lying near a little wooden tablet erected just after the recent trouble, and inscribed with Chinese characters. There are others about the city in the various districts which may be for the same purpose.

I learned that these men were some of the conspirators that failed to escape and that four was the portion allotted to this district. They will lie there on their bellies three days. The dogs hold high carnival over the bodies.

Min was quite shocked by my telling him he was a carnival and ate his enemies. He would not believe it till I told him I had seen the dogs eating the dead Japanese after the riots and he had since been eating the dogs. I can now tell him he eats his own people.

18850203

알렌 박사의 일기 제1권(1883~1886년) (1885년 2월 3일)

1885년 2월 3일 (화)

위에서 언급한 시체들과 함께 남대문에 3일 동안 놓여 있던 7구의 시체가 치워졌다. 모두 11명이 처형되었다. 한 사람이 더 처형되어야 했지만 그는 고문 때문에 감옥에서 사망하였다. 어제 우리는 죽거나 도망간 역적들 모두의 부인들의 시체를 요구하는 고위 관리들의 상소가 왕에게 올려졌다는 이야기를 듣고 충격을 받았다. 이 상소에는 부인, 어머니, 딸, 첩 및 하인들이 포함되었으며, 무고한 백성들의 엄청난 학살도 포함될 것이다. 우리는 오늘 왕이 이 상소를 거절하였을 뿐만 아니라, 상소인들을 그 자리에서 물러나게 하였다는 것을 알게 되어 무척 만족스러웠다. 이것은 대단히 진보적인 조치이다. 일반적인 관습으로는 그가 아무리 높은 신분이라도 범죄자의 여자들은 모두 처형되거나 "귀향 보내"지는데, 그 관리를 따르던 모든 수행원들은 누군가에게 보내져 그들이 원하는 대로 그들을 부리기 때문에 매춘부보다 더 열악한 상태에 있게 된다. 어떤 이들은 자살을 함으로써 이를 피하기도 한다.

패니를 위해 준비했었지만 장기간 행방불명이었던 크리스마스 선물이 일전에 일본으로부터 도착하여 우리는 매우 기뻤다. 이것은 운이 좋게도 나가사키에서 지연되었다. 이것은 갈색 바탕의 비단에 짙은 붉은 자수를 안팎으로 놓은 것으로, 끝동과 장식술은 붉은 색이다. 패니는 머리를 곱슬머리로 단장하고, 새 옷을 입으니 유쾌하게 보인다.

아기는 윗니 2개가 났으며, 그 결과 생기 있어 보인다.

나는 지난 3일 동안 일본 공사를 진료하였는데, 그는 지금 내가 없어도 될 만큼 괜찮아졌다.

한국인들이 여전히 나에게 와서 꽤 많은 선물들을 준다. 특별한 것은 없다. 눈을 적출했던 사람이 다시금 나를 괴롭히기 시작하였다. 그는 '건강염려증' 환자이다. 나는 그를 쫓아내려 시도하였지만 헛수고였다. 어제 나는 나의 선생에게 그가 골칫거리이며 나를 짜증나게 한다고 말하였는데, 그 사람은 중국어로 '매우 고약한 사람'이라는 의미를 알고 놀랐지만 부끄러워하지는 않는 것 같았다.

Dr. Allen's Diary No. 1 (1883~1886) (Feb. 3rd, 1885)

Feb. 3rd[, 1885 (Tue.)]

The bodies above mentioned together with seven more which laid the three days at the South Gate have been removed. There were eleven killed in all. One more should have been killed but he died in prison from the effects of the tortures. On yesterday we were shocked at hearing that petitions had been sent to the King by prominent officials asking for the bodies of the women of the conspirators both of those killed and those escaped as well. This included wives, mothers, daughters, concubines and servants and would involve an immense slaughter of innocent people. To our gratification we learn today that the King has not only refused these petitions but has removed from office the petitioners. This is a very advanced step. Since the usual custom is to either kill all the women of a criminal, be he ever so high, or "send them to the country" where they become worse than harlots since the whole train of fellowmen of the official to whom they are sent - use them as they like. Some avoid it by suicide.

We were more than pleased the other day by receiving from Japan the long lost Christmas present for Fannie. It had been fortunately delayed at Nagasaki. It is woven silk outside and inside with heavy red embroidery on the brown and a red silk end & tassel. Fannie crimps her hair and looks delicious in her new attire.

The baby has two more teeth coming (upper) and makes things lively in consequence.

I have been for the past three days attending upon the Japanese Minister who is now well enough to let me off.

Coreans still come, and presents are rather plenty. Nothing especial. The man whose eye I enucleated has begun to bother me again. He is a "hypo". I have tried to turn him off but in vain. On yesterday I got my teacher to tell him he was a nuisance meaning a vexation but the Chinese word meant "a very bad stink" and the man was surprised at the intelligence but seemed unabashed.

18850204

호러스 N. 알렌(서울)이 프랭크 F. 엘린우드(미국 북장로교회 해외선교본부 총무)에게 보낸 편지 (1885년 2월 4일)

한국 서울,
1885년 2월 4일

F. F. 엘린우드 박사,
뉴욕 센터 가(街) 23

친애하는 박사님께,

저는 지난 두 달 동안 일어났던 사건들과 그것이 우리의 소중한 대의에 미친 결과를 다소 상세하게 알려드릴 가치가 있다고 생각하였기에 다소 긴 편지로 박사님의 시간을 빼앗게 됨을 부디 용서해 주십시오.

정변 중에 저는 박사님께 우리의 상황과 선교부 계정에 대해 상당히 짧은 설명만을 보낼 수밖에 없었습니다.[66] 보고서는 설명이 부족하여 항목들이 불필요하게 많은 것 같았을지 모르지만, 그것은 정확하였고 박사님의 의도에 맞게 답하였을 것입니다.

제가 최근에 박사님께 편지를 썼을 때 우리의 생명과 재산은 큰 위험에 처해 있었습니다. 이곳의 외국인들은 이미 도피하였거나 도피하려고 하고 있었고, 우리도 그렇게 하도록 재촉을 받았습니다. (하지만) 우리는 하나님 아버지께서 보호해 주실 것으로 믿고 남아 우리의 임무를 수행하기로 결정하였습니다. 하나님은 우리가 요청할 수 있었던 모든 것을 행하셨고, 우리는 기적적으로 살아남았습니다. 어느 날 밤 우리는 우리가 있는 곳 쪽으로 오는 군중들의 울부짖음을 들을 수 있었으며, 그들이 불을 지른 건물들이 타는 것을 볼 수 있었습니다. 우리는 우리 머리 가까이를 지나가는 총알의 무시무시한 소리를 들었으며, 아침을 볼 수 있을까 하는 의심 속에 반복적으로 밤에 잠에 들었습니다. 우리는 비록 이곳에 계속 남아 있는 유일한 외국인이었지만 이 정변이 진행되는 중에 해를 입지 않았고, 우리의 사역은 가장 낙관적인 상황에서 조차 기대할 수 있는 것보다 훨씬 더 풍성한 결실을 거두었습니다.

66) Horace N. Allen (Seoul), Letter to Frank F. Ellinwood (Sec., BFM, PCUSA) (Dec. 9th, 1884)

민영익 공(公)은 느리지만 놀라운 회복을 보이고 있습니다. 그는 저의 노고에 감사해 하고 있고 저를 형이라 부르고 있는데, 저에게 같이 여행하자고 요청하고 약속을 하며 대단히 많은 선물을 주고 있습니다. 왕과 왕비는 존경과 신뢰를 담은 친절한 전갈과 함께, 귀한 골동품 몇 점을 선물하였습니다. 수도 서울에서 저를 모르거나 저에 대해 들어 보지 못한 관리는 한 사람도 없으며, 그들 중 많은 사람들이 저의 약을 복용하고 있습니다. 저는 중국 공사와 사령관을 치료하였고, 사령관의 요청으로 20명의 부상병을 치료하였기에 중국에서 그토록 간절히 바랐던 기회를 갖게 되었습니다. 저는 일본 공사를 치료하였는데, 그는 어제 밤에 일본 공사관에 더 이상 의사를 두지 않고 저를 고용하겠다고 말함으로써 (저에 대한) 신뢰를 표현하였습니다. 저의 전문적(직업적) 노력은 저의 경력보다 훨씬 큰 성공으로 보상을 받았습니다. 몇몇 환자는 놀라운 회복을 보였는데, 저는 이 모든 것이 기도에 대한 응답이라고 믿고 있습니다. 저의 집은 도움을 요청하는 모든 계층의 한국인들로 매일 붐볐습니다.

저는 시간이 허락하는 대로 하였고, 민 공(公)과 이야기를 하고, 그의 집을 오가면서 그의 가마에서 공부하여 한국어에 상당한 진전이 있었습니다. 저는 교재가 없기 때문에 한국어가 배우기 힘든 언어라고 말씀드릴 수 있습니다. 유감스럽게도 로스 씨의 교재는 좋지 않은 환경에서 만들어진 것이기에 이곳 서울에서 공부하는데 쓸모가 없습니다.

하지만 한국인들을 위해 제가 할 수 있는 모든 것을 하고 싶은 저는, 오늘의 친구가 내일 머리가 없게 될 수 있는 불안정한 정부를 위해 지금이 적기(適期)라고 인식하고 있으며, 또한 미국 공사의 지위가 격하되었다는 것을 왕이 알기 전에 현 상황을 향상시키기 위해 조만간 제 자신의 일을 할 것입니다. 저는 번역된 병원 설립안을 푸트 장군에 의해 이곳에 남겨진 대리 공사 조지 C. 포크 중위에게 보냈고, 그의 추천 편지와 함께 제출되었습니다. 저는 박사님께 포크 (해군) 중위에게 감사 편지를 보내실 것을 특별하게 추천 드리며, 최근의 정변 중에 그가 선교사에 대해 친절하였고 우리의 관심을 증진시키는데 진정한 협력을 하였다는 것에 대해 박사님께서 그뿐만 아니라 국무부가 알도록 해주시기를 기대하고 있습니다.

그는 특별한 종교적 신념을 갖고 있지 않지만 선한 일에 힘을 갖고 있는 권리와 의무에 대한 개념을 갖고 있는 때로 만나는 드문 사람입니다. 그는 견미 사절단의 세계 일주 여행을 안내하였고, 그의 친절함과 능력 뿐 아니라 최근의 정변 중에 억압받는 사람들을 보호하는 자애로움으로 전체 사람들의 사랑을 받았습니다.

병원 설립안은 대단히 엄청난 승인을 받았고, 즉시 저와 논의하도록 관리가 파견되었습니다.

후에 외아문 독판은 친히 포크 중위를 만났으며, 모종의 계획을 제시하였습니다. 따라서 제가 들었던 모든 것을 종합하여 보면, 저는 조만간 이 나라에 설비가 잘 갖추어지고 자립이 가능한 병원을 갖게 될 것에 대해 박사님께 기꺼이 축하해 드리고 싶습니다. 저는 박사님께서 어떤 조건으로 승인을 요청하였는지 아실 수 있도록 위에 언급된 두 통의 편지를 동봉하였습니다.[67] 저는 또한 박사님께서 고무적으로 생각하실 소식을 첨부하는데, 학식이 많은 노인인 저의 어학 선생이 한문으로 된 성경을 열심히 공부하고 있으며, 상당한 관심과 수용의 증거를 보이고 있다는 것입니다. 당연히 그는 저의 집에서 비밀리에 공부합니다.

이제 몇 가지 개인적인 문제들입니다. 이곳은 물가가 대단히 비싼 곳입니다. "공포 통치" 중에 왕이 보내 준 경비병들이 있었고 제가 시간이 있을 때 마다 보초를 섰음에도, 문, 창문, 벽의 타일, 그리고 온돌을 비롯한 여러 물건들을 도난당하여 최근의 정변으로 박사님께 50달러의 부담을 끼치게 되었습니다. 이곳에 신참이어서 창고나 금고를 다른 사람보다 더 잘 채울 수가 있었던 저는 상당히 힘들었는데, 당연히 공사관으로 몰려든 일본인 난민과 한국인 난민, 그리고 모든 외국인들을 위해 소비를 많이 하였습니다. 저는 단 한 번의 주문에 추가로 50달러어치의 물품을 주문해야 하였고, 제물포는 모든 것에 엄청난 가격을 요구하였기에 박사님께서는 제가 얼마나 구입하였는지 판단하실 수 있습니다. 등유만 해도 한 통에 2.5달러에서 15달러로, 다른 것들도 같은 비율로 값이 올랐습니다. 165달러의 치과 진료비 덕분에 박사님께 비용을 청구하지 않았던 제 아내의 피치 못할 병을 제외하고 제가 한국으로 떠날 때 빚이 없었습니다. 그런데 제가 갖고 있던 모든 물품을 사용하고 나니 우리의 새 집을 위해 장만한 스토브 등을 위해 약 300달러의 빚을 지게 되었습니다. 저는 이곳의 생활비가 저렴하여 곧 갚을 수 있을 것으로 기대하였지만, 먹을 만한 것이 거의 없고 우리가 먹을 수 있는 생선, 꿩, 닭, 그리고 가끔 얻을 수 있는 소고기 등은 미국에서 보다 더 비쌉니다. 게다가 우리의 석탄 스토브 외에도 꼭 필요한 온돌은 석탄을 제외하고 연료로 하루에 1달러의 비용이 필요합니다. 우리는 아기를 위한 유모를 위해 숙식과 옷을 제공하고 매달 10달러를 주어야 했습니다. 아내의 건강 때문에 요리할 사람과 빨래할 사람도 필요하며, 한 달에 각각 10달러와 4달러를 지불합니다. 만일 민 공(公)이 자신의 가마, 가마꾼들 그리고 경호원을 저에게 제공해 주지 않았다면 저는 가마 하나와 네 명

67) 1월 22일자에 일기에 실려 있는 조지 C. 포크의 소개말 및 알렌 자신이 작성한 병원 설립안을 의미하며, 그 뒤에 알렌이 설명을 덧붙였다.

의 가마꾼을 구하여야만 하였을 것입니다. 절약하려고 최대한 애를 써도 잘 되지 않아 현재 박사님께 600달러의 빚을 지게 되었습니다. 민 공(公)은 저에게 치료비를 주겠다고 약속하였는데, 그 돈은 제 것이 아니지만 제가 부채를 갚는데 사용할 수 있도록 요청 드립니다. 제가 얼마동안 사역을 그만두고 저 자신을 위해 진료를 하는 것 이외에는 빚을 갚을 다른 방도가 없기 때문입니다. 이곳에는 외국인이 적지만 우리는 매우 잘 지내고 있습니다. 이상하게 들릴지 모르지만 저는 모든 사람들, 심지어 모든 다른 사람들과 적대 관계에 있고 선교를 반대하는 폰 묄렌도르프와도 친구가 되었습니다. 그는 심지어 저에게 의과대학 허가를 얻어 주기를 원하였지만 굉장한 공상가이며, 저는 어떻게 해서든 그의 통제 아래 있고 싶지 않았습니다. 제가 푸트 장군처럼 묄렌도르프를 싫어하는 포크 중위를 통해 (병원 설립을) 요청한 것이 그를 저에 대해 나쁘게 생각하도록 만든다면, 그는 저의 선교 계획에 해를 입히고 저의 병원 계획도 좌절 시킬지 모릅니다. 그러나 제가 말씀드리고 싶은 것은 제가 관계하는 한 우리 모두는 우호적이며, 우리를 매일 방문하는데 그들이 통상적으로 포도주를 대접하는 대신에 우리는 차와 케이크를 대접해야 한다는 것입니다. 이것들은 분명 비싼 것이 아니지만 놀랄 만큼 빠르게 (경비가) 쌓입니다. 또한 호텔이 없어 (정변이 일어나기 전에 하나가 있었음) 제물포에서 해군이나 민간인들이 이곳으로 올 때마다, 제 아내가 유일한 여자이기 때문에 우리 집은 작은 근거지로 여겨지며 보다 더 친절하게 대하고 있습니다. 그러나 그들은 항상 식사 때마다 기도를 듣게 되기 때문에 좋을 것입니다.

작년에 우리가 이곳에 왔고, 겪었던 여러 가지 불편함은 이제 하나님의 섭리가 인도하였음이 분명해졌습니다. 또한 중국어를 조금 할 수 있었던 것이 어 제가 중국군과 잘 지내게 되게 하였고, 존경받는 편에 속하게 되었습니다. 이곳에서는 보편적으로 몹시 싫어하는 일본어를 말하는 것은 도움이 되지 않습니다. 또한 사람들은 제가 집도하였던 여러 수술에 대해 놀랄만하게 인상을 받았습니다. 특히 제가 처음 부름 받고 공(公)을 치료할 때 그 자리에 있었던 약 13명의 한의사들이 바로 그런 경우이었습니다. 저는 공손하게, 그러나 단호하게 상처 부위를 그들의 검정 왁스로 채우는 것을 거절하였습니다. 그들은 제가 동맥을 묶고 상처를 꿰매는 것을 보고 매우 놀랐습니다. 저는 그들이 병원 계획에 상당한 관심을 갖고 있으며, 수용할 수 있는 숫자만큼 와서 교육을 받을 것으로 알고 있습니다. 오늘 아침 민 공(公)은 저에게 "우리나라 사람들은 당신이 위대한 의사라고 생각하는데, 당신이 미국에서 왔다는 것을 믿으려 하지 않고 이번 일을 위해 하늘에서 내려온 사람이라고 생각하고 있습니다."라고 말하였습니다.

박사님은 이곳에서 몇몇 학교를 시작하실 기회가 있으며, 이 정부는 우리 정부에 세 명의 교사와 한 명의 농부를 요청하였습니다. 포크 씨는 최근의 정변 때문에 미국 정부가 그들을 보내지 않을 것이며, 국무장관이 박사님의 사역자들을 추천할지 모르겠다고 생각하고 있습니다. 저는 단지 박사님께서 미리 준비하시라는 뜻에서 언급 드립니다.

저는 예산 신청서를 보내지 않았다는 사실을 알고 있으며, 무엇을 해야 할 지 아직도 모르겠습니다. 우선 지난 몇 달이 판단하기에 적절한 기간이 아니기에 이곳에서 생활비가 얼마나 있어야 하는지 모르겠습니다. 또한 편지를 쓰기 전에 병원 계약이 승인되어 저의 일을 위해 무엇을 요청해야 하는지 알 수 있게 되기를 바랐습니다. 저의 수리 청구서가 박사님께는 큰 액수일 지도 모르지만 사실 그렇지 않은데, 이곳의 인건비가 싸도 그들은 일을 거의 하지 않기 때문에 고국에서의 인건비보다 더 비싸기 때문입니다.

예를 들어 석공 한 명을 돕는데 8명이 필요합니다. 수리는 주로 벽, 문, 그리고 우리 집인데, 우리는 침실이 없이 높이 5피트, 너비 6피트, 길이 8피트 크기이며 창문도 없는 방의 바닥에서 자고 있습니다. 추운 날씨는 몰라도 여름에는 견디기 어렵습니다. 저는 인접한 집과 연결하여 침실로 만들려 합니다. 이것과 부지를 다소 편평하게 하는데 최소한 200달러가 들 것입니다.

저의 생활비에 대해 박사님께 정부 학교의 교사인 핼리팩스 씨의 경우를 알려드립니다. 그는 기혼이며, 한 명의 아이가 있습니다. 그의 집은 가구가 구비되어 있습니다. 그리고 그는 학생을 위한 쌀로 요리하기 때문에 요리용 연료비가 들지 않으며, 또한 하인들도 무료로 제공됩니다. 학교 교실 난방이 그의 집 일부를 난방해 주기 때문에 그는 난로 하나와 하인 한 명만 있으면 됩니다. 그의 아내는 일본인이고 하녀처럼 행동하며, 아내가 일본인이라 우리 집처럼 손님이 많지 않습니다. 그는 우리 집보다 좋게 식사를 차리며, 그를 신뢰하는 모든 사람들에게 빚을 지고 있습니다. 그는 한 달에 150달러를 받습니다. 저는 봉급 문제를 전적으로 박사님께 맡기고 우리가 처한 상황을 고려해서 최대한 절약하는데 최선을 다 하겠습니다. 그래서 의료비는 들지 않을 것으로 믿고 다음과 같은 신청하고자 합니다.

봉급과 수당 (아이 한 명)	
저와 아내를 위한 교사	75달러
수리비	200달러
두 명의 의료 조수	150달러
약품비	250달러
순회 경비	100달러

저의 여행은 환자를 보기 위해 시골이나 제물포, 그리고 다른 장소 등으로 가는 것을 의미합니다. 물론 모든 여행은 갔다가 다시 돌아옵니다. 제가 제물포로 가는 가격은 50달러이며, 세관 일을 제게 맡기고 싶어 하는 폰 묄렌도르프 씨가 20달러를 제안한 것을 거절하였는데, 흥정을 하는 것이 힘듭니다.

삼가 제출합니다.
H. N. 알렌, 의학박사
한국 선교부

Horace N. Allen (Seoul),
Letter to Frank F. Ellinwood (Sec., BFM, PCUSA) (Feb. 4th, 1885)

Seoul, Corea,
Feb. 4th, 1885

Dr. F. F. Ellinwood,
23 Center St., N. Y.

My dear Doctor,

You will please pardon a somewhat lengthy trespass upon your time, as I deem the events of the past two months, with their results to our cherished cause worthy of a rather detailed account.

During the trouble I was forced to send you a provokingly short account of our condition with a similar report as to my mission accounts. The report was right, however, and will answer your purpose, though for want of explanation the items may seem unnecessarily large.

When I wrote you last our lives and property were in great danger. The foreigners here had either fled or were about to flee, and we were urged to do the same. We decided to remain and do our duty trusting to our Heavenly Father for protection. He has done all that we could ask, we were miraculously spared.

One night we could hear the howling mob coming towards our place and see the fires of the burning buildings which they had fired. We have heard the ugly whiz of bullets close to our heads and have repeatedly gone to sleep at night with doubts as to our seeing the morn. Although we were the only foreigners who remained here continuously we were unharmed through it all, and our work has borne richer fruit than we expected even in the most sanguine moments.

Prince Min Yong Ik has made a slow but astonishing recovery. He appreciates my efforts, calls me his brother, asks me to travel with him, and makes me promises and presents innumerable. The King and Queen have sent me kind messages of respect and confidence, also some presents of choice old Corean works of art. There is not an official in the Capital that does not know me or of me, and many of them are taking my medicine. I have had such opportunities as I longed for in vain in China for I have treated the Chinese Minister and the General, and at the latter request I took charge of their twenty wounded soldiers. I have treated the Japanese Representative, and he on last night expressed his confidence by saying that they would no longer keep a physician for their legation but would employ me. My professional efforts have been crowned with far greater success than my experience deserves. I have had some most astonishing recoveries, and all I believe in answer to prayer. I have been crowded daily with Coreans of all ranks begging assistance.

I have done what time would allow and have nevertheless made considerable progress in the language by getting words from the Prince and studying them in his chair on my way to and from his house. Let me say that it is a bad language to get at because there are no books. Unfortunately the publications of Mr. Ross were made under such disadvantages as to be worthless for study here in the Capital.

I will soon have a work of my own however, wishing to do all I could for this people, and realizing that now is the time to strike, for in such a changeable government your friends of today may be headless tomorrow, also wishing to improve the present before it becomes known to the King that the rank of the American representative has been reduced. I sent in a proposal for a hospital which was translated and presented by Lieut. George C. Fo[u]lk, the *Charge d'Affaires* left here by Gen'l. Foote, with a commendatory letter by the same. I especially commend Lieut. Fo[u]lk (U. S. Navy) to you for your thankful recommendation, and hope you will not only let him know, but the Department (of State), of your appreciation of his kindness to your people here during the recent troubles as well as his earnest cooperation in furthering our interests. He is one of those rare men sometimes met with, who while they have no especial religious conviction, yet are so impressed with the idea of Right and Duty that they are power for good. He conducted the Corean Embassy around the world and by his kindness and ability, as well as his charity in protecting the oppressed during the recent troubles, he has endeared himself to the whole people.

The Hospital scheme has met with very great approval and an official was sent over at once to confer with me.

Later the foreign Secretary himself has been to see Lieut. Fo[u]lk and presented certain plans. From all I hear therefore I feel at liberty to congratulate you upon having a well equipped and self-supporting hospital in this country soon. I enclose the two letters above named that you may know upon what terms the grant was asked. I will add also for your encouragement that my teacher, an intelligent old man is busily engaged in studying the Scriptures in Chinese and is showing marked evidence of interest and approval. Of course he studies in secret at my house.

Now for a few matters of a private nature. This is a very expensive place. The recent troubles cost you some $50.00 in doors, windows, tiles from the wall, and stones from the floor with other things stolen during the "reign of terror," all notwithstanding I had a guard of soldiers sent by the King, and though I spent all my spare time on guard. To me it has been much harder, being a new comer my storehouse and safe were better filled than any other and of course the drain was great for all the foreigners crowded into the legation, together with Japanese and Corean refugees. I had to get one order alone $50.00 worth of provision extra, and as everything at Chemulpoo commanded a fabulous price you can judge of how much that purchased. Kerosene oil alone rose from $2.50 to $15.00 a case and other things in proportion. By virtue of an $165.00 dollars job of dentistry and Mrs. Allen's unavoidable sickness which cost you almost nothing, I was just even when I left for Corea. Having used up all my supplies I had to go into debt some $300.00 for stoves etc. for our new home. I hoped living would be so cheap here that I could soon make it up, but eatables are almost "nil" and the fish, pheasants and chickens that we can earn with an occasional piece of bull beef costs more than the same from America. In addition to that our kangs, which are absolutely necessary in addition to our coal-stove cost us $1.00 a day for fuel exclusive of coal. We have had to keep a wet nurse for our baby, at a cost of $10.00 per month board and clothes. Mrs. Allen's health makes the employment of a cook, washerman necessary, at an expense of $10.00 and $4.00 per month respectively. I would have to keep a chair and four bearers were it not that the Prince furnishes me his official chair, bearers and escort. Try as best we may to economize we can not get ahead so that today I owe you $600.00. The Prince has promised me give pay and though it is not mine I ask you to let me apply it to the payment of my debt as I see no other way out unless I withdraw for a period and practice for myself. There are but few foreigners here and we are very social. Strange to say I have made friends with all of them even von Mullendorf who is at enmity with every other one, and is so opposed to missions. He even wanted to get me a medical college grant, but he is very visionary and I didn't want in any way to get under his control. My applying through Lieut. Foulk, who in common with Gen'l Foote, shares his enmity, may put him against me in which case he may by urging my missionary designs, succeed in defeating my hospital plan. But what I meant to say was that we are all friendly so far as I am concerned and we have daily calls, to whom in lieu of the customary wines which they offer, we must offer tea and cakes. These are little things to be sure but they count up wonderfully fast. Also in the absence of the hotels (there was one before the trouble) we have to entertain whenever the naval or common service people come here from Chemulpoo and as Mrs. Allen is the only lady, our house is considered a little basis and has more than its share of the patronage. But as they always hear a prayer at meals it may do them good.

My coming here just as I did, together with all our discomforts during the past year, are now seen unmistakably to be the guidance of Providence. Also my speaking a little Chinese has enabled me to get on with the Chinese troops and has identified me with the respected party. It is no credit here to speak the language of the universally detested Japanese. Also the people have been wonderfully impressed by the various operations I have done. Especially was this the case with some thirteen of the native medical faculty whom I found in attendance upon the Prince when I was first called. I politely but firmly refused to let them fill the wounds with their black wax. And they were very much surprised to see me tie the arteries and sew up the wounds. I understand they are very much interested in the hospital scheme, and as many of them will enter for instruction as can be accommodated. The Prince said to me this morning, "Our people think you are a great doctor, they won't believe you came from America, but think you dropped down from Heaven for this occasion."

There is a chance for you to start some schools here, this government has asked ours for three teachers and a farmer. Mr. Folk thinks on account of the recent trouble, they will not be sent, and that the Secretary of State might recommend your workers. I simply mention it to put you on your guard.

I am aware of the fact that I have sent in no application for appropriation, and am still at a loss to know what to do. In the first place I don't know yet what a living can be had for here, for the past few months have not been a proper period to judge from. Also I had hoped to have the Hospital contract ratified before writing so that I would know what to ask for my work. My bill for repairs may seem large to you but it really is not, for though men work cheap here they do so little that it is dearer than labor at home.

Just for instance, it takes eight men to tend one stone mason. My repairs have been mostly in walls, gates, and our house, we have no sleeping rooms, but are sleeping on the floor in a room 5 feet high, 6 ft. wide and 8 ft. long, without windows. It does for cold weather but will unbearable in summer. An adjoining house I intend to connect and make into a bed room. This with some straightening up of the ground will cost at least $200.00.

As to living, I will refer you to Mr. Halifax, teacher of the Government school. He is married and has one child. His house is furnished ____. And his cooking fire costs him nothing as he cooks the scholars rice on it, and this also furnishes him the servants free. The school room range also heats a part of his house, so that he only has to keep one fire and one servant. His wife is a Japanese woman, and acts as servant, also his having a Jap. wife prevents his having as much company as we do. He sets a better table than we and is in debt to everyone who will trust him. He gets $150.00 a month. I will leave the matter of salary entirely with you and do my best to practice the economy which our position demands. I will therefore make the following application, and trust that the medical appropriations will not be needed.

Salary and allowance (one child)	
Teacher for self and wife	$ 75.00
Repairs	200.00
Two medical helpers	150.00
Drugs and medicines	250.00
Itinerating	100.00

I mean my trip to the country, to Chemulpoo and other places, to see patients. Of course all this comes back. My price to go to Chemulpoo is $50.00 and I refused $20.00 from Mr. von Mullendorf who wants me to do the Customs work but is trying to jew me down.

Respectfully,
H. N. Allen, M. D.
Corean Mission

18850200

호러스 N. 알렌(서울), 설명 (1885년 2월)[68]

설명. 박사님께서 보시다시피 저는 완곡하게 '자선적인 조항'으로 표현함으로써 선교적인 특징이 나타나지 않도록 조심하였습니다. 그리고 효과적인 점은 한국인들이 모든 좋은 것의 근원으로 여기는 중국의 선교 병원을 언급한 것이었습니다. 그리고 리훙장은 그들의 수호성인입니다.

제가 주제 넘게 동역자에 대한 약속을 해서 박사님이 놀라셨을지 모르겠습니다. 폰 묄렌도르프 씨와 얘기를 나누면서 그가 한 사람이 그런 일을 수행하는 것이 불가능하다고 여기는 것을 알게 되었고, 만일 제가 다른 의사를 갖고 있다면 (의과)대학을 시작할 수 있다고 암시하였기 때문에 저는 그렇게 해야만 하였습니다.

저는 후에 더 반대를 하는 경우 그의 앞을 가로 막을 뿐 아니라 저의 주장을 더 강하게 하고 싶었습니다. 저는 박사님께서 지금 한 사람을 임명하여 바로 이 일을 위해 준비시키고 있다는 것을 알기에 이 약속을 하는데 편하게 느끼고 있습니다.

의사소통을 위한 시간이 부족하여 제 멋대로 하였던 이 조치의 승인 여부를 곧 듣게 될 것으로 믿습니다.

그리스도 안에서,

안녕히 계십시오.

H. N. 알렌

---

68) 알렌이 2월 4일자로 엘린우드 총무에게 보낸 편지에 첨부된 문건으로 1월 22일자에 일기에 실려 있는 조지 C. 포크의 소개말 및 알렌 자신이 작성한 병원 설립안과 함께, 일기에 실려 있지 않은 알렌의 설명으로 구성되어 있다. 이곳에서는 알렌의 설명만을 담았다.

Horace N. Allen (Seoul), Explanations (Feb., 1885)

Explanations. I was careful you see to make no missionary feature evident by couching in the mild "benevolent clause." And the strongest thing was the referring to Mission hospitals in China which country the Coreans think is the source of all good. And Li Hung Chang is their patron saint.

You may be surprised, at my unqualified promise of a co-laborer. I had to do it, from a talk with Mr. von Mullendorf I saw he regarded it as an impossibility for one man to carry on such a work and intimated that if I had another they could start a college.

I wished to head him off in case of any future opposition as well as to make the claim stronger. I feel safe in making the promise, knowing that you have a man now under appointment and preparing for this very work.

Trusting that I may hear soon of your approval or disapproval of these measures undertaken independently for a lack of time for communication.

I remain in Christ,

Your obedient servant,
H. N. Allen

18850207

알렌 박사의 일기 제1권(1883~1886년) (1885년 2월 7일)

1885년 2월 7일 (토)

오늘은 일들이 잘못되어 가는 것 같았다. 난로 연통을 고치느라 씨름하였는데, 그것은 정신을 어지럽게 하는 악마이었다. 또한 나를 찾아 온 중국 공사를 보지 못하였고, 나의 하인이 이곳에 없었기에 그의 명함조차 받지 못하였다. 게다가 국왕도 알현하지 못하였다. 그는 거의 외출을 하지 않으며, 다만 부모님께 인사를 드리고 조상의 능을 참배할 뿐이다. 오늘 그는 내일 떠나는 중국 사신을 만나러 갔다.[69] 나는 중국군 병사들이 10피트마다 그들의 붉은 깃발을 꽂아 놓고 1마일(궁궐과 사절의 숙소 사이)을 호위하고 있는 것을 보았을 때까지 아무 것도 알지 못하였다. 민영익을 진료하고 돌아오면서 나는 국왕 호위대의 후미(後尾)를 보았으며,

그림 6-22. 고종의 어가행렬. 알렌이 소장하고 있던 사진이다. 동은의학박물관 소장

69) 중국 사신의 숙소인 남별궁에서 우따정을 만났다.

험한 어릿광대 같은 병사들 행렬을 통과해야만 하였다. 그들은 총에 맞는 표적물로 안성맞춤인 것처럼 보였으며, 가슴과 등에 약 1평방피트 크기의 크고 번쩍이는 문양을 달고 있었는데 그것은 다만 이 목적을 위해 자신들이 준비한 것 같았다.

Dr. Allen's Diary No. 1 (1883~1886) (Feb. 7th, 1885)

Feb. 7th[, 1885 (Sat.)]

Things have seemed to go wrong today. Had a tussle with a stove pipe, that demon of ______ation, which ruffled both spirits and spirit point. Also I missed seeing the Chinese Minister who called and my servants were not here to even take his card. Again I missed seeing the King. He seldom goes out, only to see his parents and to worship at the tomb of his ancestors. Today he went to see the Chinese Ambassador, who leaves tomorrow. I knew nothing of it till I saw the street guarded for a mile (between the Palace and Ambassador) with Chinese soldiers, their red banners planted every ten feet. As I returned from seeing Min, I just saw the rear of the King's guard and had to pass the line of struggling clownish soldiers. They seem only fit for marks to be shot at and as they wear a big flashy piece of figured stuff about a foot square on their breasts and back it seems as tho they had gotten themselves up for the alone purpose.

18850210

알렌 박사의 일기 제1권(1883~1886년) (1885년 2월 10일)

1885년 2월 10일 (화)

오늘은 한국의 음력으로 12월 26일이다. 5일 동안 한국인들은 자신들의 설날을 축하할 것이다. 만일 썩은 짚더미를 활용할 수 있다면 이 5일 동안 서울은 명절의 장식으로 꾸며진다.

5일 동안 물물교환은 제한되지 않는다. 모든 사람들은 무슨 물건이라도 내어놓고 팔 수 있다. 그래서 큰 거리는 시장이 되고 만다. 물품 중에서 가장 눈에 띄는 것은 종류별로 늘어놓은 수많은 놋그릇인데, 햇빛에 눈부시게 빛나고 있다. 그것에는 단순한 촛대, 숟가락, 젓가락, 사발, 대야 및 타구(唾具) 등이 있는데, 특히 타구는 계란을 두 쪽으로 잘라놓아 좁은 쪽을 연결한 것 같아 대체로 고국에서와 같은 종류이다. 이것들은 모두 멋지게 가공되어 있지만 상당히 비싸다. 나는 한국인들로부터 작은 타구 하나의 값이 500냥, 약 50센트라고 들었다. 나는 한국인들이 어떻게 살고 있는지 놀랍다. 무명은 비단을 제외하고 한국인들의 유일한 직물이다. 그것은 모든 옷의 안감으로도 사용되며, 북 아메리카에서는 파운드 당 12½~15센트에 판매되는 것이 이곳에서는 50센트이다. 비단은 1야드에 약 40센트이며, 내가 고국에서 야드 당 30센트인 것을 아는 얇은 여름용 비단보다 폭이 좁고 질이 나쁘다.

품질이 좋은 닭고기 한 마리는 20센트이며, 생선도 같은 가격이다. 두 그릇의 스프를 만들기에 충분한 소고기는 10센트이며, 그것은 대개 우연히 죽거나 부상을 입어 이용할 수 없는 황소 고기이다.

그들의 유일한 채소는 무와 순무의 잡종인 긴 무와 억센 배추의 일종이다. 이것과 쌀은 가난한 사람들의 음식이다. 나무는 비싸다. 한 칸의 방을 하루 동안 난방하려면 한 나뭇바리가 필요하다. 그 가격은 30센트이며, 집 전체를 난방하는 데에는 하루에 최소한 1달러가 든다. 가난한 사람들은 나무를 훔치며, 거름, 짚 등을 땐다.

오늘 짜증나는 일이 일어났다. 민영익이 내 고무장화를 보더니 달라고 하였다. 그래서 나는 그것을 새 것처럼 깨끗이 닦아 주였더니 1피트 정도 너무 길었다. 그는 나에게 이 고무장화를 돌려줄 테니 더 좋은 고무장화를 그에게 보내 줄 수 있는지 말하였다. 그는 더 비싼 것이라고 말하였다. 어리석은 사람은 내가 자신을 치료해주고, 그 대가로 받은 돈을 자신을 보살피는데 써 달라고 기대하고 있다.

Dr. Allen's Diary No. 1 (1883~1886) (Feb. 10th, 1885)

Feb. 10th[, 1885 (Tue.)]

Today is the 26th of the Corean 12th Month. In five days they will celebrate their New Year's day. During these five days the city has put on a holiday attire, if a collection of decayed straw stacks could be capable of such an act.

For five days barter is unrestricted. All persons may can sell whatever they have to offer. Consequently the big street is lined with markets. Most conspicuous among the goods are the lots of brass work, grouped together and brightly gleaming in the sun. They are simply candle sticks, spoons, chopsticks, bowls, basins and spittoons the latter on just the same plan as the kind in vague at home, being like a large egg cut in two and then united by the small ends. This work is all nicely done but quite expensive. I am told by Coreans that even a small spittoon costs 500 cash about 50 ¢. It is a wonder how these people live. Cotton is their only fabric besides silk. It also is used for lining all of their clothes and yet such as would sell for 12½~15 ¢ in a Northern State in America costs here 50 ¢ a pound. Their silk is about 40 ¢ a yard and as narrow and poorer than sleazy summer silks that I have seen at home for 30 ¢ a yard.

A good chicken cost 20 ¢, a fish the same. Beef enough for two dishes of soup costs 10 ¢ and it is usually a worn out bull who has happened to die or injure himself.

Their only vegetables are a long kind of a hybrid between a radish and a turnip, and a kind of coarse tough let[t]uce. These with rice form the diet of the poor. Wood is expensive. It takes one horse load to warm one kang for a day. This cost 30 ¢ and a house costs $1.00 a day at least to be kept warm. The poor steal their wood, burn manure, straw, etc.

A provoking thing happened today. Min Yong Ik admired my rubber boots and asked for them. So I cleaned them up like new and sent them to him, but they were a foot or so too long. He told me I could take them back and send him something nicer. Something costly he said. The fool expects me to cure him and then spend my pay in minister for him.

18850211

알렌 박사의 일기 제1권(1883~1886년) (1885년 2월 11일)

1885년 2월 11일 (水)

오늘 포크 씨(미국 해군 중위)는 푸트 부인 소유인 아마추어 사진기 한 대와 소형 발전기 한 대를 주어 나를 기쁘게 하였다. 이것은 내가 매일 공사관으로 뛰어가 환자들을 진료하게 하면서도 고맙다는 말조차 하지 않고 떠나버린 푸트 공사와는 대조적인 것이었다. 반대로 포크 씨는 그들을 싫어하며 그들의 선물을 자유롭게 나누어주고 있다.

나는 오늘 민영익의 마비된 뺨을 치료하기 위해 건전지를 사용하였다. 그는 그것을 이해하였지만 내가 그것으로 뛰게 만든 그의 추종자들에게는 놀라움이었다.

오늘 약간의 머릿기름을 얻기 위해 왕이 보낸 관리가 나에게 왔다. 그 관리는 먼저 포크 씨에게 갔지만, 그가 내게 보냈다. 나는 보통 사용하는 약간의 올리브기름 이외에는 아무 것도 갖고 있지 않았다. 그 관리는 만일 내가 그것에 향내를 더 할 수 있다면 좋을 것이라고 생각하였다. 나는 단지 계피 및 박하 기름만을 가지고 있었다. 그는 박하를 좋아하였고, 나는 충분하게 넣었다. 그는 만족하며 돌아갔으며, 궁궐도 그들에게 새로운 냄새와 함께 신년을 맞이할 것이다. 오늘 민영익은 나에게 이제 여성들이 자신을 돌보아도 위험이 없을 정도로 충분히 상처가 잘 아물었는지 대단히 진지하게 물어보았다. 한국인들은 중국인들과 마찬가지로 여성들이 상처를 오염시킨다는 생각을 공유하고 있다. (생리가 원인이다.)

Dr. Allen's Diary No. 1 (1883~1886) (Feb. 11th, 1885)

Feb. 11th, 1885 (Wed.)

Today Mr. Foulk (Lieut. U. S. N.) made me happy by giving me an amateur photographic camera and a small dynamo electric machine that belonged to Mrs. Foote. It is a contrast to the Footes who had me running there daily to attend to their sick and went away without even thanking me. While Mr. Foulk despises them and distributes their gifts freely.

I used the battery on Min today for his paralyzed cheek. He understood it but it was a wonder to this followers whom I made jump with it.

Today an official came to me from the King to get some hair oil. He went first to Mr. Foulk who sent him to me. I had nothing but some common sweet oil. He thought that would do well if I could flavor it. I had only cinnamon and peppermint oils. He fancied the peppermint and I put it in liberally. He went off happy and the Palace will be duly stunk up for the New Year, with a stink new to the them. Min asked me in great earnestness today if his wounds were well enough now so that it would not be dangerous to let women look at them. Coreans share with the Chinese this idea of women contaminating a wound. (Menstruation is the cause)

18850212

알렌 박사의 일기 제1권(1883~1886년) (1885년 2월 12일)

1885년 2월 12일 (목)[70)]

놀랍게도 오늘 나는 민영익의 상처 한 곳이 까진 것처럼 보여 약간 재발하였다는 것을 알게 되었다. 분명한 원인은 없는 것 같았으며, 그들은 그를 보게 한 여성들의 음산한 영향이 악영향을 미친 탓으로 돌렸다. 그들은 그것의 간접적인 원인일 수 있지만, 단순히 상처를 본 것에 의한 것은 아니다.

포크 씨와 나는 오늘 몇 장의 사진을 찍었다. 그는 아직 현상하지 않은 많은 사진 원판을 갖고 있는데, 최근의 정변이 일어났을 때 지방에서 갖고 온 것들이었다.

그의 말이 강물에 빠져 대부분의 사진 원판이 못쓰게 되었다. 설상가상으로 출타 중일 때 그의 집이 털렸다. 그가 국무부에 보고하기 위해 수집하였던 방대하고도 귀중한 물건들, 그리고 서울을 비롯하여 지방 대도시에서 촬영한 많은 양의 음화 사진 원판을 포함한 모든 것들을 훔쳐갔다. 그것들은 아마도 지금 창유리로 이용되고 있으며, 틀림없이 불 앞에 들고 있으면 한국의 풍경을 보여줌으로써 상당한 놀라움을 일으키고 있을 것이다.

70) 일기 원본에는 2월 11일자로 되어있지만, 앞에 같은 날짜가 있어 12일자인 것으로 판단하였다.

Dr. Allen's Diary No. 1 (1883~1886) (Feb. 12th, 1885)

Feb. 12th[, 1885 (Thur.)]

To my surprise I found today that Min had experienced a slight relapse, one of his wounds looking raw. There seemed no apparent cause and they attributed it to his having had his women in to see him and their dire influence had bred the mischief. They might have been the indirect cause of it but not by simply looking at the wound.

Mr. Foulk and I have been photographing a little today. He had a lot of undeveloped plates which he was bringing in from the country when this recent trouble arose.

His horse was tumbled into a river and most of his plates destroyed. Still worse however was the ransacking of his house during his absence. Everything was taken including copious and valuable reports which he had collected for his report to the State Department, and a large collection of developed negatives (plates) of Seoul and all the provincial capitals. They are probably now being used as window glass and no doubt causes great wonder by showing a Corean picture when held before a light.

18850213

존 W. 헤론(블랙웰 아일랜드, 뉴욕)이 프랭크 F. 엘린우드 (미국 북장로교회 해외선교본부 총무)에게 보낸 편지 (1885년 2월 13일)

구호병원, 블랙웰 아일랜드, 뉴욕,
(18)85년 2월 13일

F. F. 엘린우드 목사, 신학박사

안녕하십니까,

(중략)

박사님께서 알렌 박사로부터 무엇이든 들으신다면 제가 알도록 해주시면 기쁘겠습니다. 저는 그 나라, 사람들 및 기후에 대해 가능한 모든 정보를 원합니다. 제가 이곳에 있는 이후 그곳의 상황에 대해 아무 것도 알지 못하지만, 조만간 안정되기를 바랍니다.

(중략)

John W. Heron (Blackwell Island, New York), Letter to Frank F. Ellinwood (Feb. 13th, 1885)

(Omitted)

If you hear any thing from Dr. Allen I shall be glad to know. I want all possible knowledge of the country, the people and the climate. Since I have been here I have seen nothing about the condition of affairs there, but I hope that they will soon be settled.

(Omitted)

18850214

알렌 박사의 일기 제1권(1883~1886년) (1885년 2월 14일)

1885년 2월 14일 (토)

내일은 새해의 첫 날이며, 오늘 명절이 시작되었다. 양반들은 하루 종일 사람들을 방문하며, 묵은해의 빚을 갚느라 바쁘다. 우리도 벗어나지 못하였다. 왕 자신은 방문할 수 없지만, 민영익 공의 건강을 회복시켜 준 것에 대하여 나에 대한 자신 및 나라의 인사와 감사를 표하기 위하여 두 명의 고위 관리를 보내었다. 그들은 내가 그들에게 소개시켜준 아내에 대한 왕비의 인사를 전하였다. 그들은 놀랍게도 대단히 예절이 발랐다. 그들은 내가 자리에 앉을 때까지 앉지 않았으며, 내가 그들에게 접대한 아이스크림도 예의 바르게 먹었다. 또한 오늘 우리는 병원이 순조롭게 진행될 것이라고 들어 기뻤다. 하지만 지금 모든 일이 혼란스러워 아무 것도 서둘러 빠르게 진행될 수 없다.

하지만 우리는 얼마 전 반역자들의 여성들에 대한 구명이 요청되었지만 오늘 그것이 각하되어 체포되었고 죽음을 기다리고 있다는 것을 알게 되었기에 그들은 비열한 상태에 있다.

나는 오늘 오후 민영익 집에서 포크 씨를 만났으며, 우리는 한국의 '밥'을 많이 먹었다. 민영익은 방안을 의기양양하게 활보하였으며, 내가 그의 생명을 구해 준 것에 대해 매우 감사하게 여기고 있는 것 같았다. 그렇지만 그는 이 나라를 떠나고 싶어 하고 있다.

집으로 돌아오는 길에 우리는 서울 시내가 온통 술에 취해 있는 것을 발견하였으며, 이러한 상태는 (명절) 며칠 동안 계속될 것이다.

포크 씨는 나에게 어떻게 푸트 장군이 이상한 행동으로 견책을 받았는지 몇 가지를 이야기해 주었다. 그는 철도, 전신, 전기 등 많은 계약을 주선하여 백성들의 신임을 얻었고 왕으로부터 상당한 신임을 얻었다. 그런데 정변이 발생하자 요청 받은 대로 궁궐로 들어가 그곳에서 발생한 정변을 막는 대신, 그것을 거절하였을 뿐 아니라 일본을 위해 유일한 미국 군함을 비우도록 하였고 외교 관례상 요구되는 왕에 대한 통고도 하지 않고 떠났다. 포크 씨는 큰 이유 중의 하나는 이곳의 일본인 난민들을 구제해 줌으로써 일본에서 약간의 영광을 건져 보자는 것이라고 생각하고 있다.

Dr. Allen's Diary No. 1 (1883~1886) (Feb. 14th, 1885)

Feb. 14th[, 1885 (Sat.)]

Tomorrow is the first day of the New Year and the festivities began today. The gentry have been busy all day paying calls and all other debts of the old year. We did not escape. The King himself cannot make calls but he sent two high officials to pay his respects and thank me on his behalf and that of the Nation, for restoring to health Prince Min Yong Ik. They brought the Queen's respects to Mrs. Allen whom I introduced to them. Much to their surprise, they were very polite. Would not sit till I had done so and behaved themselves well even to eating the ice cream which we offered them. We were also rejoiced today by hearing that the hospital is in a fair way to be started. Just now however everything is in such a muddle that nothing can be hurried.

They have time for meanness however for we learned today that the women of the conspirators, whose lives were asked for the other day and refused are now under arrest and awaiting death.

I met Mr. Foulk at Mins this aft. and we had to eat a lot of Corean "pap." Min pranced around the room and seemed very grateful for what I had done for him. He wants to leave the country though.

On the way home we found the whole city drunk, in which condition it will remain for some days.

Mr. Foulk told me something of how Gen'l Foote was censured for his strange conduct. He had arranged a lot of contracts for railroads, telegraphs, electric light etc., had won the confidence of the people and was much depended on by the King. Then when trouble arose instead of coming to the Palace as requested, and by doing which he could have averted the trouble that occurred there, he not only refused but cleared out for Japan taking the only U. S. Man-of-War, and went without sending any word to the King as diplomatic rules require. Mr. Foulk thinks that one big reason was to scoop up a little glory in Japan for having saved the Japanese refugees here.

18850216

알렌 박사의 일기 제1권(1883~1886년) (1885년 2월 16일)

1885년 2월 16일 (월)

어제는 우리의 일요일이었다. 또한 그것은 한국의 설날이었으며, 모든 가게가 문을 닫았고 거래가 중단되었으며 화사하고 깨끗한 겉옷들로 분명 휴일의 모습이 보였다.

오늘은 너무나 조용해서 오후에 패니와 나는 서울의 주 도로(종로)로 산책길에 나서 보신각종을 보았다. 우리는 6명의 호위병들이 있었고, 그들은 사람들의 접근을 막았다. 오늘은 아직도 어학 선생이 설 명절의 주연(酒宴)에 빠져 있어, 나는 민영익 저택, 종로, 남대문 및 다른 곳을 촬영하였다. 오늘 밤 영국 총영사 칼스 씨와 제물포 세관장 스트리플링 씨가 우리와 만찬을 가졌다. 왕은 오늘 병원을 선택하고 수리할 사람을 임명하였다는 전언을 보내었다.[71] 하지만 정부는 비참한 상

그림 6-23. 성벽 외부에서 찍은 남대문. 알렌이 소장하고 있던 사진이다. 동은의학박물관 소장.

71) 통리교섭통상사무아문(統理交涉通商事務衙門)의 독판 김윤식으로 추정된다.

그림 6-24. 성벽 외부에서 찍은 동대문. 알렌이 소장하고 있던 사진이다. 동은의학박물관 소장.

태에 있으며, 아무도 맡은 임무를 수행할 수 없을 것 같고 정부의 수레바퀴가 정지되어 있다.

정부는 다음과 같이 조직되어 있다.

왕 혹은 임금

영의정(領議政) 혹은 대신(大臣). 영의정은 두 명의 보좌관을 거느리고 있는데, 각각 좌의정(左議政)과 우의정(右議政)이라 부른다. 전자의 직급이 더 높다. 이 둘은 보국(輔國)의 벼슬을 갖고 있다.

다음은 육조(六曹)인데, 병조, 호조, 형조, 예조, 이조 및 (공조) 등이다. 이것들은 판서(判書)의 직급을 가진 사람들이 관장하고 있다. 각 판서는 좌참판과 우참판이라 부르는 두 명의 보좌관을 거느리고 있는데, 좌참판은 참판(參判), 우참판은 참위(參尉)의 벼슬을 갖고 있다.

그 아래에는 미국 부(部)의 서기에 해당하는 군소 벼슬도 있다. 그들의 벼슬은 승지(承旨)와 소리(小吏)이다.

이어 통리군국사무아문(내아문)과 통리교섭통상사무아문(외아문)이 있다. 각 아문(衙門)은 독판(督辦)이 관장하며, 6명의 협판(協辦)이 있다. 모두가 참판 벼슬에서 선발된다.

이외에 그 다음에 군량미를 징수하는 임무를 가진 관리가 있고, 궁궐의 사무를 관장하는 다른 관리, 그리고 각 도의 관찰사(觀察使) 및 그들과 관련된 군소 관리들이 있다.

경쟁적인 과거시험 제도는 중국의 제도를 모방한 것이다. 만일 과거에 급제하면 관직에 임명될 대상이 되고 참판이라 부르며, 비록 그가 임관(任官)되지 않더라고 그 벼슬을 항상 갖고 있다.

다음은 정부의 조직이다.

왕

좌의정 영의정 우의정

병조	호조	예조	이조	형조	공조
좌우 참판	좌우 참판	좌우 참판	좌우 참판	좌우 참판	좌우 참판

이 이외에도 궁궐을 관장하는 관리가 있다. 국왕은 비밀리에 고문(顧問)을 갖고 있는데, 항상 왕비의 가문에서 선발된다. 민영익은 바로 이 직책을 갖고 있으며, 지금도 갖고 있다. 이것은 아마도 가장 중요한 직책이다.

Dr. Allen's Diary No. 1 (1883~1886) (Feb. 16th, 1885)

Feb. 16th[, 1885 (Mon.)]

Yesterday was our Sunday. It was also the Corean New Year's Day and it certainly put on a Sunday appearance with the closed shops, suspended business and bright clean gowns.

It was so quiet that in the afternoon Fannie and I took a walk through the main street and looked at the big "curfew bell." We had six soldiers and they kept the crowd well back. Today as my teacher was still on his New Year spree, I took photographs of Min's house, the main street, South Gate and others. Tonight Mr. Carles, H. B. M. Consul General and Mr. Stripling, Chief of Customs Chemulpoo dine with us. The King sent word today that he had appointed a man to select and fit up the Hospital. The Government however is in a wretched state, no one seems capable of doing the duties as assigned them and the wheels of Govr'nt are blocked.

The Government is arranged as follow.

King or Ying Gum.

Prime Minister or Tai-Shin. The Prime Minister has two assistants called respectively Minister of the Left and Minister of the Right. The former being the highest. These both have the title of Poguk.

Then come the six boards of War, Finance, Justice, Ceremony, Examination and _______. These are presided over by men bearing title of Panso. Each of these has two assistants called Councillor of the Left and of the Right and bearing title of Cham Pan for the Left and Cham We for the Right.

There are also minor officials corresponding to our clerks of departments. These have the title of Sung Chi and Sori.

Then there is the Home Office or Department of the Interior, and the Foreign Office or State Department. Each of these is presided over by a President and six vice Presidents. All taken from the Cham Pan order.

There are other officers who have the duty of collecting rice for the Army, others for the Palace and then there are Governors of Provinces with their little official circle about them.

The competitive examination systems pertains as in China. And when a man by successfully passing his examination becomes eligible for office he is called a Champan and this degree he holds always though he may be unemployed.

This is the order of Government

			King		
		L. M.	P. M.	L. M	
War	Finance	Claiming	Examination	Justice	_____
L. R.	R. L.	R. L.	R. L.	R. L.	R. L.

Beside this there is the circle in the Palace a court officer. The King has a confidential adviser, always chosen from the family of the Queen. Min has held this office and should hold it now. It is probably the most important of all.

윌리엄 R. 칼스(William R. Carles)

그림 6-25. 윌리엄 R. 칼스

윌리엄 R. 칼스(William Richard Carles, 1848. 6. 1~1929)는 영국 워윅에서 태어났으며, 말보로 대학에서 교육을 받았다. 그는 1867년 학생 통역으로 중국에 파견되면서 영사 업무를 시작하였으며, 1901년까지 중국의 여러 지역에서 활동하였다. 그는 1883년 11월 개인적으로 한국을 처음 방문하였으며, 아마도 중국어에 대한 지식 때문에 1884년 3월 17일 한국 주재 영국 '임시' 부영사로 임명되었는데, 이때 나가사키의 영사이었던 윌리엄 G. 애스톤(William G. Aston)도 '임시' 총영사로 임명되었다. 그는 어느 서구 열강도 시도하지 않았던 북한 지방의 경제적 가능성을 알아보기 위해 1884년 9월 29일부터 11월 7일까지 탐사하였으며, 직후 중국을 방문하였기에 갑신정변 당시에는 한국에 없었다. 그는 1885년 1월 14일부터 5월 31일까지 서울 주재 영국 총영사 대리로 근무하는 등 1885년 6월 6일까지 한국에서 근무하였다.

18850216

호러스 G. 언더우드(요코하마)가 프랭크 F. 언더우드 (미국 북장로교회 해외선교본부 총무)에게 보낸 편지 (1885년 2월 16일)

일본 요코하마 블러프 245,
(1885년) 2월 16일

친애하는 엘린우드 박사님,

(중략)

박사님께서 알렌으로부터 들으셨는지 모르겠습니다만, 저는 온 사방으로부터 미혼 남자의 영향력이 매우 적으며, 이 선교지(한국)의 상황이 그렇기 때문에 선교본부가 기혼이 아닌 남자는 파송하지 않는 것이 좋을 것이라는 말을 들었습니다. 사실 알렌 박사는 저에게 편지를 보내, 제가 일본에서 기다리는 동안 결혼할 수 있다면 기다리는 것이 최선이라고 말하였습니다.72)

저는 휴가 차 고국으로 돌아가는 길에 있는 푸트 장군 부부를 만났습니다. 저는 그들이 대단히 유쾌하다는 것을 알았으며, 장군은 현재 제가 한국으로 들어가는 것이 지극히 안전하다고 생각하며, 지금 기독교 학교를 개교하는 길이 열려 있다고 말하였습니다. 또한 지금 당장은 어떠한 전도 활동도 권할 수 없다고 언급하였지만, 저는 아직 언어를 모르기 때문에 당연히 요원한 일입니다. 그는 알렌 박사를 상당히 좋게 생각하는 것 같으며, 그에 대해 상당히 높게 평가하였습니다. 푸트 부인은 알렌 부인과 상당한 친분을 쌓은 것 같습니다.

(중략)

72) 헨리 루미스 목사도 같은 생각이었다. 언더우드에게는 원래 결혼을 생각했던 여성이 있었는데, 함께 떠나지 못하였다. 이에 엘린우드 총무는 그 여성으로부터 연락을 기다렸지만 결국 오지 않았다. Henry Loomis (Yokohama), Letter to Frank F. Ellinwood (Sec., BFM, PCUSA) (Feb. 16th, 1885); Frank F. Ellinwood (Sec., BFM, PCUSA), Letter to Horace G. Underwood (Yokohama) (Mar. 23rd, 1885)

Horace G. Underwood (Yokohama), Letter to Frank F. Ellinwood (Sec., BFM, PCUSA) (Feb. 16th, 1885)

245 Bluff, Yokohama,
Japan, Feb. 16th

Dear Dr. Ellinwood:

(Omitted)

I do not know whether you have yet heard it from Dr. Allen, but I hear it on every side, that the influence of an un-married man is very much lessened thereby, and that the circumstances in this field are such that it is hardly advisable for the Board to send any but Married men; and in fact Dr. Allen writes on to me that if by waiting in Japan I could go into the country married, it would be best to wait.

I have met General and Mrs. Foote who are on their way home on leave of absence. I found them very pleasant indeed and the General said that he thought it would be perfectly safe for me to go into the country now and that the way for mission schools was now open. He also stated that it would be hardly advisable to do any preaching just now but as I don't know the language, this of course is still a good way off. He seems to think a good deal of Dr. Allen and speaks of him in the highest terms, and Mrs. Foote it appears had formed quite an attachment to Mrs. Allen.

(Omitted)

18850217

윌리엄 S. 홀트(미네소타)가 프랭크 F. 엘린우드(미국 북장로교회 해외선교본부 총무)에게 보낸 편지 (1885년 2월 17일)

(중략)

제가 하나님의 섭리로 우리 교회가 조속히 관심을 갖고 노력을 기울여야 할 것으로 생각되는 다른 선교지는 한국입니다. 일본에서 저는 헵번 박사, 녹스 씨, 그리고 루미스 씨와 다른 때에 각자의 의견을 듣기 위해 개별적으로 이 주제에 대해 오랫동안 대화를 나누었습니다. 그들 모두는 제가 중국에 도착하였던 것과 대단히 같은 의견을 갖고 있는데, 즉 한국에서 하나님의 인도에 의해 우리 교회는 강한 힘으로 그 선교지를 개척하는데 특별하고 각고의 노력을 기울이는 의무가 부여 받을 것입니다. 녹스 씨는 올해 우리가 적어도 다섯 가족을 한국에 파송해야 한다고 말하였습니다. 제가 이야기를 나누었던 이들 중 누구도 그보다 적은 수의 가족이 가야한다고 생각하지 않았습니다. 알렌 박사는 자신이 영웅임을 보여주었습니다. 그는 왕과 왕비의 신뢰를 얻고 받았습니다. 푸트 공사는 왕이 알렌에게 병원을 하사할 것으로 생각하고 있으며, 모든 것이 이 나라에서 즉각적인 진전을 위해 성숙해 있는 것 같습니다. 저는 가을의 정변 후에 서울을 떠나 망명을 해야 했던 한국 내각의 두 일원 김(金)과 박(朴)을 만났습니다.[73] 둘 중에서 더 영향력이 있는 김은 기독교의 친구입니다. 알렌 박사가 쉽게 발판을 마련할 수 있었던 것은 틀림없이 그의 조언을 통해서이었습니다. 김은 녹스 형제를 대단히 높게 평가하고 있으며, 자신이 커다란 신뢰를 보이고 있는 녹스 형제와 루미스 형제와 협의하였습니다. 김과 박이 수도로 귀환하여 복귀하는 상황이 되면,

그림 6-26. 일본에 체류 중인 갑신정변의 주요 인물들. 왼쪽부터 박영효, 서광범, 서재필, 김옥균. 헨리 루미스는 김옥균과 박영효를 만났다.

73) 김은 김옥균, 박은 박영효이다.

우리가 선교 사역이 한국의 복음화를 크게 촉진시킬 그런 기분을 기대할 수 있을 것이라고 저는 믿습니다. 푸트 공사는 알렌 박사에게 자신은 한국이 일본보다 더 빨리 진전을 이룰 것으로 믿고 있다고 말하였습니다. 저는 그들이 저에게 깊은 인상을 주었기 때문에 이 흥미로운 문제를 박사님을 만나 말씀드릴 수 있게 되기를 바라고 있습니다. 그것은 마치 지금 우리 교회 앞에 복음을 한국으로 전달하는 특별한 임무가 놓여 있는 것 같습니다. 우리(의 선교사)는 이미 수도에 거주하고 있습니다. 알렌 박사는 존경을 받고 있고 자신의 직업을 훌륭하게 수행하였으며, 복음의 필요성은 대단하며, 그것의 빠른 확장에 대한 희망은 대단히 밝습니다. 유일한 질문은 우리가 나아갈 수 있는가 하는 것입니다. 우리 교회 하나님의 은총으로 성공하도록 올해 그 나라고 그런 사역자들을 보낼 수 있을까요? 헵번 박사는 그곳에서 허약한 선교를 시작하는 것은 실수가 될 것이라고 말하고 있습니다. 그것은 아마 불만족스럽고 활기를 잃게 될 것이며, 반면 시작부터 강한 선교부는 걱정을 넘는 성공을 가져다 줄 것입니다.

제가 이 계획에 도움을 줄 수 있다면 아주 행복할 것입니다. 저는 한국에 대해 약간 알고 있고, 선교지에 우리가 들어가는 것 모두를 알고 있으며, 복음이 한국에서 전도되는 것을 보고 싶어 하는 저명한 두 명의 한국인을 만나 보았습니다. 만일 박사님께서 특전을 베풀어 주신다면 저는 능력이 부족하지만 최선을 다하여 우리 신학생들과 교회들 앞에 그 나라에 필요한 것과 전망을 설정하는 일을 맡을 것입니다. 그것은 저에게 멋진, 그리고 한 명의 의사 외에는 한명의 선교사도 없는 나라에서 우리의 소중한 교회가 그 열정과 사랑을 보여줄 수 있는 가장 좋은 기회를 의미합니다. 우리가 다음 가을에 활기차게 헌신적인 사명으로 그 나라로 들어갈 수 없을까요? 저는 우리가 할 수 있다고 기대하고 있습니다.

(중략)

William S. Holt (Minnesota), Letter to Frank F. Ellinwood (Sec., BFM, PCUSA) (Feb. 17th, 1885)

(Omitted)

Another field which it seems to me in God's Providence, is urgently demanding the attention and effort of our Church is Corea. When in Japan I had long conversations with Dr. Hepburn, Mr. Knox, & Mr. Loomis upon this subject, at different times and with each man alone so as to ____ their independent opinions. They all are strongly of the same opinion to which I had arrived in China, viz that God's leading in Corea made it incumbent upon our church to make a special and strenuous efforts to occupy that field with a strong force. Mr. Knox said we should send not less than five families to Corea this year. None of these to whom I spoken thought that less than that number should go. Dr. Allen has shown himself a hero. He has earned and received the confidence of the King & Queen. Minister Foote thinks the King will give Dr. Allen a Hospital, and all seems ripe for an immediate advance to this country. I met Kim & Pak, two members of the Corean Cabinet who were obliged to flee from Seoul after the trouble in the autumn. Kim who is the more influential man, is a friend of Christianity. Undoubtedly it was thro his counsels that Dr. Allen's foothold was so easily obtained. Kim esteems Bro. Knox very highly and consulted with him & Bro. Loomis, in both of whom he shows the greatest confidence. Should affairs so turn that Kim & Pak get back to the Capital and are restored to favor I believe we may look for such a feeling toward mission work as will greatly facilit[at]ed the evangelization of Corea. Minister Foote told Dr. Allen he believed Corea would go ahead even faster than Japan. I wish I could see you and lay before you these interesting matters as they have impressed themselves upon me. It seems as though a special duty is laid before our Church at this time to carry the Gospel into Corea. We are already located in the capital. Dr. Allen is honored and has done nobly in his profession the need for the gospel is appalling the hopes for its rapid spread most bright. The only question is can we go ahead? Can our Church send such a force into that country this year as shall ______ success with Gods blessing? Dr. Hepburn says it will be a mistake to open a feeble mission there. It would probably result in dissatisfaction and languishing, while a longer strong mission at the outset would put success beyond a peradventure, humanly speaking.

I shall be most happy to help on this project. I know some thing of Corea, know all about our own entrance upon the field, have seen those two prominent Coreans who wish to see the Gospel preached in Corea. If you will allow me the privilege I will undertake to set that country with its needs and prospects before our theological students and churches to the best of my poor ability. It means to me it is a grand chance, the best ever grown to our beloved church to show its zeal and love for a nation without a single protestant missionary except our one doctor. Can't us go into that country with a vigorous devoted mission next autumn? I hope we can.

(Omitted)

18850218

통리교섭통상사무아문일기
(1885년 2월 18일, 고종 22년 1월 4일)
Daily Records of Foreign Office (Feb. 18th, 1885)

(을유년, 고종 22년 [1885] 1월) 4일 …… 미국 공사관에 답신을 보냈다. '지난 12월 12일에 공문을 접수하였으며, 병원을 설치하자는 제안과 타운선(他雲仙)이 잃어버린 물건의 값을 우리 정부에서 배상하라는 두 가지 사안은 모두 잘 알았다. 이미 전에 직접 논의하였으므로 다시 답신할 필요는 없지만 답신이 없으면 의아하게 생각할 듯하여 (답신한다), 병원의 설치는 불가피한 것이므로 사용할 수 있는 깨끗한 집 한 채를 마련하였다. 거기에 소요되는 모든 비용은 서서히 마련하기로 하였으며, 다시 통보하도록 하겠다. …… 이것을 당사자들에게 알려주기 바란다.'는 등의 내용이었다.

(乙酉 正月) 初四日 …… 函復美舘, 前十二月十二日, 接來函, 爲營設病院, 暨他雲仙失物價値, 要我政府償淸二事, 并已閱悉, 業於向日面商, 無須更覆, 想以無答爲訝也. 病院施設, 係是不可闕者, 玆有屋子一所, 淨潔可用, 須有應用之一切傢伙, 容徐措辦, 再行報知, 至他雲仙失物, 固當塡還, 而目下經用窘絀, 再容紓力, 以圖淸楚, 請以此諭知該人云云, ……

18850218

알렌 박사의 일기 제1권(1883~1886년) (1885년 2월 18일)

1885년 2월 18일 (수)

어제 패니와 나는 하궁(夏宮)을 방문하였다.[74] 나는 민영익에게 그곳에 가서 사진을 찍고 싶다고 말하였고, 그가 왕에게 전달하여 호위대를 보내 문을 열어주었다.

나는 거친 중국 군인에 의해 사진 촬영을 할 수 없었는데, 그 군인은 내 감광판을 손상시킬 때까지 완고하고 길을 막았다. 나는 맹렬하게 주먹을 휘두르며, 그의 공사 첸[陳]에게 말하겠다고 위협하였다. 포크 씨와 나는 내일 다시 방문하여, 다른 사진을 찍고 싶다. 지금처럼 날씨가 추울 때 방문하려는 이유는 왕비가 지금 궁궐이 "왜 너는 나를 죽였느냐."라고 외치는 중국인, 일본인 그리고 한국인의 죽은 영혼들로 채워져 있다고 불평하기 때문에 왕이 곧 그곳으로 이사[이어(移御)]할 것으로 예상되기 때문이다.

지금 사람들은 연 날리기를 하느라 바쁘다. 어른들과 소년들은 이 놀이에 몰두하고 있으며, 행복해 보인다. 나는 오늘 대형 모래시계와 유사하며 양쪽이 가죽으로 된 북을 치는 두 명의 고수, 끽끽 거리는 피리를 부는 두 명의 사람, 얼굴 전체에 먹물을 묻히고 상복을 입은 한 명으로 이루어진 행렬을 보았다. 나는 이것이 장례 행렬이라 생각했지만, 어떤 사람이 과거 시험에 급제하고 벼슬을 받은 기쁨을 겸손하게 낮추기 위하여 슬픔을 가장한 것이었음을 후에 알게 되었다.[75]

외아문 김윤식 독판이 오늘 공사관을 방문하여, 병원 건물이 선정되었다고 알려주었다. 그의 말에 의하면 미국은 한국에서 확보하였던 이익을 상실하였고, 모두 묄렌도르프 일파의 수중으로 넘어갔다고 한다. 그들은 외아문의 독판일 때 김옥균에 의해 맺어진 어떤 계약도 인정하지 않을 것이며, 그가(김옥균) 푸트 장군과 함께 미국으로 갔다는 묄렌도르프의 이야기를 믿고 있었다. 공사가 떠난 것이 모든 일의 원인이다. 그는 왕의 소식통이었으며, 정부의 공식 문서가 없이 그를 통해 일을 하고 있었다. 그는 갑자기 떠났으며, 포크 중위를 이끌어 줄 문서를 갖고 있지 않았기 때문에 우리의 이익을 위해 힘쓸 사람이 아무도 없다. 오늘 김윤식 독판은

---

74) 창덕궁(昌德宮)을 말한다.

75) 과거에 급제한 사람은 어사화(御史花)를 꽂은 채 말을 타고 사흘 동안 스승과 선배 및 친지를 찾아 인사를 드리는 풍습이 있었는데, 이를 삼일유가(三日遊街)라 한다.

김(金)이 타운젠드 씨에게 주었던 울릉도(의 목재 채벌권)가 묄렌도르프에게 주어졌으며,[76] 이 정부는 무급으로 일하고 있는 그들의 영사인 뉴욕의 에버렛 프레이저 씨에게 위임하고 싶어 한다고 말하였다. 미국은 (한국의) 영사를 받아들이고 존중해 주는 유일한 국가이다.

Dr. Allen's Diary No. 1 (1883~1886) (Feb. 18th, 1885)

Feb. 18th, 1885 (Wed.)

Yesterday Fannie and I went to the Summer Palace. I told Min I would like to go and take some pictures and he sent word to the King who had a guard sent and the Gates opened.

I was prevented from taking pictures by a rough Chinese soldier who kept obstinately getting in the road till he spoiled my plate. I thrashed him soundly and threatened to tell his Minister Chen. Mr. Foulk and I hope to go tomorrow and take other pictures. Our reason for going now during the cold weather is that the King expects soon to occupy the place as the Queen complains of the Present Palace being filled with the spirits of the dead Chinese, Japanese, and Coreans, who call out "Why did you murder me."

Just now the people are busy flying kites. Men and boys devote their time to this amusement and seem happy. I saw a procession today composed of two drummers, the drum resembling a huge hour glass with skin ends two pipers with very squeaking pipes and a man with the mourners garb and ink all over his face. I thought it must be a funeral, but learned afterwards that the man was only simulating sorrow to humble him in his time of joy for he had just passed his examinations and taken a degree.

The President of the Foreign Office, Kim Yun Sik called today at the legation and says the building has been selected for the hospital. From what he says America has lost its hold in Corea and things have fallen into Mullendorfs hands.

76) 조선 정부는 1884년 7월 31일 아메리카 무역상사(American Trading Company)의 타운젠드에게 울릉도 목재의 채벌권을 양여한 바 있었다.

They will not admit any of the contracts made by Kim Ok Khun when President of Foreign Office and believe the Mullendorf story that he (Kim Ok Khun) has gone to America with General Foote. The General leaving is the cause of it all. He had the ear of the King and was working through him without government documents. He left on a sudden and there is no one to attend to our interests as Lieut. Foulk has no documents to guide him. The President, Kim Yun Sik said today that Dagelet Island which Kim had given to Mr. Townsend has been given to Mullendorf, and that this Government wished to remove their Consul to New York, Mr. Everett Frazer who has been working gratis. The U. S. A. is the only country that has honored them by receiving a Consul.

18850220

알렌 박사의 일기 제1권(1883~1886년) (1885년 2월 20일)

1885년 2월 20일 (금)

나는 이 나라를 떠났으면 하고 바라고 있다. 어제 포크 씨가 외아문에서 온 나의 병원 설립안을 승인하는 편지를 번역하여 사본 한 부를 보내주었다.77) 그러나 나의 기쁨을 경감시키는 요인들이 너무 많아, 내가 이것을 대단히 기뻐하지 않게 한다. 가장 나쁜 것은 모두가 일상적으로 음흉한 묄렌도르프 무리들이다.

(정부의) 자금이 부족하고, 왕이 곧 하궁(夏宮)으로 옮긴다는 사실,78) 정부의 일꾼들 모두가 이 일에 종사하고 있기 때문에 나의 병원은 당분간 설비 작업이 진행되지 않을 것이다.

나는 상당한 빚을 지고 있는데, 가격이 약 30달러인 석탄이 없어 나무를 이용하는데 가격이 매달 40~50달러가 들기 때문이다. 나는 봉급으로 살아갈 수 없으며, 이 부채에서 벗어날 길이 보이지 않는다. 어제 밤 버나도우와 포크는 이곳에서 저녁 식사를 하였으며, 오늘은 핼리팩스 부부가 우리와 함께 점심 식사를 하였다. 핼리팩스 부인은 일본인이며, 어린 딸이 있다. 나는 내 아내와 아기에게 감사함을 느낀다.

Dr. Allen's Diary No. 1 (1883~1886) (Feb. 20th, 1885)

Feb. 20[th, 1885 (Fri.)]

I almost wish we were out of this country. Yesterday Mr. Foulk sent me a copy of a translation of a letter from the Foreign Office granting my hospital. But there is so much to temper my joy and make me dubious that I am not very jubilant. The worst is the Mullendorf crowd - regular snakes every one of them.

---

77) 답신의 전문(全文)은 알려져 있지 않으며, 다만 통리교섭통상사무아문일기와 *The Foreign Missionary*에 내용이 간략하게 수록되어 있다.

78) 경복궁에서 창덕궁으로의 이어(移御)를 말한다.

My hospital will not be fitted up for some time owing to a lack of funds and the fact that the King moves into the Summer Palace soon and has all of the government work men at work on it. I am heavily in debt, and wood costs us $40~$50 a month without coal which costs about $30.

I can't live on my salary and see no way out of my indebtedness. Last night Bernadou and Foulk were here for dinner and today Mr. and Mrs. Hallifax took tiffin with us. Mrs. Hallifax is Japanese and they have a little girl. I appreciate my wife and baby.

18850221

알렌 박사의 일기 제1권(1883~1886년) (1885년 2월 21일)

1885년 2월 21일 (土)

오늘 나는 민영익에게 내가 알고 있는 약간의 생리학(生理學) 지식을 설명하여 그의 관심을 끌었다. 그는 다른 많은 기관들이 쌍(雙)인데, 왜 심장은 2개가 아닌지 이해할 수 없었다. 그는 인체 해부도를 보고 놀라는 소리를 내었으며, 이 모든 것들이 사람 몸에 있는지 우리가 어떻게 확실히 알았는지 알고 싶어 하였다. 나는 모든 외국 의사들은 진료를 허용받기 전에 3구의 시체를 해부해야만 하며 나도 그 의무를 이행하였다고 그에게 말하자, 그는 책을 떨어뜨리고 마치 죽은 자의 영혼이 걸어 나오는 것을 보기를 기대하고 있는 것처럼 나의 눈을 쳐다보았다. 그는 우리가 '혹'이 '몸 안쪽'에 있다면 어떻게 치료하는지 물었다. 나는 우리가 대야처럼 큰 복부 종양을 어떻게 제거하며, 심지어 폐쇄된 장의 일부를 제거하고 인공 항문을 만들어 주는 지 설명하여 주었다.

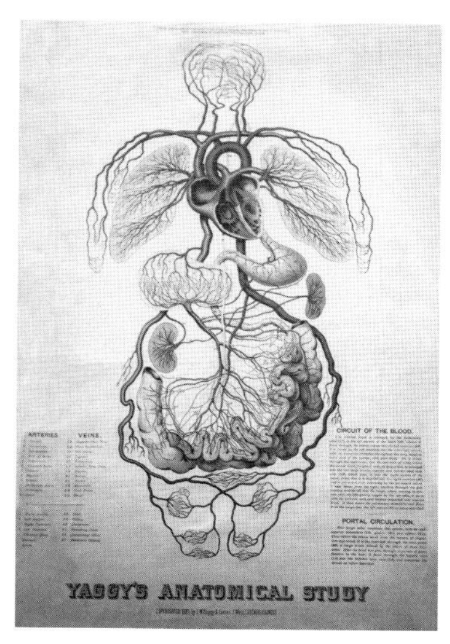

그림 6-27. 19세기 말의 인체 해부도

이것은 그들 모두의 관심을 끌었지만 그들에게 너무 강력하였으며, 그 주제에 관해 회의적으로 남겨 둘 수밖에 없었다.

Dr. Allen's Diary No. 1 (1883~1886) (Feb. 21st, 1885)

Feb. 21[st, 1885 (Sat.)]

I much interested Prince Min today by explaining to him a small physiology I have. He couldn't understand why there was not two hearts as there are pairs of many other organs. He gave many grunts of surprise at the pictures and wanted to know how we knew for sure that all these things were in a man. When I told him that every foreign doctor had to dissect on three different bodies before he was allowed to practice and that I had done my duty, he dropped the book and looked into my eyes as though he were expecting to see the spirits of the dead walk out. He asked how we could cure "lumps" if they "got inside." And then I noted how we removed abdominal tumors as big as a tub and even obliterated a fraction of intestine by making an artificial anus.

This deeply interested them all but was too strong for them and I had to leave them skeptical on the subject.

18850223

호러스 N. 알렌(서울)이 프랭크 F. 엘린우드(미국 북장로교회 해외선교본부 총무)에게 보낸 편지 (1885년 2월 23일)

한국 서울,
1885년 2월 23일

F. F. 엘린우드 박사,
뉴욕 센터 가(街) 23

친애하는 박사님께,

오늘 우편으로 박사님의 친절한 편지가 우리에게 왔고, 내일 답장을 보내기 위해 편지를 씁니다.

이곳에서 저의 입장에 대해 박사님께서 분명하게 인정해 주셔서 저는 기쁘기도 하고 놀랍기도 합니다. 저는 선교사가 아니라고 분명하게 말을 하였고, 한두 번 제가 영적인 것을 희생하며 직업적(의사)으로 잘 알려지게 되었다는 것을 말씀드리게 되어 유감스럽습니다. 하지만 저는 무엇이 옳은지 알고 있으며, 저의 동기가 정당하다는 것을 확신하고 있습니다. 게다가 박사님의 시의적절한 충고와 우리가 이곳에 있는 많은 외국인들 사이에서 겪어야 할 애로사항에 대한 분명한 이해가 적절한 때에 왔습니다. 선교본부가 부지 매입을 승인한 것을 알게 되어 저는 감사하고 안심이 됩니다. 부지는 지금 저의 명의로 되어 있으며, 오늘 그것의 명의 변경을 포크 씨에게 요청하였습니다. 그는 명의 변경을 강하게 반대하는 조언을 하였습니다. 그는 묄렌도르프가 그 사실을 이용하여 저를 반대하는데 사용할 수 있다고 생각하고 있습니다. 저는 그의 의견에 동의합니다. 만일 김옥균이 모의에 성공했었더라면 한국에 더 좋았을 것이며, 우리도 원하는 것을 자유롭게 할 수 있었을 것입니다. 그러나 그는 요주의 인물이며, 이 세력이 권력을 잡고 있는 한 결코 돌아 올 수 없습니다.

저는 이 편지에서 새로운 합의에 관해 무엇인가 분명한 것을 박사님께 말씀드리고 싶었습니다. 영국이 저에게 자신들의 공사관 의료 업무를 맡아달라고 요청하였고, 연 500달러를 제안하였습니다. 그것은 너무 적은 금액이며, 저는 세 제안서를 보내었는데, 하나는 300달러, 하나는 500달러, 하나는 1,000달러입니다. 저는 마지막 것이나, 그것의 수정안이 받아들여질 것으로 생각하고 있습니다. 이것을 자립 가능한 일로 만드는 것이 저의 커다란 바람이며, 몇 명의 외국인이 더 있으면 우리가 그것을 할 수 있습니다.

박사님께 저의 병원 설립안에 대한 공식 승인서의 번역을 보냅니다.[79] 지금 왕은 3월 3일 이주를 위해 구궁(舊宮)을 단장하느라 바쁩니다. (구궁에서 귀신이 나온다고 말합니다.) 이것은 우리의 일을 지연시킬 것이지만, 지금까지 한국에서는 어떤 것이든 확실하기 때문에 병원 설립도 확실할 것 같습니다.

우리는 언더우드 씨가 다음 우편선으로 올 것으로 예상하고 있으며, 그를 환영하고 싶습니다. 여러 가지 이유로 그가 아내와 함께 왔어야 했습니다. …… 저는 박사님께서 우리에게 새로운 의사를 파송하시기를 희망합니다. 그가 아내와 함께 오도록 해 주시면 우리는 그녀가 중국에서 할 수 있는 것만큼 편안하게 해 줄 것입니다. 저는 사적인 편지로 올 여름 감리교회의 의사가 이곳으로 파송될 것이라는 것을 알게 되었습니다. 제가 그를 받아들여도 되겠지만 지난 겨울 싸워서 얻은 우리 입지를 포기하는 것은 유감스럽습니다. 어떤 교파이던 선교사들이 오는 것은 큰 축복이 될 것입니다. 또한 생활비도 낮추게 될 것입니다.

알려드리는 것을 박사님이 좋아하실 것으로 생각하여 공사관에서 얻은 약간의 기밀 사항을 첨부합니다.[80]

안녕히 계십시오.
H. N. 알렌

미국의 이익이 이곳에서 곤경에 처하였습니다. 푸트 장군은 왕의 신뢰를 받고 있었으며, 비밀리에, 그러나 위험스럽게 업무를 해왔습니다. 많은 계약들이 이런 식으로 이루어졌었는데, 그 계약의 존재를 입증할 문서를 갖고 있지 않았기 때문에 사실 아무런 계약도 존재하지 않았습니다. 만일 그가 이곳에 있어 미국의 이해를 보호해 줄 수 있다면 모든 것이 괜찮겠지만, 불행하게도 반역자인 전 외무아문 대신 김옥균과 함께 도망쳐 버렸습니다. 뱀 같은 묄렌도르프는 이 정변이 일어나자 즉시 전면에 나서 푸트 장군이 김옥균과 함께 미국으로 갔다는 소식을 퍼트렸습니다. 사람들은 이 소식을 믿었습니다. 그는 또 김옥균에 의해 이루어진 모든 계약이 더 이상 유효하지 않다고 사람들을 설득하였습니다. 그렇게 해서 그는 미국

79) 이 번역문은 다음의 잡지에 게재되었다. *The Foreign Missionary* 43(12) (May 1885), p. 527
80) 기밀 사항이란 2월 18일자 일기에 언급된 김윤식 독판으로부터 들은 이야기를 의미한다.

무역 회사의 타운젠드 씨에게 주어졌던 울릉도를 갖게 되었습니다. 또한 그는 미국 선박 회사와의 계약을 위반하고 네덜란드 해안 증기선이 쌀 운반과 무역의 권리를 갖도록 하였습니다.

현 외아문 독판이 뉴욕에 한국 영사를 둘 필요가 없으니 프레이저 씨를 해임하는 것이 어떤지 알아보기 위해 방금 공사관에 찾아왔습니다. (이것도 묄렌도르프의 짓입니다.) 그러나 포크 중위는 독판이 옳다고 판단하는 대로하라고 말하였지만, 미국은 한국 영사를 허락한 첫 번째이자 유일한 나라이며 프레이저 씨가 해임당할 일도 하지 않고 봉급을 받는 것도 아니기 때문에 그것은 단지 한국이 더 이상 미국과의 관계를 원하지 않는다는 것을 보여 주게 될 뿐이라고 하였습니다. 독판은 프레이저 씨를 해임시키지 않겠다고 대답하였습니다. 우리는 강하고 선한 사람이 차기 미국 사절로 파견되기를 기도하고 있습니다.

안녕히 계십시오.
H. N. 알렌

Horace N. Allen (Seoul),
Letter to Frank F. Ellinwood (Sec., BFM, PCUSA) (Feb. 23rd, 1885)

Seoul, Corea,
Feb 23/ 85

Dr. F. F. Ellinwood,
23 Center St., N. Y.

My dear Doctor,

The mail came today bringing us your kind letter which I shall answer so as to send a reply by tomorrow's courier.

I am both pleased and astonished at your clear appreciation of my position here. I have had distinctly to state that I was not a preacher and I am sorry to say the professional has become prominent at the expense of the spiritual in one or two cases. However, I know what is right and am perfectly sure of the correctness of all my motives. Yet your timely advice and your clear appreciation of the odds one has to meet among a number of such foreigners as we have here, came in good time. It gratifies and relieves me to know that the Board approves of my purchases. The property is now in my name and I asked Mr. Foulk today about transferring it. He advised strongly against a transfer. He thinks that Muellendorf would use it as material against me. And I agree with him. Had Kim Ok Khun succeeded in his conspiracy it would have been better for Corea and we would have been free to do as we please. But he is a marked man and can never return while this party is in power.

I had hoped in this letter to tell you something definite as to a new arrangement. The British have asked me to do their Legation work and offered me $500.00 a year. It is too little and I have sent in three proposals, one for $300, one for $500.00 and one for $1,000.00. I think the last will be accepted, or a modification of it. It is my great desire to make this a self-supporting work and we can do it with a few more foreigners.

I send you the translation of the formal acceptance of my hospital proposal. Just now the King is busy fitting up the old Palace into which he moves on the 3rd of March next. (The old one is haunted they say.) This will delay our work, but the hospital seems a certainty so far as anything is certain in Corea.

We expect Mr. Underwood by the next mail and are eager to welcome him. He should have brought a wife, for many reasons. …… I hope you will send us the new Doctor. Let him bring his wife and we will make her as comfortable as she could be in China. I learn by private letter that a Methodist physician is to be sent here in the coming summer. I might take him in but it seems a pity to give up our place after the fight we have had for it during the past winter. The coming of missionaries will be a great blessing, be they of whatever denomination. It will also lower the price of living.

I add a little confidential matter from the legation, thinking you would like to be kept posted.

Yours sincerely,
H. N. Allen

American interests are in Jeopardy here. General Foote had had the ear of the King and had been doing business in a confidential but risky basis. Many contracts were made in this way, which really were no contracts at all as he had no documentary evidence of their existence. All would be well were he here to protect American interests but unfortunately he ran away at the same time with the conspirator, Kim Ok Khun, former President of Foreign Office. This snake, Mullendorf came to the surface promptly on the outbreak of this trouble and circulated a report that Gen'l Foote had gone to America with Kim Ok Khun. This report is believed. He also persuaded them that all contracts entered into by Kim, were now no longer valid. He thus got Dagelet Island which had been given to Mr. Townsend of American Trading Co. He also got the right for a Dutch coasting steamer to carry rice and trade, violating the contract with the American ship company.

The present President of Foreign Office has just been to the Legation to see about the advisability of removing Mr. Frazer, as they do not need a Consul in New York. (Mullendorf again) Lieut. Fo[u]lk told him to do as his own judgement prompted him but as America was the first and only country to receive a consul from them, and as Mr. Frazer had done nothing to merit removal and was not receiving their money, it would simply show that they did not care for further relation with America. He replied that he thought they would not remove Mr. Frazer. We are praying that a strong good man may be sent as next U. S. Representative.

Yours,
H. N. Allen

18850223

앤드류 P. 하퍼(뉴욕 시 호, 태평양)가 프랭크 F. 엘린우드 (미국 북장로교회 해외선교본부 총무)에게 보낸 편지 (1885년 2월 23일)

(중략)

헵번 박사, 루미스 씨, 그리고 언더우드 씨로부터 저는 세 가지 사실을 알았습니다. 알렌 박사는 헵번 박사에게 왕이 푸트 장군의 부재 중에 대리 공사의 역할을 하는 포크 중위에게 영어 교사로 3명의 미국인을 요청하였다는 내용의 편지를 썼습니다. 푸트 장군은 저와 같은 승객이며, 왕은 8개월 전에 그런 요청과 또한 신임할 수 있는 고문과 농업 기관에 대해 자신에게 하였으며, 자신은 그 요청들을 국무부로 보냈었다고 말하였습니다.

(중략)

Andrew P. Happer (S. S. City of New York, Pacific Ocean), Letter to Frank F. Ellinwood (Sec., BFM, PCUSA) (Feb. 23rd, 1885)

(Omitted)

From Dr. Hepburn, Mr. Loomis & Mr. Underwood I learned three facts. 1st. Dr. Allen has written to Dr. Hepburn that the King has applied to Leu. Foulk, who in the absence of Ge. Foote, is *Charge d'Affairs* for 3 Americans to be teachers of English. Gen. Foote who as a passenger with me states that the King had made this same request to him 8 ms ago and also for a confidential adviser, & a Institution in farming, which requests he had sent to the Department of State.

(Omitted)

18850225

알렌 박사의 일기 제1권(1883~1886년) (1885년 2월 25일)

1885년 2월 25일 (수)

오늘은 민영익을 진료하지 않은 첫 번째 날이며, 나는 오후에 두 번, 그에게 내가 더 이상 오지 않아도 된다고 그를 설득하였다. 나에겐 매일 그를 진료하는 것이 필요하지 않지만, 그는 큰 애기처럼 나를 놓아주지 않으려 한다.

그저께인 23일, 엘린우드 박사로부터 편지를 받았는데, 나의 성공을 축하하며, 선교본부가 내가 지불하였던 자산을 인수할 것이고, 나의 화물비와 관세를 지불하겠다는 내용이었다. 그는 또한 만약 내가 요청한다면 새로운 의사를 보낼 것이며, 그는 결혼을 한 후 5월에 출발할 수 있을 것이라고 말하였다. 나는 그것을 요청하였다.

또한 오늘 (오시피 호의) 러셀 박사[81]는 랜스데일 씨를 보냈는데, 미 해군 전함 오시피 호의 _____은 오지 않았다. 박사는 우리의 손님이며, 우리의 조그마한 오르간으로 많은 음악을 연주하고 있다.

23일 밤 우리 집 뒤쪽에 있는 정부의 적재장(積材場)에서 불이 나 타버렸다. 그곳에는 왕이 지금 수리하고 있는 옛 궁궐을 위해 준비된 재료들이 일부 포함되어 있었다.

이것은 미신적인 왕비에게 매우 부정적인 영향을 줄 것인데, 그 궁궐은 몇 년 전 화재로 파괴되었고, 이것을 재건축하기 위한 재료는 남산의 남쪽 및 바로 서쪽의 큰 산에 살고 있는 화신(火神)을 쫓아가는 것이었기 때문이다.[82] 하궁은 이전에 불에 탔으며, 대원군은 새롭고 훌륭한 건물을 지으면서 큰 해태를 문 바깥에 만들어 놓고, 정자를 지은 연못에 큰 거북이를 풀어 화신을 막으려고 생각하였다.

그러나 일본인이 용해된 구리를 호수 안으로 부어 그 거북이를 죽였으며 (그들이 그렇게 이야기한다), 그래서 해태도 몇 년 전 왕의 거처를 파괴한 불의 사악

---

81) A. C. 홈즈 러셀(Averley Claude Holmes Russell, 1853~1930)은 앨라배마에서 태어났다. 그는 1879년 소위로 입대하였으며, 1882년 중위로 승진하였다. 그는 1884년 1월 28일부터 1887년 3월 11일까지 오시피 호에서 복무하였는데, 1885년 8월과 9월 배에서 콜레라 환자가 발생하였다. 그는 1892년 대위로 승진하였으며, 1909년 중령의 계급으로 전역하였다.

82) 풍수지리설에 의하면, 서울은 한 나라의 수도로 더없이 좋은 곳이기는 하지만, 딱 한 가지 불에 약하다는 약점이 있다고 한다. 특히 관악산이 유달리 불의 기운이 강한데, 경복궁 뒤에 위치한 북악산이 관악산보다 낮아 그 기운을 막기가 무척 어렵다는 한다. 그래서 불의 기운을 억누르기 위해 경복궁 앞에 두 개의 해태 석상을 세웠다고 한다.

그림 6-28. 광화문 앞의 해태상. 알렌이 소장하고 있던 사진이다. 동은의학박물관 소장

한 영향력을 저지할 수 없다는 것이다.

우리 성전이 어제 벽을 통과하는 난로 파이프로 인해 불이 났는데, 너무 뜨거워 난로를 지탱하던 막대기와 밧줄에 인화되었다. 러셀 박사는 운 좋게도 일찍 발견하여 큰 피해를 보지 않았다. 나는 외과용 고무공 주사기로 파이프 구멍에 물을 뿌려 불을 껐다.

Dr. Allen's Diary No. 1 (1883~1886) (Feb. 25th, 1885)

Feb. 25[th, 1885 (Wed.)]

This is the first day that I have missed seeing Min, twice I have now prevailed upon him to let me off in the afternoon. It is not necessary for me to see him even daily but he is a great baby and won't let me off.

Day before yesterday 23rd I received a letter from Dr. Ellinwood congratulating me on my success and stating that the Board would take my property at what I paid for it and pay my freights and customs duties. He also said that the new Dr.

would be sent if I requested it, and that he could be married and start in May. I requested it.

Also on this day Dr. Russell sent Mr. Lansdale and no _____ of the U. S. S. Ossipee came up. The Dr. is our guest and is getting lots of music out of our little organ.

The night of 23rd the government lumber yards in the rear of our compound took fire and burned down. They contained partly prepared material for the Old Palace which the King is now fixing up.

This will have a very depressing influence on the superstitious Queen, because the Palace was destroyed by fire a few years ago and this material for its rebuilding was in the track of the Fire God, who lives in the large mountain to the south and just west of Nam San. It was known that the Summer Palace was in this track for one that was built there formerly burned down and Ty Won Khun in building the new and elegant one thought to keep off the Fire God by placing huge stone dogs outside the gate and by planting a large turtle in the lake in which the pavilion is built.

But the Japanese poured molten copper into the lake and killed the turtles (so they say) and the dogs could no longer resist the evil influence hence the fire which destroyed the King's house a few years ago.

Our temple got on fire yesterday from the stove pipe which went through the wall and got so hot that it ignited the sticks and ropes which hold in the stove. Dr. Russell happily saw it in time to save much damage. I put out the fire by squirting water into the orifices with a rubber ball syringe - surgical.

18850228

프랭크 F. 엘린우드(미국 북장로교회 해외선교본부 총무)가 호러스 N. 알렌(서울)에게 보낸 편지 (1885년 2월 28일)[83)]

뉴욕,

1885년 2월 28일

H. N. 알렌, 의학박사,

한국 서울

친애하는 형제여,

헤론 박사가 귀하의 사역에서 귀하를 돕기 위해 한국으로 임명되었습니다.[84)] 언더우드 씨는 일본에서 선교본부로 편지를 썼는데,[85)] ……. 즉시 한국으로의 출발 …… (해독 불가) …… ___가 귀하의 계획을 방해하는지는 모르겠지만, 우리는 항상 모든 선교 문제를 전제와 받은 가장 최근의 사실에 근거하여 실행합니다. 나는 귀하가 모든 당파의 부상자들을 진료한 것이 귀하의 안전을 담보해 주는 방도였다고 믿고 있습니다. 귀하가 머지않아 직업적으로 커다란 유용성을 갖게 될 것이 놀라우며, ___의 신뢰를 받는 최상의 기회가 될 것입니다. 내가 읽은 일본 신문에서도 미국인 선교사가 부상자들을 치료했다고 하였는데, 우리는 그것이 귀하를 의미한다고 생각합니다.

…… (해독 불가) ……, 그러나 그 이후 나는 잇달아 두 서너 개의 다른 의견을 받았고, 결국 나는 그것에 대해 아무것도 아는 것이 없다는 결론에 도달하였습니다.

나는 귀하의 편지에서 우리가 돈을 보내는 방법에 대해 언급했는지 기억하지 못하겠습니다. 귀하는 상하이에 있는 우리 선교부를 통해 혹은 다른 어떤 매개를 통해 환전하겠습니까? 그것에 관해 분명한 방침을 우리에게 알려주시겠습니까? 얼

83) 엘린우드 총무가 한국 선교부 혹은 선교사들에게 보낸 첫 번째 편지로 철해져 있다.

84) 헤론은 1884년 4월 28일 미국 북장로교회 해외선교본부의 실행위원회에서 의료 선교사로 임명됨과 동시에 한국이 임지로 결정되었다. 하지만 1883년에 중국으로 파송된 알렌이 6월 9일자 편지에서 한국행을 신청하였고, 이것이 승인되자 헤론의 한국 파송은 불분명하게 되었다. 그러다가 1885년 2월 2일 헤론은 다시 한국 파송 의료 선교사로 임명되었다.

85) Horace G. Underwood (Yokohama), Letter to Frank F. Ellinwood (Sec., BFM, PCUSA) (Jan. 26th, 1885)

마 전 나는 귀하께 선교본부가 건물의 구입을 승인하였다는 것에 대하여 편지를 썼습니다. 사람들은 마음속에 한국과 관련된 것이면 무엇이던 상당한 관심을 갖고 있기 때문에 우리는 종종, 그리고 가능하면 자주 그곳의 일에 대한 이야기를 듣고 싶습니다. 나는 한국의 장래 정책과 관련하여 중국 혹은 일본, 혹은 러시아, 혹은 마지막으로 프랑스가 지배적인 영향을 얻게 될지 상당히 불분명하다고 생각하고 있지만, 한 가지는 분명한데 한국이 과거의 제한적인 정책으로 결코 돌아갈 수 없다는 것이라고 나는 생각합니다. 은둔은 깨어졌고, 다른 나라의 일들과 섞이고 있으며 필연적으로 그것을 수용하야만 합니다.

귀하 부부는 귀하의 보호를 위해서뿐 아니라 모든 것을 그리스도의 제단에 놓을 수 있게 귀하에게 은총이 내리도록 고국의 많은 친구들의 기도에서 틀림없이 기억될 것입니다.

나는 최근 국무부가 두세 명의 교사를 선발하였으며, 교육 사업을 위해 한국으로 파송될 것이라는 것을 알게 되었습니다. 나는 그들이 선교사역에 ___ 다며, 적어도 기독교적 영향에 우호적이라고 알고 있습니다. 더욱 정신력과 전체 사업에 적절한 사람들을 배치하는데 우리 선교사들에 대한 신뢰가 있어야만 합니다.

부인께 안부를 전합니다.

안녕히 계세요.

F. F. 엘린우드

Frank F. Ellinwood (Sec., BFM, PCUSA), Letter to Horace N. Allen (Seoul) (Feb. 28th, 1885)

New York,
Feb. 28th, 1885

H. N. Allen, M. D.,
Seoul, Korea

My dear Brother: -

Dr. Heron has been appointed to Korea to assist you in your work. Mr. Underwood writes me from Japan to the Board a letter ___ ___ ___ ___ ___ ___ departure to Korea at once. Whether ____ ____ __ have changed the ___ ___ ___ as to interfere with your plan ___ not know, but we ___ ___ as we always do in all missionary matters with the assumption, and the most recent facts received. I trust that ___ ___ ___ of ___ your ___ services rendered to the wounded of all parties has been a passport and a security for you. It seems wonderful that you should so soon have ___ ___ to great usefulness of your profession, and should have ___ ___ ___ ___est opportunity for having the confidence of ___ ___ of every ___. Even a Japanese paper which I have reviewed, speaks of the services rendered to the wounded by an American missionary which we suppose you were meant.

I learned that even you ___d the ____tion ___ ___ ___ ___ ___ received, I am unable to give an intelligent ___ ___ ___ of the intri_____ of that late emeute. I have read the ___ ___ ___ well ___ _____ those ___ ___ have been sent ___ ___ ___ ___ ___ ___ ___ ___ in the case___ ___ ___ ___ ___ ___ I went___ ___ ___ ___ ___ ___ the Foreign Missionary, but since then I have successively accepted two or three different versions, and finally reached the conclusion that I did not know anything about it.

I do not remember that you have spoken in your letter of the way in which we are to send you money. How do you effect your exchange through our

Mission in Shanghai or by some other channel? Will you please give us explicit directions in regard to such a store. I wrote you some time since that the Board approved the purchase of buildings. We would like from time to time and as frequently as may be, an account of affairs, since there is in the minds of the people, a remarkable interest in whatever relates to Korea. Much uncertainty, I think hangs over the country in regard to its future policy; whether China or Japan, or Russia, or last of all, France, shall gain a governing influence seems uncertain, but one thing, I think, is sure and that is that Korea can never go back to the restrictive policy of the past. The spell of her seclusion is broken; she is mixed up with the affairs of other nations, and she must accept the inevitable.

I can assure you that you and your wife are remembered in the prayers of many friends at home, not only for your preservation and your professional usefulness, but that grace may be given you to lay all upon the altar of Christ.

I learned recently that two or three teachers had been selected by the United States Government who will be sent to Korea to commence an educational work. I understand that they are in ___ of missionary work, so far at least as to be in favor of christian influence. Still for spiritual power, for putting a proper group upon the whole work, reliance must be had chiefly upon our missionaries.

With kind regards to Mrs. Allen, I remain,

Sincerely yours,
F. F. Ellinwood

18850300

편집자 단신. *The Foreign Missionary* 43(10) (1885년 3월호), 429쪽

우리의 젊은 동료인 H. N. 알렌 박사는 다른 곳에 실린 그의 편지에서 알 수 있듯이 그가 즉시 한국에서 의료 선교사로 유용하도록 하게 한 우호적인 상황에 대해 축하를 받을 것이다. 최근 반란이 일어났을 때 다른 외국인들이 안전을 위해 제물포로 철수하는 것이 불가피하다고 생각하자, 그가 서울에 남아 있음으로 하여 이미 사람들의 신뢰를 확보한 것이 특별한 의미가 있다. 그는 외국인들이 막 떠나려 할 때 "우리는 그렇게 하고 싶어도 떠날 수 없으며, 그럴 수 있다 해도 그렇게 하지 않을 것입니다."라고 썼다. 그의 의학적 지식은 싸우는 모든 당파의 부상자가 그의 도움을 필요로 할 때 충분한 보호막이었다. 알렌 박사가 편지를 썼을 때(12월 9일)까지[86] 그는 5일 전에 암살자들의 단도 앞에 처음으로 쓰러졌던 왕(비)의 조카 민영익의 생명을 연장시킨 것 같다. 다른 소식통으로부터 우리는 12월 22일까지 민영익이 아직 살아 있었다는 것을 알고 있다.

---

86) Horace N. Allen (Seoul), Letter to Frank F. Ellinwood (Sec., BFM, PCUSA) (Dec. 9th, 1884)

Editorial Notes. *The Foreign Missionary* 43(10) (Mar. 1885), p. 429

Our young friend, Dr. H. N. Allen, as will be seen from his letter elsewhere, is to be congratulated upon those favoring circumstances which have enabled him to become at once so useful as a medical missionary in Korea. It is especially significant that the stand which he had already won in the confidence of the people at the time of the late outbreak enabled him to remain in Seoul when other foreigners considered it indispensable to their safety to withdraw to Chemulpo. "We cannot go if we would, and we would not if we could," he wrote, just as the foreigners were about to leave. His medical knowledge was a sufficient protection at a time when the wounded of all the contending factions required his help. Up to the time that Dr. Allen wrote (December 9) he seems to have been the means of prolonging the life of the King's cousin, Ming Yong Ik, who had been the first to fall before the daggers of the assassins five days before. From other sources we learn that as late as December 22, Ming Yong Ik was still living.

18850301

알렌 박사의 일기 제1권(1883~1886년) (1885년 3월 1일)

1885년 3월 1일 (일)

나는 어제 병원 건물을 살피고 흩어져 있는 것들을 정리하기 위해 잠시 시간을 내었다. 이 집은 최근 정변에서 처음으로 살해당한 홍영식(洪英植)이 살던 집이다. 그는 정변을 일으켜 권력을 쥔 역적들에 의해 궁궐에서 보내졌으며, 궁궐에서 (중국군에 의해) 살해되었다고 한다. 그의 집에서 방 하나의 바닥에는 아마 살해당한 그의 가족들에게서 나온 것으로 추정되는 유혈이 낭자하였고, 피로 얼룩져 있었다. 그의 집은 문, 창문, 난로, 벽지 그리고 벽의 일부까지 거의 대부분 약탈당하였다. 신주가 모셔진 두 건물은 집은 단지 건물만 남아 있었다.

어제 밤에 우리는 밖에서 사람들이 고함지르는 듯 요란한 함성소리를 들었다. 나는 불이 난 줄 알고 걱정하였지만, 아침에 아이들이 짚 인형으로 악마를 겁주어 내쫓기 위한 것임을 알게 되었다. 이 짚 인형들은 인간의 형체를 흉내 내어 잘 만들어졌다. 미국의 허수아비와 같이 튼튼하게 만들어졌으며, 길이는 약 2피트이다. 그들은 엽전을 사용해 눈을 만드는데, 아이들은 이후 그 돈으로 견과류를 사고 잔치를 벌인다.

이러한 의식은 제웅(除雄)이라 불리며, 매년 음력 정월 14일에 열린다. 최고의 절정은 오늘 밤, 15일에 열리는 의식이다. 도시를 관통하여 흐르는 주요 샛강에 걸쳐 있는 다리 위를 걷는다.[87] 이 밟기의 목적은 다가올 해에 다리의 병을 예방하는 것이다.

지난 월요일인 9일에 미개한 제전이 거행되었는데, 서울에 와 있었던 오시피 호의 장교들이 구경하였다. 이것은 그들에게는 모의(模擬) 전쟁 같았으나, 오늘 나는 (민영익) 공의 통역을 통해 그들이 진심으로 싸우기에 10명이 죽었으며, 이 싸움은 매년 치르는 놀이로 '하인'들이 참가한다는 것을 알았다. 그러나 나는 민영익이 통역에게 이것의 나쁜 점에 대해 더 이상 이야기를 하지 말라는 명령을 받아 더 이상의 내용은 알 수 없었다. 모의전 놀이의 이름은 편싸움(石戰)이라하며 이 편싸움 놀이는 국왕이 지휘하는 행사는 아니지만 전국 여러 곳에서 행사를 벌이고 있으며, 행사 때마다 참전 장병 중 몇몇이 죽는다.[88] (이것의 이름은 편싸움이며, 왕이 지휘하지는 않는다. 다양한 장소에서 개최되면 참가자의 일부가 항상 죽는다.)

---

87) 첫 만월이 떠오르는 정월 대보름날 밤에 사람들이 달빛 아래로 나와 그 해에 다리와 발에 병이 나는 것을 막기 위해 다리를 건너가는 놀이를 하는데, 이를 '다리 밟기'라 한다.

88) 정월 대보름날 밤에 벌이던 편싸움을 말한다. 문안과 문밖의 청년들이 유수(牛首)재, 만리재, 동대문밖 안감내, 종로 비파정 등지에서 편싸움을 벌였다.

그림 6-29. 서울의 다리. 알렌이 소장하고 있던 사진이다. 동은의학박물관 소장

Dr. Allen's Diary No. 1 (1883~1886) (Mar. 1st, 1885)

Mar. 1st, 1885 (Sun.)

I spent a part of yesterday looking over my hospital buildings and trying to bring order out of the confusion. It is the former home of the late Hong Yong Sik who was the first one murdered in the late trouble. He was sent for from the Palace by the conspirators who were then in power and was supposed to have been murdered in the Palace. In one of his rooms the floor is all gory and thick with blood probably from his family who were murdered there. The building has been entirely looted even to the doors, window, stoves, paper, and parts of the walls. Two tablet houses are left mere shells.

Last night we heard much noise as of people shouting. I feared a fire but found out this morning that it was only the children out with their straw dolls trying to scare the devils away. These straw figures are well made in imitation of a human figure. They arc stiff like an American scarecrow, and are about two feet in length. They use cash for eyes and the children afterwards buy nuts with the cash and have a feast.

The ceremony is called Chae-ung and takes place annually on the 14th day of their first month. Top peak is a ceremony that takes place tonight - the fifteenth. It consists in walking over the bridges which span the main sewer or creek which runs through the city. The object is to prevent having disease of their legs during the coming year.

On last Monday 9th a barbarous celebration took place and was witnessed by the officers of the Ossipee as they were coming in to Seoul. It consisted in what seemed to them a sham battle with what they supposed were stuffed clubs, but I learned today from the Prince's interpreter that they fought in earnest and that ten were killed, that it is an annual game engaged in by "low fellows" but 1 could find out nothing more or the Prince commanded the interpreter to say no more about it as it was a bad thing. The name is Peun Sum, it is not commanded by the King, may be celebrated at various places and there are always some of the combatants killed.

18850303

알렌 박사의 일기 제1권(1883~1886년) (1885년 3월 3일)

1885년 3월 3일 (화)

내일 거행되는 우리의 대통령인 그로버 클리블랜드의 취임식[89]과 동등하게 중요한 사건이 오늘 한국인들에게 일어났다.

국왕과 전체 왕족 구성원들은 길을 지나 앞으로 지낼 새로운 궁궐로 갔다.[90] 지난 며칠 동안 대대적인 준비가 이루어졌다. 궁궐 대문으로 이어지는 넓은 거리[육조 거리]와 도시의 주요 거리[종로]에서는 쓰레기를 청소하였으며, 길 양쪽으로 줄지어 있는 조그만 초가 매점들은 모두 철거되었다.

민영익의 자발적인 배려로 전망 좋은 곳에서 그 행렬을 볼 수 있었다. 그는 종각 주위의 드문 2층 집 방 하나를 확보하였다. 오늘 이른 아침의 군중들은 거리에 모여들기 시작하였으며, 가마를 탄 여성들은 (자신들을) 드러내지 않을 장소로 가서 구경할 수 있었으며, 가난한 계층의 사람들은 좋은 자리를 차지하기 위하여 일찍 움직였다. 모든 창문과 문에는 멋있는 대나무 발이 드리워져 있었는데, 여성들은 자신들을 보이지 않고 그 뒤에서 볼 수 있었다. 민영익은 우리가 있을 방에 의자와 돗자리를 설치하여 두었으며, 다양한 샴페인과 한국의 사탕을 준비하여 두었다. 이것은 미국 및 영국 공사와 우리들을 위하여 준비한 것이었지만, 그의 호위병들이 앞쪽에서 호기심 많은 군중들을 저지하는 동안 어떤 실수로 인하여 일본의 대리 공사인 곤도가 그의 수행원들과 함께 그곳으로 들어 왔다.

선두에는 두 마리의 용이 그려진 큰 노란 색의 왕의 깃발을 든 기수단이 화승총과 금속으로 덮인 갑옷을 입은 병사들이 둘러싸여 있었다. 그들은 같은 재질의 투구를 쓰고 있었다. 그 다음으로 군사들에 이어, 기묘한 옷을 입고 어깨에 왕의 가마[이를 연(輦)이라 한다.]를 메고 있는 많은 사람들이 따르고 있었다. 왕의 가마는 옥좌와 비슷하게 붉은 색이었으며, 뒤와 옆은 모피로 덮여 있었다. 이것이 우리 맞은편에 당도하자, 가마를 멈추고 왕이 여러 차례 우리에게 절을 하였다. 그는 인상이 좋았으며, 그가 보는 것은 물론 보이고 싶어 하는 것 같았다. 그리고 난 다

---

89) 스티븐 그로버 클리블랜드(Stephen Grover Cleveland, 1837~1908)는 미국의 22대(1885~1889)와 24대(1893~1897) 대통령을 역임하였다. 그는 1885년 3월 4일에 대통령 업무를 시작하였다.

90) 어가행렬은 종묘를 방문하는 것으로, 그 경로는 경복궁, 광화문, 세종로, 광화문 네거리, 종로 1가, 종로 2가, 종로 3가 로타리, 종묘 입구, 종묘 하마비, 종묘 정문의 순서이었다. 능행은 능(陵)을 방문하는 궁밖 나들이를 말한다.

음 비슷한 가마를 탄 왕세자가 왔다. 그는 아주 품위 있고 안경을 쓰고 있었으며, 매우 만족스러워 보였다. 그의 가마 역시 우리가 있었던 곳에 멈추어 여러 차례 절을 하였고, 우리는 그것에 답례를 하였다. 또 다른 빈 가마의 긴 행렬이 있었다. 참판의 군사들과 깃발이 왕비를 태운 매우 현란한 상자형 가마 뒤를 따랐다. 우리는 그녀를 볼 수 없었지만 그녀는 당연히 우리를 보았으며, 다른 가마들이 하였던 것처럼 그녀의 가마도 멈추었기에 우리는 절을 하였고 알렌 부인은 그녀의 손수건을 흔들었다. 다른 유사한 행렬들이 차례대로 행진하였는데, 대비마마도 비슷한 가마를 탔으며, 이후 어린 왕세자의 빈이 따랐다. (그녀는 민영익의 누이이다.)

이들 가마들은 멈추지 않았다. 각 가마에는 여성들이 타고 있으며, 매우 예쁜 2명의 기녀나 무희들이 말 위에 걸터앉아 따랐는데, 떨어질까 무서워 안장을 그들의 조그만 손으로 잡고 있었다. 전체 행렬 곳곳에 많이 흩어져 있었지만, 중국군은 화려한 깃발을 들고 후미에 배치되었다. 포크 씨는 그 광경들을 여러 번 사진 촬영하였다.

Dr. Allen's Diary No. 1 (1883~1886) (Mar. 3rd, 1885)

Mar. 3rd, 1885 (Tue.)

Today an event equal in importance to the Coreans with the Inauguration of our President Grover Cleveland tomorrow took place.

The King and the whole royal household passed through the street enroute to the new Palace which they will henceforth occupy. Great preparations have been made during the past few days. The wide streets which approach the Palace gates together with the main street of the city were cleaned of all debris and the little straw booths which line the street on either side were all removed.

Through the voluntary kindness of Min Yong Ik we had a good view of the procession. He had secured a room upstairs in one of the very few two story buildings which surround the Big Bell. Early this morning crowds of people began to throng the streets, women being borne in chair to some place where they could observe unseen and the poorer class going early to get a good place. Every window and door had a fine bamboo blind over it which allowed the women behind to see without being seen. Min Yong Ik had our place all fixed up with chairs and mats and had quite a spread of champagne and Corean sweetmeats. It was intended only for the American, English Legation and ourselves but through some mistake the Japanese Charge d'Affaires Kondo got in there with his officers while his soldiers beat back the curious crowd in front.

First came a company bearing the King's banner a large yellow flag with two dragons pictured on it and surrounded by warriors with matchlock guns and ancient armor all covered with metal. They also had helmets of the same material. Then came soldiers followed by men in queer costume surrounding the King's chair borne on the shoulders of many men. The King's chair red resembled a throne and was covered in back and sides by fur. When it carne opposite us it stopped and the King bowed to us several times.

He is good looking and seemed real anxious to see as well as he seen. Then came the Prince after a time in a similar chair. He is really pretty, wore glasses and looked very contented. His chair also stopped where we were and he bowed several times, we returning it. Another long procession of empty chairs. Champan's soldiers and banners was followed by a very gaudy closed chair containing the Queen. We could not see her but she of course saw us and as her chair stopped where the others had we bowed and Mrs. Allen waved her kerchief. Other similar processions were followed in turn by the King's mother in a similar chair, then the wife of the little boy Prince (she is the sister of Min Yong Ik).

These chairs did not stop. Each of the chairs containing ladies was followed by two very pretty "Gaeshy" or dancing girls, bestride a horse and holding on to the saddle low with their little hands as they afraid off alling off. The Chinese Army with their gay banners brought up the rear through they were scattered plentifully through the whole procession. Mr. Foulk took several photographs of parts of the show.

곤도 마스키[近藤眞鋤, Kondo Masuke]

그림 6-30. 곤도 마스키[近藤眞鋤]

에히메[愛媛] 현에서 태어난 곤도 마스키(1840. 8.~1892. 11. 1)는 1870년 4월 외무 대록에 임명되어 영국에서 근무하였으며, 1872년 일등 서기관이 되었다. 1876년 부산이 처음으로 개항한 후 11월 13일 외무 소서기관(少書記官) 곤도는 관리관(管理官)으로 부산 관리청에 부임하여 1878년 11월까지 근무하였다. 1879년 6월 9일 그는 일본 공사관 서기관으로 임명되어 1883년 1월 12일까지 근무하였다. 그 사이 부산 관리관이 영사로 개칭되자 1880년 4월 23일 초대 부산 영사 겸 판사로 임명되어 1882년 2월 19일까지 근무하였다. 1882년 4월 외무 서기관으로 진급한 그는 인천항으로 옮겨 경성 주재 서기관, 판사보, 그리고 인천 영사의 임무를 맡았다. 그는 7월 임오군란이 일어나자 일본으로 갔다가 8월 하나부사 공사를 동반하여 한국으로 돌아와 조선 정부와 협상을 통해 8월 30일 제물포 조약을 맺었다. 1884년 갑신정변이 실패로 끝난 후 대서기관(大書記官)으로 임명되어 조선 정부와 협상을 위해 이노우에 전권대사와 동행하여 한국에 파견되었고 한성조약이 체결되었다. 1885년 대서기관 겸 서기관으로 임명되었고, 1월 9일부터 6월 23일까지 임시 대리공사 직을 맡았다. 1886년 3월 외무성 기록국장으로 전근하였으며, 1887년 9월 20일 주한 일본대리공사로 임명되었는데 질병으로 인해 1891년 4월 귀국하였고 1892년 사망하였다.

18850305

프레더릭 T. 프릴링하이젠(미국 국무부 장관), 조지 C. 포크(서울 미국 공사관) (1885년 3월 5일) 제151호 *U. S. State Department, Despatches from U. S. Ministers to Korea, 1883~1905*[91]

제151호

한국 서울 미국 공사관,
1885년 3월 5일

조지 C. 포크,
미국 해군 소위,
임시 대리공사

국무부 장관 귀중,

제목: 한국 서울에 설립되는 정부 병원이 두 명의 미국인 의사의 책임 하에 있을 예정임

미국 공사관,

제151호

한국 서울,
1885년 3월 5일

안녕하십니까,

서울에는 ____하게 무상 진료를 제공하며, 한국 정부와 한국인을 위해 병원 설립을 위해 미국 북장로교회 선교본부에 의해 파송된 미국인 의사 H. N. 알렌 박사가 있습니다. 지난 12월 혁명 시도가 일어난 직후 알렌 박사는 부상당한 많은 한국인과 중국 군인들을 위해 크게 봉사하였습니다.

지난 1월 저는 병원 설립 문제를 한국 정부에 알렸고 알렌 박사의 계획을 제안하였습니다. 이것은 조선 정부로부터 상당한 찬성을 받았고 채택되었습니다. 큰 저택이 병원으로서 사용하기 위해 거의 준비되어 있으며, 곧 도착할 두 번째 미국인 의사의 도움을 받아 알렌 박사가 책임을 맡을 것입니다. 부담할 외국인 경비는

91) 미국 국립문서보관소의 형식에 따라 제목을 만든 것이며, 앞의 사람이 받는 사람, 뒤의 사람이 보낸 사람이다. 이 문서는 서울 주재 미국 공사관에서 미국 국무성으로 보고한 문서이다.

매년 약품비로 단지 약 300달러가 될 것입니다.

안녕히 계십시오.
조지 C. 포크,
미국 해군 소위
임시 대리공사

프레데릭 T. 프릴링하이젠 각하,[92)]
미국 국무부 장관
워싱턴, D. C.

Frederick T. Frelinghuysen (Sec., Dept. of State), George C. Foulk (U. S. Legation, Seoul) (Mar. 5th, 1885) No. 151 *U. S. State Department, Despatches from U. S. Ministers to Korea, 1883~1905*

No. 151 Legation of the United States, Seoul, Korea,
March 5, 1885

George C. Foulk,
Ensign, U. S. Navy
Charge d'affaires, par int.

To the Secretary of State,

Subject: Establishment of a Government Hospital in Seoul, Korea, to be under the charge of two American Physicians

92) 프레데릭 T. 프릴링하이젠(Frederick Theodore Frelinghuysen, 1817. 8. 4~1885. 4. 20)은 뉴저지 주에서 태어나 1836년 뉴브런즈윅의 럿거스 대학을 졸업하였고, 1839년부터 법률가로 활동하였다. 그는 1855년 상원의원, 1870년 주영 대사, 1871년부터 1877년까지 다시 상원의원으로 활동하였으며, 1881년 12월부터 4년 동안 국무부 장관을 역임하였다.

Legation of the United States,

No. 151

Seoul, Korea,
Mar. 5, 1885

Sir,

There is residing in Seoul an American Physician, Dr. H. N. Allen, who has been sent here to render gratuitous service ______ ____ly, and with the view of establishing for the Government or people of Korea (the) hospital, by the American Presbyterian Board of Missions. Immediately following the revolutionary attempt of [Decr.] last, Dr. Allen rendered great service for a large number of Koreans and Chinese soldiers who had been wounded.

In January last I brought this subject of establishing a hospital before the notice of the Korean Government and proposed Dr. Allen's scheme; this has met with high approval from the Government and been accepted. A large house is nearly ready for use as a hospital, of which Dr. Allen will be in charge, assisted by a second American physician soon to arrive. The only foreigner expense incurred will be about $300 per year for medicines.

I am, Sir, very respectfully,

Yours obedient servant,
George C. Foulk,
Ensign, U. S. Navy
Charge d'affairs per int.

Honorable
Frederick T. Frelinghuysen,
Secretary of State,
Washington, D. C.

18850305

호러스 N. 알렌(서울)이 프랭크 F. 엘린우드(미국 북장로교회 해외선교본부 총무)에게 보낸 편지 (1885년 3월 5일)

한국 서울,
1885년 3월 5일

F. F. 엘린우드 박사,
뉴욕 센터 가(街) 23

친애하는 박사님께,

저는 박사님께서 불안한 이 나라에 대한 관심으로 소식을 듣고 싶어 하신다는 것을 알기 때문에 기회가 되는 대로 실례를 불구하고 박사님의 시간을 빼앗고 싶습니다. 지금 한국인들은 크게 불안해하고 있습니다. 일본이 베이징에서 협상하기 위하여 군부대신을 파견한다는 결정을 알게 된 것은 서울에서 일본군과 중국군 사이의 전투가 더 일어날 것이라는 믿음과, 일본이 프랑스를 돕기로 결정하는 경우 한국을 통해 육로 공격을 감행할 지도 모른다는 두려움을 유발시켰습니다. 그것은 초조감을 남겨 어떤 관리와 사람들은 도시 밖의 안전한 장소를 확보하기 위해 노력하고 있습니다. 이 초조감은 최근 정변으로 인한 금전 수요의 큰 증가와 함께 한국 동전 환율에 영향을 미쳐 1달러 당 1,000냥에서 1,500냥으로 하락하였습니다. 정변이 일어나기 바로 전에 집수리를 끝내는데 약 200,000냥이 필요하여 저는 그것을 250냥의 환율로 구입하였는데, 환율은 한때 900냥까지 올랐지만 지난 주에 일어난 위에 언급한 사건은 빠른 하락을 유도하는 영향을 나타내었습니다. 저는 방금 민영익으로부터 선물로 100,000냥을 받았습니다. 이것은 환율이 1,250냥입니다. 또한 다른 환자와 여러 잔돈으로 10,000냥을 받아 저의 수중에 거의 400,000냥을 갖고 있습니다. 이것에 대한 박사님의 분명한 손실은 53.30달러이었지만 저는 박사님께서 손해를 보지 않도록 조치를 취하였습니다. 청구서에서 말씀드린 대로 저의 집을 수리하는 데 200달러가 들 것입니다. 다른 두 집도 새로 창문을 위한 수리가 필요합니다. 당연히 저는 그 집에 거주할 사람들이 경비를 가지고 올 때까지 어떤 일도 할 생각이 없었습니다. 하지만 제가 중국인에게 가장 상태가 좋은 것을 보여주었더니 그는 300달러에 그 집을 현대화하는데 필요한 집수리를 할 수 있다고 말하였습니다. (이 중국인은 이곳의 모든 외국인 부지들을 수리하였던 사람이며, 이곳에서 한국인 일꾼들을 부려 좋은 결과를 얻을 수 있는 유일한 사람입니다.) 현재 인건비는 화폐 가치 하락의 영향을 많이 받지 않았지만 은에 대한 수요가 커서 가치가 오를 수 없기 때문에 인건비는 곧 오를 것입니다. 저는 즉시 이 사실의 이점을 이용하여 우리가 더 손실을 보기 전에 현금을 사용하겠다고 생각하였습니다. 그래서 위에서 언급한 집과 저의 집수리를 위해 오늘 환율로 333.33달러, 혹은 제가 예상한 것보다 167.00달러 적은 액수인 500,000냥에 그 중국인과 계약을 방금 끝냈습니다. 저는 다른 방도로는 절약할 수 없는 박사님의 돈을 절약했기에 박사님께서 그 결정을 허락하실 것으로 알고 있습니다. 저는 현금을 등유, 시트 천, 가죽 혹은 가치가 떨어지지 않을 물건들에 투자하려 하였지만 충분한 양을 구할 수 없었습니다. 우리는 한 쌍의 부부를 수용할 수 있지만 어쨌건 집은 곧 마련되어야 합니다. 언더우드 씨는 우리 자원을 다 사용할 것이고, 새로운 의사가 도착하면 그는 거처할 곳이 없게 될 것입니다. 그가 오지 않는다면 저는 그 집을 어떤 선편이든 곧 도착할 것으로 예상되는 감리교회 사람들에게 상당히 유리하게 세를 놓을 수 있습니다.

저는 아직 치료하는 중이라 치료비를 받을 때가 되지는 않았지만 민영익이 300,000냥 내지 600,000냥의 치료비를 지불할 것으로 생각하고 있습니다. 그렇게 되면 저는 세 번째 집을 수리하는 것 외에 이 동전을 없앨 다른 방도를 모르겠습니다. 한국인들이 외국인과의 거래를 위해 모든 은을 가져가기 때문에 그렇게 많은 양의 동전을 은화로 바꾸는 것은 불가능합니다. 크고 안전한 금고는 5,000냥밖에 보관할 수 없어 동전을 수중에 지니고 있는 것은 위험합니다. 전에 한 번 그랬던 것처럼 정부가 동전을 폐기 처분할 것이라는 소식이 나왔습니다. 그 결과 아무도 물건을 팔려고 하지 않고 사려고만 해서 원래 터무니없이 비싸던 물건이 더 비싸졌습니다.

지난 주 미국 군함 오시피 호의 많은 장교들이 공사관에 있었습니다. 여느 때와 같이 우리는 넘친 사람들을 받았는데 이번에는 단 한 명이었습니다. 우리는 박사님이 모든 사역자들에게 하도록 요구하실 것 같은 검소한 삶을 살았으며, 박사님께 장을 본 영수증을 보내드리는데 창고에 있는 것을 사용한 것은 포함시키지 않았으며 시장에서 무엇을 살 수 있는지 잘 아실 수 있을 것입니다.

2월 24일	스프용 소고기 1파운드	300냥
" 25일	스프용 소고기 1파운드	300 "
" "	작은 생선 두 마리	300 "

"	"	꿩 두 마리	600 "
"	26일	무 10개	50 "
"	"	스테이크 1파운드	300 "
"	"	스프용 소고기 1¾파운드	550 "
"	"	작은 닭 한 마리	240 "
"	27일	요리용 쇠기름	720 "
"	"	작은 닭 한 마리	240 "
"	28일	꿩 두 마리	600 "
"	"	스프용 소고기	360 "
"	"	스테이크	320 "

합계 4,880 – 지난 주 환율로 4.00달러

우리의 장작 비용은 지금까지 147.80달러로 공사관의 한 달 치 가격입니다. 또한 석탄 10톤에 50.00달러가 들었고 운임과 관세가 70.00달러이었습니다.

우리는 조만간 유모 없이 지낼 수 있게 될 것이며, 그렇게 되면 유모의 식비를 포함하서 한 달에 14.00달러가 절약될 것입니다. 그때가 되면 우리는 중국인 요리사를 10.00달러에, 빨래와 다림질 훈련은 이미 받았고 현재 요리를 배우고 있는 한국인 소년을 5.00달러에, 문지기를 3달러에 고용하게 될 것입니다. 현재 이들에 대한 비용은 한 달에 32달러입니다. 이 액수가 박사님을 놀라게 할 것임을 저는 잘 알며, 그것 때문에 저는 여러 날 밤 잠에 들지 못하였습니다. 그러나 그 액수는 사실이고 현재로서는 줄일 수 없습니다. 저는 박사님께서 그것을 이해하실 수 있기를 바랄 뿐입니다.

병원은 성공적이고 수리 중에 있습니다. 연간 500달러에 영국 공사관에서 일하려는 계약서가 해리 팍스 경에게 전달되었으며, 확실히 수락될 것입니다. 만일 우리의 신임 공사가 가족을 동반하고, 봄에 묄렌도르프 씨의 가족이 그의 기대처럼 돌아온다면 이곳에서 의료 사역의 재정적 전망이 대단히 좋을 것입니다.

저는 박사님께서 조선 정부가 요청하였던 교사의 공급을 요청하셨기를 바랍니다. 우리 정부의 조치는 한국인에게 뿐 아니라 우리에게도 매우 이상해 보입니다. 챈들러 (해군) 장관은 공사관이 조수들을 고용하지 말도록 지시하고 만약 도움을 필요로 한다면 보내주겠다고 하였습니다.[93] 왕은 이 말을 들고 기뻐하였으며, 푸

93) 윌리엄 E. 챈들러(William E. Chandler, 1835. 12. 28~1917. 11. 30)는 하버드 대학교를 졸업한 법률가로서 공화당 소속이었다. 그는 미국 해군 장관(1882. 4. 16~1885. 3. 4)과 상원의원(뉴햄프셔 주, 1887. 6~1891, 3)을 역임하였다.

트 공사를 통해 고문관 한 명, 군사 교관 두 명, 교사 세 명 그리고 농부 한 명을 보내달라고 요청하였습니다. 그들은 결코 오지 않았고, 이번 정변이 일어났을 때 그는 혼자 이것을 겪어야 했습니다. 왕이 신임하였던 한 사람(푸트 장군)마저도 작별 편지조차 없이 달아나 버렸습니다.

그(한국인)들은 묄렌도르프가 악한(惡漢)인 것을 알고 있습니다. 그는 포크 씨가 14,000달러에 구해주었던 총을 최근 42,000달러에 주문하려고 하였습니다. 그들은 또한 프레지어 씨를 불신하는데, 왜냐하면 그의 편지가 에디슨 씨의 편지와 동시에 도착했기 때문입니다. 에디슨 씨는 자신의 완전한 전기 기계를 설치하는데 16,000달러를 제안하였습니다. 프레지어 씨는 똑같은 것에 22,000달러를 청구하였습니다. 그들은 약속한 대로 슈펠트 제독이 오는 것을 믿고 있습니다. 그는 분명 리훙장으로부터 충격을 받고 한국인들을 확실히 버렸습니다. 불쌍한 사람들은 딱하게 되었습니다. 그들은 좋은 사람들이고 잘하기를 원하지만 나쁘거나 적당히 일을 하는 친구를 만났습니다. 그들은 현재 포크 씨에게 자신들의 외아문을 맡아 줄 것을 간청하고 있습니다. 그는 그것을 원하고 있지 않습니다.

Horace N. Allen (Seoul),
Letter to Frank F. Ellinwood (Sec., BFM, PCUSA) (Mar. 5th, 1885)

Seoul, Corea,
Mch. 5th, 85

Dr. F. F. Ellinwood,
23 Center St., N. Y.

My dear Doctor,

I take the liberty of trespassing upon your time at every favorable opportunity because I know you wish to be kept posted as to your interests in this unsettled country. Just now the Coreans are in great anxiety. The knowledge of the action of Japan in sending the Minister of War to carry on negotiations at Pekin induces the belief that there will be further fighting in Seoul between the Japanese and

Chinese troops, and the fear that in case Japan should decide to assist France, a land attack on and through Corea might result. It leaves a nervous feeling and some officials and others are trying to secure safe places out of the city. This feeling together with the great demand for money caused by the late trouble has so influenced the native copper currency that cash has fallen from 1,000 on the dollar to 1,500. Needing about 200,000 to complete my improvements just before the trouble, I bought 200,000 at a good bargain getting it at 250, it then rose to 900 at one time, but during the last week the events above narrated, have had the effect of inducing a rapid fall. I had also just received from Min Yon[g] Ik 100,000 as a present. This I accredited at 1,250. I also received 10,000 from another patient and various other dribs so that I had on hand nearly 400,000. Your apparent loss on this has been $53.31 but I have so arranged that you will make rather than lose. As I told you in my application, it would take $200.00 to fit up our premises. The other two compounds need to be fitted up for new windows. I, of course did not intend to do anything to them until their future occupants arrive with their appropriations. I had the Chinaman look at best one however and he said he could do the improvements necessary to modernize the place for $300.00. (The Chinaman is the man who has fitted up all the foreign places and is the only one here who can get good results from native workmen.) At present labor has not been much affected by the fall in the currency but as it cannot rise, owing to the great demand for silver, labor will soon rise. I thought I would at once take advantage of this fact and refund my cash before we lose more on it. I have therefore just completed a contract with the Chinaman to fit up the above mentioned compound and finish my own for 500,000 cash, which is today at the rate your cash are worth $333.33 or $167.00 less than I had expected the work would cost. I know you will sanction the action for it saves your money as it could be saved in no other way. I tried to invest the cash in kerosene, sheeting, hides or something that would not depreciate but could not get them in sufficient quantities. The house should be ready soon anyway, for though we could accommodate a man and wife. Mr. Underwood will exhaust our resources and when the new Dr. comes he would be without a place. Should he not come I can rent the place to good advantage to the Methodist people who are expected by any mail.

I think Min Yong Ik may pay me anywhere between 300,000 & 600,000 tho' as I am still treating his paralysis the time has not come for payment. Should this be the case I see no other way of getting rid of this coin, but by fitting up the third house. It is impossible for us to change such an amount of cash for silver, as the Coreans take every bit of silver for foreign trade. And it is risky keeping it on hand, as the safe though large will accomodate but 5,000. A report has gone out that the government intends to repudiate this cash as it did once before. As a result no one wants to sell goods, everyone wishes to buy and produce, already ridiculously high, has become more so.

Last week a number of officers from U. S. S. Ossipee were at the Legation. As is usual we had the overflow which this time was only one. We lived as plainly as you would ask any of your workers to do and I send you the market bill, which does not include things used out of the storehouse, and also gives you a good idea of what the market affords.

Feb	24th	1 lb soup beef	300 cash	Feb	25th	1 lb soup beef	300
"	25th	2 fish (small)	300 "	"	"	2 pheasants	600
"	26th	10 turnips	50 "	"	26th	1 lb steak	300
"	"	1¾ lb soup beef	550 "	"	"	1 chicken (small)	240
"	27th	beef fat (cooking)	720 "	"	27th	1 "	240
"	28th	2 pheasants	600 "	"	28th	soup beef	360
"	"	steak	320 "				

Total 4,880 - At last weeks rate $4.00

Our wood so far has cost $147.80, what it cost the Legation for one month. Also we had ten tons of coal at $50.00 and $70.00 freight and duty.

We will soon be able to do without our wet nurse which will save us $14.00 per month including her board. We will then have our Chinese cook at $10.00, Corean boy who has trained to wash & iron and is learning to cook 5.00, gate man 3.00. At present they cost $32.00 per month. These figures will startle you I know, and they have kept me awake many a night. Yet they are true and can't be diminished at present. I only wish you could see for yourself.

The hospital is a success and is being fitted up. My contract to do the work for the British Legation at $500.00 per annum has been referred to Sir Harry Parkes and will doubtless be accepted. If our new Minister is a man with a family and von Mullendorf's family return in the Spring as he expects, the financial prospects of the medical work here will be very good.

I hope you have asked to supply the teachers asked for by the Corean Government. The action of our Government seems very strange, not only to the Coreans but to ourselves. Secretary Chandler told the Embassy not to pick up assistants, but if they wanted help, to send to them. The King was delighted on hearing this and sent through Minister Foote for an Adviser, two Military men, three teachers and a farmer. They have never come but this trouble came and they had to bear it alone. The one man on whom the King trusted (Gen'l Foote) running away without even writing an adieu.

They know Mullendorf is a scamp. He recently tried to order a lot of guns for $42,000 which Mr. Foulk got for them for $14,000. They distrust Mr. Frazar because a letter from him came at the same time with one from Mr. Edison. The latter offered his electric light machine complete and set up for $16,000. Frazar charged $22,000 for the same thing. They relied on Commodore Shufeldt coming as he had promised. He, evidently alarmed by Li Hung Chang, flatly deserted them. The poor people are to be pitied, they are a good people and want to do well but have found either bad or careless friends. They are now pressing Mr. Foulk to take charge of their foreign office. He does not want it.

18850311

알렌 박사의 일기 제1권(1883~1886년) (1885년 3월 11일)

1885년 3월 11일 (수)

12월의 정변 이후, 아침 식사가 끝날 때까지 민영익의 하인이 나를 기다리지 않은 첫 번째 아침이다. 나는 어제 마지막으로 그를 방문하였다. 그는 오랫동안 나를 필요로 하지 않았지만, 어른 아기처럼 나를 놔두지 않았다. 하지만 어제 그는 시골로 떠나기 전, 나에게 격일로 와서 자신을 왕진해달라는 무례한 요구를 하였지만, 나는 즉각 "아니요!"라고 답하였다. 그는 대단한 겁쟁이이기에 그가 죽는 것이 나라를 위해 더 나았을 것이다. 그는 매우 이기적이며, 정부 직책에서 일하는 대신 세계 여행을 하며 많은 돈을 사용해도 그들이 도울 것으로 기대하고 있다. 그는 모든 일에서 물러났으며, 지금은 시골로 낙향하고 싶어 한다. 이 조치는 백성들에게 나쁜 영향을 주어 당황스럽게 만들 것이며, 그는 분쟁에 대하여 알고 그것으로부터 떠나려고 하는 것이다.

포크 씨와 다른 외국 외교관들은 그 움직임을 저지하려 노력하고 있지만, 그럼에도 어제 이 조치들이 이루어졌음을 나는 알았다. 그는 겁이 많아 어제 무기를 꺼내 총알을 장전하였다. 그를 호위하는 많은 하인들이 외국제 회전식 연발 권총과 소총을 부주의하게 다루고 있었기 때문에 나는 종종 그에게 내가 그의 집에 있는 것이 두렵다고 말하곤 하였다. 그저께 한 하인은 일본 (칼)로 심하게 베었으며, 어제는 한국 군인이 시골로 가는 그를 호위하기 위해 민영익의 장전된 리볼버 중 하나로 무장하였는데, 실수로 중국 군인을 쏘아 오른쪽 폐를 뚫고 나가는 치명상을 입혔다.

프랑스가 중국을 도울 것이라는 소문이 한국인들을 매우 놀라게 하였다. 그 이유는 이곳에 600~700명의 일본군 및 중국군이 있는데, 중국군은 전쟁이 일어나더라도 일본군이 방해가 되지 않을 것이라고 계속 모욕해 왔기 때문이다.

이 나라는 사람이 살려고 노력하기에는 대단히 짜증이 나는 곳이다. 사람들은 기분이 내킬 때에만 일을 한다. 우리 집에는 소년 한 명이 있었는데, 알렌 부인이 씻는 것과 잘 뒤집는 법을 가르쳤다. 그는 한 번은 정변 중에, 한 번은 정변 이후에, 합해 모두 두 번 우리를 떠났다. 우리는 약속을 하고 선물을 주며 (그를 잡아두려고) 시도하였고 잘 하는 것 같았지만, 그는 갑자기 멀리 있는 친구를 보러 가야겠다고 선언한 후 돌아오지 않고 있다.

우리는 다른 소년을 높은 임금에 고용하였는데, 너무 일이 너무 많은 것을 알게 된 그는 그래서 떠났다. 우리는 여전히 (다른 소년을) 찾고 있다. 나는 방금 현지인 제화공(製靴工)을 불러 신발을 수리 하려고 사람을 보냈지만, 그는 이 달이 자신들이 일을 하지 않는 달이라고 하였다. 그들은 다음 달에 일을 할 것이며, 지금은 단지 기성화(旣成靴)만을 갖고 있다. 모든 상업에는 엄격한 조합이 있으며, 그들은 다른 때에 다른 장소를 방문한다. 그래서 어떤 물건이 한 달 동안 풍부하지만, 다음 달에는 그것을 구하거나 그것으로 돈을 벌지 못할 수도 있다.

Dr. Allen's Diary No. 1 (1883~1886) (Mar. 11th, 1885)

Mar. 11th, 1885 (Wed.)

This is the first morning since the December trouble that I have not found Min Yong Ik's people waiting for me as I came out from breakfast. I made my last call on yesterday. He has not needed me for a long time but he has been such a great baby that he would not let me off. Yesterday however he was to leave for the country and even then had the cheek to send and ask me to come and see him every other day, to which request I promptly replied No!. He is a great coward and it would be better for the country had he died. He is selfish in the extreme and instead of filling his office in the government and helping them out of their trial as they might expect after spending such sums of money in sending him around the world. He has resigned everything and now wishes to flee to the country. An act which will have a very bad effect on the people and almost cause a panic, for the worse suppose he knows of eminent trouble and runs away from it.

Mr. Foulk and the other foreign representatives have tried to stop the move, but I saw this things being moved yesterday in spite of that. In his cowardice, he got out his weapons and had them loaded yesterday. I have often told him I was afraid to be in his house because of the careless manner in which his many servants handle the array of foreign revolver and rifles with which he is surrounded. Day before yesterday one servant was badly cut with a Japanese dirke and yesterday a Corean soldier armed with one of Min's loaded revolvers for the purpose of accompanying him to the country, shot a Chinese soldier in the right lung through mistake, producing a fatal wound

The rumor of French aid being rendered to China greatly alarmed the Coreans. There is cause for it since there are six or seven hundred Japanese and Chinese troops here and the latter have continually insulted the former which insults they probably were not stand in case of war.

This is the most provoking country a man ever tried to live in. The people only work when they feel like it. We have had a boy whom Mrs. Allen had taught to wash and turn well. He left twice before once during the trouble and once afterwards. We tried promises and gifts and he seemed to be doing well when suddenly he announced his intention of going to see his friends in a distant province and not returning.

We got another at high wages and he found too much work so he left. We are still looking. I just sent out to have a native shoemaker come and try repairing my shoes, but I was informed that this was not the month for shoemakers. They will be around next month and only ready made shoes may he had now. All trades have strict unions and they visit different sections at different times. So while a. thing is abundant one month - you may not get it for live or money the next month.

그림 6-31. 알렌 가족과 집안사람들. 동은의학박물관 소장

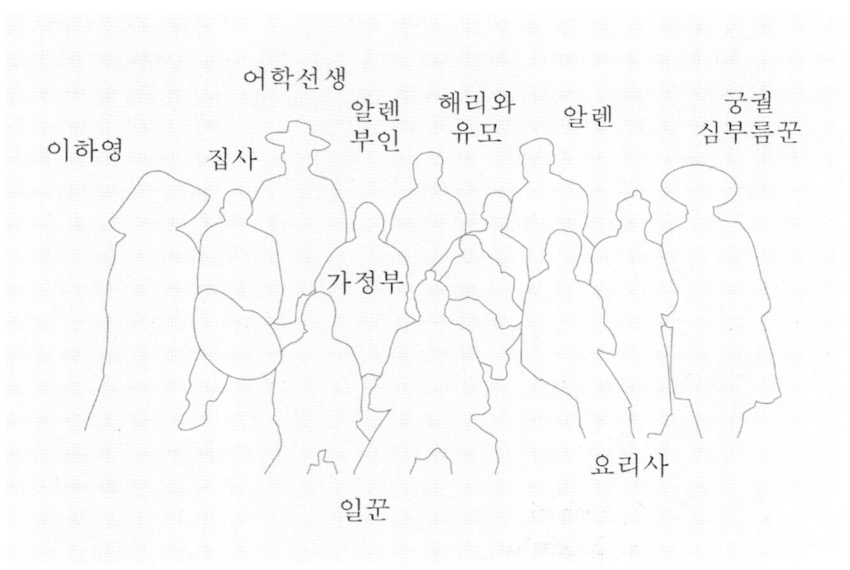

18850316

한국 - 진료비의 선교 사역을 위한 사용. 미국 북장로교회 해외선교본부 실행이사회 회의록, 1837~1919 (1885년 3월 16일)

한국 - 진료비의 선교 사역을 위한 사용. 이 나라의 혼란한 상황에서 증가하는 부채를 청산하기 위하여 최근 반란 중 정부 관리들을 진료하여 받은 돈 중 일부를 사용할 수 있도록 선교본부가 허락하여 달라는 요청이 담긴 한국 서울에서 보낸 H. N. 알렌 박사의 편지가 제출되었다.[94)]

요청은 승인되었다.

Corea - Medical Fee for Mission Work. *Minutes [of Executive Committee, PCUSA], 1837~1919* (Mar. 16th, 1885)

Corea - Medical Fee for Mission Work. A letter was presented from Dr. H. N. Allen, dated Seoul, Korea, asking that the Board allow the use of certain monies received from medical practice among Government officials during the late revolt in liquidating certain debts growing out of the disturbed condition of the country.

The request was granted.

94) Horace N. Allen (Seoul), Letter to Frank F. Ellinwood (Sec., BFM, PCUSA) (Feb. 4th, 1885)

18850318

알렌 박사의 일기 제1권(1883~1886년) (1885년 3월 18일)

1885년 3월 18일 (수)

나는 오늘 진료비 청구서를 청국 총판조선상무인 첸슈탕에게 보냈다. 나는 청국 진영에 43번 왕진을 갔으며, 한 번에 5달러를 청구하였다. 나는 그것을 빨리 보내려 하지 않았는데, 변발(辮髮)을 늘어뜨린 군인들을 우연히 길거리에서 만날 때에 다른 외국인들과 마찬가지로 내가 도발적이고 모욕적으로 취급당하기 싫기 때문이었다. 나는 그들을 무료로 치료하지 않고 철저하게 받을 것이다.

무어 씨와 미국 해군 전함 오시피 호의 탈콧 소위가 공사관에 왔고, 어제 밤에 저녁을 함께 하였다. 오늘 밤에는 칼스 영국 영사와 알렌 서기관이 우리와 저녁 식사를 한다. 나는 병원이 준비될 때까지 기다려 달라고 이야기하면서 매일 사람들을 돌려보내고 있는데, 조속히 이런 방향으로 일이 진행되기를 바라고 있다.

공부를 많이 하지 않아 (언어) 실력이 좋지 않으며, 늙은 어학 선생이 안경을 분실하였다. 어쨌든 나는 열심히 공부하는 학생은 아니다. 우리는 지난 주부터 집 수리를 시작하였다.

나는 내 집과 다른 부지를 수리하는데 현금 550,000냥으로 중국인 집사와 계약을 맺었으며, 가치가 하락하기 전에 나머지 현금을 없애고 싶다.

Dr. Allen's Diary No. 1 (1883~1886) (Mar. 18th, 1885)

Mar. 18th, 1885 (Wed.)

I today sent a bill for my services to the Chinese Commissioner. I made 43 calls at the camps and charged $5.00 a call. I wouldn't have been so prompt in sending it in, but for the provoking and insulting manner in which I, in common with other foreigners, am treated when I chance to meet a big tailed soldier in the street. I shan't treat them for nothing and thrash them too.

Sent Moore & Ensign Talcott of U. S. S. Ossipee at the Legation and dined with us last evening. Tonight the English Consul Carles and Secretary Allen dine with us. I am turning people away daily now telling them to wait till the Hospital is ready hoping in this way to hurry it up.

Study doesn't amount to much I am not well and the old man has lost his glasses. I am not an enthusiastic student anyway. We commenced repair last week. I gave the Chinese steward a contract to fit up my place and one of the other compounds for 550,000 hoping to rid myself of some surplus cash before it becomes worthless.

18850321

종교 소식 및 논평.

The Brooklyn Union (뉴욕 시 브룩클린) (1885년 3월 21일, 토), 2쪽

......

장로교회 선교본부가 한국으로 파송한 선교사인 알렌 박사는 소요가 일어났을 당시 서울에 거주하는 다른 외국인들이 떠날 필요가 있다고 생각하였을 때 그는 안전하게 남아 있었고, 서로 싸우고 있던 영측 모두가 그의 도움을 원함으로서 의사로서의 유용함을 보여주었다.

......

Religious News and Comment.

The Brooklyn Union (Brooklyn, New York) (Mar. 21st, 1885, Sat), p. 2

......

Dr. Allen, the missionary of the Presbyterian Board to Corea, had made himself so useful as a physician that when other foreigners in Seoul found it necessary to leave at the time of the outbreak, he remained in safety, all the contending factions desiring his help.

......

18850322

알렌 박사의 일기 제1권(1883~1886년) (1885년 3월 22일)

1885년 3월 22일 (일)

나는 지난 밤 죽어가던 김 판서의 아들 때문에 왕진 요청을 받았다. 나는 그가 3일 동안 소변을 보지 못하였음을 발견하였고, 세 시간 동안의 처치로 매우 작고 부드러운 도뇨관(導尿管)을 삽입하는데 성공하였다. 나는 단지 몇 방울의 소변을 빼내었고, 적절한 약을 주었다.

나는 그가 오늘을 넘기지 못하고 죽을 것 같아서 아주 정성껏 그를 위해 기도하였다. 불안한 오전이 지난 후, 정오에 그의 형제가 내게 와서 그가 나아졌고 소변도 계속 나온다고 말함으로써 나의 간절한 기도는 응답을 받았다.

나는 오늘 민영익의 요청으로 그를 진찰하기 위해 갔으며, 괜찮아 보였다. 그는 진료비 청구서를 받기 위해 한 사람을 공사관으로 보냈다. 포크 씨와 나는 단순히 약값 100달러를 위한 청구서를 보내고, 진료비는 미국 정부가 (한국민에 대한) 인사로 한 것으로 하는 것이 최선이라고 결정하였다.

포크 씨는 병원의 연간 후원을 위해 현지인과 외국인들에게 회람시킬 기부 청약 명단을 내게 보여 주었다. 그는 몇몇 관리들이 기부 의사를 표명하였다고 말하고 있다. 이것은 그들을 위한 비약적인 위대한 전진이다. 외국인 기부는 가난하지만 예민한 한국인들에게 부끄러움을 주지 않을 정도로 제한될 것이다.

Dr. Allen's Diary No. 1 (1883~1886) (Mar. 22nd, 1885)

Mar. 22nd, 1885 (Sun.)

I was called last night to see the son of a noble Kim Pan Saw, who was dying. I found he had not made water for three days and after about three hours work I succeeded in successfully passing a very small soft catheter. I got but a few drops of urine then and left appropriate medicine.

I feared he would die before today and prayed most earnestly. After a morning of anxiety my prayer was answered by the brother coming at noon to tell me that the man was well and making water constantly.

I went to see Min Yong Ik today at his request found him well. He sent a man to the Legation to get my bill. Mr. Foulk and I decided it best to send in a bill simply for medicines $100.00 and let the services go as a compliment from our government. Mr. Foulk showed me a subscription list to be circulated among natives and foreigners for the annual support of the Hospital. He says several officials have expressed a desire to contribute. This is a great step in advance for them. Foreign subscriptions will be limited in amount so as not to shame the poor but sensitive Coreans.

18850323

프랭크 F. 엘린우드(미국 북장로교회 해외선교본부 총무)가 호러스 G. 언더우드(요코하마)에게 보낸 편지 (1885년 3월 23일)

(중략)

의료 문제를 제외하고 모든 것이 다소 불확실한 것 같습니다. 알렌 박사가 상황을 현명하게 주시하는 한 나는 그가 안전하다고 생각해야 할 것입니다. 나는 사역이 더 실험적인 귀하가 처음에 아내를 동반하는 것은 현명하다고 생각하지 않습니다. 알렌 박사는 문제를 해결하였지만, 그의 문제가 귀하의 문제를 해결하지는 않습니다.

(중략)

알렌 박사가 보낸 편지는 상당히 고무적입니다. 그는 분명 굉장한 환영을 받았고, 하나님의 섭리는 분명하게 그의 손에 중요한 관심사를 쥐어 주었습니다. 만일 그가 현명하다면, 내가 그를 판단하기에, 그가 학교와 신성한 사업을 할 수 없을 이유가 없습니다. 당연히 그의 영향력은 한국에서 모든 분야의 사역을 증진시킬 것입니다.

(중략)

Frank F. Ellinwood (Sec., BFM, PCUSA), Letter to Horace G. Underwood (Yokohama) (Mar. 23rd, 1889)

(Omitted)

It seems to me that everything is a little uncertain, except the matter of medical practice. Dr. Allen I should suppose to be safe, so long as he wisely observes the situation. I would not think it wise for you, whose work is more of an experiment, to take your wife with you at the first. Dr. Allen has solved problem, but his does not solve yours.

(Omitted)

The letters from Dr. Allen are most assuring. He has certainly received a grand reception, and providence has apparently place important interests in his hands. If he is wise, as I judge him to be, there is no reason why he should not be enabled to do a school and blessed work. Of course his influence will increase all departments of the work in Korea.

(Omitted)

18850327

알렌 박사의 일기 제1권(1883~1886년) (1885년 3월 27일)

1885년 3월 27일 (금)

나는 오늘 처음으로 왕과 왕비의 진료를 위해 왕진 요청을 받았다. 왕과 왕비는 유사 천연두에서 회복 중이었으며, 왕은 인후(咽喉)의 문제를, 왕비는 부은 귀 문제를 해결해 줄 것을 요청하였다. 나는 그들을 볼 수 없었기에 그것이 만족스럽지 못하였다. 그들을 위해 온 양반의 말에 단순히 의존하였다.

나는 오늘 병원에 가서 거의 마무리 되었음을 확인하였다. 예기치 않게 외아문의 독판 김윤식과 협판 네 사람을 그곳에서 만났다. 통역관이 없었기에 나는 내가 원하는 바를 알리기 위해 노력하는 내 자신이 바보 같았을 것으로 생각한다.

그림 6-32. 탕샤오이[唐紹儀]

중국 측은 청구서의 215달러 중 110달러를 나에게 지불하였다. 나는 또한 아르노스 씨[95]에게 26달러 청구서를, 탕샤오이[96]에게 5달러 청구서를 보냈는데 모두 지불하였다.

나는 오늘 집에서 싸웠던 두 사람을 심하게 때렸는데 그들에게 미안함을 느끼고 있다. 그리고 나는 어리석게도 맞

95) H. G. 아르노스(H. G. Arnous)는 1883년 1월 7일 묄렌도르프가 한국에 도착할 때 함께 왔으며, 서울에 있던 해관의 조수로 근무하였다. 이후 1888년부터 1900년까지 부산 해관의 도선사로 활동하였으며, 1902년 당시 마산포의 임시 책임을 맡았다. 그는 독일인으로서는 처음으로 1893년 한국 전래 동화와 민담(Korea, Märchen und Legenden. Verlag von Iihelm Friedrich, Leipzig)을 저술하였는데, 호러스 N. 알렌이 1889년 간행한 *Korean Tales*를 독일어로 번역한 것이다.

96) 탕샤오이[唐紹儀, 1862. 1. 2~1938. 9. 30]는 중국의 정치가로서 위안스카이의 친구이었다. 그는 광둥에서 태어나 1874년 미국으로 유학하여 매사추세츠 주와 코네티컷 주에서 초등 및 고등 교육을 받았고, 컬럼비아 대학교를 졸업하였다. 그는 1881년 귀국하여 텐진 세무아문의 통역사가 되었으며, 1882년 묄렌도르프를 돕기 위해 한국으로 왔다. 그는 1895년 한국 주재 중국 영사를 역임하였고, 산둥성의 외교 책임자로 임명되었으며, 신해혁명 후 1912년 잠시 중화민국의 첫 수상을 역임하였다. 그는 1938년 상하이에서 국민당에 의해 암살되었다.

은 군인을 쫓아 버렸는데, 그는 약을 받으러 왔다.

Dr. Allen's Diary No. 1 (1883~1886) (Mar. 27th, 1885)

Mar. 27th 1885 (Fri.)

Today I was called to treat the King and Queen for the first time. They are just recovering from the varioloid and asked me to remove the sequence, which in the King is a trouble of his throat and the Queen has a swelling in her ear. It was not satisfactory as I could not see them. Having simply to depend upon the statement of a nobleman who came for them.

I went to see the Hospital today and found it nearly finished. I unfortunately met Kim Yun Sik, President of Foreign Office and four of the vice presidents there. As I had no interpreter I suspect, I made an ass of myself trying to make my wants be known.

The Chinese have paid me $110.00 of the $215.00 for which I sent them a bill. I also sent a bill for $26.00 to Mr. Arnous and one for $5.00 to Mr. Tang Shiao Yui which were both paid.

I am sorry for having rashly thrashed a couple of men for fighting on my place today. And I foolishly sent away a soldier who had been beaten and came for medicine without seeing him.

18850327

존 W. 헤론(트라우트먼, 테네시 주)이 프랭크 F. 엘린우드 (미국 북장로교회 해외선교본부 총무)에게 보낸 편지 (1885년 3월 27일)

트라우트먼, 녹스카운티, 동 테네시,
1885년 3월 27일

친애하는 엘린우드 박사님,

(중략)

스완 박사는 최근에 박사님이 알렌 박사로부터 소식을 들었다고 제게 말해 주었습니다.[97] 그것을 제게 보내달라고 요청하는 것은 너무도 번거롭겠지요? 즉시 그에게 편지를 쓰지 않아도 될까요?

동시에 파송되는 다른 선교사들을 알고 계십니까? 아마도 제가 알렌 박사가 무엇을 갖고 있는지 보기 전까지 많은 것을 준비하는 것이 최상은 아닐 것이지만, 저는 조만간 커 박사를 만나 저에게 어떤 기구들이 필요한지 그의 생각을 듣고 싶습니다.[98]

(중략)

97) 존 M. 스완(John Myers Swan, 1860~1919)은 오하이오 주에서 태어나 1885년 뉴욕대학교 의학부를 졸업한 헤론의 동기생이다. 그는 미국 북장로교회의 의료 선교사로 중국에 파송되었으며, 1910년 선교사직에서 은퇴하고 광저우 종합병원에서 진료를 담당하였다. 1914년 광저우에 힐크레스트 병원을 건립하였으며, 1919년 6월 피츠버그에 있는 누이의 집을 방문하였다가 자동차 사고로 사망하였다.

98) 헤론이 커를 언급한 것은 그가 다음의 글을 발표하였기 때문이다. John G. Kerr, Medical Missions. *The Foreign Missionary* 41(11) (Apr., 1883), pp. 476~478.
존 G. 커(John Glasgow Kerr, 1824. 11. 30~1901. 8. 19)는 오하이오 주 던킨스빌에서 태어났으며, 1847년 필라델피아의 제퍼슨 의과대학을 졸업하였다. 그는 미국 북장로교회의 의료 선교사로 임명되어 1854년 5월 아내와 함께 중국 광둥에 도착하였다. 그는 후이지 진료소를 운영하였으며, 1855년 피터 파커가 운영하던 광둥병원의 책임을 맡아 47년 동안 거의 1백만 명의 환자를 치료하였다. 그는 1870년부터 260명의 중국인에게 의학 교육을 하였으며, 1886년에는 쑨원(중화민국 대통령)도 교육을 받았다. 커는 중국의 정신과 영역을 개척하였으며, 1898년 중국의 첫 정신병원인 광둥 정심병원을 개원하였다. 그는 1887년 중국 의료선교사협의회의 초대 회장으로 활동하였고, 34권의 약물학 및 다른 의학 서적들을 중국어로 편찬하였다. 이외에도 중국의 서양 의학 도입에 다방면으로 기여하였다. 그는 1901년 사망하여 광둥 외곽의 장로교회 묘지에 묻혔다.

John W. Heron (Troutman, Tennessee), Letter to Frank F. Ellinwood (Sec., BFM, PCUSA) (Mar. 27th, 1885)

Troutman, Knox Co., E. Tenn.,
Mar. 27, 85

Dear Dr. Ellinwood,

(Omitted)

Dr. Swan told me you had heard recently from Dr. Allen. It is too much to ask if I request you to sent it to me? Should I not write to him at once?

Do you know of any other missionaries going at the same time? I hope to see Dr. Kerr some time soon so as to hear what he thinks necessary for my outfit, tho probably it is not best to take much at all until I see what Dr. Allen has.

(Omitted)

18850331

알렌 박사의 일기 제1권(1883~1886년) (1885년 3월 31일)

1885년 3월 31일 (화)

병원은 내일 완공될 것이며, 모든 것들이 훌륭하게 보이기 시작하지만 새로운 문제가 발생하고 있다. 포크 씨는 정변 중에 완전하게 도난당한 물품들의 보상 요구를 보내는 것조차 지연시키면서까지 그가 할 수 있는 한 전력을 다해 이 계획이 수행되도록 노력하였으며, 그래서 (청구가) 너무 늦지 않았을 까 걱정하고 있다.

그가 이야기를 나누었던 모든 한국인과 외국인들은 그의 계획에 지지를 보였다. 그러나 오늘 그는 독일 임시 총영사인 헤르만 부들러를 만났다. 그는 중국에서 살았으며, 선교사들을 싫어한다. 그는 이 병원을 반대하는 이야기를 하였는데, 병원이 '문제의 소굴' 및 '개종 활동 계획'의 본거지가 될 것이라 선언하였다. 그는 나를 단순히 자선을 위해 진료하는 의료 선교사로 간주하고 있다. 포크 씨는 내가 왕진을 갈 때마다 5달러를 받아 왔음을 말하였고, 그의 생각을 얼마간 이런 방향으로 깨닫게 하였다. 아직 그는 선교사라는 주장에 대해 충분히 얻을 수 있다면, 그것에 이의를 제기하는 쪽으로 기울어질 것 같다. 그리고 나의 임기 등에 대해 포크 씨에게 물어 본 것을 볼 때, 우리는 그가 나를 밀어내려는 것이 아닌가 생각하고 있다.

우리는 오늘 경제적 사정으로 중국인 요리사를 해고하였다. 왕은 어제 약을 더 요청하였다.

Dr. Allen's Diary No. 1 (1883~1886) (Mar. 31st, 1885)

Mar. 31st, 1885 (Tue.)

The hospital is to be finished tomorrow and just as everything begins to look lovely a new trouble arises. Mr. Foulk has done all he possibly could to keep along this scheme, he even delayed sending in his claim for damages for his complete outfit stolen during the trouble, so that now he fears it may be too late.

All of the Coreans and foreigners with whom he has talked have looked with favor upon the scheme. But today he saw Hermann Budler, German Consul General *pro tempore*. This man has lived in China and dislikes the missionaries. He talked against the hospital declared it to be a "hot-bed of trouble" and a "proselytizing scheme." He looks upon me simply as a missionary physician practicing for charity. Mr. Foulk told him how I had been charging S5.00 per visit and disabused his mind somewhat in that direction. Yet he seems inclined to oppose it if he can get enough missionary argument to do so. And from his asking Mr. Foulk in regard to my tenure etc, we think he will try and have me supplanted .

We discharged our Chinese cook today on economical grounds. The King sent for more medicine yesterday.

18850400

장로교회 여자 해외선교회의 제15회 연례 보고서 (필라델피아: 헨리 B. 애시메드 출판, 1885년), 27쪽

큰 관심을 받았던 새 선교지인 한국이 지난 해 우리에게 문을 열었는데, 현재 그곳에는 한 명의 선교사인 알렌 부인이 있으며, 다른 선교사로는 남편과 함께 그곳으로 가면서 헤론 부인이 될 깁슨 양이 있을 것이다. 아직은 우리에게 상당히 알려져 있지 않은 나라이지만, 오래지 않아 잘 알게 되고, 그곳에서 이미 확립된 의료 사역 이외에 학교 설립 및 다른 형태의 사역에 대해 듣기를 바란다.

Fifteenth Annual Report of the Woman's Foreign Missionary Society of the Presbyterian Church (Philadelphia: Press of Henry B. Ashmead, 1885), p. 27

A new field of great interest has opened to us during this last year in Corea, where we have now one missionary, Mrs. Allen, and shall soon have another in Miss Gibson, who is to become Mrs. Herron, and will go thither with her husband. As yet this is rather an unknown country to us, but we hope before long to know it well, and to hear of the planting of schools and other forms of labor there, besides the medical work which is already established.

18850402

프랭크 F. 엘린우드(미국 북장로교회 해외선교본부 총무)가 호러스 N. 알렌(서울)에게 보낸 편지 (1885년 4월 2일)

뉴욕,
1885년 4월 2일

H. N. 알렌, 의학박사,
한국, 서울

친애하는 형제여,

부상자들에 대한 귀하의 경험을 상세하게 알려주는 인상적인 편지를 제때에 받았습니다.99) 우리는 너무도 행운이었다기보다 오히려 하나님의 은총이었던 귀하의 사역 시작을 축하합니다. 나는 민영익과 관련하여 귀하가 그 특별한 응급 상황을 위해 하늘이 보낸 것 같다고 말할 수 있습니다. 나는 그와 왕 및 다른 사람들이 귀하의 출현을 그렇게 인식한 것이 기쁩니다.

나는 묄렌도르프 씨에 대한 귀하의 우려를 인식하고 있습니다. 그는 귀하가 하려는 것을 어떤 식으로 든 방해하여 어려움을 줄 수 있지만, 나는 만일 귀하가 자신의 임무에 대해 깊은 신념을 확고하게 보이고 타협적이며 우호적인 정신을 보이며, 현명하고 우호적이라면 귀하는 그를 우리에게 호의적으로 얻을 수 있을 것입니다.

선교본부는 최근 회의에서 귀하의 요청, 즉 받은 의료비를 귀하가 언급한 특별 지출을 위해 사용하도록 투표로 허용하였습니다.100)

나는 얼마 전 보내는 방법, 우리의 거래 은행 등 기금의 전송에 대한 요청 편지를 보냈습니다. 당연히 우리 모두는 귀하가 하려는 일에 대한 설명, ____의 측면, 그리고 선교와 관련한 정서 등이 담긴 편지를 기다리고 있습니다.

나는 한국의 선교 사업에서 뛰어난 사람으로서 향후 김옥균에 대해 반대하는 이야기하는 것에 주의하도록 요코하마의 헨리 루미스 박사에게 편지를 보내었습니다. 그는 그런 관점을 가진 훌륭한 많은 글을 신문에 투고하고 있습니다. 유감스럽

99) Horace N. Allen (Seoul), Letter to Frank F. Ellinwood (Sec., BFM, PCUSA) (Feb. 23rd, 1885)
100) Corea - Medical Fee for Mission Work. *Minutes [of Executive Committee, PCUSA], 1837~1919* (Mar. 16th, 1885)

게도 그것은 한국 정부와 국민에 대한 김(金)의 반란에 대한 것이며, 그의 깃발과 접하는 것은 우리의 대의에 아무런 이익이 되지 않을 것입니다. 나는 그가 기독교의 진실한 친구이기를 바랍니다. 그는 바로 탈출자들 중에 있기 때문에 완전히 가치가 없습니다. 한국 정부와 사람들에게는 아직도 상당한 미개함이 내제되어 있음을 확신합니다. 그러한 공포 정치의 피비린내 나는 행위는 우리가 살고 있는 현 시대의 인간애에 분명히 뒤쳐진 것입니다.

헤론 박사는 조만간 귀하에게 합류하기 위해 출발할 것인데,[101] 요코하마와, 아마도 나가사키를 경유할 것입니다. 그는 아내를 동반합니다. 지금 나는 언더우드 씨가 귀하와 함께 있다고 믿고 있습니다. 귀하는 뱀 같이 영리하고 비둘기처럼 순진할 필요가 있을 것이며, 무엇보다도 하나님께서 귀하에게 줄 수 있는 보호와 인도의 은총이 지속적으로 필요할 것입니다.

부인께 안부를 전해 주시고, 귀하의 성공을 위해 진실한 기도를 드리며,

안녕히 계세요.
F. F. 엘린우드

추신: 귀하와 귀하의 사역은 선교본부의 최근 회의에서 기도로 특별히 기억되었으며, 귀하가 찾은 호의적인 시작의 실마리에 대해 감사를 드린 바 있습니다.

101) 5월 9일 샌프란시스코를 출발하였다.

Frank F. Ellinwood (Sec., BFM, PCUSA) Letter to Horace N. Allen (Seoul) (Apr. 2nd, 1885)

New York,
April 2nd, 1885

H. N. Allen, M. D.,
Seoul, Korea.

My dear Brother:

Your impressing letter giving an account of your experience with the wounded, was duly received. We congratulate you upon having been so fortunate or rather so favored of God, is the commencement of your work. I can say with Ming Yong Ik that it does seem as if you were heaven sent for the particular emergency. I am glad that he and the King and others so recognize your advent among them.

I appreciate your solicitudes about Herr Mollendorf. It is possible that he may give you trouble by trammelling your operations in some way, but I think that if you are judicious, friendly, yet firmly showing depth of conviction as to your duty, and yet a conciliatory and friendly spirit, you will be able to get us with him favorably.

The Board at its last meeting voted to allow your request, namely, to use fees collected to such an amount as to cover the special expenditures which you name.

I wrote you some time ago making inquires in regard to transmission of funds, the way in which they are to be sent, who are your bankers etc. Of course we are all eager for letters giving an account of the work which you are called to do, the aspect of ______ _____, and the state of sentiment respecting Missions.

I have written Rev. Henry Loomis of Yokohama, guarding him a _____ against telling Kim Ok Kuen forward as a sort of champion of the Mission work in Korea. He is publishing a good many things to the papers having that look. Now, unfortunately, such is Kim's rebellion to the Korean government and the people that it would not be any advantage to our cause to hang out his ensign. I hope he is so earnest friend of Christianity; because he happens to be among the out, it is so high that he is utterly unworthy. It is very evident that there is a good deal of savagely still inherent in the Korean Government and people. The sanguinary performances of that reign of terror are certainly behind the humanities of this age in which we live.

Dr. Heron is soon to start to join you, going by way Yokohama and probably Nagasaki. He takes a wife. I trust by this time that Mr. Underwood now be with you. You will need to be as wise as serpent and harmless as doves, and over and above all your wisdom, there will be a constant need of the divine blessing to the protection and guidance which only God can give you.

With very kind regards to Mrs. Allen, and earnest prayers for your success, I remain,

Yours sincerely,
F. F. Ellinwood

P. S. You and your work were specially remembered in prayer of the last meeting of the Board, and thanksgiving was rendered to favorable opening which you have found.

18850402

프랭크 F. 엘린우드(미국 북장로교회 해외선교본부 총무)가 존 W. 헤론(트라우트먼, 동 테네시)에게 보낸 편지 (1885년 4월 2일)

뉴욕,

1885년 4월 2일

J. W. 헤론, 의학박사,

트라우트먼, 녹스 카운티, 동 테네시

친애하는 형제여,

(중략)

알렌 박사에게서 온 편지와 관련하여 우리는 정변 중 그가 경험하였던 흥미로운 몇몇 이야기를 받았습니다. 우리가 들었던 모든 것이 확인되었습니다. 그는 훌륭한 시작의 실마리를 찾았으며, (조선) 정부는 그의 성공 및 그의 전체적인 업무에 상당히 만족해하고 있고 선교본부의 경비 부담이 없이 그를 위한 병원을 건립하기 위한 조치를 시행하고 있습니다. 한동안 그의 부부와 아이는 한국, 혹은 최소한 수도 서울의 유일한 외국인이었습니다. 그는 의심할 여지없이 민영익의 생명을 구하였고, 더욱이 이교도들은 그를 고통의 시기에 나타난 신의 심부름꾼으로 간주하고 있습니다.

안녕히 계세요.

F. F. 엘린우드

Frank F. Ellinwood (Sec., BFM, PCUSA), Letter to John W. Heron (Troutman, East Tennessee) (Apr. 2nd, 1885)

New York,
April 2nd, 1885

J. W. Heron, M. D.,
Troutman, Knox Co., East Tenn.

Dear Brother: -

(Omitted)

In regard to letters from Dr. Allen, we have received some with interesting accounts of his experience at the time of the Rebellion; all that we had heard is confirmed. He has found a wonderful opening, and the Government is so much pleased with his success and his whole work, that it is now making measures to build a hospital for him, without expense to the Board. For a time he and his wife and child were the only foreigners in Korea, or at least in the capital. He undoubtedly saved the life of Ming Yong Ik, and even the heathen look upon him as a providential messenger in their time of distress.

Yours very truly,
F. F. Ellinwood

18850403

통리교섭통상사무아문일기 (1885년 4월 3일, 고종 22년 2월 18일)

Daily Records of Foreign Office (Apr. 3rd, 1885)

[을유년, 고종 22년(1885) 2월] 18일 …… 사문(四門)과 종각(鍾閣)에 (다음과 같이) 게시하였다. '본아문(本衙門)에서 시료하는 의원(醫院) 1곳을 설치하였다. 북부 재동(齋洞) 외아문의 북쪽의 두 번째 집으로 미국 의사 알렌을 맞이하고 학도(學徒)와 의약(醫藥)의 여러 도구들도 함께 갖추었다. 오늘 18일부터 매일 오후 2시부터 4시까지 문을 열고 치료한다. 이 의사는 학술이 정교하고 좋으며 특히 외과(外科)에 뛰어나므로 한 번만 진료를 받아도 곧 바로 탁월한 효과를 볼 수 있다. 현재 본원(本院)에는 남녀가 머물 수 있는 방이 있으니 질병이 있는 자는 누구나 내원하여 치료 받으라. 약값은 국가에서 지급한다. 이상을 잘 이해하여, 의심하지 말고 치료 받으라. 이것을 공고한다.' 또 모든 계(契)마다 게시토록 한성부(漢城府)

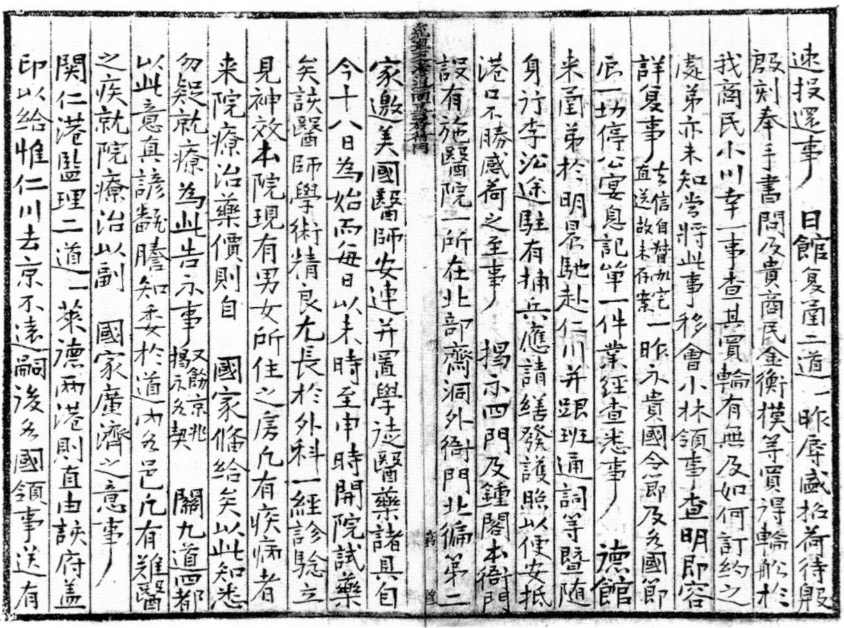
速投還事 日館 復函二道 一昨岸盛拾荷待艘
殷刻奉手書問及貴商民金衡模等買得輪船於
我商民小川幸一事查其買輪有無及如何訂約之
處弟亦未知當將此事移會小林領事查明即容
詳復事 直信自督辦宅 送該本存案 一昨承貴國令郎及各國節
臣一切停宴息記單一件業經查悉事 德館
来函 弟於明晨馳赴仁川并跟班通詞等暨隨
身行李沿途駐有捕兵應請繕發護照以便安抵
港口不勝感荷之至事 揭示四門及鍾閣本衙門
設有施醫院一所在北部齋洞外衙門北偏第二
家邀美國醫師安連并置學徒醫藥諸具自
今十八日為始而每日以未時至申時開院試藥
矣該醫師學術精良尤長於外科一經診驗立
見神效本院現有男女所住之房凡有疾病者
来院療治藥價則自 國家備給矣以此知悉
勿疑就療為此告示事 又飭京兆 揭示各契 關九道四都
以此意真諺飜謄知委於道內各邑凡有難醫
之疾就院療治以副 國家廣濟之意事
關仁港監理二道 一 萊德兩港則直由該府蓋
印以給惟仁川去京不遠嗣後各國領事送有

그림 6-33. 통리교섭통상사무아문일기 (1885년 4월 3일, 고종 22년 2월 18일)

에 지시하였다. 9도(道) 4도(都)에 공문을 하달하여 이러한 내용을 한문과 언문으로 베껴, 도내 모든 읍에 '치료가 어려운 질병이 있는 자는 모두 내원하여 치료받아 국가에서 널리 구제하고자 하는 뜻에 부응하도록 할 것'을 알리도록 하였다.

(乙酉 二月) 十八日 …… 揭示四門及鍾閣, 本衙門, 設有施醫院一所, 在北部齋洞外衙門北徧第二家, 邀美國醫師安連, 并置學徒醫藥諸具, 自今十八日爲始, 而每日以未時至申時, 開院試藥矣. 該醫師學術精良, 尤長於外科, 一經診驗立見神效, 本院現有男女所住之房, 凡有疾病者, 來院療治, 藥價, 則自國家備給矣. 以此知悉, 勿疑就療, 爲此告示事, 又飭京兆揭示各契, 關九道四都, 以此意眞諺翻謄, 知委於道內各邑, 凡有難醫之疾, 就院療治, 以副國家廣濟之意事.

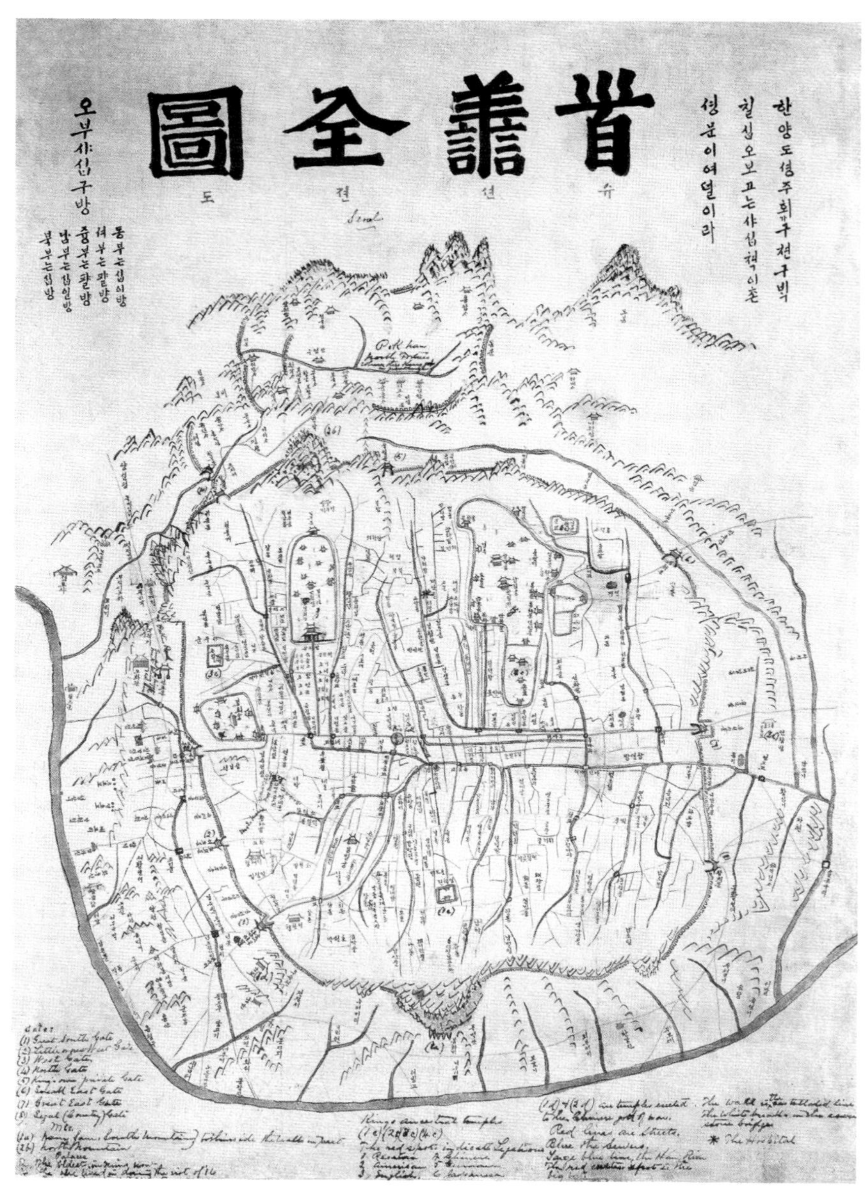

그림 6-34. 슈션전도(首善全圖). 조선 후기의 서울 지도. 한 선교사가 소장하던 것으로 제중원의 위치가 *표로 표시되어 있다. 연세대학교 박물관 소장

18850403

알렌 박사의 일기 제1권(1883~1886년) (1885년 4월 3일)

1885년 4월 3일 (금)

그저께 우편으로 우리는 27통의 편지와 40장의 문서를 받았다. 그것들은 일본 운송선편으로 배달되었다. 며칠 내로 우리의 정기 우편선과 호러스 G. 언더우드 씨가 올 것이다. 왕과 왕비는 회복되었다. 그들은 관리를 보내어 내가 다른 환자를 진료할 때처럼 궁궐에 와서 그들을 만나지 못하게 한 것에 대하여 사과하였다. 그들은 자신들의 바람대로 나를 데리고 오려 하였지만 단지 궁중의 법도에 맞지 않았다고 말하였다. 그들은 진정 진보적인 것 같다.

그 관리는 궁내부 대신이다.[102] 그는 이전에 이곳에 있었던 적이 있으며, 살해된 반역자 집안의 여성들을 채포하여 고문하기 위해 투옥시켰던 사람이다. 그는 패니가 오르간을 연주하는 것을 듣는 것을 무척 좋아 하였으며, 우리가 일을 하지 못할 정도로 너무 오랫동안 머물렀다. 그는 나의 아코디언에 감탄하면서 왕세자를 위하여 하나를 구하고 싶다고 너무 말을 많이 하였기에 나는 그에게 그것을 건네 주어야만 하였다. 그는 나의 경의의 표시와 함께 왕세자께 드리겠다고 말하였다.

다음은 오늘 외아문에서 나에게 보내 온 규칙인데, 테시카는 준비한 병원의 규칙으로 그의 능력을 보여주고 있다.[103]

규칙 제1조 한국 관리 중에서 병원의 감독관을 임명할 것이다.

제2조 관리 두 명을 임명할 것인데, 그중 한 명은 병원에 상주할 것이다.

제3조 학생 4명을 임명할 것이다.

제4조 이 학생들은 의사를 보조하며, 의사의 감독 하에 의약품을 조제하고 투약하며, 외국인 의사가 사용하는 기구들의 사용법을 습득한다. 학생들은 환자들을 간호하며 의사가 지시하는 것을 한다.

제5조 병원 운영을 기록하고 경리를 담당할 주사 2명이 임명될 것이다. 이들은 1년에 2번씩 감독관에게 보고를 해야 한다.

---

102) 당시 궁내부 대신인 이경직인 것으로 추정된다.

103) 알렌이 데시카라고 지칭한 인물은 자신이 민영익을 치료할 때 도움을 받았던 일본 공사관 의원의 군의관 가이세 도시유키이다.

제6조 병원 내부를 돌볼 2명을 임명할 것이다. 이들은 병원을 청결하게 하고 정돈할 것이며, 의사의 소지품에 대해서 책임을 진다.

제7조 문지기 2명이 임명될 것이다. 한 사람은 병원 바깥쪽 문과 안내를 담당한다. 그는 패(牌)를 발급할 것이다. 다른 사람은 안쪽 문을 담당하며, 패를 접수한다.

제8조 병원에는 다섯 명의 하인이 있을 것인데, 두 명은 음식을 만들고, 두 명은 마당을 청소하고 아궁이에 불을 때고 심부름꾼 역할을 하며, 나머지 한 명은 물 긷는 일을 담당할 것이다.

제9조 자기 집으로 의사를 왕진 요청하려면 개인적으로 의사에게 5,000냥을 지불해야 한다.

제10조 입원환자는 다음의 4등급으로 분류할 것이다.

1등급. 개인전용 병실, 하루에 1,000냥.

2등급. 1병실에 환자 1명 이상, 하루에 500냥.

3등급. 1병실에 환자 3명 이상, 하루에 300냥.

극빈환자용 일반 병실, 무료.

제11조 모든 치료비는 회복 후에만 지불한다.

제12조 모든 내원 환자는 원활한 치료를 위해 안전을 보장해 주어야 한다.

Dr. Allen's Diary No. 1 (1883~1886) (Apr. 3rd, 1885)

Apr. 3rd, 1885 (Fri.)

Day before yesterday the mail came 27 letters and 40 papers for us. They were brought on a Japanese transport. Our regular mail steamer and Mr. Horace G. Underwood will come in the steamer in a few days. The King and Queen have recovered. They sent an officer to apologize for not having me come and see them as I would any other patient. They said that rules of etiquette alone withheld them from having me come as they desire. They seem real progressive.

The Officer is the Chief of the Officer of the Palace. He has been here before and is the one who captured the women of one of the murdered conspirator and locked them up to await torture. He is very fond of hearing

Fannie play on the organ and stayed too long hours keeping us from our work. He admired my accordion very much said he wanted to get one for the Crown Prince and said so much about it that I had to give it to him. He said he would present it to the Crown Prince with my compliments.

The following rules were sent me today from the Foreign Office and are for the regulation of the hospital being gotten up by Teshika they show his ability.

Rule 1. A Commissioner shall be appointed for the hospital from the Corean Officials.

2. There shall be two officers appointed one of whom shall be at the hospital continually to attend to its running.

3. Four students shall be appointed.

4. These students shall help the Dr., shall put up and administer medicines under the Dr's supervision and learn to use the machines which foreign doctors use. They are to nurse and do what the Dr. tells them.

5. Two secretaries shall be appointed to keep the records of the hospital and the expense accounts. Twice a year they must report to the Commissioner

6. Two men shall be appointed to attend to the inside of the hospital. They shall keep things clean and in order and they will be responsible for the Dr's articles.

7. Two gate keepers shall be appointed. One shall have charge of the outside gate and the signs. One shall issue the tickets. The other shall have charge of the inner gate and shall receive the tickets.

8. There shall be five servants, two shall make the food, two shall clean the courts and make the fires and act as waiters and the third shall carry water.

9. Patient's calling the Dr. to their homes must pay him a personal fee of 5,000 cash.

10. In-patients shall be divided into four classes.

Class 1st in private wards 1,000 cash per day.

Class 2nd one or more in a room 500 cash per day.

Class 3rd three or more in a room 300 cash per day.
General wards for the poor. No pay.

11. All bills payable only on recovery.
12. All who come must furnish security for good conduct.

18850400

공립의원 규칙. 팔도사도삼항구일기, 규18083 제2책 (을유 2월, 1885년 4월)[104)]

Regulation of Public Hospital. *Diaries of Three Harbors in Eight Provinces and Four Cities*, Kyujanggak 18083 (Apr., 1885)

1885년 (음력) 2월 일 공립의원 규칙

제 1조 생도 약간 명이 매일 배우는 시간은 오전 7시부터 오후 4시까지이며, 휴일을 제외하고는 마음대로 놀 수 없다. (학업에) 정통하고 탁월하여 중망을 얻은 자는 공천하여 표양한다.

제 2조 생도는 약의 배합 및 제조와 기계 등의 설치를 담당하며 한결같이 의사의 지휘를 따라야 한다.

제 3조 서기 2명은 각 항의 문서와 계산을 담당하며 하나하나 상세하게 해야 한다. 6월과 12월에 통계를 낸 후 공립의원의 각 관서에 고감(考鑑)하게 한다.

제 4조 당직 2명은 각 방을 정결하게 하고 의약의 여러 도구 및 원내의 물품을 관리한다. 이유 없이 물품이 없어졌을 때는 처벌을 받는다.

제 5조 문지기[門直] 2명 가운데, 한 명은 외문에서 환자의 성명을 먼저 기록하고 차례대로 패(牌)를 지급한 후 들어가도록 하며, 다른 한 명은 중문에서 갑·을 등의 순서가 적힌 앞의 패를 거두어 살핀 후 의사를 만나도록 한다. 빈패(貧牌)를 소지한 사람에게는 원패(元牌)가 모두 들어간 다음에 들어가도록 한다.

제 6조 환자가 외문에서 이름을 기록할 때 동전 2전을 납부하며 가족이나 의탁할 자가 없는 경우에는 빈자패(貧字牌)를 지급하여 들어가게 한다. (그리고) 패를 살핀 후에야 가지고 들어가게 한다.

제 7조 사환은 5명 이내이며, 2명은 주방의 일을 담당하고 다른 2명은 뜰을 청소하고 아궁이에 불을 지피는 등의 여러 일을 맡으며 나머지 사환 1명은 물을 긷는다.

---

104) 팔도사도삼항구일기(八道四都三港口日記)는 통리교섭통상사무아문에서 중앙과 지방의 각 관서로 보낸 관문(關文) 중 외국과의 외교 교섭이나 통상 관련, 표류민 문제 등에 관련된 것을 모아 업무에 참조할 목적으로 편찬한 것으로 필사본 2책으로 구성되어 있다. 사도(四都)는 수원부, 광주부, 개성부, 강화부를, 삼항(三港)은 개항장으로 감리서가 설치되어 있던 부산[동래]과 인천, 원산을 가리킨다.

제 8조 환자가 몸을 움직이지 못하여 의사를 요청해 의사가 몸소 왕진한 경우의 비용은 한 번에 동전 50냥을 선납한 후에야 의사를 만날 수 있다.

제 9조 입원한 환자는 자신의 치료비를 예와 같이 가져와야 하는데, 상등 환자의 1일 치료비는 동전 10냥, 중등 환자는 5냥, 하등 환자는 3냥이다. 가족이나 의탁할 자가 없는 사람에게는 공립의원(의 예산)에서 그 비용을 보전한다.

제10조 약값은 상, 중, 하 등의 환자가 사용한 물품에 따라 돈을 치르도록 하며, 가족이나 의탁할 자가 없는 사람에게는 공립의원(의 예산)에서 그 비용을 지급한다.

제11조 공립의원에 임용된 모든 사람에게는 세 사람의 보증을 받아 추천을 통해 임명한다. 만약 물품이 없어졌을 때는 물품의 값을 해당 담당자에게 징수하고 담당자가 감당하지 못할 때에는 곧 세 사람의 보증인에게 징수한다.

제12조 간병하는 시간은 오후 2시에서 4시까지이다.

제13조 만약 문병인이 아닌데도 함부로 들어왔을 경우에는 그 사람을 중징계하고 문을 담당한 사람에게도 태벌을 가한다.

제14조 문병인을 제외하고 학도와 간사인을 보러 오는 자가 있을 때는 외문에서 문지기를 통해 연락한 후 들어온다.

乙酉 二月　日 公立醫院規則

第一條 生徒幾員 每日學業之時間 自午前七時 到午後四時 休日外 不得浪遊 其精通異等 有衆望者 公薦表揚

第二條 生徒掌合藥製藥 設機械等項 一遵醫師指揮

第三條 書記二員 掌各項文簿計算 一一詳明 以六臘月 總計之後 院中各官考鑑

第四條 堂直二人 淨潔各房 守直醫藥諸具及院內物品 無到闔失 勘罪事

第五條 門直二人 一在外門 先記病人姓名 鱗次給牌後許入 一在中門 考收門牌甲乙等號 始許見醫師 而持貧牌者 元牌盡入後 許入

第六條 病客外門錄名時 銅錢二戔 式捧納 無室無依者 給貧字牌許入 牌則考驗 次仍爲持入

第七條 使喚五名內 二人掌廚房事務 二人掌掃洒庭除及点火各突諸般 使喚一名掌汲水

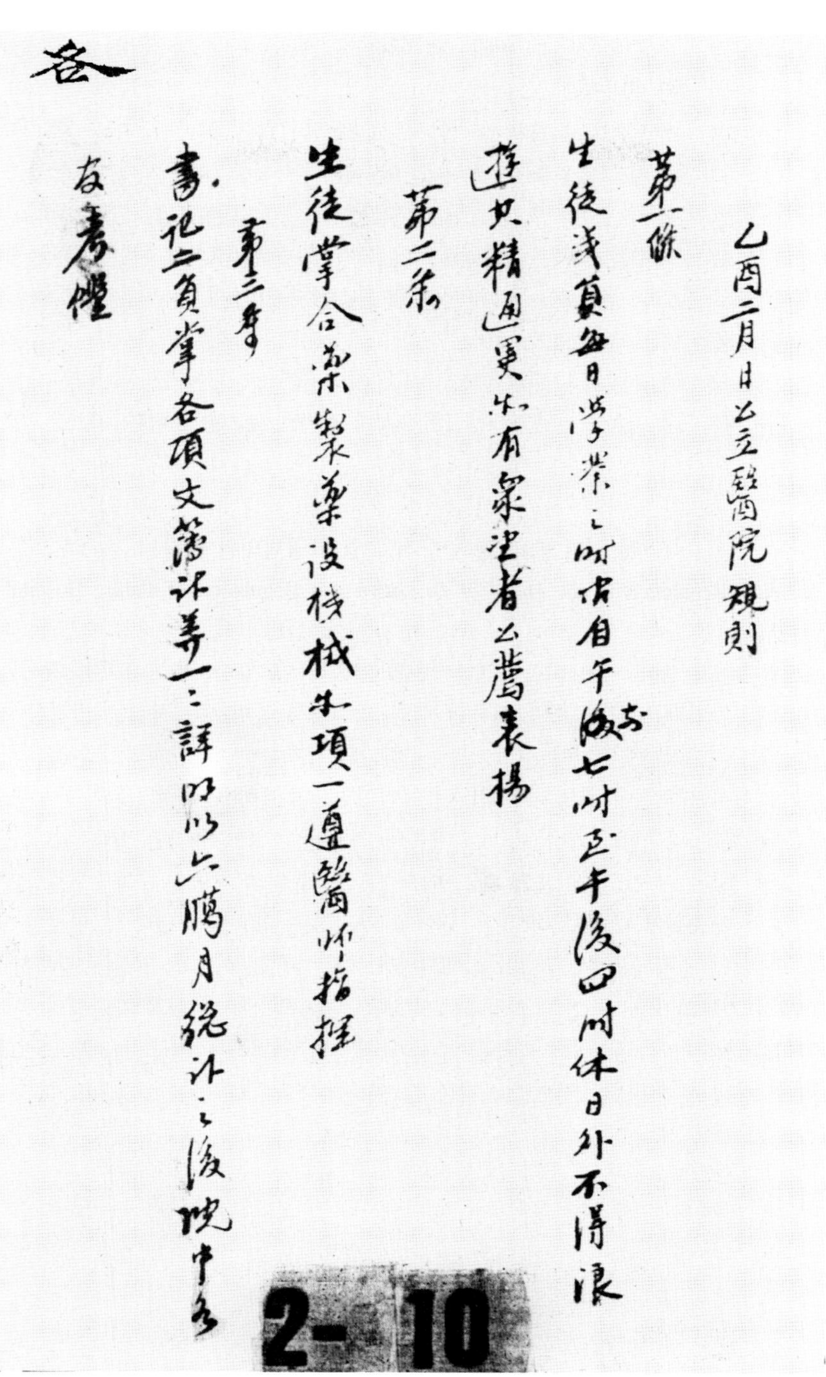

그림 6-35. 공립의원 규칙. 팔도사도삼항구일기, 규18083 제2책 (을유 2월, 1885년 4월)

第八條　病客能不運動 請醫師 則醫師躬造之束脩 每度以銅錢五十兩 式先納後 邀去醫師

第九條　留院病客 自費料 依例持來 而上等客日費 銅錢十兩 中等五兩 下等三兩 其無室無依之人 自院中辦費

第十條　藥料 上中下等客 隨所用品 捧入價直 其無室無依之客 自院中辦給

第十一條　院中各任事人 受三保薦人 而若有闌失物品 其物品之代價 徵收於該掌人 若該掌人不堪抵當 其價 卽徵收於三保薦主

第十二條　看病時間 自未正至申正

第十三條　倘非問病人 而無端攔入 則該人重 守直門人 亦施笞罰

第十四條　問病人外 或來看學徒及幹事人者 在外門 使門直通奇後 入來

알렌 일기 속의 병원 규칙 초안과 공립의원 규칙
Hospital Regulation in the *Diary of Dr. Allen* and Regulation of Public Hospital

4월 3일자 알렌 일기에 들어 있는 병원 규칙 초안(가이세 도시유키가 작성)을 공립의원 규칙과 비교해 보면 제중원 설립 과정에서 흥미로운 사실을 발견할 수 있다. 팔도사도삼항구일기에 실려 있는 공립의원 규칙은 병원 규칙의 초안을 받은 알렌이 제시한 의견이 반영되어 확정된 규칙이었으며, 1886년 2월 1일자 한성주보에 '設濟衆院, 公立醫院 規則'이라는 제목의 기사에 동일한 규칙이 실려 있다. 당초 조선 정부는 초안의 제1조와 제2조에서 한국인 관리의 역할을 구체적으로 명기함으로써 제중원에 대해 보다 많은 권한을 가지려는 의도를 보였다. 그렇지만 알렌과의 협의 과정에서 이 부분이 삭제되었다. 이는 제중원에서의 입장을 강화하려는 조선 정부의 의도가 협의 과정에서 좌절된 것을 의미하며, 실제 제중원의 운영은 의료 선교사의 주도하에 제중원 주사가 실무를 지원하는 미국 선교부와 조선 정부의 협력 운영이었던 것으로 생각할 수 있다.

18850403

호러스 N. 알렌(서울)이 프랭크 F. 엘린우드(미국 북장로교회 해외선교본부 총무)에게 보낸 편지 (1885년 4월 3일)

1885년 4월 3일

우편물이 어제 도착하였고 병원이 며칠 후면 개원하게 될 것이기에 저는 지금 편지를 써 두었다가 며칠 후 증기선이 언더우드 씨를 태우고 올 때 부치려고 합니다. 이 편지를 쓰기 시작한 이후 환율이 1,600냥으로 떨어졌고, 계약을 위해 50,000냥을 제가 보태야 했습니다. 환율은 이후 2,000냥까지 떨어졌지만 지금은 변동이 심한 상태에 있습니다. 저는 갖고 있는 것(달러)을 1,600냥에 사용할 것이고, 앞으로 그렇게 하지 않도록 노력하고 피할 것입니다. 민영익은 저에게 청구서를 달라고 재촉하였습니다. 저는 상황을 고려하여 청구서를 보내는 것을 망설였지만, 그가 저에게 빚진 상태로 있게 놔두는 것이 더 나을 것으로 생각하여 저의 진료비는 기부한 셈 치고 약값으로 100달러만을 청구하기로 마침내 결정하였습니다. 그는 저에게 일본 돈 150엔을 보냈습니다. 저는 할 수 있는 대로 그것을 은으로 교환할 것입니다. 저는 또한 중국 공사에게 그들의 진영을 43번 왕진한 것에 대해 한 번에 5달러씩, 215달러의 청구서를 보냈습니다. 청구액의 반은 이미 받았고, 나머지는 곧 받을 것입니다. 그들은 저의 진료에 감사조차 하지 않았지만, 공사가 우리 집의 식탁에서 같이 식사하는 등 사회적 친분이 있기 때문에 이것이 그들을 끌어들일 수 있을 것이라는 것을 알고 있습니다. 저는 또한 6번 왕진한 것에 대해 묄렌도르프의 비서에게 30달러를 청구하였고, 은을 받았습니다. 저는 그가 제의한 계약이 조속히 이루어지기를 바라고 있습니다. 영국 (공사관)과의 계약은 베이징으로 떠나기 직전 125파운드로 깎였습니다. 저는 일본 대리공사가 저를 공사관 의사로 임명해 줄 것을 도쿄에 요청하였다는 것을 공식적으로 통보 받았습니다. 저는 그를 치료하는데 상당히 성공적이었고, 그는 상당히 호의적이고 고마워하는 것 같습니다.

지금까지 병원은 크게 성공적이었습니다. 관리들과 백성들은 병원에 큰 관심을 가졌습니다. 지난 주에 왕은 네 번이나 저에게 고위 관리를 보내 격려문을 보냈습니다. 덧붙여 저는 왕과 왕비를 치료하였습니다. 그들은 유사 천연두를 앓고 있었으며, 저에게 관리를 보내 왕진을 와서 외국인에게 하듯이 공개적으로 치료해달라고 부탁하고 싶지만, 궁중의 법도가 너무도 엄격해서 그렇게 하는 것이 백성들을 자극하고 저에게 해를 끼칠 수 있다고 말하였습니다. 따라서 그들은 제가 매일 자신들의 증상을 전해주는 관리를 통해서 치료해 주도록 요청하였습니다. 저는 여느 때처럼 그것에 대하여 기도를 하였고, 성공적이었습니다. 포크 중위는 병원의 발전을 위해 모든 노력을 기울였으며, 우리는 묄렌도르프가 정부의 업무로 일본에 가 있는 동안 그렇게 되도록 노력하였습니다.

모든 것이 너무나도 순조롭게 진행되었지만, 한 가지 불길한 일이 일어났습니다. 최근의 집권층은 선교에 호의적이었고 살해된 서광범의 모친은 최근 프랑스인 주교로부터 영세를 받았지만, 현 집권층은 무력한 왕만을 제외하고는 완전히 친중파, 묄렌도르프 측 및 반기독교적인 사람들입니다. 작년에 매클레이 박사가 외아문에 연락을 취했을 때 김옥균으로부터 환대를 받았습니다. 현재 직위에 있는 사람은 다소 ___한 외국인 혐오자이며, 어떤 누군가가 그에게 그 문제에 대해 이야기하였고 장로교회 병원이 시작되었기 때문에 그들도 한국으로 들어오고 싶어 한다는 인상을 주었습니다. 동시에 포크 씨는 매클레이 박사로부터 편지를 받았는데, 한국으로 들어 갈 여러 명의 선교사가 있으며, 포크 씨가 그들을 영접하고 병원과 선교부를 설립할 부지를 구입해 줄 것을 희망한다고 언급하였습니다. 포크 씨는 크게 염려하고 있습니다. 그는 지금 그들(감리교회 선교사들)이 한국에 오는 것은 (갓 개원하려는) 병원을 죽일 것이며, 왜 그들을 공사관에서 영접해 달라고 요청해야 하는지 이해할 수 없다고 말하였습니다. 그는 그들에게 자신은 (내한할) 선교사들과 아무런 관계를 가질 수 없으며, 지금 그들이 내한하여 경쟁 병원을 시작하면 이제 막 시작된 일을 망치게 될 것이라는 편지를 보낼 것입니다. 그는 언더우드 씨가 제 손님으로, 그리고 조수로 오는 것에 찬성하고, 새로운 의사는 어느 때라도 올 수 있다고 말하고 있습니다. 그러나 병원은 왕이 이름을 붙였고, 백성들은 그것을 자랑스러워하고 있습니다. 왕과 백성은 제가 누구인지 알고 있지만, 비록 장로교회 선교부가 의사들을 지원하더라고 병원을 장로교회 단체로 간주하지 않습니다. 묄렌도르프는 일본에서 이런 소문들을 모두 듣고 자신만큼 선교를 반대하는 독일 총영사 헤르만 부들러에게 미리 경고를 보냈습니다. 그들은 자신들의 행동을 통해 악한 의도를 드러내었고, 부들러는 포크 씨에게 제 지위를 박탈시킬 것이라고 암시하였습니다. 이것을 막는 유일한 길은 그들이 외부인을 조수로 불러들일 수 있기 전에 새로운 의사가 이곳에 도착하는 것입니다.

우리 (장로교회) 사람들은 조금 조급합니다. 언더우드 씨는 저에게 편지를 보내 만일 제가 안전하다고 생각한다면 중국의 헌터와 리드에게 교사로서 즉시 한국으로 오도록 전보를 치라고 하였습니다.[105] 제가 그(언더우드)에게 조선 정부가 미

---

105) 헌터와 리드는 1883년 12월 한국행을 자원했던 북장로교회 소속으로 중국 산둥에서 활동하는 선교사들이다. 자세한 것은 『호러스 N. 알렌 자료집 I』, 399~400쪽을 참고할 것.

국 정부에게 교사를 보내주도록 요청하였다고 말했기 때문입니다. 저는 그저 그들을 확보할 수도 있다는 희망을 표현한 것뿐이며, 교사들은 요청을 받은 미국 국무부를 통해 확보되어야만 합니다.

외아문은 의약품 비용으로 연간 300달러를 저에게 허용하였습니다. 저는 지금 의약품이 거의 없고, 가장 중요한 약품들이 바닥났습니다. 고국에 약품을 주문하고 기다리는 것이 거의 불가능하기 때문에 그 액수만큼 추가로 일본에서 구매할 것입니다. 저는 고국에서 50달러 상당을, 그리고 상하이에서 엄청나게 비싼 가격으로 몇 번 장비를 구매한 것 외에 장비를 갖고 있지 않습니다. 저는 세 달 동안 _____ 하였고 적절한 수가로 외국인들을 진료해왔기 때문에 저는 박사님께 고국에서 용품을 보내주실 필요가 있다는 것을 요청 드립니다. 그 후에는 여유 있게 필요한 것을 본국에 주문할 수 있을 것이며, 연간 300달러가 넘지 않을 것으로 생각합니다. 의료 도구는 그 액수의 두 배가 되겠지만 저는 런던의 *Allen & Hanburys* 회사에 주문서를 작성했는데, 그 대금에 해당하는 환어음과 함께 보내주시기를 바랍니다. 그러나 박사님이 하실 수 없다면 뉴욕의 *W. H. Schieffelin & Co.*에 주문한 것을 동봉하였는데,[106] 그것을 보내주십시오. 만일 박사님께서 하시지 않으시면 저는 의료비로 받은 돈으로 이곳 동양에서 런던 가격 보다 3~4배의 비싼 가격으로 구매해야 할 것입니다. 또한 런던 주문이 제가 선호하는 것이고, 약 100달러가 비싸기는 하지만 훨씬 저렴하기 때문에 박사님도 선호하실 것이라 덧붙여 말씀드립니다. 저의 경비에 대해 저는 가마 하나와 네 명의 가마꾼을 유지해야 할 것이며, 영국 공사관 일로 제물포에 왕진을 갈 때마다 4명을 1인 당 2,000냥에 추가로 고용해야 합니다. 그렇지 않으면 작은 가마와 두 명의 가마꾼, 그리고 말 한필을 유지해야 합니다. 후자가 더 저렴하며, 저는 그리 편안하지 않겠지만 이 계획을 채택하기로 결정하였으며, 베이징에서 서명이 된 계약서가 돌아오는 대로 말을 구입할 것입니다. 가마꾼은 1인 당 매달 4,000냥을 주어야 합니다. 말을 유지하는 것은 경비가 더 드는데, 저의 문지기가 마부의 역할을 할 수 있기 때문입니다.

우리는 지출을 줄이며 빚에서 벗어나기 위해 노력하고 있습니다. 우리는 중국인 요리사를 해고하였고, 아내가 자신의 일을 하며 한국인을 가르치고 있는데, 우리는 그가 나머지 사람들이 하였던 모든 일을 분명하게 할 것으로 확신하고 있지만 아내가 빨래하느라 씨름하고 있을 때 그는 약간의 돈을 받자마자 떠나기 때문에 썩 내키는 일은 아닙니다.

---

106) *W. H. Schieffelin & Co.*는 처음에 1791년 에핑검 로렌스에 의해 설립되었지만, 그는 1794년 이 회사를 매부인 제이콥 쉬플린과 형 존 B. 로렌스에게 팔았다. 하지만 로렌스가 떠나자 쉬플린은 혼자 사업을 계속하였으며 네 명의 손자가 은퇴하던 1865년 *W. H. Schieffelin & Co.*가 되었다. 회사는 계속 발전하여 20세기에 들어 미국에서 선도적인 의약품 도매상의 자리를 잡았다.

식량 값이 계속 오르고 있습니다. 모든 것이 부족한 것 같으며, 현지인으로부터 사는 것보다 비축하지 않고 사는 것이 더 쌉니다. …… 저는 험담을 하는 것을 바라지 않지만, 단순히 저는 다른 사람보다 우리 감리교회 형제들이 대단히 질투심이 강하며 우리의 ____을 갖고 싶어 하지 않는다고 말씀드립니다. 또한 포크 씨는 제가 푸트 장군이 이곳에서 실패한 후 일본에서 역할을 대단히 제대로 하지 못하였다고 생각하는 것에 동의하였습니다. 저는 그가 사실과는 관계없이 자신이 편리한 방식을 이 부지의 구매에 대해 설명하였다는 것을 알고 있습니다. 또한 가격에 대해 허위로 설명하여 약간의 돈을 챙겼습니다. 더욱 그것은 공사관 옆에 있어 시내에 살고 있는 포크 씨, 타운젠드 씨, 그리고 핼리팩스 씨가 모든 것을 도난당하였을 때 우리는 아무 해도 입지 않았기에 값이 쌉니다. 포크는 갖고 있는 모든 것을 잃었습니다.

우리가 있는 곳 바로 서쪽에 좋은 부지가 있습니다. 영국 및 미국 공사관과 우리 선교부가 있는 언덕 위에서 마지막으로 남아 있는 부지입니다. 그 땅이 싼 값에 나왔기 때문에 저는 그것을 감리교도들을 위해서 얻어주겠다고 제안하려 하였습니다. 그러나 그들이 공사관으로 갔던 것은 그들이 우리의 도움을 원하지 않는다는 것을 나타내었습니다. 그리고 저는 이곳에 오기 전에 매클레이 박사가 푸트 장군에게 다구치고 있다는 소문을 들었습니다. 그리고 저는 장군이 자신과 함께 있으라는 간절한 요청을 계속 거절하였습니다. 저는 그 대신 한국인 호텔로 가서 맛없는 고기와 밥을 먹고 살았습니다. 제가 가족을 데리고 왔을 때 우리는 준비가 되어 초대를 고집하였어도 첫 식사조차 옆집에서 하지 않았습니다. 매클레이 박사는 비기독교인들이 기독교인의 결점을 빨리 관찰하며, 그가 이곳에 없었다면 그의 사역이 더 잘 보호될 수 있었을 것이라는 사실을 언젠가 알게 될 것입니다. 그 이후 저는 그에게 편지를 써서 도움을 제안하였고, 그들이 선교부를 시작하러 올 때 기쁘게 돕겠다고 하였지만 결코 답장을 받지 못하였습니다. 포크 씨는 이것을 알고 있었고, 그래서 왜 그들이 공사관의 도움을 바라는지를 알기 원하였습니다.

4월 5일.[107] 언더우드 씨와 2명의 미국 공리회 해외선교부 소속 선교사가 어제 밤에 우리에게 왔습니다. 언더우드 씨는 사무적으로 보이며, 저는 그에게 재무의 일을 맡길 것입니다. 감리교회 선교사와 아픈 부인은 제물포의 일본인 집에 머물고 있습니다. 우리는 방이 꽉 찼으며, 포크 씨는 그들을 받아들이지 않을 것입니다. 하지만 저는 그 부인이 편안하게 지낼 수 있도록 모종의 조치를 취할 것입니다.

107) 4월 6일을 4월 5일로 잘못 적었다.

어제 저는 묄렌도르프와 두 시간의 대화를 나누었습니다. 처음에 그는 병원을 좌절시키겠다고 말하였지만 결국 그가 할 수 있는 모은 것을 동원하여 저를 돕고 심지어 일부 선교사들은 정부 학교에 고용하겠다고 약속하였습니다.

이후의 일은 상당 부분 언더우드 씨가 자신의 편지에 쓸 것입니다.108)

안녕히 계십시오.

H. N. 알렌

Horace N. Allen (Seoul), Letter to Frank F. Ellinwood (Sec., PCUSA) (Apr. 3rd, 1885)

Apr. 3/ 85

The mail arrived yesterday and as the hospital is to be opened in a few days I will write my letter now and be ready to mail it when the steamer comes in a few days with Mr. Underwood. Since commencing this letter cash have fallen to 1,600 and I had to add 50,000 cash to the contract. They have since been as low as 2,000 but are now fluctuating. I shall spend what I have at 1,600 and try and avoid them in the future. Min Yong Ik has pressed me for a bill. Under the circumstances I hesitated in sending one but finally decided to donate my services and only charge him $100.00 for medicines, thinking that it would be better to leave him in my debt. He sent me Yen 150 Japanese. I will exchange it for silver as well as I can. I also sent a bill to the Chinese Minister for 43 visits to their camps @5.00 per visit, $215.00. Have received the half of it, the rest will be forthcoming soon. They didn't even thank me for my services, but as I am on social terms with the Minister, he having eaten at our board, I knew this would "fetch them." I also sent a bill to von Mullendorf's secretary for 6 visits $30.00 and got the silver. I hope to hurry up his proposed arrangement. The contract with the English was cut down to 125 lb just before leaving for Pekin. I am officially

108) Horace G. Underwood (Seoul), Letter to Frank F. Ellinwood (Sec., BFM, PCUSA) (Apr. 9th, 1885)

notified that the Japanese *Charge d'Affairs* has sent to Tokyo to have me appointed physician to the Legation. I was quite successful in treating him and he seems quite friendly and appreciative.

The Hospital so far has been a grand success. The officers and people have been quite interested in it. Four times during the past week the King has sent me encouraging messages by a high official. By the way, I have been treating the King and Queen. They have been sick with varioloid and sent an officer to me stating that it was their pleasure to have me come and treat them openly as I would a foreigner, but that rules of etiquette were so strong that it would excite the people and injure me. Therefore they requested me to treat them through an officer who came daily with their symptoms. I prayed about it as usual and was successful. Lieut. Foulk has used every effort to further the Hospital and we have tried to get it under way while Mullendorf was away in Japan on Govn't business.

Just while everything was so prosperous an ominous thing occurs. The recent official party were in sympathy with missions and the mother of the murdered So Quan Pum was recently baptized by the French Bishop, but the present party, excepting only the helpless King, are completely Chinese, Mullendorfian & anti-Christian. Dr. Maclay last year addressed the Foreign Secretary and was well received by Kim Ok Khun. The present incumbent is a little ________ed foreign hater and someone has addressed him on the subject and given the impression that as a Presbyterian mission hospital has been started they wish to come in. At the same time Mr. Foulk receives a letter from Dr. McClay stating that he has a batch of missionaries who are on their way for Corea and he hopes Mr. Foulk will entertain them and buy them ground for a hospital and Mission. Mr. Foulk is greatly worried. He says their coming just now will kill the hospital and he can't see why they should ask to be entertained at the Legation. He will write them that he can have nothing to do with them and that their coming now and starting a rival hospital will kill the work already begun. He consents to have Mr. Underwood come as my guest and assistant and says the new Dr. is expected and can come at any time. But the hospital is called after the King and the people are proud of it. The King and people know who I am but they don't regard the hospital as a Presbyterian Mission, even though we support the Dr. Mullendorf has heard all of these rumors in Japan and has sent ahead a warning to Hermann

Budler, German Consul General who is as hard on Missions as Mullendorf. They by their actions show that they mean mischief and Budler has intimated to Mr. Foulk that he will have me supplanted. The only way to prevent this is to get the new Dr. here before they can run in an outsider as assistant physician.

Our own people are a little premature. A letter came from Mr. Underwood telling me to telegraph Hunter & Reid of China to come here at once as teachers if I thought it safe. It all comes from my telling him that their Govrn't had applied to our Govn't for teachers. That is the case I expressed to him I hope we may supply them, but they must be supplied through the U. S. State Dept. as the application has gone to them.

I have been paid the annual allowance $300.00 for drugs by the Foreign Office. I have very few now and am out of the most important ones. I will buy a supplementary order to about that am't from Japan as it would be impossible to wait for and order from home. I have never had a medical outfit having not but 50.00 worth from home and having had to get several 50.00 dribs in Shanghai at ruinous prices. Being three months from a drug store and having to do the work for foreigners at favorable rates, I urge upon you the necessity of sending me an outfit from home. After which I can leisurely order from home as needed and the annual sum will not exceed $300.00, I think. Though the outfit should be double that sum, I have therefore made out an order on Allen & Hanburys, London which I hope you will send on with a draft to cover the same. But if you really cannot then send me the one enclosed made out for *W. H. Schieffelin & Co.*, New York. If you do not I will simply have to take of my money received for medical services and buy here in the East at about three to four times the London prices. I would also add that the London order is my preference and should be yours as it is far cheaper, though about $100.00 higher. As to my expenses, I will have to keep a chair and four coolies and hire four more at 2,000 cash each whenever I am called to Chemulpoo by the English work. Or I must keep a small chair and two coolies and a horse. The latter is the cheaper and I have decided, tho' it will not be so comfortable, to adopt that plan, and will get a horse as soon as the contract return signed from Pekin. The Chair men cost 4,000 cash each per month. The keeping of the horse about is much, as my gateman can be hostler.

We are trying to cut down our expenses and get out of debt. We have discharged our Chinese cook and Mrs. Allen is doing her own work, and teaching a Corean, a task not very pleasant because we are sure he will do as all the rest of them have done and as the one did when she had tangled to wash - leave as soon as he gets some money and give no other be ease than that he is tired of work.

Provisions have still continue to rise. There seems to be a scarcity of everything and it is cheaper to live out of our store house than buy from the natives. …… Though I do not wish to gossip, I most simply say that I have more reasons than one for thinking that our M. E. Brethren are very envious and wouldn't mind our having a backset. Also Mr. Foulk agree with me in thinking that Gen'l Foote after his failure here greatly misrepresented affairs in Japan. I know that he explained the purchase of this property in a way favorable to himself regardless of facts. He also misrepresented to me as to the cost, and made some money. Yet it is cheap since being next to the Legation we were not injured while Mr. Foulk, Mr. Townsend and Mr. Halifax who lived downtown were robbed of everything. Foulk lost everything he had.

There is a fine piece of property just west of us, the last remaining piece on the hill which now holds the English and American Legation and our Mission. It is offered cheap and I had thought of offering to get it for the Methodists. But their going to the Legation shows they do not solicit our aid. Before coming here I heard rumors of Dr. McClay having "thrust" himself upon Gen'l Foote. And I steadily refused the Genl's urgent invitations to stop with them. I lived on dog meat and rice at a Corean hotel instead. When I brought my family we came prepared and did not even take our first meal next door though it was insisted on. Dr. McClay will learn someday that non-Christian men are quick to observe the faults of Christians and his work would have been better prospected here if he had not been here himself. I wrote some time since and offered my help to Dr. McClay, also told him we would be glad to entertain his people when they came to start the proposed Mission, but never received an answer. Mr. Foulk knew of this, hence he wanted to know why they wish to be entertained at the Legation.

Apr. 5. Mr. Underwood and the two Am. Board men came to us last evening.

Mr. U. seems businesslike and I shall make him treasurer in my place. An M. E. man with a sick wife are in a Jap. house at Chemulpoo. We are full and Mr. Foulk will not receive them. I intent to do something however, to make the lady comfortable.

I had a two hours talk with Mullendorf yesterday. He at first said he would crush the hospital but at last not only agreed to help me all he could but even promised to use some of the missionaries (in) the Government schools.

I will expect Mr. Underwood to do most of the writing hereafter.

Yours Sincerely,
H. N. Allen

18850403

호러스 N. 알렌 (서울), 뉴욕(의 W. H. 쉬플린 회사)에 주문한 약품 (1885년 4월 3일)

W. H. 쉬플린, 뉴욕

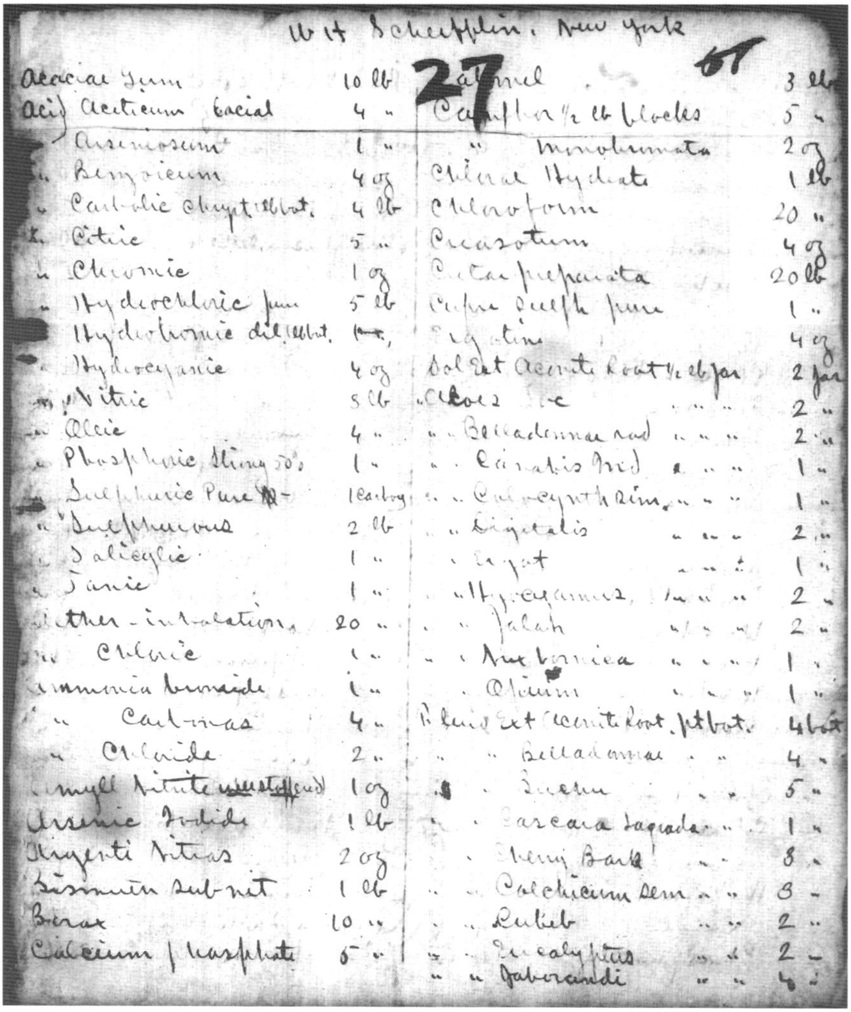
W. H. Schieffelin, New York

27

Acaciae Gum	10 lb	Calomel	3 lb
Acid Aceticum Glacial	4 "	Camphor ½ lb blocks	5 "
" Arseniosum	1 "	" Monobromata	2 oz
" Benzoicum	4 oz	Chloral Hydrate	1 lb
" Carbolic Crystal	4 lb	Chloroform	20 "
" Citric	5 "	Creasotum	4 oz
" Chromic	1 oz	Creta praeparata	20 lb
" Hydrochloric pure	5 lb	Cupri Sulph pure	1 "
" Hydrobromic dil.		Ergotine	4 oz
" Hydrocyanic	4 oz	Sol Ext Aconite Root ½ lb jar	2 jar
" Nitric	8 lb	" Aloes	2 "
" Oleic	4 "	" " Belladonnae rad	2 "
" Phosphoric	1 "	" " Cannabis Ind	1 "
" Sulphuric Pure	1 carboy	" " Colocynth	1 "
" Sulphurous	2 lb	" " Digitalis	2 "
" Salicylic	1 "	" Ergot	1 "
" Tannic	1 "	" Hyoscyamus	2 "
Aether - inhalation	20 "	" " Jalap	2 "
" Chloric	1 "	" Nux Vomica	1 "
Ammonia bromide	1 "	" Opium	1 "
" Carbonas	4 "	Fluid Ext Aconite Root pt bot.	4 bot
" Chloride	2 "	" " Belladonnae	4 "
Amyl Nitrite	1 oz	" Buchu	5 "
Arsenic Iodide	1 lb	" Cascara Sagrada	1 "
Argenti Nitras	2 oz	" Cherry Bark	8 "
Bismuth sub-nit	1 lb	" " Colchicum Sem	8 "
Borax	10 "	" " Cubeb	2 "
Calcium phosphate	5 "	" " Eucalyptus	2 "
		" " Jaborandi	4 "

그림 6-36. 알렌의 의약품 주문 목록

아카시아 껌	10파운드[109]
빙초산(氷醋酸)	4 "
아비산(亞砒酸)	1 "
벤조산(酸)	4온스[110]
석탄산(石炭酸) 결정, 1파운드 병	4파운드
구연산(枸櫞酸)	5 "
크롬산(酸)	1온스
순수 염산(鹽酸)	5파운드
희석 취화수소산(臭化水素酸), 1파운드 병	1 "
청산(青酸)	4온스
질산(窒酸)	8파운드
올레산(酸)	4 "
강(强) 인산 50%	1 "
순수 황산(黃酸)	1 대형 유리병[111]
아황산(亞黃酸)	2파운드
살리실산	1 "
탄닌산	1 "
이서(에테르) - 흡입제	20 "
염화이서	1 "
브롬화암모니아	1 "
암모니아탄산염	4 "
염화암모니아	2 "
아질산아밀 (마개가 잘 된)	1온스
요오드화비소(砒素)	1파운드
질산은	2온스
차질산비스무스	1파운드
붕사(硼砂)	10 "
인산칼슘	5 "
감홍(甘汞)	3 "
장뇌(樟腦) ½파운드 덩어리	5 "

109) 1파운드는 453.592그램이다.

110) 1온스는 28.35그램이다.

111) 다량의 액체를 저장, 운반, 처리하는데 사용되는 대개 18~20 리터 용량의 대형 병을 말한다.

브로민 장뇌			2온스
클로랄 수화물(水和物)			1파운드
클로로폼			10 "
크레오소트			4온스
정제 백악(白堊)			20파운드
순수 황산구리			1 "
조제(粗製) 맥각정(麥角精)			4온스
부자(附子) 추출액		½파운드 병	2 병
알로에 추출액		"	2 "
벨라도나 뿌리 추출액		"	2 "
인도 대마 추출액		"	1 "
콜로신스	"	"	1 "
디키탈리스	"	"	2 "
맥각	"	"	1 "
사리풀	"	"	2 "
할라파 (뿌리)	"	"	2 "
마전[馬錢]	"	"	1 "
아편	"	"	1 "
부자(附子)	유동 추출액	파인트 병	4 "
벨라도나	"	"	4 "
부쿠나무	"	"	5 "
캐스커러 나무껍질	"	"	1 "
체리나무 껍질	"	"	3 "
콜히친 씨	"	"	3 "
쿠베브	"	"	2 "
유칼리 나무	"	"	2 "
야보란디	"	"	4 "
디기탈리스	"	"	3 "
겔세뮴 뿌리	"	"	1 "
용담 뿌리	"	"	4 "
유창목(癒瘡木)	"	"	3 "
토근(吐根)	"	"	3 "
관중(貫衆)	"	"	6 "

마전[馬錢]	"	"	4 "
탈취(脫臭) 아편	"	"	4 "
오렌지 껍질	"	"	3 "
파레이라 브라바	"	"	4 "
쿠아시아	"	"	3 "
대황(大黃)	"	"	1 "
사르사	"	"	3 "
차풀	"	"	3 "
해총(海葱)	"	"	4 "
스틸링기아	"	"	6 "
통카콩	"	"	1 "
우바우르시	"	"	5 "
힐초(纈草)	"	"	2 "
떡갈나무	"	"	4 "
탄산철 Proto			5파운드
함당(含糖) 탄산철			2 "
팅크제를 위한 염화철 용액			20파인트
구연산철	1파운드병		2병
구연산철암모니아			2병
차인산염철			1파운드
옥살산 제2철			4온스
인산철			4파운드
피로인산 제2철			2 "
차황산 제2철			2 "
겐티아나 뿌리			10 "
글리세린			10 "
아세트산납			2 "
황산마그네슘			1 ____
백강홍(白降汞)			2파운드
수은중황산염			2 "
순수 수은			3 "
요오드화수은 초록색			4 "
" 적색			4 "

산화수은 적색		1 "
" 황색		4온스
차황산수은 황색		1파운드
모르핀황산염 1/8온스 병		1온스
" 염화물 "		1 "
카타리스 유(油)		4 "
인(燐) 첨가유		1파운드
박하유(薄荷油)	25그램 병	1 병
사사프라스유(油)	28 "	1 "
동록유(冬綠油)	32 "	1 "
유칼리유(油)		2파운드
코파이바유(油)		2 "
_______ 유(油)	쿼트[112]	2다스
올리브유(油)		2갤런
피마자유(油)		1 "
함당(含糖) 펩신	1/4파운드 병	1파운드
요오드포름		2 "
요오드 결정		3 "
순수 가성칼륨		1 "
중탄산칼륨		10 "
중크롬산칼륨		5 "
브롬화칼륨		20 "
염화칼륨		5 "
요오드화칼륨		20 "
황산칼륨		5 "
질화면(窒化綿)		8온스
고목(苦木)		20파운드
퀴닌	1온스 병	1다스
산토닌		1파운드
순수 초산나트륨		5 "
비산나트륨		1 "
중탄산나트륨	50파운드 병	1 병

112) 액량의 단위이며, 영국, 캐나다에서는 2파인트(pint) 또는 약 1.14 리터, 미국에서는 0.94 리터이다.

브로민화나트륨		2파운드
살리실산나트륨	1파운드 병	2 〃
황화나트륨		1 〃
정제 유황		1 c___
칸타리스		2파운드
생강		4 〃
구연산염 카페인 정		100정
황화칼슘, ¼ 그레인 정		500 〃
〃 , ½ 그레인 정		500 〃
세륨옥살리큠, 1 그레인 정		100 〃
신경통 알약		100 〃
토근(吐根) 분말		2파운드
아편 〃		2 〃
할라파 〃		2 〃
탄닌 〃		2 〃
대황(大黃) 〃		2 〃
관중(貫衆) 〃		2 〃
파울러 비소 용액		20 〃
비소 및 ______		5 〃
암모니아 액(液)		1 대형 유리병
암모니아 (10%) 알코올 용액		4파운드
아질산에틸		
감초석정(甘硝石精)을 만들기 위한		
농축 아질산 에틸		4 〃
타르와인		4 〃
안티몬와인		1 〃
파라핀		2 〃
외과용 탈지면		10 〃
〃 흡수 린트		10 〃
고무 방수포		5야드
장선(腸線) 실	1 병	2병
비단 봉합사 다발		2다스
일반 유리병,	6다스	1 ____

" " 3다스 1 "

" " 2다스 _____ 1 "

코르크 압착기와 _____

주석 - 알약 혹은 연고 1 ___

리트머스 시험지 묶음 1다스

여과지 3묶음

점적기(點滴器) 2다스

깡통에 담긴 외과용 반창고 2깡통

고무도관, 1~12번까지 7다스

영국제 원뿔형 망 소식자(消息子)

고무관 - 5야드 ⅛인치, 3야드, ¼인치, 1야드 ½인치

(배농 및 화학 실험에 적합한 것)

유리관 - 3야드 ⅛인치, 2야드 ¼인치, 1야드 ½인치

유리 증류기 - 각종 반다스

______ & ______ - 각종 반다스

철제 증류기 대(臺) 및 거즈 2개

증발 접시 각종 1다스

시험관 "

약 500~525

조심해서 포장해 주세요. 이전에 W. H. 쉬플린에서 주문하였던 것은 매우 나쁜 상태이었는데, 파손된 병 6개에서 흘러나온 물약에 의해 종이 포장이 손상되었습니다.

수에즈를 경유하여 요코하마, 고베, 나가사키 혹은 상하이로 가는 증기선을 이용하는 것이 가장 좋은 것 같습니다. 한국 제물포, H. N. 알렌 박사에게 탁송해 주세요. 미쓰비시 기선사 방(方) - 중국 혹은 일본에서.

해관 통과를 위해 송장(送狀)을 미리 보내 주세요.

편지 주소는 H. N. 알렌, 의학박사, 서울

참 조

일본 나가사키 미국 영사관 한국 서울 미국 공사관

나는 요코하마의 헵번 박사, 상하이의 F. M. U. 패넘 박사 혹은 나가사키의 N. H. 데마레스트 목사에게 위탁합니다.

GENERAL PRICES CURRENT

OF

FOREIGN AND DOMESTIC

Drugs, Medicines, Chemicals,

EXTRACTS, PHARMACEUTICAL PREPARATIONS,

Essential Oils, Sponges, Fancy Goods, Druggists' Sundries, Perfumery, Proprietary Articles, etc., etc.

W. H. Schieffelin & Co.,

IMPORTERS AND JOBBERS,

Nos. 170 and 172 William Street,

(CORNER OF BEEKMAN STREET,)

W. H. SCHIEFFELIN.
W. A. GELLATLY.
W. N. CLARK.
W. S. MERSEREAU.
W. L. BROWER.

NEW YORK.

AUGUST, 1883.

그림 6-37. 알렌이 약품을 주문할 때 사용하였을 것으로 추정되는 목록(1884년 8월)

Horace N. Allen (Seoul), Order for drugs from U. S. (Apr. 3rd, 1885)

W. H. Schieffelin, New York

Acacial Gum	10 lb
Acid Aceticum Glacial	4 "
" Arseniosum	1 "
" Benzoicum	4 oz
" Carbolic Chryst. 1 lb bot.	4 lb
" Citric	5 "
" Chromic	1 oz
" Hydrochloric pure	5 lb
" Hydrobromic dil. 1 lb bot.	1 "
" Hydrocyanic	4 oz
" Nitric	8 lb
" Oleic	4 "
" Phosphoric Strong 50%	1 "
" Sulphuric Pure	1 carboy
" Sulphurous	2 lb
" Salicylic	1 "
" Tan[n]ic	1 "
Aether - inhalation	20 "
" Chloric	1 "
Ammonia bromide	1 "
" Carbonas	4 "
" Chloride	2 "
Amyll Nitrite (well stoppered)	1 oz
Arsenic Iodide	1 lb
Argenti Nitras	2 oz
Bismuth Sub nit	1 lb
Borax	10 "
Calcium phosphate	5 "

Calomel		3 "
Camphor ½ lb blocks		5 "
" monobromata		2 oz
Chloral Hydrate		1 lb
Chloroform		10 "
Creosotum		4 oz
Creta praeparata		20 lb
Copper Sulph. pure		1 "
Ergotin		4 oz
Sol. Ext. Aconite Root	½ lb. Jar	2 jar
" " Aloes So[otrina]	"	2 "
" " Belladonnae rad.	"	2 "
" " Cannabis Ind.	"	1 "
" " Colocynth sim.	"	1 "
" " Digitalis	"	2 "
" " Ergot	"	1 "
" " Hyocyamus	"	2 "
" " Jalap	"	2 "
" " Nux Vomica	"	1 "
" " Opium	"	1 "
Fluid Ext. Aconite Root,	pt bot	4 bot
" " Belladonnae	"	4 "
" " Buchu	"	5 "
" " Cascara Lagrada	"	1 "
" " Cherry Bark	"	3 "
" " Colchicum Sem.	"	3 "
" " Cubeb	"	2 "
" " Eucalyptus	"	2 "
" " Jaborandi	"	4 "
" " Foxglove	"	3 "
" " Gelsemium	"	1 "
" " Gentian	"	4 "
" " Guaiac	"	3 "

"	"	Ipecac	"	3 "
"	"	Male fern	"	6 "
"	"	Nux Vomica	"	4 "
"	"	Opium deod	"	4 "
"	"	Orange peel	"	3 "
"	"	Pariera brava	"	4 "
"	"	Quasia	"	3 "
"	"	Rhubarb	"	1 "
"	"	Sarsaparilla	"	3 "
"	"	Senna	"	3 "
"	"	Squill	"	4 "
"	"	Stilligia	"	6 "
"	"	Tonka bean	"	1 "
"	"	Uva Ursi	"	5 "
"	"	Valerian	"	2 "
"	"	White Oak	"	4 "
Ferri Carb Proto				5 lb
"	"	Sac		2 "
" Chloride Sol. for tincture				20 pints
" Citrale Scales 1 lb bot.				2 bot
"	"	et Ammonia		2 "
" Hypophosphate				1 lb
" Oxalate				4 oz
" Phosphate				4 lb
" Pyrophosphate				2 "
" Sub sulphate				2 "
Gentian Root				10 "
Glycerinum				10 "
Lead Acetate				2 "
Magnesia sulph				1 c___
Mercury Ammoniated				2 lb
"		Bisulphate		2 "
"		Dist. pure		3 "

" Iodide green		4 "
" " red		4 "
" Oxide "		1 "
" " yellow		4 oz
" sub sulphate yellow		1 lb
Morphine sulph. 1/8 oz bot.		1 oz
" muriat. "		1 "
Oil Cantharides	4 "	
" Phosphorated	1 lb	
" Peppermint	25 g bot.	1 bot
" Sassafras	28 " "	1 "
" Winter green	32 " "	1 "
" Eucalyptus		2 lb
" Copaiba		2 "
" _______ qts.		2 dz
" Olivae		2 gal
" Sicini		1 "
Pepsin Sach 1/4 lb bot.		1 lb
Iodoform		2 "
Iodine Chrystals		3 "
Potassa Cáustica pure		1 "
Potassii bicarb.		10 "
" bichromas		5 "
" bromide		20 "
" chloras		5 "
" Iodide		20 "
" Sulphas.		5 "
Pyroxyline		8 oz
Quassia liguii		20 lb
Quinine Sulph	1 oz bot	1 doz
Santonin		1 lb
Sodii Acetas pure		5 "
" Arsenias		1 "

" Bicarb.	50 lb bot	1 bot
" Bromide		2 lb
" Salicylate	1 lb bot	2 "
" Sulphide		1 "
Sulphur Washed		1 c__t
Cantharides		2 lb
Zingiber		4 "
Pill Caffein citrate		100 pill
" calci Sulphid, ¼ gr		500 "
" " " , ½ gr		500 "
" Cerii Oxalate, 1 gr		100 "
" Neuralgic Bro Seq.		100 "
Powdered Ipecac		2 lb
" Opium		2 "
" Jalap		2 "
" Tanin		2 "
" Rhubarb		2 "
" Male fern		2 "
Sol. Arsenic Fowler		20 "
" " et Hyd Iod (D__)		5 "
Liquor Ammonia		1 Cailoy
Spirit Ammonia		4 lb
" Nitrous Ether		
Concentrated [Nitrous ethyl]		
for making Sweet Spirits Nitre		4 "
Wine of Tar		4 "
" " Antimony		1 "
Paraffin		2 "
Surgeons absorbent cotton		10 "
" " Lint		10 "
Mackintosh cloth		5 yd
Catgut ligature 1 bot (carb)		2 bot
Silk suture in banks		2 dz

Common glass bottle	6 dz	1 grass
" " "	3 dz	1 "
" " "	2 dz ______	1 "

_______ suit, with Cork squeezer

Tin pill or ointment ____ 1-4 gassd	1 grass
Litmus paper in books	1 dz
Filter paper	3 quire
Medicine droppers	2 doz
Surgeons rubber plaster in tins	2 tins

Rubber Catheters, 7dz assd 1~12

English conical web

Rubber tubing 5 yd ⅛ in, 3 yd ¼ in, 1 yd ½

(Suitable for drainage & chemical work)

Glass tubing 3 yd ⅛, 2yd ¼ in, 1 yd ½ in

Glass retorts ½ dz assd

_____ples & __ners ½ dz assd

Iron retort stand & gauze	2
Evaporating dishes	1 dz assd
Test tubes	"

About 500~525

Please pack with care. A former order from W. H. Schieffelin came in very bad condition may packages done up in paper were ruined by liquid medicines from a half dozen broken bottles.

Ship per steamer via Suez to Yokohama, Kobe, Nagasaki or a Shanghai as may seem best at the time. Consign to Dr. H. N. Allen, M. D., Chemulpoo Corea. Care Mitsu Bishi S. S. Co. - from China or Japan.

Send invoice in advance to pass the customs.

Address letter to

N. N. Allen, M. D.

c/c US Consul	Seoul Corea
Nagasaki Japan	c/c US Legation

I may consign to Dr. Hepburn, Yokohama, Dr. F. M. U. Farnham, Shanghai or Rev. N. H. Demarest, Nagasaki.

그림 6-38. 알렌이 약 조제에 사용하였던 약연(藥碾). 동은의학박물관 소장

18850406

알렌 박사의 일기 제1권(1883~1886년) (1885년 4월 6일)

1885년 4월 6일 (월)

어제 저녁 언더우드 씨[113]는 일본에서 온 미국 (회중교회 해외)선교본부 소속의 두 사람인 테일러[114] 박사와 스커더[115] 박사가 함께 우리에게 왔는데, 이들은 지금 답사 중이다. 제물포에는 감리교회 사람 한 명이 아픈 부인과 함께 있다.[116] 나는 그들이 무슨 일을 할지 모른다. 그곳에는 그들이 머물 곳이 없다. 우리 집은 꽉 차 있고, 포크 씨도 그들을 환대하지 않을 것이라고 고집하고 있다. 언더우드 씨는 똑똑하고 업무에 충실한 것같이 보이지만, 다소 우쭐대며 저돌적이다. 나는 그가 우리를 분쟁에 휘말리게 하지 않을까 걱정스럽다.

그림 6-39. 도리머스 스커더

나는 어제 묄렌도르프 씨와 장시간 이야기를 나누었다. 그는 일부 선교사들에 대해 호의적인 것 같지만, 자신이 일본에서 본 일들 때문에 언더우드를 혐오하고 있다. 처음에 묄렌도르프는 병원을 없애버릴 것이라고 선언하였지만, 오랫동안 이

113) 미국 북장로교회가 한국의 첫 목회 선교사로 임명한 호러스 G. 언더우드는 1885년 4월 5일 서울에 도착하였다.

114) 월레스 테일러(Wallace Taylor, 1835. 6. 18~1923 2. 9)는 오하이오 주 해리슨 카운티에서 태어났다. 그는 1860년 오벌린 대학에 입학하였다가 남북전쟁에 참전하였고, 1867년 오벌린 대학을 졸업하여 문학사 학위를, 1870년 미시건 대학교를 졸업하여 의학박사의 학위를 받았다. 이후 신학교에 다닌 후 1873년 목사 안수를 받았으며, 회중교회로부터 의료 선교사로 임명되어 일본에 파송되었다.

115) 도리머스 스커더(Doremus Scudder, 1858. 12. 15~1942. 7. 23)는 뉴욕 시에서 태어났으며, 1875년 블루클린의 에이들피 아카데미를 졸업하고, 1880년 예일 대학교 문과를 졸업하였다. 이후 1882년까지 유니언 신학교에 다녔으며, 1881~1882년에 컬럼비아 대학교 의과대학을 다닌 후 1884년 시카고 의과대학(노스웨스턴 대학교)을 졸업하여 의사가 되었다. 그는 1884년 멀 회중교회로부터 의료 선교사로 일본에 파송되었으며, 1885년 1월 고베에서 회중교회의 목사 안수를 받았고 1889년까지 니가타에서 활동한 후 미국으로 귀국하였다.

116) 미국 북감리교회가 한국의 첫 목회 선교사로 임명한 헨리 G. 아펜젤러 부부를 말한다.

야기를 나눈 후 그는 매우 우호적으로 되어 자신이 할 수 있는 모든 것으로 나를 돕겠으며, 심지어 정부 학교에 이 선교사들 중 일부를 배치하겠다고 약속하였다. 외아문 독판 김윤식이 어제 오후 방문하였다. 그들 모두는 병원에 관심이 있는 것 같이 보이지만 지금 묄렌도르프가 이곳에 있기 때문에 나는 천천히 일을 진행해야만 할 것이다.

그(묄렌도르프)는 거의 무제한의 힘을 가진 것으로 보이며, 왕이 미국에서 데려 올 사람 대신 이곳의 농부 한 명을 매수하였다.

Dr. Allen's Diary No. 1 (1883~1886) (Apr. 6th, 1885)

Apr. 6th, 1885 (Mon.)

Yesterday evening Mr. Underwood came to us, with two men of the Am. Board from Japan, Drs. Taylor and Scudder, who are prospecting. There is a Methodist man at Chemulpoo with a sick wife. I don't know what they will do. There's no place there for them. We are full and Mr. Foulk insists he will not entertain them. Mr. Underwood seems smart and business-like but he is rather conceited and rash. I am afraid he will get us into trouble.

I had a long talk with Mullendorf yesterday. He seems favorably disposed to some of the missionaries but is down on Underwood from things he saw in Japan. Mullendorf first declared he would crush the hospital but after a long talk he became very friendly and promised to help me all he could and even put some of these missionaries in the Govn't Schools. The President of the Foreign Office, Kim Yun Sik called yesterday afternoon. They all seem interested in the hospital but I will have to go slowly now as Mullendorf is here. He seems to have almost unlimited power and has bought a farmer here in place of the one sent for by the King to come from America.

18850409

호러스 G. 언더우드(서울)가 프랭크 F. 엘린우드(미국 북장로교회 해외선교본부 총무)에게 보낸 편지 (1885년 4월 9일)

한국 서울,
1885년 4월 9일

친애하는 엘린우드 박사님,

(중략)

알렌 박사는 헤론 박사를 몹시 기다리고 있는데, 병원에 헤론 박사의 자리가 마련되었고 조선 정부도 그렇게 기대하고 있기 때문에 서울로 오는 것에는 아무런 문제가 없습니다. 알렌 박사는 일본 공사관의 의사로 임명받았는데, 연봉은 500달러이며, 그들이 약품을 제공하거나 알렌 박사가 약품대를 별도로 청구하기로 계약하였습니다. 그는 최근 이곳에서 일어난 정변(갑신정변) 때 군인들을 치료해 준 대가로 청나라로 215달러 상당의 은화와 마제은(馬蹄銀)을 받았습니다.[117]

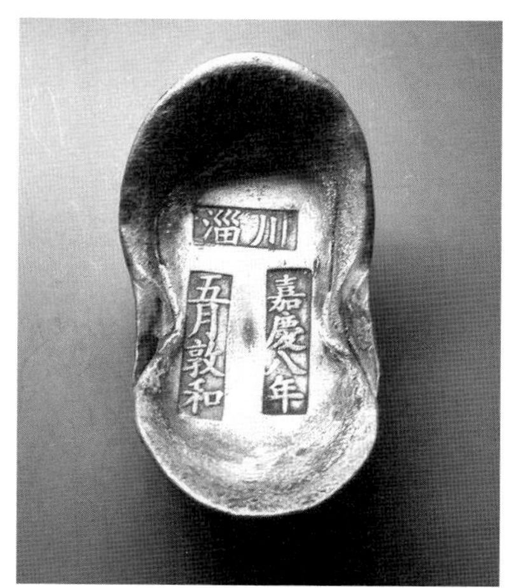

그림 6-40. 마제은

(알렌) 박사는 당장 의약품을 절실히 필요로 하고 있습니다. 박사님께서 가능한 한 지체하지 않고 런던으로 주문해 주시지 않으면, 저희는 턱 없이 비싼 가격으로 일본에 주문하지 않을 수 없게 될 것입니다.

안녕히 계십시오.
호러스 G. 언더우드

117) 마제은(馬蹄銀) 혹은 위안바오[元寶]는 원나라 말기부터 사용한 말발굽 모양의 은괴(銀塊)를 말한다. 마제은은 은 50냥(1,875 g)으로 주조되었으며, 20세기 이전까지 사용되었다.

Horace G. Underwood (Seoul),
Letter to Frank F. Ellinwood (Sec., BFM, PCUSA) (Apr. 9th, 1885)

Seoul, Korea,
April 9th.

Dear Dr. Ellinwood: -

(Omitted)

Dr. is very anxious for Dr. Heron, and it will be alright for him to come right on, as he has been promised for the hospital and is expected by the government. Dr. Allen has received the appointment as physician to the Japanese Legation and has made an arrangement with them for $500 per year, they to supply their medicine, or he to charge extra for them. The sum of $215 in silver dollars and sycee has been received from the Chinese for services rendered their troops during the late trouble here.

The Dr. is in great need of medicine at once, and could you not manage to forward the order to London with as little delay as possible, or we will be forced to order from Japan at most ruinous rates.

Yours sincerely,
Horace G. Underwood

18850410

알렌 박사의 일기 제1권(1883~1886년) (1885년 4월 10일)

1885년 4월 10일 (금)

병원은 어제 개원하였으며, 20명의 외래 환자를 보았다. 3건의 절단 수술 환자가 있는데 이들은 아직 (수술에) 동의하고 있지 않다.

미국 (회중교회 해외)선교본부에 소속된 2명은 어제 돌아갔다. 감리교회 가족은 아직 제물포에 체류하고 있다. 나는 그들을 올라오도록 초대하여 우리와 함께 머물기를 원하지만, 그들이 올라오는 문제에 관해 포크 씨에게 도움과 조언을 요청하였기 때문에 우리는 그들이 그것에 따르도록 놔두어야 한다. 누구든 이곳에 올 수 있고, 땅을 사거나 살펴보거나 교역을 할 수 있다. 선교사는 다른 사람들처럼 올 수 있으며, 그들이 우리의 초대에 응해 우리에게 온다면 그것은 완전히 옳은 일이다. 하지만 매클레이 박사는 자신이 당국(공사관)에 대한 영향력을 갖고 있다는 것을 우리에게 명백하게 보여주기를 원하였으며, 우리의 도움을 필요로 하지

그림 6-41. 한국 최초의 서양식 병원 제중원

않았다. 앞으로 한국에 올 선교사들의 재산에 관한 문제가 제기되었으며, 그들에 반하는 결정이 내려졌다. 그것은 그들이 청하지 않은 매우 불행한 일이었으며, 장래 그들에게 방해가 될 것이다.

나는 연봉 500달러에 일본 공사관에서 진료하기로 합의하였다.

Dr. Allen's Diary No. 1 (1883~1886) (Apr. 10th, 1885)

Apr. 10th, 1885 (Fri.)

The hospital opened yesterday with 20 out patients and three cases for amputation who have not yet consented.

The two American Board men returned on yesterday. The M. E. family are still at Chemulpoo. We would like very much to invite them up to stay with us, but as they have asked the aid of Mr. Foulk and his advice as to their coming - we must let them follow it. Any person can come here, buy property and study or trade. A missionary can come as well as any one else and had they accepted our invitation and come right to us it would have been perfectly right. Dr. Maclay however evidently wished to show us that he had influence with the authorities and did not need our assistance. It has raised the question as to the property of missionaries coming and it has been decided against them. A very unfortunate thing as it was uncalled for and will hinder them in the future.

I have made an arrangement to do the work for the Japanese Legation for $500.00 per annum.

제중원의 개원 과정[118]

Progress of Opening of Jejoongwon

1885년	1월 22일	알렌의 병원 설립안, 알렌 일기에 처음 보임
	1월 27일	알렌의 병원 설립안, 민영익을 통해 조선 정부에 접수됨
	1월 27일	민영익, 병원 문제 협의를 위해 알렌에게 관리 두 사람을 보냄
	2월 14일	알렌, 병원 설립안이 급속히 진행되고 있음을 알게 됨
	2월 16일	고종, 병원의 설치 준비를 위한 사람의 임명을 알렌에게 알림
	2월 18일	외아문 독판 김윤식, 미국 공사관에 병원 건물의 선정을 알리고, 병원 설립안에 대한 조선 정부의 답신을 전달함
	2월 19일	포크, 알렌에게 조선 정부의 답신을 영어로 번역한 사본을 전달함
	2월 28일	알렌, 병원으로 정해진 고 홍영식의 집을 방문하여 가재를 정돈함
	3월 11일	외아문, 병원 설치에 대한 고종의 재가를 얻음
	3월 27일	병원 건물이 거의 완공 단계
	3월 31일	알렌, 병원 건물이 4월 1일 완공될 것으로 예상함
	4월 3일	외아문, 병원 개원을 게시함
		외아문, 알렌에게 제중원 규칙 초안을 보냄
	4월 9일	알렌, 제중원에서 환자 진료를 시작함
	4월 10일	(음력 2월 25일) 제중원이 특별한 의식 없이 공식적으로 개원함
	8월 9일	제중원의 공식 축하연이 열림

118) 자세한 논의는 다음의 논문을 참고할 것. 이경록, 박윤재, 여인석, 박형우, 광혜원의 개원과 제중원으로의 개칭과정. 연세의사학 2(4) (1998), 1~12쪽

18850412

비변사등록 (1885년 4월 12일, 고종 22년 2월 27일)[119]

Records of the Office of Border Defense (Beebyensa) (Apr. 12th, 1885)

을유년(고종 22년[1885]) 2월 27일, 의정부에서 아뢰기를

"혜민서(惠民署)와 활인서(活人署)의 두 부서가 이미 혁파되어 국가에서 (백성을) 널리 구제하는 뜻이 완전히 없어지게 되었으므로 별도로 일원(一院)을 설치하였으니, '제중원(濟衆院)'이라고 부르도록 하십시오. 외아문에서 전적으로 담당하도록 하고, 당상관(堂上官)·낭관(郎官)의 임명 및 일체의 사무는 모두 외아문에서 간단히 보고하여 재가를 받는 것이 어떻겠습니까"라고 하니,

윤허한다고 답하였다.

乙酉 二月 二十七日 府啓曰, 惠民·活人兩署旣已革罷矣, 其在朝家廣濟之意, 殊涉欠缺, 另設一院, 以濟衆稱號, 令外署專管, 堂郎差出及一應事務, 竝令該衙門草記稟處何如, 答曰, 允.

119) 조선시대 군국의 사무를 맡아보던 비변사(備邊司)에서 논의된 중요 사항을 날마다 기록한 책을 비변사등록(備邊司謄錄)이라 한다.

18850413

알렌 박사의 일기 제1권(1883~1886년) (1885년 4월 13일)

1885년 4월 13일 (월)

오늘 저녁 데시카가 포크 씨와 오시피 호의 대위 두 명과 함께 왔다. 그는 민영익에게 줄 약을 원하였으며, 대화중에 한국인 환자를 위해 400년 전에 설립된 오래된 병원에 대하여 이야기하였다. 그것은 혜민서(惠民署)라 불렸다.[120] 그곳에는 1,000명이 넘는 관리가 소속되어 있었으며, 이들은 현재 일자리를 잃어 불만을 제기하고 있다. 이 모든 것들은 새로운 병원을 위해 폐지되었는데, 새 병원의 새 이름은 광혜원(廣惠院) 혹은 미덕을 베푸는 집이다.

혜민서에는 한의학을 공부하는 많은 학생들이 소속되어 있었다. 그들은 나에게 올 것이다. 남아 있는 관리들마저도 나에게 온다. 데시카는 한국의 귀중한 의학서적 중의 하나인 동의보감(東醫寶鑑)에 대하여 나에게 말해 주었다.

120) 혜민서는 조선시대의 의료 체계인 삼의사(三醫司)에서 세 번째 지위를 차지하는 기관이었다. 고려 시대부터 있었던 혜민국(惠民局)이 1466년 개칭되어 설치된 것이다. 주로 돈이 없어 의료 혜택을 받지 못하는 가난한 백성들의 질병 구료와 여기에 소요되는 약재 관리를 맡았다. 또한 의녀(醫女)의 교육을 담당하였지만 전의감보다는 한 단계 떨어지는 수준이었다. 1882년 혁파되었다.

Dr. Allen's Diary No. 1 (1883~1886) (Apr. 13th, 1885)

Apr. 13, 1885 (Mon.)

Teshika came this evening with Mr. Foulk and a couple of lieutenants from the Ossipee. He wanted some medicine for Min, and told me in the course of conversation about an old hospital established 400 years ago for the Corean sick. It was called the Hay Min So (惠民署). It had over 1,000 officers attached and these are now complaining because their positions are taken away. All of this was abolished to make way for the new hospital, which has a new name also Kwang Hay Won (廣惠院) or virtue civilized house.

The Hay Min So had many students attached to it for the study of Chinese medicine. They will come to me. The only remaining officer also comes to me. Teshika told me of one valuable Corean book on medicine, the Tong We Bo Kam (東醫寶鑑).

18850418

인물 동정. *The College Transcript* 18(13) (1885년 4월 18일), 206쪽

지난 주 발행된 *The Delaware Gazette*는 이 도시의 이전 주민이었으며, 현재 한국에서 장로교회의 선교사로 활동 중인 81년 졸업생 H. N. 알렌이 보낸 대단히 흥미로운 편지를 게재하였다. 알렌 씨는 자신의 선교 사역에서 탁월한 성공을 거두고 있다.

Personals. *The College Transcript* 18(13) (Apr. 18th, 1884), p. 206

The Delaware Gazette contained last week a very interesting letter from H. N. Allen of '81, formerly a resident of this city, now a missionary of the M. E. Church at Corea, Japan. Mr. Allen is having eminent success in his missionary labors.

18850419

알렌 박사의 일기 제1권(1883~1886년) (1885년 4월 19일)

1885년 4월 19일 (日)

우리의 비품과 의약품이 그저께 도착하였는데, 샌프란시스코에서 온 비품들 중 하나 상자는 개봉된 상태이었고 일부 물건을 도난 당하였다.[121] 병원은 이번 주에 잘 운영되었다. 하루는 50명의 환자를 진료하였다. 또한 많은 외국인과 한국인 관리들이 방문하였다. 나는 이서(에테르)로 한 건의 수술을 집도하였는데, 대퇴부 괴사의 적출이었다.

어제 정오에 일본 공사[122]가 방문하였는데, 일본군 행렬을 가로지르기 위해 끼어든 중국인이 그를 제지하려던 일본군에 의해 왼쪽 등 뒤 제8, 제9늑골 사이를 총검으로 찔렸으니 진료해 달라고 요청하였다. 나는 의논을 위해 외국에서 의학을 공부하였던 두 명의 일본 육군 군의관을 만났다. 나는 몹시 피곤하여 약 10시에 잠자리에 들었지만 오후 11시에 죽어가는 중국인을 진찰하여 달라는 요청을 받았다. 내가 그곳에 도착하였을 때 그는 사망해 있었고, 우리는 부검을 통해 그가 출혈과 쇼크로 사망하였음을 알게 되었다. 그 무기는 두 흉막 사이를 관통하였다. 이 사건은 불행한 일이며, 중국인들과 일본인들은 이곳에 거주하는 외국인들처럼 매우 흥분되어 있다. 일본 공사와의 계약에 서명하였다. 나는 그들 공사관에서 매년 500달러에 진료를 한다. 그들은 의약품을 제공한다.

---

121) 뉴욕의 W. H. 쉬플린 회사로 주문한 것이었다.

122) 곤도 마스키.

Dr. Allen's Diary No. 1 (1883~1886) (Apr. 19th, 1885)

Apr, 19[th, 1885 (Sun.)]

Our stores and medicines came day before yesterday, the former from San F., one case of which had been opened and some things stolen. The hospital has been well patronized this week. One day we had 50 patients. I have also had numbers of foreign and native officials there as visitors. I did one operation under Ether - excision of femur for necrosis.

I was called by the Japanese Minister yesterday at noon to see a Chinaman who had been bayoneted in the back between the 8th and 9th ribs on the left side, by a Jap. soldier in trying to get the man across their lines as he had been trespassing. I met the two foreign educated Jap. Army Surgeons in consultation. Being exceedingly tired, I got to sleep about ten and was called at 11 p. m. to see the dying Chinaman. He was dead when I got there and we held a postmortem, found the man had died from hemorrhage & shock. The instrument passed between the two pleura. The event is an unhappy one and both Chinese and Japanese are greatly excited as are also the foreigners residing here. The agreement with the Japanese Minister has been signed. I do their Legation work for $500.00 per annum. They furnishing medicines.

18850421

승정원 일기 (1885년 4월 21일, 고종 22년 3월 7일)[123]

The Diaries of the Royal Secretariat (Apr. 21st, 1885)

(광서 11년 을유년, 고종 22년[1885] 3월 7일) 윤횡선이 …… 또 외아문의 보고를 아뢰기를 "이제 제중원(濟衆院)이 설치되었으니 관원을 두지 않을 수 없습니다. 전임 봉사(奉事) 박준우, 전임 사사(司事) 신낙균(申洛均)·성익영(成翊永), 유학(幼學) 김규희(金奎熙)·김양묵(金良黙)[124]을 주사(主事)로 임명하였으니, 외아문의 임명보고[口傳]에 대하여 윤허[下批]하는 것이 어떻겠습니까"라고 하니, 이를 윤허한다고 전교(傳敎)하였다.

(光緖 十一年 乙酉 三月 初七日) 尹宖善, …… 又以統理交涉通商事務衙門言啓曰, 濟衆院, 今旣設施, 屬員不可不備, 前奉事 朴準禹, 前司事 申洛均·成翊永, 幼學 金奎熙·金良默, 竝主事差下, 令該曹, 口傳下批, 何如? 傳曰, 允.

제중원 주사(1885년)
Governmental Officers at Jejoongwon (1885)

번호	이 름	전 직책	근무일	비고
1	박준우(朴準禹)	전 봉사(奉事)	1885년 4월 21일~9월 17일	외아문 주사로

* 박준우는 1886년 6월 14일(고종 23년 5월 13일) 6품으로 승진하였으며, 1895년 7월 2일 외부 교섭국장(交涉局長)에 임명되었고, 1895년 11월 7일 양천(陽川) 군수로 임명되었다.

번호	이 름	전 직책	근무일	비고
2	신낙균(申洛均)	전 사사(司事)	1885년 4월 21일~8월 23일	내무부 부주사로

* 신낙균은 동문학 출신이며, 갑신정변 이전부터 우정국 사사(司事)이었고 갑신정변 때 현장에 있었다. 그는 1886년 6월 14일(고종 23년 5월 13일) 6품으로 승진하였다.

번호	이 름	전 직책	근무일	비고
3	성익영(成翊永)	전 사사	1885년 4월 21일~1886년 6월 12일	내무부 부주사로

* 성익영은 1886년 6월 14일(고종 23년 5월 13일) 6품으로 승진하였다.

123) 승정원일기는 조선시대 국왕의 비서실인 승정원(承政院)에서 작성한 업무 일지이며, 왕명의 출납, 제반 행정사무, 의례적 사항 등이 기록되어 있다.

124) 전양묵(全良黙)을 김양묵으로 잘못 적은 문서들이 있다.

4 김규희(金奎熙) 유학(幼學) 1885년 4월 21일~

* 김규희(1857 ~ ?)는 본관이 경주이며, 1886년 6월 14일(고종 23년 5월 13일) 6품으로 승진하였다. 그는 1890년 기기국 사사(機器局 司事), 1894년 선공감 별제(繕工監 別提)를 지냈으며, 갑오개혁 뒤 중추원 외랑(中樞院 外郎)을 역임하고 1895년 4월 1일 내부참서관(內部參書官)을 거쳐, 1896년 1월 7일 6품으로 되어 탁지부 재무관이 되었고, 이어 분비서원승(分秘書院丞)을, 광무개혁(光武改革) 뒤에는 시종원 시종, 중추원 의관, 귀족원경(貴族院卿)을 역임하였다. 1900년 칙임관(勅任官) 4등에 철도국장이 되고, 1904년 칙임관 3등으로 한성부판윤에 올랐으며, 이어 한성재판소 수반판사(首班判事), 법부 협판(法部 協辦)이 되어 법관양성소 소장을 겸하였다. 1905년 내장원 감독(內藏院 監督), 1906년 학부 협판, 법부 협판, 법부 법률기초위원장, 전라북도 관찰사를 역임하고, 중추원 찬의(中樞院 贊議)를 지냈다.

5 전양묵(全良默) 유학 1885년 4월 21일~

6 조택희(趙宅凞) 진사(進士) 1885년 4월 28일~ 제중원 인원의 부족 때문에 임명됨

7 손붕구(孫鵬九) 유학 1885년 8월 23일~1886년 2월 12일 신낙균(2)의 후임

* 손붕구(1852~ ?)는 본관이 밀양(密陽)이며, 직공 견습생으로 초자(硝子)를 만드는 일본 품천공작분국(品川工作分局)에 입학하였다. 원래 의학을 연구하고자 도쿄대에 입학하려 하였으나 어학 부족으로 입학이 허락되지 않았다. 잠시 도쿄대학에서 한글을 가르치다 이수정으로부터 성경과 교리를 배우고 세례 문답을 받기도 하였다. 결국 1885년 귀국하여 1886년 제중원 주사로 근무하였다. 1886년 6월 14일(고종 23년 5월 13일) 6품으로 승진하였다.

8 박영배(朴永培) 유학(幼學) 1885년 9월 17일~ 박준우(1) 후임

* 박영배는 1886년 6월 14일(고종 23년 5월 13일) 6품으로 승진하였으며, 1896년 1월 4일 농상공부 기수를 지냈다.

18850421

통리교섭통상사무아문일기
(1885년 4월 21일, 고종 22년 3월 7일)
Daily Records of Foreign Office (Apr. 21st, 1885)

(을유년, 고종 22년[1885] 3월) 7일 …… 경상도 감영에서 …… 또 시료하는 의원(醫院)을 모든 읍에 알렸다고 보고하였다. 강원도 감영 역시 같은 보고를 하였다. ……

제중원(濟衆院)으로 개부표(改付標)하였다.

(외아문에서) “이제 광혜원(廣惠院)이 설치되었으니 관원을 두지 않을 수 없습니다. 전임 봉사(奉事) 박준우, 전임 사사(司事) 신낙균·성익영, 유학(幼學) 김규희·전양묵을 주사(主事)로 임명했으니, 외아문의 임명보고[口傳]에 대해 윤허[下批]하는 것이 어떻겠습니까”라고 아뢰었다.[125)]

(乙酉 三月) 初七日 …… 嶺營牒報. …… 又設有施醫院一事, 知委各邑事, 原營同上報. ……

濟衆院改付標.

啓曰, 廣惠院今旣設施, 屬員不可不備, 前奉事朴準禹, 前司事申洛均成翊永, 幼學金奎熙全良默, 并主事, 差下, 令該曺口傳下批, 何如.

---

125) 같은 내용이 승정원일기에도 실려 있다. (1885년 4월 21일, 고종 22년 3월 7일)

광혜원(廣惠院)과 제중원(濟衆院), 그리고 개부표(改付標)[126]

Kwangheywon, Jejoongwon, and Re-aproval of approved documents

알렌이 제안하였던 병원은 단지 '병원'(Hospital, 施醫院) 혹은 '의원'(醫院)이라고만 지칭되다가 4월 12일 고종이 '은혜를 널리 베푼다.'는 뜻으로 '광혜원(廣惠院)'이라 이름을 붙여 4월 24일까지 몇 차례에 걸쳐 사용되었다. 이유는 확실하지 않지만 2주일이 지난 4월 26일 '제중원'이란 명칭을 '사람을 구제한다.'는 의미의 '제중원(濟衆院)'으로 개부표하였다.

개부표는 한 번 계하(啓下)한 문서에 일부분을 고쳐야 할 점이 있을 때, 다시 왕의 재가를 받기 위하여 그 고칠 자리에 누런 찌지를 붙인 것이다. 위 기록의 원본을 살펴보면, 이 기사는 광곽(匡郭) 위쪽 여백에 기재되어 있는데 이것은 4월 21일 당일에 수록하지 못하고 나중에 삽입한 기사라는 것을 의미한다. 기사 원문에는 '광혜원'이라고 되어있다. 즉 4월 12일 처음 사용된 광혜원이란 명칭이 나중에 개칭되자 찌지[箋]를 덧붙인 것이다.

그런데 아직 광혜원으로 불렸던 4월 26일 이전의 기록에 광혜원을 제중원으로 적은 경우들이 있는데, 이것은 나중에 자료를 정리하면서 소급하여 기술하였기 때문이다. 4월 27일부터는 제중원이 사용되고 있다.

---

126) 자세한 논의는 다음의 논문을 참고할 것. 이경록, 박윤재, 여인석, 박형우, 광혜원의 개원과 제중원으로의 개칭과정. 연세의사학 2(4) (1998), 1~12쪽

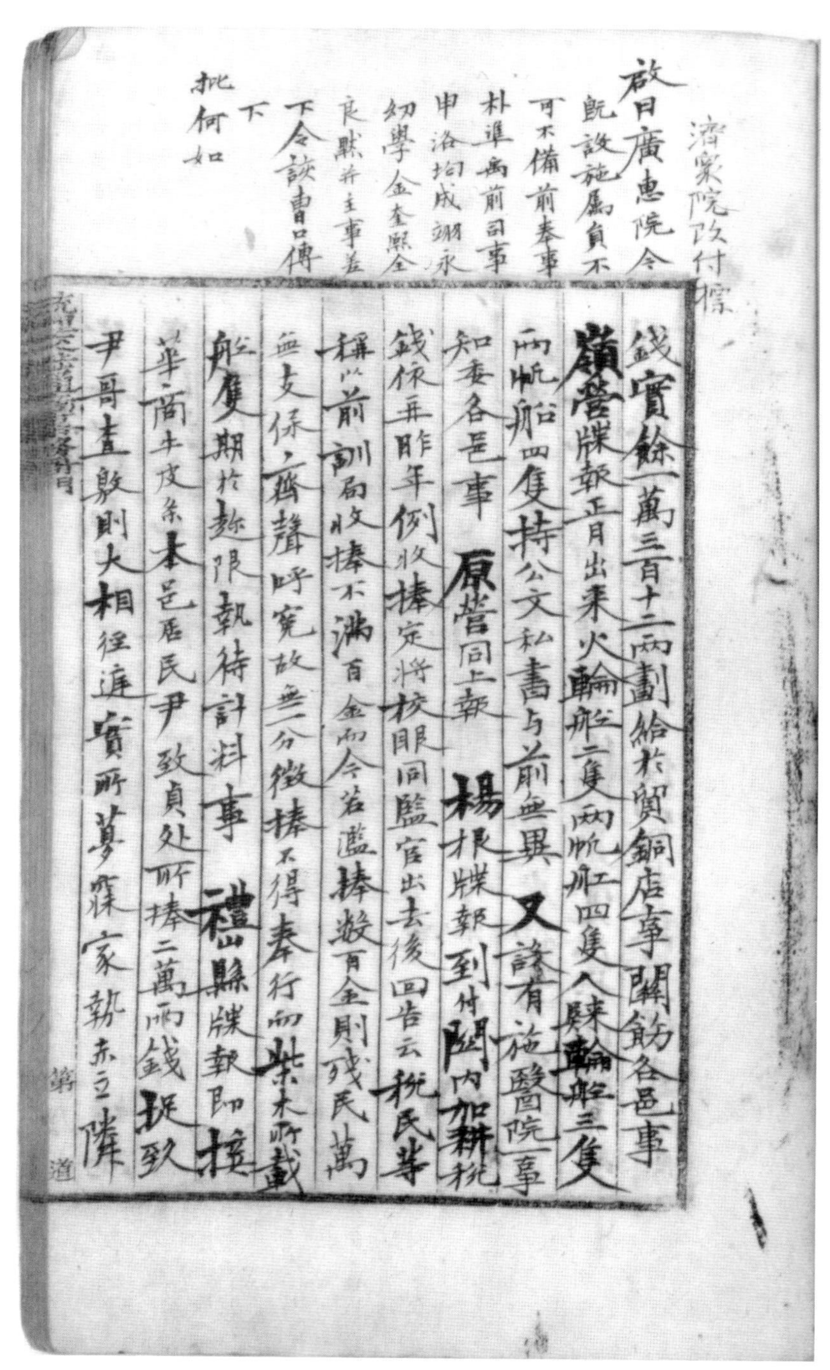

그림 6-42. 통리교섭통상사무아문일기 속의 개부표(1885년 4월 21일, 고종 22년 3월 7일)

18850415

[곤도 마스키와 호러스 N. 알렌 사이의 계약] (1885년 4월 22일)

[Agreement between Kondo Masuke and H. N. Allen] (Apr. 22nd, 1885)

공신(公信) 제2_9호

미국 의사 알렌 씨 고입(雇入)은 얼마 전의 기밀신(機密信) 제43호로써 일단 상신(上申) ___ ____ 대로 본월 17일 약정(約定) ____ 조인(調印) 함에 따라 오른쪽에 쓰고 번역문을 별도로 보냅니다.

명치 18년(1885년) 4월 22일
임시 대리공사 곤도 마스키 (인)

외무경 백작 이노우에 카오로 전(殿)

[첨부]

일본 제국의 정부를 대신하여 주한 임시 대리 공사곤도 마스키 씨와 H. N. 알렌 박사 사이의 계약[127)]

오하이오 웨슬리언 대학교와 마이애미 의과대학을 졸업한 미국 시민인 나 H. N. 알렌은 의사로서 한국 서울에 체류 중인 일본 제국 외교관 및 영사, 그리고 그들의 가족을 진료하며, 약품을 제공하는 것에 동의한다. 그 약품은 해단 환자가 지불할 것이다.

또한 나는 여러 외과 수술을 집도하며 의수 등과 같이 환자의 소유가 될 기구나 장치를 제외하고 수술에 필요한 기구나 장치를 제공하는데 동의한다. 위에 언급된 모든 진료에 대한 보수 1년에 은화 500달러이며, 사분기마다 서울의 일본 공사관에서 지불한다. 의료 증명서와 검안에는 비용이 부과되지 않는다.

계약의 한 쪽이 다른 쪽에 대해 3개월 전에 이 계약의 취하 혹은 변경을 통고하지 않는 한 계약자가 철해 둘 것이다.

127) 일본어 계약서는 따로 번역하지 않았다.

그 증명으로 1885년 4월 15일, 명치 18년 4월 15일 우리는 기명함으로써 조인하다.

곤도 마스키
H. N. 알렌, 의학 박사

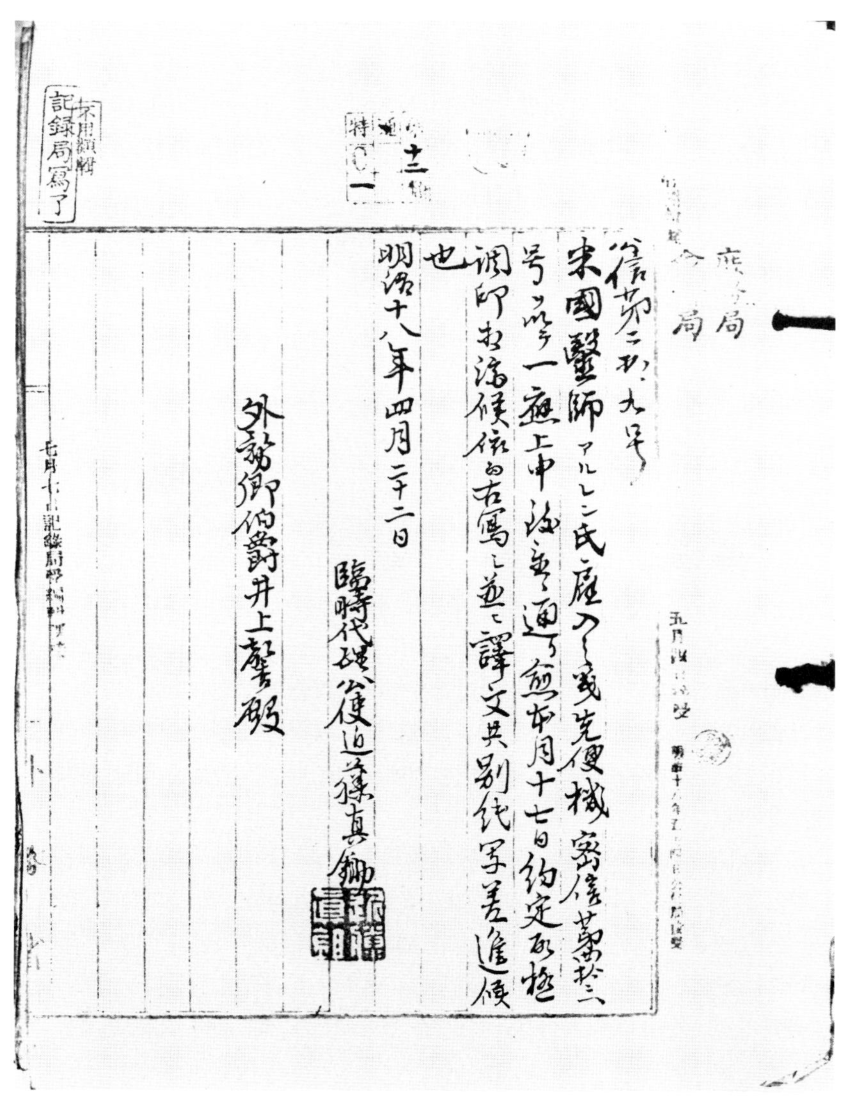
記録局写了

公信第二於ノ九号
米國醫師アルレン氏雇入ノ義先便機密信第二号ヲ以テ一應上申致置候通リ愈本月十七日約定取極調印相済候ニ付右写シ並ニ訳文共別紙写差進候也
明治十八年四月二十二日
臨時代理公使近藤真鋤
外務卿伯爵井上馨殿

그림 6-43. 곤도 마스키와 호러스 N. 알렌 사이의 계약 (1885년 4월 22일). 일본 문부성 소장

十三

一

(分紙)

朝鮮國駐留日本國皇帝陛下臨時代理公使近藤真鋤
其政府ニ代リ醫師アルレン氏ト取結フ条約左ノ如シ
米國人同國オハイヨ州セレイヤン大學校及ヒワイオミ醫學校
ノ得業生タル拙者エチ、エヌアルレン内外科醫師トシテ朝
鮮國京城ニ在留スル日本皇帝陛下ノ外交官領事官
及ビ其眷族ヲ診察シ且投薬スルコトヲ約ス但薬價ハ患者
ヨリ各自ニ払出スモノトス又各種ノ外科手術ヲ施シ之カ為メ
必要ナル器械及ビ用具ヲ給ス可キコトヲ約ス尤モ　トロッセス
及ヒ人造骨節等ノ如キ永久患者ノ所有ニ帰ス可キ用具
ハ右ノ外タル可シ以上所掲一切ノ勤労ニ對シ京城ニ在ル日本國
公使館ハ一ケ年銀貨五百弗ノ割ヲ以テ四季ニ払入ル可シ
此約定改正又ハ廢止ヲ三ケ月前ニ約定者ノ一方ヨリ他

ノ一方ニ通知セサル間ハ双方共ニ此約定ヲ遵守ス可キ
モノトス
本書ノ正實ナルヲ證スル為メ下名ノ拙者茲ニ記名調
印スルモノナリ
千八百八十五年四月十五日即チ　近藤真鋤
明治十八年四月十五日　エム、エヌ、アルレン

Copy

Agreement between Mr. Kondo Masuki His Imperial Japanese Majesty's Charge d'affaires ad interim to Corea on behalf of his Government and H. N. Allen M. D.

I, H. N. Allen, an American citizen graduate of the Ohio Wesleyan University and the Miami Medical College do agree to render my services as physician and surgeon in attendance upon His Imperial Japanese Majesty's diplomatic and consular officers and their households in Seoul Corea and to furnish medicines. Such medicines shall be paid by the respective patients.

I also agree to perform the various surgical operations and to furnish the instruments and appliances necessary for the same, excepting where some instrument or appliance is needed which is to become the property of the patient i.e. trussels artificial limbs etc. The compensation for all the services aforementioned shall be at the rate of five hundred silver

silver yen per annum payable quarterly by His Imperial Japanese Majesty's Legation in Seoul. No charge shall be required for medical certificates and post mortem examination.

This Agreement shall be binding to the contracting parties unless one of the parties shall have given, to the other, three months' notice of the discontinuance or amendment of this Agreement.

In witness whereof, we the undersigned have hereunto set our hands and seals this fifteenth day of April 1885; the fifteenth day of the fourth month the eighteenth year of Meiji.

近藤眞鋤

H. N. Allen M.D.

18850423

통리교섭통상사무아문일기
(1885년 4월 23일, 고종 22년 3월 9일)
Daily Records of Foreign Office (Apr. 23rd, 1885)

[을유년, 고종 22년(1885) 3월] 초9일 (외아문은) 선혜청(宣惠廳)[128]에 공문을 보내 광혜원의 몹시 가난하고 구차함을 해결할 진휼청 미 10석을 내어줄 것을 요청하였다.

[乙酉 3月] 初九日 移文惠廳, 廣惠院接濟苟艱, 賑廳米十石上下事.

128) 선혜청은 1608년 대동법(大同法)이 선혜법(宣惠法)이란 이름으로 경기도에서 처음으로 시행되면서 이를 관리하기 위해 설치한 관서이며, 대동법의 관리를 위한 대동청(大同廳)도 그 산하에 흡수되었다. 또한, 물가조절과 진휼모곡(賑恤耗穀: 곤궁한 백성을 구제하기 위한 환곡제도로 춘궁기에 곡식을 빌려주고 추수기에 일정한 부가세를 붙여 거둬들임.)을 겸했던 상평청(常平廳), 진구(賑救: 재해를 입은 자들을 구제함.)를 전담했던 진휼청(賑恤廳), 균역법(均役法)에서의 군관포(軍官布)와 결작미(結作米) 및 어·염·선세(魚鹽船稅) 등을 관리했던 균역청(均役廳)이 순차로 속하게 되었다. 따라서 선혜청은 조선 후기에 세입(歲入)의 대부분을 관장, 관리하면서 호조의 기능과 업무를 훨씬 능가하는 최대의 재정기관이 되었다. 선혜청은 1894년의 갑오개혁 때 대동법의 폐지와 함께 혁파되었다.

18850423

윌리엄 B. 스크랜턴(히로시마 마루)이 존 M. 리드 (미국 북감리교회 교신 총무)에게 보낸 편지 (1885년 4월 23일)

(중략)

제가 이미 언급했던 타운젠드 씨로부터 다음과 같이 알게 되었습니다. …… 서울의 미국 대리공사인 포크 씨는 여성의 존재가 남성에 대한 위험을 크게 높이며, 폭동이 일어나면 탈출을 더욱 어렵게 만들기 때문에 알렌 박사 부인(장로교회 선교부)이 그곳에 없었기를 강하게 바라고 있습니다. 포크 씨는 지난 12월 폭동 중에 아내와 함께 겨우 빠져나왔습니다. 미국 대표에게는 너무도 위험하기에 혹은 최소한 안전이 확실하지 않기 때문에 미국 기선이 계속 항구에 정박해 있어 비상시 활동할 준비를 하고 있습니다. 더욱 타운젠드 씨는 더 많은 여성들이 도착하게 되면 포크 씨를 더욱 곤혹스럽게 만들 뿐일 것이며, 상황이 상당히 변한다면 그곳의 유일한 숙녀(알렌 부인)는 떠나야만 할 것입니다. 숙녀 혹은 숙녀들을 그곳으로 데리고 가는 것은 그녀들을 대단히 위험한 곳으로 들어가게 하는 것일 뿐 아니라 그녀들을 방어해야 하는 사람들에게 어려운 임무를 더해 주게 된다는 것이 그의 견해이었습니다. 폭도의 폭동은 다루거나 피하기 쉽지 않은 문제입니다. 그가 생각했던 사람은 그가 했던 것처럼 기회를 줄 것으로 생각하였지만, 폭도와 같은 동일한 위험 속으로 숙녀들을 데리고 가는 것은 너무도 위험스러운 것이었습니다.

훌륭한 이 소식에 힘입어 저는 가을 이전 혹은 최소한 더 호전된 소식을 받기 전까지 저의 어머니, 아내와 아이를 데리고 가는 것은 적절하지 않다고 결정하였습니다.

(중략)

William B. Scranton (Hiroshima Maru), Letter to John M. Reid (Cor. Sec., BFM)[129] (Apr. 23rd, 1885)

(Omitted)

From Mr. Townsend then, whom I have just mentioned, I learned the following: ……

Mr. Foulk, U. S. *Charge d'Affairs* in Seoul strongly wishes Mrs. Dr. Allen (Presbyterian Board) was not there, as the presence of a lady greatly enhances the danger to the men, and renders flight more difficult in the event of an outbreak. Mr. Foulk barely escaped with his life during the commotion last Dec. The danger is so great to the U. S. representatives or at least their safety so uncertain that a U. S. S. S. is constantly at the port ready to act in an emergency. Mr. Townsend further said it would be only a further embarrassment to Mr. Foulk to have any more ladies arrive and that the only lady there (Mrs. Allen) was likely to be obliged to leave if affairs changed much. It was his opinion that to take a lady or ladies there was not only putting them into very great danger but was adding difficult duties of defense to those who much defend them. Mob violence is not an easy matter to handle or ward off. A man he thought might take his chances as he had done, but it was running too much risk to take ladies into the same dangers from the mob.

On the strength of this good authority I decided it would be wrong to take my mother, wife, and baby there before Fall, or at least until more favorable intelligence came.

(Omitted)

129) Cor. Sec. = Corresponding Secretary

윌리엄 B. 스크랜턴(William B. Scranton)

그림 6-44. 미국 북감리교회 최초의 (의료) 선교사인 윌리엄 B. 스크랜턴

미국 감리회의 의료 선교사 윌리엄 B. 스크랜턴(1856. 5. 29~1922. 3. 23)은 코네티컷 주의 뉴헤이븐에서 출생하였으며, 1878년 예일 대학을, 그리고 1882년 컬럼비아 대학교 의학부를 졸업하여 의사가 되었다. 그가 오하이오 주 클리블랜드에서 개업하던 중인 1884년 10월 미국 북감리교회의 첫 한국 선교사로 임명되었다. 그는 12월 4일 목사 안수를 받았고, 헨리 G. 아펜젤러 목사 부부, 어머니 메리 F. 스크랜턴 부인과 함께 1885년 2월 3일 샌프란시스코를 떠났다.

일본에 체류하고 있던 아펜젤러는 1885년 4월 5일 임신 중인 부인 및 호러스 G. 언더우드와 함께 제물포에 도착하여 그곳에 머물다 4월 하순 일본으로 돌아갔다. 이후 윌리엄 B. 스크랜턴 박사가 1885년 5월 3일 혼자 제물포에 도착하였다. 마침 자신을 도와줄 사람을 찾고 있던 제중원의 알렌 박사는 외아문 독판 김윤식으로부터 스크랜턴 박사가 제중원에서 알렌과 함께 진료하는 것을 허락받았다. 스크랜턴은 6월 24일까지 1달 남짓 제중원에 근무하면서 주로 환자 마취를 도왔다. 한국이 위험하지 않다고 판단되자 6월 20일 일본에서 머물던 아펜젤러 부부와 스크랜턴의 나머지 가족들이 한국으로 왔다. 스크랜턴 박사와 가족은 바로 서울로 올라와 미국 북장로교회 한국 선교부 소유의 집에서 잠시 거주하였다. 스크랜턴은 제중원에서 진료를 돕게 되는 과정에서, 그리고 고종이 하사한 말 두 필을 두고 스크랜턴은 알렌 및 포크 대리 공사와 상당한 갈등을 겪은 바 있었다. 그는 1885년 9월 10일 자신의 집에 병원을 개설하였으며, 이것은 이듬해 6월 15일 시병원(施病院)으로 발전하였다.

18850424

통리교섭통상사무아문일기
(1885년 4월 24일, 고종 22년 3월 10일)[130]
Daily Records of Foreign Office (Apr. 24th, 1885)

[을유년, 고종 22년(1885) 3월] 10일 …… 사옹원(司饔院)[131]에 문서를 보내 전 사포서(司圃署)[132] 사령 3명을 광혜원으로 보내도록 요청하였다.

[乙酉 三月] 初十日 …… 關司饔院, 前司圃署使令三名, 除送于廣惠院事.

130) 팔도사도삼항구일기에도 같은 내용이 실려 있다(을유 3월 10일, 1885년 4월 24일)

131) 사옹원은 계절에 따라 생산되는 과일이나 농산물을 신주를 모신 사당이나 제단에 올려 먼저 차례를 지내거나 지방 특산물을 왕에게 올리는 것을 관장하여 온 사옹방(司饔房)이 1467년 개편된 것이다.

132) 조선시대 왕실 소유의 원포(園圃)와 채소재배 등을 관장하기 위하여 설치되었던 관서이다. 사포서는 조선 초기에 설치되어 조선 전시기에 걸쳐 계속되어오다가 1882년(고종 19) 일부 관제개편에 따라 혁파되었다. 당시 구실아치로는 서원 5명, 고직 1명, 사령 5명이 있었다.

18850426

고종실록 (1885년 4월 26일, 고종 22년 3월 12일)

Chronicles of King Gojong (Apr. 26th, 1885)

(고종 22년[1885] 3월) 12일 통리교섭통상사무아문에서, '광혜원(廣惠院)을 제중원(濟衆院)으로 개칭하였습니다.'라고 아뢰었다.

(高宗 二十二年 三月) 十二日 統理交涉通商事務衙門以 '廣惠院改稱濟衆院' 啓.

18850426

[집과 대지의 문서 청구.] 구한국 외교문서 미안 (1885년 4월 26일, 고종 22년 3월 12일) [Application for a House Deed.] *Diplomatic Documents of Korea with United States* (Apr. 26th, 1885)

1885년 4월 26일
(고종 22년 3월 12일)

발신: 미국 대리공사 포크
수신: 독판교섭통상사무 김윤식

미국 공사관에서 보내 온 서신

삼가 아룁니다. 작년[133]에 포크 공사가 우리 공사관 근처에 작은 집 하나를 매입하였습니다. 이후 의사 알렌가 이매(移買)하여 사사로이 서로 매매한 문서[패지]가 있는데 추후에 관청의 문서로 검토하지 않았으므로 바라건대 귀국의 규범과 풍속에 따라 귀 한성부에 단단히 타일러 문서 두 장에 직인을 찍어 발급하여 주시기를 희망합니다. 더욱 안녕하심을 빌며 이만 줄입니다.

미국 대리공사 포크

서부 황화방 대정동계[134]에 있는 기와집 50칸과 빈 터 40칸의 주인은 포크 공사입니다. 서부 황화방 취현동계에 있는 와가 63칸 반과 빈 터 100칸의 주인은 서(徐)입니다. 현재는 의사가 매입해 두 집을 한 집으로 합하여 거주하고 있습니다. 경계가 있기 때문에 문서 두 장을 발급하여 주시기를 매우 바라마지않는 바입니다.

---

133) 1884년 7월 일본에서 활동하던 미국 북감리회 선교사 매클레이가 한국을 방문하였다. 그는 당시 루셔스 푸트 공사에게 공사관에 인접한 부지의 구입을 부탁하였는데, 푸트는 그 부지를 10월 내한한 알렌에게 넘겼다.

134) 황화방은 조선시대 초기부터 있던 한성부 서부 9방 중의 하나이다. 황화방에는 서소문내계의 왜송동, 작교동, 내천동, 복차동, 관정동, 사창동과, 군기사계의 소정동, 대정동 등이 있었다. 현재의 행정구역으로는 서소문동, 태평로 1, 2가, 무교동 각 일부와 정동 일원에 해당한다.

1885年 4月 26日
(高宗 22年 3月 12日)

(發) 美 代理公使 福久
(受) 督辦交涉通商事務 金允植

美館來函

敬啓者, 昨年, 福公使, 鄙館 近處 一小屋 買置矣, 基後 醫師 安連 許移賣, 則自前私相 買賣 牌旨 自有, 而無追後 憑考之官文, 幸乞隨其 貴國 規俗, 轄申于 貴漢城府, 牌旨 二丈 押印 成給爲希, 姑縮, 敬頌大安.

美國 代理公使 福

西部 黃華坊 大貞洞契 伏在瓦家 五十間 空垈 四十間, 家主 福公使, 日子 昨年九月分, 西部 皇華坊 聚賢洞 契伏在 瓦家 六十三問半 空垈 一百間, 家主 徐, 日子則昨年 九月分, 今居 醫師 買得, 二家合爲一家, 而境界則自有, 牌旨 二丈 成給, 深用爲望爲望.

18850426

[동상 준답(准答).] 구한국 외교문서 미안 (1885년 4월 26일, 고종 22년 3월 12일) [Reply for Approval of a House Deed.] *Diplomatic Documents of Korea with United States* (Apr. 26th, 1885)

1885년 4월 26일
(고종 22년 3월 12일)

발신: 독판교섭통상사무 김윤식
수신: 미국 대리공사 포크

미국 공사관에 회신함.

간단히 회답합니다. 지난번의 편지에 의사 알렌의 가옥매매문서의 일로 지금부터 한성부에서 성립해준 매매문서가 도안(到案)하였으므로 여기에 댁계(宅契)에 날인한 두 장을 정람하여 살펴 보아주십시오. 편안하시기를 바랍니다.

(고종 22년) 3월 12일 김윤식

1885年 4月 26日
(高宗 22年 3月 12日)

(發) 督辦交涉通商事務 金允植
(受) 美代理公使 福久

函覆美館

逕覆者, 頃奉貴函, 爲醫師 安連 宅契 一事, 今自 漢城府 成立 宅契 到案, 玆將宅契 盖印 二紙 呈覽. 査收爲荷, 藉頌勛安.

三月 十二日　金允植

18850426

[동상 진사(陳謝).] 구한국 외교문서 미안 (1885년 4월 26일, 고종 22년 3월 12일) [Appreciation for the Reply of Approval.] *Diplomatic Documents of Korea with United States* (Apr. 26th, 1885)

1885년 4월 26일
(고종 22년 3월 12일)

발신: 미국 대리공사 포크
수신: 독판교섭통상사무 김윤식

미국 공사관
한국 서울

1885년 4월 26일

안녕하십니까,

저는 오늘 H. N. 알렌 박사가 소유하고 있는 두 부지에 대한 문서를 전달하는 각하의 편지를 받았음을 알려드립니다.

이 문제에 대한 각하의 친절한 관심에 저의 감사를 표하는 바입니다.

안녕히 계십시오.
미국 대리공사 조지 C. 포크

김윤식 각하
외아문 독판교섭통상사무

1885年 4月 26日
(高宗 22年 3月 12日)

(發) 美 代理公使 福久
(受) 督辦交涉通商事務 金允植

Legation of the United States
Seoul, Korea

April 26, 1885

Sir:

I have the honor to acknowledge the receipt of your letter of this date transmitting certificates for two lots belonging to Dr. H. N. Allen.

I beg to express my thanks for your courteous attention to this matter.

I am very truly yours and with respect.
George C. Foulk

His Excellency
Kim Yun Sik
President of the Foreign Office

[漢譯]
美館來覆

敬覆者, 卽承貴函, 慰荷萬萬. 成給 醫師 安連 屋舍 牌旨 二度 依受, 特此以爲後日 憑考之物, 感佩感佩, 肅此布覆, 順頌大安.

三月 十二日 美國 代理公使 福

18850426

호러스 G. 언더우드(서울)가 프랭크 F. 엘린우드 (미국 북장로교회 해외선교본부 총무)에게 보낸 편지 (1885년 4월 26일)

한국 서울,
1885년 4월 26일

엘린우드 박사님께,

(중략)

병원에는 새 의사의 도움이 진정 크게 필요합니다. 알렌 박사는 매우 열심히 일을 해 왔습니다. 그는 매일 아침 병원에서 매일 4~6건의 수술을 집도합니다. 그는 수술을 도와주고 조언해 줄 다른 의사의 필요를 절실히 느끼고 있습니다. 저는 오후에 진료소에서 그의 업무를 도와주고 있는데, 현재 매일 거의 70명의 환자들이 내원하고 있습니다. 현재까지 환자의 수가 꾸준히 증가해왔고 모든 면에서 그렇게 될 것으로 믿고 있지만, 이런 추세로 계속 증가한다면 여름이 지나가기 전에 그들을 어떻게 처리해야 할지 저로서는 모르겠습니다.

알렌 박사가 구입한 자산은 매우 좋은 위치에 있는데, 박사님도 아시다시피 미국 공사관 바로 옆이며 영국 공사관과 같은 언덕 위에 있습니다. 그렇기 때문에 지난번 정변 때 그 집은 (공사관을 제외한) 외국인 소유의 자산 가운데 유일하게 파괴되지 않았습니다. 자신의 자산을 보호할 경비병을 갖고 있는 묄렌도르프의 집조차 상당히 파괴되었으며, 건물 한 채는 전소되었습니다. 하지만 선교회의 집은 전혀 피해를 받지 않았습니다.

{공사관과 선교부 자산이 있는 언덕 위에 아직 한 필지가 남아 있습니다. 부지는 넓으며, 건물들의 상태는 매우 좋습니다. 현재 약 700달러에 매물로 나와 있는데, 알렌 박사는 500달러에 구입할 수 있다고 생각하고 있습니다. 감리교회와 회중교회도 그것을 주시하고 있는데, 알렌 박사는 자신이 그것을 매입하기로 결정하고 선교본부로부터 소식을 들을 때까지 유보하고 있습니다. 그는 7월 1일까지 그것을 유보하고 있을 것입니다. ……} [{ }의 부분은 공표하지 마십시오.]

(중략)

만약 7월 1일까지 박사님으로부터 소식을 듣지 못하면 알렌 박사는 그 자산을 감리교회나 회중교회로 넘길 것입니다.

(중략)

Horace G. Underwood (Seoul), Letter to Frank F. Ellinwood(Sec., BFM, PCUSA) (Apr. 26th, 1885)

Seoul, Korea,
April 26th, [18]85

Dear Dr. Ellinwood:

(Omitted)

The hospital is indeed in great need of the new doctor's aid. Dr. Allen has been working very hard. He is at the hospital every morning for operations, of which he has from 4 to 6 every day, and in these he feels very much the need of the aid and advice of another physician. I have been helping him in the afternoon in his dispensary work where the patients now number nearly 70 per day. Thus far, there has been a steady increase in the numbers, and if they go on at the present rate, as we have every reason to believe they will, I don't know what they will do with them all before the number is out.

The property that Dr. Allen had obtained is in a very good position, and as you know it is right next to the American legation and on the same hill with that of the English. It is undoubtedly owing to this fact that it was the only property owned by foreigners (outside of the legations) that escaped destruction during the late disturbance except that of Mr. Mollendorf who had a guard to take care of his and even then his was very much damaged and one building was burned to the ground, while that of the mission was not damaged at all.

{There is still left one piece of property to fill out the hill, on which the legation and the mission properties are located. It is a large piece and its buildings are in a very good condition. It is now for sale at about $700, but Dr. Allen thinks he can get it for $500. The Methodists and Congregationalists have both looked at it, and Dr. Allen has decided to take it himself and held it till he hears from the Board. He will hold it till the 1st of July. …… } {*This must not be published.*}

(Omitted)

If Dr. Allen does not hear from you to the contrary by the 1st of July, he will turn over the property to either the Methodist or Congregationalists.

(Omitted)

18850427

통리교섭통상사무아문일기
(1885년 4월 27일, 고종 22년 3월 13일)
Daily Records of Foreign Office (Apr. 27th, 1885)

(을유년 고종 22년[1885] 3월) 13일 …… 황해도 감영과 평안도 감영에 보낸 관문(關門).

제중원(濟衆院)에서 여병원(女病院)을 함께 세웠으니 13세에서 16세 사이의 기녀(妓女) 가운데 총명한 사람 2~3명을 특별히 선발하여 이 곳(제중원)으로 올려 보내 의술(醫術)을 익히게 할 것. ……[135)]

(乙酉 三月) 十三日 …… 關海營箕營, 濟衆院并設女病院, 另擇妓女中, 自十三歲至十六歲, 聰明穎悟者二三名, 知委上送于該院, 以爲肄習醫術事. ……

135) 이 공문에 의거하여 5월 10일경 5명의 기녀가 제중원 배속되었다. Horace N. Allen (Seoul), Letter to Frank F. Ellinwood (Sec., BFM, PCUSA) (May 15th, 1885)

18850428

팔도사도삼항구일기, 규18083 제2책
(을유 3월 14일, 1885년 4월 28일)
Diaries of Three Harbors in Eight Provinces and Four Cities, Kyujanggak 18083 (Apr. 28th, 1885)

관(關)

상고할 일. 제중원에 의녀를 올려 보내는 일로 이미 관문을 발송하였거니와 지체되는 폐단을 우려하여 이에 다시 차인(差人)을 내려 보내기에 도착한 즉시 14세 이상 16세에 이르는 총명하고 혜오(慧悟)[136]한 자 3인을 골라내어 며칠 내로 함께 올려 보내 지체되어 생경지폐(生梗之弊)[137]가 없도록 함이 마땅하다.

황해 감영, 평양 감영
을유 3월 14일

關

爲相考事 濟衆院醫女上送事 業已發關是在果 慮或遲滯之弊 玆又定差人下送爲去乎 到卽擇出十四歲以上 至十六歲 聰明慧悟者三名 不日眼同上送 俾無遲滯生梗之弊宜當者.

海營箕營
乙酉 三月 十四日

136) 슬기가 있어 깨우침이 빠름을 의미한다.
137) 두 사람 사이의 불화 때문에 일어난 폐단을 말한다.

18850430

조지 C. 포크(서울 미국 공사관), 토머스 F. 베이야드(미국 국무부 장관) (1885년 4월 30일) 제37호

Records of the Department of State, Diplomatic Instructions, Korea[138)]

제37호

국무부, 워싱턴,
1885년 4월 30일

미국 해군 조지 C. 포크 소위,
등등

안녕하십니까,

나는 서울에 정부 병원이 설립되었으며, 두 명의 미국인 의사가 책임을 맡을 예정이고 알렌 박사의 계획을 성공적으로 수행하는데 있어 귀하의 노고를 칭찬 받고 싶다는 내용의 지난 3월 5일자 귀하의 공문 제151호를 받았습니다.

나는 마땅히 그 사실을 언론을 통해 일반에게 알릴 것입니다.[139)]

안녕히 계세요.
T. F. 베이야드[140)]

---

138) 이 문서는 미국 국무성에서 서울 주재 미국 공사관으로 보낸 외교 훈령(訓令)이다.

139) 1884년 7월 일본에서 활동하던 미국 북감리회 선교사 매클레이가 한국을 방문하였다. 그는 당시 루셔스 푸트 공사에게 공사관에 인접한 부지의 구입을 부탁하였는데, 푸트는 그 부지를 10월 내한한 알렌에게 넘겼다.

140) Minor and Personals. *The Evening Critic* (Washington, D. C.) (May 1st, 1885), p. 1

George C. Foulk (U. S. Legation, Seoul), Thomas F. Bayard (Sec., Dept. of State) (Apr. 30th, 1885) No. 37 *Records of the Department of State, Diplomatic Instructions, Korea*

No. 37

Department of States, Washington,
April 30, 1885

Ensign George C. Foulk, U. S. N.,
& c., & c., & c.,

Sir: -

I have received your No. 151 of March 5, last, touching the establishment of a Government Hospital at Seoul, to be under the charge of two American physicians and desire to commend your efforts in successfully promoting Dr. Allen's scheme.

I have caused due notice of the fact to be made public through the press.

I am, Sir &c.

T. F. Bayard

18850400

호러스 N. 알렌(서울), 한국의 의료 사업 (1885년 4월경)[141]

출판용

한국의 의료 사업

동봉한 도면은 장로교회 선교부가 담당하고 있는 조선 정부 병원에 대해 잘 이해할 수 있게 해 줍니다. 병원은 현재 한국 주재 대리공사인 미국 해군의 조지 C. 포크 중위가 기꺼이 제출하였던 설립안에 따라 왕이 설비를 꾸몄습니다. 포크 씨는 이 일에 적극적인 관심을 보였으며, 그것이 즉각적으로 이루어진 것은 주로 그가 한국 정부가 이러한 자발적인 첫 걸음을 내딛는 것을 간절하게 보고 싶어 하였기 때문입니다. 물론 이 계획이 수행되는 데에 반대가 없었던 것은 아닙니다. 이곳에 있는 가장 영향력이 있는 몇몇 외국 관리들은 개종 시키려는 단체라는 측면에서만 "그리스도를 믿겠다고 약속하지 않으면 아무도 치료 받지 못할 것이다"라는 보고를 통해 설립을 무산시키려 시도하였습니다. 이와 더불어 병원을 막 개원하려던 부적절한 때에 자매 교단의 여러 선교사들이 도착한 것은 병원 (설립)의 전망이 정말로 의심스럽게 보이도록 만들었습니다. 그러나 우리들의 요청으로 병원을 감독할 한국인 관리들이 임명되었고, 정부는 이름을 지었고 병원과 우리의 관계는 단지 의료적인 업무를 제공해 주는 것으로 분명하게 이해되었습니다.

고국의 많은 사람들에게는 이것이 별 것 아닌 것 같이 여겨질지 모르지만, 400년 동안 이곳에 일종의 진료소가 존재하였고 다양한 방식으로 관리들이 많아져 현재에는 1,000명이 되는데, 이 현대적 첫 병원의 설립으로 자리에서 해임되게 된 것은 상당한 승리라고 생각할 수 있습니다. 이것은 당연히 이전 병원과 관련된 자리에 있던 사람들의 상당한 반대에 직면하였습니다. 그러나 왕은 현대식 병원을 진심으로 원하였고, 그것은 갖출 수밖에 없었습니다.

이 병원의 명칭은 이름은 '문명의 덕을 누리는 집'이란 뜻의 '혜민서(惠民署)'입니다. 병원 건물은 최근 사건 중에 살해된 홍영식이 살던 집입니다. 우리가 그곳을 얻었을 때, 그 집은 심하게 약탈을 당하였기 때문에 단지 건물만 앙상하게 남아 있었습니다. 방 하나는 사람의 피로 추정되는 핏덩어리로 덮여 있었습니다. 집의 개조 비용은 600~1,000달러 사이였는데, 모두 정부가 지불하였습니다. 약품비는

---

141) 이 글은 다음의 잡지에 실렸다. H. N. Allen, Medical Work in Korea. *The Foreign Missionary* 44(2) (July 1885), pp. 74~76

연간 300달러이고 운영비는 정부가 부담하며, 돈을 낼 수 없는 사람은 약과 진료가 무료입니다. 약 40개의 침대가 들어 갈 수 있는 방이 있으며, 더 추가할 수 있습니다.

설립안에 병원의 책임을 맡는 의사의 봉급은 중국의 유사한 병원들을 후원하는 미국의 자선 단체로부터 받는다는 항목을 포함시켰습니다. 제가 여러 공사관들을 진료하여 봉급 보다 많이 받기 때문에 이것은 불필요하게 되었습니다. 그것은 그들이 우리가 누구인지 알고 있을지 몰라 넣었습니다. 이것과 별개 문제로 왕은 제가 선교사라는 것을 알고 있으며, 그럼에도 불구하고 왕과 왕비는 몸이 불편할 때 치료해 주도록 저를 고용하였습니다. 왕은 여러 차례 제가 원하는 것을 망설이지 말고 요청하도록 강조하였습니다.

우리는 한국어에 숙달할 때까지 선교사로서 어떠한 적극적인 일도 하지 않을 것이며, 그 때에는 의료 사역이 그들에게 우리들이 그들의 복지에 진정한 관심을 갖고 있음을 확신시킬 것이며, 그렇게 되면 현재와 같은 반대는 사라지게 될 것입니다.

이 나라에서 선교 사역이 성공적으로 수행되는 것을 보고 싶어 하는 한국인 관리들이 많은데, 그중에 왕도 열거할 수 있는 훌륭한 이유가 있습니다. 현재의 불확실한 정국에서 우리는 다음의 소요가 일어나면 (우리에 대한) 반대를 제거하고 우리의 사역에 호의적인 세력들이 집권하기를 바라고 있습니다. 벌써 한 사람이 자신의 형제에게 영어와 기독교를 가르쳐 달라고 우리 선교사인 언더우드 씨에게 요청하였습니다. 어떤 종교도 없는 이 나라에서 기독교가 일단 시작되면 빠르게 퍼지게 될 것임에 틀림없습니다.

H. N. 알렌

[도면 - 장로교회 선교부의 H. N. 알렌 박사가 책임을 맡고 있는 왕립병원, 한국 서울]

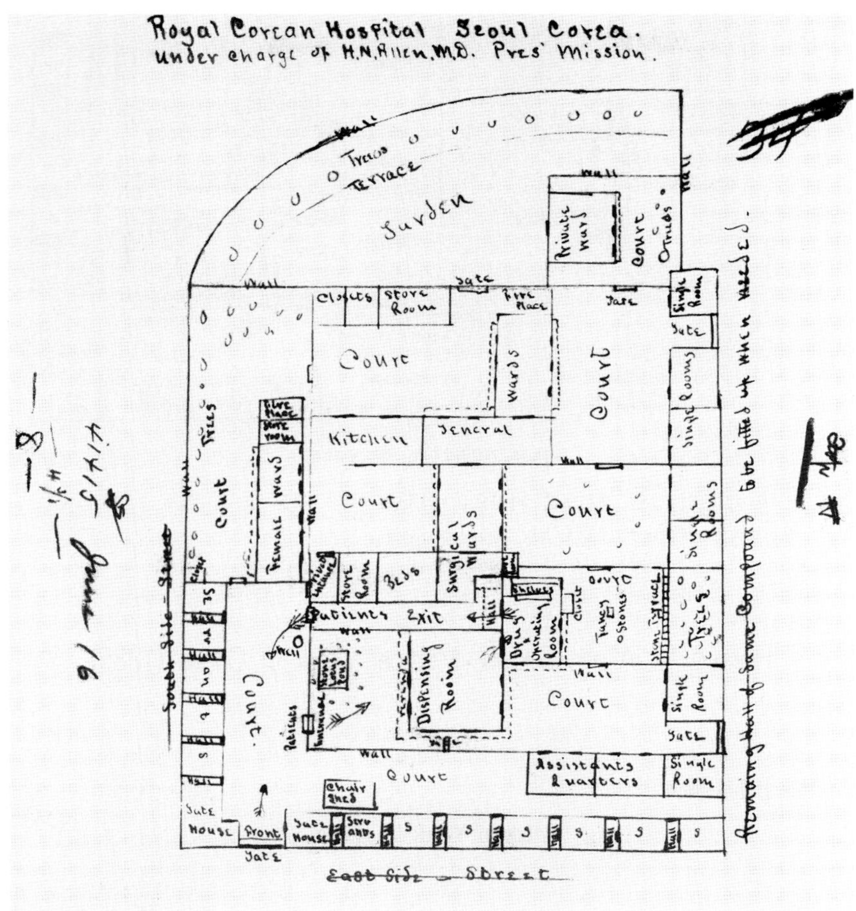

그림 6-45. 알렌이 그린 제중원 배치도

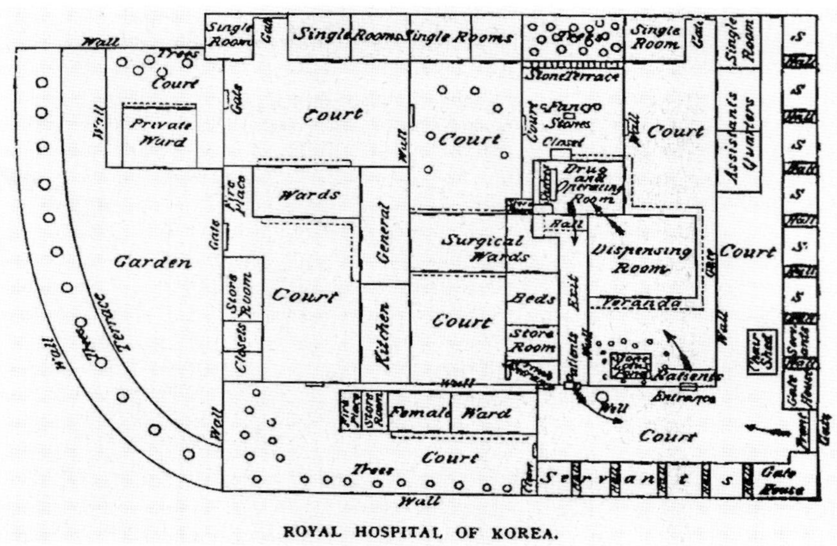

그림 6-46. 알렌이 그린 배치도를 바탕으로 잡지에 실린 도면. H. N. Allen, Medical Work in Korea. *The Foreign Missionary* 44(2) (July 1885), pp. 74~76

Horace N. Allen (Seoul), Medical Work in Corea (1885)

For Publication

Medical Work in Corea.

The accompanying diagram gives a fair idea of the Corean Government Hospital under the care of the Presbyterian Mission. The hospital was fitted up by the King in answer to a proposal kindly presented by Lieut. George C. Foulk of the U. S. Navy, at present the U. S. *Charge d'Affaìres* to Corea. Mr. Foulk has taken a lively interest in the matter and its prompt accomplishment is due largely to his desire to see the Government take this first independent step in advance. It has not been without opposition, however, that the scheme was accomplished. Some of the most influential foreign officials here, regarded it alone in the light of a proselyting institution and tried to defeat it by such reports as that - "no person would be treated unless promising to believe in Christ." This with the untimely arrival of a number of missionaries of sister denominations just as the hospital was to be opened made the prospect look very doubtful indeed. But at our request, Corean officials were appointed to superintend the institution, the Government was asked to name it and our connection with it is distinctly understood to be simply in furnishing the medical superintendence.

This may seem tame to many at home yet when you consider the fact that for four hundred years a kind of dispensary has been in existence here, which has in various ways accumulated officer so that today there are one thousand persons removed from office by its establishment, to give place to this first modern institution, it may be considered quite a triumph. It of course met with much opposition from the army of persons who held office in connection with the former institution. But the King was earnest in desiring a modem hospital and it had to be fitted up.

The present hospital is called the Hay Min So or "House of Civilized Virtue." The building was formerly the home of Hong Yong Sik who was murdered during the recent troubles. When we took the place, only the shell remained after the very complete looting it had undergone. One room was covered with gore supposed to be human blood. The cost of fitting up has been between $600.00 & $1,000.00 which has all been paid by the Government. There is an annual appropriation of $300.00 for drugs, and the running expenses are borne by the Government, the medicines and services being free to all who cannot pay. There is room for about 40 beds and more can be added.

In the proposal a clause was inserted stating that the physicians in charge would receive their salaries from a benevolent society in America which supports similar institutions in China. This was unnecessary as I receive more than a salary from attending the legations. It was inserted that they might know just whom we were. Aside from this the King knows that I am a missionary and in the face of this both King and Queen have employed me to treat them for various troubles and the King has several times urged me not to hesitate in asking for what I want.

We do not, as missionaries, intend to do any aggressive work until we have mastered the language by which time we hope the medical work will have so assured the people of our real interest in their well being, that the present opposition will have passed away.

There are a number of Corean officials, among whom we have good reason for numbering the King himself, who would like to see missionary work being successfully carried on in the country. And in view of the present uncertain state of affairs we are led to hope that the next social trouble may remove the opposition and place the party in power which is favorable to our work. Already one man has applied to have his brother taught English and Christianity by our missionary, Mr. Underwood. And in the absence of any religion it seems that Christianity once started must make rapid progress.

H. N. Allen

[Diagram - Royal Corean Hospital, Seoul, Corea, Under Charge of H. N. Allen, M. D., Presb. Mission]

18850400

[서울 창덕궁을 방문한 미국 군함 오시피 호의 장교와 호러스 N. 알렌 박사 부부] (1885년 4월)
[Officers of U. S. Man-of-War Ossipee and Dr. & Mrs. Horace N. Allen, Visiting Changdok Palace in Seoul] (Apr., 1885)

그림 6-47. 서울 창덕궁을 방문한 미국 군함 오시피 호의 장교와 알렌 부부. 동은의학박물관 소장

위의 사진은 1885년 4월 서울 창덕궁(昌德宮)을 방문하였을 때 찍은 것이다. 부용지(芙蓉池)와 주합루(宙合樓)가 보인다. 사진에 찍힌 사람들 중 맨 왼쪽 사람은 미국 군함 오시피 호의 프랭크 J. 밀리건 대위이며,[142] 그 오른쪽에 알렌과 부인 프랜시스가 있다.

142) 프랭크 J. 밀리건(Frank John Milligan, 1852~1897)은 테네시 주에서 태어났으며, 1870년 해군사관학교에 입학하여 1874년 5월 30일 졸업하였다. 그는 1892년 5월 28일 대위의 계급으로 전역하였다.

18850500

[서울 창덕궁의 호러스 N. 알렌 박사.] (1885년 5월)
[Dr. Horace N. Allen at Changdok Palace in Seoul.] (May, 1885)

그림 6-48. 서울 창덕궁 후원의 옥류천. 한국인들 뒤쪽으로 알렌이 보인다. 동은의학박물관 소장

위의 사진은 1885년 5월에 촬영한 것으로 알려져 있다.

18850500

제48회 연례 보고서. 미국 북장로교회 해외선교본부가 총회에 제출한 제48회 연례 보고서 (1885년 5월), 4쪽

……

지난 1년은 독특하게 고무적인 상황에서 한국에 새로운 선교부가 개설된 것이 두드러졌으며, 2명의 선교사(이 중 1명은 의사)가 그 선교지에 배정되었다.

……

The Forty-Eighth Annual Report. *Forty-Eighth Ann. Rep. of the BFM of the PCUSA. Presented to the General Assembly, May, 1885*, pp. 3~6

……

The year has been signalized by the opening of a new Mission in Korea under circumstances of peculiar encouragement - two men, one a physician, having been assigned to that field.

……

18850500

1884~1885년도에 파송된 선교사. 미국 북장로교회 해외선교본부가 총회에 제출한 제48회 연례 보고서 (1885년 5월), 6쪽

1884~1885년도에 파송된 선교사.

......

한국 선교부,

H. N. 알렌, 의학박사, 및 부인, 중국에서 이적됨

H. G. 언더우드 목사

존 H. 헤론, 의학박사, 및 부인

......

Missionaries Sent out in 1884~1885. *Forty-Eighth Annual Report of the BFM, PCUSA. Presented to the General Assembly, May, 1885*, p. 6

Missionaries Sent out in 1884~1885.

......

Mission to Korea,

H. N. Allen, M. D., and wife, transferred from China.

Rev. H. G. Underwood.

John H. Heron, M. D., and wife.

......

18850500

닝보[寧波] 선교부. 중국의 선교부. 미국 북장로교회 해외선교 본부가 총회에 제출한 제48회 연례 보고서 (1885년 5월), 108쪽

닝보 선교부,

……

지난 1년 동안 H. N. 알렌 박사도 닝보 선교부에서 한국으로 이적되었는데, 그 나라에서 의료 선교를 설립하기 위해서였다. ……

Ningpo Mission. Missions in China. *Forty-Eighth Ann. Rep. of the BFM of the PCUSA. Presented to the General Assembly, May, 1885*, p. 108

Ningpo Mission,

……

During the year also Dr. H. N. Allen was transferred from the Ningpo Mission to Korea, to establish a medical mission in that country. ……

18850500

한국의 선교부. 미국 북장로교회 해외선교본부가 총회에 제출한 제48회 연례 보고서 (1885년 5월), 128~131쪽

한국의 선교부

한국: 선교부가 1884년 시작되었다. 지부, 서울, 서해안 근처에서 한강 옆에 위치한 수도이며, 상업 항구인 제물포에서 내륙으로 25마일 떨어져 있다. 사역자 - H. N. 알렌 박사 부부. 한국으로 들어가기를 기다리며 일본에서 대기 중; H. G. 언더우드 목사. 언더우드 씨는 현재 한국어 공부를 하고 있다.

이 선교부의 사업은 지난 해에 시작되었다.

(중략)

그 사이 중국에 파송된 의료 선교사인 에이치 N. 알렌 박사는 선교본부가 승인을 한다면 의료 선교를 개설하기 위해 한국으로 가겠다고 자원하였다. 선교본부의 승인은 전보로 보내졌으며, 알렌 박사는 한국으로 가서 9월 15일경 서울에 도착하였다. 도착한 그는 우리의 미국 공사인 푸트 장군과 모든 외국인 거주자인 미국인들과 유럽인들로부터 상당한 환영을 받았다. 그는 즉시 푸트 공사에 의미 미국 공사관 부속 의사로 임명되었다. 푸트 장군의 친절한 중재로 그는 자신이 사용하기에 약간의 수리만이 필요한 건물과 함께 선교본부가 선교지부를 설립하는데 유리한 부지를 즉시 확보할 수 있었다. 이 구입을 위해 그는 선교본부의 지시를 받았다.

(중략)

12월 5일 서울에서 주로 중국 정부의 군대와 일본 정부의 군대 사이에서, 그러나 여러 명의 한국인 고위 관리들도 관여되어 혼란이 발생되었다. 혼란은 너무도 극심하여 한동안 외국 정부의 사절과 다른 외국인들은 항구인 제물포로 철수하는 것이 현명한 것으로 여겨졌다. 그러나 서로 싸우는 진영의 모든 부상자들을 이미 치료하고 있던 우리의 의료 선교사 알렌 박사는 아내와 아이를 동반하고 있었음에도 (서울에) 남는 것이 그의 의무라고 느꼈다.

이 심하게 부상당한 사람들이 필요로 할 때 때맞은 진료를 해 주었던 것이 많은 귀중한 생명들을 구하게 되었다고 믿을 충분한 이유가 있다. 그것은 또한 선교부의 사업을 위한 가장 귀중한 신망과 영향력을 확보해 주었다.

치명적인 부상을 당했던 왕비의 조카인 민영익은 알렌 박사에게 사람들이 그가 미국에서 왔다고 믿지 않으며 "그가 부상자의 특별한 치료를 위해 천국에서 보냈다"고 확신한다고 말하였다. 알렌 박사로부터 마지막 편지를 받은 날에 정부는 그에게 맡길 병원의 설립을 계획하였다. 한국은 가난한 나라이지만, 자원, 국력 및 문화가 다소 발달되어 있고, 다소 외세의 영향에 의존해야하기 때문에 미래는 상당히 불확실할 것 같다. 동시에 전략상 위치로 여러 해양 강대국의 정치적 야망의 목표가 되고 있다. 확실하게 보이는 한 가지 사실은 그 나라가 과거의 배타적 정책으로는 돌아갈 수 없다는 것이다. 외국의 영향, 어쩌면 외국의 침략에 던져져 노출된 넓은 활동 무대를 제공하고 있지만, 이 사실들은 복음이 기독교적 영향 및 시혜가 풍부하고 시기에 알맞게 널리 퍼질 것이라는 중요함을 내포하고 있다.

위대한 국가들의 집단에서 너무도 오래 떨어져 있었던 이 흥미로운 사람들을 위하여 전체 교회의 기도가 소리 높게 요구되고 있다.

통 계

목회 선교사	1명
의료 선교사	1명

Missions in Korea. *Forty-Eighth Annual Report of the BFM, PCUSA. Presented to the General Assembly, May, 1885*, pp. 128~131

Mission in Korea.

Korea: Mission begun in 1884; station, Seoul, the capital, near the western coast, on the Han river, and twenty-five miles overland from the commercial port, Chemulpho; laborers - H. N. Allen, M. D., and wife. In Japan, waiting for admission to the country, Rev. H. G. Underwood. Mr. Underwood is at present engaged in the study of the Korean language.

The work of this Mission has been commenced during the past year,

(Omitted)

Meanwhile, Dr. H. N. Allen, a medical missionary of the Board in China, volunteered to go to Korea to establish a medical mission, should the Board's consent be given. The Board's sanction having been sent by cable, Dr. Allen proceeded to Korea, and arrived in Seoul about the 15th of September. On his arrival he was received with much favor both by our United States Minister, Gen. Foote, and by all foreign residents, American and European. He was at once appointed by Minister Foote as physician to the U. S. Legation. Through the kind interposition of Gen. Foote, he was at once able to secure for the Board an advantageous site for a Mission station, together with certain buildings, which only needed a few changes and repairs to be ready for his use. Upon his representation of the facts, he was directed by the Board to conclude the purchase.

(Omitted)

On the 5th of December a disturbance broke out in Seoul, mainly between the respective military forces of the Chinese and Japanese Governments, but also involving several Koreans of high rank. So great was the disturbance, that for a time the representatives of the foreign governments and other foreigners found it prudent to withdraw to the seaport, Chemulpho. But our medical missionary, Dr. Allen, having been already placed in charge of the wounded of all the conflicting parties, felt it his duty to remain, though accompanied by his wife and child. There is every reason to believe that this timely service rendered to the severely wounded in their hour of need, resulted in the preservation of many valuable lives. It also secured a most valuable prestige and influence for the work of the Mission.

Min Yong Ik, a nephew of the king, who had been dangerously wounded, informed Dr. Allen that the people were loath to believe that he came from America, lhey were "sure that he had been sent from heaven for the special relief of the wounded." At the date of the last letters received from Dr. Allen, the Government was contemplating the establishment of a hospital, to be placed under his charge. The future of Korea seems involved in much uncertainty, for the reason that it is a poor country, but slightly developed in resources, power, and culture, and must be more or less dependent upon foreign influence. At the same time, its strategic position renders it the object of political ambition on the part of several great maritime powers. The one thing that appears certain is thac the country can not return to the exclusive policy of the past. It presents a wide arena, now thrown wide open to foreign influence, possibly foreign aggression, but these facts render it only the more important that the Gospel with its disinterested Christian influence and beneficence should be abundantly and seasonably propagated.

The prayers of the whole Church are loudly called for on behalf of this interesting people, so long standing aloof from the great family of nations.

Statistics.

Ordained Missionary	1
Missionary Physician	1

그림 6-49. *Annual Report of the BFM, PCUSA. Presented to the General Assembly*에 실려 있는 한국과 일본의 지도

18850500

재정 보고서. 미국 북장로교회 해외선교본부가 총회에 제출한 제48회 연례 보고서 (1885년 5월), 142~143쪽

재정 보고서.

1884년 5월 1일부터 1885년 5월 1일까지 미국 북장로교회 해외선교본부의 지불

선교부

......

한국의 선교부

지출	6,319.70달러

......

선교부들의 총 지출	716,922.83달러

Financial Report. *Forty-Eighth Ann. Rep. of the BFM of the PCUSA. Presented to the General Assembly, May, 1885*, pp. 42~43

Financial Report.

Payments by the Board of Foreign Missions of the Presbyterian Church from May 1, 1884, to May 1, 1885.

Missions.

……

Missions in China.		
Expenditures on account of		
Canton Mission	26,458.00	
Ningpo and Shantung Mission	89,942.00	107,400.00
Mission in Korea.		
Expenditures on account of		6,319.70
……		
Mission in Japan.		
Expenditures on account of		52,716.43
……		
Total expenditures of Missions		$716,922 83

(Omitted)

18850500

편집자 단신. *The Foreign Missionary* 43(12) (1885년 5월호), 525쪽

한국에서 활동 중인 우리의 의료 선교사 H. N. 알렌 박사의 경험은, 많은 정통한 소식통에 의하면 감격적으로 흥미로운 것이다. 12월 4일부터 7일까지 지속된 반란 중에 부상을 당한 다수의 관리들의 상처를 치료하도록 요청 받아 왕실에 접근하고 영향력을 얻게 된 것은 장차 그와 다른 선교사들의 영향력을 위한 방도를 여는 특별한 섭리인 것 같았다. 흥분과 혼란의 와중에서 모든 외국인들은 함대의 화기가 보호해 줄 수 있을 제물포 항으로 철수하는 것이 최상으로 생각되었으나, 알렌 박사는 아내 및 아이와 함께 내내 미국 국기를 휘날리며 잔류하였다. 하지만 그를 보호한 것은 이것이 아니라 정치적으로 중립인 신성한 주님으로부터 받은 사람의 육신과 영혼에 대한 선행이 넘치는 임무이다. 열성 지지자들의 격분과 서로의 증오가 전체적인 분위기에 가득 차 있는 상태에서 소중한 의사 및 그의 사람들은 전적으로 안전하였다.

Editorial Notes. *The Foreign Missionary* 43(12) (May 1885), p. 525

The experience of Dr. H. N. Allen, our medical missionary in Korea, as learned from many reliable sources, is of thrilling interest. The fact that he should have been called upon at the time of the insurrection - which lasted from December 4 to December 7 to dress the wounds of some scores of wounded officials, thus gaining access and influence at the palace of the king, seems to have been a special providence opening up the way for his future influence, and that of other missionaries of the cross. In the midst of the excitement and confusion, it was thought best for all foreigners to withdraw to the port of Chemulpho, where the guns of the fleets might afford protection; but Dr. Allen, with his wife and child, remained all the while, keeping the United States flag flying. It was not this, however, which protected him as much as the commission which he had received from his Divine Master - colorless politically, but full of beneficence to the bodies and souls of men. While the fury of partisanship and mutual hatred filled the whole atmosphere, the beloved physician and those who belonged to him were entirely safe.

18850500

한국의 병원 제안.

The Foreign Missionary 43(12) (1885년 5월호), 527쪽

다음은 조선 정부의 경비로 설립하여 우리의 선교사인 H. N. 알렌 박사가 책임을 맡을 병원 설립 제안과 관련한 한국 정부의 공문이다. 그것은 미합중국 임시 대리공사인 포크 중위에게 보냈다.

[번역]

귀하의 제안서를 제출하였습니다.

서울에 병원을 설립하는 것과 관련하여 영의정으로부터 받은 답변을 드립니다. "미국 임시 대리공사에게 개인적으로 외아문 독판과 논의하도록 하였기에 서면 응답이 필요한 것 같지 않습니다."

다른 나라에서처럼 이곳에서 병원의 설립이 우리의 첫 사업이어야 하며, 설립되어 운영이 잘 되면 우리 백성과 아이들에게 큰 은전이 될 것입니다.

위대한 생각에 대해 알렌 박사에게도 감사를 드립니다.

지금 비어 있는 큰 집이 있는데, 병원 용도로 채비를 갖출 수 있을 것입니다. 수리와 준비와 관련한 결정을 하는데 알렌 박사에게 알리고 자문을 구할 것입니다.

******

(서명) 김윤식, 외아문 독판

The Proposed Hospital in Korea.
The Foreign Missionary 43(12) (May 1885), p. 527

The following is the text of the Governmental order of Korea in regard to the proposed hospital to be established at Governmental expense and placed under the charge of our own missionary, Dr. H. N. Allen. It was sent to Lieut. Folk, United Stales *Charge d'Affairs*:

[Translation.]

Your proposal was transmitted.

Having received your letter referring to establishing a hospital in Seoul, I give herewith the reply, even from our Minister of State: "Say to the Charge d'Affairs for America that, having directed him to be consulted personally by the President of the Foreign Office, a written reply was not heretofore deemed necessary."

As in other countries, the establishment of a hospital here should be our first work; established and well conducted, it will be of great benefit to my people and their children.

For the great thought, we extend our thanks to Dr. Allen.

Having now large empty houses, one will be fitted up for a hospital. In deciding as to fittings and arrangements, Dr. Allen will be informed and consulted.

******

(Signed) Kim Yon Sik, President Foreign Office.

18850501

단신 및 인물 동정.

The Evening Critic (워싱턴, D. C.) (1885년 5월 1일), 1쪽

미국 해군 소위 조지 C. 포크 미국 임시 대리 공사는 한국 정부가 서울에 병원을 설립하였으며, 미국인인 H. N. 알렌 박사가 책임을 맡았다고 보고하였다. 알렌 박사는 미국 장로교회 선교본부에 의해 한국으로 파송되었으며, 정변 중에 부상당한 많은 한국 및 중국 군인들을 치료하였다.

Minor and Personals.

The Evening Critic (Washington, D. C.) (May 1st, 1885), p. 1

Ensign George C. Foulk, U. S. N. Charge d'affaires ad Interim of the United States, reports that the Government of Corea has established a hospital at Seoul, and has placed Dr. H N. Allen, an American, in charge. Dr. Allen was sent to Corea by the American Presbyterian Board of Missions, and during the revolution attended a large number of wounded Corean and Chinese soldiers.

18850502

알렌 박사의 일기 제1권(1883~1886년) (1885년 5월 2일)

1885년 5월 2일 (土)

지난 2주일 동안 일본군 호위병이 그들의 행렬에서 한 중국군을 쫓아내려고 시도하다 부상당하였고, 그를 진료하러 어느 날 정오에 불려간 일이 있었지만 놀랄 만한 어떤 일도 일어나지 않았다. 그의 상처는 제8, 제9늑골 사이에서 4인치 깊이로 나 있었고, 척주의 오른쪽 근처에서 정중 쪽으로 뻗어 있었지만 흉막은 손상되지 않았다.

나는 논의를 위해 일본인 군의관을 만났는데, 그것이 상당한 흥분을 일으켰고 그 남자는 그날 밤 사망하였다. 일본 공사는 매우 감사해 하였고, 오늘 나를 방문하여 나의 진료와, 일본 공사관에서 열린 가든파티에서 발병(發病)했던 중국 공사인 첸 씨를 진료하였던 것에 대해 감사를 표하였다.

일전에 나는 산과 환자의 왕진을 갔는데, 그 여성은 4일 동안 진통을 하였었고 나의 진료를 받지 못하고 사망하였다.

병원은 순조롭게 운영되고 있는데, 환자는 45~70명이다. 미국 해군 전함 오시피 호의 러셀 박사는 이번 주 우리와 함께 지내고 있다.

Dr. Allen's Diary No. 1 (1883~1886) (May 2nd, 1885)

May 2nd[, 1885 (Sat.)]

During the past two weeks nothing startling has happened though I was called one noon to see a Chinese soldier who had been stabbed by a Jap. guard in an attempt to eject the man from their lines, found a wound between 8th and 9th ribs four inches deep and extending in from near the right side of spinal column to towards its middle, not wounding the pleura.

I met the Japanese Dr. in consultation and it caused a deal of excitement, the man died that night. The Japanese Minister has been very grateful and called today to thank me for those services and other rendered to Mr. Chen, Chinese Minister who was taken sick at a garden party at the Japanese Legation.

I was called the other day to a case of obstetrics. The woman had been in labor four days and died without my being able to relieve her.

The hospital progresses favorably, patients run from 45~70. Dr. Russell of U. S. S. Ossipee is spending the week with us.

18850504

승정원일기 (1885년 5월 4일, 고종 22년 3월 20일)

The Diaries of the Royal Secretariat (May 4th, 1885)[143]

(광서 11년 을유년, 고종 22년[1885] 3월 20일) 유지영(柳芝榮)이 …… 또 통리교섭통상사무아문의 말로 아뢰기를,

"제중원(濟衆院)을 지금 이미 설치하였으니, 원중의 수용(需用)을 조치하지 않아서는 안 됩니다. 전 혜민서(惠民署)와 활인서(活人署)에 호조와 선혜청(宣惠廳)에서 배정한 쌀, 돈, 무명의 조목(條目)을 해원(該院)으로 옮겨 배정하여 공용을 넉넉하게 하는 것이 어떻겠습니까?"하니,

윤허한다고 전교하였다.

(光緖 十一年 乙酉 三月 二十日) 柳芝榮, …… 又以統理交涉通商事務衙門言啓曰, 濟衆院今旣設寘, 而院中需用, 不可無籌劃, 前惠民·活人兩署, 自戶惠廳劃送米錢木條, 移屬于該院, 以贍公用之地, 何如? 傳曰, 允.

143) 같은 내용이 다음의 자료에도 실려 있다. 팔도사도삼항구일기, 규18083 제2책 (을유 3월 19일, 1885년 5월 3일); 통리교섭통상사무아문일기 (1885년 5월 4일, 고종 22년 3월 20일)

18850505

팔도사도삼항구일기, 규18083 제2책 (을유 3월 21일, 1885년 5월 5일)[144]

Diaries of Three Harbors in Eight Provinces and Four Cities, Kyujanggak 18083 (May 5th, 1885)

관(關)

상고할 일. 임금의 재가를 받은 본 아문의 초기(草記)[145]에 제중원을 지금 설치하였으므로 제중원의 수용(需用)을 주획(籌劃)[146]하지 않을 수 없어 전에 혜민서와 활인서 두 관서에서 호조(戶曹)로부터 획송(劃送)[147]되어 온 쌀과 돈, 포목의 명목을 제중원으로 이속하여 경비를 넉넉히 하도록 하는 일로 이미 윤허를 받았으므로 이에 후록(後錄)[148]으로 점이(粘移)[149]하니 상고 시행하여 수효대로 준비해서 획송함이 마땅하다.

쌀	306섬 5말
좁쌀	31섬 12말
나무	3동(同) 4필 16자
포목	28필 19자 7치
돈	2,017냥

호조 선혜청 군자감
을유 3월 21일

144) 같은 내용이 다음의 자료에도 실려 있다. 통리교섭통상사무아문일기(1885년 5월 5일, 고종 22년 3월 21일)

145) 조선시대 각 관서에서 국왕에게 올리는 문서로 담당 승지가 국왕에게 올리며, 국왕은 이를 살펴보고 처분을 내리되 그 내용과 관련 있는 관서에 하달한다.

146) 사정이나 형편 같은 것을 따지고 방법을 자세히 헤아려 꾀함, 또는 그 생각하는 계획을 말한다.

147) 돈이나 곡식 따위의 일부를 떼어 내어 보내는 것을 말한다.

148) 글이 끝난 뒤에 다시 덧붙이는 기록을 말한다.

149) 여러 공문서를 접수하여 다른 관사로 보낼 때, 등사(謄寫)하여 부본을 남기지 않고 주된 공문서에 직접 첨부하여 보내던 일을 말한다.

關

爲相考事 節啓下本衙門草記 濟衆院今旣設置 而院中需用 不可無籌劃 前惠民活人兩署 自戶曹廳 劃送米錢木條 移屬于該院 以贍公用之地事 已經蒙允矣 玆以後錄粘移 相考施行 準數劃送宜當者.

後

米	三百六石 五斗
小米	三十一石 十二斗
木	三同 四疋 十六尺
布	二十八疋 十九尺 七寸
錢	二千 十七兩

戶曹 宣惠廳 軍資監

乙酉 三月 二十一日 關戶曹 宣惠廳 軍資監

18850507

[제중원 의사의 증고(增雇) 요청과 적격자 추천] 구한국 외교문서 미안 (1885년 5월 7일, 고종 22년 3월 23일) [Request for Reinforcement of the Doctor in Jejoongwon and Recommendation of a Competent One]. *Diplomatic Documents of Korea with United States* (May 7th, 1885)

1885년 5월 7일
(고종 22년 3월 23일)

발신: 미국 의사 알렌
수신: 독판교섭통상사무 김윤식

미국 의사에게서 온 편지

대조선 제중원의 의생(醫生) 알렌은 저번에 미국 공사관에서 온 서신중에 언급된 의사로서 내일 장차 미국을 떠나 2개월 후에 한국에 입국합니다. 또한 미국 의사 한 명과 같이 제물포에 도착하여 오래 머물면서 의술을 펼치려고 하니 헤아려 주십시오. 제반 문서는 의술을 베푸는 것에 대한 월급은 계산 되어 있지 않으나 지금 제중원에 병자가 매우 많으므로 비록 한 사람이라도 자원하는 의원이 있다면 서로 도와서 가난한 병자를 도와 구료할 수 있도록 관복(館僕)들과 의원이 머물러 서로 돕는 것이 좋겠습니다. 대인의 뜻은 어떠신지요?

(1885년) 5월 7일
외아문 독판 김 대인 각하

(高宗) 22年　3月 23日
(西紀) 1885年　5月　7日

(發) 美醫生 敖蘭
(受) 督辦交涉通商事務 金允植

美醫來函

大朝鮮 濟衆院留 醫生 敖蘭, 爲頃者 美國公使 書中所言 醫師, 再明日 將發行于美國地, 二箇月後 可入 朝鮮, 而又有 美國醫 一人 來到 濟物浦, 長留爵計, 而醫術則與僕 相擬者. 諸般 章程, 亦如僕之 施醫而已, 不計 月給者, 現今 此院中 病人太多, 難以 一人 見病, 故自願 有醫 相助 救療者 之際, 此醫 適來於僕之館, 僕與 此醫借留 相助 甚好, 顧大人之意 何如.

西曆 五月 初七日
外衙門 督辦 金大人 閣下

18850507

호러스 N. 알렌(서울)이 프랭크 F. 엘린우드(미국 북장로교회 해외선교본부 총무)에게 보낸 편지 (1885년 5월 7일)

한국 서울,
1885년 5월 7일

F. F. 엘린우드 박사,
뉴욕 센터 가(街) 23

친애하는 박사님께,

저는 우리의 돈에 관한 것을 제외하고 언더우드 씨가 박사님의 편지[150]에 대한 답을 해드렸다고 생각합니다. 저는 지금까지 상하이의 미국 무역회사로부터 돈을 인출하였고, 홍콩과 상하이 은행을 통해 홀트 씨에게 주문을 함으로써 우리가 은을 수입해야 하는 경우 환율 혹은 화물료를 절약하였습니다. 지금 제물포에 일본 제국은행이 있기 때문에 우리는 일본에 예금을 예치하는 것이 더 좋을 것 같습니다.

박사님은 지난 번 편지에서 제가 한국의 정치적 사건에 대하여 알려주길 바라셨습니다.[151] 저의 최근 편지들은 쓸 내용이 상당히 많았으며, 박사님께서 조만간 어떤 전보든 받거나 보실 때 좀 더 잘 이해하실 수 있도록 현재 상황을 알려 드릴 것입니다.

예전의 기함(旗艦) '트랜튼 호(號)'가 와서 미국 군함 오시피 호(號)는 어제 제물포를 떠났는데, 제독은 대신에 오시피 호(號)로 갔습니다.

영국의 철갑함 4척이 한국에서 유일하게 훌륭한 항구인 거문도를 점령하였는데,[152] 이 항구는 부산과 바로 바깥에 있으며 러시아가 탐내는 제주도가 보이는 위치에 있습니다. 결국 러시아는 블라디보스토크의 방위를 강화하고 수뢰를 설치하였습니다. 한국은 이러한 조치들에 대해 크게 흥분하였고, 영국이 그들 나라의

150) Frank F. Ellinwood (Sec., BFM, PCUSA), Letter to Horace N. Allen (Seoul) (Feb. 28th, 1885)

151) Frank F. Ellinwood (Sec., BFM, PCUSA), Letter to Horace N. Allen (Seoul) (Feb. 28th, 1885)

152) 1845년 영국 군함 사마랑(HMS Samarang) 호의 에드워드 벨처(Edward Belcher, 1799~1877) 함장이 제주도와 거문도를 포함한 한국의 남서해안 일대를 약 1달 동안 탐측하였는데, 이때 제주도를 'Quelpart'로, 거문도를 'Port Hamilton'로 불렀다. 영국은 러시아의 한국 진출을 견제하기 위해 1885년 4월 15일(고종 22년 3월 1일) 거문도를 점령하였다가 1887년 2월 27일 철수하였다.

전반적인 분할을 주도했다고 생각하고 있습니다.

중국군과 일본군이 철수하고, 중국에 있는 죄수인 전 섭정 대원군의 귀환을 결정한 조약이 인준되면 묄렌도르프의 힘이 순식간에 사라지기 때문에 그가 최후 수단으로 한국을 러시아 인들의 손에 넘기려 생각하고 있다는 것은 상당히 잘 알려져 있습니다. 만일 우리 정부가 오래 전부터 요청받은 군인들과 고문관들을 보내주기만 한다면 한국과 우리의 이익과 관련된 모든 것들이 좋을 것입니다. 그러나 군인들과 고문관들이 오지 않기 때문에 무력한 한국인들은 어디서 도움을 구해야 할지 몰라 대단히 당황해 하고 있습니다.

병원은 성공입니다 그러나 제가 할 일이 너무 많습니다. 일전에 왕진 요청을 받아 제물포에 갔다 오느라 이틀을 허비하였습니다. 또한 지난 겨울 내내 긴장으로 제 몸이 상당히 좋지 않으며, 첫 번째 문명 기관(제중원)을 성공시켜야겠다는 중대한 책임감과 저의 외부 활동이 저에게는 너무도 큰 짐이었습니다. 저는 겨우 일을 꾸려가고 있지만 기계적인 태도로 하고 있습니다.

아펜젤러가 일본으로 돌아간 후에 감리교회 형제들이 다시 시도를 하였습니다. 이번에는 훌륭한 판단력과 보기 드문 상식을 갖고 있는 의사인 스크랜턴 박사를 보냈습니다.[153] 그가 오면 우리 병원에 해가 될까 걱정하던 외국인들이 제물포에서 그에게 접근하지 말도록 경고를 하였습니다. (독일인을 제외한 모든 외국인들이 저에게 우호적 친구들이고 '알렌 박사의 병원'의 이익을 대단히 면밀하게 지켜준다고 말할 수 있습니다.) 하지만 스크랜턴 의사는 보통 선교사들과 다르며, 저는 오늘 새로운 의사가 도착할 때까지 그를 병원의 조수로 임명해 달라고 요청하는 청원을 냈습니다. 아펜젤러 씨와 우리 선교부의 언더우드 씨는 성격이 매우 급해서 제 병원이 탄생하기도 전에 거의 사산 시킬 뻔하였습니다. 저는 우리 선교부의 언더우드 씨에게 일본에 도착한 후에 너무 선교사 신분을 노출시키지 말고 평범한 사람으로서 조용히 이곳에 오라는 신중한 주의를 보냈습니다. 그는 그 대신에 일본에서 부흥회를 열고 요란하게 인쇄한 초대장을 돌렸습니다. 그때 묄렌도르프가 그곳에 있었으며, 일부 회람을 갖고 한국으로 왔습니다. 언더우드 씨는 흰 넥타이 끝까지 단추를 채운 검은 코트를 입었으며, 높은 파이프 모자를 머리에 쓰고 이곳으로 왔습니다. 그들은 제물포에서 주일을 보냈는데, 천박한 매춘굴이기도 한 일본인 호텔에서 찬송가를 불렀습니다. 그는 또한 자신이 일본에서 만난 반역 공모자들의 편지를 가지고 왔는데, 그 편지를 받은 사람들은 참수형을 받을 것임에 틀림없으며, 그것이 알려지게 되면 우리들뿐 아니라 미국 정부도 틀림없이 어려움을 겪게 될 것입니다. 우리는 새로운 형제를 좋아 하지만 그의 성급함이 걱정입니다.

153) 5월 3일 제물포에 도착하였다.

박사님께서 이곳의 일들을 제어하는데 나이 든 사람을 파송하는 것이 최선이라고 생각하시기를 진심으로 바랍니다. 우리 젊은이들은 나이가 더 많고 경험이 많은 선도자가 필요합니다.

저는 헤론 박사가 5월 9일 샌프란시스코를 출항할 것임을 (조선) 정부에 통지하였고, 그가 한국에 오는 것이 성공적이 되도록 방법을 준비하고 있습니다.

전 섭정의 귀환과 일본과 중국 간의 휴전 체결로 반역 공모자들이 한국으로 돌아올 마지막 희망이 없어졌습니다. 그들 중 한 명이 포크 중위에게 편지를 보내 하인으로 미국에 보내달라고 요청하였습니다. 박사님은 이렇게 개화파가 죽고 있음을 알고 계십니다. 전 섭정은 중국인을 포함한 모든 외국인을 반대했기 때문에 중국에 죄수로 보내졌었는데, 현재의 관리들은 최근의 학살 중에 겁을 먹어 정치적 두뇌가 결여된 단지 약한 사람들이기 때문에 그의 귀환은 강력한 영향력을 정치 현장에 가져 옵니다. 그러나 남아있는 유일한 사람들이기 때문에 그들은 직책을 맡게 되었고, 현명하게 자신들의 무지를 인정하고 아무것도 하지 않으려고 합니다. 이 사람들은 강력하고 강한 의지를 가진 전 섭정에게 아무런 장애가 되지 않을 것이며, 그가 오는 것을 우리는 걱정스러워 하며 주목하지 않을 수 없습니다.

자애로우신 하나님의 인도와 보호를 믿으며,

안녕히 계십시오.

H. N. 알렌

추신: 우리들은 헤론 박사에게 (이곳의) 일들이 좀 더 안정될 때까지 그의 아내가 일본에서 몇 달 동안 머물도록 조언하였습니다. 군대가 떠나고 전 섭정이 자신의 정책을 공표하기 전까지 모든 일이 불확실할 것입니다.

Horace N. Allen (Seoul), Letter to Frank F. Ellinwood (Sec., BFM, PCUSA) (May 7th, 1885)

Seoul, Korea,
May 7th, 85

Dr. F. F. Ellinwood,
23 Center St., .N. Y.

My dear Doctor,

I think Mr. Underwood answered your letter with the exception of telling you in regard to our money. I have been drawing heretofore from Shanghai, taking money from the American Trading Co. and giving an order on Mr. Holt thro Hongkong & Shanghai Bank, thus saving exchange or freight in case we should import the silver. As there is now a Japanese Imperial Bank at Chemulpoo it may be better for us to have our credit in Japan.

In your last (letter) you wish me to post you in regard to matters pertaining to the political troubles in Korea. My recent letters have been quite full, and I will give you the present status, that you may the better understand any telegram you may receive or see in the near future.

The U. S. S. Ossipee left Chemulpoo on yesterday having been relieved by the former flagship "Trenton," the Admiral going to the Ossipee instead.

Four English Ironclads have taken the only good Korean harbor, Port Hamilton, just out of Fusan and commanding Quelpart Island, which is coveted by the Russians. The Russians in turn have fortified Vladivostock and laid torpedos. The Koreans are greatly excited by these acts and think England has taken the initiative of the general dismemberment of their country.

It is pretty well known that von Mullendorf is thinking the country into the hands of the Russians as his last resort, for since the ratification of the treaty withdrawing the Chinese and Japanese troops and returning the ex-Regent and present prisoner in China, the Tywan Khun, von Mullendorf's power is fast slipping away. Everything would be well with Korea and our interests if our Government would only send the long-looked for military men and the Advisor. As they do not come the helpless Koreans know not where to look for aid and are greatly alarmed.

The Hospital is a success. But I have too much to do. I was called to Chemulpoo the other day, professionally, and lost two days. I am also quite unwell, the strain of the whole winter and the great responsibility of making this first institution of civilization a success has been too much for me, together with my outside activities. I manage to get through with my work but it is in a mechanical manner.

After the return of Appenzeller to Japan, the Methodist brethren have tried again. This time they sent Dr. Scranton, a physician of good judgement and rare common sense. He was warned away by foreigners at Chemulpoo, who feared his coming might injure our hospital. (I may say that with the exception of the Germans all other foreigners are warm friends to me, and guard the interests of "Dr. Allen's hospital" very carefully.) Dr. Scranton, however, is not like ordinary missionaries and I have today sent in a petition asking that he be appointed assistant at the hospital until the new Dr. shall arrive. Mr. Appenzeller and our Mr. Underwood were very rash and came very near killing my hospital before it was quite born. I sent careful instructions to our Mr. Underwood, to be careful, after landing in Japan, not to enlarge upon his missionary character but to come here quietly as a man. Instead of that, he held revival meetings in Japan and sent out sensational printed invitations to the same. Von Mullendorf was there at the time and brought some of these same circulars to Korea with him. Mr. U. came here dressed in a black coat buttoned close up to his white tie and a tall pipe hat on his head. They spent Sunday in Chemulpoo and sang Gospel songs in the Japanese hotel, which is also a low brothel. He also brought letters from the conspirators whom he had met in Japan, and had he delivered them, the men receiving them must have lost their heads, had it become known, while not only ourselves but the American Govn't must have suffered. We like our new brother but his rashness gives us anxiety. We sincerely hope you may think best to send an old man here to regulate things. We youngsters need to be held in by some older more experienced head.

I have notified the Government that Dr. Heron will sail from San Francisco May 9th and am so preparing the way that his coming will be successful.

The return of the ex-Regent and establishment of truce between Japan & China has cut off the last hope of the Conspirators ever returning to Korea. One of them has written to Lieut. Foulk asking to be sent to America as a servant. Thus you see the progressive party dies. The ex-regent was taken to China a prisoner because he opposed all foreigners, Chinese included, and his return brings a formidable power upon the scene, for the present officials are simply weak fellows who were so devoid of policies as to have been afraid during the recent slaughter. Being the only ones left however, they were put into office and have wisely admitted their ignorance and tried to do nothing. These men will be no obstacles to the powerful and strong-willed ex-Regent, whose coming we cannot help regarding with anxiety.

Trusting in the guidance and protection of Kind Father,

I remain yours sincerely,
H. N. Allen

P. S. We have advised Dr. Heron to let his wife stop in Japan for a few months, until things become a little more settled. Everything will be uncertain till the troops leave and the ex-Regent makes known his policy.

18850509

팔도사도삼항구일기, 규18083 제2책 (을유 3월 25일, 1885년 5월 9일)

Diaries of Three Harbors in Eight Provinces and Four Cities, Kyujanggak 18083 (May 9th., 1885)

관(關)

상고할 일. 제중원이 이미 설치되었고 아울러 안에 여병원을 설치하였으니 학업을 학습하는 바탕이 되도록 의녀를 선발하지 않을 수 없기 때문에 임금이 내린 명령의 뜻을 받들어 이에 관문을 보내니 도내 각 읍에 알리어 기녀를 골라내어 13세부터 16세에 이르는 총명하고 영리한 자로 올려 보내되 감영에 이르러 대기한 뒤 본 아문의 차송인(差送人) 최태성(崔泰成), 서인식(徐仁湜)에게 내어주어 더 지체되지 않게 함이 마땅하다.

감영

을유 3월 25일

關

相考事 濟衆院旣已設置 而內并設女病院 不無選充醫女 學習術業之道 故奉承傳敎內辭 玆以發關爲去乎 知委道內各邑 擇出妓女 自十三歲至十六歲 聰明悟者 使之上送是矣 待其到營後 出給于本衙門差送人 崔泰成 徐仁湜處 俾無遲滯之地宜當者.

監營

乙酉 三月 二十五日

18850511

재무 보고서. 미국 북장로교회 해외선교본부 실행이사회 회의록, 1837~1919 (1885년 5월 11일)

재무 보고서. 재무는 1885년 4월 30일 끝나는 회계연도에 선교본부의 수입 및 지출 보고서를 제출하였으며, 이 보고서는 선교본부의 감사로부터 검토를 받아 정확한 것으로 밝혀졌다.

전체적인 지출은 다음과 같았다.

(중략)

중국 선교부	107,400.00
일본 선교부	52,716,43
한국 선교부	6,319.70
(중략)	
합계	746,912.40달러

Treasurer's Report.
Minutes [of Executive Committee, PCUSA], 1837~1919
(May 11th, 1885)

Treasurer's Report. The Treasurer presented his report of the receipts and expenditures of the Board for the year ending April 30/ 85, the same having already been examined by the Auditors of the Board and found correct.

The general expenditures were as follows.

(Omitted)

The Missions in Chinas	107,400.00
" " " Japan	52,716,43
" " " Korea	6,319.70

(Omitted)

Total	$746,912.40

18850512

알렌 박사의 일기 제1권(1883~1886년) (1885년 5월 12일)

1885년 5월 12일 (화)

나는 오늘 코카인을 사용하여 4건의 백내장 수술을 시행하였다. 나는 코카인을 마취제로 좋아한다. 병원의 진료 환자는 약 60명으로 계속 유지되고 있다.

나에게 일이 너무 몰려들고 있어 책임감과 초초감이 나를 누르고 있다. 나는 종종 이 일에서 벗어날 수 있기를 바라고 있다. 내 욕망은 나를 어리석고 성미가 급하게 만들고 있으며 훌륭한 선교사는 아닌 것 같다.

우리는 새 (헤론) 박사가 두 달 안에 도착할 것으로 예상하고 있다. 그동안 감리교회의 (스크랜턴) 박사가 도착하였다. 나는 1주일 전에 왕진 요청을 받아 제물포에 갔었는데, 그 곳에서 그를 만났다. 나는 우리 집으로 올라오라고 요청하였고, 그는 이에 응해 왔다. 나는 그에게 병원에서 일을 할 것을 제안하였고, 그런 취지를 (조선) 정부에 청원하였지만 정부로부터 아무런 회신이 없었기에 그는 제물포도 갔으며 돌아오지 않을 것 같다. 그는 합리적인 사람이며 처신을 잘하는 사람이다.

나는 제물포에서 즐거운 시간을 가졌다. 미국 해군 전함 오시피 호에 승선하여 밤새도록 즐겁게 보냈다.

내가 왕진을 갔던 환자는 주인이 가장 아끼는 한국인 하인이었는데, 비용과 관계없이 나의 진료를 요청하였다. 우리 집은 지금 수리를 끝내었고, 매우 훌륭해 보인다. 헤론 박사의 집 또한 준비되어 있다.

Dr. Allen's Diary No. 1 (1883~1886) (May 12th, 1885)

May 12th[, 1885 (Tue.)]

I today did four cataract operations with cocaine. Like it as an anesthetic. The numbers at the hospital continue about 60.

I am much rushed and the responsibility and vexations weigh heavily upon me. I often wish I could get out of it. My stomach also makes me crass & irritable and not a good missionary.

We expect our new Dr. (Heron) in about two months. In the meantime one M. E. Dr. (Scranton) has arrived. I met him at Chemulpoo a week ago, where I had been called professionally. I asked him up to our place & he came. I offered to take him into the hospital and have petitioned the Govr'nt to that effect but he went to Chemulpoo and may not return as no answer has come from the Govr'nt. He is a sensible man and behaves well.

I had a pleasant time at Chemulpoo. Went aboard the U. S. S. Ossipee and was entertained overnight handsomely.

The patient whom I went to see is a Corean servant highly prized by his master who sent for me regardless of expense. Our place is fixed up now and looks very pretty. Dr. Heron's house is also ready.

18850513

[제중원 의사의 증고(增雇) 승인.]
구한국 외교문서 미안 (1885년 5월 13일, 고종 22년 3월 29일)
[Approval of Reinforcement of the Doctor in Jejoongwon.]
Diplomatic Documents of Korea with United States (May 13th, 1885)

1885년 5월 13일
(고종 22년 3월 29일)

발신: 독판교섭통상사무 김윤식
수신: 미국 대리공사 포크

미국 공사관에 조회(照會)하다.

대조선 독판교섭통상사무 김(金)이 조회합니다. 조득(照得)[154]하였습니다. 귀국의 의사 스크랜턴이 인천항에 있는데 학술이 소저(素著, 분명하고 또렷함)하다고 들었습니다. 넓고 트인 곳에 제중원을 설치하고 환자들이 모여들어 좋은 스승을 모시고자 하오니 알렌과 함께 치료할 수 있게 해주시기를 삼가 청하옵니다. 귀 대리공사께 제중원에 오시기를 부탁드렸으니 넓은 은혜를 베풀어주시기를 조회하였습니다.

대미국 대리공사 포크
을유 3월 29일

154) 문서를 서로 대조하여 보는 것으로 공문서의 첫머리에 상투적으로 쓰던 용어로 '참고해 보건대'의 뜻이다.

1885年 5月 13日
(高宗 22年 3月 29日)

(發) 督辦交涉通商事務 金允植
(受) 美 代理公使 福久

照會美館

大朝鮮 督辦交涉通商事務 金, 爲照會事, 照得, 貴國 醫師 時奇蘭敦, 聞在 仁川港, 學術素著, 敞處設有 濟衆院, 病人◎集, 業欲再邀良師, 偕安連 共治醫事, 請煩 貴代理公使 囑伊肯來 該院, 俾廣惠施幸甚, 爲此照會, 須至照會者,

右照會,

大美國 代理公使 福
乙酉 三月 二十九日

18850513

[제중원 의사의 증고(增雇) 승인에 대한 회답.]
구한국 외교문서 미안 (1885년 5월 13일, 고종 22년 3월 29일)

1885년 5월 13일
(고종 22년 3월 29일)

발신: 미국 대리공사 포크
수신: 독판교섭통상사무 김윤식

미국 공사관
한국, 서울

1885년 5월 13일

안녕하십니까,

각하의 요청에 따라 저는 제물포에 있는 W. B. 스크랜턴 박사에게 제중원에서 H. N. 알렌 박사를 돕도록 요청하였습니다. 저는 스크랜턴 박사가 이번 달 17일에 서울로 올라와 즉시 병원에서 임무를 수행할 것이라고 말씀드리게 되어 기쁩니다.

안녕히 계십시오.
조지 C. 포크

김윤식 각하
외아문 독판교섭통상사무

[漢譯]
美館覆函

敬覆者, 曩接貴函, 敎事謹悉, 致書于醫師 時奇蘭敦, 以爲 招來, 將欲 今月內 四五日後 當進 貴病院, 醫師 安達 偕爲 另幹計也, 以此照諒 爲荷, 敬此佈覆, 藉請日安.

四月 初三日[155)]
美國 代理公使 福

[Reply to the Approval of Reinforcement of the Doctor in Jejoongwon.]
Diplomatic Documents of Korea with United States (May 13th, 1885)

1885年 5月 13日
(高宗 22年 3月 29日)

(發) 美 代理公使 福久
(受) 督辦交涉通商事務 金允植

Legation of the United States
Seoul, Korea

May 13. 1885

Sir:

In accordance with Your Excellency's request, I have asked Dr. W. B. Scranton, at Chemulpho, to assist Dr. H. N. Allen at the Government Hospital. I am pleased to state that Dr. Scranton will come to Seoul on the 17th instant, and at once assume duty at the Hospital.

I am, Sir,

Very respectfully,
Your obedient servant,
George C. Foulk

His Excellency
Kim Yun Sik
President of the Foreign Office

155) 원본을 받은 후에 한역을 하는 경우가 있기 때문에 영어과 한문 번역의 날짜가 다를 수 있다.

18850515

통리교섭통상사무아문일기
(1885년 5월 15일, 고종 22년 4월 2일)
Daily Records of Foreign Office (May 15th, 1885)

[을유년, 고종 22년(1885) 4월] 2일 평안 감영에 관문을 보내 순천군(順川郡)의 누룩 도고(都賈)[156]는 제중원에 소속시키고 성천부(成川府)의 누룩 도고는 본 아문에 소속시키려 각각 감관(監官)을 정해 내려 보내니 해당 군현에 감칙(甘飭)[157]하여 지체 없이 시행하라.

(乙酉 四月) 二日 關箕營, 順川郡麴子都賈, 屬之濟衆院, 成川府麯子都賈, 屬之本衙門, 各定監官下送, 甘飭該郡, 無滯施行事.

---

156) 조선 후기에, 상품을 매점매석하여 이윤의 극대화를 꾀하던 상행위. 또는 그러한 상행위를 하던 상인 조직을 말한다.

157) 상급 관아에서 하급 관아로 공문을 보내어 바로 잡도록 하는 것을 말한다.

18850515

팔도사도삼항구일기, 규18083 제2책, 을유 3월 25일 (1885년 5월 15일)[158]

Diaries of Three Harbors in Eight Provinces and Four Cities, Kyujanggak 18083 (May 15th., 1885)

관(關)

누룩이 사람에게 끼치는 해가 점점 많아지기 때문에 예로부터 정각(征榷)[159]의 법이 있어 그 폐단을 억제하였다. 지금 도내 순천군은 예로부터 평소에 누룩 도고에게 세금을 거두고 있으나 납부한 세금으로 공용을 보충하지 못하고 사사로운 이익이 되어버리니 일이 매우 부당하다. 지금부터 해당 군현의 누룩 도고는 제중원에 소속시키고 감관을 정하여 내려 보내니 본영에서는 해당 군현에 감칙(甘飭)하여 지체 없이 시행하고 무릇 몰래 만들어 파는 폐단을 특별히 신칙 금단하여 드러나는 대로 엄하게 징벌하여 본원에서 과세하는데 부족함이 없게 함이 마땅하다. 감관은 조경로(曹敬魯).

을유 4월 초2일 평안도 감영 여순천(與順川)

關

麯蘖之於人 爲害滋多 故自古有征榷之法 以抑其弊 今玆道內順川本邑 素有麯子都賈 卽征稅遺意 而稅納無補公用 徒歸私利 事甚無謂 自今該郡麯子都賈 屬之濟衆院 定監官下送 自本營甘飭該郡 無滯施行 凡潛造潛賣之弊 另飭禁斷 隨現嚴繩 俾本院稅課無虧宜當者 監官 曹敬魯.

乙酉 四月 初二日 關平安道監營 與順川

158) 같은 내용이 문건이 을유 4월 6일(1885년 5월 19일)자에도 실려 있다.
159) 정각(征榷)은 조세의 징수와 전매에 의한 이익의 독점을 말한다.

18850515

호러스 N. 알렌(서울)이 프랭크 F. 엘린우드(미국 북장로교회 해외선교본부 총무)에게 보낸 편지 (1885년 5월 15일)[160]

한국 서울,
1885년 5월 15일

F. F. 엘린우드 박사,
뉴욕 센터 가(街) 23

친애하는 박사님께,

저의 추가 비용 요청을 수락하신다는 박사님의 편지가 어제 도착하였습니다.[161] 저는 챙길 시간이 없었던 장부의 수지를 맞춘 후 선교에 관한 일들을 언더우드 씨에게 넘길 것입니다.

저는 이곳에 관한 일에 대해 상당히 자세하게 박사님께 편지를 썼지만, 어떤 편지는 박사님께 배달되지 않았을까 걱정하고 있습니다. 고발하는데 필요한 증거를 갖고 있지는 않지만 우리는 미국행 편지들이 검열 당하였다고 상당히 확신하고 있습니다. 편지들은 일본 사람이나 묄렌도르프 휘하의 사람들 몇 명의 손을 거쳐야 하며, 포크 씨는 어떤 편지들은 한국을 아예 떠나지도 못하였다고 확신하고 있습니다. 공사관이 잠시 제 수중에 거의 있었고, 그럴 필요가 생길 가능성이 있기에 포크 씨는 친절하게도 저에게 자신이 알게 된 일에 대하여 이야기해 주었습니다. 그 이야기들의 대부분을 제가 박사님께 전달하였습니다.

만일 정부 고문관과 군인들이 곧 온다면 모든 것이 괜찮을 것이지만, 만일 그렇지 않다면 상해에서 대기 중인 독일인들이 받아들여질 것이고 미국의 이익은 손상될 것입니다. 묄렌도르프는 현재 저와 상당히 친하게 지내고 있으며, 신임 독일 영사는 성격이 매우 좋은 것 같기에 미국인들만 제 때에 온다면 우리의 사역은 대단히 성공적일 것입니다. 그러나 푸트 장군, 일본의 빙엄 공사와 중국의 영 공사가 거의 동시에 떠나버려 이곳 사정을 아는 유일한 사람이 된 포크 씨는 중요한 편지에 대해 빙엄 씨나 우리 국무부로부터 아무런 답장을 받을 수 없기에 그는 속수무

160) 이 편지의 일부는 다음의 잡지에 실렸다. H. N. Allen, Only a Square Inch of Royalty. *The Foreign Missionary* 44(4) (Sept. 1885), p. 176

161) Frank F. Ellinwood (Sec., BFM, PCUSA) Letter to Horace N. Allen (Seoul) (Apr. 2nd, 1885)

책이며, 왕이 보낸 전갈을 매일 그저 미루어 놓고 있습니다. 그런데 최근 모든 대신들이 있는 참석한 자리에서 왕을 알현하는 대접을 받았고, 그때 묄렌도르프는 가장 두드러지게 무시를 당하여 총세무사로서 직책을 수행하는 것 외에 한국의 통치에 대한 어떠한 힘도 없음을 알게 되었습니다.

저는 최근 한 위원회로터 영국 총영사 애스톤의 귀환 환영사를 해 달라는 요청을 받았지만 정치적인 것을 피하는 것이 최선이라고 생각하여 정중하게 거절하였습니다.

스크랜턴 박사에 대해 제가 보낸 청원은 외아문에 의해 가장 우호적으로 받아들여졌는데, 영의정이 포크 씨에게 보낸 문서가 이중으로 봉인되어 왔는데 병원의 가치를 언급하고 자신들이 할 수 있는 한 저를 돕겠다는 바람을 담고 있으며, 포크 씨에게 새 의사를 초청하여 저의 조수가 되게 하라고 요청하는 내용이었다. 그 이후 그는 아마도 조연(助演)으로 일하는 것에 반대하여 거절할지도 모르는데, 그러한 행로는 서울에서 그를 영원히 망치게 할 것입니다. 병원은 왕과 관리들 대신들의 큰 인기를 받고 있습니다.

저는 계속해서 왕실을 진료하고 있으며, 어제는 강변의 여름 별장에서 왕의 모친을 진료해 달라는 요청을 받았습니다. 저는 여자들이 사는 곳인 ‘안방’에 들어갔는데, 지금까지 이런 곳에 공공연하게 들어가 본 외국인 남자는 없다고 말해도 과언은 아닙니다. 하지만 저는 나이 든 숙녀의 (몸을] 1평방인치 밖에는 보지 못하였습니다. 그녀는 휘장으로 가려져 있었고 제가 맥을 짚어야 하는 부위 이외에는 손 전체가 완전하게 붕대로 감겨 있었기 때문에 저는 팔목의 부분만을 보았습니다.

(조선) 정부가 최근 저에게 보인 관심에 박사님은 다소 놀라실 것입니다. 그것은 다섯 명의 ‘기녀’ 혹은 무희(舞姬)를 병원에 딸려준 것입니다.[162] 각 관리에게 이런 창기 몇 명을 주는 것을 박사님은 알고 계십니다. 그들은 정부에 의해 허용되고 있는데, 만일 사려고 하면 대단히 비싼 사치품이기 때문에, 정부가 호의로 한두 명을 주지 않는 한 그들을 지닐 수 있는 사람은 거의 없습니다. 다섯 명은 대단히 많은 숫자이며, 만일 그들이 통상적인 용도로 주어졌다면 한국인들은 외국인들이 별도의 특혜를 받고 있다고 생각할 이유가 됩니다. 그러나 사회에서 유일하게 자유롭게 어울릴 수 있는 이 여자들은 의학을 공부하러 이곳에 보내졌을 가능성이 있습니다. 저는 적어도 그런 해석을 주장하든지 아니면 그들을 없애려 합니다.

---

162) 외아문은 13세에서 16세 사이의 기녀(妓女) 가운데 총명한 사람 2~3명을 특별히 선발하여 제중원으로 올려 보내 의술을 익히게 하라는 공문을 보낸 바 있다. 통리교섭통상사무아문일기 (1885년 4월 27일, 고종 22년 3월 13일)

언더우드 씨는 어학 공부를 열심히 하고 있습니다. 그는 명랑하고 한국과 사역에 관심이 많습니다.

안녕히 계십시오.
H. N. 알렌

Horace N. Allen (Seoul), Letter to Frank F. Ellinwood (Sec., BFM, PCUSA) (May 15th, 1885)

Seoul, Korea,
May 15th, 85

Dr. F. F. Ellinwood,
23 Center St., N. Y.

My dear Doctor,

Your letter granting my request for extra expenses came yesterday. I will balance the books and hand the mission matters over to Mr. Underwood as I have not time to attend to them.

I have written you quite fully concerning matters here but I fear some of the letters never reached you. While we have not the facts necessary to criminate we are quite well assured that the American mail has been tampered with. It has to go through the hands of the Japanese or some of Mullendorf's people and Mr. Foulk is sure some of the letters never left the country. As the Legation came near falling into my hands for a time and as a possibility of such a necessity again arising exists, Mr. Foulk has kindly told me about matters which came to his knowledge. These I have largely conveyed to you.

If the Government advisor and military men come soon, all will be well, if not a German were waiting in Shanghai will be accepted and American interests will suffer. Von Mullendorf is at present quite friendly with me and as the new German Consul General seems very well disposed, our missions will be very successful if only the Americans come in time. But the almost simultaneous departure of Gen. Foote, Ministers Bingham of Japan and Young of China, leaving Mr. Foulk the only one acquainted with affairs here and as he can get no answer to important letters from Mr. Bingham or our State Dept, his hands are tied, and he has simply to put off daily the messages from the King. By the way, the King recently honored Mr. Foulk very highly in an audience given to him in the presence of all the native officials and at which time von Mullendorf was most markedly snubbed and given to understand that he had no rights with Korea's sovereign other than to fulfill his duties as Customs inspector.

I have recently been honored by a committee waiting upon me to ask me to present an Address of Welcome to the returning British Consul General Aston, but have thought it best to stay out of politics and have therefore respectfully declined.

The petition which I sent in regarding the Dr. Scranton was most kindly received by the foreign Office and a doubly sealed document came from the Prime Minister to Mr. Foulk commenting upon the value of the hospital and their desire to assist me all they can, and asking Mr. Foulk to invite the new Dr. to become my assistant. Since then he has probably objected to playing second fiddle and may decline, a course which will forever ruin him in Seoul. The hospital is a great favorite with the King and officials.

I continue to treat the Royal family and was on yesterday called to see the King's mother at their summer residence by the river side. I was admitted to the "Ang pan," a women's quarters and am safe in saying no other male foreigner ever openly entered one of these places. I did not see but about a square inch of the old lady, however, she was screened by curtains and I only saw a part of her wrist as her hand was completely bandaged excepting the place where I was to feel the pulse!

You will be a little surprised at the last attention paid to me on the part of the government. It was the attachment of five "geesang," or dancing girls, to the hospital. You know a certain number of these prostitutes are given to each official Yamen. They are allowed by the government and are a very expensive luxury if bought, so that very few can indulge in them unless so favored by the govrn't as to be presented with one or more. Five is a very large number and if presented for their ordinary use show that Koreans have reason to think foreigners are gifted with extra huts endowments. However, there is a possibility that these women, who alone mingle freely in society, are sent there to study medicine. I intend at least to insist on that interpretation, or their removal.

Mr. Underwood is hard at the language. He is cheerful and is much interested in Korea and the work.

With best regards,
H. N. Allen

18850515

프랭크 F. 엘린우드(미국 북장로교회 해외선교본부 총무)가 호러스 N. 알렌(서울)에게 보낸 편지 (1885년 5월 15일)

1885년 5월 15일

H. N. 알렌, 의학박사,
한국 서울

친애하는 형제여,

내가 귀하로부터 편지를 받은 후 답장을 하였다고 생각하지만,[163] 대중 매체로부터 중국과 일본이 한국에서 그들의 어려움을 조정하였고, 최소한 일시적으로 분쟁이 중단되면 그 영향으로 귀하의 사업이 진전될 것이라는 사실을 알게 되어 귀하를 축하하고 싶습니다. 지금 (조선) 정부는 김옥균이 시작하였던 개혁적 조치를 수행할지 모르겠습니다. 예를 들면, 우리 정부가 임명한 교사들을 한국 왕이 임명할 지 우리는 확신이 없습니다. 지금 헤론 박사는 귀하에게 합류하기 위해 가는 중에 있으며, 나는 언더우드 씨가 이미 귀하와 함께 있다고 생각합니다. 나는 귀하가 보낸 한국 왕의 병원 설립 승인 문서를 받아 출판하였습니다.[164] 당연히 우리는 한국 정세, 특히 귀하의 사역에 대해 파악하기 위해 가능한 한 소식을 자주 듣고 싶습니다.

내가 귀하에게 편지를 보낸 바와 같이 선교본부는 귀하가 제시한 정도로, 즉 특별 지출을 변제하는데 진료비를 사용하는데 동의하였습니다.[165] 귀하는 독특한 상황에 있기 때문에 당연히 영적으로 세속화되는 것을 피하기 위해 상당한 은총이 필요할 것이지만, 나는 귀하가 선교부의 설립, 그리고 그것의 전체 미래에 주된 영향을 미친다는 것을 인식하고 위대하고 효율적으로 이 문제를 극복하는데 하나님 은총의 활기를 유지할 수 있을 것이라고 믿고 있습니다.

내가 랜킨 씨의 보고서로부터 (한국) 선교부의 총 지출이 6319.70달러이란 것을 알고 있습니다. 나는 이 액수에 건물을 위한 비용, 그리고 귀하에게 합류하기 위해 떠난 선교사들의 파송비가 포함된 것으로 생각하고 있습니다. 귀하가 정규

163) Frank F. Ellinwood (Sec., BFM, PCUSA), Letter to Horace N. Allen (Seoul) (Apr. 2nd, 1885)

164) *The Foreign Missionary* 43(12) (May 1885), p. 527

165) Corea - Medical Fee for Mission Work. *Minutes [of Executive Committee, PCUSA], 1837~1919* (Mar. 16th, 1885)

선교부를 조직하고 회의록을 보관하며, 정규 회의를 개최하고 지출에 대한 정확한 장부를 관리하며, 모든 지출에 대해 서로 자문을 해주면 좋겠습니다. 동시에 가능한 한 완전히 조화롭게 일을 하고, 진정한 기독교 정신으로 서로 생기를 띠게 하는 것만으로도 여러분들의 노고의 결과인 한국에서 영적 열매를 기대할 수 있을 것입니다. 주로 귀하는 언어 학습을 할 것이지만, 전체 교회, 그리고 전체 기독교계가 귀하를 주시하며 귀하의 사역에서 은총 받은 결과가 널리 퍼지기를 기도드리고 있다는 것을 잊지 말았으면 합니다.

우리는 57,000달러의 적자로 회계연도를 마감하였습니다. 따라서 우리는 적지 않은 어려움과 함께 새로운 회계연도로 들어가며, 새해에는 엄격한 절약이 선교본부의 표어가 되어야 하기에 우리 지출의 많은 점에서 삭감할 필요가 있을 것입니다.

부인과 지금 귀하와 함께 있을 것으로 생각하는 언더우드 씨에게 안부를 접합니다.

안녕히 계세요.
F. F. 엘린우드

Frank F. Ellinwood (Sec., BFM, PCUSA), Letter to Horace N. Allen (Seoul) (May 15th, 1885)

May 15th (1885)

H. N. Allen, M. D.,
Seoul, Korea

My dear Brother: -

I think I wrote you since I last received word from you, but I want to congratulate you upon the fact which I learn from the public press, that the Chinese and Japanese have adjusted their difficulties in Korea, and that there is at least a truce under the influence of which your work may go forward. Now for the present regime will carry out the progressive measures which were entered upon Kim Ok Kuen, I do not know. For instance, we are uncertain as to whether the teachers which were nominated by our Government will be employed by the Korean king. By this time Dr. Heron is on his way to join you, and I suppose that Mr. Underwood is already at your side. I have received and published the text of the Korean King's permit to establish an hospital as you sent to me. Of course, we shall be anxious to hear from you as often as possible in order to keep the run of affairs in Korea and particularly of your work.

The Board, as I wrote you, agreed to the use of fees to the extent which you named, to apply in liquidating special expenditures. Of course, you will need much grace to avoid being secularized in spirit, situated as you are and surrounded with your peculiar circumstances, but I trust that you will be enabled to keep alive the spark of divine grace to so great and so effectual an extent as to overcome this difficulty, realizing that you are intrusted with the founding of a Mission, and with striking a key note which shall effect its whole future history.

The total expenditures of the Mission, as I see from Mr. Rankin's report were $6318.70. This I suppose includes payments made for buildings, and also the sending out of the missionaries who have gone to join you. It will be well for you to organize the Mission regularly, keeping Minutes, holding regular meetings, keeping a strict account of expenditures, and advising with each other in reference to all expenditures, at the same time working in as thorough unison as possible and quickening each other in the true christian spirit which alone can expect as the result of your labors, spiritual fruits in Korea. Largely you will be occupied in the study of the language, but do not fail to remember what the whole church and in fact the whole christian world are watching you and praying for you that blessed results may __end your labors.

We have closed the year with a debt of $57,000. We enter upon the new year therefore with no little embarrassment, and shall need in many points to make retrenchment in our expenses at least the strictest economy must be the motto for the Board during the coming year.

With kind regards to Mrs. Allen, and to Mr. Underwood, whom I suppose to be with you, I remain,

Sincerely yours,
F. F. Ellinwood

18850516

학교 및 교회. *The Colfax Chronicle* (루이지애나 주 그랜트 패리쉬) (1885년 5월 16일), 2쪽

최근 한국의 수도인 서울을 방문한 미국 북장로교회 선교본부의 선교사는 시민들이 게으르고 더러우며 술에 빠져 있음을 알게 되었다. 선교의 전망에 대해 그는 "현재 이 나라에서는 선교사가 허용되지 않지만, 공사관의 의사로서 나는 곧 시작될 사역을 위한 방도를 준비하는 동안 괴롭힘을 당하지 않을 것입니다."라고 말하고 있다.

School and Church. *The Colfax Chronicle* (Colfax, Grant Parish, La.) (May 16th, 1885), p. 2

A missionary of the American Presbyterian Board who has lately visited Seoul, the capital of Corea, finds its citizens exceedingly lazy, dirty and given to drink. Speaking of missionary prospects, he says: "Missionaries are not at present allowed in the country, though as physicians to the legation I will not be molested while preparing the way for the work which will soon be begun."

18850525

토머스 F. 베이야드(미국 국무부 장관), 조지 C. 포크(서울 미국 공사관) (1885년 5월 25일) 제175호 *U. S. State Department, Despatches from U. S. Ministers to Korea, 1883~1905*

제175호 한국 서울 미국 공사관,
1885년 5월 25일

조지 C. 포크,
미국 해군 소위,
임시 대리공사

국무부 장관 귀중,

제목: (미국인) 거주민 등이 보여 주는 한국에서 미국의 이익

미국 공사관,
제175호 한국 서울,
1885년 5월 25일

안녕하십니까,

저는 한국에서 미국 시민들이 보여주고 있는 이익에 대한 다음의 보고서를 제출하고자 합니다.

공사관의 책임을 맡고 있는 저 이외에 서울에는 다음과 같은 미국인들이 살고 있습니다.

미국 북장로교회 선교회의 회원인 H. N. 알렌 박사, 아내와 아이. 이 신사는 한국 정부병원의 책임을 맡고 있습니다.

(중략)

위에 거명된 사람들은 서울에 부지를 구입하였습니다.

미국 북장로교회 선교부의 세 번째 의사가 곧 도착하여 정부 병원에서 알렌 박사와 함께 진료를 할 것으로 예상됩니다.

(중략)

Thomas F. Bayard (Sec., Dept. of State), George C. Foulk (U. S. Legation, Seoul) (May 25th, 1885) No. 175 *U. S. State Department, Despatches from U. S. Ministers to Korea, 1883~1905*

No. 175 Legation of the United States, Seoul, Korea,

May 25/ 885

George C. Foulk,

Ensign, U. S. Navy

Charge d'affaires, par int.

To the Secretary of State,

Subject: The interest of American in Korea as shown by residents &c.

Legation of the United States,

No. 175 Seoul, Korea,

May 25, 1885

Sir,

I beg to submit the following report to illustrate the interest shown by citizens of the United States in Korea.

In addition to myself, in charge of the Legation, there are living in Seoul, the following Americans;

Dr. H. N. Allen, a member of the American Presbyterian Board of Missions; his wife and child. This gentleman is in charge of the Korean government hospital.

(Omitted)

The above named persons have purchased property in Seoul.

A third physician, of the American Presbyterian Missions is expected to arrive shortly, to serve with Dr. Allen in the Government hospital.

(Omitted)

18850525

프랭크 F. 엘린우드(미국 북장로교회 해외선교본부 총무)가 호러스 N. 알렌(서울)에게 보낸 편지 (1885년 5월 25일)

1885년 5월 25일

H. N. 알렌, 의학박사,
한국, 서울

친애하는 형제여,

귀하의 길고 만족스러운 편지를 엊그제 받았습니다.166) 나는 의약품 청구서를 런던의 앨런 앤드 핸버리스 회사로 보냈습니다.

나는 이번 우편으로 묄렌도르프 씨에게 귀하에게 보내준 여러 가지 호의에 대해 감사를 표하고, 우리 사업을 위한 그의 영향력을 주문하되 그것이 모든 면에서 사리분별 있고 잘 진행될 것이라는 것을 보증하며, 지금은 우리가 직접적인 선교 사업을 수행하지 않는 것을 이해하고 있지만 우리의 목적은 미래에 한국인들과 정부의 신뢰를 확보하는데 유리하도록 명백하고 사심 없이 한국에 대해 봉사를 하는 것임을 담은 편지를 보낼 것으로 생각합니다. 나는 우리의 감리교회 형제들이 귀하가 일을 하려할 때 그들의 나팔을 보다 온건하게 불고, 나라 전체를 놀라게 하지 않기를 바라고 있습니다. 나는 지금 조용히 움직여야 한다고 생각하며, 언더우드 씨도 ____ 업무에서 그렇게 해야 하지만, 그가 가능하면 한국어 학자가 되도록 재촉하려 합니다. 그는 한동안 충분한 여유를 갖게 될 것이며, 헤론 박사는 당연히 의료 사역에서 조수로 일에 착수하겠지만 특별히 그의 관심을 병원과 다른 곳에서의 의료 선교 사역에 둘 것입니다. 나는 감리교회가 다른 병원을 맡지 않기를 바라고 있으며, 만일 선교지를 먼저 차지하였다면 그들은 그것을 즐겁게 받았을 것입니다. 나는 귀하가 선교본부의 비용으로 감리교회 선교부에 대한 후의의 큰 짐을 떠맡아야 한다고 생각하지 않습니다. 만일 귀하가 그들을 위해 일을 하면 그들은 받은 것에 대해, 특히 비용이 비싼 경우 분명히 지불해야 합니다. 특별 취급은 좋지만, 10센트와 25센트로 조성된 기금에서 크고 비싼 규모로 수행될 때에는 엄격하게 계산해야 합니다. 실행 가능한 한 나는 외국인과 부유한 현지인들이 의료

166) Horace N. Allen (Seoul), Letter to Frank F. Ellinwood (Sec., PCUSA) (Apr. 3rd, 1885)

의 가치만큼 지불하게 해야 하지만, 다른 사람들로부터 반대와 경쟁을 강요할 정도는 아닙니다. 올해 우리 장부는 57,000달러의 부채로 마감되었기에 귀하는 모든 것을 가능한 한 절약해야 할 필요가 있으며, 선교지에서 보낸 예산을 잔인한 손으로 삭감해야만 할 것입니다. 우리는 증대하는 사역을 수행하기 위하여 고국과 해외에서 동전 한 푼까지도 절약하고 가능한 한 많이 경비를 줄여야 합니다.

나는 과잉의 현금을 건물의 개선에 사용하는데 사용하는 것은 현명하다고 생각하는데, 그 이상은 아니라고 생각합니다. 미래에 필요한 것을 예상하기에는 일들이 너무도 불확실합니다. 나는 변화가 일어날지 모르기에 현재 절대적으로 필요한 범위 내에서만 유지하는 것이 현명할 것이라고 생각합니다. 당분간 신임 선교사들은 어떻게든 건물에 전념하지 않고 꾸려 나갈 것입니다. 헤론 박사와 언더우드 씨 모두는 건물이나 업무 같은 단순한 기술적인 일에 너무 열중하게 되지 않고, 동시에 그렇게 함으로서 언어 학습을 경시하는 유혹에 빠지지 않게 되어야 합니다. 선교사가 선교지에 도착하였을 때 집을 짓기 시작하거나 어떤 보수 및 어설픈 보수를 하는 것보다 더 나쁜 것은 없는데, 그것은 규칙적이고 체계적인 학습을 막으며, 그가 그것을 알기 전에 도착한 지 1년이 되었어도 주요 업무, 즉 언어 학습에서 거의 아무 것도 한 것이 없는 궁지에 몰리게 됩니다. 귀하의 상황은 예외적이었으며, 게다가 이러한 고려는 단지 귀하에게만 적용됩니다. 4~5년 후에 귀하가 한국어에 대한 지식의 부족으로 영구적으로 무능함을 발견한다면 그것은 유감스러운 결과일 것입니다. 귀하 부부의 건강을 잘 챙기고 고국으로의 귀국을 초래할 돌발적인 돌진이 아니라 장기간의 강한 일을 시도하세요. 귀하의 진료에는 한계가 있습니다.

내가 ____ 중국인 교사들을 보내는 하퍼 박사의 원대한 계획을 알고 난 이래 나는 그것을 저지하기 위해 매진하였다는 것을 아는지 묄렌도르프 씨에게 이야기해 주세요. (귀하께서 이것을 묄렌도르프에게 이야기 할 필요는 없지만) 우리는 임명과 관련하여 정부와 협의하였으며, 우리가 알기로 세 명이 지난 행정부에 의해 임명되었습니다. 클리블랜드가 집권한 이후 그 일의 상태에 대해 전혀 모르고 있습니다. 현 행정부를 통해 모험을 선택하는 것을 막기 위해 할 수 있는 것이 있는지 모르겠습니다. 나는 만일 한국이 교사들 요청을 다시 한다면 정부가 그들을 보낼 것이라는 것에 의심하지 않습니다. 나는 어떤 일이 이루어졌고 이루어질지 알아볼 것이며, 결과를 아는대로 조속히 다시 편지를 보내겠습니다. 이 문제를 다루었던 프릴링하이젠 국무장관은 최근 사망하였습니다. 지출한 경비에 대해 어떤 준비가 되었는가요?

나는 오늘 밤 총회에 참석하기 위해 신시내티로 가며, 그곳에 체류하는 동안 그 문제들과 관련해 몇 가지 사실을 확인할 수 있을지 모르겠습니다.

부인께 안부 전해주세요.

안녕히 계세요.

F. F. 엘린우드

Frank F. Ellinwood (Sec., BFM, PCUSA), Letter to Horace N. Allen (Seoul) (May 25th, 1885)

May 25th (1885)

H. N. Allen, M. D.,
Seoul, Korea.

My dear Brother:

Your long and satisfactory letter was received a day or two since. I have forwarded the order for medicines to *Allen & Hanburys* of London.

I think I shall by this mail write to Herr Mollendorf, thanking him for his various courtesies to you and bespeaking his influence for our work, and assuring him that it will be conducted judiciously and well in all respects, that we understand that for the present direct mission work is not to be undertaken, but that our object is to perform a service to Korea so manifestly disinterested and beneficial as to secure the confidence of the people and the government for all the future. I wish that Our Methodist brethren would blow their trumpet more mildly, and not scare an exclusive nation when you are about to try to seek its benefit. I think that I should just move quietly along, working in the ____ service of Mr. Underwood in such ways as may present themselves, but urging him to make himself a scholar if possible in the Korean language. He will have for a long time abundant leisure for that Dr. Heron, of course, will set to work as an assistant in the medical work, but giving his attention specifically to medical missionary work in the hospital and elsewhere. I hope that the Methodists will not undertake another hospital; if they have been outrun in the occupation of the field, they should submit to it pleasantly. I do not think that you should to any great extent take upon you the burden of hospitality to the Methodist missionaries at the Board's expense; if you make provision for them they should certainly pay for what is done, especially when prices rule so high. Courtesy is very well, but when it is to be carried on a large and expensive scale from funds raised by dimes and quarters, it must keep strict accounts. So far as practicable, I should allow foreigners and wealthy natives to pay what the medical work is worth, not, however, crowding them to such an extent as to suggest opposition and rivalry from others. It will be necessary for you all to economize so much as possible as we closed our books this year with a debt of $57,000, and shall be obliged to cut down the estimates sent from the field with a cruel hand. We must save every penny and keep down expenses as much as possible at home and abroad in order to carry on a growing work.

I think that you are wise in proceeding to use your superfluous cash in improving the building, but I would not go farther than that; things are too uncertain to anticipate future wants very much. It is wiser, I think, to keep entirely within the line of absolute present necessity, not knowing when changes may occur. For a time the new missionaries now get on in some way without devoting their attention to building. Both Dr. Heron and Mr. Underwood should not become too much engrossed with mere executive work, whether in building or business operations, at the same time that they are thereby tempted to neglect the study of the language. Nothing is worse for a missionary when he arrives on the field than to commence to build a house, or to do some repairing and tinkering which prevents him from entering upon regular and systematic study, and which, ere he know it, strands him a year after his arrival with almost nothing done in the main thing, namely, the study of the language. Your circumstances have been exceptional, and yet these considerations are solely applicable to you. It would be a sorry result if at the end of four or five years you should find yourself permanently crippled for the want of a knowledge of the Korean. Take good care of your health and that of your wife, and try for a long pull and a strong one, and not for a spasmodic dash that will be followed by a return home. There must be a limit to your practice.

Please say to Mollendorf if he knows of it and all others that ever since Dr. Happer's grand scheme was made known to me of sending ____ Chinese teachers, I have striven to head it off. We conferred with the Government (though you need not tell Mollendorf this) in regard to the appointments which were made, and three men to our knowledge were appointed by the last Administration. Since Cleveland's accession to power, I do not know at all the status of the case. I do not know that there is anything that can be done through the present Administration to prevent adventurers being picked up. If Korea should be inclined to renew her requests for teachers, I have no doubt that the Government would send them. I will try to ascertain what has been and what will be done and will write you again as soon as the results are ascertained. Secretary Frelinghuysen, who had the matter in hand, has recently died. What provision was made for expensed money!

I go tonight to Cincinnati to the General Assembly, and may while there ascertain some facts in regard to those matters.

With kind regards to Mrs. Allen, I remain,

Sincerely yours,
F. F. Ellinwood

18850529

알렌 박사의 일기 제1권(1883~1886년) (1885년 5월 29일)

1885년 5월 29일 (금)

오늘 아침 여러 색으로 보이는 청동색 누비 비단으로 만들어진 실내복을 입고 있는데 왕과 왕비가 선물로 보낸 것이다.

지난 주에도 국왕 내외분으로부터 값진 선물을 하사 받았다. 그것은 100야드의 누비 비단인데, 25야드는 나의 옷 색깔과 같으며, 25야드는 담청색, 25야드는 분홍색, 25야드는 황제의 청동 노란색이었다. 패니는 분홍색과 노란색의 비단으로 2인용 침대 시트를 만들 것이다. 청색 비단은 사용하기 좋을 것이다. 하사품에는 25야드 씩 네 개로 나뉘어 있는 100야드의 하얀 비단도 있었는데, 하나는 무지(無地)이었고 두 개는 끝이 마무리 되어 있었으며, 나머지 하나는 멋진 바둑판 무늬였다.

왕비가 보낸 하사품 중의 하나는 돌 밥솥이었다. 이것들은 상당히 오래되고 매우 값진 것들인데, 군주의 선물이 아니면 어느 누구도 이것들을 구할 수 없다. 왕비는 우리가 이것들의 진가를 알고 있는지 알아보기 위해 포크 씨에게 사람을 보냈다. 나는 푸트 장군이 이것들 중 일부를 사려고 노력하는 것을 보고 매우 가치 있는 것들임을 알았다.

하사품 중에는 창문에 걸 비단을 말아 만든 큰 창문 가리개 2개와, 바닥에 깔 멋진 방석 여러 개도 있었다. 맨발로 방석을 밟아 보니 땋은 머리처럼 부드럽게 느껴졌다.

병원은 잘 운영되고 있다. 내가 이전에 보냈던 청원서는 내게 대단히 호의적으로 승인되었다. 그 사이 스크랜턴 박사는 자신의 이전 결정, 그리고 이 청원서가 그의 요청으로 보냈던 것과 상관없이 제물포에 머물기로 결정하였다. 하지만 포크 씨는 이 문제를 거론하면서, 이는 배신행위이며 미국의 이익을 위해 참을 수 없다고 선언하였다. 그래서 그(포크)는 그(스크랜턴)에게 (서울로) 올 것을 명령하였고, 왔지만 이 일에 상당한 관심이 있는 것 같지 않다.

나는 오늘부터 저녁 식사를 병원에서 먹기 시작하였는데, 더위와 시간 절약 때문이다. 나는 칼스 씨의 집을 사려 했었는데, 그 가격이 너무 비싸다고 들었고 그래서 이유를 언급하지 않고 정중히 거절하였다. 그 후 스크랜턴 박사는 그 집을 구입하려 나섰지만, 칼스 씨는 팔려는 마음이 없는 것으로 보였다. 하지만 만일 그들 자신들이 필요하지 않는다면 그는 스크랜턴 박사에게 선물로 줄 것이라고 말하였다. 조선 정부는 그 집의 처분을 나에게 위임하였지만, 그 위임권은 너무나 약하다.

최근 그다지 중요하지 않은 사건이 발생하였다. 영국이 거문도를 점령하였는데, 그것으로 묄렌도르프는 사람들을 공포에 떨게 하는데 성공하였으며 그곳에 가서 조사를 하도록 허락받았다.[167] 그는 중국 군함을 타고 갔는데, 그것이 일본을 자극하여 설명을 요구하였다. 그 사이에 영국 공사의 친서가 왔는데, 그것(거문도를 점령한 것)은 단순한 경계 조치이며 자신은 섬을 점령하거나 조약을 위반할 의도가 없다고 언급하였다.[168] 한국의 외아문 독판은 주변의 외국 사절들에게 친서를 보내 대단히 신랄한, 과장된 형식의 답신을 보냈다.[169] 그는 포크 씨에게 와서 유감을 표명하였으며, 가련한 그는 (포크를) 무시한 것에 대해 사과문을 썼다.

전 섭정 대원군이 돌아올 것으로 예상되고 있다. 가서 그를 모시고 올 사절단이 2주일 전에 임명되었지만, 왕비는 민 씨 집안의 증오를 계획하고 있기에 ____ 하고 ____하고 있다. 민영익은 정부의 첩자(혹은 우사)이며, 북쪽 국경에 올라가 있다. 그는 만약 미국 군사 교관과 고문관들이 오지 않는다면 돌아오지 않을 것이라고 말하고 있다.

---

167) 1885년 4월 15일 영국이 거문도를 점령하자 조선 정부는 5월 18일 조선 정부의 특사로 우사당상 엄세영(嚴世永, 1831~1900)과 협판교섭통상사무 묄렌도르프가 거문도를 방문하게 하여 영국의 거문도 점령에 대해 항의하였다.

168) 러시아의 한국 진출을 견제하기 위한 것이었다.

169) 김윤식은 주한 영국 대리총영사 칼스, 주청 영국 대리공사 니콜라스 R. 오코너(Nicholas Roderick O'Connor, 1843~1908)에게 거문도 점령 사건은 양국의 우의와 만국 공법에 위배되는 조치이므로 즉각 철수할 것을 촉구하는 편지를 보내었다.

Dr. Allen's Diary No. 1 (1883~1886) (May 29th, 1885)

May 29th, 1885 (Fri.)

This morn I have on a dressing gown made of quilted silk of a changeable bronze color sent as a present from the King and Queen.

On last week we received quite a nice present from them. There were 100 yards of quilted silk, 25 yds. the color of my gown, 25 a light blue, 25 of pink and 25 of Imperial bronze yellow. The pink and yellow, Fannie will make up into two double bed spreads. The blue will be nice for use. There were also 100 yards white silk in four pieces of 25 yds. each, one was plain, two were ended and one was a very fine check.

One of the presents from the Queen was a stone rice kettle. These are quite old and very highly prized no one being able to obtain them, but through the gift of the Sovereign. The Queen sent to Mr. Foulk just to know whether we would appreciate this. I knew they were very valuable because I saw Gen'l Foote trying to buy some of them.

There were also a couple of large silk wound blinds for the window and a lot of mats for the floor of a very fine kind. When stepped on with the bare feet they feel soft like braided hair.

The hospital is doing well. The petition which I sent in was kindly granted in a spirit very favorable to me. Dr. Scranton had in the meantime, without regard to his former decision and this petition sent in at his request, decided to stop at Chemulpoo. Mr. Foulk however took up the matter and declared it to be a breach of faith and that American interests couldn't put up with it. He therefore commanded him to come and he came but doesn't seem to have very much interest in the work.

I today begin taking my dinner to the hospital, owing to the heat and to save time. I was about to buy a house of Mr. Carles, but heard the price would be too much so I declined not stating my reason. Dr. Scranton afterwards went to buy the house and Mr. Carles didn't seem inclined to sell. He said however that if they didn't need it themselves, he would make him Dr. Scranton a present of it.

The Gover'nt has placed a house at my disposal but it is very weak.

No very important thing has transpired of late. The English occupied Port Hamilton and Moellendorff succeeded thereby in scaring the people greatly and getting permission to go there and investigate. He went on a Chinese Man of War and that roused the Japs to demand an explanation. In the meantime a confidential letter comes from the British Minister stating his reason to be merely precautionary and that he does not intend to occupy the island or in any way violate the treaty. The Korean President of Foreign Office sends around this confidential letter to the foreign representatives and answers it in a very grueling and bombastic style. On coming to Mr. Foulk he showed him his error and the poor fellow in chagrin has written an apology on the grounds of ignorance.

The Ex-Regent Tay Won Khun is expected back. An embassy was appointed to go and fetch him two weeks ago, but the Queen is lending and presenting it for she plan this hates of the Mins. Min Yong Ik is Gov'nt spy (or Ussah) and is up in the north border. He says he will not come back unless the American military men and advisers come.

18850530

토머스 F. 베이야드(미국 국무부 장관), 조지 C. 포크(서울 미국 공사관) (1885년 5월 30일) 제176호 *U. S. State Department, Despatches from U. S. Ministers to Korea, 1883~1905*[170)]

제176호 한국 서울 미국 공사관,
1885년 5월 30일

조지 C. 포크,
미국 해군 소위,
임시 대리공사

국무부 장관 귀중,

제목: 미국인 의사 H. N. 알렌 박사가 채임을 맡고 있는 한국 서울 정부 병원의 설립과 성공적인 운영

미국 공사관,

제176호 한국 서울,
1885년 5월 30일

안녕하십니까,

3월 5일자 저의 보고서 제151호의 주제이었던 정부 병원이 성공적으로 운영되고 있고, 조선 정부의 상설 기관이 될 기대를 보고 드리게 되어 기쁩니다.[171)] 건물은 한국식으로 준비되었으며, 50명의 입원 환자를 수용하고 진료실, 대기실 외과 수술을 위한 방을 위해 절대적으로 필요한 설비만 갖추었습니다.

병원의 개원은 전국에 전반적인 포고로 공지되었습니다. 개원은 비공식적으로 2월 25일 이루어졌으며,[172)] 약 30명의 환자가 치료를 받았습니다. 이후 매일 치료

170) 이 보고서의 일부는 다음의 신문에 실렸다. The Government, Hospital in Corea. *National Republican* (Washington, D. C.) (July 16th, 1885), p. 2

171) Frederick T. Frelinghuysen (Sec., Dept. of State), George C. Foulk (U. S. Legation, Seoul) (Mar. 5th, 1885) No. 151 *U. S. State Department, Despatches from U. S. Ministers to Korea, 1883~1905*

172) 포크는 3월 5일자 편지에서 '큰 저택이 병원으로서 사용하기 위해 거의 준비되어 있으며, 알렌 박사가 책임을 맡을 것'이라고 언급한 바 있다. 따라서 2월 25일은 병원이 개원하였다는 것은 논리에 맞지 않

받으려는 사람이 대단히 많았으며, 일요일을 제외하고 매일 치료한 환자 수는 평균 약 60명이었습니다. 내원하는 질병은 대단히 무서운 상태이며, 그 수가 대단히 많은 것은 한국인들의 대단히 비참한 위생 상태를 보여줍니다.

서양 의술을 수용하는 데 다른 나라에서 얼마나 동양인들이 독특한 지와 한국 발달의 초기라는 것을 고려하였을 때 모든 계층, 연령 및 성별들의 사람들이 기꺼이 병원을 후원하는 것은 대단히 주목할 만합니다. 그것은 폐하와 왕실 가족들이 계속 알렌 박사의 치료를 받았다는 사실 때문일 것입니다.

이 병원을 설립하였을 때 약 4백 년 전에 설립된 혜민서란 이름이 아직 존속하고 있었지만 그 업무와 관련하여 1세기 이상 시대에 뒤진 것이었으며, 그럼에도 불구하고 거의 1,000명이나 되는 사람들이 구식 제도 하의 직책을 갖고 있었으며 정부로부터 봉급을 받아 왔습니다. 새 병원의 설립과 함께 칙령에 의해 혜민서는 철폐되었으며, 일부의 사람들만 새 병원에서 업무를 보기 위해 직책이 유지되었습니다. 너무도 많은 사람들이 생계를 의존하던 그렇게 오래된 기관이 없어질 때 상당한 감정이 야기될 것이라고 생각하는 것이 합리적이지만 어떤 그러한 감정도 명백하지 않았습니다.

약값이나 치료비를 지불할 수 있는 사람들로부터 적은 돈을 받으며, 이런 방식으로 병원은 이미 자립 이상의 상태에 있습니다. 많은 총명한 젊은 남녀들이 의학을 배우기 위해 병원에 왔습니다.

안녕히 계십시오.

조지 C. 포크

미국 해군 소위

임시 대리 공사

T. F. 베이야드 각하,

국무부 장관

워싱턴, D. C.

는다. 따라서 2월 25일은 음력으로 판단되며, 이를 양력으로 환산하면 4월 10일이다.

Thomas F. Bayard (Sec., Dept. of State), George C. Foulk (U. S. Legation, Seoul) (May 30th, 1885) No. 176 *U. S. State Department, Despatches from U. S. Ministers to Korea, 1883~1905*

No. 176 Legation of the United States, Seoul, Korea,
May 30, 1885

George C. Foulk,
Ensign, U. S. Navy
Charge d'affaires, par int.

To the Secretary of State,

Subject: The establishment and successful operation of a Government Hospital in Seoul, Korea, in charge of an American Physician, Dr. H. N. Allen

Legation of the United States,
No. 176 Seoul, Korea,
May 30, 1885

Sir,

It gives me pleasure to report that the Government Hospital which formed the subject of my despatch No. 151, dated Mar. 5, is in successful operation, and promises to be a permanent institution of the Korean Government. The buildings were fitted up in the Korean style, with only such innovations as were absolutely necessary, to accommodate fifty indoor patients, and to admit of a dispensary, waiting rooms, and rooms for surgical operations.

The opening of the hospital was announced in a general proclamation to the whole country. The opening, of an informal character, took place on Feby 25, when some thirty patients were treated. Since then the daily applications for treatment have been very numerous, and the average number of cases treated daily, except Sundays, has been about sixty. The disease presented are in a great measure of the most horrible orders, and with their great number show the most deplorable sanitary wretchedness of the Korean people.

The readiness with which people of all classes, ages and sexes patronize the hospital is very remarkable when it is considered how distinctful orientals are in other countries in accepting Western medical treatment, and the early stage of Korean development; it may be largely due the fact that His Majesty and the members of the Royal family repeatedly were treated by Dr. Allen.

At the time of establishing this hospital, there yet existed in name a called Hei-min-so, founded some four hundred years ago, but for more than a century past entirely obsolete so far as its service was concerned; nevertheless, nearly a thousand persons held positions under this old system and have been drawing salaries from the government. With the establishment of the new hospital, the Hei-min-so was abolished by decree, only a few of its attache being retained for service in the new hospital. It is rational to suppose there would be much feeling engendered by sweeping away thus an ancient institution upon which so many livelihoods were dependent, but no such feeling whatsoever has been apparent.

A small sum of money is exuded from each patient who can afford to pay for medicine or treatment, and in this way the hospital is already made more than self-supporting. A number of bright young men and women have been attended to the hospital to study medicine.

I have the honor to be, Sir,
Very respectfully

Your obedient servant,
George C. Foulk
Ensign, U. S. Navy
Charge d'affaires par interim

Honorable
T. F. Bayard,
Secretary of State,
Washington, D. C.

18850600

편집자 단신. *The Foreign Missionary* 44(1) (1885년 6월호), 3쪽

프랑스와 중국 사이의 평화 정착 다음으로 중요한 것은 한국의 상황과 관련한 중국과 일본 사이에 성립된 평화 상태의 조정이다. 아마도 그것은 단지 일시적인 중지에 불과한 것 같으며, 이것은 진리의 진보에 도움이 될 것이다. 중국군과 일본군의 철수는 한국 측에 더 효율적인 군대의 조직을 필요로 하게 할 것이지만, 이 판단은 주로 리훙장의 영향을 통해 실현되었기에 그가 어린 왕과 왕의 정부를 이런 측면에서 부족하게 놔두지 않았다고 생각하는 것이 안전할 것 같다.

최근까지의 보고에 의하면 알렌 박사의 의료 선교는 방해 받지 않고 계속되었으며, 교육 사업을 실행하는데 아무런 방해도 끼어들지 않을 것으로 믿어진다. 12월에 발생한 난국은 틀림없이 기독교 문명의 진전을 방해하였지만, 그 방향에 영구적인 방해가 끼어들지는 않았다.

Editorial Notes. *The Foreign Missionary* 44(1) (June 1885), p. 3

Next in importance to the establishment of peace between the French and the Chinese is the adjustment which has been effected between China and Japan in regard to affairs in Korea. It is perhaps a mere truce; still even this will conduce to the advancement of the truth. The withdrawal of both the Chinese and the Japanese troops will necessitate the organization of, a more effective military force on the part of Korea; but as this adjudication has been effected mainly through the influence of Li Hung- Chang, it may safely be assumed that he has not left the young- King and his Government unprovided for in this respect.

Up to the latest advices, the medical mission of Dr. Allen continued without hindrance, and it is believed that, no obstacle will be interposed to the prosecution of educational work. The difficulties which occurred in December have, undoubtedly, retarded the movement of Christian civilization, but have interposed no permanent obstacles in its way.

18850600

일본. H. 루미스. *The Foreign Missionary* 44(1) (1885년 6월호), 34~35쪽

요코하마, (1885년) 1월 26일

헨리 루미스 목사 - 저는 언더우드 씨를 이곳에 만나 기뻤으며, 그는 그 선교지에 적임자 같지만 그는 아내를 데리고 왔어야 합니다.

(중략)

일간지에는 최근 정변 중 부상을 당한 약 100명의 중국인 및 한국인 병사들이 한 미국인 의사로부터 치료를 받았다는 기사가 실려 있습니다. 당연히 그것은 알렌 박사를 언급한 것임에 틀림없습니다.

(중략)

Japan. H. Loomis. *The Foreign Missionary* 44(1) (June 1885), pp. 34~35

Yokohama, January 26.

Rev. Henry Loomis - I am rejoiced to see Rev. Mr. Underwood here, and he seems to be the right man for that field; but he should have brought a wife.

(Omitted)

In the daily papers is an item reporting the treatment of about one hundred Chinese and Korean soldiers, who sustained wounds during the recent disturbance, by an American physician. It must, of course, refer to Dr. Allen.

(Omitted)

18850601

윌리엄 B. 스크랜턴(서울)이 존 M. 리드 (미국 북감리교회 교신 총무)에게 보낸 편지 (1885년 6월 1일)

(중략)

저는 4월 28일 화요일 아침 일찍 나가사키를 떠났으며, 부산(한국 남단에 있으며 일본에 가장 가까운 항구)에서 하루와 반나절을 지체한 이후 5월 3일 일요일에 '고요한 아침의 나라'의 해변에 안전하게 상륙하였습니다. ……

다음 날 저는 알렌 박사(장로교회)를 만났으며, 서울에 있는 자신의 집으로 초대하였습니다. 우리는 다음날 서울로 갔는데, 아침 7시부터 오후 두세 시까지 오랜 시간을 가마꾼들이 매는 가마에 앉아 폭풍우를 뚫고 알렌 박사의 집으로 갔습니다. 서울은 매력적인 곳이 아닙니다. 더러움, 외부 세계에 대한 무지, 그리고 게으름 같은 것들이 우리 서양인의 눈에는 매우 못마땅합니다. 왕자에서부터 거지에 이르기까지 한국인들의 집은 모두 대단히 더럽습니다.

(중략)

알렌 박사는 (작년 12월에 일어났던 혼란과 혁명의 와중에서 대단한 성공을 이끌어 냈던 호의를 바탕으로) 정부 병원(제중원)의 책임을 맡았습니다. 이 땅에서는 훌륭한 의료 사업이 대단히 크게 필요하며, 한국인들은 우리가 그들에게 가져다주는 도움을 절실하게 필요로 하고 있습니다. 알렌 박사에게는 일이 너무 많으며 돌보아야 할 책임이 큰데, 그것은 이곳에서의 선교 사역, 최소한 의사로서의 진료 방면에 영향을 미칩니다. 서울의 모든 대문과 각 도에 질병이 있는 사람들은 모두 폐하의 병원으로 찾아오라는 광고가 붙었을 때, 의사들이 이곳에서 찾을 수 있는 것보다 이 사람들에게 더 잘 설명해 줄 수 있는 것은 없을 것입니다. 어느 누구도 우리가 제공하고 있는 의학적 치료라는 형태 이외에 한국에 더 큰 도움이 되는 일을 기대하거나 바랄 수는 없을 것입니다. 그리고 만약 이런 의술이 지금까지 그들이 알았던 다른 방식들을 능가한다면(의심할 여지없이 그렇지만), 의료 선교사는 질병을 고치는 것이 우리가 그들에게 해 줄 수 있는 전부가 아닐 뿐 아니라 우리 마음속에 품고 있는 전부가 아니라는 것을 그들에게 보여줄 수 있는 희망을 가질 수 있을 것입니다. 며칠 동안 알렌 박사와 병원을 방문하여 그들이 얼마나 좋은 일을 할 수 있으며, 그곳에서 나날이 사업이 커져가는 것을 목격한 이후에, 저는 함께 일하자는 알렌 박사의 제안을 받아들였습니다. 알렌 박사는 저에 대한 외아문의 환영 여부를 확인하기 위해서 편지를 썼습니다.

이렇게 하게 된 저의 이유를 요약하겠습니다. 첫째, 병원(한국인들의)은 조력자가 절실하게 필요합니다. 둘째, 물론 정부에서 관여하고 있는 일이기는 해도, 우리 둘은 모두 선교사이기 때문에 이 사업은 장래의 선교 사업과 밀접하게 연결되어 있습니다. 셋째, 알렌 박사는 병원 업무에서 도움과 그의 선교사로서의 역할을 위한 지원을 절실하게 필요로 하고 있습니다. 넷째, 이 일은 제가 필요한 사람이라는 것을 한국인들에게 보여줄 수 있는 대단한(최소한) 기회를 제공해 줍니다.

(중략)

제가 말했듯이, 이렇게 결정을 한 이후에, 외아문으로부터 전에 알렌 박사가 저에 대해 보낸 편지에 대한 회신이 도착하였는데, 이 교신은 외아문에서 미국 공사관의 공사 G. C. 포크 씨를 통해서 대단히 정중하게 전달되었습니다. 외아문에서는 저의 도착을 알고 있으며 알렌 박사와 정부 병원에서 '당분간' 함께 일하게 되어 무척 기쁘다는 내용으로 시작을 하고 있었습니다. 그들이 언급한 '당분간'은 알렌 박사가 이미 언급한 내용을 지칭한 것이었는데, 알렌 박사는 편지에서 그들에게 제가 이 병원에서 몇 달간만 일하게 될 것이라고 암시한 바가 있습니다. 이렇게 공식적으로 초청을 받은 것은 상당히 기쁜 일이었는데, 이것은 조선 정부가 저를 공식적으로 인정한다는 뜻이며, 저를 알렌 박사와 동등한 입장으로 보고 있다는 의미이기 때문입니다. 포크 공사는 그의 편지에서 아마도 현재로써는 제가 이 초청을 받아들여야 하며, 제가 거절(말하자면 제가 실언을 하게 되는 것인데) 할 경우에 우리 공사관뿐 아니라 알렌 박사와 저에게 따라오는 결례를 막을 수 있다고 조언하였습니다.

(중략)

저는 생활을 위해 가장 필요한 물품들만을 챙겨서 열흘 정도 후에 서울로 다시 돌아오게 되었습니다. (저는 지금 동료로서 알렌 박사와 함께 병원 일을 하고 있습니다.) 저는 지금 보이는 만큼만 길을 조금씩 걷고 있는 셈이기 때문에 언제까지 이 병원에서 일하게 될 것인지는 기약이 없습니다.

(중략)

알렌 박사와 저는 이곳에서 어떤 일이건 하고 있는 유일한 선교사입니다. 현재 상황에서 물론 저희는 순수한 의료 사업 이외에는 할 수가 없습니다. 장로교회 선교본부에서 파송한 언더우드 목사가 여기에 함께 있습니다만 그는 집안에서 공부를 하는 것 밖에 아무것도 할 수가 없습니다. 우리는 언더우드 목사의 한국어 실력이 허락하더라도 그가 선교 사역을 위해 그 이상의 어떤 일을 하는 것이 현명하다고 생각하지 않습니다. 그와 동시에 아펜젤러 씨도 단순히 호기심으로 이 나라를 방문한 두 명의 의료 선교사와 함께 도착을 하였는데, 이 일을 계기로 묄렌도르프가 즉시 알렌 박사가 얻어낸 병원 운영의 특권을 무효화하려는 시도를 하였습니다. 그래서 병원의 운명이 한때 위기에 처하기도 했었습니다. 언더우드는 비록 서울에 있기는 하지만 완전히 뒤에 숨어 공부를 하거나 알렌 박사 옆집인 자신의 집을 수리하는 일 이외에는 나타나지 않고 있습니다.

(중략)

William B. Scranton (Seoul), Letter to John M. Reid (Cor. Sec., MEC) (June 1st, 1885)

(Omitted)

I left Nagasaki Tuesday, Apr. 28th, early in the morning, and after a stop of a day and a half in Fusan (the port on the southern extremity of Korea, and one nearest to Japan), was safely landed on the shores of the "land of morning calm" on the Sunday following May 3rd. ……

On the following day, I met Dr. Allen (Presbyterian Board) who invited me to visit him at his home in Seöul. We went to Söul the next day. A long, uninteresting ride in a coolie chair from seven in the morning until between two and three o'clock in the afternoon brought us thro' the haze of a departing rain storm to Dr. Allen's home. Seöul is not an attractive place. Dirt, ignorance of the outside world, and idleness on the causes most apparent for its failure to please our western eyes. From prince to pauper they are all very dirty in their homes.

(Omitted)

Dr. Allen has (on account of the favor he gained from his truly remarkable success in the disturbance and revolution of last Dec.) been put in charge of a government hospital. There is very great need for intelligent medical and surgical work in this land, and the Koreans very eagerly accept the aid we bring them. I found Dr. Allen's hands more than full; and great responsibility in his shoulders which in its care, effects missionary work here, at least in the physician's line very closely. One could not ask a better introduction to these people than a doctor can find here, when placards on all the gates of the city, and sent to every province in Korea, invited all the people to his Majesty's hospital for treatment for all their bodily woes. One could scarcely expect or hope to gain a better opportunity for showing Korea what we bring to them of help in the shape of medical skill. And if this medical skill is so far superior to anything they have previously known (as it undoubtedly is) a missionary doctor can very readily hope to show them that care of disease is not all we can give them, nor all that we have in our hearts for them. After visiting the hospital with Dr. Allen for several days and seeing the great amount of good that can be done there, and the daily increasing need for work there, I accepted Dr. Allen's invitation to join with him, my efforts for a time. He wrote to the Korean Foreign Office to learn from them their pleasure in the matter concerning me.

I will sum up my reasons for this course as follows: The hospital (that is Koreans) needed the assistance very greatly. (2) The undertaking, tho', an affair of the Government, is really very closely related to future missionary work here, for we are both missionaries. (3) Dr. Allen very greatly needed help in the hospital and support, as a missionary, in his responsibilities. (4) It afforded the very best of chances (to say the least) to introduce myself to the Koreans as a useful man in one way at least.

(Omitted)

I say, after this decision was made, there came to me a reply from the Korean Foreign Office made to the request of them. Dr. Allen had made to learn their pleasure concerning me as his colleague. This communication came to me very officially from them thro our U. S. legation here, Mr. G. C. Foulk, *Charge d'Affairs* stating that they (the Korean Foreign Office) had learned of my arrival in Chemulpoo, and would be pleased to have me join with Dr. Allen in the work at the Government hospital, for a time at least That last clause, "for a time at least" had reference to the wording of Dr. Allen's letter to them in which he intimated I would only be willing to enter upon the work for a few months. It was a very pleasing way of receiving the invitation, to have it come officially as it gave me official recognition by the Government, and put me on a standing of equality with Dr. Allen. In his letter to me on the subject, Mr. Foulk suggested that perhaps I had better accept the invitation for the time present, to avoid any cause for embarrassment which a refusal (after I had put my foot in it, so to speak) might entail upon myself and Dr. Allen as well as the legation.

(Omitted)

I came back again to Seoul in about ten days with only the most necessary articles for living comfortably. I am boarding with Dr. Allen and serving with him at the hospital for the present, as his colleague. My stay in this position has no definite length, as I am only walking where I can see the path.

(Omitted)

Dr. Allen and myself are the only missionaries here who are doing any work. We of course cannot for the present do more that purely medical work. Rev. Mr. Underwood, of Presbyterian Board, is here also. But he can only study and fit up his house. We do not consider it wise, even if his knowledge of the language would permit, that he should take any open steps toward definite missionary work. As it is, his arrival, at the time Mr. Appenzeller came here, together with two other missionary doctors who came merely to visit the country out of interest for it, was immediately made a handle of by Möllendorf to destroy the advantage Dr. Allen has gained and crush the hospital. Matters looked rather bad for a time for the life of the hospital. Mr. Underwood now keeps himself entirely in the background and as tho' he were not in Söul except for studying and refitting his house next door to Dr. Allen's.

(Omitted)

18850602

호러스 N. 알렌(서울)이 프랭크 F. 엘린우드 (미국 북장로교회 총무)에게 보낸 편지 (1885년 6월 2일)

한국 서울,
1885년 6월 2일

F. F. 엘린우드 박사,
뉴욕 센터 가(街) 23

친애하는 박사님께,

저는 매우 가치 있는 부지를 살 예정인데, 그것을 7월 1일까지 박사님을 위해 유보하고 있다가 만일 박사님께서 루미스 씨에게 반대하는 전보를 보내시지 않으면 저는 다른 사람들에게 그 땅을 처분할 것이라고 말씀드린 후 얼마 있다가 언더우드 씨가 박사님께 편지를 하였습니다. 그 이후 루미스 씨로부터 그 우편이 너무 연착되어 그는 박사님께 8월 1일까지 전보를 보내지 말라고 조언하였다는 내용의 편지가 왔습니다.

이것을 알고 저는 오늘 그 부지를 다음과 같은 이유로 감리교회 사람들에게 넘겼습니다. 스크랜턴 박사가 이곳에 있으며, 그 부지를 몹시 원하였습니다. 제가 만일 그가 그 부지를 갖지 못하도록 하면 심각한 반감을 일으킬 것입니다. 또한 제가 그가 그 부지를 갖지 못하도록 하면, 그는 도시의 다른 지역에서 부지를 사게 될 것이고, 그렇게 되었을 때 만일 러시아인들이 이 부지를 원하지 않게 되면 저는 그것을 갖고 있게 될 것입니다. 그래서 저는 그것을 그에게 넘겼고 박사님은 전보를 보내실 필요가 없습니다.

일이 잘 진행되고 있다는 것을 말씀드리게 되어 기쁩니다. 저는 1,000달러 이상을 받았고, 일은 여전히 진행 중입니다. 저는 약 400달러를 저의 이전 빚을 갚는 데 사용하였고, 재무인 언더우드 씨에게 저의 나머지 빚 100달러에 대한 쪽지를 주었습니다.

일본 신문은 제가 매달 800달러에 정부의 직책을 맡기 위하여 선교부와 관계를 사직한다는 의미의 기사를 실었습니다. 이에 관련하여 사실과 가장 가까운 것은 묄렌도르프가 저에게 자기 밑에서 일하며 월급을 받으라고 재촉하였지만 제가 거절했던 일입니다.

어떤 선교사들은 병원이 선교 업무가 아니라고 말하면서 이 병원을 비방하려 하고 있습니다. 그러나 이것이 선진화된 서양 문명의 첫 단계이며, 이 나라에서는 어떠한 선교 사역도 허용되고 있지 않은 사실을 고려할 때, 게다가 (조선) 정부가 이 기관을 준비하여 알려진 선교에게 넘기고 동일한 성격의 다른 의사의 활동을 수락하였으므로 저는 어느 선교부이건 의사를 조달하는 것은 가치가 있다고 생각합니다. 게다가 병원에서 선교 사역이 수행되지 못한다는 언급이 전혀 없었으며, 저는 우리가 준비되었을 때 병원에서 적극적인 사역을 할 것이라는 것을 염려하지 않습니다.

박사님께서 루미스 씨와 김옥균에 대해 말씀하신 것에 관련하여 저는 풀크 씨가 저에게 사적으로 말해 준 것을 말씀드리겠습니다. 그는 김옥균 다음의 2인자인 서광범이 자신에게 "우리는 이 사람들이 우리에게 가르치려고 노력하는 이 기독교를 믿지 않으며, 믿을 수도 없다. 그러나 현재 우리가 귀를 기우릴 만하다."는 편지를 썼다고 말하였습니다.

저는 병원 환자에 관한 약간의 소식을 동봉합니다.[173]

안녕히 계십시오.
H. N. 알렌

173) 이 소식은 이곳에 철해져 있지 않으며, 일부가 다음의 잡지에 실렸다. H. N. Allen, A Very Sad Case. *The Foreign Missionary* 44(4) (Sept., 1885), p. 176

Horace N. Allen (Seoul), Letter to Frank F. Ellinwood (Sec., BFM, PCUSA) (June 2nd, 1885)

Seoul, Korea,
June 2nd, 85

Dr. F. F. Ellinwood,
23 Center St., N. Y.

My dear Doctor,

Mr. Underwood wrote you some time since stating that I was about to our a valuable piece of property which I would hold for you till July 1st, after which time, unless you telegraphed Mr. Loomis to the contrary, I would dispose of it to other parties. Since then a letter comes from Mr. Loomis saying that the mail was so delayed that he had advised you not to cable up till Aug. 1st.

Knowing this I have today turned over the property to the Methodists for these reasons. Dr. Scranton is here and wanted the property badly. If I did not let him have it, it would cause serious ill feeling. Also in case I did not let him have it he would buy a piece in another part of the city and then if the Russians did not want this piece I would have it on my hands. I therefore turned it over to him and you need not telegraph.

I am happy to say that the work is progressing finely. I have taken in over $1,000.00 and the work still goes on. I appropriated about $400.00 to the payment of my back debts and gave Mr. Underwood, who is treasurer, my note for $100.00, the balance of my indebtedness.

The Japan paper published a statement to the effect that I have resigned my connection with the mission to receive a Govn't position at $800.00 per month. The nearest that this came to being true was that Mullendorf urged me to accept a salary under him, which I refused.

Some missionary people try to run down this hospital by saying that it is not a mission affair. But when we consider the fact that it is the first step in advanced Western Civilization, that no mission work is allowed in the country, yet the Govn't provided and gave over this institution into the hands of a known missionary and accept the services of another of the same nature, I think it is worth the while of any mission to supply the physicians. Besides nothing has been said about there not being mission work carried on in the hospital, and I am not afraid but that we will be doing aggressive work in the hospital by the time we are ready for it.

In regard to what you said about Mr. Loomis and Kim Ok Khun. I will tell you what was told me privately by Mr. Foulk. He said that So Quan Pum, second to Kim, wrote to him (Foulk), "We do not believe in this Christianity these people are trying to teach us, nor can we. But at present it is expedient for us to listen."

I enclose a bit of news about a hospital patient.

Yours Sincerely,
H. N. Allen

18850603

알렌 박사의 일기 제1권(1883~1886년) (1885년 6월 3일)

1885년 6월 3일 (수)

우편물이 왔지만 한국 정부가 미국에 요청했던 고문관과 군사 교관에 대한 소식은 없었다. 포크 씨는 한국이 이 사람들에 대한 경비를 전신환으로 보낼 준비가 되어 있다고 전보를 보냈지만 그것에 대한 답장이 오지 않았다. 한국인들은 실망하여 포크를 심하게 괴롭히고 있다. 왕은 답장이 도난당했을까 염려하여 나가사키로 한국인들을 보내 비용에 상관없이 전보를 (다시) 보내기를 바라고 있다.

만약 답장이 오지 않거나 호의적이지 않은 답장이 온다면, 포크 씨는 비록 확실하지 않은 호의와 도전을 위해 해군의 직을 던져 버리는 것이 싫지만 그들의 제의를 받아들여 그들 정부를 위해 일을 하려 마음을 먹으려 하고 있었다. 그것은 단지 그들(한국인들)의 신뢰를 받고 있는 그가 그들이 우리 정부에 의해 악용 당하는 것을 차마 볼 수가 없으며, 이 사람들이 고통을 받지 않고 우리의 명성을 지키기 위해 기꺼이 순교자가 될 것이기 때문이다.

지금 이 사람들이 오지 않는 것은 대단히 불행한 일이다. 이곳 사람들이 의지하고 있는 그들은 자신들만의 방식으로 모든 것을 가질 수 있는데, 금광을 개발하고 정부가 채굴할 수 있을 것이다.

만약 이 사람들이 오지 않고 포크 씨가 수락한다면 그는 (개인적으로) 일본의 르장드르 장군을 추천할 것이다. 최근 남북전쟁에서 장군으로 임무를 훌륭하게 수행하였던 그는 아모이의 영사로 임명되었다가, 일본으로 가서 자신의 재능을 일본을 위해 사용해 왔다. 그는 재정과 행정 업무에 조예가 깊다. 그는 훌륭한 사람이라는 명성이 있지만 패거리를 갖고 있으며, 빙엄 공사는 그를 싫어한다. 한국인들은 그를 두려워한다. 한국인들은 그가 최근 사태와 연관을 갖고 있다고 생각한다. 그는 일본인들이 추방되었을 때 이 도시로 왔다가 자신의 하인들에 의해 모래밭에 남겨졌다. 그는 (갑신정변의) 반역자들과 서신을 주고받았던 것으로 생각되었으며, 반역자들의 정부에서 자리를 차지할 것으로 예상하였다. 한국인들은 2년 전 그가 정부에 7만 달러의 차관을 빌려주기 위해 이곳으로 왔다가 돌아간 사람이라는 것도 알고 있다.[174]

---

174) 김윤식, 陰晴史下 (고종 20년 6월 26일, 1883년 7월 29일). 그는 쯔다센과 함께 한국을 방문하였다.

포크는 그가 푸트 공사와 일본의 많은 상인들로부터 그 자리를 추천받았기 때문에 그를 두려워하고 있으며, 그가 한국의 이익보다는 이 사람들을 위해 의무적으로 일을 하지 않을까 우려하고 있다.

Dr. Allen's Diary No. 1 (1883~1886) (June 3rd, 1885)

June 3[, 1885 (Wed.)]

Mail came but no news as to the advisor and military men sent for by this Gov'nt to America. Mr. Foulk had telegraphed that Korea was ready to telegraph the expenses for these men but no answer came to that. The Koreans are at a loss and are bothering Foulk greatly. The King wishes to send Koreans to Nagasaki and telegraph regardless of cost for fear the answer was stolen.

If no answer comes or one comes unfavorable Mr. Foulk has about made up his mind to accept their offer and take service in their Gov'nt though he hates to throw up his naval commission to work for such an uncertain favor and dare it simply because he has their confidence so that he can't bear to see them abused by our Gov'nt and is willing to make himself a martyr that this people shall not suffer and that our good name may be preserved.

It is very unfortunate that these people should not come now. They are depended upon by the people and could have everything their own way the gold mines would be opened and the country would pick up.

In case these people do not come and Mr. Foulk accepts, he will recommend (privately) Gen'l Legendre of Japan. A man who for good duty as Gen'l in our late civil war was appointed Consul at Amoy, from there he came to Japan and has served the Japanese in several capacities. He is well versed in finance and Government matters. Has the reputation of being a good man but has had associates and Minister Bingham is down on him. The Koreans fear him. They think he had something to do with the recent riots. He came to the city just as the Japanese were driven out and was left on the sands by his coolies. It is supposed he had been in correspondence with the conspirators and expected to take place in their Gov'nt. They also know him as the man who came here two years ago to loan the Gov'nt $70,000.00 and then backed out.

Foulk is afraid of him because he was recommended for the place by General Foote and a lot of merchants in Japan and Foulk fears he will as in duty bound work for these men rather than for the good of Korea.

18850604

프랭크 F. 엘린우드(미국 북장로교회 해외선교본부 총무)가 호러스 N. 알렌(서울)에게 보낸 편지 (1885년 6월 4일)

1885년 6월 4일

H. N. 알렌, 의학박사,
한국, 서울

친애하는 형제여,

가능한 한 빨리 8월 1일 자로 내년도 추정 지출 목록을 보내 주시겠습니까. 현재로서는 그 액수에 대해 일정의 추정을 해야 하겠지만 가능한 한 빨리 귀하가 직접 작성한 액수를 받고 싶습니다. 귀하는 당연히 세 명 선교사의 경비를 포함시킬 것입니다. 귀하는 지출 예산 및 다른 것은 빼고 정부로부터 받을 예산을 만들어주세요.

나는 일본을 통해 묄렌도르프가 전기 설비를 위해 조선 정부에 7만 달러를 청구했다는 소식을 받았습니다. 동일한 것을 에디슨은 17,000달러를, 귀하가 이야기하듯 프레이저 씨는 22,000달러를 청구하였습니다. 일본으로부터의 암시에 의하면 김옥균의 동료들에 의해 현 왕조에 대한 시도가 있을 수 있으며, 중국 군대와 일본 군대가 철수하게 되면 불화가 예상될 수 있습니다.

항상 변화 상태와 향후 전망에 대해 나에게 편지를 주세요. 현재 미국이 (경제적으로) 상당히 어렵기 때문에 선교부 지출을 엄격하게 아껴야 하는 중요성을 귀하 및 동료들에게 상기시키고자 합니다. 우리는 선교본부의 빚 57,000달러를 청산할 특별 기금 모금을 위해 교회들에게 배은망덕한 일을 막 시작하고 있습니다. 나는 한국에서의 지출을 상하이나 요코하마의 것과 비교하여 그에 따라 봉급액 등을 정하는 것이 쉬울 것으로 생각합니다. 귀하는 (한국) 선교부의 미래의 토대를 놓고 있으며, 귀하가 하는 것은 선례의 힘을 갖게 될 것입니다.

부인께 안부를 전하며.

안녕히 계세요.
F. F. 엘린우드

Frank F. Ellinwood (Sec., BFM, PCUSA), Letter to Horace N. Allen (Seoul) (June 4th, 1885)

June 4th (1885)

H. N. Allen, M. D.,
Seoul, Korea.

Dear Brother:

Will you at the earliest possible moment send us a list of estimated expenditures for the coming year, dated August 1st. We shall have to make a sort of guess upon the amounts for the present, but would like to receive at the earliest possible moment, the amount from your own pen. You will include, of course, the expenses of the three missionaries. You might make an estimate of expenses and an estimate of what you will receive from the Government, deducting one from the other.

I have received statements by way of Japan to the effect that Mollendorf charged the Korean Govt. $70,000 for putting in electric lights, the same that Edison charged $17,000 for and as you say, Mr. Frazar $22,000. Hints are given from Japan that there may be an attempt made on the present dynasty by the friends of Kim Ok Kuen, and that with the withdrawal of the Chinese and Japanese troops, trouble may be expected.

Please write me at all times of the state of change and the prospects ahead. Let me remind you and the brethren, who are with you of the importance of putting everything in the mission expenditures upon a basis of strict economy, as the times are fearfully hard in this country, and we are just engaged in the thankless work of asking the churches to make a new special collection to raise a debt of $57,000 for our Board. I suppose that it will be easy to ascertain how expenses in Korea compare with those in Shanghai or Yokohama, and to fix a scale of salaries etc. accordingly. You are laying the foundations of the future of the Mission, and what you do will have the force of a precedent.

With very kind regards to your wife,

Yours truly,

F. F. Ellinwood

18850606

통리교섭통상사무아문일기
(1885년 6월 6일, 고종 22년 4월 24일)
Daily Records of Foreign Office (June 6th, 1885)

[을유년, 고종 22년(1885) 4월] 24일 곡산(谷山)에 관문을 보내어 제중원에서 약용으로 사용할 사슴을 사냥하는 포수 2패(牌)를 내려 보낸다. 일패장 이용석(李容錫), 이패장 윤경문(尹敬文)

(乙酉 四月) 二十四日 關谷山, 濟衆院藥用所需鹿獵砲手二牌下送事, 一牌長 李容錫, 二牌長 尹敬文

18850606

팔도사도삼항구일기, 규18083 제2책 (을유 4월 24일, 1885년 6월 6일)

Diaries of Three Harbors in Eight Provinces and Four Cities, Kyujanggak 18083 (June 6th, 1885)

관(關)

운운하기를, 본 아문은 제중원의 약용으로 사용하고자 사슴을 사냥하는 포수 2패(牌)를 내려 보내기에, 곡산부에서는 각별히 돌보고 살피어 돌아가지 않게 하고, 해당 포수들의 반비(盤費)[175]는 일체 본 아문에서 내어주어 만일 이를 구실로 트집 잡는 일은 일절 금단함이 마땅하다.

일패장 이용석(李容錫), 이패장 윤경문(尹敬文)

곡산부사(谷山府使)

을유 4월 24일

關

云云 本衙門濟衆院藥用所需次 鹿獵砲手二牌下送爲去乎 自本府 各別照料顧護勿歸是遣 該砲手輩盤費 均由本衙門出給 若有藉端滋事 一切禁斷宜當者.

後 一牌將 李容錫 二牌將 尹敬文.

谷山府使

乙酉 四月 二十四日

175) 먼 길을 가고 오는 데 드는 돈을 말한다.

18850613

호러스 N. 알렌, 은자의 왕국에서의 수술. *The Medical Record* 25 (1885년 6월 13일), 671~672쪽[176)]

은자의 왕국에서의 수술

7군데의 상처를 입었으나 회복된 공(公), 매독, 그리고 촌총 - 총상 - 한국인들의 참을성

Medical Record 편집장 귀중.

안녕하십니까,

우연히 최근의 정변(갑신정변)이 일어나기 직전에 한국에 오게 된 저는, 최근 견미사절단의 단장으로 미국을 방문하였던 민영익 공(公)이 자상을 입어 치료를 해주도록 요청을 받았습니다. 또한 모두 약 20명 정도의 상처를 입은 중국 군인들도 치료하였습니다. 이들 증례의 일부는 *The Medical Record*의 독자들에게 흥미로울 수 있을 것으로 생각하며, 압축해서 주요한 것들을 보고하고자 합니다.

민 공(公)은 12월 4일 밤에 예리한 일본도에 의해 7군데에 자상을 입었다. 주요 상처는 수직에서 다소 기울어진 타격에 의한 것이다. 자상은 오른쪽 눈의 외안각과 같은 쪽 귀 사이 중간의 측두부(관자놀이)에서 시작되었다. 측두동맥은 절단되었고, 귀는 종(縱)으로 깨끗하게 갈라져 반쪽은 머리카락 뒤쪽에 놓여 있었고 다른 반쪽은 얼굴 쪽에 놓여 있었다. 자상은 아래쪽으로 흉쇄유돌근(胸鎖乳突筋)의 주행 방향을 따라 뻗어 외경정맥이 노출되었으나 손상되지는 않았다. 상처는 광경근(廣頸筋) 폭의 반 정도를 들어 올리고 아래쪽으로 뒤쪽을 향해 견갑골 하각 높이에서 그것과 척주 사이로 뻗어 굽은 곳에서 끝났는데, 그곳에서 예리한 도구가 살점을 남겨두었다. 베인 상처는 등의 근육에서 깊이가 약 2인치이었지만, 유일하게 심한 출혈은 절단된 측두동맥에서만 일어났다. 다른 상처는 두피, 유양돌기, 상완 및 대퇴에 있었다.

---

176) 이것은 한국에서 한국인을 대상으로 발표된 첫 서양 의학 논문이다.

June 13, 1885] THE MEDICAL RECORD. 671

There is only one way to get them. Take nothing on faith, but carefully measure every instrument before purchasing, and refuse all that are not absolutely exact.

WARREN C. SNEDEN, M.D.

BROOKLYN, N. Y., April 22, 1885.

SURGERY IN THE HERMIT KINGDOM.

A PRINCE WHO RECOVERS FROM SEVEN WOUNDS, SYPHILIS, AND A TAPE-WORM — GUNSHOT WOUNDS — THE ENDURANCE OF THE COREANS.

TO THE EDITOR OF THE MEDICAL RECORD.

SIR: Happening to come to Corea just before the recent *emeute*, I was called in to attend the wounded Prince Min Yong Ik, recent ambassador to America. I was also given charge of the wounded Chinese soldiers, some twenty in all. And thinking that some of these cases might be interesting to the readers of THE RECORD, I will briefly notice some of the principal ones.

Prince Min was cut by a sharp Japanese sword on the night of December 4th in seven places. The principal wound was made by a vertical, somewhat slanting blow. The cut commenced on the temple, midway between the external canthus of the right eye and the ear of the same side. The temporal artery was divided, the ear split longitudinally and cleanly, one-half lying back on the hair of the head, the other upon the face. Extending downward along the course of the sterno-cleido mastoid, the external jugular was laid bare but uninjured. Lifting the platysma myoides for about half its breadth, the wound continued down the back to a point on a level with the lower angle of the scapula, and midway between it and the spinal column, ending with a curved point where the sharp instrument left the flesh. The cut was two inches deep in the muscles of the back, but the only severe hemorrhage was from the divided temporal artery. The other wounds were upon the scalp, the mastoid, the arms, and the thigh.

disease among the Coreans, the only other thing of importance was the development of marked facial paralysis of the wounded side. It came on a few days after the injury, leading me to suppose it to be due to consequent inflammation and swelling, rather than to division of the nerve. I was strengthened in this belief by the fact that the paralysis came on in sections, so to speak, the cheek and mouth being the parts first affected. The temporo-facial branch seemed unaffected till late, as I could see no tendency in the eye of that side to remain open, until about thirty days after the injury, when it became painfully and obstinately open. At the same time I found swelling over the parotid gland, which eventually broke down into pus and necessitated an external opening, the affection of the eye decreasing therewith. The tongue never deviated perceptibly, though there was abundant swelling about the stylo-mastoid foramen, and it would seem difficult for the lingual branch to escape being pressed upon. His recovery has been good.

672 THE MEDIC/

speedy recovery. . . . I may add that the Coreans use more hearty food and more strong alcoholic drinks, causing them to be more liable to inflammations than the Chinese. Yet they can hold their own pretty well, as is illustrated by a case which has just come to me. I may add the Coreans seem to appreciate what has been done for them by Western medical science, and among other presents the King has given me a large house and compound for a hospital, with money for equipment and annual expenses.

H. N. ALLEN, B.S., M.D.,

Physician to the Legations, the Presbyterian Mission, and in charge of the Royal Corean Hospital.

SEOUL, COREA.

그림 6-50. 알렌이 *The Medical Record*에 발표한 Surgery in the Hermit Kingdom

나는 측두동맥을 결찰하였고, 모든 상처를 40배 희석 석탄산으로 소독한 후 요오드포름을 바르고 비단 봉합사로 22 바늘을, 은봉합사로 5바늘을 꿰매었다. 안전을 위해 장소를 옮겨 다녀야 했기에 귀 자체를 제외한 상처는 벌어져 화농이 생기기 시작하였다. 그의 체온은 때로 오한이 있으면서 화씨 101~103도(섭씨로 38.3도에서 39.4도) 사이이었지만, 1월 1일 100도(섭씨 37.8도)로 떨어졌으며 다시 그리 높게 오르지 않았다.

매일 20배로 희석한 석탄산으로 적신 탈지면으로 갈아 주었는데, 상처가 아물 때까지 제거하지 않았던 귀와 두피를 제외하고 고름 때문에 매일 갈아 주었다.

치료 중 발생한 몇몇 독특한 일. 한 가지는 한국의 만병통치약인 강한 인삼즙을 환자에게 복용시킨 것이다. 내가 모르게 그의 친구들이 그렇게 하였으며, 나는 갓 발생한 어떠한 염증에서도 설명이 되지 않는 체온 상승의 원인을 규명하려 노력할 때 비로소 발견하였다.

또 한 가지 일은 그가 개고기 및 머리로 만든 국을 먹는 것을 대단히 고집한 것이었다. 이것은 나의 허락을 받지 않고 이루어졌다. 지금도 그는 식욕이 대단히 좋지 않아 나는 그가 익숙한 음식을 먹는 것을 너무 간섭하는 것이 최상이 아니라고 생각하였다. (개고기는 항상 가게에서 팔고 있으며, 모든 사람들이 계속해서 먹지는 않지만 그것을 먹어보지 못한 한국인 성인은 없다.) 나는 그의 대변에 촌충의 분절이 포함되어 있는 것을 보고 그리 놀라지 않았지만, 그가 이것에 개의치 않는 것에 놀랐다. 나는 그가 테레빈 유(油)와 피마자유를 복용하도록 어렵게 설득하였고, 결국 구충에 성공하였다. 이후 나는 길가의 대변을 조사했더니 촌충 분절을 매우 흔하게 발견할 수 있었다. 그래서 (민영익이) 개의치 않았었음을 알게 되었다.

한국인의 거의 대부분의 질병에서처럼 합병증이 있을 때 (진료를 받으러) 오는 흔하고 늘 상존하는 매독을 제외하고, 중요한 유일한 다른 것은 상처 입은 쪽에 뚜렷하게 발생하는 안면 마비이었다. 그것은 손상을 받은 며칠 후에 나타났는데, 나는 그것이 신경의 절단보다는 손상의 결과로 나타나는 염증과 부은 것 때문이라고 생각하였다. 이 믿음을 강화시켜준 것은 마비가 분절성으로 온다는 사실인데, 말하자면 뺨과 입에 처음 나타난다. 손상을 받은 쪽의 눈은 고통스럽게, 그리고 억지로 뜨게 되는 30일 후까지 열린 상태로 있는 경향을 볼 수 없었기 때문에 나중까지 측두안면지는 영향을 받지 않는 것 같았다. 동시에 나는 이하선을 덮는 부위가 부어 있는 것을 발견하였는데, 그것은 결국 고름을 형성하여 외부 배출로가 필요하게 되었으며, 그와 함께 눈에 대한 영향이 감소하였다. 경돌유돌공 주위에 상당한 붓기가 있었음에도 혀는 결코 눈에 띌 정도로 한쪽으로 치우쳐 있지 않았으며, 설지(舌枝)가 압박을 받는 것을 피하기 어려운 것 같다. 그는 잘 회복되었다.

중국 군인들 중에는 총상 환자가 있었는데 태퇴부가 2명, 사타구니가 1명, 발이 1명, 전완이 3명, 손이 2명, 눈이 1명, 엉덩이가 1명, 복부의 총검상이 1명, 분말 지뢰의 폭발로 인한 하퇴의 상처 2명, 손이 1명, 칼에 의한 종아리 절단이 1명, 그리고 목의 총검상이었다.

세 건의 절단 예가 있었는데, 한 예는 손, 두 예는 전완이었지만 어느 예도 내가 수술 칼을 사용하지 못하도록 하였다. 하지만 눈의 한 예에 깨끗한 총상이었는데, 허락을 확인하지 않고 절개하였으며 아무런 정서적 문제없이 훌륭하게 회복하였다. 나는 위의 예들에서 총상을 입은 3일후까지의 복부 총상 예를 보지 못하였으며, 어떤 예에서도 뚜렷한 전반적인 복막염이 없었다. 유일한 사망은 전완의 상처를 입은 한 예이었는데, 절단을 허락하지 않았다. 그는 상처를 입은 지 8일 째, 경련을 일으킨 지 3일 째에 파상풍으로 사망하였다. 나머지 모든 예는 완전히 혹은 그들의 군함으로 옮기기에 충분할 정도로 회복되었다. 이 예들은 동양인들의 참을성을 잘 나타내 주며, 두 예의 경우 특별한데 더 자세하게 언급하고 싶다.

사타구니에 총상을 입은 예에서 총알은 좌측에서 서혜인대 바로 아래쪽, 그리고 외서혜륜의 외측 약 1인치되는 곳으로 들어갔다. 그것은 같은 쪽 엉덩이의 중앙 근처에서 나왔는데, 뼈를 통과하였지만 많이 파열되지는 않았다. 사건이 일어난 24시간 후에 내가 그를 처음 보았을 때 그는 상처의 입구 및 출구에 바로 죽인 개의 가죽을 대고 있었다. 그것은 훌륭한 찜질 약이었기에 나는 첫 날 그대로 놔두었다가 다음 3일 동안 뜨거운 쌀로 찜질을 하였다. 그 후 나는 더 좋은 것이 없었기에 단순히 흡수제 및 소독제로서 가루로 만든 황토가 담긴 작은 주머니를 대주었다. 그 사람은 성가신 증상이 없이 빠르게 회복되었으며, 상처를 받은 후 20일이 되자 산책을 하였다. 이제 그는 말을 타며 중국군의 연대장으로서 자심의 임무를 수행하고 있다.

목의 총검상은 참으로 처참하였다. 일본인은 칼에 톱니가 있는 총검에서 야만의 잔재를 갖고 있다. 이 중 한 예는 목이 찔렸는데, 우측 하악각 바로 밑으로 들어가 거의 항인대를 뚫고 등쪽으로 나왔다. 무기를 뺐을 때 폭이 3인치, 높이가 2.5인치 정도의 근육을 손상시켰다. 나는 상처 자국을 40배로 희석한 석탄산으로 완전히 깨끗하게 소독하였고 압박을 가하였는데, 상처 표면에는 요오드포름을 뿌렸으며, 전체 상처는 석탄산을 적신 탈지면으로 덮었다. 놀랍게도 이 남자는 거의 매일 회복되었으며, 6주일 후에 상처의 입구와 출구 위에 작은 흉터만을 남겼다. 이 환자들 모두에게는 자유롭게 모르핀을 투여하였으며, 동통이 완화되자 그들은 충분히 먹을 수 있게 되었고 아마도 그 결과로 생긴 만족감이 빠른 회복과 상당히 관계되는 것 같다. ......[177] 한국인들은 중국인들 보다 더 영양가 있는 음식과 더 강한 술을 섭취하기에 더 염증이 잘 생기기 쉽다는 것을 첨가한다. 게다가 그들은 내게 왔던 예에서 잘 알 수 있는 바와 같이 자신들의 것을 상당히 잘 유지할 수 있다. 한국인들은 서양의학에 의해 자신들에게 행해진 것에 대해 감사해 하는 것 같으며, 다른 선물 중에서 왕은 나에게 병원을 위한 큰 집과 부지를 설비 및 연간 운영 경비와 함께 하사하였다.

H. N. 알렌, 이학사, 의학박사
공사관 의사, 장로교회 선교부, 제중원 책임자
한국 서울

177) 생략된 부분은 "이 예들은 치료를 받는 동안 몇 명의 다른 의사들도 보았다. 일본 공사관의 가이세 박사도 [민 공(公)을] 보았고 두 번째 붕대를 감을 때 도와주었다. 모든 환자들은 다른 시기에 영국 해군의 휠러 박사, 그리고 미국 해군의 프라이스 및 러셀 박사가 진료하였다."이며, 다음의 자료에 실려 있다. Horace N. Allen, Dr. H. N. Allen's Report on the Health of Seoul (Corea). *Medical Report, for the Half-Year Ended 30th September 1885. China Imperial Maritime Customs No. 30*, pp. 17~30

Horace N. Allen, Surgery in the Hermit Kingdom.
The Medical Record 25 (June 13th, 1885), pp. 671~672

Surgery in the Hermit Kingdom.

A Prince Who Recovers from Seven Wounds, Syphilis, and a Tape-Worm - Gunshot Wounds - The Endurance of the Coreans.

To the Editor of the Medical Record.

Sir: Happening to come to Corea just before the recent *emeute*, I was called in to attend the wounded Prince Min Yong Ik, recent ambassador to America. I was also given charge of the wounded Chinese soldiers, some twenty in all. And thinking that some of these cases might be interesting to the readers of *The Record*, I will briefly notice some of the principal ones.

Prince Min was cut by a sharp Japanese sword on the night of December 4th in seven places. The principal wound was made by a vertical, somewhat slanting blow. The cut commenced on the temple, midway between the external canthus of the right eye and the ear of the same side. The temporal artery was divided, the ear split longitudinally and cleanly, one-half lying back on the hair of the head, the other upon the face. Extending downward along the course of the sterno-cleido mastoid, the external jugular was laid bare but uninjured. Lifting the platysma myoides for about half its breadth, the wound continued down the back to a point on a level with the lower angle of the scapula, and midway between it and the spinal column, ending with a curved point where the sharp instrument left the flesh. The cut was two inches deep in the muscles of the back, but the only severe hemorrhage was from the divided temporal artery. The other wounds were upon the scalp, the mastoid, the arms, and the thigh.

I tied the temporal artery, cleansed all of the wounds with carbolic solution, 1 to 40, dressed them with iodoform, and put in twenty-two silk and five silver sutures. Having to be moved about from place to place for safety, the wounds began to gape and suppuration took place in all but the wound to the ear itself. His temperature ranged between 101° to 103°, with occasional chills, until January 1st, when it fell to 100°, and did not rise so high again.

The daily dressings were with cotton-wool soaked in carbolic solution, 1 to 20, and were changed daily because of the discharge, excepting only those of the ear and the scalp, which were not removed till the wounds had healed.

Some peculiar things occurred during the treatment. One was the dosing of the patient with strong infusions of ginsing - the native panacea. This was done by his friends without my knowledge, and I only discovered it when trying to ascertain the cause of a rise of temperature that was not accounted for by any fresh inflammation.

Another thing was his great persistence in taking soup made of dogs' flesh and dogs' heads. This was done without my sanction. Yet, as his appetite became so poor, I thought it best not to interfere too much with his accustomed diet. (Dog flesh is always for sale in the shops, and though not eaten continually by all, yet there is not an adult native in the country who has not eaten more or less of it.) I was not much surprised at the appearance of segments of tape-worn in his stools; but became surprised at his unconcern regarding it. It was with difficulty that I induced him to take the turpentine and castor-oil that eventually cured him. Since then I have been examining stools along the streets, and find pieces of tape-worm very common, which accounts for the unconcern.

Aside from the common and ever-present syphilis, which came in as a complication, as it does in almost all disease among the Coreans, the only other thing of importance was the development of marked facial paralysis of the wounded side. It came on a few days after the injury, leading me to suppose it to be due to consequent inflammation and swelling, rather than to division of the nerve. I was strengthened in this belief by the fact that the paralysis came on in sections, so to speak, the cheek and mouth being the parts first affected. The temporo-facial branch seemed unaffected till late, as I could see no tendency in the eye of that side to remain open, until about thirty days after the injury, when it became painfully and obstinately open. At the same time I found swelling over the parotid gland, which eventually broke down into pus and necessitated an external opening, the affection of the eye decreasing therewith. The tongue never deviated perceptibly, though there was abundant swelling about the stylo-mastoid foramen, and it would seem difficult for the lingual branch to escape being pressed upon. His recovery has been good.

Among the Chinese soldiers there were of gunshot wounds - of thigh, two; groin. one; foot, one; forearm, three; abdomen, three; hand, two; eye, one; and gluteus, one; bayonet wound of abdomen, one; wounds from explosion of powder mine - of leg, two; of hand, one; one sword cut of calf, and a bayonet wound of neck.

There were three cases for amputation - one of the hand, two of the forearm - but in no case would they let me use a knife. In one case, however, that of a clean shot in the eye, I performed excision without asking permission, and he has made a good recovery, with no sympathetic trouble. I did not see the above-named cases of wounds to the abdomen until three days after the injury, and in no case was there marked general peritonitis. The only death was one of the cases of wounds to the forearm, where amputation was not permitted. He died of tetanus on the eighth day after the injury, third day of the spasm. All the rest of the cases recovered either completely or sufficiently to be removed to their men-of-war. These cases well illustrate the power of endurance among the Orientals, and especially is this a. fact with two of the cases which I wish to mention more fully.

In the gunshot wound of the groin the ball entered just below Poupart's ligament, and about an inch outside of the external ring, on the left side. It came out at about the centre of the buttock on the same side, and must have pierced the bone without much splitting. When I first saw him, twenty-four hours after the accident, he had the skin of a dog, freshly killed, on both wound of entrance and exit. As it made an excellent poultice I left it on for the first day, and then poulticed it for the next three days with hot rice. After which I applied small bags of pulverized yellow clay, simply as an absorbent and disinfectant, being without anything better. The man went on rapidly to recovery with no untoward symptoms, until on the twentieth day from the receipt of the injury he was walking about. He now rides a horse and attends to his duties as a colonel in the Chinese army.

The bayonet wound of the neck was ugly indeed. The Japanese have a relic of barbarity in their great sword-toothed bayonets. One of these had been thrust through this man's neck, entering just below the angle of the jaw, on the right side, and coming out at the back, almost piercing the ligamentum nuchae. When the weapon was withdrawn it tore away a piece of flesh three inches by two and a half. I thoroughly cleansed the track of the wound with carbolic solution, I to 40, and applied pressure; the raw surfaces were dusted with iodoform, and the whole covered with cotton-wool soaked in carbolic acid. To my great surprise this man improved almost daily, and at the end of six weeks had only a small cicatrix left over both wound of entrance and exit. Morphia was given liberally in all these cases, and as their pain was relieved and they had enough to eat, probably the resulting state of contentment had much do with their speedy recovery …… I may add that the Coreans use more hearty food and more strong alcoholic drinks, causing them to be more liable to inflammations than the Chinese. Yet they can hold their own pretty well, as is illustrated by a case which has just come to me. I may and the Coreans seem to appreciate what has been done for them by Western medical science, and among other presents the King has given me a large house and compound for a hospital, with money for equipment and annual expenses.

H. N. Allen, B. S., M. D.,

Physician to the Legations, the Presbyterian Mission, and in charge of the Royal Corean Hospital.

Seoul, Corea.

18850613[178]

호러스 N. 알렌(서울), 내가 진료한 민영익 공의 치료에 대해 *The Medical Record*에 발표된 논문의 사본[179]

Horace N. Allen (Seoul), Copy of Article Published in *The Medical Record* re Care of Prince Min Yong Ik whom I attended

[Sir:] Happening to come to Corea just before the recent *emeute* ~~rebellion~~, I was called in to attend the wounded Prince Min Yong Ik, recent ambassador to America. ~~Also~~ I was [also] given charge of the wounded Chinese soldiers, some twenty in all. ~~As~~ [And thinking that] some of these cases ~~are of interest~~ [might be interesting to the readers of *The Record*], I will briefly notice some of the principal ones.

~~The~~ Prince was cut by a sharp Japanese sword on [the] night of ~~Dec.~~ [December] 4th in seven places. ~~No. 1.~~ The principal wound was made by a vertical[, somewhat slanting] blow. The cut commenced on the ~~right~~ temple, midway between [the] external canthus of the right eye and [the] ear [of the same side.]~~, severing the temporal artery.~~ [The temporal artery was divided,] the ~~right~~ ear ~~was~~ split ~~clearly and~~ longitudinally [and cleanly], one-half lying back on the hair [of the head], the other [up]on the face. ~~The cut then continued~~ [Extending] downwards~~,~~ ~~entering the neck~~ along the course of the sterno-cleido mastoid, ~~laying back~~ the external jugular ~~without cutting it,~~ [was laid bare but uninjuured.] ~~and lifted~~ Lifting the platysma myoides for about half the breadth~~. T~~ [, t]he ~~external~~ wound continued down [the back] to a point on a level with the lower angle of the scapula, and ~~about~~ midway between ~~the scapula~~ [it] and the spinal column, ending with a curved point where the sharp instrument left the flesh. ~~The muscles of the back were cut through~~ [The cut was two inches deep in the muscles of the back], but the only severe hemorrhage was from the divided temporal artery. ~~Wound No. 2 was a scalp would just over the right parietal bone made by a~~

178) 이 논문을 작성한 날짜는 확실하지 않다. 이 논문이 6월 13일에 발행되었으므로 편의상 6월 13일에 작성한 것으로 간주하였다.

179) 알렌 논문의 원고이다. 원래 원고의 뒷부분이 남아있지 않지만, 알렌의 원고가 잡지의 편집인에 의해 어떻게 수정되었는가를 알 수 있다.

~~horizontal blow which took away a piece of scalp tho ______ ____ by 1½ inch __ and ______ the bone in the centre. No. 3 was a superficial cut over the right mastoid bone of about two inches in length. No. 4, a cut about eight inches in length, laying have the external condyle of the _____ minimus and cutting this the superficial muscles. No. 5 a semilunar cut in the posterior aspect of the left arm at about the junction of the middle with the lower third. N. 6. A small deep cut on the ____ of the left hand in the metacarpal bones and dividing the tendon of the little & ring fingers. No. 7. A six inch cut into the superficial muscles of the right thigh just about the knee to the outside of the anterior median line.~~ [The other wounds were upon the scalp, the mastoid, the arms, and the thigh.]

[I tied the temporal artery,] ~~I~~ cleansed all of the wounds with carbolic solution ~~1-40~~ [1 to 40], dressed [them] with iodoform, ~~tied the temporal artery~~ and [put in] twenty-two silk and five silver sutures. ~~He has had a low fever with suppuration of all the wounds excepting the ear itself.~~ [Having to be moved about from place to place for safety, the wounds began to gape and suppuration took place in all but the wound to the ear itself.] His temperature ranged between 101° to 103° with occasional chills, until ~~Jan.~~ [January] 1st, when it fell to 100°, and did not rise so high again.

The daily dressings were with cotton-wool soaked in carbolic solution, ~~1-20~~ [1 to 20], and were changed daily because of the discharge, excepting only ~~the more suppurating wounds to the ear and scalp, which were not opened till healed.~~ [those of the ear and the scalp, which were not removed till the wounds had healed.]

Some peculiar things occurred during the treatment. One was the dosing of the patient with strong infusions of ~~ginseng~~ [ginsing], the native panacea. This was done by [his friends] without my knowledge, and I only discovered it when trying to ascertain the cause of a rise of temperature ~~which in the absence of fresh is flamation I was found to attribute to this drug.~~ [that was not accounted for by any fresh inflammation.]

Another thing was his great persistence in taking soup made of dogs' flesh and dogs' heads. This was done without my sanction. Yet, as his appetite ~~became~~ [was] so poor, I ~~tho't~~ [thought] ~~it~~ best not to interfere too much with his accustomed diet. ([Dog flesh is always for sale in the shops, and though not eaten] ~~The Coreans do not eat dog~~ continually [by all, yet] ~~but~~ there is not an adult native in the country [who] ~~that~~ has not eaten more or less of ~~dogs flesh~~ [it].) [I was not much surprised at the appearance of segments of tape-worn in his stools; but became surprised at his unconcern regarding it. It was with difficulty that I induced him to take the turpentine and castor-oil that eventually cured him. Since then I have been examining stools along the streets, and find pieces of tape-worm very common, which accounts for the unconcern.]

~~I was somewhat surprised by~~ [Aside from the common and ever-present syphilis, which came in as a complication, as it does in almost all disease among the Coreans, the only other thing of importance was] the development of marked facial paralysis of the ~~affected~~ [wounded] side. It came ~~gradually in~~ [on] a few after the injury, leading me to suppose that it was [be] due to ~~pressure of the~~ consequent inflammation [and swelling,] rather than [to] division of the ~~7th~~ nerve. ~~What strengthen me~~ [I was strengthened] in this belief ~~is~~ [by] the fact that the paralysis came in sections, so to speak. The cheek and mouth being the [parts] first affected~~ parts noticed~~. The temporo-facial branch seemed unaffected till late, as I could see no tendency in the eye of ~~the affected~~ [that] side to remain open until about thirty days after the injury when I became painfully and obstinately open. And at the same time I found ~~some hard~~ swelling over the parotid gland, which eventually broke down into pus and necessitated an external opening. ~~The affection of the eye decreasing therewith. Strange to say although~~ [The tongue never deviated perceptibly, though] there was ~~undoubtedly~~ [abundant] ~~swelling and inflammation abundant near~~ [about] the stylo-mastoid foramen, [and it would seem difficult for] the lingual branch ~~must have remained unaffected~~ [to escape being pressed upon]. ~~As the tongue never deviated perceptively, h~~[H]is recovery has been good.

~~The scar on the ear not noticeable being within the Helix where it looks like a fold of cartilage or in the pass where it is unsuch, the neck would is caused by ___cut in dress of that region. And the scalp wound will also be caused as soon as the hair which was cut away grown out sufficiently to the peculiar top _____ or top of the head. His elbow remains a little stiff but is gradually improving. His paralysis is also improving slightly under treatment with the ____dic current.~~

Among the Chinese soldiers~~. I had of gunshot wounds 20, the thigh two, groin 1, of the foot 1, of the forearm 3, of the abdomen 3, of the eye 1, gluteus 1,~~

~~bayonet wound of abdomen 1, of wounds from explosion of powder mine underground, of leg 2, of hand 1, sword cut of calf 1, and a would of the neck made by a Japanese bayonet wound with saw teeth on the of neck.~~ there were of gunshot wounds - of thigh, two; groin. one; foot, one; forearm, three; abdomen, three; hand, two; eye, one; and gluteus, one; bayonet wound of abdomen, one; wounds from explosion of powder mine - of leg, two; of hand, one; one sword cut of calf, and a bayonet wound of neck.

There were three cases for amputation - one of the hand, two of the forearm - but in no case would they let me use a knife. [In one case, however, that of a clean shot in the eye, I performed excision without asking permission, and he has made a good recovery, with no sympathetic trouble.] I did not see the ~~cases of wounds to the abdomen until _____ ___ been ____ three days old~~ [above-named cases of wounds to the abdomen until three days after the injury,] and in no case was there marked ~~by~~ _______ [general] peritonitis. The only death was one of the cases of wounds to the forearm, where amputation was ~~not permitted~~ [refused]. He died of tetanus on the ~~8th~~ [eighth] day after the [injury,] ~~around~~ third day of the spasm. ~~I did not ___ _____ in one case that of a _______ a Corean who was shot in the eye, the mass was _____s and protruding. I performed excision without asking permission. He has made a good recovery and as yet there is no sympathetic trouble in the other eye.~~ ~~The patient with the one exception all recovered at least~~ [All the rest of the cases recovered either completely] or sufficiently to be removed to their men-of-war. ~~The only cases __ ______ I will ask your especial attention are two, i. e. the gunshot wound of the groin and the bayonet would to the neck. To mention these as they are excellent example of the Oriental endurance.~~ [These cases well illustrate the power of endurance among the Orientals, and especially is this a. fact with two of the cases which I wish to mention more fully.]

~~In the first,~~ [In the gunshot wound of the groin] the ball entered just below Poupart's ligament ~~on the left side~~, and about an inch external to the external ring, [on the left side.] ~~and~~ [It came] out at about the centre of the buttock on the same side[and must have pierced the bone without much splitting]. When I first saw him[, twenty-four hours after the accident,] he had ~~a piece of a patch a piece of~~ [the] skin ~~from~~ [of] a dog, ~~just~~ [freshly] killed[, on both would of

18850619

알렌 박사의 일기 제1권(1883~1886년) (1885년 6월 19일)

1885년 6월 19일 (금)

어제 밤 포크 씨는 스페이에르 러시아 공사가 한국 관리에게 조선 정부는 미국 관리들에게 정부의 직책을 맡기는 것을 즉시 중단하고, 대신에 러시아 인들을 채용해야 한다고 통지하였다는 것을 나에게 말하였다. 만약 그렇게 하지 않는다면 러시아는 한국 영토를 점령할 의사가 있음을 선언하였다. 중국과 일본은 그들의 오래된 원한을 잊었으며, 이전의 우방이었던 러시아와 영국을 공동의 적으로 대항하며 큰 목소리로 미국 관리들을 요청하고 있다. 포크는 또한 외국의 공격에 대항하여 아시아의 이익을 지키기 위한 것 목적을 가진 협회가 일본에서 조직되었는데, 지금 중국, 한국, 샴, 버마, 인도와 페르시아를 포함하고 있다고 나에게 말하였다.[184] 종교는 이 동맹에 아무런 역할이 없다. 회칙의 하나에는 미국이 유럽 항목에 포함되어 있지 않으며, 만약 이들 국가들이 외국의 도움을 필요로 한다면 미국에 요청하라고 되어 있다. 이것은 그들이 현재 보이고 있는 호의적인 태도를 쉽게 설명해 준다.

영국은 거문도 근처에 다량의 어뢰를 설치하였다. 그들은 거문도에서 상하이 근처의 새들스까지 해저전선도 가설하였다. 그들은 이 사업에 대해 많은 한국인들에게 깊은 인상을 주었으며, 이곳을 점거하려 하는 것 같다.

포크 씨는 왕이 나를 참판(參判)에 임명하는 것의 타당성에 대해 물어보았다고 내게 말하였다. 그는 내가 한복을 입고 한국 관습을 받아들인다면, 그것은 미국의 예법 관념과는 일치하는 것이 아니라고 대답하였다. 하지만 그들이 병원의 의사에 상응하는 지위를 나에게 부여할 수 있으며, 그렇게 되면 나는 부적절함이 없이 궁궐로 들어갈 수 있을 것이라고 말하였다. 현재 우리는 어떤 지위도 갖고 있지 않으며 우리나라[미국]에서도 그런 지위를 수여 받지 않았기 때문에 한국의 왕을 알현할 수 없다. 왕비는 아내와 아기를 만나기를 간절히 바라고 있다.

스크랜턴 박사는 이 기본적인 일과 다른 일들에 대해 대단히 나쁘게 행동하고

184) 이 협회는 아세아 협회(亜細亜協会)이다. 이 협회는 1880년 3월 일본의 우익세력을 중심으로 창립되어 서양에 대항하는 아시아의 이익 옹호를 주장한 흥아회(興亞會)가 1883년 1월 개칭된 것이다. 동아시아를 넘어 아시아 민족 전체의 이익을 옹호하기 위한 아세아 협회는 1900년 3월 동아동문회(東亜同文会)에 흡수 합병되었다. 아세아 협회는 중국과 일본의 아시아 주의자들에게 적지 않은 영향을 미쳤으며, 한국의 개화파들도 1880년대 초반에 이미 이 단체에 참여하고 있었다.

있으며, 포크 씨는 그를 진정시키려고 하고 있다. 나는 불평하지 않았지만 포크 씨는 어쨌건 이 문제를 알고 있다.

Dr. Allen's Diary No. 1 (1883~1886) (June 19th, 1885)

June 19th, 1885 (Fri.)

Mr. Foulk told me last night that the Russian Minister De Speyer has informed the Korean Ministry that they must at once stop American officers coming here to take Gov'nt positions, and employ Russians instead. If they do not he declares their intention of seizing territory. The Chinese and Japanese have forgotten their old grudges and one past friends against a common enemy, Russia & England and are appealing loudly for the American officers. Foulk also told me of an association originated in Japan but now including China, Korea, Siam, Burma, India & Persia, which has for its object the protection of Asiatic interests against foreign aggression. Religion is to have no part in this alliance. In one of the by-laws America is mentioned as not coming under the term European and it is to America that these nations are to apply in case of need of foreign assistance. This easily explains the present attitude of their favors.

The English have laid torpedoes in abundance about Port Hamilton. They have also laid a cable from Port Hamilton to the Saddles near Shanghai. They have impressed large numbers of Koreans into service and seem bent on seizing the place.

Mr. Foulk told me that the King had asked concerning the propriety of making me a Champan (Mandarin). He replied that as I would have to wear Korean clothes and adopt customs it would not be in accord with American ideas of propriety. He said however that they could confer on me the relative rank as surgeon to their hospital, then I could be received at the Palace without impropriety. At present as we hold no rank and have not been presented to our own sovereign we can not be presented to Korea's King. The Queen is quite desirous of seeing Mrs. Allen and the baby.

Dr. Scranton is acting very badly about this base and other things, and Mr. Foulk is going to settle him. I did not complain, but Mr. Foulk knew of it anyway.

18850621

알렌 박사의 일기 제1권(1883~1886년) (1885년 6월 21일)

1885년 6월 21일 (일)

오늘 오후 헤론 박사와 부인이 우리에게 왔는데, 이들은 세리오 마루[靑龍丸]를 타고 어제 오후에 제물포에 도착하였다.[185] 우리는 이들을 매우 많이 좋아하고 있다. 이들은 남쪽 지방 출신이며, 대단히 예의바르고 쾌활하다. 헤론 부인은 우아하고 예쁜 아담한 여성이다. 그들은 자신들을 위해 하였던 모든 일들에 대해 감사해 하는 것 같다. 우리는 스크랜턴 가족에 대해 염려하고 있다. 스크랜턴 대부인과 (박사의) 부인이 같은 증기선으로 도착하였다. 포크 씨는 그들의 모든 행동과, 쫓아 보낸 아펜젤러 가족을 데리고 온 것에 대해 혐오감을 드러내고 있다. 그(포크)는 하늘이 무너질 때까지 나를 지지할 것이지만, 선교사들과 더 이상 관계를 가지지 않을 것이라고 말하고 있다. 나는 그런 일이 일어나서 유감스러우며, 외국인들 사이에 트집 잡으며 언쟁을 일으키는 것 보다 놔두는 것이 나을 것이다.

왕은 러시아의 요구에 대한 도움을 받기 위해 포크 씨에게 사람을 보냈다.[186] 그는 조선 정부의 판서 한 명이 미국인을 원하지 않는다고 말하는 이야기를 들었기 때문에 아무것도 할 수 없다고 말하였다. 왕은 격노하였고, 그 사람을 몰래 조사하여 처단하라는 명령을 내렸다. 바로 그 사람이 묄렌도르프이었음이 밝혀졌다. 그의 외아문과의 관계는 끊어졌고, 왕은 그를 처형할 권한이 있는지 포크에게 물어 보았다. 포크는 그의 계획을 좌절시키라고 왕에게 말하였다.

오늘 저녁 식사 후 8시에 우리의 첫 번째 정식 주일 예배를 가졌다. 헤론 박사 부부, 스크랜턴 대부인과 우리 부부가 참석하였다.

---

185) 아펜젤러는 이 배의 이름을 ‘Seirio’로, 언더우드는 ‘Tserio’로 표기하였으며, 알렌은 ‘Serio’로 표기하였다. 현재의 발음은 ‘Seiryu－세이류(靑龍)’이다. 이 배는 1867년 스코틀랜드에서 ‘Coquette’라는 이름으로 건조되었으며, 그해 구루메(久留米) 번에게 팔리면서 치토세마루(千歲丸, Chitose Maru)로 이름이 변경되었다. 1873년에 다시 한 번 명칭이 변경되는데, 이때 붙여진 이름이 세이류마루(靑龍丸, Seiryu Maru)이다. 木津重俊 편, 日本郵船船舶 100年史 (도쿄: 海人社, 1984년), 47쪽

186) 러시아 공사 스페이에르는 러시아 인 군사 교관 및 고문관을 채용하라고 요구하였다.

Dr. Allen's Diary No. 1 (1883~1886) (June 21st, 1885)

June 21st, 1885 (Sun.)

This afternoon Dr. Heron and wife came to us, having reached Chemulpoo from S. S. Serio Maru on yesterday afternoon. We like them very much. They are Southern people, very polite and pleasant. Mrs. H. is a dainty, pretty little lady. They seem to appreciate all that has been done for them and the work. We are worried about the Scrantons. Mrs. Scranton, the elder and younger came by the same steamer. Mr. Foulk is disgusted by all their actions and by their bringing the Appenzellers who were sent away. He says he will stand by me till the sky's fall but he will have no more to do with missionaries, I am sorry such a thing has occurred and would rather leave than cause such squabbles for foreigners to cavil at.

The King sent to Mr. Foulk for help concerning the demands made by the Russians. He said he could do nothing as he had heard that one of the Korean Ministers had said that Americans were not wanted. The King was wrath and ordered the man spied out and executed. It was found that Moellendorff was the man. His connection with the Foreign Office was severed and the King asked Foulk if he had the right to kill him. F. told him to defeat him.

Held our first stated Sunday service this eve. after dinner 8 P. M. Dr. and Mrs. Heron, elder Mrs. Scranton and myself and wife present.

18850622

호러스 N. 알렌(서울)이 프랭크 F. 엘린우드(미국 북장로교회 해외선교본부 총무)에게 보낸 편지 (1885년 6월 22일)

한국 서울,
1885년 6월 22일

F. F. 엘린우드 박사,
뉴욕 센터 가(街) 23

친애하는 박사님께,

저는 몇 가지 대단히 흥미로운 사실들을 공사관으로부터 막 들었으며, 그것들은 이곳에서 공개되지 않았지만 과감하게 박사님께 보내드립니다. 영국은 거문도에서부터 상하이 근처의 새들스 군도까지 케이블을 설치하였습니다. 그들은 거문도의 방어를 강화하고 많은 수뢰를 설치하였습니다. 스페이에르라는 러시아 사람이 '특수한 요원'으로 서울에 도착하였습니다. 지난 밤 큰 곤경에 빠진 왕이 포크 씨에게 보낸 전령이 와서 러시아 인들이 한국 정부에 대해 정부를 돕기 위해 미국인이 오는 것을 막고, 대신 러시아 인을 고용하라고 말하였으며, 이것에 즉시 따르지 않으면 그들이 한국 영토를 점령할 것이라고 이야기하였습니다.

일본과 중국은 그들의 오래된 적의를 잊고 지금은 러시아와 영국에 대항하기 위해 함께 하는 대단히 친밀한 동지입니다. 저는 박사님께서 아시아의 모든 열강 사이에 자신들의 이익을 보호하고 유럽의 열강들을 견제하기 위한 동맹에 대해 알고 계실 것으로 생각하지 않으며, 따라서 박사님께 말씀드리겠습니다. 이것은 일반적으로 알려져 있지 않으며, 그것에 관한 첫 번째 믿을 만한 소식이 한두 번의 우편으로 우리 국무부로 가게 될 것입니다. 이 협회의 정관에는 미국이 반대의 대상이 아니라 외부의 도움이 필요한 경우 도움을 요청할 열강으로 특별히 언급되어 있습니다. 이것을 감안할 때 이 시점에 일본과 중국이 갑자기 연합한 것과, 미국 장교들이 즉시 이곳에 보내지도록 그들이 연합하여 눈에 띄게 노력을 기울이는 것이 설명될 수 있습니다. 최근의 소요는 요청한 도움을 보내지 않은 미국의 무관심 때문이라는 것에 박사님께서 긍정하실 것입니다. 또한 저는 공사관 직원이 도움을 위해 미국에 요청하였다는 사실을 이것의 증거로 갖고 있습니다. 만일 지금 한국에서 많은 사람이 죽고 러시아에 흡수된다면, 장교들을 보내달라고 요청한 후 적절한 때에 그들이 왔다면 러시아가 지금처럼 그들을 탈취하려 기대하지 못하였을 것이고 그들이 힘없는 정부가 약간의 힘을 갖게 되었을 것이기 때문에 다시 우리에게 비난이 쏠릴 것입니다.

두 번째 소식. 포크 씨는 왕이 저에게 참판 직(관리)[187]을 수여하여 저와 아내가 궁궐을 방문할 수 있게 하는 것이 적절한 지에 관하여 문의하였다고 저에게 알렸습니다. 포크 씨는 제가 묄렌도르프처럼 한국식으로 살고 한복을 입어야 한다면 자신은 그것이 미국의 예절 개념에 반하는 것이라고 생각한다고 대답하였습니다. 그러나 그들은 병원에서 제 직책에 걸 맞는 관직을 수여해서 불편 없이 그 혜택을 제가 받을 수 있도록 할 것 같습니다. 왕비는 제 아내와 아이를 보고 싶다고 하였지만, 우리가 왕에게 소개된 적이 결코 없었고 이곳의 관직을 갖고 있지 않기에 그것은 적절하지 않을 것입니다. 저는 아직도 왕가(王家)를 진료하고 있습니다.

세 번째 소식 - 은 매우 불쾌한 것이며, 짧게 말씀드리겠습니다. 박사님께서 언쟁을 싫어하시는 것을 제가 알지만, 그런 내용을 전하게 되어 유감스럽습니다. 헤론 박사가 올 때까지 병원(제중원) 일을 하도록 제가 임명했던 감리교회의 스크랜턴 박사에게 저는 완전히 속았습니다. 그는 매우 이상하게 행동하였는데, 저를 밀어내려고 무진 애를 썼을 뿐 아니라 저에게서 모든 것을 얻으려 하였습니다. 왜 그랬는지 이유는 모르겠지만, 저는 이곳에 매우 친한 친구들 몇 명을 갖고 있으며 분명히 적은 없습니다. 이들은 몇 번 스크랜턴 박사가 하는 행동과 (이에 대해) 제가 아무런 불평을 하지 않은 것을 보았습니다. 포크 씨는 이를 문제 삼았고 아마도 박사와 그 친구들이 곤란해질 것입니다. 그가 소유하려 했던 우리 (선교부) 부지 근처의 자산은 러시아 공사관이나 이탈리아 공사관을 위해 정부에 의해 압수되었으며, 그렇게 해서 우리는 잘 보호를 받고 있습니다. 감리교회 사람들의 일부가 도시에서 먼 곳에 거주하게 되면 곤란한 문제가 없을 것입니다. 현재 우리는 그들을 접대하고 있습니다. 그러나 저는 이번 증기선으로 헤론 박사가 도착하기를 기도하고 있습니다.

언더우드 씨는 처음에 우리를 약간 실망시켰지만 모두 지나간 일이 되었습니다. 우리는 그를 매우 좋아하며, 그는 자신의 일에 충실하고 요청을 받으면 우리의 일을 기꺼이 충실하게 도와주려 하고 있습니다. 그는 언어를 열심히 공부하고 있으며, 훌륭한 기독교인인데 그것은 우리 의사들이 가장 필요로 하는 것입니다. 박사님은 그보다 더 나은 사람은 가질 수 없을 것입니다.

187) 참판(參判)은 육조(六曹)의 종2품으로 판서(判書) 다음의 관직이다. 1894년 갑오개혁 후에는 협판(協辦)이라 하였다.

최근 왕과 왕비는 우리에게 최상의 비단 및 골동품들을 많이 선물하였으며, 어제 왕은 헤론 박사와 제가 사용하도록 두 필의 말을 보냈습니다.

Horace N. Allen (Seoul), Letter to Frank F. Ellinwood (Sec., BFM, PCUSA) (June 22nd, 1885)

Seoul, Korea,
June 22/ 85

Dr. F. F. Ellinwood,
23 Center St., N. Y.

My dear Doctor,

Some very interesting facts are just made known to me from the Legation, and though they are not public here I venture to send them to you. England has laid a cable from Port Hamilton to the Saddles, near Shanghai. They have fortified Port Hamilton and sunk torpedos in abundance. The Russians have arrived in Seoul in the person of De Spier, the "Agent extraordinary." The other night a messenger came from the King to Mr. Foulk in great distress, saying that the Russians had told the Ministry to prevent American coming to the service of the Government and to employ Russians instead, that if this was not at once complied with they would seize Korean territory.

The Japanese and Chinese have forgotten their ancient grudges and are I now very close friends working together to oppose Russia and England. I don't suppose you know, therefore I will tell you, of a league existing between all of the Asiatic powers to preserve their interests and keep back European powers. This is not generally known and the first authentic news concerning it will go to our State Department in a mail or two. In the by-laws of this association, America is especially mentioned as not objectionable, but rather the power to whom they should look for assistance in case outside help is needed. Bearing this in mind, the sudden union of Japan and China at this time is explained, as is also their united and emphatic endeavors to have American officers sent here at once. You may be positive that the recent trouble was due to the negligence of America in not sending help when asked for. I have proof of this as also of the fact that the Embassy men asked to apply to the U. S. for assistance.

If now Korea becomes decimated and absorbed by Russia, the blame will rest upon us again, for had the officers come at a reasonable time after they were sent for, the Russians could not now expect to supplant them, and their poor feeble government would have some strength.

Item No. 2 - Mr. Foulk informs me that the King has asked about the propriety of conferring a Chapman (Mandarin) degree upon me, so that Mrs. Allen and myself can visit the Palace. Mr. Foulk replied that as I would have to live in Korean ways and wear Korean clothes like Von Mullendorf, he thought it would be against American ideas of propriety. But they might confer the relative rank upon my office at the hospital and thus enable me to reap the benefits without the inconveniences. The Queen has expressed a desire to see Mrs. Allen and her baby, but as we have never been presented to our own sovereign and have no rank here, it would not be proper. I still treat the Royal family.

Item No. 3 is very unpleasant and I will cut it short. I know you don't like wrangling and I am sorry there should be any of it. I was greatly taken in Dr. Scranton of the M. E. Church whom I got appointed to the hospital till Dr. Heron should come. He has acted very strangely and tried hard to supplant me, as well as to get all he could away from me. I don't know just why but I have some very warm friends here and apparently no enemies. These people in a few cases have seen what Dr. S. was up to and without complaint from me, Mr. Foulk has taken it up and, it will probably go hard with the Dr. and his friends. The property he was to have gotten near ours has been seized by the govn't for either the Russian or Italian Legation and we are thus well protected. While the part of the Methodists having to live in a distant part of the city will save complications. At present we are entertaining them. But I am praying for Dr. Heron's arrival by this steamer.

Mr. Underwood disappointed us just a little at first but that has all passed and we like him very much, he minds his own business, and is willing to help us mind ours if asked. He is hard at the language and is a good Christian which is just what we doctors need. You couldn't have a better man.

The King and Queen recently presented us with a lot of choice presents of silks and curios, and yesterday the King sent two horses for the use of Dr. Heron & myself.

18859622

프랭크 F. 엘린우드(미국 북장로교회 해외선교본부 총무)가 호러스 G. 언더우드(서울)에게 보낸 편지 (1885년 6월 22일)

(중략)

겨자씨는 최소한 한동안 땅에서 조용히 보이지 않게 자라야 합니다. 완전하게 종교적 성격을 유지하는 것은 바람직하지만 프랑스 사람들처럼 종교적인 것을 공포하는 것은 귀하의 계획이 팽개쳐지고 해를 입게 될 뿐일 것입니다. 나는 학교를 열도록 허락을 받을 때까지 단지 알렌 및 헤론 박사의 조수로 일을 해야 합니다. 무엇보다도 귀하는 언어에 전념하는 것이 좋을 것입니다.

나는 부지를 구입할 지 말지에 대해 알렌 박사에게 전보를 보내는 것이 최상일지 아닐지 모르겠습니다. 나는 그 문제를 동료들에게 알릴 것입니다. 나를 미심쩍게 만드는 일은 알렌 박사가 편지에서 그것에 대해 아무런 언급을 하고 있지 않다는 것입니다. 귀하 및 일본에서 온 편지는 구입에 대해 호의적입니다. ……

귀하는 알렌 박사보다 더 여유를 가질 것이기에 종종, 그리고 가능하면 충분하게 나에게 한국의 상세한 상황, 그리고 사람, 예의, 관습 등 우리 독자들이 관심을 가질 만한 것이면 무엇이든 알려주기를 바랍니다.

(중략)

Frank F. Ellinwood (Sec., BFM, PCUSA), Letter to Horace G. Underwood (Seoul) (June 22nd, 1885)

(Omitted)

The mustard seed must grow for a time at least silently and invisibly in the earth. To maintain a thoroughly religious character by desirable, but to be proclaimed as a religious as the French call it, would only throw your plans and do harm. I should work simply as an assistant of Drs. Allen and Heron until I should be permitted to open a school. Most of all it would be well devote yourself to the language.

I do not know whether it will be thought best to telegraph Dr. Allen to buy the property or not. I shall submit the matter to my colleagues. The thing which makes me doubt is that Dr. Allen in his letters says nothing about it. Your letter and the letters from Japan speak favorably of the purchase. ……

As you will have more leisure than Dr. Allen I hope that you will write me often and as fully as may be, giving accounts of the state of things in Korea, and whatever may interest our readers in relation to the people, their manners, customs, etc.

(Omitted)

18850623

호러스 N. 알렌(서울)이 프랭크 F. 엘린우드(미국 북장로교회 해외선교본부 총무)에게 보낸 편지 (1885년 6월 23일)

6월 23일

헤론 박사 부부가 어제 제물포에 도착하였는데, 언더우드 씨가 그들을 영접해서 오늘 우리에게 데려 왔습니다. 그들이 지금 도착한 것은 하나님의 섭리인 것 같으며, 우리는 감리회 사람들과의 모든 복잡한 관계가 피해지기를 바라고 있습니다.

우리는 새로운 친구인 헤론 부부에게 매우 만족하며, 그들이 감사해 하는 것을 보니 매우 기분이 좋습니다. 그들은 제가 이곳에 도착해 있고 그들을 위한 장소를 마련한 것에 대해 매우 감사해 하는 것 같았고, 제가 이곳에 처음으로 들어 온 것에 대해 저를 비난하는 것 같지 않습니다.

스크랜턴 박사의 아내와 어머니, 그리고 아이는 제물포에 있는데, 지난 겨울에 쫓겨난 아펜젤러 목사 부부도 그곳에 있습니다. 스크랜턴은 그들이 즉시 돌아가지 않을 것이라고 단언하였는데, 자기 가족을 데리고 오는 것에 대하여 아무에게도 말하지 않았습니다. 포크 씨는 그것에 대하여 매우 곤란해 하는 것 같으며, 선교사들과 더 이상 관계하지 않을 것이라고 말합니다. 그러나 그는 "하늘이 무너져도 나는 당신 편을 들 것입니다."라고 말하였습니다.

저는 러시아가 미국 장교들에 관하여 어떤 지시를 내렸다는 보고에 대하여 박사님께 말씀드렸습니다. 왕은 포크 씨에게 도움을 요청하였습니다. 포크는 대신 중 한 명이 동일한 바람을 표시하였다는 것을 이미 들었기 때문에 자신이 아무것도 할 수 없다고 말하였습니다. 왕은 격노하였고, 즉시 그 대신이 누구인지 알아내어 처형하라고 지시하였습니다. 그것은 묄렌도르프임이 판명되었고 왕은 포크에게 그를 처형할 수 있을지 물으러 사람을 보내었습니다. 포크는 그에게 독일 영사와 논의해서 그를 추방시키라고 하였습니다. 그래서 우리는 그 나쁜 사람으로부터 자유롭게 되었습니다.

김옥균을 제외하고 일본에 있던 세 명의 반역자들은 무일푼으로 미국으로 갔습니다. 그들은 나쁜 사람처럼 보이는 김옥균으로부터 떠나기를 바랐습니다. 저는 샌프란시스코에 있는 감리교회 사람들이 그들을 돌보아 줄 것으로 알고 있습니다.

안녕히 계십시오.
H. N. 알렌

Horace N. Allen (Seoul), Letter to Frank F. Ellinwood (Sec., BFM, PCUSA) (June 23rd, 1885)

June 23rd

Dr. and Mrs. Heron came to Chemulpoo yesterday, where they were met by Mr. Underwood and brought to us today. Their coming just now seems providential and we hope to avoid all complications with the Methodists.

We are very much pleased with our new friends, the Herons, and it is very refreshing to find them so appreciative. They seem very grateful that it so happened that I got in here and had a place open for them, and do not seem to blame me for having been first.

Dr. Scranton's wife, mother and child are at Chemulpoo, also Rev. Appenzeller and wife who were driven away last winter. Scranton promised that they should not return at once and he told no one of the bringing of his family. Mr. Foulk seems much troubled about it, and says he will have nothing more to do with missionaries. He said though "I will stand by you till the sky falls."

I told you of a report that the Russian had given certain orders about American officers. The King sent to Mr. Foulk for help. Foulk said he could do nothing as he had already been told that one of the Ministers had expressed the same desire. The King was wroth and sent at once to have that Minister spied out and executed. It turned out to be Mr. Mullendorf and the King sent to Foulk to know if he could execute him. Foulk told him to confer with the German Consul and have him deported. So we yet be freed from that bad man.

The three conspirators in Japan, excepting Kim Ok Khun, have gone penniless to U. S. A. They wished to get a way from Kim Ok Khun, who seems a bad man. I understand the Methodists in San Francisco will care for them.

With kind regards,

I am yours sincerely,
H. N. Allen

18850626

존 W. 헤론(서울)이 프랭크 F. 엘린우드 (미국 북장로교회 총무)에게 보낸 편지 (1885년 6월 26일)[188]

한국 서울,
1885년 6월 26일

엘린우드 박사님께,

마침내 1년 이상 동안 저의 생각과 희망이 바뀌었던 집에서 박사님께 편지를 쓸 수 있게 되었습니다. 수도(首都)의 중심부에는 서양 과학으로 고요한 아침의 나라의 고통 받는 사람들을 치료하는 병원이 있어 더 이상 '은둔의 왕국'은 아닙니다. 저는 그것의 가능성을 거의 믿을 수 없으며, 한국인들로 둘러싸인 제중원에서 알렌 박사와 저는 환자를 진료하고, 처방하며 약을 주면서(한국인 조수는 우리들 중 한 명이 약간만 감독하면 약을 조제할 정도로 이미 충분히 훈련받은 상태이지만), 이것은 진정으로 하나님이 놀라운 일을 하신 것 같습니다.

알렌 박사는 바로 그때에 (한국에) 왔고, 얼마 되지 않아 부상자를 훌륭하게 성공적으로 치료했는데, 이러한 모든 것들은 이 땅에 선교의 문이 열리고 확고한 기초 위에 이루어지게 만든 특별한 하나님의 섭리로 보입니다. 그리고 아직 우리의 진짜 모습을 공개적으로 선포할 수는 없지만, 변화는 서서히 이루어지고 있고, 우리가 그들의 언어로 말할 준비가 되었을 때 그들은 우리의 이야기를 즉시 들을 준비가 될 것입니다.

(중략)

알렌 박사는 병원의 모든 일을 돌보며, 외부의 일을 하는 것은 도저히 불가능합니다.

(중략)

188) 이 편지는 상당 부분이 다음의 잡지에 실려 있다. Korea. *The Foreign Missionary* 44(6) (Nov. 1885), p. 273

John W. Heron (Seoul), Letter to Frank F. Ellinwood (Sec., BFM, PCUSA) (June 26th, 1885)

Seoul, Korea,
June 26th, 1885

Dear Dr. Ellinwood,

At last I am able to write you from the home to which, for more than a year, my thoughts and hopes have been turning; scarcely a 'Hermit Nation' any longer, since in the very heart of its chief city is a Hospital where Western science relieves the suffering of the Land of the 'Morning Calm'. I can scarcely believe in its possibility, and as Dr. Allen and I stood examining and prescribing and giving out medicine (though a Korean assistant already is sufficiently well trained to prepare the medicine, with a little oversight from one of us), surrounded as we were by Koreans in a Government Hospital, truly it seems wonderful what God has wrought.

Dr. Allen's coming at the time he did, the occurring so soon after, his wonderful success in the treatments of the wounded - all seem to have been a special Providence for the opening and establishing, on a firm basis, a mission in this land; and, while in as yet we cannot openly proclaim our true character, the leaven is slowly working, and by the time we are ready to speak to the people in their own tongue, they will be ready to listen to us.

(Omitted)

Dr. Allen cannot possibly attend to all the work there and do his outside work.

(Omitted)

18850628

알렌 박사의 일기 제1권(1883~1886년) (1885년 6월 28일)

1885년 6월 28일 (일)

(6월) 24일에 스크랜턴 박사 부부, 그의 어머니와 아기, 그리고 하인들이 와서 헤론 부부, 언더우드 씨와 함께 우리 집에서 숙식을 하고 있다. 스크랜턴 박사 부부는 "우리의 말[馬]", 즉 헤론 박사를 위해 왕이 보낸 말에 대해 상당히 많은 말을 하였으며, 나는 결국 그가 그 말들에 대해 어떻게 이해하고 있었는지 은밀하게 물어보았다. 그래서 우리는 조용한 대화를 가졌는데, 나는 그 말은 헤론 박사를 위해 보낸 것이고, 조선 정부는 그가 올 것을 예상하고 있었으며, 조선 정부는 내가 (맺은) 합의에서 언급한 것처럼 스크랜턴이 헤론이 올 때지만 돕는 것으로 기대하였을 뿐이었다고 언급하였다. 그리고 처음에 내가 정부에 청원한 후 포크 씨가 사람을 보내 그에게 오라고 명령할 때까지 그(스크랜턴)가 (제중원에) 오는 것을 거절하였고, 그는 반대로 행동하고 너무도 병원을 무시하였으며, 특히 그가 속해 있는 선교본부는 순수한 종교 기관이 아닌 이런 기관(병원)에서 사역 하는 것을 허가해 주지 않을 것이라고 말하였음으로 나는 그가 재임명되도록 추천하기에 적합한 인물이 아님을 알았다고 언급하였다.

그는 내게 함께 가서 포크 씨를 만나자고 요청하였고, 우리는 그렇게 하였다. 포크 씨는 내가 했던 말을 되풀이하였는데, 더욱 강한 어조였다. 스크랜턴 박사는 계속 자기주장을 되풀이하였으며, 나는 그의 재임명을 요청하는 것에 동의하였다. 바로 그때 그는 이것에 동의하고 싶지 않아 하였고, 논의를 미루어두자고 하였으며, 그가 보류했으므로 그가 다시 그 문제를 거론할 것임에 틀림없다. 이후 포크는 그는 나쁜 사람이므로 그와 떨어져 있으라고 나에게 조언하였다.

Dr. Allen's Diary No. 1 (1883~1886) (June 28th, 1885)

June 28th, 1885 (Sun.)

On the 24th Dr. Scranton, wife, mother, baby and servants came and are boarding with us together with Dr. Heron and wife and Mr. Underwood. Dr. S. and wife talked so much about "our horse" meaning the one the King had sent for Dr. Heron that I finally asked him in private what he understood about those horses. Thereupon we had a quiet talk in which I stated that the horse was sent for Dr. Heron, that the Gov'nt expected him, that they only expected Scranton to help till Dr. Heron came as I stated in my agreement and that as he had refused to come at first after asking me to petition the Gov'nt which I did until Mr. Foulk sent and commanded him to come, and that as he had acted so cross and neglected the Hospital so much I didn't see fit to ask to have him reappointed especially as he had said that his Board would not sanction his working in such an institution because it was not purely religions etc.

He asked me to go with him to see Mr. Foulk and we did so. Mr. Foulk repeated about what I had said only he made it more forcible. Dr. S. was persistent and 1 agreed to ask to have him reappointed. He would not agree to it just then but said we will sleep over it, and as he has laid it on the table he must take it up. Foulk since advised me to keep clear of him as he is a bad man.

18850630

프랭크 F. 엘린우드(미국 북장로회 총무)가 호러스 N. 알렌(서울)에게 보낸 편지 (1885년 6월 30일)

뉴욕,
1885년 6월 30일

H. N. 알렌 박사,
한국 서울

친애하는 형제여,

귀하의 5월 15일자 편지를 받았습니다.[189] 나는 항상 귀하의 편지에 지대한 관심을 갖고 있으며, 귀하가 편지를 쓰는 것에 손을 놓지 않을 것으로 믿고 있습니다.

지금 도착했어야만 한다고 생각하는 헤론 박사를 파송한 만큼 귀하가 조수로 요청하였던 다른 의사가 (선교본부에 의해) 거절된 것을 알게 되어 미안함을 금할 길이 없습니다.[190] 나는 귀하 및 우리가 귀하에게 보낸 사람을 위해 그 자리를 확보해 두는 것이 좋을 것이라고 생각합니다. 나는 귀하가 헤론 박사를 좋아할 것이라고 상당히 확신하고 있습니다. 그는 참으로 훌륭한 친구이며, 특별 과정을 수료했기에 유능할 것임에 틀림없습니다.[191] 만일 귀하가 다른 사람과 함께 있다면, 언젠가 귀하가 건강이나 다른 이유 때문에 일을 하지 못하게 되면 병원은 완전히 우리 선교본부의 관리에서 벗어나게 될 것입니다.

나이 든 태후가 비록 평방인치에 불과하지만 귀하에게 손목 부위를 보게 하여 맥박을 느낄 수 있게 한 것은 대단히 놀랍습니다. 사업이 한국에서 조금씩 진전되고 있다는 표시이며, 잣대입니다.

건강에 유의하고 귀하 업무의 선교적 측면에 계속 유념하세요. 나는 귀하가 철저하게 할 것으로 확신하고 있습니다.

지금은 형성기이자 중요한 시기입니다. 나는 기녀(妓女)의 제안을 거절한 것이

---

189) Horace N. Allen (Seoul), Letter to Frank F. Ellinwood (Sec., BFM, PCUSA) (May 15th, 1885)

190) 헤론은 6월 20일 제물포에 도착하여 21일 서울로 올라왔다.

191) 알렌이 한국으로 이적된 후 헤론이 뉴욕대학교 의학대학원에서 1년 과정을 마치고 졸업한 것을 의미한다.

기쁩니다. 전체적으로 생각해보면 그들은 확실히 그렇기 때문에 사악한 목적으로 그곳에 있다는 일반적인 견해를 피하는 것은 거의 불가능할 것이기에 그들이 어떤 자격으로든 병원에 있는 것보다 떠나는 것이 더 좋을 것입니다. 나는 귀하의 정부에 대해 친절하지만 단호한 기억, 그리고 귀하가 도덕적 순수함을 세우기 위한 목적으로 한국에 있다는 사실을 언급하는 것이 존중될 것이며, 조금이라도 인정받고 큰 영향력을 얻게 될 것이라고 생각합니다.

나는 귀하 병원의 멋진 도면을 최근 *Foreign Missionary*에 게재하였습니다.[192] 나는 귀하게 몇 부를 받을 것으로 생각합니다.

나는 귀하가 언더우드 씨에 대한 훌륭한 설명에 기쁩니다.

안녕히 계세요.
F. F. 엘린우드

Frank F. Ellinwood (Sec., BFM, PCUSA), Letter to Horace N. Allen (Seoul) (June 30th, 1885)

New York,
June 30th, 1885

Dr. H. N. Allen,
Seoul, Korea.

Dear Bro.:

Your letter of May 15th has been received. I am always intensely interested in your letters, and I trust that you will not _____ your hand in writing.

Inasmuch as we have sent Dr. Heron, who I think must have arrived by this time, I cannot disguise my satisfaction at learning that the other physician to whom you offered the place of an assistant, has declined. I think it would be well to hold that position for yourself and for the man whom we will send to you. I

192) H. N. Allen, Medical Work in Korea. *The Foreign Missionary* 44(2) (July 1885), pp. 74~76

am pretty sure that you will like Dr. Heron. He is a thoroughly good fellow, and has taken a special course and must be competent. If you get somebody else in with you, you may find bye and bye upon failure of your health or some other cause, that the hospital has gone entirely from the supervision of our Board.

It is very surprising that the old dowager should have allowed you to see even a square inch of her sacred person around the wrist, that you might feel the pulse. Still it is an indication that the work is to advance in Korea by inches; they are the measurements.

Take good care of your health, and keep in mind the missionary side of your work. This, I am sure, you are thoroughly inclined to do.

It is formative period and critical one. I am glad that you declined the offer of the GeeSung. It would be better, I think altogether, for them to leave the hospital than to be there in any capacity, since it would be well nigh impossible for you to avoid the general opinion that they are there for evil purposes, as they are doubtless intended. I think that a kind but firm rememberance to the Government and a statement of the fact that you are in Korea for the purpose of establishing moral purity, would be respected, that instead of seeming to yield even in the slightest you would be approved and gain a great point of influence.

I published the neat diagram of your hospital in the last Foreign Missionary. I suppose that you get the numbers.

I am glad of the good account you give of Mr. Underwood!

Yours very sincerely,
F. F. Ellinwood

18850704

호러스 N. 알렌(서울)이 프랭크 F. 엘린우드 (미국 북장로교회 총무)에게 보낸 편지 (1885년 7월 4일)

한국 서울,
1885년 7월 4일

F. F. 엘린우드 박사,
뉴욕 센터 가(街) 23

친애하는 박사님께

저는 박사님께서 계속 소식을 듣기 원하신다는 것을 알며, 그래서 감리교회 사람들이 오고 나서 초래된 불쾌한 상황을 과감하게 설명해 드립니다. 저는 감리교회의 스크랜턴 박사를 크게 환영하였고, 병원에서 일을 할 것을 제안하였습니다. 그의 요청에 따라 저는 헤론 박사가 올 때까지 스크랜턴 박사가 저를 도울 수 있도록 요청하는 청원서를 (조선) 정부로 보냈습니다.[193] 그들(조선 정부)은 그렇게 했지만[194] 그 사이 스크랜턴 박사는 제물포에 내려가서 가족이 자신과 합류하기를 바라고 있고, 그들을 서울로 데려오는 것이 두려우며, 이 병원이 충분히 선교 병원이 아니기에 갖고 있는 자신의 돈으로 병원을 따로 개원하는 것이 낫겠다는 이유를 들며 돌아오기를 거부하였습니다. (조선) 정부가 포크 씨를 통해서 그에게 요청하였기 때문에, 포크는 청원이 진행 중인 상태에서 (제물포로) 가버린 것은 스크랜턴이 배신한 것이라고 간주하고 그에게 즉시 돌아올 것을 명령하였습니다. 그는 병원으로 돌아와 자신이 할 수 있는 만큼의 일을 하지 않았습니다. 그는 제가 기대했던 것과는 다른 사람으로 판명되었으며, 병원에서 (한국인) 관리들 앞에서 저에게 해를 끼치려 하였고, 또한 공사관이 저와 멀어지도록 시도하였습니다. 헤론 박사가 도착하기 직전, 왕은 저에게 조랑말 두 필을 보냈습니다.[195] 스크랜턴 박사는 한 필이 자기 개인 소유라고 주장하면서 헤론 박사가 도착하였을 때, 그것을 넘겨주는 것을 거절하였습니다. 그래서 우리는 그것에 관해 조용히 이야기를 나누

193) [제중원 의사의 증고(增雇) 요청과 적격자 추천.] 구한국 외교문서 미안 (1885년 5월 7일, 고종 22년 3월 23일)

194) [제중원 의사의 증고(增雇) 승인.] 구한국 외교문서 미안 (1885년 5월 13일, 고종 22년 3월 29일)

195) 알렌 박사의 일기 제1권(1883~1885년) (1885년 6월 17일, 수요일)

었지만 합의할 수 없게 되자, 그는 문제를 포크 씨에게 넘기자고 제안하였습니다.

저는 우리의 말다툼 문제를 우리 외교관에게 넘기고 싶지 않아 부적절하다는 이유로 반대하였습니다. (하지만) 그가 고집하였기 때문에 저는 포크 씨 에게 갔고, 우리는 말다툼 내용을 이야기를 하였습니다. 스크랜턴 박사가 매우 놀랄 만큼 포크 씨는 충분하고 면밀하게 그가 조랑말에 대한 어떠한 권리도 갖고 있지 않음을 설명하였습니다. 그는 문서에는 단지 두 명의 의사라고 되어 있고 스크랜턴은 헤론 박사가 오기 전까지만 진료를 하도록 (한시적으로) 초청된 것이기에 이 두 명에 포함되지 않으며, 병원에서 진료를 하기 전후의 그의 행동을 개인적으로 (판단해) 볼 때 그가 매우 잘못된 행동을 한 것으로 생각하고 있다고 말하였습니다. 그리고 모든 과정이 저를 통해 이루어졌기 때문에 그가 병원과 관계를 계속 유지할 수 있는 유일한 길은 제가 그의 도움에 대한 다른 청원을 보내는 것이라고 말하였습니다. 또한 그(스크랜턴)가 경쟁 병원을 개원하려는 의도와 관련하여, 현재의 병원(제중원)은 왕과 관리들이 크게 자랑하는 한국의 업적이며, 외국인들은 처음으로 성공한 현대 기관으로 자랑스러워하기 때문에 이곳에 있는 열강의 외교관들은 그것을 반대할 것이라고 말하였습니다. 그 병원은 그가 개원하려는 것과 같은 좋은 현대식 병원에 의해 충분히 쉽게 빛을 바랠 수 있는데, 그것은 한국인들을 수치스럽게 하고 그들의 공적인 노력에 환멸을 갖게 할 것이므로 외국인들이 그와 같은 일을 하도록 허락하지 않을 것이라고 말하였습니다. 그리고 그는 저에게 만일 스크랜턴 박사와 계속 일하기를 원하면 병원에서 일을 하도록 그에게 다시 요청할 수 있을 것이라고 말하였습니다. 저는 그렇게 하겠다고 제안하였고 청원서를 썼는데, 스크랜턴 박사는 그것이 자신을 저의 조수로 만드는 것이라며 반대하였습니다. 우리는 그것을 생각할 시간을 갖기로 결정하였습니다. 포크 씨는 그와 아무런 관계를 갖지 말고, 제가 책임자가 되어야 한다는 것을 이해하지 못하면 그를 받아들이지 말도록 저에게 조언하였습니다. 그는 이에 동의할 수 없어 사임의사를 표명했는데, 그것은 불필요했고 단지 죽어가며 던진 것이었습니다. 그의 가족들이 우리 집에 묵고 있기 때문에, 그 일은 우리를 상당히 불쾌하게 만들었습니다. 그들은 생각했던 것보다 부지를 찾는 것이 어렵다는 것을 알게 되었고, 지금은 성곽 외부에 25에이커를 매입하여 외국인 가옥을 지으려 생각하고 있습니다. 그들은 이상한 가족입니다. 스크랜턴 박사의 아내는 크게 설쳐대는 여성으로, 선교사로서의 어떠한 성품도 갖고 있지 않은 것 같습니다. 모친은 많은 의견을 갖고 있는 멋있는 노파로서 고국에서 지원을 받는다며 떠벌이기를 좋아합니다. 우리는 그들이 두려우며, 심지어 포크까지도 스크랜턴이 "나쁜 사람"이라고 선언하였습니다. 앞으로 복잡한 일이 생길까 걱정할 만한 이유들이 있기 때문에 저는 현재의 상황을 길게 상세하게 설명하는 것이 최선이라고 생각하였습니다. 그 의사가 선교사적 정신을 가졌더라면 우리는 시험 삼아 기꺼이 그를 병원과 연관을 갖도록 하였을 것입니다. 하지만 그는 본심을 너무 빨리 보여 주었습니다.

언더우드 씨는 매우 평화로운 사람입니다. 헤론 박사는 모든 면에서 완전히 좋은 사람으로 저는 우리가 서로의 기분이 상하지 않도록 할 수 있는 모든 것을 할 것이라 생각합니다. 헤론 박사는 좋은 사람이며, 박사님이 그렇게 좋은 일꾼을 얻은 것에 축하를 드립니다! 우리는 그렇게 상당히 사교적인 동역자를 갖게 된 것을 축하 받을 것이라고 생각하며, 서로 지혜와 마음을 합해 위대한 일이 이루어지도록 바라고 있습니다.

지금 미국에 체류하고 있는 서광범이 그의 부하에게 쓴 편지가 포크 씨에게 전달되었는데, 그는 자신의 남은 모든 식구들이 기독교 정신을 배울 것을 부탁하며 가톨릭보다 개신교를 선호한다고 언급하였습니다. 이것은 단지 사정이 유리하게 된 것이지만, 중요한 단계일 수 있습니다. 하지만 아직 그것을 발표하지 마십시오.

가톨릭 신자인 언더우드 씨의 선생은 '이러한 이단'을 배우기를 고집하기 때문에 저항을 받고 있습니다. 우리 모두가 원하는 것은 언어에 익숙해져, 우리의 사역이 좋은 결과를 가져오는 것입니다.

말[馬]에 관해서. 그것은 왕이 우리에게 큰 호의를 베푼 것이었습니다. 아직 말들은 거의 쓸모가 없습니다. 저는 말이 네 번이나 저를 태운 채 넘어져 크게 위험했습니다. 그것들은 작으며, 우리가 일을 감당하지 못합니다. 저는 때로 진료를 위해 제물포에 가야 하는데, 최소한 10달러는 들며, 말이 있으면 쉽게 갈 수 있습니다. 또한 저는 새로운 성냥 제조업자인 로젠바움 씨를 위해 진료 업무 계약을 맺었는데, 그의 집은 여기서 약 10마일 떨어진 강변에 있습니다. 저는 약품비는 별도로 1년에 50달러를 받기로 했는데, 이 일을 하기 위해 말이 필요합니다. 헤론 박사도 역시 말 한 필이 필요하고, 지난 겨울의 일이 언제든지 되풀이될 수 있기 때문에 심지어 여자들도 말을 한 필 갖는 것이 매우 필수적인 것으로 이해되고 있습니다. 박사님은 지난 겨울에 외국인들이 (서울을) 떠났을 때 우리는 말을 갖고 있지 않았고 다른 사람들도 빌려줄 말이 없었다는 것을 알고 계십니다.

조선 말[馬]들을 찾아볼 수 없었고 가마꾼들도 일을 하려 하지 않았습니다. 우리는 선교지에 남아 있더라도 어떠한 도피 수단도 없는 상태를 원하지 않습니다. 지금 영국의 총영사는 지난 겨울에 소요가 일어나는 동안 폐결핵에 걸려 (이곳을) 떠나려 하고 있습니다. 그는 훌륭한 어린 중국 조랑말 두 필을 소유하고 있습니다. 그중 한 필만 해도 상하이에서 300달러의 가격입니다. 그는 말 두 필을 약 200달러에 저에게 주겠다고 제안하고 있습니다. 저는 그 말들을 살 예정입니다. 저는 두

가지 이유 때문에 거절할 수 없습니다. 즉 우리가 런던에서 계약서가 돌아오기를 기다리는 동안, 저는 한 번에 5달러를 받고 그들의 집으로 거의 매일 왕진을 가는데, 제가 말들을 원하고 필요로 하는 것을 알고 있는 그들이 저에게 말들을 팔겠다고 제안하는 것을 거절한 수 없습니다. 또한 그들은 저의 추천으로 낯선 스크랜턴 박사에게 말 한필을 주었습니다. 그들은 우리 사이에 어떠한 나쁜 감정이 있는지 전혀 알지 못하며, 우리를 모두 한 가족으로 여기고 세련되게 그(스크랜턴)가 긴급하게 필요로 하는 것을 제공해주었습니다. 그러니 제가 다른 말들을 이렇게 싼 값에 살 것이라고 생각하는 것은 자연스럽습니다. 말들을 잘 볼 줄 아는 헤론 박사는 그것이 좋은 일이며, 현 상황에서 적절한 일이라고 생각하고 있습니다. 박사님께서 기꺼이 그것들을 선교부의 말로 만들어 주셔서, 그것에 대해 저를 해방시켜 주시겠습니까.

우리는 묄렌도르프 측 사람인 로젠바움 씨와 양측이 자발적으로 새로운 계약을 맺게 된 것을 축하하려 하고 있으며, 스크랜턴 박사가 저의 자리를 빼앗는데 성공하지 않을까 염려스러워 하고 있습니다. 현재 의료 사역의 추산 수입은 1,275달러인데, 외부의 진료 수입도 그 정도 혹은 그 이상이 됩니다.

현재 제물포에는 두 척의 독일 포함(砲艦), 세 척의 중국 포함, 한 척의 미국 포함, 두 척의 영국 포함, 그리고 한 척의 일본 포함이 있습니다. 중국 제독이 묄렌도르프가 러시아와 협상하는 것을 보려고 왔다고 알려져 있지만, 독일과 영국의 함대가 갑자기 나타난 것은 이해가 되지 않습니다.

미국 무역회사와 묄렌도르프 측의 한 사람이 계약을 맺은 섬과 관련하여 미국 정부는 묄렌도르프의 모욕을 받았습니다. 우리 또한 (조선) 정부가 요청한 고문관과 군 장교들이 도착하지 않았기 때문에 사실상 모욕을 당하였습니다. 하지만 우리[미국] 정부가 너무 느리기 때문에 만회할 길이 없을 것입니다.

저에게는 이것이 '영광스런 4일'[196]을 축하하는 유일한 방법이기에 장문의 편지로 괴롭힌 것을 박사님께서 용서하실 것입니다. 하지만 (다른) 편지가 도착하여 추신이 필요할지 모르겠습니다.

안녕히 계십시오.
H. N. 알렌

196) 7월 4일 미국 독립기념일을 의미한다.

Horace N. Allen (Seoul), Letter to Frank F. Ellinwood (Sec., BFM, PCUSA) (July 4th, 1885)

Seoul, Korea,
July 4th, 85

Dr. F. F. Ellinwood,
23 Center St, N. Y.

My dear Doctor,

I know you want to be kept posted, therefore I venture to explain the disagreeable condition of affairs which the coming of the Methodists has caused. I was greatly taken with Dr. Scranton of the M. E. Church and offered to take him into the hospital. At his request, I sent a petition to the govn't asking them to ask him to assist me till Dr. Heron came. They did so, but in the meantime Dr. Scranton had gone to Chemulpoo and refused to come back giving as a reason that he wished to have his family join him and feared to take them to Seoul, also that this hospital was not enough a mission hospital and that as he had the money, he preferred to open one of his own. As the govn't asked for him through Mr. Foulk, he considering it a breach of faith on the part of Scranton to go away while this petition was pending, ordered him back at once. He came and did as little in the hospital as he could. He proved to be a different man from what I expected, and tried to injure me before the officers in the hospital, he also tried to get the Legation away from me. Just before Dr. Heron arrived the King sent me a couple of ponies. Dr. Scranton claimed one as his personal property I and when Dr. Heron arrived he refused to surrender it. We then had a quiet talk about it and not being able to agree, he proposed referring the matter to Mr. Foulk. I objected on the grounds of impropriety, not wishing to bring our squabble to our representative. As he insisted, I went and we told our stories. Much to the surprise of Dr. S., Mr. Foulk fully and carefully explained to him that he had no right to the pony which was sent for the use of the two Drs., that he was not included in that, as the proposal only called for two Drs. and that he had been invited only to serve till Dr. Heron came, that he considered he had acted very badly from personal knowledge of his conduct previous to and since his connection with the hospital. That as all arrangements had been made through me (Allen), the only way he could be continued with the institution would be by my sending in another request for his assistance. He told him also regarding his intention of starting a rival hospital that the representatives of all the powers here would oppose it, because this present hospital was a Korean affair in which the King and officials took great pride and of which foreigners were proud because it is the first successful modem institution. And that while it was good enough it could be easily eclipsed by a good modem hospital such as the Dr. intended building and as this would shame the Koreans and make them disgusted with their public attempts. The foreigners would not allow anything of the kind. He then said to me if I wished to keep Dr. Scranton, I might ask him back into the hospital. I offered to do so and wrote out a petition which he objected to as it would make him assistant to me. We decided to think it over and Mr. Foulk advised me to have nothing to do with him but by no means to take him in without an understanding that I should be the Chief of Staff. He could not agree to this and has sent in a resignation which was superfluous but simply a dying thrust. As his family are stopping with us, it makes it quite unpleasant. They find it much harder finding a place than they had contemplated and now think of getting 25 acres outside the walls and erecting foreign houses. They are a strange family. The wife of Dr. Scranton is a lady of great dash and doesn't pretend to have any missionary character. The mother is a stylish elderly lady with many theories and likes to boast of her backing at home. We fear them and even Foulk declared Scranton to be "a bad man." As we have some cause for fearing future complications I thought best to detail at length the present state of affairs. Had the Dr. been of a missionary spirit we would gladly have taken him into the hospital, on trial. However, he showed his true character too soon.

Mr. Underwood is a great peace man. Dr. Heron is thoroughly good in every way and I think we will do all in our power to avoid giving offense. You have a good man in Dr. Heron and while I congratulate you upon having such a good agent. We think we are to be congratulated upon having such very companionable fellow workers, and are hoping great things from added wisdom and sympathy.

So Quan[g] Pum, who is now in America, has written to his man whom he gave to Mr. Foulk, to have all of his remaining family study Christianity, and mentioned the Protestant as preferable to the Catholic. This is probably but a matter of expediency but may be an important step. Don't publish it yet, however. Mr. Underwood's teacher, a Catholic, is meeting with opposition because of his persistence in studying "this heresy." All we wish is to have the language and our work is bound to be productive of good results.

In regard to the horses. It was a high favor on the part of the King to us. Yet the horses hardly answer the purpose. I have been in great danger four times by my horse falling with me. They are small and not equal to our work. I have to go to Chemulpoo occasionally on professional business and it never costs less than $10.00, while if I had a horse I could go easily. I have also contracted to do the medical work for Mr. Rosenbaum, the new match manufacturer, whose place is on the river about ten miles distant. I get $50.00 a year, medicines extra, for this work I need a horse. Dr. Heron also needs one, and it is very essential that even of the ladies should have a horse and understanding for last winter's experience may be repeated at any time. You know last winter when the foreigners left we had no horses and the others had none to spare. Korean horses could not be found and chair coolies would not work. We don't wish to be deprived of all means of escape even if we do stay at our post. Now, the British Consul General is about to leave because of consumption contracted during the riots last winter. He has two fine young Chinese ponies. One of them alone cost $300.00 in Shanghai. He offers to let me have them for about $200.00 for both. I intend to take them. I can't well refuse for two reasons, i. e. while we are waiting for the contract to come back from London, I am in almost daily attendance at their place at $5.00 a visit and having offered me the horses I can't well refuse as they know I want and need them. Also they gave one horse to Dr. Scranton, who was then a stranger to them, through a recommendation from myself. They know nothing of any ill feeling between us but regard us as all one family and having kindly supplied his urgent needs at the time, in their fine manner. It is but natural to suppose that I would take the other horses at this really low price. Dr. Heron, who is good judge of horses thinks it a good thing and but the proper thing to do under the circumstances. Will you kindly make them mission horses and relieve me of them.

We are to be congratulated in getting this new contract, all voluntarily with Mr. Rosenbaum, who is one of Mullendorf's men and I find cause for fearing that Dr. Scranton had succeeded in supplanting me there. The stated income at present from the medical work is $1,275.00 and the outside work amounts to as much again or more.

There are now at Chemulpoo, two German gunboats, three Chinese, one American, two English and one Japanese. It is known that the Chinese Admiral has come to see about Mullendorf's negotiations with Russia, but the sudden appearance of the German and English fleet is not understood.

The American Govn't have been insulted through von Mullendorf in regard to an island which is held in contract by American Trading Co. and one of Mullendorf's men. We have also been virtually insulted because of the non-arrival of the advisor and military officers asked for by this Govn't. Our own Govn't is so tardy however that it will be hard to obtain redress.

You will pardon this long infliction as this is my only way of celebrating the "Glorious Fourth". The arrival of the mail may however demand a P. S.

With kind regards,

Yours Sincerely,
H. N. Allen

18850706

호러스 N. 알렌(서울)이 프랭크 F. 엘린우드 (미국 북장로교회 총무)에게 보낸 편지 (1885년 7월 6일)

추신 7월 6일

우편선으로 박사님의 편지 두 통이 도착하였습니다. 하나는 포크 씨 앞으로 온 편지가 포함되어 있었고, 제가 전달하였습니다. 그는 박사님의 계획에 따라 이곳에서 실행된 일에 대해 반대가 있을 수 없다고 말합니다.

박사님께서 묄렌도르프에게 편지를 보내지 않으셔서 저는 기쁩니다. 그는 큰 곤경에 빠져 있습니다. 그는 한국 정부에 군 장교들을 제공하기 위해 일본에서 러시아 공사관과 조율하였습니다. 상트페테르부르크로 전보를 보냈고 황제가 승인을 해서 장교들을 임명하였으며, 도쿄의 공사관 서기관을 (한국으로) 보내 그들의 도착을 준비하도록 하였습니다. 그는 냉랭한 대접을 받았고, 이미 미국의 군 장교들이 요청을 받았으며, 묄렌도르프가 독판(督辦)이 아니라는 것을 알게 되었습니다. 당연히 러시아는 그를 몹시 나무라고 있습니다.

중국은 러시아와의 협상을 살펴보기 위해 이곳에 사람을 보냈습니다. 한국인들은 그를 믿지 않습니다. 어제 영국은 그의 비정상적인 행동과 관련하여 외아문에 문제를 제기하였습니다. 포크 씨는 묄렌도르프가 야기시켰다고 생각되는 모욕에 대해 사과를 요구하였습니다. 오늘 외아문 독판은 문제들을 바로 잡기위해 반나절을 그(포크)와 보냈습니다. 그(포크)는 외아문 독판에게 저에게 월급을 받게 하려던 일 등등의 묄렌도르프의 음모 등을 말해주었습니다. (묄렌도르프의 음모에 대한) 저의 거절은 이미 대단히 우호적이며 일전에 약값으로 저에게 추가로 200달러의 새 예산을 주었던 김윤식 각하의 저에 대한 평가를 높게 하였습니다.

교사(教師)에 대해. 저는 세 사람에 대해 내무부(內務府)에서 보낸 편지를 보았고, 우리는 훌륭한 설명에 기뻐하고 있습니다. 왕은 기뻐하고 있으며, 그들이 곧 오기를 기대하고 있습니다. (그들이 거주할) 집들을 준비하는 중입니다. 그들의 (여행) 경비는 지불될 예정이었고, 그들 중 한 명이 기혼이기에 (조선) 정부는 아내에 대한 경비도 보내는 데 동의하였습니다. 미혼 남자의 급여는 매달 단지 금화 125달러가 될 것입니다. 그들은 그 액수로는 필요한 품위 유지를 할 수 없지만 다른 외부의 일들을 많이 할 수 있을 것입니다.

주택에 관해, 헤론 박사는 자신의 집에 대해 만족해하고 있습니다. 언더우드 씨는 세 번째 집을 준비하고 있습니다. (한국) 돈의 가치가 떨어졌고 우리가 물정에 대해 더 잘 알게 되었기 때문에 우리 집보다 더 적은 비용으로 우리들 중 가장 멋있고 좋은 집이 될 것입니다. 우리는 언더우드 씨에게 숙소를 제공할 수 있었지만, 그는 자신의 거처를 원하였고 곧 결혼할 것이라는 그의 이야기에 근거하여 제가 이미 했었던 일을 그가 하는 것에 반대할 수 없었습니다. 저는 신청서를 보내는 것이 적절할 것이라고 말하였지만, 제가 아무런 허락을 받지 않고 했었기에 그의 생각도 똑같은 권리를 가져야 한다고 생각하였습니다.

저는 조만간 우리 모두가 언어를 습득해야 한다는 것에 대단히 염려하고 있습니다. 저는 하루 종일, 때로 밤늦게까지 바쁘지만, 항상 한국어를 조금씩 배우고 있습니다. 저는 박사님이 저에게 갖고 계시는 믿음에 부응하도록 온 힘을 다할 것입니다.

저는 감리교회 사람들에게 숙박비를 청구할 것인데, 언더우드 씨에게도 적어도 그의 월세 비용의 20%를 그들에게 청구하라고 주장하여 그는 10달러나 적은 15달러를 요청하였지만 그들은 월 10달러를 제안하였고 그[언더우드]는 이를 수용하였습니다. 하지만 이것은 제물포에서 이루어졌고, 이곳의 집은 선교부 재산이기 때문에 헤론 박사와 저는 반대할 것입니다.

방금 독일 공사의 왕진 요청이 왔습니다. 스크랜턴이 그 자리를 얻으려고 열심히 노력하였기 때문에 저에게는 기쁜 소식입니다.

안녕히 계십시오.

H. N. 알렌

Horace N. Allen (Seoul), Letter to Frank F. Ellinwood (Sec., BFM, PCUSA) (July 6th, 1885)

P. S. July 6th

The mail _____ bringing two letters from you. One contained the letter to Mr. Foulk, which I delivered. He says there can be no objection to work carried out here according to your plans.

I am glad you did not write to Mullendorf. He is in great trouble. He arranged in Japan with the Russian Legation to furnish military officers to the Korean Govn't. It was telegraphed to St. Petersburg and the Czar consented, appointing the men and sent the Secretary of Legation at Tokio to arrange for their coming. He finds a cold reception and learns that American military men have already been asked for and that Mullendorf is not a Minister of State. Consequently the Russians are down on him.

The Chinese are here to see about his negotiations with the Russians. The Koreans distrust him. The English yesterday addressed the Foreign Office concerning his irregular actions. Mr. Foulk sent for an apology for the insults above referred to, which is thought were prompted by Mullendorf. Today the President of the Foreign Office spent half of the day with him [Foulk] straightening out matters. He told him of Mullendorf's scheme to get me to take a salary etc. And my refusal has raised me in the estimation of H. E. Kim Yun Sik, who is already very friendly and gave me a new appropriation of 200.00 extra the other day for drugs.

In regard to the teacher. I saw the letter from our Secretary of Interior concerning the three men and we are pleased at the good description. The King is pleased and expects them soon. Houses are being fitted up. Their expenses were to be paid and as one of them is married the Govn't agreed to send the expenses for the wife also. The pay for the single man is to be but $125.00 per month gold. They can hardly keep up the necessary style on that but will be able to do many outside things.

As to houses, Dr. Heron is pleased with his. Mr. Underwood is fitting up the third house. It will be the finest & best of all though costing no more than our own owing to the cheapness of cash and our better knowledge of affairs. We could accommodate Mr. Underwood but he wanted his own place and as I supposed from what he said that he would soon be married, I couldn't object to his doing what I had done. I told him that the proper thing to do would be to send in an application, but as I had gone on without any allowances, the thought he has entitled to the same.

I am very anxious that we should all get the language soon. I am busy all day and sometimes late into the night, but am picking up a little all the time. I shall do all in my power to justify the faith you have put in me.

I shall charge the Methodists for board and I insisted on Mr. Underwood's charging them at least 20% of the cost of his place for rent, as it is he offered it for $15.00 a month, $10.00 too low, and they offered him $10.00 a month, which he accepted. This was done at Chemulpoo however, and as the place is mission property Dr. Heron & I will object.

A call has just come to attend the German Minister. It pleases me because Scranton has been working hard for that place.

Yours truly,
H. N. Allen

18850706

호러스 G. 언더우드(서울)가 프랭크 F. 엘린우드 (미국 북장로교회 총무)에게 보낸 편지 (1885년 7월 6일)

한국 서울,
1885년 7월 6일

엘린우드 박사님께,

(중략)

물론 지금 쯤 박사님도 아시겠지만, 알렌 박사는 이 선교부의 재무직을 저에게 넘겼습니다. 현재 이곳에는 엽전이 없으며, 항상 그런 것은 아니지만 우리는 구할 수 있을 때 구해야 하며, 저는 알렌 박사의 제안에 따라 타운젠드 씨로부터 약 2,000달러를 빌려 당분간 사용할 충분한 양의 엽전을 갖게 되었습니다. 우리가 구입하는 거의 모든 것들은 일본 혹은 상하이에서 수입해야 하기 때문에 이곳은 물건 값이 매우 높습니다. 그리고 우리가 사용할 수 있는 현지 물건도 매우 비싼 가격으로만 구입할 수 있습니다. 우리는 최소한 일본 주재 선교사의 봉급만큼 받을 필요가 있다고 생각하였으며, 그곳 보다 이곳에서 사는데 비용이 더 많이 들기 때문에 선교본부가 이를 허락해 줄 것으로 믿습니다.

박사님께서 아시는 것처럼 저는 알렌 박사가 헤론 박사가 거주할 집을 상당히 많이 수리하였습니다. 그러나 좀 더 수리를 해야 끝날 것입니다.

(중략)

Horace G. Underwood (Seoul), Letter to Frank F. Ellinwood (Sec., BFM, PCUSA) (July 6th, 1885)

Seoul, Korea,
July 6th, 1885

Dear Dr. Ellinwood: -

(Omitted)

As you, of course, know by this time, Dr. Allen has handed over to me the treasurership of this mission. As out here at present we have to take money when we can get it, which is not always, I, at the suggestion of Dr. Allen, took about two thousand dollars from Mr. Townsend so that we will have enough on hand for some time. Things are very high indeed here, as almost every thing that we get has to be imported from Japan or Shanghai, and even what native things we can use are to be had only as a very high price. We have thought it necessary to draw the Japan salary at least, and trust that the Board will sanction this, as it is good deal more costly to live here than there.

As you know I suppose Dr. Allen had seen to a good deal of the repairing of the house that Dr. Heron is to occupy, but it will still need some further repairs before it is finished.

(Omitted)

18850713

회의록, 미국 북장로교회 한국 선교부 (1885년 7월 13일)

1885년 7월 13일 (월)

지금까지 선교부의 정규 조직이 없었음으로 정규 회의록을 기록하고, 임원을 선출하는 것이 최선으로 생각되었다.[197] 임시 의장으로 선택된 알렌 박사는 선교부 (회의)의 개회를 선언하였다. 헤론 박사가 임시 서기로 선출되었고, 이러한 선출은 정규로 전환되었다.[198]

______이 필요하며 1885년 8월 1일부터 시작하는 (새 회계연도의) 지출 예산안을 제출하라는 내용의 선교본부 엘린우드 박사의 편지가 낭독되었다.[199]

처리할 특별한 안건이 없어 의장의 요청으로 선교부 회의는 폐회되었다.

J. W. 헤론
서기

Secretary's Book, Korea Mission of the Presbyterian Church (July 13th, 1885)

July 13, 1885

As there had been up to this time no regular organization of the Mission, it was deemed best to now keep a regular account of proceedings and elect officers. Dr. Allen being chosen chairman pro. term called the mission to order when Dr.

197) 미국 북장로교회의 엘린우드 총무는 존 W. 헤론 박사가 한국을 향해 샌프란시스코를 떠난 직후인 1885년 5월 15일 서울의 호러스 N. 알렌 박사에게 편지를 보내 선교부의 조직을 권고한 바 있었다. Frank F. Ellinwood (Sec., BFM, PCUSA), Letter to Horace N. Allen (Seoul) (May 15th, 1885)

198) 이 회의를 열기 이전인 6월 알렌은 이미 재무와 관련된 업무를 호러스 G. 언더우드에게 넘긴 바 있었다. 이 회의의 결과는 다음의 편지로 선교본부에 보고되었다. Horace N. Allen (Seoul), Letter to Frank F. Ellinwood (Sec., BFM, PCUSA) (Oct. 27th, 1885)

199) Frank F. Ellinwood (Sec., BFM, PCUSA), Letter to Horace N. Allen (Seoul) (June 4th, 1885)

Heron was elected Sec. pro term. these elections being made permanent. A letter from Dr. Ellinwood of the Board, was read in which he spoke of the necessity for ____________ & asking that we send in estimates of expenses beginning Aug. 1, 85, having no special business to transact the Mission adjourned to meet on call of Chairman.

J. W. Heron

Sec.

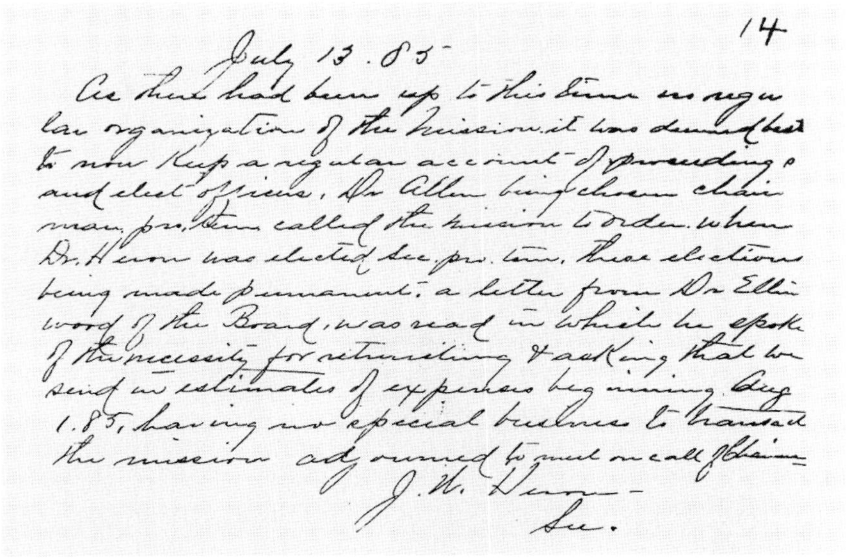

July 13. 85 14

As there had been up to this time no regu
lar organization of the Mission it was deemed best
to now keep a regular account of proceedings
and elect officers. Dr Allen being chosen chair
man pro. tem called the mission to order. when
Dr. Heron was elected Sec. pro. tem. these elections
being made permanent. a letter from Dr Elli
wood of the Board, was read in which he spoke
of the necessity for [illegible] & asking that we
send in estimates of expenses beginning Aug
1. 85, having no special business to transact
the mission adjourned to meet on call of Chairman
J. W. Heron -
Sec.

그림 6-52. 미국 북장로교회 한국 선교부의 첫 회의록

18850715

조지 C. 포크(서울 미국 공사관), 토머스 F. 베이야드(미국 국무부 장관) (1885년 7월 15일) 제55호 *Records of the Department of State, Diplomatic Instructions, Korea*

제55호

워싱턴 국무부,
1885년 4월 30일

미국 해군 조지 C. 포크 소위,
등등

안녕하십니까,

나는 귀하의 이전 공문 제151호에서 언급했던, 미국인 의사 H. N. 알렌 박사가 책임을 맡고 있는 서울의 정부 병원이 설립되었고 성공적으로 운영되고 있다고 알리는 5월 30일자 제176호를 받아 만족스러웠습니다. 한국이 그러한 기관이 성공적으로 운영된 결과 한국인들의 건강에 크고 실질적인 이득이라는 것을 머지않아 인식하게 될 것이라는 것은 의심의 여지가 없습니다.

안녕히 계세요.
T. F. 베이야드

George C. Foulk (U. S. Legation, Seoul), Thomas F. Bayard (Sec., Dept. of State) (July 15th, 1885) No. 55 *Records of the Department of State, Diplomatic Instructions, Korea*

No. 55

Department of States, Washington,
July 15, 1885

Ensign George C. Foulk, U. S. N.,
& c., & c., & c.,

Sir: -

I have had the gratification to receive your No. 176, of May 30, last, announcing the establishment and successful operation, of the Government Hospital at Seoul in charge of an American physician Dr. H. N. Allen, to which reference was made in your previous despatch No. 151. It is not to be doubted that Korea will early realize great and substantial benefit in the health of her people as a result of the successful working of such an institution.

I am, Sir &c.
T. F. Bayard

18850719

알렌 박사의 일기 제1권(1883~1886년) (1885년 7월 19일)

1885년 7월 19일 (일)

묄렌도르프는 러시아와의 비밀 조약, 금전적 및 전반적인 복잡한 관계 때문에 많은 문제들을 일으키고 있으며, 어제 조선 정부는 그가 해임될 것이라고 포크에게 통보하였다.[200] 그는 어제 자신이 고용하고 있는 영국인 허치슨을 통해 나에게 와서 내가 선교부를 떠나 해관의 의사가 되어 병원과 나 자신을 자신의 관할 하에 두자고 요청하였다.[201] 그는 대가로 나의 외부 활동을 포함하여 연 5,000달러와 주택, 매 5년마다 1년분의 추가 봉급 지급을 약속하였다. 이는 한국인들 앞에서 자기 자신을 과시하려는 음모임이 자명해 보인다. 그는 병원(제중원)은 나의 소유이며 단지 민영익에 대한 성공 때문에 그렇게 된 것이고, 내가 원하면 차지할 수 있다고 나에게 말하였다. 물론 나는 그 유혹에 넘어가지 않을 것이다.

그저께 제물포의 해관 건물이 불에 탔다. 지금은 장마철이다. 우리의 온돌은 모두 물로 가득 차 있다. 나의 병원 사무실은 심하게 물이 새고 있어 나는 우산을 매달아 놓고 그 밑에 앉아 있다. 가구 거리에서 나의 말은 배까지 물이 차 있다. 집이 무너져 4명이 사망하였다.

---

200) 묄렌도르프는 친로거청(親露拒淸) 정책을 강화하며 한반도에 러시아를 끌어 들였다. 고종의 명을 받은 그는 러시아 측에 군사 교관의 파견, 그리고 청일 양국이 한국에서 충돌할 때 한국에 대한 러시아의 보호를 요청하였고, 러시아는 영흥만의 조차를 조건으로 내걸었는데, 1885년 3월 5일 고종이 이를 승인하였고 이를 제1차 한로밀약(韓露密約)이라 한다. 묄렌도르프는 자신을 한국으로 보낸 리훙장에 의해 1885년 9월 4일자로 해임되었다.

201) 윌리엄 D. 허치슨(William Du Flon Hutchison, 1858~1901. 7. 23)는 영국 미들식스의 브롬리에서 태어났다. 그는 1882년 당시 홍콩 중앙학교의 교사이었으며, 1885년에는 홍콩 우체국의 대리 부국장이었다. 그는 1885년 10월 14일 우정국 고문으로 임명되었으며, 그 후 세관 촉탁으로 일을 하다가 1887년 10월 사임하고 귀국하였다. 그는 1893년 다시 내한하여 강화도에 설치된 해군사관학교의 효시인 통제영학당(統制營學堂)에서 영어교사로 활동하였다. 1894년 2월 한성영어학교가 설립되자 핼리팩스와 함께 교사로 근무하였다. 이 학교는 1906년 외국어 학교령에 따라 항성외국어학교로 통합되었다가 1911년 일제의 조선교육령에 의해 폐교되었다.

Dr. Allen's Diary No. 1 (1883~1886) (July 19th, 1885)

July 19, Sunday.

Yesterday Mr. Mullendorf who is lot of trouble because of his underhand treaties with the Russian, his money entanglements, and general entanglements and for which the Gov'nt notified Foulk he would be withdrawn. He came to me yesterday through Hutchison, an Englishman in his employ and asked me to leave the mission and become Customs Surgeon bringing my hospital with me under his care. As compensation he would promise me including my outside work $5,000.00 a year and a house and compensation with a year's extra salary every five years. It is quite plain that it is a scheme to brace himself up before the Koreans. He told me that the hospital was my own and due simply to my success with Min Yong Ik, and that I could take it when I would. Of course I shall not yield to the temptation.

The Customs house at Chemulpoo was burned day before yesterday. It is the rainy season. Our kangs are all full of water. My office leaks badly and I am sitting under a suspended umbrella. My house ______ for squares up to his belly in water in the furniture street. Four men were killed nearly by a falling house.

18850719

호러스 N. 알렌(서울)이 프랭크 F. 엘린우드 (미국 북장로교회 총무)에게 보낸 편지 (1885년 7월 19일)

한국 서울,
1885년 7월 19일

F. F. 엘린우드 박사,
센터 가(街) 23번지, 뉴욕

친애하는 박사님께,

예산과 관련한 박사님의 편지를 최근 우편선을 통해 받았으며, 현재 우리가 알고 있는 것에 근거하여 할 수 있는 한 완전한 목록을 즉시 보내겠습니다. 비로 인해 우리 재산에 적어도 100달러의 손실이 발생하였음을 알려드리게 되어 유감스럽습니다. 저는 그런 비를 결코 보지 못하였습니다. 양동이로 들이 붓는 것처럼 내렸습니다. 거리는 급류로 변하였습니다. 제 말[馬]은 배까지 차오른 물속에서 긴 거리를 힘들게 가야했는데, 계속 웅덩이에 빠졌습니다. 고무로 만든 옷도 보호하지 못하는 것 같습니다. 마루 아래의 온돌이 (물로) 꽉 찼고, 물이 바닥으로 스며들었습니다. 지붕에서 기와가 떨어져 나갔고, 저는 지금 사무실에서 편지를 쓰면서 비를 피하기 위해 우산을 쓰고 앉아 있습니다. 집의 담장과 벽이 무너졌고, 저지대에 사는 사람들(의 집)이 모두 침수되었습니다. 근처의 집 한 채가 무너져 4명이 죽었습니다. 이것을 알았더라면 우리는 깊은 배수로나 도랑을 파서 온돌에 물이 차지 않게 하였을 것입니다. 우리는 집이 언덕 비탈 위에 있었기에 다행이었지만, 언덕 위에 있었다면 더 좋았을 것입니다. 헤론 박사의 집은 언덕 위에 있습니다. 우리는 그에게 우리가 더 경제적으로 살 수 없을지 살펴보도록 하였습니다. 제가 당장 박사님을 뵙고 조언을 받을 수만 있다면 저는 매우 편안해 질 것입니다.

선교 사역은 잘 진행되고 있습니다. 언더우드 씨는 4명의 학생을 갖고 있습니다. 그리고 최근 포크 씨는 미국으로 망명한 서광범이 자신의 집안 여자들에게 기독교를 가르쳐달라고 요청하는 편지를 보냈다고 우리에게 말하였습니다. 포크 씨는 그들이 알렌 부인과 헤론 부인을 만나도록 주선하였습니다. 그는 통역과 함께 다른 방에 앉아서 그들을 위해 통역할 것입니다. 뉴욕의 한국인 학생들이 그것을 알게 되면 그들의 목이 달아날 것이기 때문에 이것을 공표하지 마십시오.

저는 박사님께 제 아내와 저, 그리고 일본에서 온 두 명의 선교사와 함께 찍은 사진을 보내 드립니다. 그것은 상록수로 덮여 우리 앞에 솟아 있는 남산 정상에서 찍은 것입니다. 우리는 해안으로부터 모든 것이 평안한지 아닌지의 신호를 받기 위해 매일 밤 사용되는 다섯 개의 봉수대 중 하나의 뒤에 서 있습니다. 궁궐에서 보면 도시의 사방에는 산들이 있으며, 우리는 매일 밤 봉화를 보고 있습니다. 언더우드가 사진을 찍었습니다.

박사님은 제가 얼마 전 영국 외교관 애스톤이 귀환할 때 정치적인 연설을 해 달라는 부탁을 거절하였다고 편지를 쓴 것을 아실 것입니다. 제가 하지 않았던 것은 잘한 것입니다. _____가 곤경에 빠져 있으며, 저의 거절은 정부 그리고 특히 묄렌도르프가 좋아하였습니다.

현 상황에서 저는 대단히 당혹스럽습니다. 그 이유는, 묄렌도르프가 만일 제가 선교부를 떠나 세관의 의사가 되면 좋은 집과 부지를 무료로 주고 매년 5천 달러와 매 5년마다 1년 치 연봉을 상여금으로 주겠다고 제안하였기 때문입니다. 틀림없이 그는 이유를 갖고 있습니다. 그는 이제 마지막을 앞두고 가능한 모든 도움을 받기를 원하고 있습니다. 그는 "그 병원은 당신이 속해 있는 선교부나 다른 사람의 것이 아니라 바로 당신 것이다. 당신은 전적으로 정변 중에 하였던 것 때문에 갖게 된 것이다. 나는 병원이 내 직책과 연계되기를 원하는 좋은 이유들이 있다. 만일 귀하가 나에게로 오면 내가 언급한 것을 줄 것인데, 내가 떠나야만 하는 경우 외아문을 통해 서명할 직무는 (살아있을) 것이고 귀하가 버리기로 선택할 때까지 귀하의 직책에서 명성이 유지될 것이다."라고 저에게 말하였습니다. 그는 장시간 강한 논쟁을 저와 벌였습니다. 즉 "만일 귀하가 그렇게 하지 않으면, 나는 스크랜턴 박사를 도와 귀하를 누를 경쟁 병원을 세우게 할 것이다. 나는 독일인 의사를 이곳으로 불러 세관 병원을 시작할 것이며, 정부는 두 개의 병원을 운영하지 않을 것이다."

절약해 달라는 박사님의 간곡한 부탁에 대해, 저는 몰랐지만 그것을 받아들이고 제 생활비가 넘는 모든 것을 박사님께 갚아 명목상 박사님과의 관계를 끊는 것이 저의 의무이었습니다. 하지만 저는 연장을 요청하고 이 문제를 박사님께 넘기기로 결정하였습니다. 그것이 무엇을 의미하는지 후에 추가하겠습니다.

박사님께 우리의 예산 목록을 보내 드립니다.

우리는 일본 (선교사들이 받는) 급여와 화물비, 관세를 요청합니다. 저는 약품비로 700달러를 요청합니다. 박사님이 최근 런던에 최근 주문한 약품비는 포함시키지 않았는데, 그중에서 500달러는 (조선) 정부가 부담할 것입니다. 저는 아래에서 그것을 공제하였습니다. 여행비 400달러는 제가 한 번에 10달러씩 제물포를 20

번 여행한 것이 포함되어 있습니다. 100달러는 가마와 다른 여행 경비입니다. 여행 비용이 비쌉니다. 또한 헤론 박사와 언더우드 씨 각자에게 50달러입니다. 만일 박사님이 제가 최근에 말씀 드린 말 두 필을 저희에게 (구입해) 주시는 경우, 이것으로 지불할 수 있습니다.

경비병들 ____와 말 사료는 필수적입니다. 우리는 또한 마구간이 대단히 필요한데, 200달러로 적절한 인접 건물과 부지를 사서 갖출 수 있습니다.

수리비는 모두 사용될 것입니다. 비는 대단히 피해를 줍니다.

만일 우리가 지속적으로 일을 하면 우리 중 한 두 명이 여행이나 두 번째 여름 별장이 필요할 것으로 생각하였고, 여행에 300달러가 필요합니다.

아래와 같이 공제하였습니다.

일본 공사관	보수	500.00
영국 공사관	보수	625.00
묄렌도르프 측 사람들	보수	300.00
정부	비용	500.00
		1,925.00~2,000.00

영국과의 계약서가 런던에서 서명되어 아직 돌아오지 않은 것을 박사님께서 고려하셔야 합니다. 하지만 그들은 느리지만 그것을 보냈다고 합니다.

안녕히 계십시오.

H. N. 알렌

Horace N. Allen (Seoul), Letter to Frank F. Ellinwood (Sec., BFM, PCUSA) (July 19th, 1885)

Seoul, Korea,
July 19, 85

Dr. F. F. Ellinwood,
23 Center St., N. Y.

My dear Doctor,

Your letter concerning estimates was received by last mail and we will forward at once a list as complete as we can make it from our present knowledge. I am sorry to say that the rains have done at least $100.00 damage to our property. I never saw such rain. It comes down in bucket fulls. The streets are transformed into swift streams. My horse has to wade for long distances up to his belly and is continually stepping into holes. Rubber clothes seem no protection. Our kangs underneath the floor are all full and the water is soaking into the floors. Tiles have been carried away from the roofs and I am now sitting under an umbrella to keep off the rain while writing in my office. Walls and sides of the houses have given in, people in low ground are all submerged. One house near by caved in and killed four people. Had we known of this we could have kept our kangs free by digging deep drains or trenches. We are fortunate in being on a hill side but would be better on the hill top. Dr. Heron's house is on the hill top. We have him trying to see if we couldn't economize. And if I could only see you now and have your counsel I would be very comfortable.

Mission work is progressing well. Mr. Underwood has four pupils. And recently Mr. Foulk told us that So Quang Pum, who has fled to America, had written back asking that his women be taught Christianity. Foulk has made arrangements for them to meet Mrs. Allen and Mrs. Heron. He, with his interpreter, will sit in another room and interpret for them. Don't publish this as the Korean students in New York might see it and get their heads taken off.

I send you a photograph of Mrs. Allen and myself with two missionaries from

Japan. It was taken on top of the South Mountain which rises up before us in its evergreen garments. We were standing behind one of the five pots which are used every night for the purpose of signalling from the coast, as to whether all is peaceful or otherwise. There are mountains all around the city in view of Palace and every night we see the signals burning. Mr. Underwood took the picture.

You know I wrote you some time since that I had refused to deliver a political address on the retiring of the British representative Aston. It is well I did not. The ______ is in trouble and my refusal has greatly pleased the Govn't and Mullendorf especially.

As it is, I am greatly perplexed. The reason is, von Mullendorf has offered me a good house and compound free, $5,000.00 a year and a year's salary extra every five years, if I will leave the mission and become Customs surgeon. To be sure he has a reason. He is on his last legs and wants to get all the help he can. He told me "that hospital does not belong to your mission or to anyone but yourself. You got it solely because of what you did during the trouble. I want that connected with my place for good reasons. I will give you what I have stated if you will come to me and in case I should leave, your commission which I will have signed by the Foreign Office, will be ______ and your reputation will keep you in the position till you choose to throw it up." He argued with me for a long time using some strong arguments, i. e. "if you don't I will assist Dr. Scranton to start a rival hospital which will kill yours. I will get a German Dr. here and start a Customs hospital and the Govn't will not carry on two of them."

Coming on top of your earnest plea for economy I didn't know but it was my duty to take it, and cut my connection with you nominally, paying on to you all over and above my living. I have decided, however, to ask an extension and refer the matter to you. I will add later what it says about it.

I send you our list of estimates.

We ask for the Japan salary plus freight and duties. I ask for 700.00 for medicines not including the bill you recently ordered in London $500.00 of this will be paid by the Govn't. I have deducted it below. $400.00 for travelling includes twenty trips to Chemulpoo for me at $10.00 each. With $100.00 for chair and other travelling hire. It is expensive. Also $50.00 each for Dr. Heron and Mr. Underwood. In case you give us the two horses of which I wrote recently we can pay for them with this.

The soldiers ______ & horse feed are a necessity. We also badly need a stable and can buy a suitable adjoining building and compound and fit it up for $200.00.

The repair will be fully used up. The rain is very destructive.

If we work constantly it was thought one or other of us would need a trip or second summer house, the $300.00 for travelling.

I have deducted as follows:

Japanese Legation	fees	500.00
English "	"	625.00
Mullendorf's people	"	300.00
Government	"	500.00
		1,925.00~2,000.00

You must bear in mind that the English contract has not yet been returned signed from London. They say, however, that it is sent, tho' slow.

Yours truly,
H. N. Allen

18850720

회의록, 미국 북장로교회 한국 선교부 (1885년 7월 20일)

1885년 7월 20일 (월)

의장은 자신의 집에서 숙식하며, 이 선교부 소유의 주택 한 채에서 살고 있는 감리교회 선교사들에 대한 대우와 관련하여 언더우드 씨가 자신에게 하였던 비평을 논의하기 위한 회의를 소집하였다. 언더우드 씨는 알렌 박사가 그들을 기독교 정신으로 대우하지 않았다고 사실상 그를 비난하였다. 알렌 박사는 그가 이것을 입증하든가 취소할 것을 요구하였으며, 양측이 약간의 설명을 한 후에 폐회되었다.

J. W. 혜론
서기

Secretary's Book, Korea Mission of the Presbyterian Church (July 20th, 1885)

July 20, 1885

A meeting was called by the Chairman to consider some remarks made in reference to him by Mr. Underwood concerning his treatment of the Methodist Missionaries who are boarding with him (Dr. A.) & living in one of the houses belonging to this Mission. In substance Mr. U. charged that Dr. A. did not treat them in a Christian spirit. Dr. Allen asked that he prove this or retract, after some explanation on both sides this was done after which the meeting adjourned.

J. W. Heron,
Sec.

18850722

회의록, 미국 북장로교회 한국 선교부 (1885년 7월 22일)

1885년 7월 22일 (수)

선교부에서 선교본부로 보내는 예산과 관련된 회의가 오늘 열렸다.[202] 다음의 사항들이 결정되었다.

봉급 알렌 박사	1,200달러
" 헤론 박사	1,200
" 언더우드 씨	800
알렌 박사의 아기[203] (가족 수당)	100
한국까지의 운임 및 관세	
알렌 박사	300
헤론 박사	300
언더우드 씨	200
교사, 연봉 75달러에 3명	225
의료비	400
약품비	700
여행 경비	400
마구간 200	
여행 경비 (선교부의 승인을 받을 것임)	200
수리비 - 주택 당 100달러	300
	6,625

알렌 박사에게 이 예산을 고국으로 보내도록 요청하였다.
다른 안건이 없어 선교부 회의는 폐회되었다.

J. W. 헤론
서기

추가. 알렌 박사는 계약을 통해 이곳의 외국인 진료 사업에서 2,000달러를 받음.

---

202) 다음 년도 예산은 1월 첫 주에 선교본부로 보내지만 한국 선교부가 7월에 조직되었기 때문에 1885년 7월 22일에 개최된 회의에서 결정되었다. 따라서 이 회의는 한국 선교부의 첫 연례회의라 볼 수 있다.

203) 1884년 7월 12일 상하이에서 태어난 호러스 이선 알렌(Horace Ethan Allen, 1884. 7. 12~1956. 8. 10)을 말한다.

Secretary's Book, Korea Mission of the Presbyterian Church (July 22nd, 1885)

July 22, 85

At a meeting of the Mission held today regarding the estimates to be sent to the Board at home from this Mission, the following were agreed on:

Salary	Dr. Allen	$1200.00
"	Dr. Heron	1200.00
"	Mr. Underwood	800.00
For Dr. Allen's baby		100.00
Freight to Corea & Customs		
	Dr. Allen	300.00
	Dr. Heron	300.00
	Mr. Underwood	200.00
Teachers, three at $75 per annum each		225.00
Medical Expenses		400.00
Medicines		700.00
Travelling Expenses		400.00
Stable		200.00
Travelling Expenses (to be sanctioned by Mission)		200.00
Repairs	$100 per house	300.00
		6,625.00

Dr. Allen was then asking to send these home.
No other business being before the Mission we adjourned.

J. W. Heron
Sec.

Addenda. Receipts from the Foreign Work here as per contract with Dr. Allen $2,000.

18850729

알렌 박사의 일기 제1권(1883~1886년) (1885년 7월 29일)

1885년 7월 29일 (수)

어제 관보는 목 참판(폰 묄렌도르프)이 외아문(의 직책)에서 해임되고 좌천되었다고 발표하였다. 그는 여전히 총세무사의 직위는 유지하고 있으며, 또한 아직도 참판이다. 그는 나에게 그것은 러시아의 음모 때문이었다고 시인하였으며, 한국인들은 자신들이 러시아와 관계가 없다는 자신들의 바람을 중국 측을 확신시키려 했다고 말하고 있다.

이전 섭정(대원군)을 중국에서 데려 오기 위해 사절단을 보냈다.[204] 사절단은 얼마 전에 임명되었지만 그가 1881년에 민 씨 가문을 몰살시키려 시도하였기 때문에 왕비의 가족들은 그가 이곳에 오는 것을 분명히 원하지 않는다.[205] 왕이 그를 두려워하고 신뢰하지 않는다는 것은 의심할 필요가 없는데, 유교를 믿는 착한 그는 자신의 늙은 아버지의 귀국을 요청해야 하며 같은 믿음을 갖고 있는 중국도 충직한 아들이 자신의 예를 다하는 요청과 요구에 주의를 기울이지 않을 수 없다. 하지만 그들 모두는 그의 귀국을 바라지 않았기 때문에 적절한 조치가 마련될 수 있을 때까지 사절단의 파견 중단을 요청하는 전령을 보냈다. 당연히 왕은 사절단 대표에게 그가 여행하기에 너무 아프다고 통보하였고, 그 사실을 공포하였다. 하지만 며칠 전에 전령이 도착하였고, 사절단은 출발하였는데 그것은 그의 구류를 위한 조치가 취해졌음을 의미한다. 확실하게 하기 위해 사절단은 2~3일 만에 바로 베이징으로 갈 수 있는 증기선을 타는 대신 육로로 출발하는데, 그 여행은 현재 장마철의 장대비 때문에 3개월은 걸릴 것이다.

리홍장은 현재 중국에 체류하고 있는 민영익과 함께 미국 정부에 군사 고문관과 다른 사람들을 즉시 보내 주도록 전보를 보냈다. 아마도 이것은 그 문제를 조금 서두르게 할 것이다.

병원에서의 일들이 모두 즐겁지 만은 않다. 정부는 병원을 운영할 자금이 없다고 생각하여 환자에게 음식을 주지 않기로 결정하였고, 6명의 하인을 해고하였다. 나는 환자들에게 약을 무료로 주는 것으로 앙갚음하고 있다. 나는 지금까지 약값

---

204) 조선 정부는 대원군의 환국을 교섭하기 위해 7월 22일 진주사(陳奏使, 조선시대 중국에 파견되는 비정규 사절) 민종묵, 부사(副使) 조병식, 서장관(書狀官) 김세기 등 삼사(三使)를 파견하였다.

205) 1881년이 아니라 1882년의 임오군란을 잘못 적은 것이다.

으로 현금 100냥을 청구하였으며, 음식 값을 지불하기 위한 것보다 더 많은 200,000냥 이상을 받았다. 이것은 계약서에 담겨 있지 않은 것이기에 나는 그렇게 하는 것을 멈추었고, 관리들은 자신들의 약간의 이득이 떨어져 나가는 것을 보고 싶어 하지 않는다.

Dr. Allen's Diary No. 1 (1883~1886) (Jul. 29th, 1885)

Jul. 29[th, 1885 (Wed.)]

Yesterday the Official Gazette announced the Mok Champan (von Muellendorf) was removed from his connection with the Foreign Office and degraded in rank. He still holds his position as Inspector of Customs and is also a Champan (Mandarin) still. He admitted to me that it was because of his Russian intrigues, and says that the Koreans did this to convince China of their desire to have nothing to do with Russia.

The embassy has been sent to fetch the Ex-Regent from China. It was appointed some time ago, but evidently the Queen's family do not want him here as he tried to kill off all the Mins in '81. There is no doubt the King fears and distrusts him but as a good Confucian he must ask for his old father's return and China with the same belief could not but heed the demand and command the loyal son for his dutiful act. As they were all desirous of his not coming however a messenger was sent asking the embassy to be stopped till proper arrangements could be made. Consequently the King notified the Chief of the Embassy that he was too sick to travel then and public announcement was made of the fact. The other day however a messenger arrived and the embassy was started which means that the proper arrangements for his detention have been made. To make it surer however the embassy instead of going direct to Pekin by steamer in two or three days, they start overland, a trip that owing to the heavy rains of the present rainy season must take 3 months.

Li Hung Chang, with Min Yong Ik who is now in China, have telegraphed the U. S. Government to have the military and other men sent at once. This will probably hurry the matter a little.

Things are not all pleasant at the Hospital. The Govn't seems to think they have not money to run it, and have decided not to give the patients their food, and have taken away six servants. I retaliate by giving the patients their medicines free. I have heretofore charged them 100 cash for medicines and have taken in over 200,000 cash more than enough to pay for the food. As this was not in the contract I stop it, and the officers don't like to see their little squeeze stepping away.

18850731

회의록, 미국 북장로교회 한국 선교부 (1885년 7월 31일)

1885년 7월 31일 (금)

오늘 (주택) 수리를 위한 모든 예산액을 포함시켰기 때문에 우리는 1885년 8월 1일부터 1886년 8월 1일까지의 회계연도에 요청했던 예산 범위 내에서 집행할 수 있을 것이다.

알렌 박사는 언더우드 씨와 헤론 박사의 주택에 사용하기 위한 페인트를 보내 줄 것을 요청받았다.

이전 회의에 대한 서기의 보고가 요청되었으나 그가 자신의 임무에 소홀했음이 발견되었다.[206] 그를 나무라는 발의가 있었으며, 이후 더 사무적인 방식으로 일을 처리한 못한 전체 선교부를 나무라는 발의로 변경되었다.

다른 안건이 없어 폐회되었다.

J. W. 헤론

206) 7월 13일, 7월 20일 및 7월 22일에 개최된 회의의 회의록이 준비되지 못한 것을 의미하는 것 같다.

Secretary's Book, Korea Mission of the Presbyterian Church (July 31st, 1885)

July 31, 85 (Fri.)

Today all the estimates for repairs were put in that we might begin the year from Aug 1, 85 to Aug 1, 86 in such a manner that we might to keep within the sum asked for.

Dr. Allen was asked to send for paint for Mr. Underwood & Dr. Heron's houses.

The Sec.'s report of previous meeting was called for and it being found that he had neglected his duty. A motion to censure him was made, afterward modified to censure the whole Mission for not doing things in a more business like way.

No other business, we adjourned.

J. W. Heron

18850800

헨리 G. 아펜젤러(서울)가 로버트 S. 매클레이 (감리사, 한국 감리교회 선교부, 요코하마) (1885년 8월)

(중략)

장작은 조랑말 한 짐에 25센트, 혹은 한 코드[207]에 10~12달러 정도하며, 석탄은 나가사키에서 이곳 서울까지 11.25달러하는데 통상적이 가격보다 낮습니다. 지난 겨울 이곳에서 살았던 알렌 박사는 자신의 장작과 석탄 청구서가 한 달에 40달러에 달하며, 우리 공사관은 한 달에 150달러에 달한다고 말하고 있습니다.

(중략)

Henry G. Appenzeller (Seoul), Report to Robert S. Maclay (Supt., Korea M. E. Mission, Yokohama) (Aug., 1885)

(Omitted)

Wood costs 25¢ a pony load or about $10 to $12 a cord; coal from Nagasaki delivered here in Seoul $11.25 which is less than the usual price. Dr. Allen who lived here last winter says his wood and coal bill amounted to $40 a month that of our Legation $150 a month.

(Omitted)

207) 코드는 목재나 장작의 용적 단위이며, 128 입방피트이다.

18850802

팔도사도삼항구일기, 규18083 제2책 (을유 6월 22일, 1885년 8월 2일)[208)]

Diaries of Three Harbors in Eight Provinces and Four Cities, Kyujanggak 18083 (Aug. 2nd, 1885)

관(關)

상고할 일. 본 아문은 제중원을 설치하여 의약 구매, 병인 치료, 각 항목 공용(公用)을 마련할 길이 없기 때문에 도내 여산부의 황산포구를 예전대로 복구하여 감관 김환(金煥), 이제순(李濟淳)을 별도로 정해 보내기에, 관문이 도착하는 즉시 해당 여산부사에게 관문을 보내 포를 설치하는 등의 일은 한 결같이 해당 감관의 보고를 좇아 자세히 살펴 마련한 후 상황을 급히 보고하고 만일 무단으로 방해하는 자가 있으면 한편으로는 잡아 가두어 이름을 빠짐없이 보고함이 마땅하다.

전라도

을유 6월 22일 전라도 발관(發關) 제중원 거(去)

關

爲相考事 本衙門設置濟衆院 醫藥購買 病人接濟 各項公用 無以支辨 故道內礪山府黃山浦口 復舊例 監官 金煥 李濟淳 別定差送爲去乎 關到卽時 發關該府使 設浦等事 一從該監官之所告 照察磨鍊後 形止馳報爲? 若有無端沮戲者 一邊捉囚 指名報來宜當向事.

全羅道

乙酉 六月 二十二日 全羅道發關 濟衆院去

208) 같은 내용이 다음의 공문에서 실려 있다. 팔도사도삼항구일기, 규18083 제2책 (을유 6월 22일, 1885년 8월 2일)

18850805

알렌 박사의 일기 제1권(1883~1886년) (1885년 8월 5일)

1885년 8월 5일 (수)

오늘 우리는 상당한 대접을 받았다. 오늘이 아내의 생일이라는 헛소문이 있었다. 병원에는 '무희(舞姬)' 신분인 5명의 젊은 소녀들이 있는데, 그들에게는 '여자 의학생'이란 이름을 주고 순결한 삶을 보내는 간호사가 되었다. 이들은 상당히 영리하며, 아내는 그들을 만나보고 싶어 하였다. 이들 또한 외국인 집을 매우 보고 싶어 하였다. 그래서 나는 오늘 이들을 초대하였고, 이것이 아마 소동을 일으킨 것 같다.

나는 외아문 독판이 궁중 악단을 대동하고 방문한다는 것을 알고 상당히 놀랐다. 이들은 올 때 한국 음식이 차려진 두 상을 가지고 왔는데, 하나는 악단을 위한, 나머지는 우리를 위한 것이었다. 아내는 상석에 앉았다. 우리 모두는 바닥에 앉아 음식이 가득 차려진 낮은 상 주위에 모였으며, (독판) 각하가 자신의 젓가락으로 우리에게 음식을 접대해 주었다. 음식을 다 먹은 뒤에 우리는 그들에게 아이스크림, 양과자 및 레몬 음료를 대접하였다. 잔치는 무희가 맛있는 술 한 잔을 따라 아내에게 건네면서 시작되었다. 그녀는 이를 맛보았으며, 나를 제외하고 헤론 부부와 언더우드 씨를 포함하여 돌려져 맛을 보았다. 술잔이 돌아가는 동안 그 소녀들이 권주가(勸酒歌)를 불렀는데, 우리의 만수무강을 기원하는 내용이었다. 우리 모두는 거실에 앉았고 식당으로 들어가는 접이식 문을 열어젖히니 6명의 연주자들이 자신들의 악기로 달달하고 구슬픈 분위기를 연주하기 위해 앉아 있었다. 장구는 모래시계 형태로 만들어져 있으며, 한 쪽 끝에는 저음 북이, 다른 쪽 끝에는 울림 북이 있었다. 울림 북은 막대기로, 저음 북은 손으로 연주하였다. 지터가 훌륭하게 연주되었으며, 두 종류의 하프는 나무 널빤지 위에 줄을 배열시켜 만든 것으로 폭이 1피트, 길이가 6피트이었다. 한 종류의 하프에는 12개의 줄이 있고 높은 소리를 내며, 다른 하프에는 6개의 줄에 낮고 굵은 소리가 나며 줄을 뜯으며 연주하였다. 피콜로, 플루트, 그리고 저부(低部)가 북 모양인 일종의 바이올린이 악기의 전부이었다.[209] 지터는 소녀들 중 한 명이 연주하였다. 잔치는 오후 3시부터 7시까지 지속되었으며, 상당히 독특하였다.

---

209) 아악(雅樂)의 일종으로서 이를 삼현육각(三鉉六角)이라 한다. 삼현은 세 가지 현악기를 말하는데 즉 거문고, 가야금, 비파 등이고, 육각은 북, 장구, 해금, 피리, 및 저 한 쌍이다.

묄렌도르프는 상당히 우울하다. 그들은 여전히 나에게 그들의 자리를 차지하라고 다그치고 있으며, 나를 자신들의 내밀한 일로 끌어들이고 있다. 그는 조선 정부가 병원에서 여는 연회에 자신이 초대받게 해 달라고 나에게 요청하였다. 데니 판사가 고문관으로 온다는 소문이 퍼져있다. 왕명으로 정부는 윌슨 대위가 오도록 요청하였다.

Dr. Allen's Diary No. 1 (1883~1886) (Aug. 5th, 1885)

Aug. 5[th, 1885 (Wed.)]

Today we were quite highly honored. It was resorted falsely that today was Mrs. Allen's birthday. We have five young girls in the hospital, who belong to the 'Dancing Girl' order, but they have been given the names of 'female medical students' and are to lead pure lives and become nurses. They are quite bright and Mrs. Allen wished to see them. They also were very anxious to see a foreign house. I therefore invited them to come today, which probably caused the event.

I was quite surprised however to learn that the President of the Foreign Office was to come and with him a band of Royal Musicians from the Palace. They came and brought two tables of Korean food, one for the musicians and one for us. Mrs. Allen was given the seat of honor. We all sat on the floor around the loaded low table, and H. E. served us with his chopsticks. After which we served them with ice cream, cakes, and lemonade. The feast opened by a Dancing Girl pouring out a dainty cup of wine and giving it to Mrs. Allen. She tasted it, and it went around all, including Dr. Heron & wife, & Mr. Underwood tasting it excepting myself. While this was going on the wine song was sung by the girls in which they wished us to live ten thousand years etc. We all sat in our sitting room and had the folding doors open into the dining room where the six musicians were seated in the form grinding out there sweet plaintive airs on these instruments which were a drum made in an hour glass shape with a base drum at one end and a snare at the other. The snare was played with a stick the base with the hand. There was a zither nicely played, two sort of harps made by arranging strings on a slab of wood one foot side by six long. One harp had twelve strings and was high, the other had six and was low & coarse, played by snapping the strings. A piccolo, a flute, and a sort of violin with a drum shaped base completed the list. The zither was played by one of the girls. The thing lasted from 3 to 7 P. M. & was quite unique.

Mullendorf is quite blue. They are still urging me to take their place, and are taking me into their confidence. He asked me to try and get him invited to a banquet to be given by the Gov'nt at the hospital. It is rumored that Judge Denny is to come as advisor. The Gov'nt have asked Lieut. Wilson to come as sovereign to.

18850808

승정원일기 (1885년 8월 6일, 고종 22년 6월 26일)
The Diaries of the Royal Secretariat (Aug. 6th, 1885)

(광서 11년 을유년, 고종 22년[1885] 6월 26일) 전교하기를,

"내무부(內務府) 외아문(外衙門)인 전환국(典圜局) · 기기국(機器局) · 제중원(濟衆院)의 당상(堂上)과 낭청(郎廳)들은 북학 학도(北學學徒) 중에서 각각 1인(人)씩 추천하되, 나이가 15세 이상부터 25세까지의 사람으로 가려서 들이도록 하라."
하였다.[210)]

(光緖 十一年 乙酉 六月 二十六日) 以司謁口傳下敎曰, "內務府, 外衙門, 典圜局, 機器局, 濟衆院堂郎, 北學學徒, 各薦一人, 年自十五以上至二十五者, 擇入."

---

210) 북학(北學) 학도는 북학을 배울 학도를 말한다. 북학은 17, 18세기에 청나라에서 발흥한 학문을 우리나라에서 지칭한 말로 이용후생지학(利用厚生之學)의 실학(實學)을 의미하는 것이었다. 따라서 북학에는 서양 의술을 시술하는 제중원도 포함될 수 있다. 실제 제중원에서 천거하였는지 혹시 천거하였었다면 누구이었는지 확실하지 않다.

18850808

[제중원 연회에 초청.][211]

구한국 외교문서 미안 (1885년 8월 8일, 고종 22년 6월 28일)

[Invitation to the Party at Jejoongwon.]

Diplomatic Documents of Korea with United States (Aug. 8th, 1885)

1885년 8월 8일

발신: 독판교섭통상사무 김윤식
수신: 미국 대리공사 포크

미국 공사관에 보내는 편지,

아뢰옵니다. 이번 달 29일 오후 다섯 시에 본 독판은 제중원에 있으므로 존후(尊候)께서도 그 시간에 뵙기로 청하옵니다. 날마다 복 받으시기를 기원합니다.

(고종 22년) 6월 28일 김윤식

1885年 8月 8日 (高宗 22年 6月 28日)

(發) 督辦交涉通商事務 金允植
(受) 美代理公使 福久

函送美館

啓者, 本月 二十九日 下午 五點鍾, 本督辦 在濟衆院 潔尊候光, 請即屆時移玉爲荷, 此頌日祉.

六月 二十八日 金允植

211) [제중원 연회 초대.] 구한국 외교문서 일안 (1885년 8월 8일, 고종 22년 6월 28일); [제중원 연회에 초청사.] 구한국 외교문서 영안 (1885년 8월 8일, 고종 22년 6월 28일)

18850810

알렌 박사의 일기 제1권(1883~1886년) (1885년 8월 10일)

1885년 8월 10일 (월)

나는 그저께 밤 중국 황제의 탄신을 기념하여 중국 공사관에서 열린 만찬에 참석하였다. 나는 평생 처음으로 상하이에 주문하여 때마침 도착한 정장을 입었다. 그것은 정치적으로 상당히 중요한 만찬이었다. 첸슈탕 공사는 한국은 입(중국)의 입술과 같다는 내용의 연설문을 읽었다. 미국은 상당한 대우를 받았다. 포크 씨는 우리 해군의 소위이지만 독일 총영사이자 독일 해군의 전 함장인 젬브쉬보다 높은 서열에 있었다. 그는 내일 아바나의 영사로 그곳으로 떠난다. 우리는 20가지가 넘는 요리를 먹었으며, 중간에 한국 음악 연주가 있었다. 그 만찬은 전체적으로 외국식이었다.

어제 밤 나는 외아문이 외국 사절들을 위해 병원에서 개최한 또 다른 만찬에 참석하였다. 전체적으로 인상적인 방식의 대접을 받았지만, 많은 외국 음식을 대접한 후 외국식으로 만든 한식 식사를 대접하였는데 너무 지루하였다. 우리는 많은 음악 연주를 들었으며, 여학생들은 노래를 불렀다. 나는 주일에 이런 자리를 가는 것을 좋아하지 않았지만, (가는 것이) 최선이었다고 생각하였다. 큰 외과 병동에 식탁을 늘어놓았지만, 교제가 나의 식욕에 영향을 미친 것 같았다.

Dr. Allen's Diary No. 1 (1883~1886) (Aug. 10th, 1885)

Aug. 10[th, 1885 (Mon.)]

Night before last I went to the dinner given at the Chinese Legation in honor of the birthday of the Emperor of China. For the first time in my life, I was a full dress suit having ordered one from Shanghai just in time. It was a dinner of a great deal of political significance. Minister Chen Shu Tang read an address in which Korea was likened to the lips of the mouth (China). America was quite highly honored. Mr. Foulk who is but an ensign in our navy was ranked above Capt. Zembsch, German Consul General and former Capt. in German Navy. He leaves tomorrow for Havana to the Consul there. We had over 20 courses, interfered with Korean music. The dinner was entirely a foreign one.

Last night I attended another dinner at the Hospital given by the Foreign Office to the Foreign Officials. It was served impressive style altogether, but after a long foreign dinner they served a Korean dinner in foreign style which made it accordingly tedious. We had a plenty of music and the lady student were brought in to sing. I didn't like to go on Sunday but thought it best. The table was spread in the large surgical ward, but the association seemed to affect my appetite.

18850810

팔도사도삼항구일기, 규18083 제2책
(을유 7월 1일, 1885년 8월 10일)
Diaries of Three Harbors in Eight Provinces and Four Cities, Kyujanggak 18083 (Aug. 10th., 1885)

전령(傳令)

본 원에 소속된 서강(西江)의 사묘궁(私廟宮)이 수세(收稅)하는 일에 관한 것은 행한지 얼마 되지 않았는데도 폐단이 생기는 단서가 종종 들려오니 이후로는 본 아문의 수세는 즉시 혁파하고 해당 감관 등의 차첩(差牒)[212]은 아울러 환수하고 제중원 사령 또한 다시 불러들이므로 이후에 만일 본 아문을 칭탁(稱托)하고 수세하여 뱃사람들에게 폐를 끼침은 결단코 끝까지 조사하여 엄하게 징벌한다는 것을 잘 알려 신속하게 거행함이 마땅하다.

서강동민(西江洞民) 감관 조문여(趙文汝)
을유 7월 1일

傳令

本院所屬西江私廟宮收稅一款 行之未幾 生弊之端 種種入聞 自今以後 本衙門收稅段 卽爲革罷 該監官等差牒 並爲還收 濟衆院使令 亦爲召還 此後如有稱托本門收稅 貽弊船民 斷當窮査嚴繩 以此知悉 火速擧行宜當向事.

西江洞民 監官 趙文汝
乙酉 七月 一日

212) 조선 시대에, 하급 관원에게 내리던 임명장을 말한다.

18850810

팔도사도삼항구일기, 규18083 제2책 (을유 7월 1일, 1885년 8월 10일a)

Diaries of Three Harbors in Eight Provinces and Four Cities, Kyujanggak 18083 (Aug. 10th., 1885a)

관(關)

상고할 일. 제중원에 필요한 의녀는 둔한 자로서는 학문과 기술을 배울 수 없다. 그런데 전에 온 옥련(玉蓮)과 채봉(彩鳳)은 스스로 포기하고 배우지 않아 쓸데가 만무하다. 때문에 이에 되돌려 보내기에, 대신 총명하고 영오(穎悟)[213]한 자로 다시 골라내어 장교(將校)를 정해 밤새워 본 아문에 올려 보내어 혹시라도 지체됨이 없도록 함이 마땅하다.

황해도 감영
을유 7월 20일

關

爲相考事 濟衆院所需醫女 不可以鈍者學術 而前來妓女中 玉蓮彩鳳 自棄不習 萬無所用 故玆以還下送爲去乎 代以聰明穎悟者 更爲擇出 定將校罔夜上送于本衙門 毋或遲滯之地宜當者.

黃海道監營
乙酉 七月 二十日

---

213) 남보다 뛰어나게 영리하고 슬기로움.

18850812

호러스 N. 알렌(서울)이 프랭크 F. 엘린우드 (미국 북장로교회 총무)에게 보낸 편지 (1885년 8월 12일)

한국 서울,
1885년 8월 12일

F. F. 엘린우드 박사,
뉴욕 센터 가(街) 23

친애하는 박사님께,

박사님께서 지난 6월 30일자로 보내신 친절한 편지를 받았습니다.[214] 박사님께서 저를 얼마나 많이 저를 신뢰하시는 가를 알고 나니 상당히 감격스럽습니다. 저는 박사님을 떠날 생각을 하고 있지 않으며, 그렇게 하고 싶었다면 오래전에 그렇게 하였을 것입니다. 우리에게 어떤 일이 벌어질지 불확실하였던 상하이에서 첫 기회가 왔습니다. 미국 성공회 선교부의 분 박사[215]는 제게 완벽한 시설을 갖춘 그의 병원 자리를 제의하면서 매년 1,400달러와 사택, 그리고 2년 마다 유급으로 2개월 동안 지부나 일본으로의 휴가, 또한 7년 마다 고향에 다녀올 수 있도록 해주겠다고 하였습니다. 또한 저는 미국 해군에서도 앞으로 시험을 친 후에 계속 근무하는 예정으로, 현재의 공석을 채우는 임시직을 제의받았습니다. 이후 묄렌도르프가 5,000달러를 지급하겠다는 제의를 무조건 거절하였습니다. 박사님께서는 저의 최근 결정이 현명하지 못하다고 생각하실 수 있겠지만, (다음에는) 현명한 결정을 보여드릴 수 있다고 생각합니다. 묄렌도르프의 일은 지금 좋지 않은 상황에 있습니다. 저는 이중적으로 행동하지 않으려고 애썼지만, 아픈 그의 아내와 비서를 제가 진료하고 있고 묄렌도르프의 비밀 계획까지도 알게 되어, 포크 씨가 어떤 결정을 할 때 상당한 도움을 줄 수 있었습니다. 아직까지는 가깝게 지내고 있습니다.

저는 세관을 통해 헤론 박사의 물건을 관세 없이 통관시켰습니다. 50~75달러의 일이었지만, 매우 잘한 일이었습니다. 헤론 박사가 저에게 도움을 요청하는 것이 다소 이상한 것 같지만, 그는 실제로 (조선) 정부의 이름으로 외교관들을 위해

214) Frank F. Ellinwood (Sec., BFM, PCUSA), Letter to Horace N. Allen (Seoul) (June 30th, 1885)
215) 헨리 W. 분(Henry W. Boone)

병원에서 개최되는 외아문 공식만찬에 자신이 초대받도록 제가 노력해 달라고 부탁하였습니다.[216] 당연히 저는 그 부탁과 관련해 아무 일도 하지 않았습니다. 저는 만찬에서 유일한 민간인이었습니다. 지난 토요일 밤 제가 중국 공사관에서 개최된 황제 탄신을 기념하는 만찬에 초대받았던 것으로 보아, 그들은 제가 병원과 관련이 있다는 이유로 관리로 대우하는 것 같습니다. 포크 씨는 그것을 정치적으로 상당한 의미가 있는 행사로 간주하였습니다. 첸슈탕 공사는 연설에서 중국의 종주권을 주장하고 한국을 입의 입술에 비유하였습니다. 포크 씨는 다른 모든 사람들, 심지어 독일 해군의 정규 대령인 독일 총영사까지지도 서열을 매겼습니다. 저는 묄렌도르프를 대신하여 참석한 2명의 부하보다 높은 서열을 받았습니다. 중국 측은 미국인들에게 호의적인 한국인을 편견으로 대하려 하는 것 같습니다.

박사님께서는 리훙장과 민영익이 고문과 군관을 서둘러 보내달라고 미국 국무부에 전보를 보냈다는 것을 아시겠지요. 상황이 더 잘 돌아가는 것 같습니다. 그런데 저는 *Foreign Missionary* 최근호에서 일본의 루미스 씨가 중국 공사 첸슈탕이 예전에 샌프란시스코에서 4년 동안 거주할 때, 자기 교회의 교인이었다고 언급하였다는 것을 알게 되었습니다.[217] 몇 달 전에 루미스 씨는 저에게 이 일에 관해 편지를 보내 이 내용을 바로 잡았습니다. 저는 지난 밤에 이 일을 분명하게 확인하려고 노력하였는데, 첸슈탕은 말하였습니다. "아닙니다! 나는 교회에 속해 있지 않습니다. 어느 일요일에는 성당에 가고, 다음 일요일에는 유대교 회당에 가고, 이렇게 둘러보는 것을 좋아합니다. 나는 어떤 사람은 소고기 스테이크를 좋아하고, 다른 사람은 양고기 갈비를 좋아하는 것과 같다고 생각합니다. 당신은 예수를 좋아하고, 나는 공자님을 좋아하는 것, 모두 같은 것입니다." 첸슈탕은 루미스 씨를 학자로서 그리고 한 인간으로서 매우 높게 평가하였습니다.

저는 머지않아 박사님께 첸 각하와 만든 계획에 대해 말씀드릴 수 있기를 바랍니다. 저는 지금 그의 일[진료]을 하고 있지만 계약을 맺지는 않았습니다. 그는 두루 알아보고 있지만, 저는 조만간 계약을 제안할 것으로 예상합니다.

저는 최근에 독신인 독일 부영사와 연 100달러로 계약하였으며, 영문 계약서를 받게 되면 우리 지부의 수입은 2,025달러가 됩니다.

박사님께서 최근 편지에서 언급하셨던 무희(舞姬)는 오래 전에 (병원에) 왔지만, 저는 그 여자들을 평범한 '기녀'로 여기고 싶지 않았습니다. 그래서 그들을 정

216) 이 만찬은 8월 9일 외과병동에서 개최되었다.

217) "…… 저는 며칠 전에 서울 주재 중국 공사가 샌프란시스코에 있는 (어거스터스 W.) 루미스 박사의 교회 신자이며, 그 지역에 거주하고 있을 때 예배에 충실하게 참석하였다고 들었습니다. 이 소식은 샌프란시스코에 살았으며 그를 잘 알았던 한 중국인 신자로부터 들을 것입니다. ……" H. Loomis, Changes in Korea. *The Foreign Missionary* 44(1)(June 1885), p. 34

부(情夫)로부터 풀어주었고, 그들의 명칭을 '여자 의학생'으로 바꾸었습니다. 그들은 학생으로서 훌륭하게 일을 하고 있으며, 영어를 아주 빨리 습득하고 있고 왕비도 그들에게 상당한 흥미를 보이고 있습니다. 그들은 제 아내를 만나보고 싶어 하였으며, 기발한 방법으로 그들을 이곳으로 데려왔습니다. 외아문 독판 김윤식은 지난 수요일이 알렌 부인의 생일로 공지하고(그녀의 생일은 1월입니다), 그것을 축하하기 위해 저의 허락을 받았습니다. 이에 따라 수요일 오후 3시에 첸 각하는 다른 관리들, 5명의 여자 의학생들, 왕실 악대(樂隊), 한국식 여러 상에 가득한 한식 요리들을 차려 왔습니다. 한 방에서 악대가 연주하는 동안, 우리는 한식이 차려진 다른 방에 앉아 마음껏 즐겼습니다. 여자 의학생들은 제 아내의 천수(天壽)를 기원하는 노래를 불렀습니다. 포크 씨는 이 일이 우리에게 큰 영예스러운 것이었다고 생각하고 있습니다.

이제 이 편지를 쓰는 목적을 말씀드리면, 저는 박사님께서 실행하시든 실행하지 않으시든 박사님께서 승인하실 것으로 생각되어 제안드릴 한 가지 계획이 있습니다. 저는 제물포항과 부산항에 많은 친구들이 있습니다. 그들은 의사를 무척 원하고 있습니다. 저는 스크랜턴 박사에게 그곳에 가라고 조언하였지만 그는 이곳으로 와서 저와 경쟁하고 싶어 하였습니다. 그는 이 근처에 대지를 구입하였는데, 우리 것보다 좋지 않지만 더 비쌌습니다. 스크랜턴 박사는 이전의 처신에 대하여 부끄럽게 여기는 것 같으며 더 잘 하고 있지만, 저는 포크 씨의 한결 같은 스크랜턴 박사의 부정직함에 대한 의구심은 정당하다고 생각합니다. 스크랜턴 박사가 없었다면 저는 헤론 박사에게 잠시 일을 맡기고, 두 항구로 가서 일을 시작하였을 것입니다. 이전 같이 제가 잠시 동안 갈 수도 있습니다. 저는 박사님께서 세 명, 혹은 최소한 두 명의 믿을 만한 의사(그들에게 목사 안수는 주지 마십시오)를 보내주실 것을 제안 드립니다. 제물포를 둘러보았는데, 만약 제가 오늘 그곳에 간다면 모든 외국인들을 진료하여 매년 1인당 50달러 혹은 100달러를 받아 총 1,500달러를 받을 수 있다고 확신합니다. 포크 씨는 저를 미국 영사대리로 임명하여, (영사)대리로서의 외부 수입 및 진료 수입과 별도로 통역으로 매년 1,000달러의 보수를 주겠다고 합니다. 그곳에는 미국 영사를 위해 건축된 훌륭한 집이 있으며, 저렴하게 임대할 수 있습니다. 부산에서도 이와 같은 정도로 지불할 것이며, 동해안에 있는 원산에서도 상당히 잘 할 것입니다.

저는 수익 사업 계획을 제안하려는 것이 아니라, 자립이 가능한 선교사들이 항구에 자리를 잡아 언어를 배우고 노련한 의사가 되면 (기독교에) 문이 열릴 때 박사님께서 선교지로 훈련받은 선교사를 즉시 보낼 수 있다는 의미입니다.

유혹이 작지 않기 때문에 그들은 반드시 신뢰할 만한 사람이어야 하며, 저는 헤론 박사를 보내고 저와 일을 할 새로운 사람을 받아야 할 것 같습니다. 헤론 박사는 확실히 믿음직하고 훌륭한 동료이지만, 한국인들의 평판을 얻지 못하고 있습니다. 그는 외국인들에게는 너무도 잘하지만, 외국인들이나 한국인들이 만족 할 만큼 예의 바르지 않습니다. 최근에 결혼 한 탓에 그는 약간 특이하지만, 조만간 극복할 것이고 나이가 들면서 나아질 것입니다. 우리는 그를 무척 좋아하지만, 외국인들은 그렇지 않습니다.

이곳에서는 의사들을 절실히 필요로 하기 때문에 의사들을 보낸 것이 적절하다고 판단하시면 곧 바로 보내는 것이 좋을 것입니다. 만약 이곳으로 의사를 파견하지 않으면. 외부의 의사들이 곧 들어 올 것입니다. 미국 회중교회 외국선교본부에 고용되어 일본 오사카에서 일을 하고 있는 스커더 박사가 있습니다.[218] 그는 한국에 오고 싶어하며, 올 봄에 답사 차 한국을 방문했습니다. 그는 자신이 소속된 선교본부에 자신을 한국에 보내줄 수 있는지 요청하였고, 자신을 박사님께 추천해 달라고 요청하였습니다만, 그들은 그렇게 하지 않은 것으로 알고 있습니다. 그는 예전에 인도에서 활동하던 스커더 박사의 아들이며,[219] 저는 매우 훌륭한 사람으로 생각합니다. 저는 적어도 박사님께서 그를 신뢰할 수 있을 것으로 생각합니다. 그는 기꺼이 곧 바로 한국으로 올 것이라고 저는 생각합니다. 박사님께서 원하신다고 알려주시면 저는 2주일 정도 여행을 떠나 새로운 사람들을 만나 계약을 맺을 수 있을 것입니다. 저는 한국이 우리 교회의 품 안에 있는 것을 보고 싶습니다.

저는 한동안 일에서 거의 떠나 있었습니다. 저는 지금도 상당히 몸이 불편합니다. 저는 중국에 있을 때, 중국 설사병에 걸려 계속 고생을 하였습니다. 최근 습기 찬 날씨로 저는 설사병이 악화되었고, 콜레라와 같은 증상을 보였습니다. 저는 체중이 40파운드 빠졌고, 사흘 동안 침대에만 (누워) 있었습니다. 저는 조언을 받아 바다 여행을 하려고 했고, 오늘 떠나 부산으로 내려가려 하였습니다. 그러나 새로운 걱정거리가 생겼는데, 스크랜턴 박사의 존재 때문입니다. 저는 그가 매우 ____하기 때문에 휴가를 떠나고 싶지 않습니다. 상태가 특별히 좋지 않지만, 저는 곧 병을 이겨낼 것이고 날씨가 추워지면 괜찮아 질 것입니다. 헤론 박사가 자기 역할을 열심히 잘 해주기에 저는 지금 모든 일을 잘 하고 있습니다. 그 역시 몸이 별로 좋지 않으며, 언더우드 씨마저 장티푸스의 전조 증상으로 보이는 증상을 호소하고 있습니다. 이번 우기는 예외적으로 심했으며, 땅이 너무 질퍽거리는데 태양이 뜨겁게 내리 쬐여 건강에 아주 해롭습니다. 높은 지대에 살지 않았다면 우리는 죽었을 것입니다.

218) 도리머스 스커더(Doremus Scudder)

219) 헨리 M. 스커더(Henry Martyn Scudder, 1822~1895)

Horace N. Allen (Seoul), Letter to Frank F. Ellinwood (Sec., BFM, PCUSA) (Aug. 12th, 1885)

Seoul, Korea,
Aug. 12th, 85

Dr. F. F. Ellinwood,
23 Center St., N. Y.

My dear Doctor,

The last mail brought your kind letter of June 30th. It is quite inspiring to know how much confidence you place in me. I don't intend to desert you or I would have done so long ago. The first chance came in Shanghai when we were uncertain as to what was to become of us. Dr. Boone of the American Episcopal Mission offered me a place in his very complete hospital at $1,400.00 a year and house, and every two years, two months leave with expenses to Chefoo or Japan, also a trip home every seven years. I also was offered a temporary place in our Navy to fill a vacancy with prospect of being examined and allowed to remain. Then the $5,000.00 offer from von Mullendorf which I have since refused unconditionally. You may think this latter unwise but I think in my ____ I can show the wisdom of the action. Mullendorf's affairs are in bad condition. I have tried not to play double but having had charge of his wife and his secretary in their illness I was kept posted with even his private schemes and have been able to greatly assist Mr. Foulk in certain decisions. Yet my being on friendly terms has stood us well.

I have Just secured a free pass for Dr. Heron's effects through the Customs. A matter of but $50~$75, but a very good looking action. It seems a little strange that he should be asking favors of me, yet he actually requested me to try and get him invited to an official dinner given at the Hospital, the name of the Government to the foreign official. Of course I did nothing about it. I was only non-official person at the dinner. Yet they seem to regard me as an official, from my connection with the Hospital, for last saturday night I went by invitation to the dinner given at the Chinese legation in honor of the birthday of the Emperor. Mr. Foulk regarded it as an event of considerable political significance. In the speech made by Minister Chen Shu Tang, Chinese suzerainty was admitted and Korea likened to the lips of the mouth. Mr. Foulk ranked everyone else, even the German Consul General who is also a full Captain in the German Navy. I was ranked above Mullendorf's two men who represented their chief. It seems to be a desire on the part of China to prejudice the Koreans in favor of American.

You know Li Hung Chang and Min Yong Ik have telegraphed our State Department to hurry up the advisor and military men. Things really look much more reassuring. By the way, I noticed in a recent number of Foreign Missionary that Mr. Loomis of Japan mentions Chinese Minister Chen Shu Tang as being a former member Dr. Loomis' church in San F. where he lived for four years. I corrected this thing with Mr. Loomis months ago, he having written to me concerning it. I took pains the other night to ascertain definitely about it and he said, "No! I no belong any church. One Sunday I go Catholic, next go Jew, like look see. I think just like one man, he like beef steak, another man like mutton chop. You like Jesus, I like Congfutze (Confucius), make all same." He spoke very highly of Dr. Loomis both as scholar and man.

I hope ere long to be able to tell you of an arrangement made with H. E. Chen. I am doing his work now but not by contract. He has been feeling around however, and I expect him to propose a contract soon.

I have recently made a contract with the German Vice Consul, a single man, for $100.00 a year which makes our station income $2,025.00, providing the English contract ever returns.

The dancing girls whom you mention in your last, came long ago but I would not admit them as ordinary "Geesang." They were therefore released from their paramours and their names changed to "lady medical students." As such they are doing finely, they pick up English quite fast and the Queen takes quite a interest in them. They wished to come and see Mrs. Allen and a strange ruse was used to get them here. Kim Yun Sik, President Foreign Office, announced that last Wednesday was Mrs. Allen's birthday (her birthday is in Jan.), and obtained my permission to celebrate the event. Accordingly at three o'clock on Wed. afternoon,

H. E. came with other officials, the five girls, a band of music from the Palace and a lot of Korean food on native tables. With the band in one room playing, we sat in another around the native food and did our best. The girls sang songs wishing Mrs. A. to live a thousand years, etc. Mr. Foulk thinks it was quite an honor to us.

Now for the object of this letter, I have a scheme to propose which I think will meet your approval whether you can carry it out or not. I have many friends at the ports, Chemulpoo and Fusan. They are very anxious for a Dr. I advised Dr. Scranton to go there, but he preferred to come here and fight me. He has bought property near us, not so good and more expensive than ours. He seems ashamed of their former course and is acting better but I think Mr. Foulk's constant suspicions of dishonesty are warranted. Were it not for this man, I might leave things (here) in Dr. Heron's charge for a little while and go to each of these ports and open a work. I might go for a little time as it is. What I propose is that you send out three, or at least two, trusty doctors (don't ordain them). I have looked up Chemulpoo and am sure that if I went there today, I could do the work for all the foreigners $50 & $100 a year respectively, making $1,500. Mr. Foulk would appoint me U. S. Consular Agent, with a $1,000.00 a year for interpreter, beside outside fees as agent and outside medical work. There is a good house there built for the U. S. Consul and can be rented reasonably. Fusan will pay just as well and Gensan on the east coast Will do fairly.

I don't mean to enter a money making scheme but to occupy the Ports with self-supporting missionaries who can be acquiring the language and becoming skillful physicians so that when the way is open you can put a trained force right into the field.

The men must be trusty for the temptation is not small, I might send Dr. Heron and take one of the new men with me. Dr. Heron is thoroughly trusty and a good fellow, but he doesn't take with the people. He is too good for the foreigners and not polite enough for either them or the Koreans. His being recently married renders him rather peculiar, but he will get over that ere long and improve with age. We like him very much but the foreigners do not.

It would be well if you see fit to send these men, to do it soon, for as Drs. are badly needed at this place, outsiders will soon come if the place is not taken.

There is a man, Dr. Scudder of Osaka, Japan, in the employ of the American Board. He wishes to come to Korea and was here in the Spring prospecting. He asked his Board if they could not send him, to recommend him to you, but I believe they did not. He is the son of Dr. Scudder, formerly of India and is, I think, a very good man. At least I think you could trust him. He would be willing to come at once, I think. If you will let me know if you desire I could get off for a couple of weeks and introduce the new men and secure contracts. I would like to see Korea in the hands of our church.

I came near leaving for a time. I am rather seedy just now. When in China I contracted a Chinese diarrhea, which has been a constant nuisance. During the recent wet weather it became aggravated and took on a choleragic form. I have lost 40 pounds but was only in bed three days. I listened to advice and was about to take a sea trip, was to start today and run down to Fusan, but a new care arose and owing to the presence of Dr. Scranton. I don't care to leave - as he is very ____ly. Life isn't especially delightful but I will soon pull through and with the advent of cold weather will be all right. I am fine now doing all the work as Dr. Heron has his hands full in taking care of his goods. He also is not especially well, and even Mr. Underwood complains of something that looks like the prodroma of Typhoid. The rainy season has been unusually severe and our ground is so wet that now with the hot sun, it is quite unhealthy. We would die if we were not on high ground.

18850816

호러스 N. 알렌(서울)이 프랭크 F. 엘린우드 (미국 북장로교회 총무)에게 보낸 편지 (1885년 8월 16일)

8월 16일

제가 시간이 있을 때에 써야만 하기 때문에 이렇게 일기 형식으로 쓰는 것을 용서하실 것입니다.

이곳의 정치적 앞날은 현재 다소 걱정스럽습니다. 몇 달 전에 일본의 루미스 씨는 김옥균을 대신하여 중대한 편지를 저에게 썼는데, 그가 자신의 나라로 돌아갈 기회가 없는지와, 자신이 부탁할 사람이 없기 때문에 제가 자신에게 조언을 해주도록 재촉해달라고 요청하였습니다. 당시 저는 김(金)에 대해 제대로 알지 못했고 다시 권력을 잡는 것이 이 나라를 위해 좋은 일일 것이라고 생각하였습니다. 계획은 그 자체로 진행되었고, 저는 그가 복귀될 수 있는 유일한 방법은 대원군(섭정)과 화해하고 복귀하는 것이라고 언급하였습니다. 둘 모두 민 씨와 그들의 중국 지지자들을 격렬히 싫어하기에 그들은 잘 될 수도 있을 것입니다. 이상한 말이지만, 이는 지금 이 사람들을 크게 동요시키는 일입니다. 루미스 씨가 이것을 김옥균에게 말하였는지, 혹은 저의 제안이 그와 관련이 있는지 없는지 모르겠습니다. 하지만 확실한 것은 백성들과 정부가 크게 두려워하고 있으며, 지금 상하이에 있는 전 섭정이 곧 돌아올 것이고, 김옥균은 그의 친구이며 배 3척을 빌려 최근의 정변이나 혹은 다른 원인들에 의해 동료를 잃어 악감정을 품은 일본인 선장과 전직 군인들로 채웠다는 이야기가 있습니다. 또한 중국이 일본과의 최근 조약을 너무 일찍 깨버리자 격분한 일본이 무언의 동의를 했다는 이야기도 있습니다.

매우 놀란 왕은 포크 씨에게 관리를 보내 김옥균과 그의 무리 때문이라고 언급하면서, 자신들은 어떤 사람도 여권 없이 제물포, 부산 또는 원산에서 서울로 오는 것을 거절하는 법을 통과시키기를 희망하는데, 이것이 가능하진 알고 싶어 하였습니다. 포크 씨는 그들에게 그것은 조약을 침해하는 것이라는 것을 알려주었으며, 세관에 배속시킬 유능한 수사관을 임명해 각 배를 조사하여 승객 명단에 없는 사람들을 체포하라고 제안하였습니다. 이것은 즉시 실행되었고, 이미 제물포에 미국인 한 명이 임명되었습니다.

또 다른 중요한 조치가 취해졌습니다. 정부의 전복과 암살 시도 때문에 강력한 중국 지지자인 그는 밀려났습니다. 다음 정부의 전복으로 그는 회복에 대한 감사의 표시로 왕에 의해 복권되었습니다. 하지만 강력한 중국 지지자이며 민 씨 집안의 한 명인 그는 중국에 대한 반감이 높아지자 사임하였고, 우리 모두는 왜 그런지 알았습니다. 건강이 회복되자마자 그는 국왕의 첩자로 임명되었고, 중국으로 갔습니다. 하지만 그는 곧장 중국으로 갔고, 환대를 받았습니다. 중국과 일본 사이의 체결된 최근의 조약에 따라 양 국가들은 철수했고, 한국을 놔두기로 하였습니다. 폰 묄렌도르프의 배신을 통해 한국을 차지하려는 러시아의 시도는 (조선) 정부가 다른 지지자 대신에 그들의 이전 압제자인 중국 쪽으로 몰았습니다. ____에 있는 리훙장은 영국과 협상하여 거문도를 차지하도록 하였으며(이는 애스톤 씨로부터 나와 포크 씨를 저에게 전해진 정보입니다.) 러시아를 위협하였습니다. 그(애스톤)는 리훙장, 민영익과 톈진의 우리(미국) 영사와 함께 우리 정부에 고문과 군인을 서둘러 보내라고 전보를 보냈습니다. 그러는 동안 그들은 만약 가능하다면 외아문의 임시 수행원으로 해군 한 명을 확보하도록 포크 씨에게 요청하였습니다. 그들(중국) 또한 일본을 지켜보기 위해 전 섭정을 돌려보내, 약한 정부에 그의 힘을 주어 도와줄 준비를 하고 있습니다. 그 동안 그들의 추종자인 민영익을 친군영에 다시 임명했으며, 자신들에게 반대하는 섭정에 의해 이용되는 것을 막을 수 있습니다.

러시아 공사는 4척의 군함과 함께 며칠 안에 이곳으로 올 것인데, 그는 훈련된 장교의 제공, 여러 관청에 러시아 담당관의 제공 등 묄렌도르프가 맺고 서명한 계약의 실행을 요구할 것이라고 관가는 추측하고 있습니다. 확실히 그들은 태평양 쪽의 부동항을 원하며, 그들은 아마도 차지할 것입니다. 묄렌도르프의 문제는 계속 커지고 있습니다. 그는 이곳의 최고 직원들 중 한 명을 의심하였고(나와 연락을 유지하던 환자 중 한 명), 그의 우편을 열어보았습니다. 그[최고 직원]는 모든 것과 범죄자를 밝혀내었습니다. 그[최고 직원]는 그[묄렌도르프]를 기소할 예정이며, 묄렌도르프에게 심한 적의감을 갖고 있는 영국 대리인은 그[최고 직원]에게 충분한 지원을 주고 있습니다.

사소한 일에 관하여, 우리들은 마치 '압도당한' 것 같습니다. 감리회는 처음에 우리 맞은편에 매우 작은 부지를 구매하였고, 우리는 상당히 고무되었다고 느꼈습니다. 하지만 이후 그들은 사방으로 사들였는데, 지금 그들은 성벽 옆의 언덕에 있는 가장 훌륭한 부지를 덮고 있는 초가집으로 이루어진 마을까지 사들였습니다. 그들은 심지어 길도 사들였습니다. 그들은 현재 보기 흉한 건물을 즉시 허물고 그 길을 막고 외국인 학교와 사택, 그리고 제 생각에 병원을 건축하려고 합니다. 연장자인 스크랜턴 부인은 이미 응접실만 40~60피트가 될 그녀의 학교 건물을 지을 계획을 갖고 있습니다. 돈은 그들에게 아무런 문제가 되지 않는 것 같으며, 최선을 다해 일에 매진하고 있습니다. 그들은 심지어 외아문 독판으로부터 몇 명의 청년에게 영어를 가르치는 것을 허락 받았습니다. 이 일은 영어를 조금 할 줄 아는 사람을 통해 이루어졌으며, 그들은 그에게 매판(買辦)으로 급료를 줍니다. 그는 청년에게 말하였고, 그들은 그것이 협판의 귀에 들어가게 하였습니다. 그(독판)는 포크 씨에게 허락한다고 알렸습니다.

청년들은 영국인이 가르치는 동문학에 다니고 있었고, 그 학교는 지금 혼란한 상태에 있는데 선생은 학생들에게 무례하게 대해 학생들은 선생에게 가기를 거부하였으며, 그 남자는 해고될 위기에 처해 있기에 포크 씨는 그런 일을 아무 것도 할 수 없다고 말하였습니다. 미국인 교사가 올 것을 알고 있는 포크 씨는 혼란을 일으키고 강제적으로 해고당하는 것을 원하지 않습니다.

저는 언더우드 씨를 위해 학교를 세우고 싶으며, 어제는 저의 건강에 대해 알기 위해 온 왕궁 관리에게 좋은 말 몇 마디를 하였습니다. 어제는 상당히 기쁜 일이 있었는데, 제가 진료소에서 갑자기 아파 환자들이 돌아가고 제가 혼자가 되자 그들은 저를 들것을 이용해 집으로 옮겼습니다.

한 시간 뒤, 왕궁 관리가 제 건강 상태를 묻기 위해 왔습니다. 외아문 협판은 위문편지를 보냈습니다. 병원 관리들, 심지어 병원 하인들 등 까지도 엄청나게 큰 위문편지를 보냈습니다. 그 병은 단순한 복통이었습니다. 박사님께서는 제가 이곳에서 일을 포기할 염려를 하실 필요는 없습니다. 저에게는 너무 많은 문제가 있습니다. 저는 스크랜턴 의사를 전혀 믿을 수 없기 때문에 도울 수 있더라도 제물포에 가지 않을 것이며, 제가 열심히 일을 해왔던 것을 포기하지 않을 것입니다.

우리는 매주 일요일 저녁에 언더우드 씨의 집에서 예배를 드리고 있습니다. 우리는 현재 6주일 동안 돌아가며 예배를 인도하였는데,[220] 이는 우리에게 좋은 영향을 주고 있다고 생각합니다.

우리는 머지않아 외부인들을 초청하기를 바라고 있습니다.

안녕히 계십시오.
H. N. 알렌 드림

220) 다음을 참고할 것. *Dr. Allen's Diary No. 1* (1883~1886) (June 21st, 1885)

Horace N. Allen (Seoul), Letter to Frank F. Ellinwood (Sec., BFM, PCUSA) (Aug. 16th, 1885)

Aug. 16th

You will pardon this diary form of writing as I have to write when I get time.

The political horizon here is just now rather cloudy. Some months since, Mr. Loomis of Japan wrote me an earnest letter on behalf of Kim Ok Khun, asking if there were no chance of him to get back into the country and urging me to advise him as he had no one else to apply to. At that time I didn't know the real character of Kim and thought it would be a good thing for the country were he back in power. A plan progressed itself and I mentioned it as the only possible means of his being reinstated, i. e. to make up with the Tyuencoon (Tai Won Kun) (ex-Regent) and come back with him, a thing that they may well do, both being ardent haters of the Mins and their Chinese supporters. Strange to say, that is the very thing that is now greatly agitating the people. Whether Mr. Loomis told it to Kim or whether my suggestion had anything to do with it or not, I do not know. Certain it is however, that the people and government are in great fear and it is reported that the ex-Regent, now in Shanghai, is soon to return and that Kim Ok Khun is his friend and has chartered three ships which he has fitted out with Japanese captain, and ex-soldiers who were embittered by the loss of friends during the recent trouble, or other causes. Also that it has the tacit consent of the Japanese who are offended at Chinese having so soon violated their recent treaty.

The King in great alarm sent an officer to tell Mr. Foulk that they wished to pass a law refusing to allow any persons to come from Chemulpoo, Fusan or Gensan to Seoul without passports, and wished to know if it would be allowed, stating that the objective was to head of Kim Ok Khun and his rabble. Mr. F. showed them that it would be violating the treaties and proposed their appointing competent detective who would be attached to the Customs and should inspect each ship, arresting everyone not on the passenger list. It was at once done and already an American has been appointed at Chemulpoo.

Another important step has been taken. Before the recent trouble, Min Yong Ik was General in Chief of the Army. Upon the overturn of the government and his attempted assassination, he of course as a strong Chinese supporter was supplanted. Upon the overthrow of the next government, he was reinstated by the King as a mark of appreciation for his recovery. Being such a strong Chinese supporter however, and being one of the Mins, when the anti-Chinese feeling ran so high, he resigned, we all knew why. As soon as he became well, he secured an appointment as Royal Spy, and went to the country. He never stopped, however, but went straight to China, where he has been feasted. According to the recent compact between China & Japan, both countries withdrew and were to let Korea alone. The attempt on the part of Russia to obtain possession of the country through the perfidy of Von Mullendorf, drove the Government, in lieu of other support, to their former oppressors, China. Li Hung Chang at ____ confers with the British and gets them to occupy Port Hamilton (This came to me through Mr. Foulk from Mr. Aston.) and threaten the Russians. He, Li H. C., with Min Yong Ik and our Consul at Tientsin, cable our government to hurry up the advisor and military men. In the meantime they send to Mr. Foulk to obtain, if possible, a naval man as a temporary attache to the Foreign Office. They (the Chinese) also prepare to send the ex-Regent back to watch Japan and lend his known strength to the feeble government, and in the meantime they have their protege, Min Yong Ik, reappointed General in command of the Army, that he may secure it from being used by the ex-Regent against themselves.

The Russian Minister will be here in a few days with four men-of-war and it is supposed in official circles that he will insist on the enforcement of the contract made and signed by Mr. Mullendorf, for the supplying of drill officers, Russian attaches to the various Yamens, etc. Certain it is that they want a port in the Pacific that is not frozen in winter and they will probably get it. Mr. Mullendorf's trouble continues to increase. He suspected one of his chief employees here (one of my patients who has been keeping me posted) and had his mail opened. The man found out the whole thing and the culprit as well. He is going to prosecute him and the British representative who is at bitter enmity with Mullendorf is giving him plenty of support.

As to minor things, it looks greatly as though we were going to be "Snowed under." The Methodists first bought a very insignificant property across from us and we felt quite encouraged. They have since, however, boughten on all sides till now they have taken in quite a village of thatched houses capping a most excellent site on a hill next to the city wall. They have even taken in a street. They intend at once to remove the present unsightly buildings, close the street and build some foreign school and dwelling houses and, I understand, a hospital. Mrs. Scranton, Senior, already has the plan for her school building, the parlor alone is to be 40~60 feet. Money seems to be of no object to them and they are doing their best to work in. They even secured the consent of the President of Foreign Office to teach a couple of young men English. This was done through a man they have who speaks a little English and whom they pay well as a compradore. He spoke to the young men, they brought it to the ears of the President. He sent his consent to Mr. Foulk.

Mr. Foulk told them they could do nothing of the kind, as the young men were in the Royal School taught by an Englishman, and the school is in a state of rebellion just now, the teacher having been impolite to the pupils, who refuse to come to him, and the man is in danger of dismissal. In knew of an American teacher coming, Mr. Foulk does not wish to encourage the spirit of rebellion and peremptory dismissal.

I want to work a school up for Mr. Underwood and put in a good word yesterday to a Palace official who had come to enquire after my health. Rather a pleasant thing happened yesterday, I was taken suddenly ill at the dispensary, the patients were dismissed and as I was alone, they sent me home on a stretcher. An hour afterwards a Palace officer came to enquire after my condition. The President of Foreign Office sent his card. The Hospital officers came and even the hospital servants, etc. sent a flaming big card of condolence. It was simply a little bowel trouble. You needn't be afraid of my giving up here. I have too much at stake. I won't even go to Chemulpoo if I can help it for I can't trust Dr. Scranton at all, and don't propose to give up what I have worked hard for.

We now have a weekly service at Mr. Underwood's house, every Sunday eve. We have had it now for six weeks and take turn about in leading, and I think it is having a good effect on us.

We hope to invite outsiders ere long.

With kindest regards, I remain

Yours Sincerely,
H. N. Allen

18850821

프랭크 F. 엘린우드(미국 북장로교회 해외선교본부 총무)가 호러스 N. 알렌, 호러스 G. 언더우드, 존 W. 헤론(서울)에게 보낸 편지 (1885년 8월 21일)

1885년 8월 21일

알렌, 언더우드 및 헤론 씨,
　　한국 서울 미국 공사관

친애하는 형제들,

알렌 박사 및 언더우드 씨가 보낸 6월 및 7월 편지는 제때에 받았습니다.[221) 나는 여러분들 모두가 현장에 있고 서로 만족해하며, 선교부로서 조화롭게 일을 하려고 애쓰고 있다는 것을 알게 되어 기뻤습니다. 우리는 여러분들이 한 사람은 서기(총무)와 소통의 매개체로, 다른 사람은 재무로 정규 선교부를 조직하였으면 좋겠습니다. 여러분들이 언급한 것과 관련하여 선교본부는 아마도 일본에서 지불되는 액수로 봉급을 고정시킬 것입니다. 여러분들은 한 사람이 의장으로서 주재하는 정기 회의를 가져야 하며, 지금 역사를 만들기 시작하고 있기 때문에 모든 의사록을 기록할 서기를 가져야 합니다. 나는 또한 회의록의 머리말로써 현재까지 일어났던 일에 대해 정성들여 쓸 것을 제안합니다. 여러분들의 후임자들은 그것에 대해 감사해 할 것이며, 이를 다른 말로 하자면 모든 일이 체계적으로 되게 하자는 것입니다. 우리는 무슨 일을 하던 처음부터 서로 조언하는 예의범절을 가질 것을 권합니다. 점진적으로 완전한 조직체가 만들어 질 것을 예상한다면 한두 해가 끝났을 때 선교부가 흐트러져서는 안 될 것입니다. 여러분들은 구성, 조직 및 효율성, 그리고 선교부의 영적 존재와 관련하여 선례를 만들고 있습니다. 나는 전문적인 업무가 언어 습득을 방해하지 말기를 바랍니다. 전도 뿐 만 아니라, 처방 및

---

221) Horace N. Allen (Seoul), Letter to Frank F. Ellinwood (Sec., BFM, PCUSA) (June 2nd, 1885); Horace N. Allen (Seoul), Letter to Frank F. Ellinwood (Sec., BFM, PCUSA) (June 22nd, 1885); Horace N. Allen (Seoul), Letter to Frank F. Ellinwood (Sec., BFM, PCUSA) (June 23rd, 1885); Horace G. Underwood (Seoul), Letter to Frank F. Ellinwood (Sec., BFM, PCUSA) (July 6th, 1885); Horace N. Allen (Seoul), Letter to Frank F. Ellinwood (Sec., BFM, PCUSA) (July 4, 1885); Horace N. Allen (Seoul), Letter to Frank F. Ellinwood (Sec., BFM, PCUSA) (July 6th, 1885); Horace N. Allen (Seoul), Letter to Frank F. Ellinwood (Sec., BFM, PCUSA) (July 19th, 1885)

모든 교류에서 언어 습득으로부터 무수한 혜택이 얻어질 것입니다. 일본의 헵번, 닝보[寧波]의 맥카디,[222] 고베의 데이비스, 광둥[廣東]의 커 박사들은 모두 그 나라의 언어를 배웠으며, 견실한 학자가 되었습니다. 헵번과 맥카티는 드문 학자이며, 언어에 대한 지식만으로 그들에게 힘과 성공을 주고 있습니다. 여러분들의 사업에는 필연적으로 세속적인 부분이 많기 때문에 여러분들 모두는 구원뿐만 아니라 사람을 가장 먼저 생각해야 한다는 것이 우리가 알고 있는 위대한 사명이라는 것에 특별히 염려하고 있습니다. 나는 (주님에 대해) 더 알기를 원하였던 가엽게 죽어가는 여성에 대한 알렌 박사의 이야기에 감동을 받았습니다. 그런 상황에서 가엽게 죽어가는 사람을 직접 그리고 실수 없이 그리스도를 향하게 할 수 있도록 나는 먼저 충분한 정보를 얻고 싶습니다.

정부를 위해 교사들이 파견될 것이라는 언급을 알렌 박사의 편지에서 보고 나는 기뻤으며, 저는 정부가 조만간 그들을 파견하기를 바라고 있습니다. 나는 우연히 그들이 준비를 끝내고 기다리고 있다는 것을 알게 되었습니다. 얼마 전 나는 국무부로부터 지연의 유일한 이유는 한국으로부터 추가적인 분명한 지시가 ____하였기 때문이라고 말하는 편지를 받았습니다. 나는 여러분들이 스크랜턴 박사에서 벗어난 것이 기쁘며, 그가 속한 선교본부의 대표와 모든 협력 관계를 유지하기 위해 반드시 해결되기를 기대합니다. 나는 그런 협력 관계에서 병이나 사망으로 (선교부의) 책임자가 일을 못하게 될 때 모든 업무가 다른 사람에게 넘어 갈 위험이 있기에 여러분들이 (그런 위험에서) 탈출하게 된 것을 축하합니다. 병원을 관리하기 위해 우리가 후원하는 사람을 여러분께 파송할 것입니다. 그와 함께 다른 사람들에게 예의바르고 친절하게, 하지만 여러분들의 손으로 모든 것을 친근하게, 그리고 굳게 잡으세요.

캘리포니아에 있는 젊은 망명자들과 관련하여 우리는 그들을 돌봐달라는 요청을 받았지만, 한국 정부에 대한 그들의 입장 때문에 그렇게 하지 않는 것이 낫겠다고 생각하였습니다. 오직 혁명만이 그가 한국으로 돌아가 그곳에서 영향력을 갖게 될 것이며, 나는 그런 혁명이 일어나지 않기를 바랍니다. 나는 그들이 정부 관

---

222) 디비 B. 멕카티(Divie B. McCartee, 1820~1900)는 1840년 펜실베이니아 대학교 의과대학을 졸업하고 개업을 하던 중인 1843년 미국 북장로교회 해외선교본부로부터 중국에 파송할 의료 선교사가 필요하다는 말을 듣고 이를 수락하였다. 그는 1844년 중국에 파송되어 제1차 아편전쟁(1839~1843) 이후 중국에 체류하던 첫 의료 선교사이었으며, 주로 닝보에서 활동하였다. 그는 미국 외교관의 자문 및 통역 역할을 하면서 정규 영사 업무가 정착된 1857년까지 영사로 활동하였다. 1862년 잠시 일본의 부영사로 임명되었으며, 이때 그의 전도지가 일본어로 번역되었는데 일본에서 간행된 최초의 개신교 문헌이었다. 그는 1865년 닝보에서 선교 업무를 재개하였으나 1872년 선교사 직을 사임하였다. 이후 중국 및 일본과 관련된 일을 하다가 1880년 귀국하였다. 그는 1887년 다시 미국 북장로교회의 일본 선교사로서 임명되었다가 1899년 은퇴하여 귀국하였다.

리나 선교사로 한국으로 갈 확률이 적다고 생각합니다. 그중 한 명이 자신들이 부분적으로만 활동하였다고 포크 씨에게 편지를 보낸 것을 제외하고, 나는 우리가 그들을 피하되 우리가 할 수 있는 모든 것을 친절하게 해주어야 한다고 생각합니다. 알렌 박사가 자신을 위해, 헤론 박사가 그들의 진료를 위해 두 채의 집을 산 것은 선교본부가 허락할 것입니다. 우리는 선교부의 재정적 상태에 대해 항상 알 수 있도록 귀 선교부의 재무가 어느 정도 상세한 내용과 함께 매달 보고서를 보냈으면 좋겠습니다.

마지막으로 전체 교회가 여러분들에 대해 매우 깊고 열렬한 관심을 갖고 있으며, 여러분들은 많은 기도의 대상이라는 것을 말씀드립니다. 나는 여러분들이 자신들에게 부과된 중대한 책임을 인식하고 도덕적 진지함 및 신성함으로 한국 선교부의 토대를 놓는 것이 실패하지 않을 것으로 알고 있으며, 그렇게 함으로써 여러분들은 하나님의 은총과 교회의 신뢰 속에서 안전할 것입니다.

선교부의 숙녀들과 작은 아이에게 안부를 전합니다.

안녕히 계세요.

[F. F. 엘린우드]

Frank F. Ellinwood (Sec., BFM, PCUSA), Letter to Horace N. Allen, Horace G. Underwood, John W. Heron (Seoul) (Aug. 21st, 1885)

Aug. 21st (1885)

Messrs. Allen, Underwood and Heron,
United States Legation, Seoul, Corea.

Dear Brethren.: -

The letters from Dr. Allen and Mr. Underwood of June and July have been duly received. I rejoiced to know that you are all on the ground, all pleased with each other, and are bidding fair to work harmoniously as a Mission. We would be glad to have you organize regularly as a Mission. One to act as stated clerk and medium of communication, and another as Treasurer. In view of what you state the Board will probably fix the salaries at the amount paid in Japan. You ought to have regular meetings presided over by some one as Chairman, and have a secretary who shall record all transactions, for you are beginning now to make history. I would suggest also, that as a sort of introduction to your book of minutes a sketch of events thus far, be carefully engrossed. Your successors will thank you for it; in other words let every thing be done upon system. We would also suggest the propriety of beginning from the first to advise with each other, fully in preference to whatever is to be done. Missions should not get at loose ends for the first year or two, if it is expected to make it thoroughly organic by and by. You are founding precedents with respect to mechanism, to system, and to efficiency, and also to the spiritual live of the Mission. I hope that even professional cares will not prevent you from acquiring the language. Not only in preaching, but in prescribing and in all intercourse untold benefit will be derived from a possession of the language. Drs. Hepburn, of Japan, McCartee of Ningpo, Davis of Kobe, Kerr of Canton, have all learned the language of the country and been thorough scholars in it. Hepburn and McCartee are both rare scholars, and in their knowledge of the language, is alone much of their power and success. There is so much necessarily of the secular element in your work that we feel specially anxious that the great errand which we know you all have has chiefly imbued that saving as well as man shall ever be kept foremost. I was touched by Dr. Allen's account of the poor dying woman who wanted to know more. I would as the very first thing acquire sufficient knowledge of tender to enable me to point a poor dying mortal in such circumstances directly and unmistakeably to Christ. The statement in Dr. Allen's letter in regard to further teachers to be sent out for the Government, I was glad to see, and I hope that the Government will soon sent them out: I happen to know that they are ready and waiting. The other day I received a letter from the State Department saying that the only reason of delay was that further and clearer instructions were ___ted for from Corea. I am glad that you are rid of Dr. Scranton, and hope that it must be set down so as _______ made to keep clear of all partnerships with the representation of their Boards. I congratulate you on your escape, because with such partnerships the moment the principal or head is removed by sickness or death, there is danger of switching the whole concern over into other hands. We will send you men under our own auspices to command the hospital. Hold on to him, be courteous and kind toward all others but keep everything pretty close, and hold it firmly in your own hands.

As to the young exiles in California we have been asked to take them up, but such is the position with reference to the Corean Government that we deem it prudent not to do so. Nothing but a revolution can ever bring them back to Corea to become influential there, and that revolution I hope may not come. It seems to me that their chances are slim of ever going to Corea, either as Government Officials or as Missionaries. Aside from the fact one of them has written to Mr. Foulk that they are only acting a part, I think we had better keep clear of them, except to be friendly and do them all the good we can. The two houses purchased by Dr. Allen for himself and Dr. Heron for their use in medical affairs will be accepted by the Board. We should like all statements from your treasurer once a month with some degree of particularity, in order that we may know at all times the financial status of the Mission.

Allow me to say in closing that there is very deep and enthusiastic interest felt in you throughout the Church, and you are the subjects of many prayers. I know that you will realize the solemn responsibility laid upon you and will not fail to lay the foundations of the Corean Mission in moral earnestness and consecration of purpose: thus you are safe in God's blessing and in the confidence of the Church.

With very sincere regards to the ladies of the Mission and the little baby, I remain,

Truly yours,
[F. F. Ellinwood]

18850822

윤치호 일기 제1권 (1885년 8월 22일)
Diary of Yun Chiho (Aug. 22nd, 1885)

1885년 8월 22일 (13일, 토, 맑음, 삼가다)

아침 9시경에 나(羅) 선생님을 찾아가 미국인 의사 패넘(John M. W. Farnham)의 집을 묻다. 곧 서원으로 돌아와 잠깐 쉬었다가 10시 반경에 가친께 올리는 평서(平書)와 포크에게 부탁하는 편지를 동봉하여 가지고 패넘의 집, 즉 베이징 로 18호의 미화서관(美華書館)으로 가다. 패넘 씨에게 서찰을 서울에 있는 미국인 의사 알렌(阿蓮)에게 전송(專送)하여 미국 공사관으로 전달하는 일을 부탁하다.

(중략)

十三日 (晴, 愼, 廿三日, Sa.)

朝九時頃, 往訪羅師, 問美醫 Fatnham之家,[223] 卽歸院小歇, 十時半頃, 持家親前上平書及托福久處書同封, 往화남家, 卽北京路十八號美華書館也, 托화남氏, 專送書札于留我京美醫阿蓮處, 轉達于美館之事,

---

223) 'Farnham'이 맞다.

18850828

회의록, 미국 북장로교회 한국 선교부 (1885년 8월 28일)

1885년 8월 28일 (월)

의장은 마구간을 짓는 문제를 결정하기 위해 회의를 소집하였다. 덧붙여 재무는 자신의 보고서를 고국으로 보내기 전에 감사(監査)를 요청하였다.

(전) 회의록 낭독을 연기하자는 발의가 통과되었다.[224)]

언더우드 씨는 27개의 강(炕)[225)]을 갖고 있고 상태가 좋으며, 지붕이 기와로 된 주택을 62,000냥에 살 수 있으며, 건물은 해체한 후 말을 수용할 5개의 마방(馬房), 두 명의 마부와 문지기를 위한 커다란 헛간 및 거처와 함께 알렌 박사 주택 부지 앞쪽의 공터로 옮겨 짓는데 48,000냥이 들 것이라고 언급하였다. 언더우드 씨는 우리가 그 집을 구입하고 그것을 다시 짓는 계약을 체결하기 위해 자신의 어학 교사를 고용하자고 발의하였다. 이 안은 재청되어 토론이 이어졌다. 알렌 박사와 언더우드 씨는 이 안에 찬성하였고, 헤론 박사는 우리가 이미 말 4필을 위한 마구간을 갖고 있기 때문에 그것은 돈을 불필요하게 사용하는 것이라는 이유로 반대하였다.

병원에 출근할 시간이 되어 오후까지 회의를 휴회하였다.

J. W. 헤론
서기

1885년 8월 28일 오후

오후에 선교부 회의가 소집되었다. 언더우드 씨는 투표로 안을 결정해 줄 것을 요청하였고, 찬성표가 하나 있었다. 언더우드 씨가 찬성과 반대를 요청하였을 때, 알렌 박사는 찬성하였고, 언더우드 씨는 찬성하였으며, 헤론 박사는 투표를 거부하였다. 그래서 언더우드 씨는 "선교부와 관계된 모든 말들은 그곳에 둘 것이다"라는 안을 발의하였다. 투표에 부쳤을 때 찬성 1표, 반대 1표로서 결정권을 가진 의장이 찬성으로 결정하였다.

---

224) 7월 13일, 7월 20일, 7월 22일 및 7월 31일에 개최된 회의의 회의록을 의미한다.
225) 여기서 강은 온돌을 의미한다. 원래 강은 중국에서 사용되던 우리나라 온돌과 비슷한 가옥 난방 장치의 하나이며, 중국 황허 강(黃河 江) 이북에서 볼 수 있다.

그러자 재무는 자신의 보고서를 감사해줄 것을 요청하여 선교부 전 회원으로 위원회를 구성하였으며, 발견된 몇몇 사소한 오류를 수정한 보고서가 통과 및 승인되었다.[226)]

J. W. 헤론
서기

Secretary's Book, Korea Mission of the Presbyterian Church (Aug. 28th, 1885)

Aug 28, 85 (Mon)

The Chairman called a meeting that the question of building a stable might be decided. In addition the Treasurer asked that his accounts might be audited before being sent home.

A motion to postpone the reading of the minutes was carried.

Mr. Underwood stated that a house of 27 Kangs in good repair, having tiled roof could be bought for 62,000 cash, tearing down bringing over & putting up will cost 48,000 cash, the building to be erected on the vacated lot in front of Dr. Allen's compound, having five stalls for horses, a large shed & quarters for two marpoh's & a Gateman. A motion was made by Mr. Underwood that we employ his teacher to buy the house & to make a contract for putting it up again. This being seconded, a discussion arose. Dr. Allen & Mr. Underwood favoring the plan & Dr. Heron opposing it on the ground that as we had already stabling for four horses it was an unnecessary use of money.

Time for going to Hospital came & the meeting adjourned until the afternoon.

J. W. Heron
Sec.

---

226) 재무 언더우드는 8월 29일자 편지로 선교본부에 보고하였다. Horace G. Underwood (Seoul), Letter to Frank F. Ellinwood (Sec., BFM, PCUSA), (Aug. 29tht, 1885)

Aug 28, 85

In the afternoon, the Mission being convened.

Mr. Underwood asked that the motion be taken up on a vote being taken, one affirmative vote was cast. When Mr. U. called for the A yes & Noes Dr. Allen voted a yes, Mr. Underwood voted a yes, Dr. Heron refusing to vote. Mr. U. then moved "that all horses connected with the Mission shall be kept there." When put to the vote, one affirmative, one negative & the Chairman giving the casting vote decided affirmatively.

Treasurer then asked that his accounts be audited & the Mission went into committee of the whole, when some small mistakes being found & rectified, they were passed & approved.

J. W. Heron
Sec.

18850829

호러스 G. 언더우드(서울)가 프랭크 F. 엘린우드 (미국 북장로교회 해외선교본부 총무)에게 보낸 편지 (1885년 8월 29일)

한국 서울,
1885년 8월 29일

친애하는 엘린우드 박사님께,

저는 박사님께 (선교부의) 재무로서 저의 보고서를 보내며, 그것과 관련하여 한두 말씀을 드리고 싶습니다. 모든 지출은 이곳 선교부의 재가를 받았습니다. 총액 27달러 70센트는 통화 가치의 하락으로 환전에 의한 손실입니다. 알렌 박사는 외아문으로부터 달러 당 1,300냥의 환율로 200달러를 현금으로 받았지만, 제가 그 돈을 처분하기 전에, 3일 만에 달러 당 환율이 1.600냥으로 떨어졌고, 그 이후 계속 떨어졌습니다. 여행비 등의 항목은 주로 화물 운송료와 관세, 그리고 물건을 관리하기 위해 (인천) 항구로 내려가는 비용을 위한 것이며, 일부는 이곳에서의 여행을 위한 비용입니다.

저의 집은 상태가 더 나빴기 때문에 헤론 박사의 집 수리비보다 더 많은 수리비가 들었습니다. 많은 들보와 기둥들이 썩어 바꾸어야 했고, 모든 벽은 새로 쌓아야 했습니다. 제 집을 수리하는데 들어간 비용의 항목은 다음과 같습니다.

집 자체의 수리비는 계약에 따라 500달러였습니다. 담장 밖과 샛길의 몇몇 하수도에 88달러, 집 안팎의 페인트칠과 유리를 끼우는데 100달러가 들었습니다. 헤론 박사의 집에 들어간 350달러는 지난 번에 설명 드렸듯이 알렌 박사가 진행하였던 임시 수리에 추가된 것입니다.

알렌 박사는 의료비로 표시되어 있는 788달러 87센트에 군인[227]과 마부의 임금, 말 사료비, 말 여물통 제작 등등, 그리고 의약품 등 그가 지급해야만 하였던 비용이 포함되어 있다는 것을 언급해 주도록 원하였습니다.

우리 모두는 오래 계속된 장마와 그 영향으로 다소 어려움을 겪어 왔으나, 지금은 훨씬 좋아졌습니다. 저는 이 보고서를 지난 우편으로 보내려고 하였으나 그

227) 여기서 군인은 기수(旗手)를 말한다. 조선 정부는 선교사들의 경호를 위해 포졸들을 파견하였는데, 그들은 이른바 문지기(경비병) 역할을 하였고 선교사로부터 임금을 받았다.

러기에는 너무 아팠습니다. 저는 지금 회복되었으며, 좀 더 조심하면 다음 계절[가을]이 올 무렵이면 괜찮아 질 것입니다.

저의 부지에 있는 약간의 하수도는 충분하지 않으며, 일을 시작하여 몇 개를 더 설치해야 한다는 것을 알게 되었는데, 보수를 위해 우리가 요청한 예상 100달러 중에서 최소한 65달러가 들어갈 것입니다. 저는 어학 공부를 열심히 해왔으며, 어학 교사는 처음 그를 고용했을 때 들었던 것처럼 그런 사람임을 알게 되었습니다. 여러 명의 한국인 남자들이 영어를 가르쳐 달라며 저에게 오거나 보내지고 있기 때문에 제가 학교 일을 조금 더 할 수 있는 기회가 이제 열리고 있습니다. 제가 박사님께 말씀 드렸다고 생각하는데, 저는 일종의 주일 학교를 시작하였으며, 그곳에는 두세 명의 학생이 있으며 우리는 그것이 조만간 커지기를 바라고 있습니다.

저는 최근에 두세 명의 한국인에게 은밀한 방법으로 기독교를 가르쳐 줄 수 있는지 요청을 받았으며, 저는 그렇게 할 생각입니다.

올해 연말이 되면 무엇인가 분명한 성과를 보고할 수 있으며, 머지않아 우리가 공개적으로 자유롭게 일을 할 수 있는 길이 열리기를 소망합니다.

안녕히 계십시오.

H. G. 언더우드

재무, 한국 선교부

Horace G. Underwood (Seoul), Letter to Frank F. Ellinwood (Sec., BFM, PCUSA) (Aug. 29th, 1885)

Seoul, Korea,
August 29, 1885

Dear Dr. Ellinwood:

I send you herewith my report as treasurer, and I want to say a word or two about it. All of the expenditures have been sanctioned by the mission here. The sum of 27.70 for exchange was a loss through the depreciation of cash. Dr. Allen took from the foreign office 200.00 in cash at 1,300 to the dollar, but in three days, before I had disposed of any of it, fell to 1,600, and has since one lower. The items under traveling etc. have been mostly for freight and duties, and some little traveling such as going down to the port to look after goods and part has been for the journey here.

The cost of repairs on my house have been more than those on Dr. Heron's on account of it being in a worse condition. A great many beams and stanchions were rotten and had to be repaired, and there is hardly a wall that did not have to be rebuilt. The items on my house are as follows.

The repairs on the house itself according to contract amounted to 500.00. A few drains outside walls and walks cost 88.00, and painting outside and inside together with the putting in of glass cost another hundred. The 305.00 on Dr. Heron's house is additional to the preliminary repairs made by Dr. Allen of which account was rendered formerly.

Dr. Allen wishes me to state that the 788.87 marked as for medical includes all the expenses to which he has had to go such as wages of soldiers and mapoos, food of horses, making of horses trough, etc., and medicines.

We have all been suffering more or less from the long continued rain and its effects, but are now much better. I would have sent this report by last mail, but was too sick to attend to it. I have now recovered, and think that by a few more precautions when next season comes round, I can come out alright.

I find that the few drains that were put in my compound are not enough, and that I must set to work and have some more ones built, and this will take at least 65.00 out of the one hundred asked in our estimates for repairs. I have been hard at work at the language and find my teacher all that I was told he was when I first got him. I find that the opportunity to do a little more school work is now opening up, as several Korean men have come or sent to me asking to be taught English. I have started, as I think I hold you, a sort of S. S. where we have two or three, which we hope will soon grow.

I have lately been asked if I would in a quiet way teach two or three Koreans Christianity, and think that I will do it.

Hoping by the end of this year to be able to report something definite done, and that the way will not be long before we are free to work openly.

I remain,

Yours truly,

H. G. Underwood

Treas., Korean Mission

18850831

호러스 G. 언더우드(서울)가 프랭크 F. 엘린우드 (미국 북장로교회 해외선교본부 총무)에게 보낸 편지 (1885년 8월 31일a)

한국 서울,
1885년 8월 31일

친애하는 엘린우드 박사님께,

(중략)

오늘 아침 알렌 박사를 부산으로 보내 그곳에 선교지부를 개설하는 것이 권할 만한 지 조사하게 하자는 의견이 제안되었습니다. 부산은 현지인에 대한 사역의 관점에서 서울 외부 지역에서 아주 중요한 유일한 지역입니다. 만일 우리가 지금 진출하면 십중팔구 보상이 있을 것이며, 현명한 조치로 생각됩니다. 동시에 저는 개인적으로 만일 이 사업이 시작된다면 알렌 박사는 가야할 사람이 아니라고 생각합니다. 서울에서의 사역은 선교지부들이 그러하듯이 두 가지 일 가운데 더 중요한 일(저는 외국인을 위한 진료를 의미합니다)이 있는데, 알렌 박사가 담당하고 있습니다. 그러나 우리는 헤론 박사가 이 일을 유지할 수 있을지 모르겠습니다. 동시에 누가 처음으로 부산에 가든지, 그가 선교사든 아니든 간에, 그곳에는 외국인 의사가 전혀 없기 때문에, 먼저 가는 사람이 모든 외국인 진료를 담당할 것이 거의 확실합니다. 이에 덧붙여 이곳[서울]의 병원은 알렌 박사가 한국인들을 위해 하였던 것 때문에 그에게 주어진 것이며, 만일 (부산의) 그 병원이 알렌의 수중에 들어간다면 역시 다른 선교사의 손을 떠나게 될 것입니다. 저는 특히 부산 세관의 로바트 씨가 선교사가 그곳에 오는 것을 열망하고 있기 때문에, 가능하다면 부산에 진출하는 것이 좋은 방안이라고 생각하지만, 알렌 박사를 보내야 한다는 제안의 두 번째 부분에 대해서는 동의하지 않습니다. 알렌 박사가 매우 강력하게 헤론 박사의 신속한 도착을 주장하는 편지를 처음 쓰던 때와 지금은 상황이 조금 다릅니다.

제가 잘못 안 것이 아니라면 그 당시 그는 완전히 혼자이었으나, 지금은 어려운 환자인 경우 도움을 요청할 수 있는 감리교회 의사가 있으며, 더욱 한국인 학생 한 명이 상당히 빠르게 배워 다른 사람의 도움을 받지 않고 약을 조제할 수 있습니다.[228] 불과 얼마 전만 해도 알렌 박사는 환자를 진찰하고 직접 약을 챙겨 주었는데, 오후에 70명이 넘는 환자가 있으면 이것을 끝낸 후에 많은 외국인을 진료해야 하는 그로서는 대단히 쉬운 업무가 아니었습니다.

현재 한 도시에 세 명의 의료 선교사가 있는 것은 인원의 낭비처럼 보입니다. 알렌 및 헤론 박사가 이 주제에 대한 모든 장단점을 박사님께 말씀드릴 것으로 생각합니다. 그러나 저는 개인적으로 부산에서 사역을 위해 선교지부를 시작하는 것은 아주 좋은 일이라고 생각하며, 동시에 이곳에 있는 두 사람 중에 한 사람이 가야 한다면 재정적으로 우리 사역을 위해 헤론이 가는 것이 최선이라고 생각합니다. 저는 형에게 필요한 여러 가지를 구해 달라는 편지를 보냈는데, 그는 물건들이 저에게 전해지도록 커터 씨를 경유해 부칠 것입니다.

박사님이 건강하시리라 믿습니다.

안녕히 계십시오.
호러스 G. 언더우드

Horace G. Underwood (Seoul), Letter to Frank F. Ellinwood (Sec., BFM, PCUSA) (Aug. 31st, 1885a)

Seoul, Korea,
August 31, 1885

Dear Dr. Ellinwood:

(Omitted)

A motion came up before us this morning to the effect that we send Dr. Allen to Fusan to look into the advisability of starting a station there. It is the only other field outside of Seoul that is likely to be of much importance as far as native work is concerned, and as if occupied now it would in all probability pay its expenses, it does seem as though it would be a wise step. At the same time, I personally do not think that Dr. Allen is the one to go if this work is started. It

228) 성내응으로 추정된다.

seems to me that the work in Seoul, as the stations are, there is the more important of the two (I refer to that among foreigners) and Dr. Allen has these, but we do not know that Dr. Heron could keep them. While, at the same time, there is almost a certainty that whoever first gets to Fusan, be he a missionary or not, will have all the foreign practice there, as there is no foreign doctor there at all. In addition to this, the hospital here was given to Dr. Allen on account of what he had done for the Koreans, and this too might leave the hands of another missionary if it were placed in his hands. While it does seem to me that it would be a good move to occupy Fusan if possible, especially as Mr. Lovett of the customs is anxious for missionaries to come there, I do not agree with the second part of the suggestion that Dr. Allen be the one that is sent. The situation is somewhat different to what it was when Dr. Allen first wrote so strongly urging the need of Dr. Heron's speedy arrival here.

He was then, if I mistake not, entirely alone, but now there is the Methodist doctor here who could be called into assist in different cases, and in addition to this, a Korean student has by this time progressed so rapidly that he can now do well the filling of prescriptions without any help, while only a little while ago Dr. Allen had to first examine his patient and then put up the medicine which was no very easy work when he was having seventy and over patients in a afternoon and after this was done, having to go and see a good many foreigners.

It does at present look like rather a waste of forces to have three missionary doctors in this one city. I suppose that Drs. Allen and Heron will give you all the pros and cons on this subject, but I wanted you to know that I personally am in favor and think that it would be a very good thing for the work to start a station at Fusan, though at the same time, I do think that if either of these on this field are to go, it would be best, for our work financially, that the man be Dr. Heron. I have written to my brother to get several things for me, and he will send them round to Mr. Cutter to be forwarded.

Trusting that you are now enjoying good health, I remain,

Yours truly,
Horace G. Underwood

18850831

호러스 G. 언더우드(서울)가 프랭크 F. 엘린우드 (미국 북장로교회 해외선교본부 총무)에게 보낸 편지 (1885년 8월 31일b)

(중략)

저는 박사님이 오늘 우리 선교부의 서기인 헤론 박사로부터, 알렌 박사가 부산에 새로운 선교지부를 시작하거나 개설하기 위해서 그곳으로 가겠다는 제안과 관련한 편지를 받으실 것으로 생각합니다. 현재로서는 그곳에서 일을 하는 중심과는 거리가 멀지만, 모든 면에서 지금 개설할 수 있다면 유리할 것이라고 생각합니다.

(중략)

Horace G. Underwood (Seoul), Letter to Frank F. Ellinwood (Sec., BFM, PCUSA) (Aug. 31st, 1885b)

(Omitted)

I think that you will this day receive a communication form Dr. Heron as our secretary of this mission concerning the proposal of Dr. Allen that he be sent to start or open up another station at Fusan. This is at present quit a center from which to work and there is every reason to think that it could be opened now to advantage.

(Omitted)

18850831

회의록, 미국 북장로교회 한국 선교부 (1885년 8월 31일)

1885년 8월 31일 (월)

회의가 소집되었다.

"(전) 회의록의 낭독을 다음 회의까지 연기하되, 그 회의에서 이전의 모든 (전) 회의록을 낭독하자"는 언더우드 씨의 발의가 통과되었다.[229)]

의장은 이 회의의 목적이 새로운 선교지부를 개설하기 위하여 자신을 부산으로 보내는 것이 권할 만한 것인지 논의하기 위한 것이라고 정하였다.[230)] 언더우드 씨는 의장 자리를 맡을 것을 요청받았다. 알렌 박사는 만일 선교본부가 승인한다면, 그곳에서 선교를 시작하는 것이 권할 만한 것인지 살펴보기 위한 자신의 부산 여행을 발의하였다. 발의는 재청되었다. 알렌 박사는 이 조처의 이유를 설명하였는데, 요약하면,

> 부산은 많은 마을들의 중심이며, 많은 한국인들이 올 수 있는 곳이다. 부산은 상업의 중심지가 될 것이며, 서울에서의 국도(國道)가 끝나는 곳이어서 순회 전도가 양쪽에서 만날 수 있고, 그곳 주위에 상당한 토지를 소유하고 있는 민영익의 영향력을 통해 우리 선교본부가 나서면 즉시 사업을 시작할 수 있다. 현재 병원(제중원)은 환자 수가 약간 감소했고 병원 조수가 약 조제를 훌륭하게 돕고 있어 그곳에 두 명의 의사가 있을 필요가 없다. 그[알렌]는 그곳으로 초청 받았으며, 곧 교육과 전도를 위해 파송될 것이 틀림없는 목사를 위해 이곳에 훌륭한 주택이 남겨지는 것이다.

이어 이 주제에 대해 토의가 있었고, 저녁의 회의까지 보류하자는 발의가 통과되었다. 정회하자는 발의가 있었고 선교부 회의는 저녁에 속개하기로 통과되었다.

J. W. 헤론
서기

---

229) 7월 13일, 7월 20일, 7월 22일, 7월 31일 및 8월 28일에 개최된 회의의 회의록을 의미한다.

230) 언더우드는 8월 31일자 편지로 이 회의의 내용을 선교본부에 보고하였고, 알렌은 선교본부로 보낸 9월 2일자 편지에서 자신을 부산으로 보내달라고 요청하였다. Horace G. Underwood (Seoul), Letter to Frank F. Ellinwood (Sec., BFM, PCUSA), (Aug. 31st, 1885a); Horace N. Allen (Seoul), Letter to Frank F. Ellinwood (Sec., BFM, PCUSA) (Sept. 2nd, 1885)

휴회되었던 회의가 1885년 8월 31일 (오후) 7시 30분에 개최되었다. 알렌 박사가 의장을 맡았다. 서기의 불참으로 언더우드 씨가 임시 서기로 임명되었다. 언더우드 씨는 회의를 9월 1일까지 정회하자고 발의하였다. 언더우드 씨가 임시 의장을 맡은 가운데 알렌 박사는 이 발의에 재청하였고, 다시 의장에 복귀한 후 발의가 만장일치로 통과되었다.

H. G. 언더우드
임시 서기

Secretary's Book, Korea Mission of the Presbyterian Church (Aug. 31st, 1885)

Aug 31, 85 (Mon.)

Meeting called to order.

Motion by Mr. Underwood that "the reading of the minutes be postponed until the next meeting when all the previous meetings minutes be read", carried.

The object of the present meeting was stated by the Chair to be the discussing the advisability of sending him to Fusan to open a Mission Station there. Mr. Underwood being asked to take the Chair. Dr. Allen moved that Dr. Allen be sent to Fusan on a trip with the idea of looking up the advisability of starting a mission there, providing the Board sanction the starting of the same. Motion was seconded. When Dr. A. proceeded to give reasons for this step, a summary of which is,

> Fusan is the centre of a large number of villages & many Koreans could be reached. Fusan will be a centre of commerce, and is the terminus of the Gov't road from Seoul so that itineration could be made meeting each other that our Board should keep ahead that through Min Yong Ik's influence, as he owns large quantities of land around there, we could at once begin work, that now two physicians were, scarcely needed here, since the attendance at the

Hospital had slightly decreased & good assistance in preparing medicines was given by the assistants there, that he had been invited there, that a good house would be left here for a minister who must soon be sent to teach & preach

The subject was then discussed and a motion to lay it on the table until on adjourned meeting in the evening was held was carried. A motion to adjourn being made, was carried the Mission to meet in the evening.

J. W. Heron,
Sec.

An adjourned meeting was held at 7.30, Aug. 31, 85. Dr. Allen in the Chair. Mr. Underwood was appointed Sec. pro. tem, in the absence of Sect. Mr. Underwood moved that this meeting adjourn until Sept 1. While Mr. Underwood temporarily took the Chair, Dr. Allen seconded the motion & on his return to the Chair the motion was put & carried unanimously.

H. G. Underwood,
Sec. pro tem

18850900

편집자 단신.

The Foreign Missionary 44(4) (1885년 9월호), 150~151쪽

H. N. 알렌 박사는 한국 정부가 짓고 그가 책임을 맡고 있는 서울의 병원에서 자신의 업무와 관련하여 대단히 희망적이며, 의사의 봉급을 제외하고 병원과 관련된 모든 경비를 지불하였다는 편지를 썼다. 비록 그곳의 법에 의해 기독교 선교는 공식적으로 허용되고 있지 않지만, 왕은 이 첫 병원을 건축하고 그것을 선교사로 알려져 있는 사람의 관리 하에 맡겼으며, 또한 그곳에서 다른 두 선교사, 즉 J. W. 헤론 박사, H. G. 언더우드 목사가 그곳에서 봉사하도록 받아들임으로써 대단히 진전된 조치를 취하였다. 알렌 박사는 많은 고관, 그리고 왕실 전체를 치료하였다. 그에 대한 이러한 신뢰의 예는 사람들이 병원을 즉각적으로 후원하도록 하였다. 매일 약 70명의 환자가 치료를 받고 있다. 사람들의 위생 상태는 무서운 것으로 묘사되고 있으며, 알렌 및 헤론 박사는 그들이 감당할 수 있는 모든 환자를 치료할 것 같다. 이 형제들이나 언더우드 목사 그 누구도 아직은 언어를 습득하지 않았지만, 그것이 허용될 때까지 기독교의 진리를 전달하는데 사용하지 못할 것이라는 것을 거의 걱정하지 않는다.

알렌 박사는 이미 우리에게 병원에서 고통을 받는 사람들에게 기독교의 희망을 전하려는 불완전한 시도에 대해 말하였다. 교회가 어떻게 이렇게 멀리, 생소한 선교지에 있는 이 사역자들에 대해 진실한 기도를 해야 할지! 그들이 당연히 감당해야 할 많은 세속적인 걱정거리 중에서 그들이 영적 목표를 잊지 않도록 기도드리자. 그들이 우리 구세주의 복음을 왕과 백성에게 처음 소개하는데 주님께서 전능하신 성령으로 그들을 따르시도록 기도드리자.

Editorial Notes. *The Foreign Missionary* 44(4) (Sept., 1885), pp. 150~151

Dr. H. N. Allen writes very hopefully as regards his work in the hospital at Seoul, which the Government has built and has placed under his charge, defraying also all the expenses connected with it, except the Doctor's salary. Although, by the laws of the land, Christian missions are not formally allowed, yet the King has taken a very advanced step in building this first hospital and placing it wholly under the control of one who is known to be a missionary, accepting also the services there of two other missionaries - Dr. J. W. Herron, M. D., and Rev. H. G. Underwood. Dr. Allen has treated many of the nobles, and the whole royal family. This example of confidence in him has led the people to an immediate patronage of the hospital. About seventy patients are treated daily. The sanitary condition of the population is described as horrible, and Drs. Allen and Herron are likely to have all the patients they can manage. Neither of these brethren, nor Rev. Mr. Underwood, has as yet acquired the language; but they have little fear that they will be forbidden to use it in communicating the truths of Christianity as soon as they are able to do so.

Already Dr. Allen tells us of his first lame attempts to impart Christian hopes to the sufferers in his hospital. How earnestly should the Church pray for these laborers in their remote, strange field! Pray that in the midst of the many secular cares which they are compelled to assume, they may not lose sight of their spiritual aim. Pray that God may follow, by His all-powerful spirit, their first presentation of the Gospel of our Divine Saviour to king and people.

18850900

호러스 N. 알렌, 대단히 슬픈 환자.[231]
The Foreign Missionary 44(4) (1885년 9월호), 176쪽

서울,
(1885년) 6월 2일

얼마 전부터 우리는 박물관이나 실습에 보았던 어느 예보다 더 '말라깽이'라고 부를 정도의 여성이 병원에 있었다. 그녀가 갖고 있던 극히 적은 물질마저 골치덩어리의 만성 궤양을 통해 빠르게 흘러나오는 것 같아 지속적인 관심을 두었다. 당연히 그녀는 집에서 무시를 당하였고, 병원에서 우리가 해줄 수 있는 보잘 것 없는 도움에 감사해 하는 것 같았다. 나날이 그녀는 허약해 졌지만, 어느 날 아침 내가 병동으로 들어갔을 때 그녀가 대단히 기운이 없어보였다. 그녀는 자신이 곧 죽을 것이 틀림없으므로 지금 집에 갈 수 없는지 요청하였다. 승낙이 떨어졌고, 그녀는 어제 갔더라면 더 좋았을 것이지만 그녀는 하루 더 입원하여 의사에게 감사를 드리고 작별 인사를 하고 싶었다고 말하였다. 나는 그녀의 병소에 붕대를 대주기 시작하였을 때 그녀의 눈에 눈물이 차 있는 것을 알아차렸다. 나는 그녀에게 죽는 것이 두려우냐고 물어보았고, 그녀는 그렇다고 대답하였다. 나는 그녀의 마음을 이끌려 시도하였지만 그녀에게 많은 말을 할 수 없었다. 나의 언어 구사가 불충분하였다. 그러나 그녀는 밝아졌고 더 나은 곳에 대해 더 날고 싶어 하는 것 같았으며, 나는 진정 그녀에 대해 연민을 느꼈지만 (그때) 나의 통역이 나와 함께 있지 않았다. 우리가 일단 언어를 습득하게 되면 틀림없이 이곳에서의 사역이 진전될 것이다.

231) 알렌의 6월 2일자 편지의 끝부분에 언급된 '병원 환자에 관한 약간의 소식'이다. 원문은 분실된 채 일부가 이 잡지에 실려 있다.

H. N. Allen, A Very Sad Case.
The Foreign Missionary 44(4) (Sept., 1885), p. 176

Seoul,
June 2

For some time past we have had a woman in the hospital who more nearly answered to the name of "Living Skeleton" than any being I ever saw in museum or practice. What little substance she had seemed fast oozing out through a very offensive chronic abscess, which called for constant attention. She had, of course, been neglected at home, and seemed to appreciate the slender assistance we could, render her in the hospital. Each day found her weaker, however, and one morning, as I entered the ward, I found her very low. She asked that she might go home now, as she must soon die. Consent was granted, and she said she would like to have gone yesterday, but she wanted to stay and thank the doctor and say good-by. I went about dressing her disease, and I noticed tears in her eyes. I asked if she were afraid to die, and she said she was. I tried to direct her mind, but I could not tell her much. My language was insufficient. But she brightened up and looked eager to know more about the better place, I really pitied her, but my interpreter was not with me. There is no doubt but the work here will progress when once we get the language.

18850901

팔도사도삼항구일기, 규18083 제2책 (을유 7월 23일, 1885년 9월 1일)

Diaries of Three Harbors in Eight Provinces and Four Cities, Kyujanggak 18083 (Sept. 1st., 1885)

관(關)

상고할 일. 제중원을 설치한 후 의녀를 뽑아 보내는 일로 이미 여러 차례 관문을 보냈으나 달을 넘겨도 일찍이 보고가 없고 기녀 역시 올려 보내지 않으니 어찌된 까닭인지, 학업을 학습함이 매우 시급하여 때문에 이에 또 관문을 보내기에 도착 즉시 의례히 기녀의 이름을 후록(後錄)[232]하여 며칠 내로 본 아문에 올려 보내어 생경(生梗)[233]함에 이르지 않도록 함이 마땅하다.

영남 감영
을유 7월 23일

關

爲相考事 濟衆院設置後 醫女選送事 業經發關矣 至於閱月 尙無牒報 妓女亦不上送 是何委折是喩 學習術業 萬萬時急 故茲又發關爲去乎 到卽依妓名後錄 不日上送于本衙門 毋至生梗之地宜當者.

嶺營
乙酉 七月 二十三日 關嶺營

232) 글이 끝난 뒤에 다시 덧붙이는 기록(記錄)을 말한다.
233) ① 세상의 사정에 어둡고 완고함. ② 두 상대 사이에 말썽이 생겨 틈이 벌어짐.

18850901

회의록, 미국 북장로교회 한국 선교부 (1885년 9월 1일)

1885년 9월 1일 (화)

의장이 선교부 회의를 소집하였다.

"이전 회의에서 보류하였던 안건을 상정하자"는 발의가 있었다.

논의가 계속되었는데, 알렌 박사 대신 헤론 박사를 보내자는 문제가 제기되었다. 의장은 이것이 규칙에 위배된다고 지적하였고 투표에 부쳐졌다. 알렌 박사가 찬성, 언더우드 씨가 찬성, 헤론 박사가 찬성하자 실행에 옮기기 전에 선교본부로 넘기기로 양해되었다.

의장은 언더우드 씨에게 의장직을 맡을 것을 요청하였다. 마구간을 짓자는 이전 회의에서의 발의를 무효로 하자는 발의가 있었고, 통과되었다. 그러자 알렌 박사는 영국산 말을 위한 적절한 마방(馬房)을 만들고 주위에 벽을 설치하기 위한 경비를 의료비에서 인출하도록 선교부가 승인해 줄 것을 요청하는 발의를 하였고, 통과되었다. 언더우드 씨가 다시 의장직을 맡은 가운데, 알렌 박사는 헤론 박사가 병원의 책임을 맡되 필요한 경우 알렌 박사가 돕겠다고 발의하였으며, 기각되었다.

이어 헤론 박사는 계획을 제안하여달라는 요청을 받았고, 알렌 박사가 병원의 책임을 맡되 업무가 바쁠 때 수술에서 헤론 박사의 도움을 요청하며, 화요일과 목요일 오전, 그리고 날씨 때문인 것 같은데 진료실에 환자가 많은 매일 오후에 헤론 박사가 병원에 와 줄 것을 요청하는 발의가 통과되었다.

이어 회의는 폐회되었다.

J. W. 헤론

서기

Secretary's Book, Korea Mission of the Presbyterian Church (Sept. 1st, 1885)

Sept 1, 85 (Tue.)

The Chair having called the Mission to order.

It was moved that "the motion laid on the table at the previous meeting be taken up."

Further discussion followed in which the question of Dr Heron's being sent instead was raised. This was ruled out of order by the Chair, the question was called for. When Dr. Allen voted Aye, Mr. Underwood voted Aye, Dr. Heron voted Aye, it being understood that this was to be referred to the Board before being acted on.

The Chairman then asked Mr. Underwood to take the Chair. When it was moved that the motion of a previous meeting for building stables be rescinded, motion carried. Dr. Allen then moved that the Mission grant Dr. Allen sufficient funds from monies taken in from medical services to provide suitable stalling for the English horses and place a wall around them, motion carried. While Mr. Underwood again took the chair, Dr. Allen moved that Dr. Heron take charge of the Hospital Dr. Allen assisting when necessary, motion lost.

Dr. Heron was then asked to suggest a plan when he moved that Dr. Allen take entire charge of the Hospital calling in Dr. Heron for assistance in operation when work was pressing, motion carried. When Dr. Allen requested that Dr. H. gets Hospital on Tuesdays & Fridays in the mornings & in the afternoon of everyday when it seems like from the condition of the weather that there will be a large member at the dispensary.

The meeting then adjourned.

J. W. Heron

Sec.

18850901

알렌 박사의 일기 제1권(1883~1886년) (1885년 9월 1일)

1885년 9월 1일 (화)

어제 나는 폰 묄렌도르프로부터 선교부를 떠나지 않고 이곳 해관에서 매년 720달러를 받고 일을 한다는 내용의 계약서를 받았다. 장마가 8월 28일 금요일 밤에 우리를 휩쓸었던 태풍의 꼬리로 끝나는 것 같다.

우리는 헤론 박사와 대단히 놀랍고 짜증나는 의견 차이를 보였다. 그것은 내가 우호적으로 이야기하는 과정에서 일어났는데, 그가 병원에 있을 필요가 없어 집에 있을 때에는 선교본부가 촉구하는 것 같이 언어 학습을 하라는 내용이었다. 또한 나는 식사 전에 우리의 비어 있는 냉수 병을 그의 하인이 채우지 않는 것에 문제를 제기하였다. 이 모든 것들이 그의 완고한 행동을 촉발시켰으며, 나는 선교부에서 사직하겠다는 의사를 알리고 말았다.

헤론 부인은 내가 선교사로 적합하지 않으며 내가 단순히 이 언쟁을 사임의 핑계로 이용하였으며, 돈을 위해 일한다고 나를 비난하기 시작하였다. 이것은 정말로 당연하게 나를 화나게 하였으며, 오랫동안 여자 친구를 고대하였으며 헤론 부인이 살아갈 수 있게 가르쳐 주었던 아내에게 상당한 상처를 주었다. 그리고 아내는 헤론 부인이 다른 불쾌한 것들과 함께 그녀에게 추태를 부리기 전까지 헤론 박사와 나 사이의 어떠한 불화도 의식하지 못하였다. 나는 지금 새로운 선교지부를 열기 위해 부산으로 보내 달라고 요청하였다. 이는 내가 돈보다 선교부를 더 돌보고 있음을 증명하고 지금의 어려움들을 극복하기 위해서였다.

Dr. Allen's Diary No. 1 (1883~1886) (Sept. 1st, 1885)

Sept. 1st, 1885 (Tue.)

Yesterday I received a contract from von Moellendorff to do the work for the customs at this place for $720.00 a year, without leaving the mission. The rainy season seemed to end with the tail of a typhoon which struck us on Friday night August 28.

We have had a most surprising and provoking disagreement with Dr. Heron. It arose from my talking over in a friendly way, his remaining home from the hospital when not needed and working on the language as the Board had urged. I also objected to his servant emptying our ice water bottles before meals and not refilling them. The whole precipitated a most stubborn action on his part which resulted in my announcing my intention of resigning from the mission.

Mrs. Heron had taken it up and denounced me as unfit for a missionary and that I simply used this as a pretext to resign and work for money. This really and rightfully angered me and wears heavily on Mrs. Allen who has so long longed for a lady friend and who had learned to live Mrs. H. and was unconscious of any trouble between Dr. H. & myself till Mrs. H. threw this ugly thing at her with other unpleasant things. I have now asked to be sent to open a new mission at Fusan. To prove that I care more for the mission than money and to overcome present difficulties.

18850902

호러스 N. 알렌(서울)이 프랭크 F. 엘린우드(미국 북장로교회 해외선교본부 총무)에게 보낸 편지 (1885년 9월 2일)

한국 서울,
1885년 9월 2일

F. F. 엘린우드 박사,
뉴욕 센터 가(街) 23

친애하는 박사님께,

마침내 폰 묄렌도르프와 제가, 저의 선교부와의 관계와 상관없이, 매년 720달러에 서울의 세관 관리들을 위해 일하기로 계약을 맺게 되었다는 것을 박사님께 알리게 되어 만족스럽습니다.

저는 박사님께 8쪽의 편지를 썼는데, 제가 사임하는 이유를 설명하였습니다. 이 편지를 보내지 않을 것이지만, 다른 계획, 즉 남쪽 항구인 부산에 저를 보내 새 선교지부를 열 것을 제안하였습니다. 간단히 말해 놀랍게도 헤론 박사와 저 사이에 갈등이 생겼다는 것이 저의 이유입니다. 더할 나위 없이 다정한 정신과 태도로 그에게 언어 습득의 필요성을 촉구한 박사님의 편지를 보여주었다는 사실에서 제가 그를 제거하기를 원한다고 생각하고 있습니다. 그리고 저는 매일 환자들을 보러 가야 했기 때문에, 도움이 필요한 때를 제외하고는 그가 아침에 병원에 나오지 않아도 된다고 제안하였습니다. 저는 이에 대해 어떤 합의도 이루어지지 않은 것에 조금 놀랐지만, 그는 계속적으로 가서 일찍부터 제 일을 하겠다며 보여준 완고함에 진저리가 났습니다. 하지만 저는 그저 웃었으며, 그를 가게하고 집에 남아 공부를 하였습니다. 하지만 질투로 인한 적개심이 생긴 것 같으며, 이것이 놀랍게도 그는 400~500달러 정도의 저의 개인적인 경비까지 포함시키려 결정하게 하였기에, 저는 사임 의사를 밝혔으며, 그 입장은 확고합니다. 그러나 헤론 부인은 진정한 남부 지역의 기사도의 문제로 받아들여 이 문제에 대해 전혀 알고 있지 못한 알렌 부인에게 이 문제를 거론함으로써, 이 문제는 새로운 전기를 맞았습니다. 그녀가 말하고 행동했던 많은 통렬하고 빈정거리는 것들 중에는 제가 선교사로서 적합하지 않으며, 선교부를 떠나 돈을 벌기 위한 구실로 이것을 하고 있을 뿐이라는 비난이 있습니다. 제가 종종 말씀드렸다시피 아마 저는 "선교사로 충분하지 않은

그림 6-53. 1890년대 한국인들이 거주하던 부산

것" 같습니다. 그러나 제가 전혀 믿지 못할 사람이라고 누구라도 증명하는 것을 문제 삼지 않습니다.

그러나 결코 인정받지 못할 어려움을 이곳에서 견뎌낸 후 알렌 부인은 동료 자매를 몹시 고대하였으며, 그들이 도착하였을 때 그들을 친절히 돌보았고 헤론 부인을 사랑하게 되었습니다. 그런데 이런 갑작스런 공격은 우리 같은 남자들이 생각할 수 있는 것보다 더 참기 힘든 것이었습니다. 저는 병원을 포함해 모든 것을 양보하였지만, 실패할 것이 두려워 헤론 박사는 제가 계속 오후와, 그리고 필요에 따라 오전에 헤론 박사의 도움을 받도록 하자는 언더우드 씨의 발의에 동의하였습니다.

저는 박사님께서 제가 조용히 눈에 띄지 않게 선교사로 활동할 수 있는 부산으로 보내도록 결정하실 것이라고 희망하며, 이는 모든 선교사들의 시기심을 자극하지 않을 것입니다. 혹은 만약 박사님께서 바라신다면 저는 기꺼이 고국으로 돌아가 먼 거리에서 선교에 대해 연구하겠습니다.

제가 이전에 말씀드렸듯이 언더우드 씨는 이곳에서 강력한 인물이 될 것이며, 그는 생소함을 극복하였고, 진정한 그리스도인이며, 이미 말을 배워 쉽게 구사할 수 있습니다.

이 언짢은 편지를 써야만 해서 유감스럽습니다.

안녕히 계십시오.
H. N. 알렌

부산 선교지부를 개설하는 것에 반대하는 이유

1. 선교본부는 별도 예산을 지불할 수 있다.
   답. 지금이 1년 후보다 덜 들 것이며, 모두 합해 8,000달러를 넘지 않을 것이다 - 내 생각에 사택을 지어야 한다.
2. 항구는 사역하기 어려운 곳이다.
   답. 부산 자체의 인구는 대부분 일본인이며 한국인은 거의 없다. 사역은 주위 시골 및 마을에서 온 환자들에게 의약품과 전도지를 배포하는 것이 될 것이다.
3. 새로운 의사를 시작하는 경비가 상당할 것이다.
   답: 일본인들이 필요한 것들의 많을 것을 보유하고 있으며, 런던에서 주문한 것들이 오게 되면 충분한 양을 그 기지를 위해 보유하고 있을 수 있다.
4. 나(알렌)를 서울에서 파송해야 할지도 모른다.
   답. 헤론 박사는 현재 현장에 있으며 내 업무를 할 수 있다. 그는 정부에 알려져 있다. 나의 건강이 나쁘다는 것이 잘 알려져 있어 떠나는 충분한 이유가 될 수 있다. 나는 이곳을 안전하게 떠날 수 있으며, 이곳 사람들 및 외국인들 눈에 최근의 훌륭한 행운 때문에 새로운 사역을 잘 시작할 수 있다. 어떤 암시 때문에 나는 ___에 체류하는 것을 동의할 수 없으며, 내 동료를 부산으로 보낼 수 없다.
   답: 그러나 그렇게 하는 것이 최상이며 만족한다.

선교지부를 부산에 개설하는 이유

1. 부산은 한국의 가장 부유하며 가장 인구가 밀집되어 있는 곳으로의 관문이다.

2. 부산은 항구에서 말을 타고 1시간 이내에 성벽으로 둘러싸인 큰 한국 도시가 위치해 있다.
3. 몇마일 반경 내에 어떤 것은 상당히 큰 수백 개의 마을이 있다.
4. 어떠한 사역, 심지어 전도를 부산에서 수행할 수 있다.
5. 부산은 서울에서 시작하여 한국의 가장 생산적이고 인구가 많은 지역을 통과하는 국도의 남쪽 종착역이다. (또한 계획 중인 철도가 이 동쪽 국도를 따라 놓여 질 것이며, 부산이 일본과 블라디보스토크로부터의 증기선 항로에 있기에 아마도 주요 항구가 될 것이다.)
6. 선교지부가 내륙에 개설되지 않을 수도 있기에, 양쪽 종착역에서 이 길을 따라 순회 전도를 통해 일반 국민들에게 도달할 수 있다.
7. 그곳은 조만간 다른 교회 및 개업 의사들의 관심을 끌 것이다.
8. 우리 교회는 그곳을 열고 계속 전진해야 한다.
9. 그곳의 의사는 전적으로 혹은 부분적으로 자립할 수 있다.
10. 현재 우리가 일을 잘 이해하는 현지인 약제사를 갖고 있고, 스크랜턴 박사가 환자를 받고 있다는 사실 때문에, 우리의 사역이 그리 힘들지 않으며 한 명이 때로 언더우드 씨의 도움을 받으며 일을 쉽게 수행할 수 있다. 따라서 우리는 우리의 힘을 경제적으로 운영할 수 있다.
11. 또 다른 목사를 서울로 보내 언어를 습득하게 해야 한다. 만일 의사를 멀리 보내면 새로 오는 사람에게 좋은 시간이 될 것이다.
12. 조만간 한 사람을 파송함으로써, 서울에서 모든 (외국인)이 계약에 의해 우리들에게 약속해 경비가 절약될 것이며, 즉각적인 행동이 부산에서도 동일한 절약을 확보할 것입니다.
13. 우리(알렌 부인과 나)는 기꺼이 갈 것이다.
14. 우리가 가는 것이 모든 문제를 해결할 것이다.
15. 내가 돈 보다 선교를 위해 더 신경을 쓸 것으로 입증될 것이다.
16. 그곳의 외국인들은 나에게 즉시 오라고 요청하였으며, 총세관장 로바트는 나에게 모든 편의를 제의하였다.
17. 민영익이 그 지역에 상당한 토지를 갖고 있다. 나는 내가 그곳에서 잘 알려져 있어 좋게 시작할 수 있을 것이다.
18. 나의 건강이 좋지 못해 정부에 대해 좋은 핑계거리가 될 수 있으며, 정부는 아마도 내가 그곳에 체류하게 해 줄 것이다.
19. 그것은 내가 언어 습득이 가능하게 할 것이다.
20. 내 파트너로서 헤론 박사에게 이곳의 모든 업무를 넘길 것이며, 있음직하지 않은 결정인 해고에 의해서만 그 직을 잃을 수 있다.

21. 부산은 훌륭한 해안, 산이 많은 배경, 증기선 혹은 전보에 의한 쉬운 교통이 구비된 건강에 좋은 해안가 도시이며, 우리 선교본부의 중국 및 일본 주재 선교사를 위한 훌륭한 요양소가 될 수 있다. 제물포는 이에 적합하지 않으며, 서울은 너무 접근하기 어렵다.

Horace N. Allen (Seoul), Letter to Frank F. Ellinwood (Sec., BFM, PCUSA) (Sept. 2nd, 1885)

Seoul, Korea,
Sept. 2nd, 85

Dr. F. F. Ellinwood,
23 Center St., N. Y.

My dear Doctor,

I have the satisfaction of announcing to you that at last von Mullendorf has made a voluntary agreement with me to do the work for the Customs officers at Seoul, for $720.00 per annum, without regard to my missionary connections.

I have an eight page letter written to you, accompanying and explaining the reasons for my resignation. It will not be sent, but another course proposed, i. e. to send me to open a new station at the southern port Fusan. Briefly, my reasons are, that to my great surprise, difficulties have arisen between Dr. Heron and myself. He choose to think that I wished to get rid of him from the fact that in a perfectly friendly spirit and manner, I showed him your letter urging upon us the necessity of acquiring the language. And as I had to go daily to attend my regular patients, I proposed to excuse him from the hospitals in the mornings except when his assistance was necessary. I was a little surprised that nothing was agreed upon, but was disgusted at the stubborness he exhibited in continuing to go, starting early and taking my work. I simply smiled, however, and let him go, remaining home at study myself. A spirit of jealous antagonism seems to have been aroused however, which to our great surprise led him to decide upon a course which would involve me in a personal expense of some four or five hundred dollars, wherefore I presented my resignation and firmly intended to stand by it. Mrs. Heron, however, gave matters a new turn by taking up the matter with true Southern chivalry, and opening up upon Mrs. Allen, who was not posted as to the existing state of affairs. Among many very cutting, sarcastic things said and done by her was the accusation that I (Allen) was not fit for a missionary and only did this as a pretext for leaving the mission and making money. Perhaps I am not, as I have often said, "good enough for a missionary." But I defy anyone to prove that I have in the least been untrue to my trust. But after Mrs. Allen has endured trials here that will never be appreciated, and longed for a sister worker, tenderly cared for them in their arrival and learned to love Mrs. Heron, this sudden thrust is harder to bear than we men can ever appreciate. I have conceded everything, even the hospital, but for fear it would collapse Dr. Heron agreed to Mr. Underwood's motion that I should continue in charge with Dr. H. to assist in the afternoons, and mornings when necessary.

I hope you will decide to send me to Fusan, where I can be a missionary in a quiet unostentatious easy, and not be in charge of arousing the envy of every brother missionary who happens along. Or if you prefer I am perfectly willing to return to the States and study missionary character from a distance.

Mr. Underwood, as I said before, will be the strong man of this field, he has gotten over his freshness, is a real Christian and already has the language, so as to use it readily.

Regretting the necessity of writing this unpleasant letter,

Yours
H. N. Allen

Reasons against opening a Fusan Mission

1. The extra expense may be paid for the Board to meet.
   Answer. It will be less now than a year later and should not exceed 8,000 all told - a house would have to be built I think.
2. Ports are hard places in which to work.

Answer. The population of Fusan proper is mostly Japanese with but few Koreans. The work would be dispensing medicine & tracts to patients from surrounding country and within the adjoining towns.

3. The expense of starting a new Dr. would be considerable

Answer. The Japanese keep many of the necessary things and when the London order comes a sufficient amount could be taken from that for a plant.

4. May be had to sent me (Allen) from Seoul

Answer. Dr. Heron is now on the ground and can take my work. He is known to the Government. My well known ill health would be sufficient reason for leaving. While I can safely leave here, I can by virtue of recent good fortune in the eyes of the people & foreigner, the better start a new work. Owing to certain insinuations, I can't consent to stay here and have my colleague sent to Fusan.

5. Personally we dislike giving up pleasant home.

Answer. but think it best and contented in doing so.

Reasons for opening a station at Fusan

1. Fusan is the gate to the richest most densely populated portion of Korea.
2. Pusan a large walled native city is within an hours ride of the port.
3. Within a radius of a few miles, there are hundreds of villages some quite large.
4. Any work even preaching may be carried on in Fusan.
5. Fusan is the southern terminus of the Gov'nt road from Seoul, which traverses the most fruitful and thickly settled portion of Korea. (Also the proposed railroad is to follow this east road, for Fusan being on the S. S. line from Japan & Vladivostock to Shanghai, is & probably will be the chief port.)
6. As stations may not be opened interior, itinerations might be made along this route from either terminus and thus reach the masses.
7. The place will soon attract the attention of other churches and secular practitioners.

8. Our church should open there & keep ahead.
9. A Dr. there may be wholly or in part self supporting.
10. Owing to the fact that we have now a native chemist who understands the work well, and that Dr. Scranton is receiving patients, our work is not so ardous but that one man, with the occasional assistance of Mr. Underwood, can easily attend to the work. Thus we may economize our forces.
11. Another minister should be sent to Seoul and put at the language. If a Dr. is sent away a good hours will then be ready for the new man.
12. By sending one soon, money will be saved for every ____ ___ in Seoul is now pledged by contract to us, and prompt action would secure the same at Fusan.
13. We (Mrs. Allen & myself) are willing to go.
14. Our going will settle all difficulties.
15. It will prove that I care more for the mission than for money.
16. The foreigners there have asked me to come, and commissioner Lovall offers me every facility.
17. As Min Yong Ik owns much territory in the section. I would have a good introductions as I understand I am well known there.
18. As I am not well, ill heath would be a good excuse to make to the Gov'nt, which would probably give me concessions there.
19. It would enable me to get the language.
20. Dr. Heron as my partner here would be entitled to all my work and could only lose it by dismissal - an unlikely act.
21. Fusan is a healthy sea coast town with the advantages of good beach and hilly back-ground, easy communication by steamer or telegraph, and would be a good sanitarium for our Chinese and Japanese missionaries. Chemulpoo is not suitable and Seoul is too inaccessible.

18850904

알렌 박사의 일기 제1권(1883~1886년) (1885년 9월 4일)

1885년 9월 4일 (금)

오늘은 왕의 천추절(千秋節)이며, 국경일이다. 외교 사절 모두는 오늘 아침에 경의를 표하기 위해 궁궐로 갔으며, 이를 축하하기 위한 외아문에서 오늘 밤 열릴 만찬에 참석할 것이다. 나는 두 행사 어디에도 초대받지 못하였지만 왕실의 호의로 하사품을 받았는데, 빽빽 소리 지르는 4마리의 돼지, 20마리의 닭, 600개의 계란, 큰 바구니에 담긴 냄새 나는 큰 물고기, 말린 생선 한 바구니, 말린 넙치류의 생선, 사과, 배 그리고 복숭아가 담긴 바구니 1개씩이었다. 쓸모없는 음식이지만 나는 관례에 따라 그것을 가지고 온 일꾼에게 현금 5,000냥(3.12달러)을 주었다. 나는 절반을 헤론 박사에게 주었으며, 닭, 계란과 썩기 전에 우리가 먹어야 할 과일 일부분을 제외한 나머지는 하인들에게 모두 나누어주었다. 이 또한 풍습이다. 왕에게 포도주 두 상자를 보내 드리는 것이 지금 나에게 적절해 보인다.

지난 목요일인 8월 27일에 태풍을 끝으로 장마가 걷혔다. 사람들은 3일 연속으로 사대문 밖으로 나가 맑은 날씨를 기원하는 제사를 지냈으며, 지금 날씨는 때로 비가 내리지만 이전과 상당히 유사하다.

Dr. Allen's Diary No. 1 (1883~1886) (Sept. 4th, 1885)

September 4 (Friday)

Today is the King's Birthday. A national holiday. The foreign officials all went to the Palace this morning to pay their respects and will attend a dinner at the Foreign Office tonight in honor of the occasion. I am not invited to either place but received my share of the Royal Favors being four squealing pigs, 20 chickens, 600 eggs, a basket of large sized large smelling fish, a basket of direct fish dried, another of dried sort of sole, a basket each of apples, pears, and peaches. I gave 5,000 cash ($3.12) to the coolie for bringing the worthless stuff as is the custom. I gave half to Dr. Heron, and then gave all of my portion to the servants excepting the chickens, eggs and a small portion of fruit such as we may eat before it spoils. This also is the custom. It would be proper now for me to send a couple of cases of wine to the King.

On last Thursday the 27th Aug., the rainy season closed with the tail end of a typhoon. The people spent the succeeding three days in worshipping the clear heavens over the gates, and the weather now though occasionally rainy is quite like of old.

18850906

알렌 박사의 일기 제1권(1883~1886년) (1885년 9월 6일)

1885년 9월 6일 (일)

어제 날짜의 관보에 묵 참판(폰 묄렌도르프)을 해관 총세무사의 직위에서 해고하며, 제물포의 세무사인 스트리플링 씨를 임시로 총세무사 서리에 임명한다고 발표되었다.

영국 총영사 애스톤 씨는 어제 중국 세관에서 근무하고 있는 메릴이란 미국인이 지금 그 직책에 임명되어 중국 포함을 타고 곧 이곳으로 올 것이라는 내용의 공문을 영국 증기선 스위프트 호(號)로부터 받았다. 묄렌도르프는 그가 총세무사의 직책을 그만두었지만 여전히 전환국의 자리는 유지하고 있으며, 그가 총세무사 본부 건물을 소유하고 있기 때문에 조선 정부가 그 비용을 충분하게 지불하도록 할 것이라고 나에게 말했다. 나는 그 후 포크 씨로부터 총세무사가 사용하고 있는 그 부지는 정부 소유이지만 그가 몇 가지 구실로 부동산 문서를 소유하고 있고 그들에게 인도하기를 거절하고 있다는 것을 알게 되었다. 나의 환자인 허치슨 씨는 중요한 비밀을 털어 놓았는데, 나는 둘 중에서 어느 쪽이 더 악한(惡漢)인지 결정하기가 어렵다.

허치슨 씨조차 침몰하는 배와 운명을 같이 하도록 나를 설득하였다. 그는 홍콩에 있는 영국 정부 우편국의 자리를 얻으려고 계획하였었는데, 그 자리는 그들이 이미 차지하고 말았을 정도로 대단히 어리석었다.

Dr. Allen's Diary No. 1 (1883~1886) (Sept. 6th, 1885)

Sept. 6[th, 1885 (Sun.)]

The Official Gazette on yesterday announced the dismissal of Mok Cham Pan (von Mullendorf) from his position as Inspector of Customs, and the appointing of Mr. Stripling, the Commissioner at Chemulpoo, to be Acting Inspector *pro tem.*

Mr. Aston, H. B. M., Consul G. received dispatches on yesterday from H. B. M. S. S. Swift to the effect that an American named Merrill, now in the Chinese Customs service was appointed to the place and would soon come here on a Chinese gun boat. Mullendorf told me that he had resigned from the Inspectorate and still held the position at the Mint that he owned the Custom headquarters and would make the Gov'nt pay well for them. I learn since thro Mr. Foulk that the compound used by the Customs belongs to the Gov'nt but that he got the deeds on some pretext and refuses to surrender them. Mr. Hutchison, as my patient, has confided in me greatly and I have trouble in deciding which is the greater knave of the two.

Even Mr. H. tried to get me to throw in my lot in the sinking ship which he had been fool enough to design a position in the British Gov'nt Post Office, Hong Kong to accept, when he knew it was only to have themselves up that he asked it.

18850907

알렌 박사의 일기 제1권(1883~1886년) (1885년 9월 7일)

1885년 9월 7일 (월)

어제 나는 표면적으로는 아들을 진찰해 달라는 묄렌도르프의 요청을 받았는데, 진짜 이유는 나를 떠보기 위한 것이었다. 그는 전환국의 총판직에서도 물러났다고 나에게 말하였다. 나는 그의 식당에서 성냥 생산을 하는 오스트리아 계 미국인인 로젠바움을 보았고,[234] 그와 함께 담배를 독점하려하는 니플러,[235] 그리고 양잠업을 하는 메르텐스 씨가 함께 있었다.[236] 로젠바움은 묄렌도르프에 의해 성냥과 유리 공장을 시작하기 위해 이곳으로 왔다. 그는 폰 묄렌도르프가 그에게 하였던 수많은 약속 중 어떠한 것도 증명할 문서를 가지고 있지 않았다. 그는 이 나라에 대해 아는 것이 아무 것도 없었는데, 이곳에 온 이후 수천달러의 주식(혹은 약속)을 모집하여 기계를 사려 독일로 갔으며, 그곳에 있는 동안 친척과 다른 사람들로부터 수천달러의 주식을 모집하였다. 지난 봄 돌아온 그는 유리 공장을 설립하기 위해 일종의 협상을 시작하였지만, 그는 대신 성냥 공장을 설립하였다. 물이 범람하여 그를 거의 쓸어 버렸다. 오스트리아에서 온 기술자와 그의 부인은 병에 걸렸고, 돈이 없어 폰 묄렌도르프에게 자신의 주식의 일부를 달라고 요청하였다. 하지만 폰 묄렌도르프는 주식을 갖고 있지 않다고 말하였으며, 그에게 아무런 돈도 _____ 하지 않았다. 그가 가진 주식은 한국인들과 정부의 몫이기에 이들에게 신청하라고 하였다. 로젠바움은 그에게 불쌍히 여겨 약속을 실행해 달라고 간청하였다. 그는

---

234) 조셉 로젠바움(Joseph Rosenbaum)은 오스트리아 계 미국인이며, 1874년 당시 즈푸에서 상인이었고, 1879년 당시부터 1882년 당시까지 상하이에서 경매인으로 활동하였다. 그는 1883년 1월 7일 묄렌도르프가 한국 해관의 총세무사로 임명되어 내한할 때 혹은 그 직후 성냥과 유리 공장을 시작하기 위해 한국으로 왔다. 그는 1884년 7월 한강 모래로부터 유리를 생산하는 계획을 세워 상하이에서 Corean Glass works라는 회사를 경영하였다가 성냥 생산 계획으로 바꾸었다. 그는 1888년 당시부터 1897년 당시까지 상하이에서 상점(문방구점 및 담배점)을 운영하였으며, 1899년에는 한커우에서 상인으로 활동하였다.

235) 니플러(Kniffler)는 1883년 묄렌도르프가 한국 해관의 총세무사로 임명된 후 봄에 내한하였다.

236) 독일인 A. H. 메르텐스(Aug. H. Maertens)는 1868년 당시 상하이에서 상업에 종사하였고, 1873년 당시부터 1879년 당시까지 상하이에서 생사와 관련된 일을 하였으며, 묄렌도르프의 1884년 11월 27일자 편지를 받고 양잠 사업을 위해 12월 초에 내한하였다. 그는 조선 정부와 계약서를 작성하기 않은 상태에서 자신의 사업을 위해 경복궁 서문(영추문) 근처에 뽕나무를 심어 이를 상궁(桑宮, Mulberry Palace)이라 이름을 붙였다. 그는 잠상공사(蠶桑公司)의 경리직을 맡았지만 잠상공사는 성과를 거두지 못하였고 1889년 5월 6일 문을 닫았다. 그와의 재정적 정산은 1891년 4월 종결되었다. 이후 상하이로 돌아가 1894년 당시부터 1897년 당시까지 상하이의 제사공장(Hingchong Silk Filature Co.)의 지배인이었다. 1904년 당시부터 1906년 당시에는 상하이의 생사 수출업자이었다.

자신은 동정심을 갖고 있지 않으며, 법에 따라 이곳으로 왔다고 말하였다. 묄렌도르프에게 쫓겨난 로젠바움은 미국 공사관의 포크에게 와서 그의 일을 해결해 줄 것을 요청하였다. 포크는 일 전체가 사기이었음을 알게 되었는데, 이것에 대해 외아문에 보고하였지만 그들은 아무 것도 알지 못하였고, 마침내 정부의 도움 없이 그가 새로 시작하기로 타협을 보았다. 그는 허치슨 밑으로 들어갈 것이며, 어제는 나를 불러 세워 자신의 방으로 데리고 가서 무엇을 할 의도를 가지고 있는지 설명하였다. 나는 폰 묄렌도르프와 관계를 가진 이후 한국인들은 그를 신뢰하지 않았기에 포크도 그를 신뢰하지 않았고, 애스톤은 사기꾼이라고 그를 비난하였기에 그가 할 수 있는 최선의 방법은 즉시 이 나라를 떠나는 것이며, 나는 그가 그러한 일로 영국 정부의 자리를 던져 버린 것은 어리석었다고 생각하였다고 나는 그에게 말하였다.

그는 계속 묄렌도르프에 대해 요구하였는데, 묄렌도르프는 마침 조선 정부와 외국인들 사이에 맺어진 모든 계약들은 반드시 외아문의 도장이 있어야 하며 그렇지 않으면 무효라는 규칙을 피하기 위해 7월 3일자로 소급하여 그에게 임명장을 줌으로써 그와 화해하였다.

그는 이 계약이 당시에 실제 작성되어 확정되었다고 애스톤이 믿도록 만들었다. 그가 나에게 8월 28일 그 자신이 작성한 계약서 초안을 보여주면서, 동시에 나의 업무를 위한 계약서 초안 하나를 작성하였다. 그는 나의 계약서 초안을 소급 적용하려 하였지만, 나는 이를 거절하고 이미 진료 업무를 하였던 기간인 음력 5월 초부터 8월 31일까지로 적었다.

폰 묄렌도르프는 허치슨의 임명을 기록부에 소급하여 기록하였지만, 탄로가 날까 두려워하였다. 허치슨은 기록부를 다시 쓰고 있다. 어제 그는 사무실에서 두 권의 기록부를 가져왔는데, 하나는 옛 기록부, 하나는 새 기록부이었다. 그는 어떻게 새로운 기록부를 다시 작성하였고 적절한 직책에 그를 임명하였는지 나에게 보여주었지만, 내가 모르는 어떤 이유 때문에 그는 숫자 계산을 하지 못하였다. 그래서 그의 임명 번호는 141인데 반해 기록부에는 142, 혹은 그 반대로 되어 있다.

폰 묄렌도르프는 남은 사람들과 꽤 궁핍하게 지내왔다. 허치슨이 자신의 가구를 H. 부들러에게 팔아 생활비를 조달할 때까지 그의 가족은 한 동안 한 끼에 달걀 하나로 생활하였다. 하지만 폰 묄렌도르프는 저축해 둔 돈이 많았으며, 나는 이것이 핑계에 불과하다고 생각한다.

Dr. Allen's Diary No. 1 (1883~1886) (Sept. 7th, 1885)

Sept. 7[th, 1885 (Mon.)]

I was called to Mullendorfs on yesterday ostensibly to see his child but really to be pumped. He told me that he had also resigned in connection with the Mint. I found Rosenbaum, the Austrio-American match manufacturer there with Mr. Kniffler, the would be tobacco monopolist, and Mr. Maertens, the silk culture man in his dining room. Rosenbaum was gotten here by Mullendorf to start a match & glass manufactory. He had no paper to certify to any of the numerous promises made him by von M. He didn't know anything of the country and after coming here and raising several thousands of dollars (or promises) for shares he went to Germany to buy machinery while there he got several thousand dollars from his relatives and others in shares. Coming back last spring he started with a sort of agreement to found a glass factory but founded instead a match factory. The high water came and nearly washed him out. His artisan from Austria and wife became sick he had no money and applied to von M, for the fragment of his shares. Von M. said he had no shares and ____ed him no money. That the shares he took were for Coreans, & the Gov'nt to whom he must apply. Rosenbaum begged him to have pity and be true to his promises. He said he had no pity and travelled altogether in law. R. came and put his affair in the hands of Mr. Foulk, after having been ordered out of von M's never to return. Foulk found the whole thing crooked, reported it to the Foreign Office who knew nothing of it and finally compromised by starting him anew with no help from the Government. He will go under Hutchison waylaid me yesterday took me to his rooms made hold as to what he intended to do. I told him the best thing he could do was to leave the country at once. As the Coreans would not trust him after his relations with von M. that Foulk didn't trust him, that Aston denounced him as a fraud, and that I thought he was a fool for throwing up a British Gov'nt position for such a thing.

He sticks to von M. who has reconciled him by giving him an appointment dated back to July 3 to get around an order issued that all contracts between the

Korean Gov'nt and foreigners must bear the seal of the Foreign Office or be invalid.

He has made Aston believe that this contract was really written at the time it is dated. When he showed me the draft of it written by himself on August 28, at the same time that he drafted one for me for my services. He was going to have mine dated back but I refused, and it was dated Aug. 31st to draw payment from the beginning of the Fifth Moon, in order to cover the period of services already rendered.

Von M. entered Hutchison's appointment back in the record book, but for fear of exposure H. is rewriting the Record Book. Yesterday he bro't in two Books from the office, one old and one new. He showed me how he had rewritten the new book and entered his appointment at the proper place but for some reason which I don't know, he couldn't make the number tally. So while the number in his appointment is 141, that in the book is 142 or vice versa.

Von M. has been quite destitute with the rest of them. His family was living on one egg each at a meal for a time till H. sold his furniture to H. Budler and supplied the lot with money. Von M. has a plenty of money salted down however and I think this to be but a pretext.

18850907

한국 - 서울 주택의 구입 - 승인되다. 미국 북장로교회 해외선교본부 실행이사회 회의록, 1837~1919 (1885년 9월 7일)

한국 - 서울 주택의 구입 - 승인되다. 선교본부가 서울의 두 주택을 각각 100 달러에 구입하는 것의 허가를 요청하는 1885년 7월 4일자 H. N. 알렌 박사의 편지가 제출되었다.[237]

요청은 허가되었다.

Korea - Purchase of Houses in Seoul - Authorized. *Minutes [of Executive Committee, PCUSA], 1837~1919* (Sept. 7th, 1885)

Korea - Purchase of Houses in Seoul - Authorized. A letter was presented from Dr. H. N. Allen, of July 4th, 1885, asking the sanction of the Board to the purchase of two houses in Seoul, at $100 each.

The request was granted.

237) Horace N. Allen (Seoul), Letter to Frank F. Ellinwood (Sec., BFM, PCUSA), (July 4th, 1885)

18850907

H. N. 알렌 - 선교 사역을 위한 이적. 미국 북장로교회 해외선교본부 실행이사회 회의록, 1837~1919 (1885년 9월 7일)

H. N. 알렌 - 선교 사역을 위한 이적. 선교본부의 절약 수단으로 독일 공사관 진료를 위해 알렌 박사가 적을 옮김으로써 그와 선교본부와의 관계를 종결하는 문제가 담긴 H. N. 알렌 박사의 7월 19일자 편지가 제출되었다.[238]

선교본부는 강한 반대를 표명하였으며, 알렌 박사가 그런 제안을 모두 거절하고 이 선교본부의 의료 선교사로서 자신의 사역을 한 결 같이 유지 수행하도록 권하였다.

H. N. Allen - Transfer for Mission Work. *Minutes [of Executive Committee, PCUSA], 1837~1919* (Sept. 7th, 1885)

H. N. Allen - Transfer for Mission Work. A letter from the same, of July 19th, 1885, presented the question of transferring Dr. Allen as a means of economy to the Board, to the care of the German Legation, thus involving the close of his connection with the Board.

The Board expressed its strong dissent, and recommended that Dr. Allen be advised to reject all such overtures, and to continue in the steady maintenance of his work as a medical missionary of this Board.

238) Horace N. Allen (Seoul), Letter to Frank F. Ellinwood (Sec., BFM, PCUSA), (July 19th, 1885)

18850907

프랭크 F. 엘린우드(미국 북장로교회 해외선교본부 총무)가 호러스 N. 알렌(서울)에게 보낸 편지 (1885년 9월 7일)

1885년 9월 7일

H. N. 알렌, 의학박사,
한국, 서울

친애하는 형제여,

귀하가 구매한 두 채의 집에 관한 편지가 오늘 선교본부(의 회의)에 제출되었으며, 그것들을 위해 지불한 액수(200달러)가 승인되었습니다.[239)]

귀하가 보낸 예산을 받았으며, 나는 만족스럽다고 생각합니다. 당연히 우리는 어떤 비용에 대해 사실이 무엇인지 알 수 없습니다. 나는 다만 선교지의 모든 형제들이 안전하고 실속 있는 사역을 위한 초석을 놓을 필요성에 (공감하고 있는 것이) 즐거울 뿐입니다.

병원에 관한 묄렌도르프 씨의 제안을 수락하는 문제에 대해 선교본부는 그것의 결정적인 이점을 살펴보았습니다. 나는 그것이 바로 그 계획에 나타난 바와 같이 원칙이 대단히 결여된 한 독일인 무신론자 속에 들어 있는 악마의 유혹인 것 같습니다. 그런 유혹을 받은 것은 귀하가 처음이 아닙니다. 헵번 박사는 (일본) 정부로부터 병원 혹은 다른 이익 혹은 수천 명의 기독교인들의 관심을 확고하게 하는 것을 저버리지 않고, 단순히 일본에서 교육의 책임자로 정부의 임명을 받으라는 제안을 받았습니다. 그의 선교사 봉급은 단지 1,000달러이었지만 주저하지 않고 제안을 거절하였으며, 그 결과 이 주님의 대의에 대한 근본 방침, 평판, 선행 및 사욕(私慾)이 없는 헌신 등에서 그는 현재 자신의 세대(世代)에서 거상(巨像)과 같이 우뚝 서 있습니다. 만일 그가 굴복하였다면 지금 그는 기독교의 동정과 신뢰가 없으며, 일본인들 및 일본의 모든 외국인 거주자보다 더 낫지 않은 부자 노인이 되었을 것입니다. 요코하마에 있는 한 이탈리아 사진사는 "헵번 박사는 이곳에서 위대한 사람 중의 한 명입니다. 그는 직업적으로 지금 10만 달러의 재산을 만들었을 수도 있지만, 그 대신 선교사의 봉급을 받으며 작은 열악한 주택에서 살고 있

239) Korea - Purchase of Houses in Seoul – Authorized. *Minutes [of Executive Committee, PCUSA], 1837~1919* (Sept. 7th, 1885)

습니다."라고 나에게 말하였습니다. 절조가 없는 이 이탈리아 인이 그런 인간됨과 인격을 가진 사람을 보고 진심에서 우러난 존경심을 가졌다는 것을 쉽게 알 수 있습니다. 귀하는 커다란 사역을 할 혹은 그것을 좌초시킬 바로 그런 기회를 갖고 있습니다. 나는 편지에서 귀하가 굴복하지 않고 있다는 것을 알고 대단히 기뻐하고 있습니다. 이보다도 제의가 정부 혹은 신뢰할만한 집단으로부터가 아니라 지금은 영향력을 갖고 있을지 모르지만 내일에는 모든 사람들과 정부에 의해 쫓겨나고 걷어차일 파렴치하고 반종교적인 협잡꾼으로부터 받았다는 점입니다. 선교본부는 귀하가 숭고한 사역을 하는 동안 돌볼 것이며, 귀하는 할 수 있는 것을 하는 자각을 가질 뿐 아니라 기독교 계 전체의 판단에 의해 훌륭한 재산을 얻게 될 것입니다. 나는 이 긴급한 상황에 '내 뒤로 물러서라 사탄아'가 표어인 것 같습니다.

나는 귀하가 한국의 일에 대해 지속적으로 알려주는 것이 대단히 기쁩니다.

나는 최근에 여러분들에게 교사들에 대하여 편지를 썼으며,240) 그들이 올 가을 혹은 초겨울에 파송되기 위한 모종의 조치가 취해졌으면 하는 바람을 갖고 있습니다.

당연히 우리는 한국과 관련하여 무엇이 커다란 외교적 문제가 될 수 있나 알기 위해 정치적 상황을 주시하고 있습니다만 우리가 할 수 있는 모든 것은 우리를 인도하고 동시에 우리의 일을 하시는 하나님의 지혜를 믿는 것뿐입니다.

여러분 모두가 건강하고 크게 성공하며, 하나님의 은총의 풍성하기를 기원하며,

안녕히 계세요.
F. F. 엘린우드

240) Frank F. Ellinwood (Sec., BFM, PCUSA), Letter to Horace N. Allen, Horace G. Underwood, John W. Heron (Seoul) (Aug. 21st, 1885)

Frank F. Ellinwood (Sec., BFM, PCUSA), Letter to Horace N. Allen (Seoul) (Sept. 7th, 1885)

Sept. 7th (1885)

H. N. Allen, M. D.,
Seoul, Korea.

Dear Brother: -

Your letter with reference to the two houses which you have purchased was brought before the Board today, and the amount to be paid for them ($200) was allowed.

The estimates which you sent have been received, and I think are satisfactory. Of course, we cannot know what the facts are in some of the charges. I can only enjoy upon all the brethren in the field the necessity of laying foundations for a safe and economical work.

The matter of accepting Mr. Mollendorf's proposals about the hospital the Board looked upon with decided its favor. It seems to me to be a temptation of the Evil one in the person of a German skeptic of very little principle, as the very proposition shown. You are not the first to be subjected to such a temptation. Dr. Hepburn was offered _____ by the government, not to betray a hospital or any other interest or around which the interest of thousands of christian people had chrystallized, but simply to take a government appointment as General Director of Education in Japan. His missionary salary was but a thousand dollars, yet how unhesitatingly refused the offer and the result is that today he stands like a Colossus in his generation for principle, character, beneficence and disinterested consecration to this Master's cause. Had he yielded, he might have become now a rich old man, shorn of the sympathy and confidence of the christian world, and of none more than the Japan themselves, and all foreign residents in Japan. An Italian photographer said to me in Yokohama, "Dr. Hepburn is one of the greatest men here. He might have been worth today $100,000 by his profession; instead of that, he lives down therein that little nasty house on a missionary salary". But it was easy to see that this unprincipled Italian stood with a profound reverence before the spectacle of such a man and such a character. You have just such an opportunity to go a grand work, or make a wreck of it. I am very glad to see by your letter that you are not inclined to yield. More than this, the offer does not come to you from the Government, or from any responsible party, but from an unprincipled and irreligious adventurer, who today may have influence, but tomorrow may be kicked out, and spurned by all men and by the Government. The Board will care for you while you do a grand work, and you will have not only the consciousness of having done what you could, but by the verdict of the whole christian world you will have won a good estate. "Get thee behind me, Satan" appears to me to by the motto in this exigency.

I am very glad that you keep me posted with regard to matters in Korea.

I wrote you recently with regard to the teachers, and I have a hope that something may be done towards having them sent out this Fall or early Winter.

We watch, of course, the political sky to see what may become of the great diplomatic questions which so concern Korea, but all we can do is to trust in the wisdom of God who directs, and meanwhile do our work.

Wishing you all health and great success, and the abundant blessing of God, I remain,

Very sincerely yours,
F. F. Ellinwood

18850913

[호러스 N. 알렌의 진단서] (1885년 9월 13일)

제물포,

(1885년) 9월 13일, 오후 9시

나는 도선사(導船士)인 C. A. 웰치 씨를 면밀하게 진찰하였으며, 전신 상태가 즉각적인 요양이 필요하다는 소견을 얻었음을 보증합니다. 따라서 나는 1~2주일 정도 해외에 나가 휴식을 취하고 올 것을 추천합니다.

서명
H. N. 알렌, 의학박사

A. B. S.[241]

241) A. B. S.는 당시 총세무사 대리이었던 알프레드 B. 스트리플링의 서명이다. 자신이 결재하였다는 것을 나타낸다.

[Medical Certificate by Horace N. Allen] (Sept. 13th, 1885)

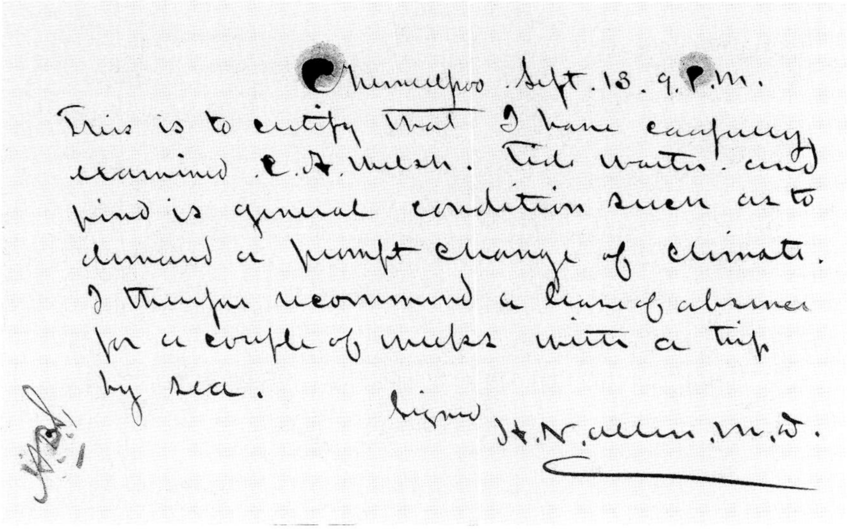

Chemulpoo. Sept. 13. 9. P.M.

This is to certify that I have carefully examined C. A. Welsh. Tide waiter. and find his general condition such as to demand a prompt change of climate. I therefore recommend a leave of absence for a couple of weeks with a trip by sea.

Signed H. N. Allen. M.D.

그림 6-54 호러스 N. 알렌의 진단서. 이 진단서는 서양 의학의 측면에서 한국에서 발행된 가장 오래된 것이며, 2009년 10월 12일 문화재청에 의해 의료 분야의 등록문화재 제445호로 등록되었다. 동은의학박물관 소장

18850915

회의록, 미국 북장로교회 한국 선교부 (1885년 9월 15일)

1885년 9월 15일 (화)

의장이 회의를 소집하였다.

전 회의록들이 낭독되었고 승인되었다.[242]

"헤론 박사 부부를 상하이로 병가 보낸다."는 안(案)이 발의 및 재청되었고, 만장일치로 통과되었다.[243] 서기는 이런 결정을 하게 된 설명과 알렌 박사를 부산으로 보내는 것과 관련되어 취한 결정을 담은 편지를 뉴욕 선교본부로 쓰라는 요청안이 발의되었고, 통과되었다.[244]

이어 약간의 전반적인 대화가 있었고, 폐회하자고 발의되어 통과되었다.

J. W. 헤론
서기

242) 7월 13일, 7월 20일, 7월 22일, 7월 31일, 8월 28일 및 9월 1일에 개최된 회의의 회의록을 의미하며, 처음으로 전 회의록을 낭독 및 승인하였다.

243) 헤론 부인은 영국 공사관에서 테니스 공에 눈을 맞아 부상당하였다. 헤론 부부는 치료를 위해 9월 16일 상하이로 떠났다. Horace N. Allen (Seoul), Letter to Frank F. Ellinwood (Sec., BFM, PCUSA) (Sept. 16th, 1885)

244) 헤론은 알렌의 부산 행(行) 요청과 함께 아내의 치료를 위해 상하이를 여행한 것에 대해 선교본부로 편지를 보냈다. John W. Heron (Seoul), Letter to Frank F. Ellinwood (Sec., BFM, PCUSA), (Oct. 26th, 1885)

Secretary's Book, Korea Mission of the Presbyterian Church (Sept 15th, 1885)

Sept 15, 1885 (Tue.)

Meeting called to order by the Chairman.

Minutes of previous meetings read & approved.

A motion was made and seconded that "Dr. Heron and wife be sent on sick leave to Shanghai," it was carried unanimously. A motion that the Sec. be requested to write an official letter to the Board at N Y. give an account of this action & of the action taken in regard to sending Dr. Allen to Fusan, was made & the carried.

Some general talk followed & the motion to adjourn being made, it was carried.

J. W. Heron

Sec.

18850916

호러스 N. 알렌(서울)이 프랭크 F. 엘린우드 (미국 북장로교회 총무)에게 보낸 편지 (1885년 9월 16일)

한국 서울,
1885년 9월 16일

F. F. 엘린우드 박사,
23 센터 가(街), 뉴욕

친애하는 박사님,

우리는 불화 중에 있습니다. 헤론 부인은 영국 공사관에서 테니스 공에 눈을 맞았으며, 헤론 박사는 우리가 이곳에서 할 수 있는 것보다 더 할 수 있을지 알아보기 위해 그녀와 함께 오늘 상하이로 떠났습니다.

개인적으로 헤론 박사와 저 사이에 어려움은 해결되었습니다. 저는 모든 것을 인정하였으며, 그들은 사과하였습니다.

제가 이전에 모두 말씀드렸듯이 저는 건강이 나쁘며, (한국) 선교부는 저에게 부산으로 휴양 여행을 갈 것을 의결하였습니다. 하지만 제 가족이 아프고 헤론이 상하이로 여행할 예정이기 때문에 저는 갈 수 없었습니다. 하지만 저는 긴급히 저를 초청한 미국 해군 전함인 매리온 호의 밀러 선장을 방문하러 제물포로 내려갔습니다.[245] 그는 저의 고향 출신이며, 저의 초췌한 상태를 보고 놀랐습니다. 그는 자신의 의사에게 진찰시켰는데, 그는 저에게 가능한 한 빨리 동아시아를 떠날 것을 권하였습니다. 삼 일 동안 머무는 동안 저는 회복되었으나 작은 아이가 갑자기 병에 걸려 갑자기 (서울로) 돌아 왔습니다. 억수로 쏟아지는 비를 통해 장기간 (말을) 타고 가는 바람에 (저의 건강은) 이전보다 악화되었습니다. 우리 아기는 진정 매우 아팠으며, 저는 그들의 배은망덕함에 불쾌하였습니다. 우리는 그 애를 위한 유일한 가능한 희망인 유모를 구하기 위해 어떠한 영향력도 발휘할 수 없었습니다. 우리의 중국인 보모는 상하이로 돌아갔습니다. 저는 그 애를 엄마와 함께 상하

245) 메릴 밀러(Merrill Miller, 1842. 9. 13~1914. 8. 5)는 오하이오 주의 벨폰타인에서 태어났다. 그는 1859년 11월 해군사관학교에 입학하였으며, 남북전쟁이 일어나자 1861년 프리깃함 포토맥에 승선하도록 명령을 받았고 1862년 10월 소위, 1864년 대위로 승진하였다. 남북전쟁이 끝난 후 여러 함대와 해군사관학교 교관 등을 역임하고 1878년 중령, 1893년 대령으로 승진하였다. 그는 1885년부터 1888년까지 매리언 호의 함장이었다. 1894년 9월 13일 해군 소장으로 전역하였다.

이로 보낼 것입니다. 그러나 제가 그렇게 한다면 병원이 가라앉을 것이고 책임의 문제가 현재 가장 심각하기에, 저는 오직 아버지의 본능으로 박사님께 말씀드릴 수 있을 것으로 생각하였습니다. 그러나 일을 위해 남아 있기로 결정하였고, 나머지는 하나님께 의지하며 제 아이에게 제가 할 수 있는 한 최선을 다할 것입니다. 제가 남아 있을 수 있으며 헤론 박사가 돌아올 때까지 일을 할 원기를 갖고 있다면, 저는 만족스럽게 느낄 것이고 일을 맡길 손을 확보하면 저는 유감스럽게도 손을 놓을 것입니다.

저는 위(胃) 문제로 우울하지 않습니다. 저는 그 문제가 뚜렷하게 없어졌습니다. 저는 남고 싶으며, 박사님께서 저를 보내기에 적합하다고 원하시는 곳에서 모든 것을 다하겠습니다. 찬 기후가 문제를 없애지 않는다면 박사님을 저를 고향으로 보내야 할 것이라고 생각합니다. 하지만 우리는 기대하지 않을 것입니다.

정치적 사안은 조용합니다. 묄렌도르프 씨는 모든 관직에서 제거되었지만 아직 이곳에 남아 골치 아픈 존재입니다. 그의 부하 한 명이 '임시' 세관 검사관입니다. 그리고 리훙장이 중국 세관의 미국인 한 명을 중국 함선에 태워 이곳으로 보냈습니다. 그는 아직 도착하지 않았습니다. 그의 이름은 메릴입니다.

중국은 이곳을 다시 장악하고 있는데, 변리공사는 최근 인도의 영국 총독처럼 한국으로 올 것이라고 공표하였습니다. 이에 대해 포크 씨 및 데이비스 제독은 우리 정부에 보고하였습니다.

중국은 서울과 북경을 연결하기 위해 전화선을 설치하였습니다. 그것은 한국과 중국을 연결하며, 20번에 걸쳐 1년에 15,000달러를 지불하기에 중국은 또 다르게 한국을 강하게 장악하게 되는 것입니다.

이곳의 감리교회 사람들은 모두 아프며, 두 명의 숙녀가 곧 외출이 금지될 것입니다. 이런 상황은 저를 제외하고 제 가족을 포함해 모두 제물포로 내려갈 것을 이야기 한 포크 씨와 데이비스 제독을 크게 괴롭히고 있습니다. 공포의 새로운 원인은 없지만 우리는 휴식 상태의 화산 위에 있는 것 같습니다.

데니 판사는 조만간 이곳으로 와서 왕의 자문이 될 것으로 예상되고 있습니다. 그는 상하이의 이전 미국 총영사였던 훌륭한 사람이지만, 리훙장이 보냈기에 한국인들은 의심의 눈초리로 보고 있습니다. 저의 편지가 더 즐겁기를 믿습니다.

안녕히 계십시오.

H. N. 알렌

Horace N. Allen (Seoul),
Letter to Frank F. Ellinwood (Sec., BFM, PCUSA)
(Sept. 16th, 1885)

Seoul, Korea,
Sept. 16, 85

Dr. F. F. Ellinwood,
23 Center St., N. Y.

My dear Doctor,

We are in the midst of trouble. Mrs. Heron was struck in the eye by a tennis ball at the British Legation and Dr. Heron leaves with her for Shanghai today to see if something more may be done than we are able to do here.

Personally the difficulty between Dr. Heron and myself is settled. I have conceded everything and they have apologized.

As I have told you before, I am in miserable health and the mission voted to send me to Fusan on a health trip. Because of sickness in my own family however and Dr. Heron expected trip to Shanghai I could not go. I did however run down to Chemulpoo to visit Capt. Miller of the U. S. S. Marion who sent me an urgent invitation. He is from my town and was surprised at my run down condition. He put me under charge of his Dr's who advised me to leave the East as soon as possible. I picked up during the three days of my stay but was called back suddenly by the serious illness of my little boy, and the long ride through a drenching rain has left me worse than before. Our baby is very sick indeed and I am disgusted with this people for their ungratefulness. We have been unable through any influence to obtain a wet nurse which is the only possible hope for him. Our Chinese nurse having failed and gone back to Shanghai. I ought take him with his mother to Shanghai but if I do the hospital goes under and the duty question is now a most serious one I have considered it as only your fatherly instinct can tell you but have decided to remain can for the work and do all I can for my child trusting the rest to God. If I can remain and have strength to do the work till Dr. Heron returns I shall feel satisfied and once the work is secured in safe hands I regret to give up.

I am not blue for one with a bad stomach. I am remarkably free from that trouble. I am anxious to remain and do all I can where you see fit to send me. Yet if the cold weather doesn't straighten me up I suspect you will have to send me home. We will hope not however.

Politically things are quiet. Mr. Mullendorf has been removed from all of his offices but still remains here a troublesome factor. One of his man is Customs Inspector "pro tem". And an American in the Chinese Custom service, has been sent here by Li Hung Chang on a Chinese gunboat. He has not yet arrived through. His name is Merrill.

The Chinese are just obtaining a new hold here, and the resident Minister recently announced that he was to Korea as the English Viceroy to India. This was stirred up Mr. Foulk and admiral Davis and it has been reported to our Government. The Chinese have landed a telegraph line to connect Seoul with Pekin. It is giving up fast, and binds the Korean to China in twenty annual payments of $15,000 each thus giving China another strong hold.

The Methodist people here are all sick and two of the ladies will soon be confined. This state of things greatly annoys Mr. Foulk and admiral Davis who talk of removing all but myself to Chemulpoo, my family included. No new cause for alarm exists but we seem to be upon a slumbering volcano.

Judge Denny is expected here soon to be advisor to the King. He is a good man, former U. S. Consul General at Shanghai, but as he is sent by Li Hung Chang, the Korean look upon it doubtfully. Trusting my text letter may be more cheerful. I remain

Yours sincerely,
H. N. Allen

매리언 호(USS Marion)

매리온 호는 1839년 4월 보스턴에서 진수되었으며, 미국 남북전쟁 중에 북군으로 참전한 슬루프형 포함(砲艦)이었다. 매리온 호는 아프리카 함대 소속으로 브라질, 캐리비언 해, 아프리카 서해안 및 지중해 등에서 활동을 하다가 1850년부터 2년 동안 동인도 제도를 항해한 후 아프리카 함대로 복귀하였다.

1862년 5월 보스턴에서 수리를 한 후 1870년까지 실습선으로 이용되었다. 1876년 유럽 및 남대서양 함대에 소속되었으며, 1885년부터 아시아 함대 소속으로 활동하였다. 매리온 호는 1885년 8월 6일 나가사키에 도착하였다. 8월 27일 트렌튼 호와 함께 짧은 훈련을 가진 후 긴장 완화를 위해 제물포로 항해하여 9월 1일 도착하였으며, 12월 25일 제물포를 떠났다. 매리온 호는 1895년 태평양 함대로 소속이 바뀌었으며, 1897년 취역이 해제되었다.

그림 6-55. 매리온 호. 1876년경

매리온 호의 장교 명단과 계급 (1885년)

메릴 밀러 (1859년 해사 입학)	함장, 중령
존 F. 메리(John F. Merry, 1862년 자원입대)	소령
토머스 H. 스티븐스(Thomas Holdup Stevens, 1868년 해사 졸업)	대위
윌리엄 C. 스트롱(William Couenhover Strong, 1868년 해사 졸업)	대위
존 H. 무어(John Henry Moore, 1869년 해사 졸업)	대위
헨리 S. 체이스(Henry Sanders Chase, 1881년 장교 후보생)	소위
시어도어 C. 헤일(1870년 입대)[246]	군의관, 대위
토머스 C. 크레이그(1881년 입대)	군의관, 대위
레너드 A. 프레일리(1864년 입대)	재무관
프레더릭 G. 매킨(Frederick G. McKean, 1861년 기관사로 입대)	기관장
조지 S. 윌리츠(George S. Willits, 1873년 후보 기관사로 입대)	기관사

246) 시어도어 C. 헤일(Theodore C. Heyl, 1838. 8. 9~1896. 3. 21)은 필라델피아에서 태어났다. 그는 펜실베이니아 대학교 의과대학을 졸업하고 1870년 중위 군의관으로 해군에 입대하였으며, 1874년 대위로, 1881년 소령으로 승진하였다. 그는 1885년부터 1887년까지 매리온 호에서 복무하였으나 건강 악화로 1891년 12월 전역하였다.

18850920

알렌 박사의 일기 제1권(1883~1886년) (1885년 9월 20일)

1885년 9월 20일 (일)

일주일 전에 나는 제물포에서 미국 군함 매리온 호에 탑승하여 델라웨어의 내 친구인 메릴 밀러 함장을 방문하였다. 나의 즐거운 방문은 아기가 매우 아프니 즉시 오라는 패니의 편지 때문에 짧게 끝났다. 나는 월요일 해가 뜨자 출발하여, 장대비를 내려 거의 나아가기 힘든 길을 달려 오후 2시에 집에 도착하였는데, 아기는 아직도 매우 아프지만 조금 나아진 상태이었다. 며칠을 애타게 보낸 후 우리는 유모를 구하였으며, 그 사이 때때로 젖을 먹일 때 대구 간유를 주어 아기의 생명을 유지시켰다. 우리 중국인 가정부는 16일 떠났다. 아기는 지금 회복되고 있다.

방금 나는 모든 사절들에게 심각한 가축 질병이 유행하고 있다고 공식적으로 통보하면서 오염된 고기를 먹지 말도록 경고하였다. 또한 지금 일본과 중국에서 창궐하고 있는 콜레라와 관련하여 두 명의 환자가 제물포로 들어 왔다고 알렸다. 나는 조선 정부에도 이 사실을 알리고, 적절한 예방 조치로 계획을 세우도록 요청하였다.

헤론 부부는 헤론 부인의 눈을 치료하기 위해 지난 수요일인 16일 상하이로 떠났다. 상처는 테니스 공에 맞아서 생긴 것이었다. 언더우드 씨는 어제 밤부터 자신의 집에서 생활을 시작했다. 중국 상무총판(商務總辦)인 첸슈탕은 3일 전에 본국에서 그를 소환한다는 소식을 받은 후에 중풍으로 쓰러졌다.

Dr. Allen's Diary No. 1 (1883~1886) (Sept. 20th, 1885)

Sept. 20[th, 1885 (Sun.)]

One week ago I was on board U. S. S. Marion, Chemulpoo, making a visit to Capt. Merriel Miller, my friend, of Delaware. My very pleasant visit was cut short by a letter from Fannie saying baby was very sick and asking me to come at once. I started at daylight Monday and rode over almost impossible roads through a drenching rain, arrived home 2 P. M., and found baby some better though very sick. After a few days of vexation we secured a wet nurse, he being kept alive in the meantime with inuction of cod-liver oil with an occasional nursing. Our Chinese amah left on 16th. He is improving now.

I have just sent official notification of the presence of a serious cattle disease, to all the foreign officials, warning them against eating the contaminated flesh. Also concerning the cholera now raging violently in Japan & China and two cases of which were bro't to Chemulpoo. I also notified the Gov'nt and requested them to take the proper precautionary measure, laying down a plan.

Dr. and Mrs. Heron left for Shanghai last Wed., 16, to have Mrs. H's eye treated. It was hit by a tennis ball. Mr. Underwood commenced keeping house last night. Chen Shu Tang, Chinese Commissioner had a stroke of paralysis three days ago after receiving news of his recall from office.

그림 6-56. 언더우드 사택. 1890년

18850927

알렌 박사의 일기 제1권(1883~1886년) (1885년 9월 27일)

1885년 9월 27일 (일)

지난 일주일 동안 우리는 일본과 중국에서 창궐하고 있는 콜레라로 불안에 떨었다. 세 명의 보균자가 일본의 증기선을 타고 제물포에 도착하였는데, 한 명은 죽었고 다른 2명은 격리되었다. 나는 이 사실을 외국인 거주자들에게 알려 예방적인 조언을 주었다. 나는 또한 이 지역의 가축들이 치명적인 패혈증을 앓고 있는데 이런 소고기를 먹으면 사람에게도 똑같은 증상이 나타나기 때문에 고기를 먹지 말라고 경고하였다. 나는 조선 정부가 다음과 같은 조치를 취하도록 촉구하였다. '콜레라 환자가 들어오는 것을 막고, 성문 외부의 격리 수용소에 수용하기 위해 각 도시의 성문에 유능한 한국인 젊은이 2명씩을 배치한다. 또한 각 세대주에게 집과 대지의 안팎을 깨끗하게 하고 하수구에 석회를 뿌리며, 방 안에서 유황을 태우고 또한 끓인 물만 마시도록 한다.' 이러한 방침들이 대체로 많은 사람들에게 알렸지만, 거의 시행되지 않았다. 그래서 이 지역에서 콜레라가 유행할 위험이 커지고 있다.

오늘 외아문에서 열린 연회는 서울과 북경을 연결하는 전신선의 일부인 서울에서 제물포까지의 전신 연결을 축하하는 것이었다. 이것은 중국이 가설하였고, 한국인들은 매년 15,000달러를 20년 동안 지불해야 한다. 한국은 그것을 원하지 않았지만, 중국이 한국을 지배하는 방법으로 강요한 것이었다.247) 그것은 또한 장래 러시아와의 갈등이 생겼을 때 중국이 알게 한다. 일본은 특히 부산과 일본이 전선으로 연결되어 있는 것을 고려하면 한국에서 모든 전신 사업의 계약 체결권은 자신들이 갖고 있다며, 중국의 조치에 분노하고 있다.

247) 1885년 4월 중국과 일본 사이에 맺어진 톈진 조약으로 양국의 군대가 철수한 후 6월 중국과 한국은 전신선을 가설하기로 합의하였다. 이에 당시 청국 저보총국에서 일을 하고 있던 덴마크 인 H. J. 뮐렌스테트(H. J. Muehlensteth, 彌倫斯)가 파견되어 8월 3일부터 전선 가설에 착수하였고, 8월 19일 서울의 공사가 마무리되어 서울과 인천 사이의 경인전신선이 준공되었다. 8월 29일 한성전보총국이 개국하였고, 9월 28일 경인간 전신선이 개통되었다. 뮐렌스테트는 청일전쟁이 발발하고 한성 전보총국이 철수할 때 중국으로 갔다가 1896년 농상공부의 전무교사로 채용되었다.

Dr. Allen's Diary No. 1 (1883~1886) (Sept. 27th, 1885)

Sept. 27[th, 1885 (Sun.)]

During the past week we have been alarmed about the cholera which is prevailing in Japan and China. Three carriers landed at Chemulpoo from a Japanese steamer, one died, the other two were quarantined. I informed the foreign residents of the fact giving precautionary advice. I also cautioned them not to eat any beef as the cattle of this district are suffering from a fatal septicaemia which is reproduced in man on eating the flesh. I urged the Gov'nt to adopt the following measures. 'Place two good native Dis. at each city gate to prevent the incoming of cholera patients, lodging any such in a quarantine house outside. Also to order each householder to clean up his premises inside and out, sprinkling lime about the drains, and burning sulphur in the room, also to drink only cooked water.' These directions were in the main given, but little has been done. And the place is ripe for cholera.

Today a banquet at the Foreign Office celebrates the opening of the telegraph line from here to Chemulpoo, a portion of the line which is to connect Seoul with Peking. This is built by China and the Coreans are to pay for it in 20 annual installments of 15,000 each. Korea didn't want it. It was forced upon them as a Chinese method of holding them down. It also enables China to keep posted on the prospective Russian complication. Japan is angry at China's high handedness, especially as she holds a contract for all the telegraph work of the country in consideration from having connected Fusan with Japan by cable.

18850930

호러스 N. 알렌, 한국 서울의 건강에 대한 H. N. 알렌 박사의 보고서. 1885년 9월 30일 끝나는 반년도의 의료 보고서. *China. Imperial Maritime Customs* 제30호, 17~30쪽

한국 서울의 건강에 대한 **H. N.** 알렌 박사의 보고서

한국의 수도(首都)인 서울은 성벽으로 둘러싸인 도시로 약 15만 명이 거주하고 있으며, 성벽 바로 바깥의 광범위한 근교에도 거의 비슷한 수 이상의 사람이 살고 있다. 도시는 북위 37도 3분, 동경 124도 30분(파리)에 위치하고 있다. 그것은 바다에서 육로로는 약 30마일, 한강으로는 약 80마일이 떨어져 있다. 서울은 한강 근처에 위치해 있으며, 약 3마일 정도의 근교에 의해 연결되어 있다.

강은 스쿠너 선(船)으로 항해하여 서울의 하선(下船)지인 마포까지 올라갈 수 있다. 조수는 이곳에서도 느껴지며, 만조 시에 그곳의 물은 약간 소금기가 있다.

도시는 북쪽의 높은 산과 남쪽의 산에 의해 형성된 배수가 잘되는 분지에 건

그림 6-57. 마포나루. 알렌이 소장하고 있던 사진이다. 동은의학박물관 소장

그림 6-58. 서울의 북쪽 지역. 왼쪽 위에 북악산이 보인다.

설되어 있으며, 이 두 산은 높은 능선에 의해 연결되어 있으며 능선을 따라 성벽이 세워져 있다. 성문(城門)들은 성벽이 분지 높이까지 내려가는 이 능선의 연결이 끊겨 있는 곳에 위치해 있다. 남산의 도시 쪽 면은 소나무로 덮여 있고 더운 날에는 시원한 휴식처가 되며, 산의 푸르름은 겨울의 눈 가운데서도 잘 드러나 보인다. 도시의 남서쪽에 있는 언덕의 능선이 끊겨 있는 곳은 항풍(恒風)이 충분히 잘 통하며, 대부분의 외국인들이 이쪽의 성벽 가까이에 살고 있어 그들은 계속 신선한 시골 바람을 공급받는다. 지금까지 외국인들은 자신의 취향에 맞게 개조한 한옥에서 살고 있으며, 사실 그들은 잔디로 덮인 넓은 부지와 많은 나무, 관목 그리고 꽃이 있는 뜰이 있는 대단히 멋진 집에서 살고 있다. 지난 겨울의 정변 중에 불에 탄 일본 공사관 건물은 이 외국 도시에서 눈에 잘 띄었으며, 모든 면에서 훌륭한 현대식 건물이었다. 이보다 훨씬 작은 규모의 비슷한 건물이 남산의 새로운 부지에 일본 외교관이 사용하기 위해 건립 중에 있다.

한옥은 분리된 주춧돌을 놓고, 그 위에 큰 돌을 세워 짓는다. 이렇게 건축의 측정 단위인 8피트마다 세운다. 이어 쓸데없이 큰 목재로 만든 골조를 이 여러 주춧돌 위에 세우며, 중국에서와 같이 기와지붕을 그 위에 얹는다. 집 벽면의 뼈대는 4평방피트로 나눈 다음 그물처럼 서로 연결된 나무막대기로 채우며, 우선 진흙을, 그 후에 회반죽을 바른다. 만일 돌집을 지으려면 돌을 이 진흙 속에서 막대기 그물로 집어넣고 바깥 면을 매끈하게 하며, 면밀하게 자른 타일로 일을 끝내며, 흰 회반죽으로 모든 틈을 채워주면 효과가 아주 좋다. 집은 마당 주위에 세워지며, 형편에 따라서는 가족의 여성 구성원들을 위해 완전히 격리된 다른 건물이 세워진다. 난방이 될 거실은 대개 8평방피트이며, 미닫이문이 있어 몇 개의 방을 하나로 만들 수 있다. 난방이 될 것으로 예상되지 않는 커다란 응접실은 단정한 무늬의 기름이 잘 먹은 나무 바닥을 갖고 있으며, 한 면 전체에 창이 있어 그것을 걷어 올리면 방이 마당으로 직접 열리게 된다.[248)]

작은 방들은 대단히 독창적이고 연료를 절약하는 방식인 온돌에 의해 난방이 된다. 이것은 방바닥이 될 곳에 얕은 연기 통로의 체계를 갖추어 만들어진다. 이 연기 통로는 커다란 아궁이에서 시작되어 집의 다른 쪽에 있는 깊은 도랑에서 끝이 나며, 이 도랑 안으로 그을음이 떨어진다. 이 도랑은 벽에서 넓은 여물통 모양으로 위로 올라가는 타일 속의 굴뚝과 연결되어 있거나 혹은 집에서 약 10피트쯤 떨어져 있으며 땅 밑으로 위에 언급한 도랑의 연장에 의해 온돌과 연결되어 있는 기발하게 절단된 벽돌로 이루어진 높은 굴뚝과 연결된다. 연기 통로는 두께가 2~4인치인 넓고 평평한 석회암 석판으로 덮여 있다. 이것은 다시 회반죽으로 평평하게 덮이며, 그 위에 대단히 품질이 좋은 기름종이가 깔려있는데, 이것은 유럽 산(產) 유포(油布)의 훌륭한 대용품이며, 그 목적에 더 좋다. 방은 내부가 희거나 채색된 벽지로 깨끗하게 도배되어 있으며, 완벽한 경우 어떤 연기도 방으로 들어오지 않는다. 아궁이는 그곳에 가족을 위한 음식을 만들며, 아침과 저녁에 필요한 요리 불에서 나오는 연기와 열기는 이 큰 돌들도 상당히 따뜻하게 하도록 배치되어 있으며, 그래서 다음에 불을 붙일 때까지 따뜻한 상태로 있게 된다. 이 열기는 건조하며 충분하다. 잘 지어진 집에서는 우풍[249)]이 없어야 하며, 사람들이 추위로 크게 고생하는 것 같지 않다.

외국인들은 대부분 온돌에 더하여 난로를 사용한다. 온돌을 사용하는 것의 커다란 난점은 나무 가격이 비싼 것인데, 그래서 일본에서 수입한 석탄이 한국인들의 연료(나무)보다 더 싸다. 물론 한국인들은 외국인들처럼 연료를 아낌없이 사용하지 않는다. 그들은 대단히 작은 방을 사용하며, 종종 목초나 말린 똥으로 작은 불을 피운다.

외국인들의 음식은 대부분 수입한 것이며, 소고기, 닭고기, 생선, 사냥한 고기, 쌀, 콩, 상태가 좋지 않은 대단히 적은 채소, 그리고 제철 과일 등이 이곳 시장에서 구할 수 있는 것들이다. 돼지고기도 있지만 먹기에는 너무 질이 나쁘다. 소고기를 먹는 데 큰 난점의 하나는 일종의 패혈성 질병이 이곳 소들 사이에서 풍토병이

248) 마루에 대한 설명이다.
249) 바람이 부는 것같이 차가운 방 위쪽의 바람을 말한다.

란 것과, 병들고 쇠약한 소를 음식으로 먹는다는 점이다. 가끔 이 문제가 가축들에게 격렬하고 빠르게 치명적으로 되며, 그 고기를 먹은 사람에게도 마찬가지이다.

한국의 기후는 외국인들이 겪어본 지 몇 년 밖에 되지 않아 말하기가 어렵다. 하지만 장마철을 제외하고는, 인후나 폐로 고통을 받고 있는 사람들에게 임시 휴양지로 추천할 수 있을 정도로 쾌적하게 건조하며 온화하다. 추운 날씨는 9월에 밤이 차가워지기 시작하면서 시작되며, 9월 말이 되면 저녁에 난방이 필요하지만 한낮에는 상당히 덥다. 이런 식으로 진행되는데, 추운 날씨가 한 주가 지날 때마다 이전 주보다 조금씩 더 추워지며, 추운 날씨가 온다고 하는 12월 중순이나 하순이 될 때까지 그 변화를 날마다 거의 느낄 수 없다. 강이 얼며, 그래서 수톤의 짐을 실은 큰 달구지를 황소 두세 마리가 끌고 얼음 위를 지나갈 수 있다. 이때부터 (서울의) 온도계 수치는 별로 변하지 않고, 대략 두 달이나 두 달 반 동안 화씨 8~12도 사이를 유지한다. 2월의 해빙이 좀 더 광범위해지고, 강한 남서풍이 북동풍을 대신하며 눈과 얼음이 사라지기시작하면서 3월이 시작된다. 언 강위를 건너는 것은 위험해지며, 나룻배를 위한 통로가 얼음 사이로 만들어진다.

봄은 가을이 그런 것처럼 서서히 온다. 속담에 있는 4월의 소나기는 정확하게 3월의 바람에 이어 나타나는데, 이후 두 달 동안 매우 건조한 날씨가 이어지며, 매주 점점 더워져 6월 중순에 가장 더워진다. 일단 시작된 소나기는 계속 잦아지다가 7월 중순에 장마가 시작되면 비가 이삼일 동안 밤낮으로 아주 심하고 지속적으로 내리며 잠시 멈췄다가 다시 내리는데 그리 심하지는 않다. 비는 계속 줄어들게 되는데 9월 1일경이 되면 다시 날씨가 맑아진다. 장마 기간 동안 모든 배수는 적절하지 않은 것 같다. 도시를 가로질러 흐르는 작은 개천은 돌을 쌓은 제방 안과 여러 돌다리 아래에서 성난 급류가 되며, 1년 내내 건조한 모래 바닥위로 버렸던 오물 덩어리들을 휩쓸어가며, 모래흙이 씻겨나가 그곳에 커다란 틈이 형성된다. 적지 않은 집들이 이런 방식으로 파괴된다. 이 개천 쪽으로 내려가는 거리는 그 자체가 급류가 되며, 어떤 사람이 (건너기 위해) 위험을 무릅써야 한다면 말의 배 높이까지 차는 물속을 조심스럽게 헤치며 걸어야 한다.

흙은 대부분 진흙이거나 산에서 휩쓸려 내려온 다공성의 화강암 모래이며, 이런 홍수는 진흙에서 모래를 씻어가 돌만 남기기 때문에 당연히 길은 대단히 나쁜 상태에 있게 된다. 매년 일부 사람들이 잠자는 집이 무너져 사망한다. 이 집들은 대개 초가집이며, 기와집은 적절한 기초를 갖고 있다.

현재 도시의 배수는 대단히 나쁜 상태에 있다. 이곳(의 도시 조성)이 처음 기획되었을 때, 그것을 계획한 사람들은 훌륭한 생각을 갖고 있었는데, 길의 너비가 20~200피트 정도로 상당히 넓게 남겨두었다. 양쪽을 따라 개방된 배수로를 남겨

그림 6-59. 서울의 개천. 알렌이 소장하고 있던 사진이다. 동은의학박물관 소장

두었고 물과 오물을 주요 하수도의 역할을 하는 위에 언급한 개천으로 운반할 수 있도록 충분하게 기울어져 있었다. 또한 높이가 3피트, 너비 4피트인 뚜껑이 있는 대단히 큰 석조 배수관들이 있었는데, 현재 그중 일부만이 좋은 상태로 남아있다. 이러한 설비는 상당히 많은 비가 와서 자연의 수문이 열릴 때마다 도시의 적절한 배출구의 역할이 가능하도록 하였다. 하지만 지금은 기와집이 늘어선 줄 앞쪽으로 초가집 상가들이 들어서면서 거리는 심각하게 잠식을 당한 상태에 있다. 이 노점들은 대개 배수로 위에 놓여 있으며, 그것을 잠식하고 있으며, 많은 곳에서 집과 주춧돌이 길 쪽으로 증축되어 거리의 미관을 해치며 배수로가 휘도록 만들었다. 이러한 길 및 다른 많은 길에서 하수구가 막혀 있으며, 그래서 집에서 배출된 오물은 담장에 있는 구멍을 통해 나온 후 개나 돼지가 먹거나 이것을 모으기 위해 나선 극소수의 채소 경작자가 가져가지 않으면 그곳에 남아 썩게 된다.

도시의 우물은 길을 따라 위치해 있으며, 아마도 인접한 두 주거지 사이의 외진 곳에 위치해 있다. 하수구가 우물 바로 위에서 매우 가까이 지나며, 그래서 하수구에서 넘친 물이 쉽게 우물로 들어간다는 것은 거의 확실하다. 성벽 안쪽에서 산 쪽에는 깨끗한 물이 솟는 샘들이 있으며, 사람들은 아마도 이 샘에서 소비자에게 물을 길어 공급해 주는 직업을 만들었다. 하지만 이 물과 근처의 다른 우물에서의 표본을 검사해보니, 나는 완전히 동일함을 알게 되었다고 이야기할 필요도 없다. 외국인들의 자신들의 주거지 안에 있는 우물에서 나오는 물을 주로 사용하며, 물을 끓이거나 여과하는데 세심한 주의를 기울이고 있다.

이러한 소개로 외국인 공동체의 건강에 대해 잘 알 수 있을 것이다.

한 가지 예외를 제외하고 유럽인들 중에 심각한 질병은 없었다. 그 예외는 지난 겨울의 정변 중에 크게 노출되었고 폐병에 걸릴 강한 소인이 있어 결핵에 걸린 예이었다. 하지만 그는 비가 많이 오는 장마철 동안과 우역(牛疫) 때문에 소고기를 먹을 수 없었던 기간 동안 잘 견디었을 뿐 아니라 살이 쪄서 그의 체중은 이전 어느 때보다도 더 나갔다. 한쪽 폐는 완전히 불구가 되었고, 병에 걸린 상태에서 많은 가래의 배출을 참아야만 하였다.

여러 예의 간헐열 환자가 있었지만, 치료가 되었다. 설사는 우기 중 및 그 직후에 흔하였으며, 그것은 틀림없이 (집의) 바닥, 벽 및 지붕이 습기로 가득 찼고 곰팡이가 피어 있다는 사실 때문이었다. 오래 지속된 만성 이질의 한 예를 치료하였다. 목록에는 필기근육 경련 한 예, 아이들 중의 가벼운 기관지염 등의 몇몇 특수한 병도 포함되어 있다. 겨울 중에는 건강과 관련하여 외국인 등 중에 문제가 거의 없었다.

제물포의 위생 상태는 서울에서와 거의 동일하다. 그곳(인천)에서 말라리아는 이곳(서울)에서처럼 질병의 원인으로 중요한 역할을 한다. 썰물 때에는 수마일이나 되는 갯벌이 이글거리는 뜨거운 태양에 노출되며, 또한 새로운 거주지를 조성할 때 필요한 땅을 파서 얻는 것도 말라리아의 영향을 더 해준다. 나는 지난 해 동안 단지 세 번만 그 항구로 왕진 요청을 받았다. 그곳의 외국인들은 일본 영사관의 다나카[田中] 박사의 효율적인 진료를 받고 있다.[250)]

개원한 지 6개월 밖에 되지 않는 정부 병원의 부분적인 보고서에서 이곳 사람들이 앓는 질병에 대해 약간의 이해를 얻을 수 있다.

이곳 사람들은 다른 (나라) 사람들이 겪는 것과 거의 동일한 질병을 앓고 있지만, 그들 고유의 상황에 의해 다소 변경된다. 그들이 살고 있는 집의 모양은 언급하였다. 내 생각에 집이 직접적인 책임이 있는 유일한 것은 다수의 심각한 치질 환자들과 그런 경우 항상 존재하는 굴처럼 퍼져있는 둔부 농양이며, 단지 얇은 방석으로만 보호된 상태에서 뜨거운 바닥에 앉는 습관 때문에 생겼을 수 있다.

그들의 습관은 불결하다. 나는 그들의 몸이 항상 더럽다는 것을 알게 되었다. 가난한 사람들이 여름에 몸을 식힐 목적으로 하는 경우를 제외하고 목욕은 대단히 드물다. 욕조는 알려져 있지 않다.

의복은 환상적이며, 깔끔한 흰색, 푸른색 혹은 상당히 채색적인 겉옷은 아름답지만 한눈에 사람들이 활기가 없다는 것을 알 수 있으며, 그들의 옷은 활력적인 행동을 허용하지 않는다. 그들의 옷은 한국인에게 익숙한 앉는 자세에 뛰어나게

---

250) C. Tanake

적합하다. 외투는 유럽 숙녀들이 입는 매우 헐렁한 겉옷과 비슷하며, 바지는 커다란 자루 같고, 흰 버선과 발목 주위에서 꽉 묶은 바지의 끝은 공기의 순환을 상당히 차단한다. 겉옷 안에 입는 옷은 겉옷 보다 작다. 겨울에는 면 혹은 비단으로 된 이 의복을 솜으로 누비며, 입는 사람이 따뜻하게 느낄 때까지 여러 겹을 껴입는다.

머리카락은 산뜻하게 약간 감아 머리 위에 올린다. 뒷머리 아래에서는 머리카락을 밀어 공간을 만들지만 주위 머리카락이 이 부위를 덮는다. 속이 비치는 대단히 팽팽한 명주 띠를 이마와 머리 주위에 두르는데, 처음에는 심한 두통을 일으킨다. 이것은 소년이 사춘기에 이르러 성인이 되고 약혼하게 되었을 때 착용한다. 모자는 단순히 장식을 위한 것인데, 챙이 넓고 춤이 경사져 있는 미국의 '난로 연통' 모자와 모양이 다소 비슷하다. 그것은 말총과 명주를 속이 비치도록 미세하게 짠 것으로 햇빛으로부터 눈을 약간 보호해주지만 다른 보호는 해주지 않는다.

여성들은 상당히 유럽식을 따라 옷을 입는데, 겉옷과 블라우스[251]는 헐렁하다. 그들은 주의 깊게 외부와 격리되어 있고 야외에서 활동을 거의 하지 않아 신경과민, 성병, 류머티즘과 감금으로 크게 고통 받고 있다. 상류층 아이들은 대개 예민해 보이는 용모와 긴 속눈썹, 차가운 손을 가진 창백하고 건강하지 않은 모양의 작은 피조물이다. 일부 양반은 자신들과 같은 신분의 격리된 딸과의 결혼으로 자신들의 가족이 계속 허약해지고 있다는 것을 인식하고 둘째 혹은 첩은 일반적으로 대개 튼튼한 계층에서 취한다. 둘째 부인에서 난 아들들은 완전한 권한을 부여 받지는 못하지만 정부에서 아주 강력한 사람들이라고 한다.

가난한 한국인의 음식은 쌀, 콩, 야채 그리고 약간의 고기이다. 상류계층은 상당히 많은 고기, 즉 소고기, 돼지고기, 닭고기, 사냥을 한 고기, 개고기 그리고 물고기를 먹는다. 개고기는 모든 계층이 흔히 먹는데, 어떤 계절에는 약용으로 소비되며 삼복(三伏)은 개고기를 먹기에 좋은 기간이다. 그들은 음식을 자주 차게 먹기 때문에 매운 고추도 상당히 많이 먹으며, 이것과 다른 양념들은 상당히 맛을 더해준다. 그들은 대식가이며 대단히 빨리 먹는데, 절대적으로 필요한 이상으로 씹지 않으며 자주 덩어리 채로 꿀꺽 삼키는 것 같다.

그들의 음식과 먹는 방식은 가장 흔한 병의 많은 것을 대부분 설명할 수 있는데, 예를 들면 일종의 소화불량성 복통에 대해 아랫배에 자리 잡고 있는 뱀이 때때로 위쪽으로 움직이거나 목구멍까지 올라올 때까지 비틀게 되면 환자가 심한 고통을 느낀다고 생생하게 묘사한다. 소화불량의 다른 증상은 흔한데 배가 거대하게 팽만 된 경우 뱃속에 '돌'이 있다는 등등의 것이다. 촌충은 너무도 흔해 길거리의

251) 저고리를 의미하는 것 같다.

대변에서도 자주 볼 수 있다. 그것은 촌충이 있는 사람을 놀라게 하지 않는다. 회충은 너무도 널리 퍼져 있어 그들은 거의 문제로 생각하지 않으며, 회충을 갖고 있냐고 물어보면 환자들이 놀라는 것 같다. 먹는 돼지가 불결하기 때문에 선모충(旋毛蟲)이 만연되어 있음에 틀림없으며, 열이 나지 않는 급성 류머티즘과 유사한 상당수의 불규칙한 류머티즘의 원인이 될 수 있다

사람들의 음료는 물이며, 차는 거의 마시지 않고 약으로 사용한다. 그들의 알코올 음료는 중국에서 흔히 사용되는 것보다 훨씬 강하며, 유럽인들처럼 가끔 대단히 취한다. 그들의 술은 쌀로 만드는데, 그것을 만드는 과정에서 만들어지는 낮은 도수의 우유색 술은 노동자들이 많이 먹는다. 보리로는 맑고, 대단히 강한 증류주를 만든다. 그들은 술을 만드는데 포도를 사용하여 것을 이해하지 못하고 있는 것 같다. 포도는 거의 없고 대단히 비싸 대개 선물로만 얻게 된다. 포도송이는 가끔 길이가 1피트, 가장 큰 직경이 1피트이다. 그것들은 커도버 포도와 유사하며, 베이징 포도보다는 맛이 더 좋다.

음주의 결과로 많은 예의 진성 섬망(譫妄)이 나타나며, 이 병은 잘 알려져 있는 것 같다. 매독의 과거력이 있는 두 명의 환자에게서 마비가 일어났는데, 심한 음주에 의해 촉발되었다. 물과 배추, 무, 그리고 고추 혼합물에 양념을 많이 넣고 발효시켜 시어진 김치가 설사가 흔한 주원인이다. 그들은 식이요법에 대해서는 거의 모르는 것 같으며, 상당히 겁을 먹지 않으면 아플 때 소화가 되지 않는 이 피클(김치)을 먹지 말라는 지시를 따르려 하지 않는 것 같다.

장 흡수부전증으로 진단된 예는 없었다. 심한 변비가 몇 예 있었지만, 흔한 것은 설사를 하는 것이었다. 한 예에서는 장 폐쇄가 걱정되었지만 치료가 되었다. 분변 매복의 예는 없었다. 탈장은 약 10여 예에서 치료하였다.

성적 쾌락의 추구에 크게 빠져 있다. 사람들은 일찍 결혼하며, 일부다처제가 흔하다. 축첩(蓄妾)은 인정되고, 무희(기녀) 계층의 매춘이 존재하며, 그것이 매독과 임질 확산의 대부분을 차지한다. 소년에게 나타나는 항문 주위의 연성하감성 궤양과 음낭의 갈라진 틈뿐 아니라 항문과 둔부의 큰 고무종이 많은 것은 변태적인 성적 충족 방식이 존재한다는 것을 알려주며, 자세한 것은 이러한 성격의 일반적인 글에 삽입하는 것은 적절하지 않을 것이다.

임질은 학질처럼 피할 수 없는 것 같으며, 환자를 불안하게 하지 않는다. 사람들은 다양한 성병들을 구별하며, 임질, 매독(2기와 3기) 그리고 일차성 상처가 각각 다른 명칭을 갖고 있다. 나는 그들이 일차적 상처로서 하감과 연성 하감을 구별하는지는 아직 알 수 없었다. 임질에 걸렸을 때 고름의 배출과 배뇨통이 치료를 받고자 하는 이유이며, 만성 요도염은 개의치 않는 것 같다.

과도 성욕증 환자도 자주 찾아오는데, 그들은 자신들의 병이 자신들의 불규칙함 때문이라는 것을 아는 것 같지만 자신들의 무분별함이 유럽인의 입장에서 과도한 탐닉에 이르게 된다는 것을 인정하려 하지 않는다. 이 사람들은 다소 탈진 상태가 되며 상당히 참을성이 없다. 하지만 신빙성이 있는 정보가 없어 단지 추측에 불과할 뿐이다.

모든 기(期)의 하감은 흔히 볼 수 있으며, 연성 하감은 더 흔하다. 매독은 그들에게 "중국병"으로 알려져 있으며, 거의 변함이 없이 존재한다. 거의 모든 진단을 내릴 때에 그것을 고려해야 한다. 마비의 많은 예는 요오드화칼륨으로 치료되며, 또한 홍채염과 각막염 환자의 일부도 치료된다. 결절성 매독의 큰 반점은 얼굴에서 보이며, 치료의 가장 만족스러운 결과 중에는 항매독 요법에 의해 이 반점을 흩어 없애는 것이 있었다. 가장 나쁜 경우 전두골이 부식되고 코가 부식된다. 하지만 이런 코를 가진 예는 종종 진단이 어려우며, 이 병이 나병인지 매독인지는 치료 (결과)에 맡겨야 한다. 생식기와 신체 다른 부위의 크고 작은 궤양은 흔히 일어나며, 이 병은 습관성 유산의 원인으로 알려져 있다. 살아남은 아이들은 때때로 외모가 보기 흉하고 치아가 톱니 모양이며, 갑상선 질환을 빈번하게 볼 수 있다.

림프선의 특이한 질환에서는 한 쪽 위에서 다른 쪽 귀까지 턱 밑의 림프선이 만성적으로 비대되어 있다. 그것은 갑상선 질환에 걸리기 쉬운 사람이 아니라면 갓끈(이 피부에 접촉하는 선)을 따라 일어나는데, 명주나 아마포 끈, 혹은 신분에 따라 요구되는 구슬 끈으로부터 충분히 자극을 받아 이 만성적인 비대를 일으켰을 가능성이 있다.

모든 종류의 종양은 흔하며, 유럽 국가보다 더 많은데, 그들이 오랫동안 괴롭힘을 받지 않았다는 사실 때문이다. 한 유형의 종양은, 유럽인의 진료에서도 볼 수 있는 것이지만 외국인 의사의 관심을 끌 수밖에 없다. 그것은 거대한 검은색의 종양인데, 흔히 얼굴에 생기며 그런 경우 나는 한 쪽 뺨을 제외만 모든 얼굴을 덮은 예를 보았다. 그것은 대개 빽빽한 털로 덮여 있다. 약 6예가 있었는데, 그들을 위해 해줄 수 있는 것이 아무것도 없었기에 그들이 소문을 퍼트린 것 같이 더 이상 아무도 도움을 받기 위해 오지 않았다.

나병은 많으며, 모든 유형이 나타난다. 지각마비는 황갈색 반점과 관련이 있거나 없을 수도 있다. 찾아온 환자의 많은 경우는 거지이었으며, 질병에 의해 손가락이나 발가락을 잃었는데, 그 병소에서 더럽고 비늘 같은 딱지를 볼 수 있으며 얼굴과 몸에서 무통성의 우툴두툴한 궤양이 있다. 내쫓긴 이 사람들은 그들의 가족력이 잘 알려져 있지 않지만 얻은 단편적인 이야기를 통해 그 병은 아마도 유전성인 것 같다. 상류층에서 발생한 두 예가 있었는데, 각 예에서 환자에게 아무 것도 해줄 수 없다는 것을 납득시키기가 대단히 힘들었다. 이 가엽고 비참한 사람들 중에는 나병과 매독이 종종 함께 있는 경우가 있었는데, 그들에게 투여한 요오드화칼륨과 철분은 제법 어느 정도까지의 변화를 일으켰다. 이것은 외국 약이 나병을 치료할 것이라는 소문을 만들었고, 그 결과 만 지방에서 온 환자들은 (서울로 오기위하여) 그들이 통과해야만 하는 여러 지역의 수령들이 그들의 통과를 허락하는 등의 의미로 직인을 찍은 큼직한 증명서를 갖고 찾아온다.

맹인은 거리에서 계속 만난다. 그들의 병은 종종 백내장에 의해 일어나며, 더 자주 천연두에 의해 눈이 멀게 되는데 눈이 때로 쑥 들어가거나 어떤 경우에는 치밀하고 혼탁한 것으로 덮여 있다. 혼탁은 드물지 않게 안검내번에 의해 일어나며, 그것은 백내장과 함께 가장 흔한 수술이다. 망막박리가 2예 있었는데, 한 예는 눕는 자세와 요오드화칼륨으로 거의 치료되었다.

정신병은 알려져 있는데, 모두 6명을 보았다. 단지 1예에서만 난폭한 행동을 보였다. 만일 환자가 가난하고 해를 끼치지 않으면 거리를 헤매도록 허용되어 아이들의 큰 놀림감이 된다. 1예는 '경비와 관계없이' 아들을 치료하고 싶어 하였던 부자의 아들이었다. 이 사람은 결혼하였고 아내와 살고 있었다.

뇌전증은 놀랄 만큼 흔하지만, 아직까지 본 가장 심한 예는 하루에 단지 두 번만 발작을 하는 것이었다. 이 질환은 결혼의 장애요인이 아닌 것으로 여겨지는데, 그것은 그 질환이 흔함을 설명하는 것 같다. 브롬화칼륨은 이미 아주 널리 사용되고 있으며, 한 환자는 그 염제를 30파운드 구입하기를 바랐다.

환관은 이곳이 수도(首都)이기 때문에 대단히 흔하게 만난다. 그들은 궁궐에서 일하기 위해 그렇게 준비하였지만, 대개 자신의 집과 아내를 갖고 있다. 환관이 사는 집은 일반적으로 남자와 여자를 위한 (별도의) 문이 있는 대신 하나만 있는 것으로 알 수 있다. 이것은 여자들이 주인[환관]을 좋아하지 않아 도망가기 쉽기 때문에 여자를 지키기 위해 필요한 예방책이라고 한다. 환관에게서 임질이 생긴 1예가 있었다. 거세 수술은 보통 고환을 적출하는 것이지만 어떤 경우에는 모든 부속기관들을 제거한다고 한다.

이곳의 분만은 중국에서와 같이 무지한 산파가 수행한다. 도움을 요청받은 두 예가 있었는데, 한 예에서 환자는 내가 도착하기 전에 (산모가) 사망하였고, 다른 한 예에서는 산모가 너무나 약했고 맥박도 거의 없다는 것을 알았기 때문에 거의 같았을 뻔하였다. 그녀는 살아있는 아기를 분만하였고, 4일 동안 밤낮으로 산파들이 잔류태반의 탯줄을 잡아당기고 있었다. 나는 오래된 짚신이 탯줄에 묶여있는 것을 보았고, 그 이유를 물어보니 태(胎)가 빠져 나오는 것을 용이하기 위해 그렇게 묶었다는 것을 알게 되었다. 크리디 방법 및 다른 방법이 아무런 효과가 없었고 나는 손을 자궁으로 집어넣었지만, 산모의 상태가 너무 나빠 무슨 처치를 하기 전에 사망하였다.

절박 유산을 막기 위해 종종 약을 요청한다.

탈장은 남자와 아이들에게서 흔하며, 여자에게서는 아무 예도 보지 못하였고 감돈성 탈장도 보지 못하였다.

소아들은 소아기의 모든 질병을 거의 피하지 못하며, 홍역, 백일해, 볼거리, 수두, 두창, 그리고 5예의 수암(水癌) 환자를 보았다. 두 예에서는 뺨의 대부분에 궤양이 생겨 깊은 검은 색의 구멍을 남겼는데, 갈색의 약품으로 채워져 있었다.

천연두는 광범위하다. 두 살 이전에 그 병에 걸리지 않은 아이들은 다른 환자로부터 얻은 바이러스를 코에 넣어 접종한다. 결과는 종종 대단히 위험한데, 한쪽 혹은 양쪽 눈이 다 손상되거나 치밀한 혼탁으로 덮인다. 귀도 때로 침범을 받는데, 고막에 궤양이 생겨 영구적인 청각 장애를 일으킨다. 다른 사례에서는 커다란 흉터가 다리같이 연결되어 외모를 망친다. 눈이 심각하게 손상을 받지 않으면 천연두의 치료를 요청하지 않는다. 어린 환자들은 부주의하게도 보모들의 등에 업혀 거리로 나간다.

콜레라 유행은 잘 알려져 있는데, 최근의 심한 유행은 4년 전에 있었고, 당시에 서울과 그 근교에서 수백 명이 사망하였다. 이 나라의 항상 콜레라가 발생할 수 있는 상태에 있으며, 유일하게 놀라운 것은 이 질병이 풍토병이 아니라는 것이다. 도시의 오물, 나쁜 물, 소화가 잘 되지 않는 음식은 항상 설사가 계속되기 하며, 때로 급성 위장염이 발생하는데, 하층 노동자와 시골 사람들이 추워지는 밤에도 덮지 않고 바닥에서 자는 습관은 콜레라의 유발을 도울 수 있다.

나는 황열병의 기록을 찾을 수 없었다.

장티푸스는 모든 조건들이 그것의 존재에 유리하기 때문에 흔해 발병에 유리한 환경이므로 당연히 흔해야 한다. 하지만 아직 환자가 오지 않았다. 일본 증기선에서 막 내린 남자에게서 발병한 발진티푸스 1예가 있었다. 친구들이 데려갔을 때 발진티푸스는 일반적인 진행 경과를 보여주었다. 하층 계급에서는 발진티푸스가 만연할 수밖에 없다. 대개 남녀가 다른 방을 쓰지만 연료를 절약하기 위해 8평방피트 크기의 방에 모여 있게 되는데, 흔히 방은 새는 구멍이 있는 온돌에서 나오는 연기로 가득 차며, 남녀 그리고 아이들이 계속 계속해서 끊임없이 담배를 피기 때문에 항상 짙은 담배 연기로 가득 차게 된다. 그런 방을 6~8명의 사람이 꽉 채우게 되면 있을 공간이 없게 된다. 밀도가 높고 갇혀 있는 공기는 내쉬는 숨과 온돌 위에서 서서히 데워지는 그들의 더러운 몸에서 나오는 발산물로 가득 차게 된다. 이보다 더 완벽한 발진티푸스 배양기는 상상할 수 없다.

이곳처럼 좋은 기후에서 말라리아가 크게 창궐하는 것은 힘들 것 같다. 그러나 북쪽 지역을 제외하고 나라 전체에 말라리아 환자가 발생한다. 모든 종류의 말라리아가 발생한다. 이장열 환자도 보았고 치료하였다. 간헐열은 삼일열, 사일열, 매일열로 나타난다. 서울에서는 삼일열과 사일열이 거의 비슷하게 발생하지만, 남쪽 지방에서는 사일열이 훨씬 흔하고 별도의 이름을 갖고 있다. 다른 나라에서와 마찬가지로 어떤 예에서 매우 지친 후에 특수한 발작이 사라졌는데, 이러한 환자들에게는 주기적인 기침, 설사, 혹은 장의 신경통이 있었고, 다른 기존의 문제들은 이 상태에 의해 더 심해졌다. 이 중 사일열의 여러 예가 있었으며, 이 중 매일열도 드물지 않았다. 사실 환자들은 독성 물질이 과도하게 축적되어 한 발작이 끝나면 바로 다른 발작으로 넘어가는 것 같다. 그것은 편두통처럼 은폐된 형태로도 나타나는데, "아기 학질"로 불리는 소아 질병에서는 불규칙한 오한이 나타나며, 비장 부위의 팽대를 호소한다. 때로 매독과 말라리아가 동반되어 병세가 심해지는데, 이 경우 격일로 통증이 나타나며 요오드와 함께 퀴닌을 주어야 한다. 말라리아 환자는 현재 치료를 받기 위해 오는 환자들의 많은 부분을 차지한다.

베리-베리 혹은 각케는 이곳에서 일본식 명칭으로 잘 알려져 있는데, "각기"라고 발음한다. 상당히 많은 환자들이 이 병의 증상이라며 내원하였으며, 10여 명의 예에서 각기로 진단되었다. 그들은 대부분 남서쪽 지방인 전라도에서 왔는데, 1예를 제외하고 모두 만성, 혹은 각기이었으며, 급성은 다른 이름으로 부른다. 만성 환자는 숨이 차고 언덕에 올라 갈수 없음을 호소하며, 그들이 마치 앉아 있는 것처럼 다리가 '잠들어있다'고 표현한다. 나는 단 1예에서만 장딴지의 통증을 발견하였고, 대개 무릎이 통증이 있는 부위이다. 대개 발은 부어있고, 입술과 안검 결막은 창백하며, 불안감을 표시하며, 심장은 격렬하게 뛴다. 나는 목을 잡아당겨 척주 통증이 유발된 환자는 볼 수 없었다. 병원에는 40병상만 있는데, 이것들이 거의 계속해서 외과 환자들이 차지하기에 이 환자들을 입원시키는 것이 불가능하다. 하지만 그들을 외부에 수용하고 브롬화 칼륨, 루골 액, 그리고 스트리키닌과 모두에게 때로 퀴닌을 투여하였다. 거의 대부분 다소간 호전되었다. 한 사람이 사망하였다.

이질은 대단히 흔하지만 주의 깊게 찾았음에도 간농양 환자가 없는 것은 이상한 것 같다. 2예에서 포충낭이 진단되었는데, 한 예에서 복부는 종양으로 크게 팽대되어 있었다.

간 경변은 심한 음주가 2예에서 보았다. 결절은 겉에서도 쉽게 만질 수 있었으며, 환자는 황달, 식욕 부진, 약한 순환을 갖고 있었고, 1예에서는 심한 복수가 있었다.

황달은 흔한데, 어떤 경우는 동양인임을 고려해도 몸 전체가 대단히 노란색을 띠고 있었다. 수종, 대개는 복수가 자주 나타난다. 천자가 이것을 완화시키지만 그것을 6~10번 시행한 후에 환자와 의사는 실망하게 된다.

황달이 오래 지속되던 1예에서 간은 상당히 비대되어 있었지만, 농양의 징후는 알 수 없었다. 그는 계속해서 설사를 하였다. 간은 정중선 너머에서도 만질 수 있었고 배꼽 아래로까지 내려왔다. 전반적인 약간의 부종과 고열이 있었고, 급성 증상이 생기고 2주일 후에 사망하였다. 나는 이 환자가 간흡충의 예이었다고 믿고 싶지만, 부검을 할 수 없어 유감스럽다.

브라이트 씨 병은 두 명의 성인과 한 명의 소아에게서 발견하였다. 성인 한 명은 병원의 병동에 입원한 첫 환자이었다. 그에게 부쿠 잎, 탄산칼륨, 디기탈리스의 혼합물을 주었다 조수에게 아주 조심해서 그것을 사용하라고 주의를 주었으며, 조수에게 그것을 사용하는데 대단히 주의하라는 지시를 내렸다. 첫째 날 밤과 둘째 날 낮에 환자는 뚜렷하게 호전되었지만, 둘째 날 밤에 조수는 호전을 촉진시키기로 결심하고 약 한 병을 가져왔으며, 환자는 그것을 단숨에 마시고 즉시 사망하였다.

심계항진은 상당히 흔하며, 몇 예에서 승모판부전증을 진단하였다. 안구돌출성 갑상선종이 심한 1예가 있었다.

폐의 질환은 흔히 볼 수 있다. 늑막염은 치료하였는데, 폐렴을 보지는 못하였다. 폐의 실질이 파괴되고 부대 증상들이 동반된 폐결핵이 많았다.

감기에서부터 깊숙이에 위치한 경우까지 모든 단계의 기관지염은 흔하였으며, 어떤 경우 고름 섞인 가래를 뱉어내었다.

천식은 많은 한국인이 평생의 짐이며, 그들은 기침을 멈추고 잠을 자게 할 약을 달라고 간청한다. 폐가 파괴되었다는 육체적 징후가 관련이 없이 만성적으로 피를 뱉는 사람이 많다. 이 환자들은 희석한 황산과 명반으로 치료하였는데, 최근에 발견된 폐흡충증과 동일한 종류인 것 같으며, 도쿄에서 잠시 거주하였던 한국인 관리에서도 같은 증상이 있었다고 한다. 물론 이곳에서는 부검을 생각할 수 없으며, 최근까지 사용할 현미경을 갖고 있지 않았기에 객담을 검사하여 무슨 병인지 확실하게 말하는 것은 불가능하다.

상피증 환자도 있었는데, 조만간 사상충을 찾을 생각이다.

피부병 환자는 상당히 많으며, 기생충으로 인한 피부병이 많다.

한국의 의학 체계는 중국에서 사용하는 것과 동일하다. 인삼은 모든 질병에 대해 만병통치약이며, 그것은 효능이 있다고 인정되어야만 하고, 미국에서 발행된 논문에서 말한 것만큼 효능이 없지 않다. 나는 인삼을 한국인과 외국인에게 써보았는데 철분처럼 몸을 "덥게" 하며, 정력 강화의 특효가 있는 것을 발견하였다. 그것

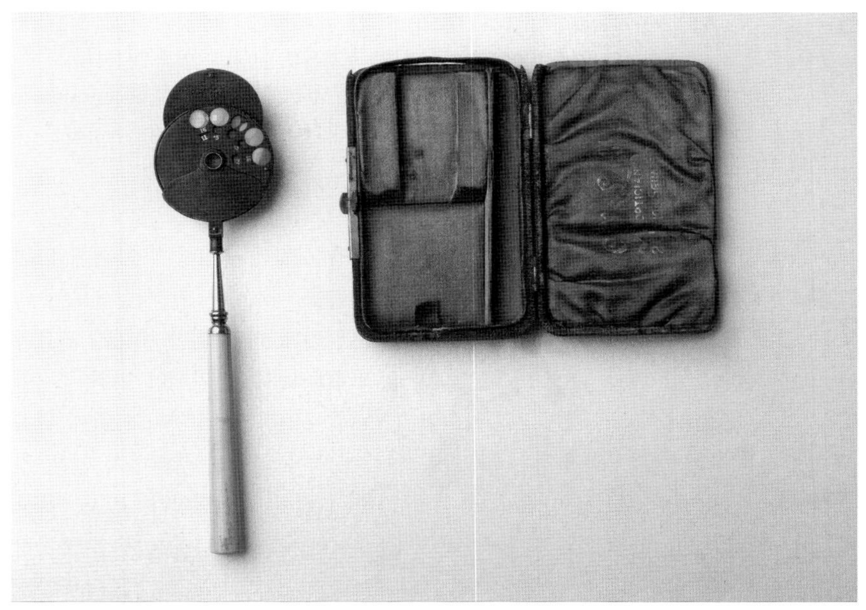

그림 6-60. 호러스 N. 알렌이 사용하던 검안경. 2009년 10월 12일 문화재청에 의해 의료 분야의 등록문화재 제446호로 등록되었다. 동은의학박물관 소장

은 좋은 구풍제(驅風製)이며, 강장제 뿐 아니라 다른 모든 목적으로 사용된다. 침과 뜸은 인삼 다음의 치료 수단이며, 모든 경우에 사용된다. 침은 종종 시행하는 것처럼 눈에 침을 놓을 때 종종 심각한 염증이 유발되며, 소작(燒灼)의 일환으로 달군 엽전을 사용함으로써 거의 모든 남녀에 고리 모양의 흉터가 있다.

한국인들은 안경을 만드는 데 정말 뛰어나다. 이미 낡은 석영렌즈 대신 유리렌즈 견본박스에서 빼낸 렌즈를 위 렌즈(superior lens)에 맞춰 넣으려다 부끄러움을 느꼈다. 나는 그렇게 할 수 없었으며, 한국산 렌즈가 더 좋았다. 그것은 투명한 돌(석영)을 곱게 갈아서 만드는데, 대략 100달러 정도로 비싸다. 중국과 일본의 일부 업자들이 외국산 렌즈를 한국산 안경테에 끼워 석영렌즈인 것처럼 팔아 돈을 벌고 있다. 나는 아직 오목렌즈를 보지 못했으며, 그들은 모두 볼록렌즈만 갖고 있다.

이것은 의무 담당관이 한국에 대해 쓴 최초의 공식 보고서이므로, 지난 겨울에 일어난 정변의 의학적 측면에 대한 기록을 싣는 것이 경우에 어긋나지는 않을 것이다. 나는 뉴욕에서 발행된 1885년 6월 13일자 *Medical Record*에 게재된 논문에서 발췌 인용하려 한다.[252)]

252) 내용이 거의 동일한데 *Medical Record*에서 생략되어 있는 마지막 문단을 제외한 나머지 부분의 번역

(중략)

이 예들은 치료를 받는 동안 몇 명의 다른 의사들도 보았다. 일본 공사관의 가이노사[253] 박사도 [민 공(公)을] 보았고 두 번째 붕대를 감을 때 도와주었다. 모든 환자들은 다른 시기에 영국 해군의 휠러 박사, 그리고 미국 해군의 프라이스 및 러셀 박사가 보았다. ……

위에 언급한 환자들 및 지난 겨울의 정변 중에 무차별적인 총격에 의해 다친 많은 다른 환자들의 치료는 시작이었으며, 서양의학을 대표하는 한 사람으로서 내과적 및 외과적 진료에 대한 요구가 증가하는 것에 맞게 더 적절한 준비가 필요함을 알게 되었다. 그 결과 지난 1월 22일 미국 임시대리공사는 기꺼이 병원 설립안을 정부에 제출해 주었다. 그것은 수락되었고, 장비 구입비 및 운영비와 함께 건물이 많은 큰 부지가 허락되었으며, 한 명의 의사가 일을 하기에 충분하지 않은 것으로 생각되어 다른 의사를 미국에서 불러야 하는 것이 승인되었다. J. W. 헤론 박사가 지원하였고, 장로교회 선교본부에 의해 파송되어 6월 24일 이곳에 도착하였다.

병원은 4월 14일 개원하였다. 그것은 빠르게 널리 알려졌고, 장마가 시작되기 전에 매일 외래환자의 수는 60~100명이었다. 환자는 장마 중에 감소하였다가 아직 이전의 높은 평균에는 도달하지 못하였다.

4월 14일부터 10월 14일까지 6개월 동안 치료한 질병 및 환자 수에 대한 보고서를 첨부하는데, 이를 통해 이 나라의 질병에 대한 적절한 개념을 얻을 수 있을 것이다. 설명이 어떤 문제를 명확하게 해 줄 수도 있지만, 이것이 제대로 된 병원 보고서가 아니기 때문에 그러한 설명은 얼마동안 남겨 두고자 한다.[254]

4월 14일부터 10월 14일까지 치료한 외래환자의 질병과 수에 대한 보고[255]

낙태	9	여드름 장미증	36	단백뇨	2
차가운 음경	1	흑내장(黑內障)	12	무월경	7
빈혈	24	슬관절 강직	1	손가락 동맥류	1
슬와부 동맥류	1	식욕 부진	2	실성(失聲)	13

은 생략하였으며, 영어 원문은 그대로 실었다. 이 책에 실려 있는 다음의 자료를 참고할 것. Horace N. Allen, Surgery in the Hermit Kingdom. *The Medical Record* 25 (June 13th, 1885), pp. 671~672

253) 가이세 도시유키(海瀨敏行)

254) 아마도 '제중원 1차 년도 보고서'를 염두에 둔 것으로 판단된다.

255) 영어의 알파벳 순서로 정리된 것이다.

동맥염	1	회충증	48	천식	121
귀 농양	17				
주변성 안검염	48	안검 경련	1	브라이트 씨 병	3
기관지염	70	기관지루	38	가래톳	37
화상 (일반)	12	화상 (화약)	5		
수암(水癌) (소아)	5	악성 부스럼	3	백내장	31
경부(선) 농양	24	하감	131	연성하감	200
위황병(萎黃病)	2	무도병(舞蹈病)	2	간경화	3
복통 (소아)	12	결막염	132	변비	24
각막 궤양	48	각막 혼탁	72	티눈	10
척주만곡	10				
청각 장애	97	진전 섬망증	12	치아농양	2
치아 우식증	52	망막박리	2	설사	294
견관절 탈구	1	슬관절 탈구	1	간흡충?	1
수종(水腫)	24	이질	160	월경통	3
호흡곤란	12				
이통(耳痛)	21	농창(膿瘡)	7	습진	98
상피증	4	폐기종	2	경부 림프선 비대	176
안검내번	102	주근깨	12	뇌전증	184
코피	12	안면 상피종	3	음경 상피종 (캘러플라워)	3
안면 단독	6	전신 단독	1	상악의 외골종	1
안면 마비	24	황선(기계총)	39	표저(瘭疽)	4
항문열창	21	항문루	72	콜리스 골절	1
대퇴골 골절 (총상)	1	동상	2		
만성 요도염	47	갑상선종	2	임질	196
총상	14				
각혈	81	치질	91	언청이	29
반신마비	36	간염	2	탈장	24
구순포진	3	음경포피 포진	2	환상포진	1
간 포충낭	2	음낭수종	3	히스테리	28
어린선(魚鱗蘚)	2	농가진(膿痂疹)	6	발기불능	24
소화불량	467	내향성 발톱	2	사타구니 누공	4
정신병	6	장염	48	홍채염	6
황달	42				

각기병	12	각막염	36		
나병	24	백대하	24	태선(苔癬)	20
보행성 운동 실조	12	요통	52	허리 농양	2
말라리아: -					
간헐적 매일열	143	간헐적 3일열	140	간헐적 4일열	380
악성 말라리아	1	재귀열 말라리아	14	비종 말라리아	60
소모증	2	유선염	4		
전두골 괴사	6	슬관절 괴사	1	대퇴골 괴사	5
늑골 괴사	1	요추골 괴사	1	중수골 괴사.	1
중족골 괴사	2	신경통	12	야행성 동통	50
구강 폐쇄	2	비공 폐쇄	1	조염(爪炎)	4
고환염	5	골육종	1	이루(耳漏)	28
취비증(臭鼻症)	7				
아픈 반신마비	1	전안구염	2	상지 마비	6
발 마비	1	진전(震顫) 마비	12	전신 마비	36
자궁주위염	1	양측 하지 마비	12	분만	2
머리 이	67	사면발이	21	수포창	4
발의 관통성 궤양	2	회음루	14	백일해	29
포경	7	소모성 질환	39	비강진(粃糠疹)	13
늑막염	5	비용종	24	장궁 탈출	1
장 탈출	12	딸기코	1	요근 농양	2
마른버짐	13	양진(痒疹)	12	익상편	7
안검하수	3	작열감	60		
구루병	2	하마종	1	직장질루	1
태반 잔류	1	류머티즘	60	류머티즘성 관절염	2
여각진(疹餘角)	9				
옴	96	좌골신경통	10	연주창(連珠瘡)	161
과도 성욕증	21	천연두 (합병증)	7	뱀에 물림	2
수면 중 코골이	1	발목 염좌	12	포도종	5
구내염	37	사시	2	감돈성 치핵	3
유통성 배뇨곤란	2	쇄골상부 농양	3	발목 부종	6
검구간유착증	5	유착증	3	매독(2기 및 3기)	460
매독 및 발진	24	매독 및 나병	48	매독성 피부염	13
매독성 고무종 (항문)	76	매독성 골막염	96	매독성 결정 (안면)	11
갈고리촌충	84	환상백선증	13	이명	30

치통	12	종양	172	복부 팽만	4
발진티푸스	1	발 궤양	10	하퇴 궤양	24
인후 궤양	60	요도 협착	14	두드러기	11
부상(세지 않음)	24	미분류	269		
				합계	7,234

Horace N. Allen, Dr. H. N. Allen's Report on the Health of Seoul (Corea). *Medical Report, for the Half-Year Ended 30th September 1885. China Imperial Maritime Customs No. 30*, pp. 17~30

Dr. H. N. Allen's Report on the Health of Seoul (Corea)

Seoul, the capital of Corea, is a walled city of some 150,000 inhabitants, with upwards of the same number living just outside the walls, in the extensive suburbs. The city is located in latitude 37° 3' N., longitude 124° 30' E. (Paris). It is about 30 miles from the sea by road, and 80 miles by the Han or Seoul River, near which it is situated and with which it is connected by some 3 miles of suburbs.

The river is navigable by schooners up to the Seoul landing - mapoo. The tide is felt up to this place, and the water there is a little brackish at the highest tides.

The city is built in a well-drained basin formed by a high mountain on the north and one on the south, these being connected by high ridges, along the top of which the city wall is built. The city gates are located in breaks in this ridge, where the wall comes down to the basin level. The city side of the south mountain is covered with pines and is a refreshing resort for a hot day, while its green shows well through the winter snows. The break in the ridge of hills on the south-west side of the city allows full sweep to the prevailing winds, and as the majority of the foreigners live near the wall on this side, they are constantly supplied with pure country air. So far the foreigners live in native houses altered to suit their tastes, and in fact they make very pretty homes, with their large sodded compounds and abundance of trees, bushes and flowery terraces. The Japanese Legation building, which was burned last winter during the *émeute,* would have shown very well in a foreign city; it was a fine modern building in every detail. A similar building on a much smaller scale is now being erected for the use of the Japanese representatives at their new site on the south mountain.

The native house is built by laying isolated foundations of pounded stone, in which are set large stone uprights. These occur at every 8 feet - the unit of measure in building. The framework of unnecessarily large timbers is then built up upon these several foundations, and the tile roof is put on much as in China. The framework of the sides of the houses, after being divided into divisions 4 feet square, is filled in with a network of sticks tied together; this is plastered over first with mud and afterwards with mortar. If it is to be a stone house, stones are tied in this mud to the network within, having the smooth side out; tiles nicely cut are used in finishing up the work, and when the interstices are all filled in with white mortar the effect is very good. The house is built around a court, with perhaps another set of buildings, entirely secluded, for the female members of the family. The living rooms, which are to be heated, are usually 8 feet square, with sliding doors, so that several rooms may be thrown into one. The large reception rooms, which are not expected to be warmed, have board floors of a neat pattern, well oiled, and have windows over the whole of one side, so that they can be thrown up and the room made open to the court.

The small rooms are warmed by the very ingenious and fuel-saving *kang.* This is made by building a system of shallow flues where the floor is to be. These flues begin at a large fireplace, and end in a deep trench at the other end of the house, into which the soot falls. This trench is connected with a chimney, which may be in tile running up the wall, a board trough, or a handsome tall chimney of fancifully cut brick, situated some 10 feet from the house and connected with the *kang* by a continuation underground of the above-mentioned trench. The flues are covered with large flat slabs of limestone from 2 to 4 inches in thickness. These are in turn evenly covered over with mortar, upon which is placed the very superior oiled paper, which forms a good substitute for European oilcloth, and answers its purpose better. The rooms are neatly papered inside with white or coloured paper, and when perfect no smoke should enter the room. The fireplace is so arranged that the family cooking may be done thereon, and the smoke and heat from the necessary cooking fire, made morning and evening, heats these large stones well, so that they remain warm till the time for the next fire. The heat is dry and comfortable. In a properly arranged house there should be no draughts, and the people do not seem to be greatly troubled with colds.

The foreigners use stoves largely in addition to the *kang*. One great objection to the use of the latter is the high price of wood, so that coal from Japan is cheaper than the native fuel. Of course the natives are not so lavish with their fuel as are the foreigners; they use very small rooms, and make a small fire often of grass or dried dung.

The food of the foreign population is mostly imported; beef, fowl, fish, game, rice, beans, a very few inferior vegetables, and some fruit in season making up the list of what the native market affords. They have pork, but it is too vile to eat. One great objection to the use of beef is that a sort of septicaemic disease is endemic here among the cattle, and the diseased and worn-out animals are taken for food. At times this trouble becomes violent and rapidly fatal to the beast, as also to man after eating the flesh.

The climate can hardly be discussed, as it has been tested but a couple of years by foreigners. Aside from the rainy season, however, it seems to be delightfully dry and equable, which has led to its being recommended as a temporary resort for persons suffering from throat and lung troubles. The cold weather begins in September by the nights growing cooler; by the last of the month fires are necessary in the evening, while the midday is quite hot. It continues in this way, the end of each week a little colder than the end of the preceding week, the change being scarcely noticeable from day to day, till about the middle or latter part of December, when cold weather may be said to have come in force. The river is frozen over, so that large carts loaded with tons of goods and drawn by two or three bulls may pass over on the ice. From this time the thermometer (at Seoul) does not vary much, but remains from 8° to 12° Fahr. for some two months or two months and a half. The 1st March is ushered in by the slight thaws of February becoming more extensive; strong southwesterly winds take the place of the north-easters, and snow and ice begin to disappear. The passage over the frozen river becomes dangerous, and a canal is cut through the ice for ferry-boats.

Spring comes in, as did autumn, in a gradual manner. The proverbial showers of April follow the winds of March in most perfect order, after which come two months of very dry weather, growing hotter each week till in the middle of June it seems about as hot as it can get. When showers begin, they increase till about the middle of July, when the rainy season is well established, and the water comes down very hard and very steadily for two or three days and nights, stops a little and comes again, but not quite so heavily. This decreasing scale is kept up till about the 1st September, when fair weather sets in again. During the rainy season all drainage seems inadequate. The little stream which winds through the city, within its banks of masonry and under the numerous stone bridges, becomes a raging torrent, sweeping away the masses of filth that have been poured upon its dry sandy bed during the whole year, and occasionally it carries away one of the large embankment stones, whereupon a huge rent is made by the wash in the sandy soil. Not a few houses are destroyed in this way. The streets running down to this stream become themselves swift streams, in which, if one must venture out, it is necessary to wade carefully with the water up to the horse's belly.

The soil being mostly of clay, or the porous granite sand washed down from the mountains, these deluges of course leave the streets in a very bad condition, as the sand is washed out from the clay, leaving the stones. Some people are killed every year by houses falling upon their sleeping inmates. These houses are usually thatched huts, however; a tiled house would have a proper foundation.

At present the drainage of the city is in a very bad condition. When the place was first laid out, its founders had good ideas, and left the streets of fair width, being from 20 to 200 feet wide. Along either side an open drain was left, with sufficient fall to allow of the carrying away of water and filth to the before-mentioned stream, which acts as a main sewer. There were also some very large covered stone drains, 3 feet high by 4 feet wide, only a few of which remain in good condition at present. This arrangement allowed the proper sluicing of the city whenever Nature's flood-gates were opened with a sufficiently heavy rain. At present, however, the streets are badly encumbered with thatched shops placed in front of the main line of tiled stone houses. These booths usually cover the drain and more or less encroach upon it, and in many places a house with foundations is built out into the street, damaging the appearance and causing the drain to make a bend. In these and many other ways the sewers are obstructed, so that the filth from the houses, after being shoved through a hole in the house wall, lies and rots, unless eaten by the dogs or pigs or carried away by the very few gardeners who go about as scavengers.

The wells of the city are placed along the streets, probably in a nook taken from two adjoining compounds. The drain runs along just above and very near, so that it is almost certain that the water from the overloaded drain finds easy access to the well. There are springs of good water upon the mountain sides, within the walls, and men make a business of supplying water, supposed to be from these springs, to their customers. Samples have, however, been sent to me, together with other samples from the nearest well; it is hardly necessary to say that I found them identically the same. Foreigners use largely water taken from wells within their own compounds, and great care is used in boiling and filtering the water.

With this introduction, the health of the foreign community may be intelligently considered.

With one exception, there has been no serious illness among Europeans. The exception was in the case of one who through great exposure during the troubles of last winter, and a strong predisposition to pulmonary disease contracted phthisis. He has, however, been able not only to hold his own during the severe rainy season and the period when beef could not be eaten because of the cattle plague, but has gained flesh, so that his weight is greater than ever before. One lung is completely disabled, and he has had to endure the drain of a profuse expectoration of the diseased matters.

Several cases of intermittent fever have occurred, but have yielded to treatment. Diarrhoeas were common during and just after the wet season, owing doubtless to the fact that floors, walls and roofs were saturated and mouldy from the dampness. One case of chronic dysentery of long standing has been treated. A few specific ailments, one case of writers' cramp, and slight cases of bronchitis among the children, make up the list. During the winter there is scarcely any trouble among the foreigners as regards health.

The health of Chemulpoo has been much the same as that of Seoul. Malaria plays an important part in the causation of disease there as here. At low tide there are miles of mud-flats exposed to the glare of a hot sun; also the necessary turning over of earth which occurs in forming any new settlement adds to the malarial influence. I have only been called to that port three times during the past year. The foreigners there are under the efficient care of Dr. Tanaka of the Japanese Consulate.

From a partial report of the Government Hospital, which has been open but six months, some idea of the diseases affecting this people may be gained.

The people suffer from about the same diseases as do other peoples, modified somewhat by their peculiar surroundings. The style of house they live in has been mentioned. The only thing with which I think the house is directly chargeable is the number of serious cases of haemorrhoids and great burrowing gluteal abscesses which constantly present themselves, and may be caused by the habit of sitting on the hot floors with only a thin mat as protection.

Their habits are uncleanly. I have found their bodies invariably dirty. Bathing is very uncommon except among the poor, who take a bath in summer to cool off Bath tubs are unknown.

The dress is fantastic, and with the clean white, blue or highly coloured outside robes, looks pretty, but one can see at a glance that the people are devoid of energy; their dress will not admit of energetic action. It is eminently suited for the sitting posture which this people are accustomed to. The coat is like a European lady's very loose wrapper; the trousers are large bags, the white stockings and the end of the trousers being tightly tied around the ankle, shutting off the circulation to a large extent. The under coats are smaller than the outer ones. In winter time these cotton or silk garments are wadded with cotton, and are put on one above the other till the wearer is warmly clad.

The hair is worn upon the top of the head in a neat little coil. Down the back of the head the hair is shaved off from a space, but the surrounding hair is made to cover over this place. A very tight silk band of open work is bound around the forehead and head, and at first causes a great deal of headache. This is put on at puberty, when the boy becomes a man and is betrothed. The hat is simply for ornament, being in shape somewhat like an American "stove pipe" hat, with a wide brim and sloping crown. It is of horsehair and silk, woven in a fine open network, which shields the eyes from the sun to a slight degree, but offers no other protection.

The women dress much after European style, with loose gowns and a waist. They are carefully secluded, have but little exercise in the open air, suffer greatly from nervousness, venereal troubles, rheumatism and confinement. The children of the upper classes are usually pasty, scrofulous little creatures, with delicate features, long eyelashes and clammy hands. Some of the nobility seem to appreciate the fact that by marriage with the secluded daughters of their own rank their families are becoming continually weaker, and their second wives or concubines are usually taken from more robust classes. These sons of second wives, though not entitled to full power, are said to be the strongest men in the Government service.

The native food is rice, beans, vegetables and a little meat for the poor. The better classes eat a great deal of meat - beef, pork, fowl, game, dog; and fish. Dogs are used commonly by all classes; at certain seasons they are consumed medicinally, the period corresponding to our dog days being a great time for eating dogs' flesh. They also eat a great many hot peppers; as their food is often taken cold, these and other condiments add much to the palatableness. They are enormous eaters, and eat very fast, not masticating any more than is absolutely necessary, and often seeming to crowd down the bolus with a gulp.

Their food and manner of eating are largely accountable for many of the most common ailments, as, for instance, a sort of dyspeptic colic, which they graphically describe as a snake which lies at the bottom of the abdomen but sometimes starts up and twists around till it gets up into the throat, to the great agony of the patient. The other symptoms of indigestion are common enough, as enormous flatulent distension of the abdomen, "a stone" in the stomach, etc. Tapeworm is so common as to be frequently seen in the stools along the street. It does not alarm the possessor. Round worms are so widely distributed that they are seldom complained of, and patients seem surprised at being asked if they have them. From the filthy condition of the pork used, trichinae must be prevalent, and may be the cause of a great deal of irregular rheumatism resembling acute rheumatism without the fever.

The drink of the people is water; they have but little tea, which is used as a medicine. Their alcoholic drinks are much stronger than those commonly used in China, and they get very drunk at times, quite after the European fashion. Their wine is made from rice; in the process of making it a weak milky liquor is formed, which is consumed in vast quantities by the coolies. From barley they make a clear, very strong spirit. They do not seem to understand the use of grapes in the manufacture of wine. Their grapes are but few and very costly, usually to be obtained only as presents. The bunches are often a foot in length and a foot through the greatest diameter. They resemble the catawbas, and are more delicate than the Peking grapes.

As a result of their drinking, a number of cases of genuine delirium tremens have presented themselves, and the affection seems to be well known. Two cases of paralysis, with a history of syphilis, have occurred in which the attack was precipitated by hard drinking. The water, and the consumption of a highly seasoned cabbage, turnip and pepper mixture which has been allowed to ferment and become sour, are largely chargeable for the prevalence of diarrhoea. They seem to know but little about dieting, and unless considerably scared, seem unwilling to obey instructions and stop eating this indigestible pickle while sick.

No. cases of sprue have been diagnosed. The usual habit is looseness of the bowels, though a few cases of obstinate constipation have occurred. In one case obstruction was feared, but it yielded to treatment. No cases of impaction have occurred. Prolapse of the bowel has been treated in about a dozen cases.

Venery is greatly indulged in. The people are married early, and plural marriage is the common rule. Concubinage is recognised, and a class of "dancing girl" prostitutes exists and is, largely blamed for the spread of syphilitic affections and gonorrhoea. Many cases of chancroidal ulcers about the anus and fissures of the scrotum, as well as the prevalence of large gummata of the anus and buttocks, occurring in boys led to the discovery of an unnatural system of sexual gratification, the details of which will hardly be appropriate for insertion in a general article of this nature.

Gonorrhoea seems as inevitable as ague, and does not alarm the patient. The people distinguish between the various venereal troubles, and have separate names for gonorrhoea, syphilis (secondary and tertiary) and the primary sore. I have not been able to learn whether they distinguish between chancre and chancroid as a primary sore. The discharge of pus and painful urination in gonorrhoea is all that they wish treatment for; the presence of gleet seems a matter of little concern to them.

Victims of sexual excess have frequently presented themselves, and they seemed to know that their troubles were due to their own irregularities; yet they would not acknowledge that their imprudence amounted to what would be considered over-indulgence from a European standpoint. It is possible that these people have became somewhat exhausted and cannot endure very much; in the absence of reliable information, however, this must remain a mere conjecture.

Chancres in all stages are frequently seen; chancroids more often. Syphilis proper (second and tertiary) is known to them as "the Chinese disease," and is almost a constant factor. It must be considered in making up nearly every diagnosis. Many of the cases of paralysis yield to iodide of potassium, as also do some of the cases of iritis and keratitis. Large patches of tubercular syphilides are seen on the face, and some of the most gratifying results of treatment have been the dispersing of these blotches by anti-syphilitic remedies. In the worst cases the frontal bone becomes carious; and the nose is eaten away. The diagnosis in these nose cases is, however, often difficult, and the question as to whether the disease is leprosy or syphilis has to be left to treatment. Sores, large and small, upon the genital organs and other parts of the body commonly occur, and the disease is known to be the cause of the frequent abortions. The children that. survive have very often ugly, notched teeth, and strumous affections are constantly encountered.

A peculiar affection of the lymphatic glands occurs in which the glands beneath the chin from ear to ear are chronically enlarged. It occurs just in the line of the hatband, and it is possible that there is irritation enough from the silk or linen band, or string of beads, as the rank may demand, to cause this chronic enlargement in persons otherwise predisposed to strumous troubles.

Tumours of all kinds are common, more so than in European countries, because of the fact that they have been so long unmolested. One form of tumour; though seen in European practice, cannot but strike the attention of a foreign physician. It is a huge black growth, often upon the face, in which case 1 have seen it covering all but one cheek. It is usually covered with a heavy growth of hair. Some half-dozen of these cases presented themselves, but as nothing could be done for them they seem to have spread the report, and no others have come for assistance.

Leprosy is abundant, occurring in all its forms. Anesthesia may or may not be associated with the fawn-coloured spots. Many of the patients who present themselves are beggars and have lost fingers or toes by the disease, which can be seen in a dirty, scaly incrustation on the spots affected, with indolent, scabby ulcers on the face and body. These outcasts are not well posted in regard to their family history, but from the disconnected account obtained it is probable that the affection is hereditary. Two cases have occurred in high life, and in each case it was very hard to convince the patient that nothing could be done. As leprosy and syphilis are often co-existent among these poor wretches, they have been put on iodide of potassium and iron, which has worked quite a change up to a certain extent. This has given rise to a report that foreign medicines will cure leprosy, and as a result victims come from distant provinces with large certificates bearing the stamp of the various governors through whose territory they have passed, to the effect that the patient is worthy, etc.

Blind people are met continually in the street. Their trouble is frequently caused by cataract; more often they are blind from small-pox, the eye sometimes being sunken, at others covered with a dense opacity. Opacities are not seldom due to entropion, which, with cataract, affords the most frequent of operations. Two cases of detachment of the retina have occurred; in one, the reclining posture and iodide of potassium nearly effected a cure.

Insanity is known and recognised; six patients have been seen altogether. In only one case were there violent demonstrations. If the patient is poor and harmless he is allowed to wander about the streets, to the great amusement, of the children. One of the cases seen was that of the son of a wealthy man, who wanted him cured "regardless of expense." This man was married and living with his wife.

Epilepsy is surprisingly common; the worst case yet seen, however, had seizures only twice daily. The disease is considered no bar to matrimony, which may account for its prevalence. Bromide of potassium has already become very popular, and one patient wished to buy 30 lb. of the salt.

Eunuchs are very commonly met, this being the capital. They are prepared for service in the palace, yet they usually have their own homes and women. A eunuch's compound is known by its only having one gate, instead of the usual gate for men and another for women. This is said to be a necessary precaution for keeping the women in, as they do not like their masters and are apt to run away. One case of gonorrhoea has presented itself in the person of a eunuch. The operation of castration. usually consists in ablation of the testes, but in some cases I am told all the appendages are removed.

Labour here is attended by ignorant midwives, as in China. Two cases have called for assistance; in one the patient was dead before I could reach her, and the other might as well have been, for I found her very weak and almost pulseless. She had been delivered of a living child, and for four days and nights a company of midwives had been tugging at the cord of a retained placenta. I found an old straw shoe attached to the cord, and on making inquiries found that it was so fixed to facilitate the walking out of the after-birth. Crede's and other methods proving of no avail, I introduced my hand into the uterus; but the woman was too far gone, and died before anything could be done.

Medicine is often asked for to prevent impending miscarriages.

Hernia is common among men and children; no cases have been seen among women, nor have any strangulated cases occurred.

Children seldom escape the full complement of the diseases of their period; measles, whooping-cough, mumps, chicken-pox, small-pox, and five cases of cancrum oris have been seen. In two, most of the cheek was ulcerated through, leaving a deep black offensive hole, filled with a brown medicine.

Small-pox is universal. Children who do not take it under 2 years are inoculated by placing the virus from another patient in the nose. The results are frequently very serious, one or both eyes being destroyed or covered with dense opacities. The ear is often invaded, and the tympanic membrane ulcerated through, causing permanent deafness. In other cases huge cicatrices with bridge-like connexions are left to mar the features. No treatment is asked for small-pox unless the eye is becoming seriously affected. The little patients are carried about the streets on the backs of their nurses with great unconcern.

Epidemics of cholera are well known; the last serious one occurred four years ago, when hundreds of people died in and about the capital. Local conditions are always ripe for cholera, and the only wonder is that the disease is not endemic. The filth of the city, the bad water and indigestible food keep up a constant state of diarrhoea with occasional cholera morbus; and the habit that coolies and country people have of sleeping on the ground without covering, even when the nights are growing cold, would help in inducing cholera.

I can find no history of yellow fever.

Typhoid ought to be common, as all the conditions are favourable to its existence; as yet, however, no cases have presented themselves. One case of typhus occurred in a man who had just landed from a Japanese steamer. The disease was running the usual course when he was taken away by his friends. Typhus could hardly fail to prevail among the poorer classes. The males and females usually occupy different apartments, and to save fuel they crowd into rooms 8 feet square, often filled with smoke from the leaky *kang,* and always thick with tobacco smoke, for men, women and children smoke constantly. In such a room six or eight persons will pack themselves on the floor, head to foot, so that not a bit of standing room is left. The dense, confined atmosphere becomes further charged with their breath and the emanations from their dirty bodies as they slowly "cook" over the hot stones. A more perfect typhus incubator could not well be imagined.

It would hardly seem probable that malaria should exert itself greatly in such a fine climate as this; yet, with the exception of the northern provinces, the whole country has been represented by ague patients. It occurs in all its forms. Remittent has been seen and treated; intermittent occurs as tertian, quartan and quotidian. At Seoul tertian and quartan are about of equal occurrence, but in the southern districts quartan is by far the more common and possesses a separate name. As in other countries, the especial paroxysm seems to have disappeared in some cases after having worn itself out; in these persons we have a periodic cough, diarrhoea, or neuralgia of the bowels, and other existing troubles are complicated by this condition. Several cases of double quartan have occurred, and double quotidian is not uncommon; in fact, the patients seem so over-charged with the poison that they only come out of one paroxysm to go into another. It also occurs in masked forms, as brow ague, and an affection of children called "baby's ague," in which irregular chills occur and a swelling is complained of over the region of the spleen. Syphilis and malaria sometimes join forces, and the pains occur every other night, in which case quinine should be united with the iodide. The cases of ague form a large per-centage of the numbers now presenting themselves for treatment.

Beri-beri or kakké is well known here by its Japanese name, which is pronounced like "kahkey." Quite a number of patients have presented themselves with symptoms referred to this trouble, and the disease has been diagnosed in about a dozen cases. They come mostly from the south-western province of Chula-do, and, with one exception, the cases have all been chronic, or kakké, for the acute disease goes by all other name. The chronic cases complain of shortness of breath and inability to climb the hills, and the legs are said to be "asleep," as though they had been sat on. The pain in the calves I have only found in one case; the knee seems to be the usual locality for pain. The feet are usually oedematous, the lips and palpebral conjunctivae pale, the expression anxious, and the heart tumultuous. I have not been able to get the vertebral pain by twitching the neck As the hospital contains only 40 beds, and these are occupied almost continuously by surgical cases, it has been impossible to accommodate these patients. They have been quartered outside, however, and fed on bromide of potassium, Lugol's solution, and strychnine, with all occasional dose of quinine. Nearly all improved more or less. One died.

It has seemed strange that while dysentery is very common no cases of liver abscess should have presented themselves, though they have been carefully looked for. Hydatids have been diagnosed in two cases, in one of which the abdomen was greatly enlarged by the tumours.

Cirrhosis of the liver has been seen in two cases of hard drinkers. The nodules could be easily felt externally, the patients were jaundiced, had no appetite, circulation feeble, and in one case there was marked ascites.

Jaundice is a common ailment; in some cases the whole body is very yellow, even for an Oriental. Dropsy, usually ascites, occurs often. Tapping relieves, but after it is done six to ten times patient and doctor become discouraged.

One case of long standing presented itself in which the liver was greatly enlarged, hut no sign of an abscess could be made out. He had a persistent diarrhoea. The organ could be felt overlapping the median line and extending to below the umbilicus. There was some general oedema and high fever, ending in death in two weeks after the onset of acute symptoms. I am inclined to believe that this was a case of distoma hepaticum, and regret that a postmortem could not be obtained.

Bright's disease has been found in two adults and one child. One of the adults was the first man admitted to the wards of the hospital. He was put on a mixture of buchu, potash and digitalis, and the assistant was given very careful directions as to its use. The first night and second day he made marked improvement, but on the second night he decided to hasten matters, and got the bottle of medicine, which he drank down at once and died promptly.

Palpitation is rather common; mitral insufficiency has been diagnosed in several cases. One marked case of exophthalmic goitre has occurred.

Diseases of the lungs are frequently seen. Pleuritis has been treated, but no pneumonia has been recognised. Phthisis is abundant, with destruction of the lung substance, and all the attendant symptoms.

Bronchitis is prevalent in all its stages, from a common cold down to the deep-seated disease, with, in some cases, purulent expectoration.

Asthma is the burden of life with many Coreans, and they beg for medicine that will stop the cough and give them sleep. There are many cases of chronic blood-spitting, not connected with the physical signs of lung destruction. These cases, which are treated with dilute sulphuric acid and alum, seem to be of the same nature as the distoma pulmonale, discovered recently, and said to have been found in the person of a Corean official resident for a short time at Tokio. Of course, postmortems are as yet out of the question here; and as a microscope has not until very recently been at hand, it has been impossible to say positively what the trouble is by examining the sputa.

Cases of elephantiasis have occurred, and it is the intention to look soon for filaria.

Skin diseases revel in unmolested glory, those of a parasitic nature being in the ascendant.

The system of medicine used in Corea is the same that is used in China. Ginseng is the great panacea for all ills, and it must be conceded that it has its powers, and is not as inert as the American article is said to be. I have tried it on natives and foreigners, and found it to be "heating," like iron, and to have active aphrodisiac properties. It is a good carminative, and is used as a tonic as well as for every other purpose. Acupuncture and the actual cautery rank next to ginseng as curative agents, and are used for everything. The puncture often causes serious inflammation, as when the eye is punctured, as is often done; and nearly every person, male and female, carries the circular scars made by the red hot cash used as a cautery.

The Coreans really excel in the manufacture of eye-glasses. I have been ashamed when trying to fit a superior lens, from a good trial case of glasses, in place of a stone lens already worn. I could not do it; the Corean lens was the better. They are made of transparent stone, finely ground, and are expensive, costing in the neighbourhood of $100. Some Chinese or Japanese traders are making money by fitting foreign lenses to native bows and selling them as stone lenses. As yet I have seen no concave lenses; they have all been convex.

As this is the first official report given by a medical officer on Corea, an account of the medical side of last winter's troubles may not be out of place. I will quote extracts from an article which appeared in the New York *Medical Record* for 13th June 1885.

…… was cut with a sharp sword on the night of 4th December 1885 in seven places. The principal wound was made by a vertical, somewhat slanting blow. The cut commenced on the temple, midway between the external canthus of the right eye and the ear of the same side. The temporal artery was divided; the ear split longitudinally and cleanly, one-half lying back on the hair of the head, the other upon the face. Extending downward along the course of the sternocleidomastoid, the external jugular was laid bare but uninjured. Lifting the platysma myoides for about half its breadth, the wound continued down the back to a point on a level with the lower angle of the scapula, and midway between it and the spinal column, ending with a curved point, where the sharp instrument left the flesh. The cut was 2 inches deep in the muscles of the back, but the only severe hemorrhage was from the divided temporal artery. The other wounds were upon the scalp, the mastoid, arms and thigh.

I tied the temporal artery, cleansed all the wounds with carbolic solution 1-40, dressed them with iodoform and put in 22 silk and 5 silver sutures. Having to be moved about from place to place for safety, the wounds began to gape, and suppuration took place in all but the wound of the ear. The temperature ranged between 101° and 103°, with occasional chills, until 1st January, when it fell to 100°, and did not rise so high again.

The dressings were cotton wool soaked in carbolic solution 1-20, and were changed daily because of the discharge, excepting only those of the ear and the scalp, which were not removed till the wounds had healed.

Some peculiar things occurred during the treatment. One was the dosing of the patient with strong infusions of ginseng - the native panacea. This was done without my knowledge, and I only discovered it in trying to ascertain the cause of a rise of temperature that was not accounted for by any fresh inflammation.

Another thing was his great persistence in taking soup made from dogs' flesh and dogs' heads. This was done also without my sanction. I was not much surprised, however, at the finding of segments of tapeworm in his stools, but became surprised at his unconcern regarding it. It was with difficulty that I induced him to take the turpentine and castor oil that eventually cured him.

Aside from the common and ever-present syphilis, which came in as a complication, as it does in almost all disease among Coreans, the only other thing of importance was the development of marked facial paralysis of the wounded side. It came on a few days after the injury, leading me to suppose it to be due to consequent inflammation and swelling, rather than to division of the nerve. I was strengthened in this belief by the fact that the paralysis came on in sections, so to speak; the temporo-facial branch seemed unaffected till late, as I could see no tendency in the eye of that side to remain open until about 30 days after the injury, when it became painfully and obstinately open. At the same time I found swelling over the parotid gland, which eventually broke down into pus and necessitated an external opening, the affection of the eye decreasing therewith. The tongue never deviated perceptibly, though there was abundant swelling about the stylomastoid foramen, and it would seem difficult for the lingual branch to escape being pressed upon. His recovery has been good.

Among the Chinese soldiers there were gunshot wounds of thigh, two; groin, one; foot, one; fore-arm, three; abdomen, three; hand, two; eye, one; and gluteus, one: bayonet wound of abdomen, one: wounds from explosion of powder-mine -

of leg, two; of hand, one; one sword cut of calf, and a bayonet wound of neck.

There were three cases for amputation, one of the hand, two of the fore-arm, but in no case would they allow me to use the knife. In one case, however, that of a clean shot in the eye, I performed excision without asking permission, and he has made a good recovery, with no sympathetic trouble. I did not see the above-named cases of wounds to the abdomen until three days after the injury; in no case was there marked peritonitis. The only death was one of the cases of wounds to the fore-arm, where amputation was not permitted. He died of tetanus on the 8th day after the injury, the 3rd of the spasm. All the rest of the cases recovered either completely or sufficiently to be removed to their men-of-war. These cases well illustrate the powers of endurance among Orientals, and especially is this a fact in two cases which I wish to mention more fully.

In the gunshot wound of the groin the ball entered just below Poupart's ligament, and about an inch outside of the external ring, on the left side; it came out at about the centre of the buttock on the same side, and must have pierced the bone without much splitting. When I first saw him, 24 hours after the accident, he had the skin of a dog, freshly killed, on both wound of entrance and exit. As it made an excellent poultice I left it on for the first day, and then poulticed it for three days with hot rice, after which I applied small bags of pulverised yellow clay, simply as an absorbent and disinfectant, being without anything better. The man went on rapidly to recovery, with no untoward symptoms, until on the 20th day from the receipt of the injury he was walking about. He now rides a horse and attends to his duties as a colonel in the Chinese army.

The bayonet wound of the neck was ugly indeed. The Japanese have a large sword toothed bayonet; one of these had been thrust through this man's neck, entering just below the angle of the jaw, on the right side, and coming out at the back, almost piercing the ligamentum nuchae. When the weapon was withdrawn it tore away a piece of flesh three inches by two and a half. I thoroughly cleansed the track of the wound with carbolic solution 1-40, and applied pressure; the raw surfaces were dusted with iodoform, and the whole covered with cotton wool soaked in carbolic acid. To my great surprise this man improved almost dally, and at the end of six weeks had only a small cicatrix left over both wound of entrance and exit. Morphia was given liberally in all these cases, and as their pain was relieved and they had enough to eat, probably the resulting state of contentment had much to do with their speedy recovery.

These cases were seen by several medical gentlemen during treatment. Dr. Kainosa of the Japanese Legation saw …… and assisted at the second dressing. All were seen at different times by Dr. Wheeler of the British navy, and Drs. Price and Russell, of the U. S. navy. ……

The treatment of the above-mentioned cases, with many others, caused by the promiscuous firing during the excitement of last winter, was such an introduction that the one representative of Western medical science found it necessary to make more adequate preparations to meet the increasing demand for medical and surgical help. Consequently, on the 22nd January last the U. S. Chargé d'Affaires kindly forwarded to the Government a scheme for the opening of a hospital. It was accepted, and a large compound of buildings was granted, with money for equipment and running expenses, and as one medical man was deemed insufficient for the work, consent was given that another should be called from America. Dr. J. W. Heron was applied for and sent out by the Presbyterian Mission Board, reaching here 24th June.

The hospital was opened 14th April. It speedily became popular, and prior to the heavy rains the number of out-patients treated daily was from 60 to 100. They fell off during the rainy season, and have not since reached the former high average.

A report of the diseases and number of out-patients treated during the six months from 14th April to 14th October is added, that a proper idea of the diseases of the country may be gained. Explanations might clear up certain matters, but as this is not the hospital report proper, such explanations will be left till some future time.

Report of Diseases and Number of Out-Patients treated from 14th April to 14th October.

Abortion	9	Acne rosacea	36	Albuminuria	2
Algid penis	1	Amaurosis	12	Amenorrhea	7
Anaemia	24	Ankylosis, knee joint	1	Aneurism, finger	1
Aneurism popliteal	1	Anorexia	2	Aphonia	13
Arteritis	1	Ascaris lumbrioides	48	Asthma	121
Aural abscess	17				
Blepharitis marginalis	48	Blepharospasm	1	Bright's disease	3
Bronchitis	70	Bronchorrhoea	38	Bubo	37
Burns (common)	12	Burns (gunpowder)	5		
Cancrum oris (child)	5	Carbuncle (anthrax)	3	Cataract	31
Cervical (glands) abscess	24	Chancre	131	Chancroid	200
Chlorosis	2	Chorea	2	Cirrhosis liver	3
Colic (children)	12	Conjunctivitis (ophthalmia)	132	Constipation	24
Corneal ulcer	48	Corneal opacity	72	Corns	10
Curvature of spine	10				
Deafness	97	Delirium tremens	12	Dental abscess	2
Dental caries	52	Detachment of retina	2	Diarrhoea	294
Dislocation, shoulder	1	Dislocation, knee-joint	1	Distoma hepaticum?	1
Dropsy	24	Dysentery	160	Dysmenorrhoea	3
Dyspnoea	12				
Earache	21	Ecthyma	7	Eczema	98
Elephantiasis	4	Emphysema, lung	2	Enlarged cervical glands	176
Entropion	102	Ephelis	12	Epilepsy	184
Epistaxis	12	Epithelioma, face	3	Epithelioma, penis (cauliflower)	3
Erysipelas, face	6	Erysipelas, general	1	Exostosis, superior maxillary	1
Facial paralysis	24	Favus	39	Felon	4

Fissure of anus	21	Fistula in ano	72	Fracture, wrist (Colle's)	1
Fracture, femur (gunshot)	1	Frostbite	2		
Gleet	47	Goitre	2	Gonorrhoea	196
Gunshot wounds	14				
Haemoptysis	81	Haemorrhoids	91	Hare-lip	29
Hemiplegia	36	Hepatitis	2	Hernia	24
Herpes labialis	3	Herpes preputialis	2	Herpes circinatus	1
Hydatids, liver	2	Hydrocele	3	Hysteria	28
Ichthyosis	2	Impetigo	6	Impotence	24
Indigestion	467	Ingrowing toe-nail	2	Inguinal fistula	4
Insanity.	6	Intestinal catarrh	48	Iritis.	6
Jaundice	42				
Kakké (beri-beri)	12	Keratitis	36		
Leprosy	24	Leucorrhoea	24	Lichen	20
Locomotor ataxia	12	Lumbago	52	Lumbar abscess	2
Malaria: -					
Quotidian intermittent	143	Tertian intermittent	140	Quartan intermittent	380
Pernicious intermittent	1	Remittent fever	14	Ague cake (hypertrophy of spleen)	60
Marasmus	2	Mastitis	4		
Necrosis, frontal bone	6	Necrosis, knee-joint	1	Necrosis, femur	5
Necrosis, ribs	1	Necrosis, lumbar vertebra	1	Necrosis,. metacarpal bones	1
Necrosis, metatarsal bones	2	Neuralgia	12	Nocturnal pains	50
Occlusion, mouth	2	Occlusion, nostrils	1	Onychia.	4
Orchitis	5	Osteosarcoma	1	Otorrhoea	28
Ozoena	7				
Painful hemiplegia	1	Panophthalmitis	2	Paralysis, arm	6
Paralysis, foot	1	Paralysis, agitans	12	Paralysis, general	36
Parametritis	1	Paraplegia	12	Parturition	2
Pediculus capitis	67	Pediculus pubis	21	Pemphigus	4
Perforating ulcer, foot	2	Perinaeal fistula	14	Pertussis	29

Phimosis	7	Phthisis	39	Pityriasis	13
Pleuritis	5	Polypus (nasal)	24	Prolapsus uteri	1
Prolapsus bowel	12	Prospective red nose	1	Psoas abscess	2
Psoriasis	13	Prurigo	12	Pterygium	7
Ptosis	3	Pyrosis	60		
Rachitis	2	Ranula	1	Recto-vaginal fistula	1
Retained placenta	1	Rheumatism	60	Rheumatoid arthritis	2
Rupia	9				
Scabies	96	Sciatica	10	Scrofula	161
Sexual excess	21	Small-pox (complicated)	7	Snake-bite	2
Snoring in sleep	1	Sprain of foot	12	Staphyloma	5
Stomatitis	37	Strabismus	2	Strangulated piles	3
Strangury	2	Supra-clavicular abscess	3	Swollen ankle	6
Symblepharon	5	Synechia	3	Syphilis (secondary & tertiary)	460
Syphilis with eruption	24	Syphilis with leprosy	48	Syphilitic dermatitis	13
Syphilitic gumma (anus)	76	Syphilitic periostitis	96	Syphilitic tubercle (face)	11
Taenia solium	84	Tinea circinata	13	Tinnitus aurium	30
Toothache	12	Tumours	172	Tympanites	4
Typhus	1	Ulcer, foot	10	Ulcer, leg	24
Ulcerated throat	60	Urethral stricture	14	Urticaria	11
Wounds (not counted)	24	Unclassified	269		
				Total	7,234

18851002

팔도사도삼항구일기, 규18083 제2책 (을유 8월 24일, 1885년 10월 2일)

Diaries of Three Harbors in Eight Provinces and Four Cities, Kyujanggak 18083 (Oct. 2nd, 1885)

전령(傳令)

우령(右令)[256]을 알려서 거행할 일이다. 매달 수세하는 각항의 구문(口文)[257]은 예수(例數)대로 거둬들여 일일이 성책을 만들어 본 아문에 올려 보내어 이로써 대조하며, ?한 상납전 1천 5백 냥은 오는 9월 초순 전에 와서 바치고 이로써 시급한 공용(公用)으로 삼는다. 수세 등의 절차는 복구하여 전례에 준하여 거두어들이되, 만일 혹시라도 여객주인 가운데 숨기고 몰래 서로 매매하여 나누는 폐단으로 (수세를) 완강히 거부하며 방해하는 자는 우선 태거(汰去)[258]하고 착실한 합당자로 정해서 그로 하여금 착실히 거행하게 하라. 죄를 범한 자는 본 부에 고하여 각별히 엄벌에 처해 후일의 폐단을 막는 바탕이 되게 함이 마땅할 것.

여산황산포구 수세감관처(處)

을유 8월 24일 전령 여산황산포구 수세감관처 제중원 송(送)

256) 문서 구성에서 오른쪽 뒤에 나오는 내용을 지칭하는 것 같다.
257) 포구에서 거래 과정에 개입하여 그 사례로 받는 돈을 말한다.
258) 죄과가 있는 하급 벼슬아치나 구실아치를 파면하는 것을 말한다.

傳令

右令爲知悉擧行事 每朔收稅各項口文入捧例數 一一修成冊 上送本衙門 以爲憑準爲? 上納錢一千五百兩 來九月初旬前來納 以爲時急公用是遣 收稅等節 復舊例準捧是矣 若或有旅客主人中 隱分潛相買賣之弊 頑拒沮戱者 爲先汰去後 以着實可合人差定使之恪勤擧行是? 犯罪之漢 告于本府 各別嚴繩 以杜後弊之地宜當者.

礪山黃山浦口 收稅監官處

乙酉 八月 二十四日 傳令 礪山黃山浦口 收稅監官處 濟衆院 送

18851002

팔도사도삼항구일기, 규18083 제2책 (을유 8월 24일, 1885년 10월 2일a)

Diaries of Three Harbors in Eight Provinces and Four Cities, Kyujanggak 18083 (Oct. 2nd, 1885a)

관(關)

우령(右令)을 알려서 거행할 일이다. 하교를 받들어 본 포구의 선상객주를 복구하여 다시 설치하여 제중원에 부속하고 별도의 감관을 정해 내려 보내 이로써 수세하거니와, 각항의 구문(口文)도 전례에 따라 거두어 납부하되, 만일 혹시라도 여객주인 가운데 숨기어 나누는 폐단으로 (수세를) 완강히 거부하며 방해하는 자는 대당 감관이 이름을 지명하여 본부에 고과(告課)[259]하면 장교를 정해 본 아문으로 압송해 법에 따라 판결하여 엄히 다스려 영구히 후일의 폐단을 막되, 이러한 뜻을 벽에 게시하여 위반함이 없게 영구히 준행함이 마땅하다.

황산포구 선여객주인 처(處)
을유 8월 24일 전령 황산포구 선여객주인처 제중원 송(送)

關

右令爲惕念擧行事 奉承下敎 本浦口船旅客主人 復舊例更設 付屬濟衆院是遣 別定監官下送 以爲收稅是在果 各項口文 依前例捧納是矣 如或有旅客主人中 隱分之弊 頑拒沮戲者 該監官指名告課于本府 定將校押送本衙門 照律嚴繩 永杜後弊矣 以此意揭壁 俾無違越 永久遵行宜當者.

黃山浦口 船旅客主人處
同日 乙酉 八月 二十四日 傳令 黃山浦口 船旅客主人處 濟衆院送

259) 하인이나 하급관리가 윗사람이나 상관에게 보고하는 일을 말한다.

18851002

팔도사도삼항구일기, 규18083 제2책 (을유 8월 24일, 1885년 10월 2일b)

Diaries of Three Harbors in Eight Provinces and Four Cities, Kyujanggak 18083 (Oct. 2nd, 1885b)

관(關)

운운하길, 전교를 받들어 제중원을 설치하고 의약을 구매하는 공용(公用)을 마련함에 여러 가지 어려움이 있다. 고로 본 도의 구성부(龜城府) 청량동(淸梁洞) 일대 주변 10리의 땅이 전부터 버려져 비어있는 땅이고 매어있지도 않은데도 해당 동에 거주하는 백성은 이를 마음대로 개간하지 못한다고 운운하고 있다. 거주하는 백성들로 하여금 특별히 새로 개간함을 허락하여 이로써 산업을 ? 힘입고 매년 거두는 도세(賭稅)[260]는 영구히 본 아문에 부속하고 제중원에서 이로써 경용(經用)을 보충케 하고, 세를 거두는 감관은 본 아문에서 임명한다. 이에 이로써 관문을 내려 보내기에, 도착하는 즉시 해당 (구성)부에 관문을 보내 즉시 개간하여 지체되지 않게 하고, 관문이 도착한 일시와 거행한 상황 또한 즉시 보고함이 마땅하다.

감관 김화형(金華衡), 이연환(李連煥)을 정하여 내려 보냄

구성부

을유 9월 24일 關龜城府 濟衆院送

260) 남의 논밭을 빌려서 부치고 논밭을 빌린 대가로 해마다 내는 벼를 말한다.

關

云云 奉承傳敎 設置濟衆院 醫藥購貿公用 萬難支辦 故本道龜城府淸梁洞一周回十里之地段 自前廢棄空虛之地 又無所係也 然而該洞居民 不得擅墾云 使居民輩 特許新闢起墾 以爲聊?産業 而每年收賭段 永付「本衙門」 濟衆院 以補經用是遣 捧稅監官 自本衙門差定 玆以發關下送爲去乎 到卽發關該府 卽爲起墾 無至遲滯是? 關到日時 擧行形止 亦卽馳報之地宜當者.

監官 金華衡 李連煥 差定下送

龜城府
乙酉 八月 二十四日 關龜城府 濟衆院送

18851004

알렌 박사의 일기 제1권(1883~1886년) (1885년 10월 4일)

1885년 10월 4일 (일)

오늘은 상당히 흥분된 하루이었다. 러시아 공사 베베르,[261] 애스톤 씨를 대신한 영국 총영사 베버[262]와 대원군 모두가 제물포에 도착하였고, 조만간 이곳으로 올라올 것으로 예상된다. 영국 정부는 나의 영사관 의사 임명을 확인함으로써 나의 계약을 승인하였다. 중국 공사 또한 내가 그를 개인적으로 진료하도록 조치하였다.

이런 계약에 의한 수입은 현재 2,695달러에 이른다. 일전에 외아문 독판이 방문하여 "우리의 대군주께서는 당신을 높이 평가하며, 만일 당신이 혼자 온다면 궁궐 내에서 자유롭게 즐길 수 있도록 하겠다."고 말함으로써 현재의 궁궐에서 나에 대한 특권을 허락해주었다.

일본의 H. 루미스 씨는 지난 주부터 이곳에 체류하고 있으며, 나는 그와 함께 구궁(舊宮)을 구경시켜 주었다. 콜레라는 아직 발생하지 않았다.

---

261) 카를 I. 베베르(Carl Ivanovich Waeber, 1841. 6. 17~1819. 1. 8)는 1865년 상트페테르부르크 대학 동양학부를 졸업하고 러시아 외무성에 들어갔다. 그는 베이징 공사관 서기, 1882년 톈진의 러시아 영사로 활동하였다. 그는 1884년 6월 23일 전권대사의 자격으로 내한하여 7월 7일 체결된 조러수호통상조약문에 서명하였으며, 1885년 10월 한국 주재 첫 러시아 공사로 내한하였다. 1894년 잠시 청나라로 파견되었다가 동학농민운동 이후 다시 한국으로 파견되었다. 그는 1895년의 을미사변을 흥선대원군이 일으킨 것이라며 진실을 은폐하려는 일본에 항의하였고, 1896년 아관파천을 성공시켰다. 이를 계기로 이완용을 필두로 한 친러 내각이 조직되었다. 그는 1897년까지 공사로 활동하다가 귀국하였다.

262) E. 콜번 베버(Edward Colborne Baber, 1843. 4. 30~1890. 6. 16)는 영국 덜위치에서 태어나 1867년 캠브리지 대학교를 졸업하였다. 그는 재학 중 중국어를 배웠고, 졸업 전 학생 통역 자격을 얻었다. 졸업 직후 베이징의 영국 공사관의 조수로서 임용되었으며, 1871~72년에는 주장[九江], 1872~74년에는 타이완의 대리 부영사직을 맡았으며, 1875~76년에는 버마에서 특수 업무를 수행하였다. 그는 1879년부터 1886년까지 베이징 주재 영국 공사관의 서기관으로 활동하였으며, 1885년 10월부터 1886년 11월 24일까지 한국 주재 총영사 대리로 활동하였다. 이어 버마의 바모(Bhamo) 영국 주재관으로 부임하였다가 사망하였다.

Dr. Allen's Diary No. 1 (1883~1886) (Oct. 4th, 1885)

Oct. 4[th, 1885 (Sun.)]

Today is rather an exciting one. The Russian Minister Waeber, the English Consul General Baber who takes Mr. Aston's place, and the Tywan Khun have all arrived at Chemulpoo, and are expected up here hourly. My agreement has been ratified by the English Government confirming my appointment as Consular surgeon. The Chinese Minister has also arranged with me to do his personal work.

The income from contract work now reaches $2,695. The President of the Foreign Office called the other day and extended to me the liberties of the present Palace saying that "Our country's King thinks highly of you and if you come alone he would like to have you use the Palace grounds for pleasure."

Mr. H. Loomis of Japan has been here the past week and I took him for a visit to the Old Palace. No cholera has as yet appeared.

18851005

알렌 박사의 일기 제1권(1883~1886년) (1885년 10월 5일)

1885년 10월 5일 (月)

대원군이 오늘 도착하였다. 병원 직원들은 나를 위해 방 하나를 잡아 주었으며, 나는 루미스 씨를 데리고 구경하러 갔다. 왕의 행렬은 일반적인 일이었지만, 대원군은 중국 해병대의 호위를 받으며 왔다. 중국의 왕 제독[263], 그리고 해관의 신임 총세무사 메릴이 그와 함께 왔다.

Dr. Allen's Diary No. 1 (1883~1886) (Oct. 5th, 1885)

Oct. 5[th, 1885 (Mon.)]

The Tywan Khun arrived today. The hospital officers engaged a room for me and I took Mr. Loomis to see it. The procession of the King was the usual thing but the royal father was brought in by an escort of Chinese Marines. General Wang came with him as also the new Custom Officer Merrill.

263) 리홍장이 대원군의 호송위원으로 위안스카이와 함께 임명한 사람은 총병(摠兵) 왕용성[王永勝]이었다.

헨리 F. 메릴(Henry Ferdinand Merrill)

그림 6-61. 헨리 F. 메릴

헨리 F. 메릴(1853. 6. 16~1935. 7. 10)은 미국 버몬트 주에서 출생하였으며, 1874년 하버드 대학을 졸업하고 중국 세관에서 활동을 시작하였다. 1884년 타이완 타카오 세관의 대리 세무사로 임명된 그는 러시아와 협력하는 것이 발각되어 해임된 한국 세관의 묄렌도르프 후임으로 1885년 10월 중국 총세무사인 로버트 하트(Robert Hart, 1835~1911)에 의해 한국의 세무사로 파견되었다. 그는 위안스카이의 훈령대로 한국 해관을 중국 해관의 일부로 개편하였지만 밀수 행위를 엄격히 단속함으로써 리홍장 및 위안스카이의 반발을 사게 되었다. 그는 1889년 11월 휴가차 미국으로 귀국함으로써 자연스럽게 사임하였다. 그는 1892년부터 1897년까지 중국 세관의 세무사이었으며, 1899년부터 1904년까지 중국의 여러 곳에서 우편 업무의 설립을 도왔다. 이후 몇 곳의 세무사로 활동하다가 1916년 은퇴하여 미국으로 귀국하였다.

18851007

알렌 박사의 일기 제1권(1883~1886년) (1885년 10월 7일)

1885년 10월 7일 (수)

나는 오늘 가구 거리에 누워 있는 두 구의 시체를 지나왔다. 그들은 머리, 손, 그리고 발이 잘려 있는 남자들이었다. 이렇게 일이 일어났다. 왕비는 대원군을 매우 두려워하고 있다. 궁궐에서 외교 사절을 위해 연회를 베풀고 어느 정도 시간이 지났을 때, 왕과 왕비는 큰 연꽃 연못에서 유람선의 가리개 뒤에서 풍경을 즐겼다. 잔인한 '이세벨'은 왕에게 평소와 달리 상냥하게 대하였고,[264] 그녀가 거의 죽을 뻔 했던 '81년의 사건에 참여하였다고 추정되는 모든 사람들을 죽인다는 왕실의 칙령을 발표하게 하였다.[265] 결과적으로 불쌍한 부하가 잡혀 들어가 고문을 받은 끝에 약 30명의 이름을 자백하였다. 이 사람들은 위에서 언급한 두 명과 같은 방식으로 처리되었다. 대원군이 이 사태의 본질적인 선동자였기 때문에, 아마도 그녀는 그의 머리를 원할 것이다. 물론 그녀는 그러기를 원한다.

러시아 인들이 이곳에 있으며, 우리가 있는 곳 서쪽의 부지를 공사관으로 사용할 것이다. 그러면 우리는 (여러 공관에 의해) 잘 둘러싸이게 된다.

북쪽 국경을 두고 러시아, 중국 그리고 한국 사이에 분쟁이 있다.[266] 러시아는 아래쪽으로 두만강까지를 주장하고 있다. 중국은 국경이 두만강을 따라 바다까지 뻗으며, 그래서 러시아와 한국을 분리한다고 주장하고 있다. 감독관이 임명되었다.

---

264) 이세벨은 이스라엘 왕 아합(Ahab)의 왕비인데, 왕비가 된 후 바알의 제사장을 끌어들여 숭배를 강요하다가 갈멜 산에서 여호와의 예언자인 엘리야와 대결에서 패하였다. 알렌은 민비를 이세벨에 비유한 것이다.

265) 1881년이 아니라 1882년의 임오군란을 의미한다.

266) 녹둔도(鹿屯島)는 두만강 하류의 함경북도 경흥군 조산리에서 약 4 킬로미터 정도 떨어져 있는 섬인데, 현재는 토사가 퇴적되어 연해주 쪽으로 연결되어 있다. 이 섬은 원래 한국 고유의 영토이며, 세종 때 여진족의 막기 위해 섬에 토성을 쌓고 병사들이 방비하였다. 그런데 1860년 청나라와 러시아가 베이징 조약을 체결하면서 청나라의 영토이었던 연해주 일대가 제정 러시아로 넘어갈 때 녹둔도도 러시아에 귀속되었다. 이를 해결하기 위해 1885년 4월에 감계사(勘界使) 이중하(李重夏, 1843~1917)가 임명되었다.

Dr. Allen's Diary No. 1 (1883~1886) (Oct. 7th, 1885)

Oct. 7[th, 1885 (Wed.)]

Today I passed two bodies lying in the furniture street. They were men with heads, hands, and feet cut off. It happens this way. The Queen is very fearful of the Tywan Khun. Some time since a banquet was given to the foreign representatives at the Palace, King and Queen enjoyed the sight behind the screens of a pleasure boat on the large lotus pond. The bloody "Jezebel" was unusually gracious to her lord and wormed out of him a royal decree that all persons supposed to have participated in the troubles of '81 when she came so near losing her life should die. Consequently a poor underling was taken and tortured till he confessed to some 30 names. These persons were treated in the same manner as the two above referred to. As the Tywon Khun was the principle instigator of these troubles perhaps she may want his head. Of course she would like to have it.

The Russians are here and will use the place to the west of us as a Legation. We are thus well surrounded.

A trouble exists between Russians, Chinese, and Koreans concerning the northern boundary. Russia claims that she comes down to the Tumen river. China claims that her territory extends along the Tumen to the sea and separates Russia from Corea. A commissioner is appointed.

18851007

호러스 N. 알렌(서울)이 프랭크 F. 엘린우드 (미국 북장로교회 총무)에게 보낸 편지 (1885년 10월 7일)

한국 서울,
1885년 10월 7일

F. F. 엘린우드 박사,
뉴욕시 센터 가(街) 23

친애하는 박사님께,

헤론 박사가 부재중일 때 콜레라 예방과 우역(牛疫)의 확산과 관련된 별도의 일 때문에 편지를 쓰기에 너무 바빴습니다. 하지만 저는 이제 드러나고 있는 어떤 일들을 주목하고 있습니다. 우선 제물포에 콜레라 환자 몇 명이 도착하였을 때, 외국인들에게 무엇을 해야 할지에 대한 회람을 보냈다는 것을 말씀드립니다. 저는 또한 외아문에 위험을 알렸으며, 예방을 위한 방향을 정하였습니다. 포크 씨는 그들이 그것과 관련해 아무것도 하지 않을 것임을 저에게 단언하였지만, 그들은 나에게 고마워하였을 뿐만 아니라 즉시 저의 지시에 따라 일을 시작하였으며, 우리는 콜레라에서 벗어났습니다. 왕은 저에게 감사의 뜻을 전하기 위하여 외아문 독판을 보내었으며, 현재 궁궐에서의 특권을 확대시켜 주었습니다.

서울과 베이징을 연결하는 지상선의 한 부분으로서 제물포에서 서울까지의 전신선이 완공되었는데, 러시아의 활동에 대해 즉시 중국에 알리게 됩니다. 한국인들은 이 전신선을 요청하지 않았으며, 이것이 실제로 설치되자 대단히 놀랐습니다. 그(한국인)들은 할 수 있다면 이것을 파괴하고 싶었을 것인데, 그것은 자신들이 몹시 원하였던 것이 전신선이었기 때문이 아니라, 중국이 자신들이 원하는 대로 이곳에 설치한 후 한국에 대해 20년 간 매년 15,000달러를 지불하도록 강요하고 그들에게 또 다른 강력한 지배력을 주었기 때문이었습니다. 그 지불금을 확보하기 위하여 중국은 그들의 세관원 중 한 명인 메릴이라는 이름을 가진 미국인을 신임 총세무사로 임명하기 위하여 파견하였습니다. 한국인들은 미국인을 원하였고, 이 사람이 중국인의 앞잡이가 되지 않는다면 틀림없이 (한국인들의 요청에 대한) 답이 될 것입니다. 그(중국인)들은 그가 오는 것을 막으려 노력하였는데, 그는 지금 이곳에 있으며 (중국은) 그가 무엇을 해야 할지 모르고 있습니다. 묄렌도르프는 안도해 하는 것 같습니다. 그의 사람 중 한 명(A. B. 스트리플링)이 대리 세관원이지만, 묄렌도르프는 이전처럼 지시를 하고 있습니다. 그는 만일 사람들이 메릴을 거부한다면 자신은 안전하고 스트리플링은 계속 일을 할 것이지만, 만일 그를 택한다면 러시아는 자신들이 바라는 기회를 가지게 될 것인데, 만일 중국이 세관원을 파견하는 것을 주장할 권리를 갖는다면 자신들은 잘 알려진 비밀 조약에 따라 40명의 장교를 파견할 권리가 있다는 것을 주장할 것이라고 말하고 있습니다. 게다가 40명의 러시아 장교가 이 나라를 담당하게 되면, 영국은 자신들이 점령하고 있는 거문도가 작은 조각에 불과하다고 생각할 것입니다.

이 전신선은 또한 일본과 중국 사이에 문제도 야기하고 있습니다. 일본이 부산까지 전신선을 놓는 것을 고려할 때, 그들은 이 나라의 전신선 설치에 대한 독점권을 받았으며, 당연히 현재의 사태를 좋아하지 않습니다. 러시아 공사와 수행원은 도착하였으며, 이전 외국인들에게 보여주지 않았던 호의를 받았는데, 도시의 성문은 밤 이후 그들이 들어올 수 있도록 열려 있었습니다.

또한 대원군(전 섭정)이 돌아왔습니다. 왕족들은 몹시 두려워하고 있는데, 특히 시아버지의 손에 목숨을 거의 잃을 뻔 했던 왕비가 그러합니다. 한국인들은 일종의 마비 상태에 빠진 것 같습니다. 그들은 양측에 대해 의견을 갖고 있지 않지만, 대체로 이것이 좋은 것을 위한 것이기를 바라고 있습니다. 그들은 현 정부가 측은할 정도로 약하다는 것을 알고 있으며, 또한 이 남자(대원군)가 비록 잔인하지만 현시대에서 어떤 사람보다 더 그들을 위해 일을 하였다는 것을 알고 있어 그에게 기회를 주려는 생각을 선호합니다. 전 섭정이 자신을 마중하기 위해 제물포로 갔던 수 천 명의 추종자들에게 연설을 할 때, 백성들과 이 위대한 사람은 모두 슬퍼하였습니다. 이틀 전 왕과 도시 전체는 왕의 아버지를 맞이하기 위해 나갔습니다.

왕비는 최근 그녀가 훌륭한 사람됨을 보여주었습니다. 그녀는 외국인 및 한국인 관리들을 위한 연회를 궁궐에서 베풀었습니다. 그녀는 왕과 함께 큰 여름 정자가 지어져 있는 연꽃이 핀 연못에서 큰 배를 타면서 그 광경을 즐겼습니다. 그녀는 남편에게 전에 없이 정중하였으며 왕으로부터 칙령을 받아내었습니다. 며칠 내에 1881년 사건 이후 지방으로 가버렸던 불쌍한 사람은 체포되었고, 방금 돌아왔습니다. 그것은 모두 그에게 불리한 증거이었으며, 그는 투옥되어 자백할 때까지 맞은 끝에 이 사건과 연루되어 있다고 약 30여 명의 명단을 말하였습니다. 이 사람들은 체포되었고, 어제 그들의 머리와 수족이 잘렸습니다. 그것들 중 두 개는 우리 집 문과 가까운 거리에 버려졌는데, 다른 것들은 본보기로서 도성 곳곳에 버려졌습니다. 한국인들조차도 이것은 전 섭정을 미워하는 왕비가 그와 백성들을 위협하기 위한 시위에 불과하다고 알고 있습니다. 만약 그 늙은이가 중국에서 어떤 좋은 추진력을 받았다면, 그것들을 파괴할 것이며, 왕비의 머리는 대단히 안전하지 않을 것으로 생각됩니다.

영국의 신임 총영사[베버]가 애스톤 총영사를 대신하여 왔습니다. 우리는 우리(미국) 정부가 이 상황을 이해하고 있는 이곳의 유일한 사람인 포크 씨를 지금 교체하지 않을까 매우 걱정하고 있습니다. 이를 위해 만약 저에게 시간이 있다면 뉴욕 헤럴드에 편지를 쓰려 생각하고 있습니다. 제가 그렇게 하는 경우 저는 그것을 박사님께 보낼 것이며, 만일 박사님께서 이것이 적절하다고 생각하시다면 그것이 공표되도록 알아봐 주십시오.

최근 저는 담당 의료인으로서 세관의 무역 보고서를 위한 의료 보고서를 작성하느라 매우 바빴습니다. 비록 담당자가 백성들의 감정에 상처를 주지 않기 위해 (의학적 관점에서) 중요한 부분을 삭제하겠다고 고집하였기 때문에 저는 매우 실망스럽지만, 출판이 되면 박사님께 사본 한 부를 보내 드리겠습니다.[267)]

저는 정치적 관심사 한 가지를 더 말씀드리겠습니다. 러시아는 두만강이 러시아와 한국 사이의 국경선이라고 말합니다. 중국과 한국은 그렇지 않다고 이야기합니다.

한국은 두만강까지 뻗어 있습니다. 그리고 러시아는 해안을 따라 그 강의 어귀까지 내려갑니다. 중국도 그와 같으며, 세 나라는 두만강 어귀에서 만납니다. 하지만 중국은 러시아 국경이 제가 점선으로부터 바다 쪽으로 가로질러 그은 굵은 선에 해당하는 선에 의해 잘린다고 말합니다. 그런 경우 러시아는 한국과 인접하지 않게 되며 중국은 그곳의 작은 해안 조각을 갖게 됩니다. 한국은 중국 편이지만, 강 전체를 주장합니다. 그 문제를 해결하기 위해 관리를 파견하였으며, 다시 한 번 '코미로프와 헌트'일 것입니다.

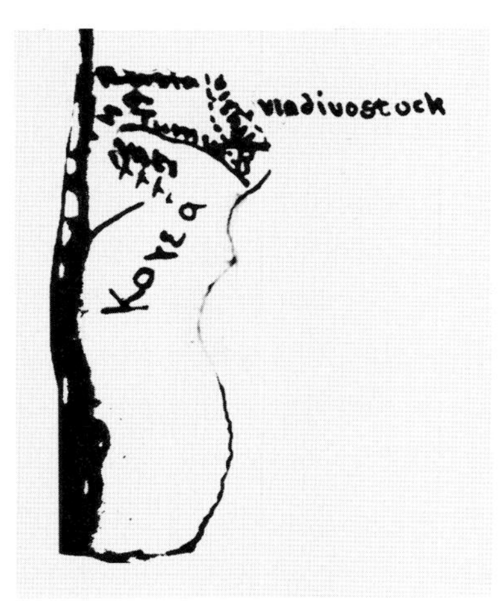

그림 6-62. 알렌이 직접 그린 두만강 하구와 녹둔도

요코하마의 루미스 씨는 우리와 함께 머물고 있으며, 일에 대해 대단히 열

267) H. N. Allen, Dr. H. N. Allen's Report on the Health of Seoul (Corea). *Medical Report, for the Half-Year Ended 30th September 1885. China Imperial Maritime Customs No. 30*, pp. 17~30

정적인 것 같아 보입니다. 우리는 이곳에 이런 사람이 늘 있기를 바라고 있습니다. 그는 성실하며, 세속적인 것이 영적인 것보다 앞서지 못하도록 합니다.

저는 미국 해군 전함 매리온 호의 함장이 우리를 방문하기 위해 오늘 오리라 기대하고 있으며, 그래서 더욱 바쁠 것입니다.

병원은 어느 때보다 더 좋은 기반 위에 있으며, 최대한 운영되고 있습니다. 저의 최근 수술은 대단히 성공적이었습니다. 제가 박사님께 외아문 협판과 함께 병원 관리 중 한 명이 여자 의학생을 (농락)하는 조그만 문제가 있었다고 말씀드렸다고 생각합니다. 저는 왕이 알게 되어 진노할 때까지 아무것도 할 수 없었으며, 왕은 그 둘을 질책하였고 그 병원 관리를 강등시켰습니다.[268] 최근 일본에 있었던 새로운 사람이 임명되었습니다.[269] 그는 좋은 사람이며, 루미스 씨는 그가 장로교회 교인이라고 밝혔지만, 그는 그런 주제에 대해 이야기하는 것에 신경 쓰지 않고 안식일 등을 지키지 않는 등 다른 한국인들처럼 행동하기에, 저는 약간의 착오가 있었다고 생각하고 있습니다. 그는 천성적으로 좋은 사람입니다.

최근 제가 박사님께 제안한 두 건의 계획과 관련하여, 그들은 제가 편지를 썼을 때처럼 강력한 입장에 있습니다. 저는 최소한 매년 부산에서 1,000달러, 제물포에서 1,500달러를 벌 수 있습니다. 만약 루미스 씨가 말한 것처럼 박사님께서 새로운 선교지부를 개설하고 인력을 충분히 제공하는 것이 거의 불가능하다면, 서울에 집중하는 것이 더 나을 것입니다. 제가 박사님께 여러 차례 언급했듯이, 박사님은 다른 목사가 매우 필요할 것입니다. 언더우드 씨는 낯선 환경을 이겨내고 처음에 모든 것을 거의 깨트릴 정도인 것을 알고 난 후, 안정을 찾고 열심히 일에 전념하여 진정으로 놀라운 진전을 이루었습니다. 그는 나이에 비해 젊어 보이며, 조금 더 나이가 들면 영향력 있는 사람이 될 것입니다.

박사님께서 이곳에 대단히 필요한 한 사람이 있는데, 저의 길을 명확히 알았더라면 오래 전에 요청하였을 것입니다. 그것은 여의사입니다. 만일 이곳에 한 사람이 있다면, 저는 내일 왕궁으로 그녀를 보낼 수 있으며 만일 그녀가 일단 왕비의 신임을 얻는다면 가장 영광스러운 일을 할 수 있을 뿐 아니라 한국의 미래도 안정될 것입니다. 저는 감리교회에서 한 명을 파송할지 매우 걱정스러우며, 만약 그렇게 한다면 저는 배제되고 우리의 지위는 잃게 될 것입니다. 따라서 저는 루미스 씨에게 일본에서 올 수 있는 여성이 없는지 물어보았습니다. 그는 자신이 확실하게 적합하다고 생각하는 한 사람을 언급하였는데, 가나자와[金澤]에서 활동하는 포터 씨의 아내입니다.[270] 저는 포터 씨를 아는데, 그는 목사로서 매우 적합하다고

268) 병원 관리는 제중원 개원과 함께 임명되었던 신낙균(申樂均)이다.
269) 1885년 8월 23일 임명된 손붕구(孫鵬九)이다.

생각하며 동시에 일본에 대한 지식은 헤아릴 수 없는 도움이 될 것입니다. 그 숙녀는 경험이 있으며 결혼하였기에 갓 졸업한 사람보다 50%는 더 나을 것입니다. 저는 루미스 씨에게 이 사람들이 (한국을) 방문하여 선교지가 어떻게 열릴 것인지, 제가 왕궁에서 그들을 위해 무엇을 할 수 있는지에 살펴보도록 설득해 달라고 요청하였습니다. 만약 권할 만 하다면, 박사님은 그들이 남을지 말지에 대해 지시하고 싶은 지의 여부를 아실 것입니다.

감리교회 사람들은 열심히 노력하고 있습니다. 그들은 제가 누리고 있는 도움과 동일하게 자신들이 받지 못하고 있다는 등등의 불평을 함으로써 포크 씨와 영원히 소원해졌습니다. 스크랜턴 씨는 제가 제물포에 있어 부재중일 때 저의 환자들 중 한 명을 저에게서 멀어지게 하려고 노력하였고 그에게 어떤 약을 복용하게 하였는데, 제가 떠났을 때 거의 회복되었던 그가 돌아 왔을 때 이전보다 더 나빠졌음을 알게 되었으며 스크랜턴 박사는 그가 갖고 있던 조그만 영향력마저 잃었습니다.

중국 공사는 저와 계약을 맺었는데, 그의 개인적인 진료를 하되 약품비를 포함하여 100달러를 주겠다는 내용입니다. 영문 계약서에 서명하였습니다. 우리의 계약 수입은 현재 2,695달러이며, 그중 150달러만 불확실한 상태입니다. 저는 지금 러시아 인을 진료하기를 바라고 있습니다.

박사님께 보낸 저의 최근 편지는 다소 우울한 것이었습니다. 지금은 한층 나아졌으며, 매우 기쁜 마음으로 저의 일을 할 수 있게 되었습니다. 저는 물 대신 맥주와 적포도주를 마시고 있으며, 그것으로 점차 좋아지고 있습니다. 저는 상하이에서 그것을 먹으라고 조언을 들었으며 이후 여러 차례 들었지만, 저의 근본 방침과 경비 때문에 그렇게 하지 않았으며, 최근 저에게 한다스의 맥주를 선물로 받아 그것을 먹으니 좋아져 작은 창고에 저장해 두었습니다.

---

270) 제임스 B. 포터(James Boyd Porter, 1854. 10. 16~1904. 9. 30)는 테네시 주의 라이스빌에서 출생하여 1877년 메리빌 대학을, 1880년 프린스턴 신학교를 졸업하였다. 존 W. 헤론 박사의 친구이었던 그는 목사 안수를 받고 테네시 주에서 잠시 목회 활동을 한 후 미국 북장로교회 해외선교본부에 의해 일본 서부 선교부의 선교사로 임명되어 1881년부터 가나자와와 오사카에서 활동하였다. 이후 1888년까지 가나자와에서 교사로 활동하였으며, 1884년 10월 16일 같은 선교부의 여의사 새러 K. 커밍스와 결혼하였다. 새러 K. 커밍스(Sarah Keyporte Cummings, 1847. 7. 27~1925. 6. 4)는 펜실베이니아 주 윌리엄스포트에서 태어나 인디애나 주로 이주하였으며, 동종요법대학을 졸업한 후 시카고 여자의과대학에 입학하여 1883년 졸업하였다. 그녀는 미국 북장로교회의 여자 해외선교회로부터 선교사로 임명되어 1883년 10월 일본 가나자와로 파송되었다. 자신의 진료가 교육을 더 잘 받고 설비가 좋은 일본인 의사들로부터 적의를 일으킬 수 있다는 것은 알게 된 그녀는 다른 형태의 선교 사역에 주로 헌신하였다.

그들은 1900년 선교사직을 사임하기까지 오사카와 교토에서 활동을 벌였다. 제임스는 귀국 후 인디애나에서 목회 활동을 하다가 1904년 뉴저지 주에서 사망하였다. 새러는 1910년경부터 미주리 주 세인트루이스에서 살았다.

박사님께서 새 가족을 보내시는 경우 우리는 얼마동안 그들을 잘 돌볼 수 있습니다. 언더우드 씨는 대부분의 방이 비어 있는 큰 집을 갖고 있습니다. 우리는 손님방 하나를, 헤론 박사는 두 개가 갖고 있습니다. 우리 구내의 다른 집만큼 넓은 새집을 우리의 구내에 건축할 수 있습니다. 이곳 주위의 대지 가격은 올랐으며, 그래서 이것을 사기 위해 지불하기는 거의 어려울 것입니다. 현재 우리의 구역은 서쪽으로는 러시아인이, 동쪽으로는 미국인과 영국인들이, 북쪽에는 정부의 땅이, 남쪽에는 감리교회의 땅이 있습니다. 우리는 어느 지역이든 최고의 접근성을 갖고 있으며, 도시에서 가장 값이 비싼 지역이라고 생각합니다.

안녕히 계십시오.
H. N. 알렌

Horace N. Allen (Seoul), Letter to Frank F. Ellinwood (Sec., BFM, PCUSA) (Oct. 7th, 1885)

Seoul, Korea,
Oct. 7, 85

Dr. F. F. Ellinwood,
23 Center St., N. Y.

My dear Doctor,

In the absence of Dr. Heron, coupled with the extra work connected with the prevention of Cholera and the spread of the cattle Plague, I have been too busy to write. But certain things now transpiring demand attention. I would say first that on the arrival of a couple of cases of Cholera at Chemulpoo, I sent a circular letter giving directions to the foreigners as to what to do. I also informed the Foreign Office of the danger and laid down a course for prevention. Mr. Foulk assured me they would do nothing about it, but they not only thanked me but set at work at once to follow out my directions and we have escaped the cholera.

The King sent the President of the Foreign Office to thank me and extend to me the liberties of the present Palace.

The telegraph line has been completed from Chemulpoo to Seoul, being a part of the overland line which is to connect Seoul with Peking and keep China promptly notified in regard to the actions of the Russians. The Koreans did not ask for this line and were very surprised when it really came. They would destroy it if they could, not because it is a telegraph line for they want one badly, but because China put it here as she did, thus compelling the Koreans to pay $15,000 annually for twenty years, and giving them another strong hold. To secure the payment they have sent one of their customs men, an American named Merill, to be the new Inspector General. The people want an American and this man would doubtless answer were it not that he is a tool of China. They have tried to prevent his coming and now that he is here they don't know what to do. Mullendorf seems to feel safe. One of his men (A. B. Stripling) is acting Inspector, but Mullendorf directs as usual. He says he is safe for if the people refuse Merrill. Stripling will be continued, if they take him then Russia has just the opportunity they wish for they intend to say that if China has the right to insist on sending a customs officer, we shall insist on sending the forty military officers called for in the noted secret treaty. Then with forty Russians in charge of the country, England would think her Port Hamilton rather a small slice.

This telegraph line is also causing trouble between Japan and China. As a consideration for Japan's laying a cable to Fusan they were given the sole right to establish the telegraph lines of the country, and naturally they do not like the present aspect of things. The Russian Minister and suite have arrived and have been shown a favor never before shown to a foreigner, the city gates were left open for their entrance after night.

Also the Tywan Khun (Ex regent) has returned. The Royal family are in great terror, especially the Queen, who came so near losing her life at the hands of her royal father-in-law. The people seem sort of paralyzed. They have no opinion on either side, yet as a rule they hope it may be for good. They know the pitiable weakness of the present government, they also know that this man, though bloody, did more for them than any one person in modem times and they rather like the idea of giving him a trial. At a speech made by the Ex regent to a few thousand of his people who had gone to Chemulpoo to meet him, both the people and the great man wept. The King and the whole city turned out to meet the royal father day before yesterday.

The Queen has given a good demonstration of her character recently. She gave a banquet at the Palace to the foreign and native officials. She, with the King, enjoyed the scene in a large boat sailing in the lotus pond in which the large summer pavilion is built. She was unusually gracious to her lord and evidently wormed out of him a Royal decree, for in a few days a poor fellow was arrested who had gone to the country just after the troubles in 1881, and had just returned. That was all the evidence against him, but he was imprisoned and beaten till he confessed and gave a long list of names, some thirty, of persons whom he said were implicated in that trouble. These persons were taken and on yesterday their heads, hands and feet were cut off. Two of them lay in the street almost at our door and others are scattered about as examples to the whole city. It is known even by the Koreans to be but a demonstration by the hated Queen against the Ex Regent, to intimidate both him and the people. If the old man has gotten any good impulses in China, this will destroy them and it is thought that the Queen's head is not very safe.

The new English Consul General (Baber) has come to relieve the Consul General Aston. We are very anxious that our Government should not relieve Mr. Foulk just now, as he is the only one here who understands the situation. To this end I think of writing a letter for the New York Herald if I can get time. In case I do so, I will send it to you and if you think it to the point, please see that it is published.

I have been very busy of late getting up a medical report for the Customs Trade Report, as medical officer. When published I will send you a copy, though I am greatly disappointed because the authorities insist on cutting out the best parts (from medical standpoint) in order not to hurt the feelings of this people.

I should mention one more matter of political interest. The Russians say that the Toumain river is the boundary line between them and Korea. China and Korea say not.

It is this way Korea extends up to the Tumen river. And Russia dips down along the coast to the mouth of that river. China does the same and all three powers meet in the mouth of the Tumen. China says however, that the Russian territory is cut off by a line corresponding to the heavy line I have run across from the dotted line to the sea. In which case Russia does not touch Korea, and China has a bit of sea coast there. The Koreans side with China but claim the whole river. A Commissioner has been sent up to settle the matter and it may be 'Kornicoff and Hunt' over again.

Mr. Loomis of Yokohama is stopping with us and seems very enthusiastic over the work. I wish we could have such a man here all the time, he is earnest and doesn't let the temporal get ahead of the spiritual.

I am expecting the Capt. of the U. S. S. Marion to come today for a visit with us, so my time will be even more fully occupied.

The hospital is on better foundation than ever and is running at full speed. My operations have of late been unusually successful. I think I told you about a little trouble I had with one of the officials who, with the President of the Foreign Office, was treffling with the female students. I could get nothing done till it was brought to the King who became wroth, reprimanded them both and degraded the hospital officer. A new man has been appointed who was recently in Japan. He is a fine fellow and Mr. Loomis declares he is member of the Presbyterian Church, but he does not care to talk on such subjects and acts like other Koreans in not observing the Sabbath, etc. so that I think there may be some mistake. He is the making of a good man.

In regard to the two projects which I proposed to you recently, they hold as forcibly as when I wrote. I could get at least $1,000 a year at Fusan and $1,500 at Chemulpoo. Yet if, as Mr. Loomis says, it will be almost impossible for you to open up a new station and man it sufficiently, then you had better concentrate on Seoul. As I have mentioned to you several times you need another minister badly. Mr. Underwood, after getting over his freshness and seeing how near he came to smashing everything at first, has settled down to hard work and has made really astonishing progress. He wears well and will be a strong man when he get a little older.

There is one person you need here badly and I should have urged it long ago had I seen my way clear. That is a lady physician. If we had one here, I could send her to the Palace tomorrow, and if she once won over the Queen, she would not only do a most glorious work but the future of Korea would be settled. I am very afraid that the Methodists will send one here, if they do, then I am out and our place is lost. I therefore spoke to Mr. Loomis and asked if there were not some available lady in Japan. He mentioned one that he was sure would suit, the wife of Mr. Porter of Kanazawa. I know Porter and think he would fill the bill as a minister, while their knowledge of Japanese would be of incalculable advantage. The lady having had experience and being married would be 50% better than a fresh graduate. I have asked Mr. Loomis to try and induce these people to come over on a visit to see how the field will open and what I can do for them at the Palace. Then if it seems advisable you will know whether you wish to order them to remain or not.

The Methodists have been trying a little too hard. They have succeeded in forever alienating Mr. Foulk by complaining that he wouldn't get them the same favor I enjoy etc., etc. Dr. Scranton tried to get one of my patients away from me while I was absent at Chemulpoo, he got the man to take some medicine, and whereas I left him nearly well, I found him worse than ever on my return and Dr. S. has lost what little hold he had there.

The Chinese Minister made a contract with me to do his personal work for $100.00 a year, medicines included. The English contract has been ratified. Our contract income is now $2,695, only $150.00 of which is at all doubtful. I hope to get the Russians now.

My last letter to you was rather a blue one. I am better now and can do my work with the greatest of pleasure. I am drinking beer and Claret instead of water and am improving on it. I was advised in Shanghai to do it, also many times since but the principle and expense of the habit kept me from it, till a dozen beer was presented me recently and I improved so well on it that I laid in a small stock.

In case you send a new family, we can accommodate them well for some time. Mr. Underwood has a large house mostly unoccupied. We have one guest room, Heron has two. A new house could well be erected in our _______ which is as large as any of our compounds. Property around here has gone up so that it would hardly pay to buy. Our place now has the Russians on the west, American & English on the East, Govn't grounds on the north, Methodists on the south. We have the best approach of any of the places and I think our place is the most valuable piece in town.

With kind regards,

I remain, Dear Doctor

Yours truly,

H. N. Allen

18851009

호러스 N. 알렌(서울)이 프랭크 F. 엘린우드 (미국 북장로교회 총무)에게 보낸 편지 (1885년 10월 9일)

한국 서울,
1885년 10월 9일

F. F. 엘린우드 박사,
뉴욕시 센터 가(街) 23

박사님께 *New York Herald*에,[271] 혹은 만일 그들이 관심을 두지 않는다면 박사님의 출판물에 기고하기 위한 한국에 관련된 기사를 동봉하여 보내드립니다. 이 기사는 그것을 교정하고 승인한 포크 씨 자신에 관한 개인적인 문제를 제외하고 미국인들에게 관심을 끌 수밖에 없는 문제를 담고 있습니다. 그는 정부와 관련된 자료를 출판을 위해 제공하지 말아야 한다고 생각하기 때문에 그것이 언급되는 것을 원하지 않습니다.

만약 원고료가 지급된다면 랜킨 씨와 거래하는 저의 계좌에 입금해주십시오. 그리고 저의 가족들은 항상 제가 편지를 쓸 시간보다 더 많은 이야기를 저로부터 듣고 싶어 하기 때문에, 박사님께서 친절을 베풀어 주셔서 오하이오 주 델라웨어 시의 저의 어머니 호러스 알렌 여사께 사본을 한두 부 보내주시면 감사하겠습니다.

안녕히 계십시오.
H. N. 알렌

271) *New York Herald*는 1835년 뉴욕에서 창간된, 미국에서 가장 대중적이고 유익한 일간지이었다. 1861년 당시 84,000부가 발행되었고, "세계에서 가장 널리 배포되는 신문"이라고 스스로 내세웠다. 이 신문은 1924년 경쟁 신문인 *New-York Tribune*과 병합되어 *New York Herald Tribune*이 되었다.

Horace N. Allen (Seoul), Letter to Frank F. Ellinwood (Sec., BFM, PCUSA) (Oct. 9th, 1885)

Seoul, Korea,
Oct., 9th, 85

Dr. F. F. Ellinwood,
23 Center St., N. Y.

I send you the enclosed article on Korea for publication in the *New York Herald*, or if they do not care for it, in your own publication. It contains matter that should be of interest to our people, and with the exception of the personal matter about himself, Mr. Foulk has corrected and approved of the article, but does not wish that stated, as he is not supposed to furnish government matter for publication.

If there should be any remuneration, place it to my account with Mr. Rankin. And as my people are always anxious to hear more from me than I have time to write, will you kindly send a copy or two to my Mother, Mrs. Horace Allen, Delaware, Ohio, and oblige

Yours Sincerely,
H. N. Allen

18851011

알렌 박사의 일기 제1권(1883~1886년) (1885년 10월 11일)

1885년 10월 11일 (일)

나는 어제 왕의 아버지인 대원군을 알현하는 영광을 가졌다. 그는 나를 친절하게 맞았으며 거의 한 시간 함께 있었는데 대부분의 시간 동안 나의 손을 잡고 있었다. 그는 민영익을 통해서 나를 알았으며, 자신이 오래 살 수 있게 하는 약을 달라고 나에게 요청하였다.

오늘 모두를 놀라게 하는 일이 있어났는데, 그가 나를 찾아 왔으며 선교부 구내(構內)는 그의 존재로 영예를 받았다. 그는 외국인에 대해 충분히 알고 있어 그들에 대한 증오를 버렸으며, 그는 지금 모든 미국인들이 좋은 사람들이라고 단언하고 있다.

나는 그가 강한 의지와 신념, 정직한 의도, 굳은 결의를 가진 사람으로 생각하고 있으며, 더욱 친절한 성격은 만일 어떤 사람이 그에게 감명을 줄 수만 있다면 그를 확고한 친구로 만들 것이다. 만약 그가 선교 사역을 용인한다면 이 선교지는 우리의 것이 될 것이다. 나는 왕비를 진료할 여의사에 대한 요청을 보냈다.

우리는 오늘 한국에서 처음으로 개신교 성찬식을 거행하였다. 이 의식에는 아펜젤러 목사 부부, 스크랜턴 박사 부부, 그의 어머니와 아이, 언더우드 목사, 아내와 나 자신, 그리고 일본에서 선교사로 활동하고 있으며 방문 중인 H. 루미스 목사, 방문 중인 미국 군함 매리온 호의 승무원들인 함장 메릴 밀러, 재무관 프레일리,[272] 크레이그 박사[273] 등이 참석하였다. 이 의식은 대단히 인상적이었고, 훌륭한 성과를 거두었다. 우리는 어머니가 나에게 주셨던 은으로 만든 오래된 차 주전자와 술잔을 사용하였다. 알렌 부인이 만든 약간의 빵과 더 나은 것이 없어 내가 갖고 있는 와인을 마셨다. 루미스 씨가 설교를 하였다. (나는 이 역사적인 차 주전자를 선교 박물관을 위해 1920년 1월 서울의 게일 박사에게 보냈다)

---

272) 레너드 A. 프레일리(Leonard August Frailey, 1843~1913)는 워싱턴 D. C.에서 태어났으며, 1864년 대리 부재무관(중위)으로 임명되었다. 그는 1865년 대위, 1869년 소령으로 승진되었으며, 1885년부터 1886년까지 매리온 호에 근무하였다. 그는 1894년 중령, 1899년 대령으로 승진하였으며, 1905년 소장으로 전역하였으며, 사후 알링턴 국립묘지에 안장되었다.

273) 토머스 C. 크레이그(Thomas Canby Craig, 1855~1921)는 뉴욕 주에서 태어났으며, 1880년 펜실베이니아 대학교 의과대학을 졸업하였다. 그는 1881년 군의관 중의로 입대하였으며, 1884년 대위로 승진한 후 1885년부터 1887년까지 매리온 호에서 근무하였다. 1896년 소령으로 승진한 후 건강 문제로 1897년 전역하였으며, 뉴욕에서 다년간 브루클린 보건국의 조사관 및 진단의사, 브루클린 결핵요양소 의사로 활동하였다.

Dr. Allen's Diary No. 1 (1883~1886) (Oct. 11th, 1885)

Oct. 11[th, 1885 (Sun.)]

Yesterday I had the honor of an audience with the Tywon Khun, Royal father. He received me kindly, kept me for nearly an hour and held my hands most of the time. He knew me through Min Yong Ik, and asked me to give him medicine to make him live long.

Today to the surprise of everyone he called on me and honored the mission compound with his presence. He has learned enough of foreigners to remove his hate for them and now protests that all Americans are good.

I think him a man of strong will, and convictions, honest in purpose, determined, yet with a vein of kindness back of it all, which if one can strike will make him a firm friend. If he sanctions the mission work the field will be ours. I have sent for a lady Dr. to attend on the Queen.

Today we celebrated the first Protestant communion service in Korea. There were present, Rev. Appenzeller & wife, Dr. Scranton, wife, mother, & baby, Rev. Underwood, Mrs. Allen and myself, the visiting missionary Rev. H. Loomis of Japan, and the visiting ship men, Capt. Merrill Miller, Paymaster Frailey, Dr. Craig all of the U. S. S. Marion. The service was very impressive and productive of good. We used an old silver teapot given me by my mother, one of our glass goblets, some of Mrs. Allen's bread and my wine being destitute of anything better. Mr. Loomis preached. (*I sent this historic teapot to Dr. Jas. S. Gale, Seoul for the Mission Museum, Jan., 1920.*)

18851013

호러스 N. 알렌(서울)이 프랭크 F. 엘린우드 (미국 북장로교회 총무)에게 보낸 편지 (1885년 10월 13일)274)

추신: 10월 13일. 제 생각에 박사님께서 당연히 의기양양하게 느끼실 일이 방금 일어났습니다. 한국의 근대사에서 걸출한 인물이며, 백성들의 마음속에서 왕을 크게 가리는 인물은 대원군(전 섭정)입니다. 그의 도착이 공지되었을 때 서울 전체는 흥분과 기대에 차 있었습니다. 모든 외국인들은 그의 귀환이 가져다 줄 결과에 대해 불확실하게 느꼈으며, 선교사들은 불안해 할 이유를 가졌다고 생각하였습니다. 이 사람은 오늘 사교적인 방식으로 저를 방문하였습니다. 저를 제외하고 영국 및 미국 외교사절만이 그렇게 비위를 맞추어 주었던 유일한 사람들입니다. 그 일은 이렇게 일어났습니다. 저는 그를 보고 싶은 마음이 간절하였지만 왕진 요청이 없는 한 결코 기대할 수 없었는데, 그가 그들을 받아들일까 하는 것과 관련하여 외국 사절들이 보이는 불안에 따라 저는 당연히 그를 볼 수 없을 것으로 생각하게 되었습니다. 그러나 저는 병원과 관련이 있기에 제가 하였던 것과 하고 싶었던 것을 ____하게 설명하는 것이 낫다고 생각하였습니다. 저는 병원 관리들과 의논하였고, 그들은 저에 동의하였습니다. 그들 중 한 명은 궁궐 복장을 입었고 우리는 부름을 받았습니다. 우리는 받아들여졌을 뿐 아니라 우리가 얼굴을 마주보고 앉았을 때 그는 저의 손을 잡았으며, 제가 하고 있던 일과 관련하여 큰 만족을 표명하였으며, 다음 날 방문하겠다고 약속하였고 그렇게 하였던 것입니다. 그는 나이가 들었고(68세) 상당히 연약하기 때문에 저는 (그의) 노력과 절개를 고맙게 생각합니다. 저는 그가 대단히 강한 신념과 옳다고 생각하는 것을 수행할 의지를 가진 사람으로 여기고 있습니다. 저는 그가 진심으로 친절하다고 생각하며, 만일 우리가 그를 우리 편으로 만든다면 현 상황은 우리 것이 될 것입니다. 박사님은 저와 함께 축하하실 것입니다. 저는 이것이 한국의 장로교회 선교부를 위한 것이라는 것을 알고 있습니다. 저는 민영익이 저를 위한 훌륭한 방책이었다는 것을 알게 되었습니다. 제가 자신의 적을 치료해준 사람이었다는 것을 알게 되었을 때 대원군은 대단히 열광적이었으며, 제가 자신을 위해 진찰하고 처방을 내리게 하였습니다. 또한 저는 신임 세관 관리가 민(閔)을 통해 저를 알고 있다는 것을 알게 되었습니다. 따라서 그는 정부로부터 약 6만 달러를 받아 영국으로 떠날 것이라고 알려져 있기

274) 알렌의 10월 7일자 편지의 추신이다. Horace N. Allen (Seoul), Letter to Frank F. Ellinwood (Sec., BFM, PCUSA) (Oct. 7th, 1885)

때문에 많이는 아니지만 꽤 저를 돕고 있습니다.

전체적인 전망은 한국을 위해 좋아지는 것 같습니다. 중국의 왕 장군은 처형을 멈추고 행동을 잘하고 있습니다. 그는 중국의 이익을 챙기기 위해 이곳으로 파견되었습니다. 지금 베이징, 그리고 제물포까지의 전신선과 관련하여 계획이 모두 완료되었으며, ___한 한 사람이 이곳에서 통제력을 갖고 자신의 정부에 알리고 동시에 항구에 계속 정박 중인 세 척의 군함으로부터 군대가 올라오도록 지시를 내릴 수 있으며, 자신의 말로 일을 안정시킬 수 있습니다. 그는 다른 외국 대표들과 논의를 잘 하고 있으며, "한국은 불안정하고 통치할 수 없으며, 중국은 한국과 너무 밀접하여 분열되어 있지만 중요한 한국이 적의 수중에 넘어가도록 실수를 범하지 않을 것이다."라는 그의 논점이 잘 받아들여지고 있습니다.

또한 신임 세관 관리들은 ___하며 진정한 신사같이 보이는데, 다만 묄렌도르프 패거리들이 최근에 저질렀던 비열한 책략에 굴복할 것 같습니다. 신임 총세무사는 매사추세츠 주 출신의 미국인인 메릴이며, 중국 세관에서 왔습니다. 러시아 공사는 멋진 사람 같으며, 비밀 협상을 이끌어낼 요원 같습니다.

러시아와의 조약은 내일 비준될 것이며, 저녁에 그 일을 기념하는 만찬이 있을 것입니다.

저의 업무는 지금 어려운 상태에 있습니다. 저는 모든 것을 얻었으며, 더 얻기 위해 착수하고 있는데 지금 러시아 공사관을 제외하고 아무 것도 남아 있지 않습니다. 재정, 명예 및 영향력은 안정된 것 같지만 지금 이 모든 것을 영적인 것으로 바꾸어야 하는 일이 있습니다. 우리가 필요한 것은 지혜와 분별, 인내와 참을성의 증진과 함께 성령의 침례입니다.

헤론 박사 부부는 테니스공에 의해 손상을 입은 헤론 부인의 눈을 더 훌륭하게 치료 받기 위해 상하이에서 1달 동안 체류하다 돌아왔습니다. 손상은 아직 다소 많이 남아 있는 상태입니다. 아무 것도 하지 않았지만 그들이 만족스럽게 가능한 모든 것을 다 하였습니다. 저는 그 손상이 인지하지 못하게 될 때까지 계속 완화될 것이라고 생각합니다. 현재 눈은 다른 쪽 눈과 같아 보이며, 시력은 다소 저하되어 있습니다. 이렇게 긴 편지로 박사님의 시간을 빼앗은 것을 용서바랍니다.

안녕히 계십시오.
H. N. 알렌

Horace N. Allen (Seoul), Letter to Frank F. Ellinwood (Sec., BFM, PCUSA) (Oct. 13th, 1885)

P. S. Oct. 13. A thing has just occurred which may I think cause you to feel justly elated. The one prominent character in modern Korean history and the personage who greatly eclipses the King in the public mind, is the Tywan Khun (Ex Regent). When his revival was announced all Seoul was on the tip tac of excitement and expectation. All foreigner felt uncertain as to the results of his return and the missionaries supposed we had just grounds for fear. This man today called on me in a social way. The English & American representative being the only persons beside myself thus fawned. It came about in this way. I had a great desire to see him but never expected to unless called in professionally, and after the trepidation which the representation of foreign _____, ex[h]ibited as to whether he would receive them etc. led me to suppose could of course not see him. Yet as connected with the hospital it as occurred to me that I might better make a _______ explain what I had done and wished to do. I conferred with the hospital officers and they agreed with me. One of them put on his court clothe and we called. We were not only received but he held me by the hands as we sat face to face and engrained most eagerly in regard to what I was doing, expressed great pleasure and promised to call the next day which he has done. As he is old (68) and quite feeble I appreciate the exertion as well as an honor. I regard him as a man of very strong conviction and the will to carry out what he thinks right. I think him kind at heart and if we can enlist him on our side the case will be ours. You will rejoice with me. I know on this bring to the Presbyterian Mission in Korea. I find that Min Yong Ik has been a good card for me. The Tywan Khun, when he found I was the man who patched up his enemy, was very enthusiastic, had me examine and prescribe for him etc. I also find that the new customs people know me through Min. He is therefore doing me some good though he cannot expect much as he is reported to be about to leave for England having taken some $60,000 from the Govn't for that purpose.

Prospects on the whole seem hightening up for Korea. The Chinese General Wang, stopped the executions and is behaving well. He is sent over here to look out for China's interest. The scheme is all complete now with the telegraph line to Peking, and also to Chemulpoo, one ___ man may be a power here, he can inform his Govn't and at the same time order up a military force from the three men-of-war that are continuously at the port and, settle things in his own terms. He is acting fair in conferring with the other representatives and his point seines well taken, that "Korea is unsettled and unable to govern itself, and China is too nearly related to Korea to be permitted to make a blunder that would turn this divided but important country into the hands of the enemy.

Also the new Customs men are bill and seem to be real gentleman, alone stooping to the low tricks recently practised by the Mullendorf crowd. The new Inspector General is an American, Merrill, of Massachusettes vicinity, from the Chinese Customs service. The Russian Minister seems a nice man and pleno _____ the agent who effected the secret negotiation, as an ass.

The Russian Treaty is to be ratified tomorrow and a dinner given in honor of the occasion in the evening.

I am now at the hard part of my work. I have gained everything I set out to get and more. Nothing now remain but the Russian legation. The matter of dollars and cents, honor and influence seems settled but now comes the task of turning all this to spiritual account. What we need is a baptism of the Holy Ghost with an increase of wisdom and discretion, patience and perseverance.

Dr. and Mrs Heron have returned after a months absence in Shanghai for the more skillful treatment of Mrs. Herons eye, which was injured by a tennis ball. The trouble still remains somewhat in amount. Nothing was done but to satisfy them that all had been done that was possible. I think the trouble will continue to decrease till it will not be noticed. At present the eye looks just like the other and the sight is but little impaired. Begging your pardon for trespassing upon your time to such length.

I remain,

Yours sincerely,
H. N. Allen

18851013

헨리 G. 아펜젤러 (서울)가 존 M. 리드 (미국 북감리교회 총무)에게 보낸 편지 (1885년 10월 13일)

(중략)

한국인 고관들은 대원군이 돌아온 이후 그의 집으로 몰려들었으며,[275] 외국인 관리들도 미국 외교관을 필두로 유사하게 그를 방문하였습니다. 제중원의 알렌 박사 역시 "한국인 관리로서" 방문하였습니다. 우리는 당연히 그가 이 신사들에게 주었던 인상을 알고 흥미로웠습니다. …… 비록 늙고 허약하지만 그는 외교관들의 요청에 즉각적인 반응을 보였는데, 그것 자체가 우리에 대한 온화한 감정의 표시입니다. 알렌 박사는 그에게 제중원을 설명하였습니다. 그는 제중원에 대해 듣지 못하였으며, 그것이 400년 전에 설립된 기관의 자리를 차지하고 있다고 들었을 때 머리를 흔들었습니다. 그는 이유 없이 옛 관습에서 벗어나는 것을 싫어합니다. 병원의 설립 목적과 해왔던 훌륭한 일에 대해 추가로 설명하자 그는 충심으로 '새로운 출발'을 승인하였습니다.

그림 6-63. 대원군. 알렌이 소장하고 있던 사진이다. 동은의학박물관 소장

(중략)

275) 대원군은 중국 군함을 타고 10월 3일 제물포에 도착하였다.

Henry G. Appenzeller (Seoul), Letter to John M. Reid (Sec., M. E. C.) (Oct. 13th, 1885)

(Omitted)

The native dignitaries have been flocking to the Tai Won Kun's house since his return and the foreign officials, beginning with the American representative, have likewise called on him. Dr. Allen of the Royal Hospital also called "as a Korean Officer." We were naturally interested to learn the impressions he made upon these gentlemen. …… Though old and feeble, he promptly returned the calls of the diplomats which of itself is indicative of a kind feeling toward us. Dr. Allen represented the Royal Hospital to him. He had not heard of it and shook his head when told it took the place of the old institution established 400 years ago. He dislikes any departure from the old customs without a reason. The aim and good work of the hospital were further explained to him and he cordially approved of the "new departure."

(Omitted)

헨리 G. 아펜젤러(Henry Gerhard Appenzeller)

헨리 G. 아펜젤러(1858. 2. 6~1902. 6. 11)는 미국 펜실베이니아 주 서덜튼에서 태어났으며, 1882년 랭커스터의 프랭클린 앤드 마샬 대학을 졸업하고, 1885년 뉴저지의 드루 신학교를 졸업하였다. 그는 미국 북감리교회의 첫 목회 선교사로 임명되어 1885년 4월 5일 언더우드와 함께 내한하였다. 아펜젤러는 정동제일교회와 배재학당을 설립하였으며, 성경의 한글화에도 참여하였다. 1902년 제물포에서 배를 타고 목포로 가던 중, 다른 선박과 충돌하여 배가 침몰하면서 한국인 여학생을 구하려다 익사하였다.

그림 6-64. 헨리 G. 아펜젤러

그의 아들 헨리(Henry Dodge Appenzeller, 1889~1953)는 아버지를 이어 배재학당의 교장으로 교육에 헌신하였고, 딸 엘리스(Alice Rebecca Appenzeller, 1885~1950) 역시 이화학당의 발전에 공헌하였다.

18851017

팔도사도삼항구일기, 규18083 제2책 (을유 9월 10일, 1885년 10월 17일)

Diaries of Three Harbors in Eight Provinces and Four Cities, Kyujanggak 18083 (Oct. 17th, 1885)

관(關)

상고할 일입니다. 전교를 받들어 본 아문에서 제중원을 설치하고 의약을 구매(購買), 병자를 살피는 각 항의 공용(公用)을 마련할 길이 없어, 하교를 받들어 본도의 여산과 황산포구 선상객주를 다시 복구할 때 이미 관문을 보내셨으되, 이번에 도착하였거니와 감관에게는 전후로 신칙해 엄히 단속하여 ?않게 하였습니다. 그런데 방금 듣건대, 충청도 은진의 강경포 여객주인 등이 일의 이치를 돌아보지 않고 작당 방해하여 해당 포구의 백성 등이 대부분 믿지 않는다는 뜻으로 끝내는 포(浦)를 설치하지 않았다고 운운합니다. 막중한 하교가 여러 번 내려졌음에 어찌 이와 같은 못된 풍습을 허락하겠습니까? 듣고서 매우 놀라 때문에 한편으로는 본 아문에서 충청도 감영에 관문을 발송하고, 이에 다시 (전라감영에도) 관문을 보내셨기에, 도착한 즉시 본 영 또한 이와 같은 뜻으로 충청감영에 급히 공문을 보내 방해하는 자들은 조사하여 엄한 형벌로 귀양을 보내고, 황산포 여객주인은 착실한 자로 가려 차출하여 훗날 믿고 신뢰하도록 문권을 만들어 내어주어 ? 성명성책을 올려 보내고 이로써 임금께 아룁니다. 그리고 또 여산부에도 신칙하여 더 이상 (다시 포구를 설치한 사실을) 놀랍게 여겨 탄식하는 폐단이 없게 하고 후일에 만약 잘 거행하지 않는 폐단이 있다면 해당 관리를 잡아 올려 엄히 처벌하되, 경계하고 두려워하는 뜻을 갖고 거행하여 죄를 저지르지 않게 함이 마땅합니다.

전라감영
을유 9월 10일

關

爲相考事 奉承傳敎 自本衙門 設置濟衆院 醫藥購買 病人接濟 各項公用 支辦無路之致 奉承下敎 本道礪山黃山浦口船旅客主人復舊次 業以發關矣 今此到付是在果監官處前後申飭 不?截嚴 而卽聞忠淸道恩津江鏡浦旅客主人等 不顧事體 作黨沮戲 該浦口人民等 多有不信之意 終不設浦云 莫重下敎累飭之下 豈有如許悖習乎 聞甚驚駭 故一邊自本衙門 發關忠淸監營是遣 玆又更關爲去乎 到卽本營亦以此意 星火移文錦營 沮戲之漢 査出嚴刑 遠配是遣 黃山浦船旅客主人段 擇其着實者差出 日後憑信次 成文券以給爲? 姓名成册上送 以爲入稟 而亦爲申飭礪山府 俾無駭惋之弊是遣 日後如有不善擧之弊 該吏捉上嚴處矣 惕意擧行 毋至抵罪之地宜當向事.

全羅監營

乙酉 九月 初十日 全羅監營關

18851019

팔도사도삼항구일기, 규18083 제2책
(을유 9월 12일, 1885년 10월 19일)
Diaries of Three Harbors in Eight Provinces and Four Cities,
Kyujanggak 18083 (Oct. 19th, 1885)

관(關)

상고할 일이다. 제중원을 설치한 후 수용(需用)이 극히 많이 들어 경비가 넉넉지 못하기 때문에 본 도내 황주와 재령 두 읍에 누룩의 푼돈을 (거두는 일을) 설치 시행하여 제중원에 부속시켜 이로써 공용을 보충하는 뜻으로 하교 하옵시기를 받들어 별도로 감관을 정해 하송하고 이로 하여금 거행하며, 그리고 수세인즉 누룩 매 장(丈) 3푼씩 거두어들이되, 만일 혹시라도 중간에 완강히 거부하는 자는 관에서 엄히 다스려 소홀함 없이 경계하고 두려워하는 마음을 갖고 거행하라는 뜻으로 글을 만들어 양 읍에 알린 후 상황 또한 급히 보고함이 마땅하다.

황주 국자 수세도감관 유택기(劉宅基)
재녕 국자 수세도감관 이효우(李斅宇)
상납도감관 이효우(李斅宇)

황해 감영 및 황주 재령
을유 9월 12일

關

相考事 濟衆院創設後 需用極其浩大 經費不敷 故本道內黃州載寧兩邑麯子分錢設施 付屬濟衆院 以補公用之意 奉承下敎敎是置 自此別定監官下送 使之擧行 而收稅段麯子每丈三分式收捧是矣 如或有中間頑拒者 自官嚴治 毋至疏忽 惕意擧行之意 措辭知委於兩邑後 形止亦卽馳報宜當者.

黃州麯子收稅都監官 劉宅基
載寧麯子收稅都監官 李斅宇
上納都監官 李斅宇

海營及黃州載寧
乙酉 九月 十二日

18851022

알렌 박사의 일기 제1권(1883~1886년) (1885년 10월 22일)

1885년 10월 22일 (목)

중국의 상무총판 첸슈탕이 그저께 즈푸로 떠났다. 묄렌도르프는 외국 옷을 입고 동시에 갈 것으로 예상되었지만 가족들을 데리고 갈 수 없었기에 떠나는 것을 두려워하였다. 애스톤 씨는 오늘 그의 아내와 함께 영국을 향해 떠난다. 이들은 나의 따듯한 친구들로 생각되며, 빠른 회복에 감사를 표하였다. 애스톤 씨는 빠르게 회복하였다. 신임 세무사인 메릴은 묄렌도르프가 가졌던 높은 관직을 받았는데, 호조 참의와 전환국 총판에 임명되었다. 대원군은 조용하지만, 그와 왕은 추방당한 반역자 김옥균과 결탁하였다고 알려져 있다. 어쨌든 왕비는 매우 불안한 상태에 있으며, 중국 측에 군대를 이곳으로 보내 주둔케 할 것을 요청하였다. 이 첩보는 궁궐의 정보원에 의해 비밀리에 포크 씨에게 알려 졌으며, 그는 나에게 이것에 대해 언급하지 말라고 하였다. 하지만 그는 핼리팩스에게 이 내용을 말하였으며, 그는 즉시 묄렌도르프에게 알렸다. 그는 오늘 상하이로 단기 출장을 떠나기 위해 제물포에 있는 러시아 공사 베베르에게 전보를 보냈다. 베베르는 이곳에 러시아인들이 중국인들과 대항하기에 충분한 러시아 군대를 주둔시키겠다고 말하였다. 일본도 포크를 통해 이를 알고 있으며, 이에 대비할 것이다. 그래서 분쟁이 생길 것이다.

Dr. Allen's Diary No. 1 (1883~1886) (Oct. 22nd, 1885)

Oct. 22[nd, 1885 (Thur.)]

Chen Shu Tang, Chinese Commissioner left for Chefoo day before yesterday. Mullendorf has put on foreign clothes and expected to go at the same time but couldn't take his family and was afraid to leave them. Mr. Aston leaves today with his wife enroute to England. They seem warm friends of mine and are grateful for the rapid progress Mr. Aston has made toward recovery. Merrill, the new Customs Inspector has been given high rank as Mullendorf had, he is made assistant minister of the Revenue and Superintendent of the Mint. The Tywon Khun is quiet but he and the King are said to be in league with Kim Ok Khun the banished conspirator. At any rate the Queen is very uneasy and has sent to China for troops to come and live here. This intelligence was brought to Mr. Foulk privately by his Palace go-between and he told me not to mention it. He however told it to Mr. Hallifax who at once took it to Mullendorf. He telegraphed it to Russian Minister Waeber at Chemulpoo who leaves today for a short business trip to Shanghai. Waeber said he would have Russians enough here to match the Chinese. The Japanese know it through Foulk and will prepare for it. So trouble is bound to come.

18851023

팔도사도삼항구일기, 규18083 제2책 (을유 9월 16일, 1885년 10월 23일)

Diaries of Three Harbors in Eight Provinces and Four Cities, Kyujanggak 18083 (Oct. 23rd, 1885)

관(關)

상고할 일이다. 제중원을 설치한 후 수용(需用)이 극히 많아 들어 경비가 넉넉지 못하기 때문에 본 도내 연안부 경내의 누룩 수세 및 나진포구의 도여객주인(都旅客主人) 수세(收稅) 감관 한용극(韓用極)과 장연부 경내 누룩 수세 및 북포상(北布商) 여객주인 수세 감관 한경운(韓慶雲)을 임명하여 양 읍에서 세를 거두어 제중원에 부속시켜 이로써 공용을 보충하는 뜻으로 하교 하옵시기를 받들어, 이로부터 별도로 감관을 정해 관문을 주어 하송하여 이로 하여금 거행하며, 그리고 누룩의 수세인즉 매 장(丈) 5푼씩 거두어들이고, 양 읍의 여객주의 수세는 절목에 따라 수세하되, 만일 혹시라도 중간에 완강히 거부하는 자는 관에서 붙잡아 엄히 징벌해 소홀함 없이 경계하고 두려워하는 마음을 갖고 거행하라는 뜻으로 글을 만들어 양 읍에 알린 후 상황 또한 즉시 보고함이 마땅하다.

황해도 감영 및 장연과 연안으로 직접 보냄

을유 9월 16일

關

爲相考事 濟衆院創設後 需用極其浩大 經費不敷 故道內延安府境內曲子收稅及羅津浦口都旅客主人收稅監官 韓用極 長淵府境內曲子收稅及北布商旅客主人收稅監官韓慶雲差定 而兩邑收稅 付屬濟衆院 以補公用之意 奉承下教教是置 自此別定監官 齎關下送 使之擧行 而曲子收稅段 每丈五分式收捧是遣 兩邑旅客主人收稅 依節目收捧是矣 如或有中間頑拒沮戲者 自官捉致嚴懲 毋至疏忽惕念擧行之意 措辭知委於兩邑後形止亦卽馳報之地宜當向事.

海營及直關長淵延安

乙酉 九月 十六日

18851026

존 W. 헤론 (서울)이 프랭크 F. 엘린우드 (미국 북장로교회 총무)에게 보낸 편지 (1885년 10월 26일)

한국 서울,
1885년 10월 26일

친애하는 엘린우드 박사님께,

(중략)

우리는 얼마 전 선교부를 정식으로 조직하였는데, 알렌 박사가 회장에, 언더우드 씨가 재무에, 그리고 저는 서기로 임명되었습니다. 우리는 정기적인 회의록을 작성하고, 알렌의 일기에서 선교부의 구성과 관련되어 있는 부분을 옮겨 적어, 후에 오게 될 다른 사람들이 전체 사업의 역사를 알 수 있게 할 것입니다.

저는 서기로서, 선교 본부의 허가를 받아 알렌 박사를 한국의 최남단 항구인 부산으로 파송하기로 의결하였다는 회의 내용을 보고하는 바입니다. 알렌 박사 자신은 다음과 같은 이유로 이것을 요청하였습니다. (Ⅰ) 부산은 많은 마을들의 중심지이며, 매우 많은 한국인들에게 다가갈 수 있습니다. (Ⅱ) 부산은 무역의 중심지가 될 것이며, 서울에서 시작한 국도의 종착지가 될 것이기에 붙잡아야만 하는 중요한 곳입니다. 그 길 때문에 서로 만나는 두 지역에서부터 순회 여행을 할 수 있습니다. (Ⅲ) 우리 선교부는 앞서나가야 합니다. (Ⅳ) 민영익이 넓은 토지를 소유하고 있기 때문에 그의 영향력을 바탕으로 즉시 일을 시작할 수 있습니다. (Ⅴ) 지금 이곳[서울]에는 진료소를 찾는 환자들의 수가 약간 감소하였으며, 그리고 이곳에 있는 주사들이 약 조제를 잘 보조하고 있기 때문에 두 명의 의사는 필요하지 않습니다. (Ⅵ) 그(알렌 박사)는 부산으로부터 초청을 받았습니다. (Ⅶ) 교육과 전도를 위해 조만간 파송될 목사를 위해 좋은 집이 이곳에 남게 됩니다. 다른 이유들도 제시했지만, 이것들이 주요한 것들입니다.

언더우드 씨나 저도 이것이 우리 선교부를 위해 최상의 일인지 상당히 확신하지 않았지만, 오랜 토론 끝에 우리는 동의하였습니다. 우리의 힘은 분산될 것입니다. 부산은 일본식이며 한국식이 아닙니다. 알렌 박사에게 그곳에 정착하라는 요청은 감리교회 선교부의 스크랜턴 의사와 저에게도 있었습니다. 진료소의 환자가 적어졌다는 것은 사실이지만, 그동안 힘을 발휘하지 못한 그럴만한 이유들이 있습니다. 우리는 약을 조제할 훌륭한 조수를 갖고 있지만,[276] 마취제를 투여하거나 어려운 수술을 도울 충분히 잘 훈련된 사람은 없습니다. 조선 정부에 대한 믿음은 어느 정도 깨져 버렸으며, 모든 외국인 진료는 우리가 하고 있는데, 이것은 언어를 공부할 시간을 전혀 주지 않을 정도로 한 사람이 담당하기에 너무 많은 일입니다.

그 당시 알렌 박사는 부산에 매우 가고 싶어 하였습니다. 이곳에서 그의 건강은 좋지 않았지만, 부산은 매우 건강에 좋은 곳입니다. 시간이 어느 정도 지난 지금, 저는 그가 그곳에 가는 것에 대해 매우 간절하지는 않다고 생각합니다. 여러 이유들이 있는데, 이 발언들은 언더우드 씨와 저 자신이 동시에 작성한 것입니다. 제가 그것들을 충분히 박사님께 전해 드렸으니 박사님의 결정은 더 현명할 것입니다.

저는 9월 15일에 있었던 우리 선교부의 또 다른 결정에 대해 박사님께 써 달라는 요청을 받았습니다. 헤론 박사 부부가 병가로 상하이로 떠나도록 동의되었습니다. 당연히 박사님은 우리의 이곳에 도착지 얼마 되지 않아 왜 병가가 필요하였는지에 대하여 궁금해 하실 겁니다. 이 회의가 열리기 약 3주 전에 영국 영사의 부인인 애스톤 부인을 방문하였을 때 제 아내가 매우 가까이에서 친 테니스 공에 눈을 맞았습니다. 몇 시간 동안 다친 눈은 완전히 볼 수 없었으며, 알렌 박사와 제가 모든 노력을 하였음에도 시력이 단지 부분적으로만 회복되었으며 회복되지 않을 것처럼 보였습니다. 외관상 그 눈은 괜찮아 보였지만, 검안경 검사에서 확실히 드러나지 않은 내부적인 손상이 있었습니다. 악화될 지도 모른다는 두려움이 있었는데, 알렌 박사와 스크랜턴 박사가 제게 권하자 저는 ______(밀스 박사)의 자문을 받기 위해 상하이로 가게 해 줄 것을 요청하였습니다. 이것은 9월 17일 승인되었습니다.

(중략)

276) 성내응이다.

John W. Heron (Seoul), Letter to Frank F. Ellinwood (Sec., BFM, PCUSA) (Oct. 26th, 1885)

Seoul, Korea,
Oct. 26, 85

My Dear Dr. Ellinwood,

(Omitted)

We organized regularly as a mission station some time since, Dr. Allen as Chairman, Mr. Underwood as Treasurer, and I am Secretary. We keep regular minutes and shall transcribe from Dr. Allen's diary the part which relates to the formation of the Mission, so that others who may come later can get a constructed history of the whole work.

As Sec., it becomes my duty to report a meeting at which we passed a. resolution to send with the consent of the Board, Dr. Allen to Fusan, the southernmost port of Korea. Dr. A. himself asked this, giving as his reasons: (Ⅰ) Fusan is the centre of a large number of villages and very many Koreans could thus be reached. (Ⅱ) Fusan will be a centre of commerce and the terminus of the Gov't road from Seoul, so that it is an important place to seize. On account of the road, itinerations could be made from both places meeting each other. (Ⅲ) Our Board should keep ahead. (Ⅳ) Through Min Young Ik's influence, as he owns large tracts of land there, work could be at once begun. (Ⅴ) That two physicians were scarcely needed here now, as the attendance at the dispensary had slightly decreased and good assistance in preparing medicines was given by the officials there. (Ⅵ) He (Dr. Allen) had been invited to go there. (Ⅶ) That a good house would be left here for a minister who must soon be sent to teach and preach. Other reasons were given, but these were the principal ones.

While we agreed to this after a long discussion, neither Mr. U. nor I were quite convinced that it would be the best thing for our mission. Our forces would be scattered. Fusan is Japanese and not Korean. The invitations to Dr. Allen to settle there had also been and were to Dr. Scranton of the Methodist Mission, as well as to myself. While it is true we have a fewer number of patients at the dispensary, there are reasons to account for that which will not continue for a great while in force. While we have good assistance in dispensing, we have none well enough trained to administer an anesthetic or assist in a difficult operation. Faith, to some extent, would be broken to the Korean government, as all the foreign practice is in our hands and it would make too much work for any one man to do, giving him no time for studying the language at all.

At that time Dr. Allen was very anxious to go to Fusan. His health here was not good and Fusan is a very healthy place. Now some time later I think he is not so desirous of going. These are the reasons as given, the comments having been made at the same time by Mr. Underwood or myself. I have given them fully to you, so that your decision may be the more enlightened.

I am as requested too to write you of another action of our mission taken Sept. 15. This was expressed in the motion that Dr. Heron and his wife be sent on sick leave to Shanghai. Naturally you will wonder that it was necessary so soon after our arrival here to be sent out on sick leave. It happened that some three weeks previous to the date of this meeting, while calling on Mrs. Aston, the wife of H. B. M. Consul, my wife was struck on the eye by a tennis ball struck very near her. For some hours she was totally blind in that eye and only recovered very partial sight, which in spite of all Dr. A. & I could do, did not seem to improve. Outwardly the eye seemed all right, but there was some internal injury which the examination by the ophthalmoscope did not perfectly reveal. Fearing that it might grow worse, I asked permission, when both Dr. Allen and Dr. Scranton urged it, to go to Shanghai to consult an ____ (Dr. Mills). This was granted on the 17th of September.

(Omitted)

18851027

호러스 N. 알렌(서울)이 프랭크 F. 엘린우드 (미국 북장로교회 총무)에게 보낸 편지 (1885년 10월 27일)

한국 서울,
1885년 10월 27일

F. F. 엘린우드 박사,
뉴욕 시 센터 가(街) 23번지

친애하는 박사님께,

선교부로서 우리에 대한 충고가 담긴 박사님의 편지가 어제 도착하였습니다.[277] 저는 우리가 회원이 3명이 되자마자 언더우드 씨를 재무, 헤론 박사를 서기, 저를 의장으로 하는 조직을 만들었다는 것을 말씀드릴 수 있어 기쁩니다. 저는 주의 깊게 기록한 사건과 업무 내용을 보관해 왔는데, 그것을 헤론 박사에게 넘겨주어 선교부 기록에 포함시키도록 하였습니다. 저는 박사님께서 계속 정보를 제공받고 싶어 할 것으로 생각했기 때문에 편지를 계속 써 왔으며, 미국 국무부는 박사님께 많은 것을 알릴 수 없다는 것을 박사님께 분명히 말씀드립니다. 모든 대표들과 친분을 맺고 있고 다른 어떤 사람보다 묄렌도르프와 관련하여 더 많은 정보를 얻고 있어 제가 일간신문인 것처럼 저를 많이 찾아 왔습니다. 게다가 제가 무심코 흘리는 내용에 주의를 기울이기 때문에 어느 누구도 기분이 상하게 하지 않았습니다. 포크 씨와는 서로 절친한 사이인데, 그는 저에게 모든 것을 말해 주었고 저의 조언을 요청하였으며, 자신의 공문서와 답신을 읽어 주었고 저도 그렇게 하였습니다. 따라서 저는 박사님께 계속 편지를 써 왔으며, 박사님께서 저에게 그 대신 언어를 배우는 것이 더 낫겠다고 말씀하시지 않는다면 아마도 계속 그렇게 할 것입니다.

다음은 언어에 대한 것입니다. 저는 사실 박사님께 어떤 약속도 드릴 수 없을 것 같습니다. 저는 동양의 언어를 배울 수 있는데, 1년도 못 되어 중국어를 잘 이해할 수 있게 됐다는 것을 알기 때문입니다. 한국에서 1년을 머물고 난 이후 저는

277) Frank F. Ellinwood (Sec., BFM, PCUSA), Letter to Horace N. Allen, Horace G. Underwood, John W. Heron (Seoul) (Aug. 21st, 1885)

제가 원하는 것을 이해시킬 수 있게 되어 의학적인 대화는 통역 없이 꽤 잘하지만 그 이상은 아닙니다. 종종 몇 시간을 쓸 수 있을 때가 있는데, 비록 제가 지쳐 있지만 한가한 시간을 이용해 야외 활동을 하는 것이 더 낫다고 생각합니다. 그러나 저는 제 시간 모두를 확신할 수 없습니다. 헤론 박사가 이곳에 있는 것이 저의 일을 경감시켜 주지 않습니다. 외국인들은 그를 대하려 하지 않을 것이며, 그는 실용성이 매우 부족하여 그가 혼자 있을 때 병원은 항상 뒤죽박죽이 됩니다. 그는 좋은 사람이고 경건합니다. 그는 저보다 의학 서적의 내용에 대해 잘 알지만, 그것뿐입니다. 그들 모두는 ____하게 예민하며, 일상적인 생활에서도 저는 계속해서 그들의 행동을 살피고 있습니다. 언더우드 씨는 중재자입니다. 저는 불평하고 있지 않습니다. 제가 이곳에서 필요한 이상 저는 이곳에 머물 것으로 예상하지만, 저는 박사님께서 무엇을 기대하시는지 알고 싶습니다. 루미스 씨는 저에게 좋은 영적 조언을 주었으며, 우리는 잘 지낼 것으로 생각합니다.

말[馬]에 대해서 입니다. 애스톤 총영사는 저의 치료를 받고 놀랍게 회복되었으며, 매우 기뻐하였습니다. 그는 떠나기 전에 치료비로 저에게 최고의 말을 줄 수 있다고 말하였습니다. 저의 청구서는 치료비로 100달러, 2명의 조수에게 각각 25달러이었는데, 조수들은 50달러를 지불하였고 저는 말의 비용으로 150달러를 제안하였기에 우리는 실제로 50달러가 들었습니다. 다른 말은 다루기 어렵고, 좋지 않았습니다. 저는 100달러에 팔았습니다. 그래서 우리는 100달러도 안 되는 비용과 진료로 좋은 장비를 마련하였습니다. 헤론 박사는 제가 판 말 대신에 다른 말을 확보하고 싶어 합니다. 우리는 현재 말 세 마리를 갖고 있습니다. 이것을 여성들에게 제공하는 것이 좋을 것이며, 이제 저는 이 편지의 목적을 말씀드려야겠습니다.

우리는 지난 겨울의 것과 같은 다른 문제가 생길 것으로 예상할 수 있는 상당한 이유를 갖고 있습니다. 러시아 인들이 이곳에 있으며, 언덕과 우리 옆에 위치한 언덕의 넓은 지역을 구입하였습니다. 그들은 공사관 건물을 위해 60,000루블을 갖고 있으며, 일을 적절하게 하려 합니다. 한국인들은 그들을 두려워하며, 영국인들은 그들을 미워합니다. 지금 영국의 정책은 중국이 러시아에 잘 대항하게 하며, 그 나라가 한국을 지배하는 것을 막을 뿐 아니라 국경선을 뒤쪽으로 유지시키는 것입니다. 중국과 영국은 이 문제에 관해 함께 대처하고 있습니다. 중국 세관의 총세무사인 로버트 하트 경은 한국 세관의 관리를 넘겨받았습니다. 이곳에 있는 이 신임 세관 관리들과 그들의 하인은 보수를 중국에서 받고 있습니다. 왕과 그의 아버지인 대원군은 그것에 대해 크게 격분하고 있습니다. 겉으로 왕은 그것에 따랐지만, 여러 공사관은 왕과 대원군이 한국 독립의 회복을 위해 김옥균과 협력을 하고 있다고 일반적으로 믿고 있습니다. 왕비는 이것을 믿고 군대를 확보하기 위해 중국에 사절단을 파견하는 명령을 얻어 내었습니다. 그 공사는 거의 2주 전에 떠났으며, 지난 겨울에 했던 것 같이 조만간 군대가 주둔할 것입니다. 이것은 최근 일본과 맺은 조약의 파기를 의미하게 될 것이며, 일본군들 역시 오게 되어 만일 왕비나 대원군 일파가 처단된다면 지난 겨울과 동일한 상태가 될 것입니다. 대원군에게 큰 힘이 주어졌으며, 또한 차단되어 왕의 특별한 요청에 의해서만 볼 수 있습니다. 요약하면 그의 알현은 왕의 알현처럼 선택적입니다. 이후 저는 포크 씨를 통해 그를 만나는 것은 제가 생각한 것처럼 그리 시기상조는 아니지만, 이것은 왕이 명령하고 외아문이 준비한 정식 알현이었다는 것을 알게 되었습니다.

스크랜턴 박사가 포크 씨에게 와서 대원군 앞으로 소개장을 (써 줄 것을) 요청하였는데, 포크 씨가 왕 앞으로 써 주는 것만큼 쉽다고 설명하자 스크랜턴은 드러내 놓고 그의 편파성 등등을 비난하였습니다. 그는 자신이 할 수 없는 것들을 제가 즐기기 때문에 저에 대해 대단히 분개하고 있습니다. 아직도 그는 자신이 집도해야 하는 일부 외과 수술을 도와 달라고 저에게 계속 요청하고 있으며, 지금은 자신의 아내나 곧 해산할 다른 여성을 도와달라고 요청하였습니다.

묄렌도르프는 최근 증기선을 타고 중국으로 떠나야만 했는데, 리훙장이 그에게 자리를 마련하여 주었습니다. 그는 떠날 준비를 하였지만 일이 너무도 불확실하게 되자 가족들을 동반할 수 있을 때까지 기다렸습니다. 그는 지난 겨울에 도움을 준 공로로 러시아로부터 훈장을 받았습니다. 그는 대단히 큰 혼란을 일으키는 요소이기에 우리는 그가 떠나기를 바라고 있습니다.

미국에 있는 청년들에 관하여. 공개적으로 그들과 아무런 관계를 맺지 마십시오. 그러한 행동이 이곳에 알려진다면 우리의 일을 망칠 것입니다.

아주 최근에 왕과 왕비의 귀환과 관련한 청원이 있었는데, 그들은 다른 무엇보다도 왕이 민 씨 일가(왕비의 가문)를 몰아내기를 기대하였습니다. 하고 싶은 대로 하는 왕비는 양측의 편지를 모두 갖고 있으며, 박사님은 그 결과를 상상하실 수 있으실 것입니다. 청원서를 낸 집단과 밀착된 것으로 언급된 일부 관리들은 다음 날 아침 가족 모두와 함께 실종되었습니다. 루미스 씨는 젊은이 몇 명을 미국으로 보내기를 바라고 있습니다. 저는 인품이 뛰어나고 영어를 잘 말할 수 있는 능력이 있는 2명을 뽑았고 왕에게 경비를 요청하였습니다. 불행하게도 이 요청은 청원서가 궁궐에 도착한 후에 전달되었고, 젊은이 중 한 명이 왕비의 친척이었기에 그들이 미국에 있는 반역자들에 의해 살해당하지 않도록 그들을 보내는 것은 안전하지 않은 것으로 결정이 내려졌습니다. 이 젊은이들 중 한 명은 민영익을 치료할 때 저의 통역관이었으며, 그는 그 이후 저와 함께 하였고 많이 배웠습니다. 지금 저는 그에게 신문읽기를 가르치고 있습니다. 그는 저에게 온 이래 두 번 직급이 상승

되었으며, 지금은 왕의 통역관입니다. 그는 저와 가까이 지내고 있으며, 궁궐에서 일어나는 일들을 저에게 계속 알려주고 있습니다. 그는 제가 상당히 남부럽지 않은 입장에 있게 하였습니다. 왕은 조언을 받기 위해 포크 씨에게 상당히 의지하고 있으며, 밤낮으로 전갈을 보내고 있습니다. 포크 씨는 그것이 항상 자신의 업무와 일치하지 않기 때문에 그것에서 벗어나기 위해 노력하였습니다. 그는 업무 처리에서 ____하는 것을 너무도 자주 거부하여 왕은 지금 저의 학생인 '신'을 보내 저의 자문을 받으라고 합니다. 오늘 왕은 일본 기업이 군수 공장, 혹은 화약 공장을 시작하자고 제안한 것과 관련하여 자신들이 무엇을 해야 하는지 저에게 물어보도록 그를 보냈습니다. 이 일은 큰 거래를 포함하고 있는데, 저는 제가 그런 일을 맡기에 충분히 영리하지 않다고 느끼지만 포크 씨와 함께 조언할 수 있으며, 그가 저를 통해 기꺼이 그들을 돕고자 하기에 저는 신뢰를 얻습니다. 하지만 저는 언젠가 거품이 터질 것이라는 것이 두려우며, 한창 일 때 자주 도망가 버리고 싶은 것처럼 느끼고 있습니다.

독일과 영국은 이곳의 그들 대표들에게 발송한 문서가 공개되려 하자 다투고 있습니다. 묄렌도르프의 해임은 독일에 대항하는 영국의 행동임이 공표되었습니다. (이것은 어느 정도 사실입니다.) 저는 이곳에서 그 문제를 영구히 해결하고 묄렌도르프를 제거할 정보를 갖고 있는 유일한 사람입니다. 포크 씨는 그것을 알며, 영국은 그것을 의심합니다. 저는 어젯밤에 영국 영사관에서 거나한 저녁 식사에 참석하였는데, 목적은 저에 대한 의심을 없애는 것이었지만 우리의 대의가 안전하게 하면서 그것을 할 수 없습니다. 포크는 저를 배신하지 않을 것이며, 저는 저의 계획을 계속 유지할 것입니다.

저의 다음 편지가 더욱 확신을 드릴 것으로 믿습니다.

안녕히 계십시오.
H. N. 알렌 드림

Horace N. Allen (Seoul), Letter to Frank F. Ellinwood (Sec., BFM, PCUSA) (Oct. 27th, 1885)

Seoul, Korea,
Oct. 27, 85

Dr. F. F. Ellinwood,
23 Center St., N. Y.

My dear Doctor,

Your letter of advice to us as a mission came yesterday. I am glad I can say that we organized as soon as there were three of us, Mr. Underwood as treasurer, Dr. Heron as secretary, myself as chairman. I had kept a careful record of events and transaction which I handed over to Dr. Heron for insertion in the Mission record. I have continued writing to you because I thought you would like to be kept posted, and I assure you that the State Department couldn't enlighten you much. Having intimate relations with all of the representatives and being better posted in regard to Mullendorf than anyone outside, I have been sought much as a daily newspaper is sought, yet by being careful what I let drop, I have offended none. Mr. Foulk and I have made confidantes of each other, he has told me everything, asked my advice, read me his dispatches and their replies and I have done likewise. Therefore I have continued to write you and probably shall unless you tell me I had better study the language instead.

Now as to the language. I don't really think I can make you any promises. I can get an eastern tongue I know for I got a good knowledge of Chinese in less than a year. After a year stay in Korea, I can make my wants known, get along fairly in medical talk without an interpreter but nothing further. There are often times when I can put in a couple of hours, though as I have been so seedy I think it best to put in these leisure hours in outdoor exercise. But I cannot count on my time at all. It doesn't relieve me of my work at all to have Dr. Heron here. The foreigners won't have him, and he is so lacking in practical methods that he always gets the hospital into a jumble when alone. He is a good man and pious. He knows more about medical books than I do, but he stops there. They are both ___hidly sensitive, and in the ordinary course of events, I am continually treading on their toes. Underwood is the peacemaker. I am not complaining. I expect now to stay here as long as I am needed but I want you to know what to expect. Mr. Loomis gave me some good spiritual advice and I think we will get along.

As to the horses. Mr. Consul General Aston made a marked recovery under my care and was very much pleased. Before leaving he said I could take the best horse for my bill. My bill was $100.00 to him, $25 each to two assistants, the assistants paid their $50.00. And I had offered $150 for the horse so we made really $50. The other horse proved to be unruly and undesirable. I sold him for $100. So we are well equipped at a cost of less than $100 and that in medical services. Dr. Heron wishes to procure another horse in place of the one I sold. We now have three. It is a good thing to have the ladies provided for, and now I come to the object of this letter.

We have strong reasons for expecting another trouble such as we had last winter. The Russians are here and have boughten the hill and a large tract on the hill next to us. They have 60,000 roubles for a Legation building and intend to do things properly. The Koreans fear them, the English hate them. It is England's policy now to put the Chinese well against Russia and not only prevent them gaining a hold in the country but keep the boundary well back. China and England are working together in this matter. Sir Robert Hart, Inspector General Chinese Customs has taken over the administration of the Korean Customs. These new Customs officials here draw their pay from China and __ China's servants. The King and his Father, the Tywan Khun, are greatly wrought up about it. Openly the King submits but it is generally believed at the Legations that the King and Tywan Khun have formed a league with Kim Ok Khun for the restoration of Korean Independence. The Queen believes this and has secured an order for an embassy to China to procure troops. The Embassy has been gone nearly two weeks and the troops will soon be garrisoned here as they were last winter. This will break the recent treaty with Japan and her soldiers will also come, then if either the Queen's or the Tywan Khun's party get to cutting off heads, the same state of affairs will exist as did last winter. The Tywan Khun has been given great power, he has been shut up also so that he is only seen by special request from the King. In short, his audiences are as select as are the King's. I learn since through Mr. Foulk that my seeing him was not so premature as I thought but it was a regular audience ordered by the King and prepared by the Foreign Office.

Dr. Scranton came and asked Mr. Foulk for a letter of introduction to the Tywan Khun, and on Foulk's explaining that he could just as easily give him one to the King, Scranton opened out and accused him of partiality etc., etc. He is very bitter against me because I enjoy things which he cannot. Yet he is continually getting me to help him out of some surgical operation he has gotten into, and now he has asked me to attend to his wife and the other lady who will soon be confined.

Muellendorf should have left for China by the last steamer, he has been given a position by Li Hung Chang. He got ready to leave but things became so uncertain that he waited till he could take his family. He has been decorated by Russia for his help last winter. We wish him away for he is a very great disturbing element.

In regard to the young men in America. Don't have anything to do with them publicly. It would ruin us if such actions were known here.

Very recently memorialized the King and Queen in regard to their return, among other things they promised the King to exterminate the Min (Queen's) family. Mrs. Queen, who does as she pleases, got hold of both letters and you can imagine the result. Some officers who were indiscretely mentioned as having belonged to the party of these memorialists were the next morning found missing with all their families. Mr. Loomis wished to send a couple of young men to America. I picked out two of excellent character and ability who could speak English well, and got the request for expenses to the King. Unfortunately it came just after these memorials reached the Palace and as one of the young men is a relative of the Queen, it has been decided to be unsafe to send them lest they should be murdered by traitors in America. One of these young men was my interpreter while attending on Min Yong Ik, he has been with me ever since and has picked up immensely. I teach him now daily to read the newspaper. He has been given rank twice since coming to me and is now the King's interpreter. He sticks to me and keeps me posted as to the doings in the Palace. He has brought me into rather an unenviable position. It is this way the King has relied greatly on Mr. Foulk for advice and has been sending him messages day and night. Foulk has tried to get out of it, as it is not always in accordance with his duties. He has refused to _____ in their business transactions so often that the King has now taken to using my pupil "Shin" telling him to consult with me. Today the King sent him to me to ask what they should do concerning a proposition from a Japanese firm to start an arsenal, or rather a powder factory. It involves a great deal and I feel that I am not smart enough for such work but I can advise with Foulk and while he is willing to help them thro' me, I get the credit. I'm afraid, though, my bubble will burst sometime and I often feel as though I would like to run away while I am up.

The Germans and English are now having a row as dispatches to their representatives here will show. It is declared the Muellendorf's removal is an act of England against Germany. (There is some truth in it.) I am the only one here that possesses the information that will forever settle the question and put Mullendorf out of the way. Foulk knows it and the English suspect it. I was at a big dinner at the British Consulate last night and the object was to get it out of me, but I can't do it with safety to our cause. Foulk will not betray me and I shall keep my own counsel.

Trusting my next letter may be more reassuring.

I remain Dear Doctor,

Yours very truly,
H. N. Allen

18851104

알렌 박사의 일기 제1권(1883~1886년) (1885년 11월 4일)

1885년 11월 4일 (수)

어제는 일왕(日王)의 생일이어서 아주 멋진 외국식 건물인 신축 일본 공사관 건물에서 큰 연회가 열렸다. 나는 초대를 받았으며, 다른 손님들은 포크, 베버, 스코트,[278] 메릴, 묄렌도르프와 중국인 및 한국인들이었다. 준비된 음식은 대단히 훌륭하였으며, 모두 일본으로부터 가져 온 채소와 고기 등이 훌륭하게 제공되었다. 일요일(3일 후)은 왕비의 탄신일이었으며, 이들은 헤론과 나에게 (한국 왕의) 천추절 때처럼 많은 선물들을 보냈다. 나는 지난 주일에 영국인 베버 씨와 두 차례 저녁식사를 하였다. 그들은 나에게 매우 친절하며, 나를 직원의 한 명으로 여기겠다고 주장하고 있다.

폰 묄렌도르프의 해임과 관련한 독일과 영국 사이의 분쟁으로 그는 이곳에 남기로 한 그의 결심을 굳히게 하였다. 독일 측은 그의 해임이 영국의 외교관 때문이라 주장하였으며, 그들은 이것에 대해 분개하였다. 이 내용은 왕의 귀에 까지 들어갔으며, 그의 입지는 다소 약화되고 있다.

Dr. Allen's Diary No. 1 (1883~1886) (Nov. 4th, 1885)

Nov. 4[th, 1885 (Wed.)]

Yesterday being the birthday of the Emperor of Japan, a big dinner was given in the new Japanese Legation building, which is a really fine foreign house. I was invited, other guests were Foulk, Baber, Scott, Merrill, Mullendorf & Chinese & Coreans. The spread was really magnificent, vegetables and meats from Japan all

278) 제임스 스코트(James Scott)는 1884년 3월 26부터 1886년 10월 22일까지 서울 영국 영사의 보좌관으로, 1886년 11월 25일부터 1887년 3월 31일까지, 1887년 5월 30일부터 1888년 4월 6일까지, 1888년 5월 4일부터 6월 15일까지 부영사대리로, 1890년 5월 13일부터 1891년 9월 11일까지는 부영사로 활동하였다. 이어 1892년 3월 10일부터 9월 26일까지 다시 부영사대리로 활동하였다.

finely served. Sunday (3 days since) was the Queen's birthday and they sent Heron and myself the same lot of stuff as on the King's Birthday. I have been to dinner twice in the past week with Mr. Baber, the Englishman. They are very kind to me then & insist on regarding me as one of the staff.

The trouble between Germany and England regarding the removal of von Mullendorf has strengthened him somewhat in his determination to remain here. The Germans claimed that his dismissal was due to England's representative and they have resented it. It has come to the ears of the King and he is weakening somewhat.

그림 6-65. 예장동의 일본 공사관. 일본 공사관은 1884년 4월 교동에 신축되었지만, 12월 갑신정변이 일어났을 불에 탄 후, 1885년 예장동에 신축되어 1906년 통감부가 설치될 때까지 이곳에 있었다. 알렌이 소장하고 있던 사진이다. 1887년 촬영. 동은의학박물관 소장

18851107

통리교섭통상사무아문일기
(1885년 11월 7일, 고종 22년 10월 1일)
Daily Records of Foreign Office (Nov. 7th, 1885)

[을유년, 고종 22년(1885)] 10월 1일 평안 감영의 보고, 구성부(龜城府) 청량산(淸梁山) 주위 10리의 땅 개간을 허락하고 매년 세금을 받아 제중원에 이를 부속시키는 일로 관문이 도착하여 알린다.

[乙酉 高宗 22年(1885)] 十月 一日 箕報, 龜城府淸梁山周回十里之地, 許闢起墾, 每年收稅, 付之濟衆院事 關到知委.

18851108

통리교섭통상사무아문일기
(1885년 11월 8일, 고종 22년 10월 2일)
Daily Records of Foreign Office (Nov. 8th, 1885)

[을유년, 고종 22년(1885)] 10월 1일 경상 감영 관문을 살펴보니, 본년 10년 초2일 제중원 …… 즉시 도착한 관문 내에 창원 마산포, 진주 삼천포, 사천 팔장포의 북어 여각주인은 본원에 속하고 해당 주인 김신영(金信英)과 김인두(金寅斗)로 차출(差出) …… 지금 제중원이 파견한 김신영은 또한 한 가지 일로 차인(差人)을 분정(分定)한다. 어떤 사람인지 논하지 말고 민정을 상세히 탐지하고 그러한 연후에 일을 시작함이 옳다. 김신영에게는 이에 전령(傳令)을 내어 주니 수세에 관한 일은 잠시 내버려 두고 문적(文蹟)을 거두어 올려 보내는 일과 김신영과 김인두에게 전령하여 지난번 제중원에서 창원 마산포 등에 전령하여 북어여각의 한 가지일은 다시 조사하고 헤아려 처리할 생각이니 수세에 관한 일은 잠시 논하지 말고 가지고 있는 문적은 본도 감영에 되돌려주고 이로서 보고를 올린다.

[乙酉 高宗 22年(1885)] 十月 二日 關嶺營, 照得, 本年十月初二日, 貴二濟衆院, 卽到關內, 昌原馬山浦·晋州三川浦·泗川八丈浦北魚商旅主人, 屬於本院, 該主人, 以金信英·金寅斗. 差出, …… 今此, 濟衆院所派金信英, 亦係一事, 分定差人也. 無論何人, 詳探民情,然後可始事, 金信英處, 此傳令出給, 收稅一款, 姑爲置之, 文蹟還收上送事·傳令金信英·金寅斗, 向日濟衆院, 傳令昌原馬山浦等處, 北魚商旅閣一事, 有更查商處之端, 收稅一款, 姑勿擧論, 所有文蹟還納本道監營, 以爲報來事.

18851110

호러스 N. 알렌(서울)이 프랭크 F. 엘린우드 (미국 북장로교회 총무)에게 보낸 편지 (1885년 11월 10일)

서울,
1885년 11월 10일

F. F. 엘린우드 박사,
뉴욕 시 센터 가(街) 23번지

친애하는 박사님께,

포크 씨가 저에게 이번 우편으로 받은 미국 국무부의 편지를 보여주었는데, 학교 교사 등에 관한 것이었습니다. 그들은 박사님이 보내신 편지를 언급하고, 제 이름으로 몇 개의 발췌문을 인용하였습니다. 그것은 괜찮으며, 포크 씨는 여러 번 박사님과 이곳에서 박사님의 방식에 대해 상당히 만족해하였습니다. 하지만 이렇게 단순하고 유일한 이유 때문에 앞으로는 약간 경계하는 것이 좋을 것입니다. 제가 얻는 정보들은 미국 공사관으로부터 직접 오는 것이며, 박사님은 우리의 국무부가 아는 즉시 그 정보를 알게 됩니다. 국무부는 대단히 특별하며, 외교관 혹은 영사관 직원들은 모든 사안에 대해 비밀을 지키도록 가장 엄격한 계통 아래에 있습니다. 박사님은 “왕은 그들이 오기를 바라고 있다”와 같이 언급하실 수 있는데, 제 이름으로 그것은 포크 씨에게 돌아올 수도 있습니다. 저는 사람들 사이에서 돌아가는 일들과 공사관의 소문에 대해 어느 외국인들보다 더 정통하기 때문에 가끔 포크 씨에게 상당한 도움을 줄 수 있으며, 그에게는 문제들에 대해 상의할 비서나 다른 사람이 없기 때문에 그렇지 않았을 때보다 더 많이 저에게 (비밀을) 털어 놓고 있습니다. 따라서 저는 그가 곤경에 빠지거나 우리가 불안해하는 것을 원하지 않으며, 아직 정도를 벗어나게 한 일은 없지만 박사님께서 조심하셔야 할 지 모른다는 것을 말씀드립니다.

오늘 포크 씨는 왕이 아파서 저에게 개인적으로 와서 자신을 진료해 주며, 아내도 함께 와서 왕비를 만나기를 바라고 있다고 저에게 알렸습니다. 몇 시간이 지나 지금 날이 어두워졌고 그래서 저는 방문을 미루어야겠다고 생각하였는데, 이곳에서는 미루는 것이 관행입니다.

총세무사 메릴은 오늘 제가 세관의 직원으로서 저의 개인용도 혹은 병원을 위한 물품에 대해 더 이상 세금을 지불할 필요가 없다고 알려주었습니다. 이것으로 박사님은 제가 먹는 모든 것에 대해 5~15%를 절약하시는 것입니다.

감리교회의 아펜젤러 여사는 어제 여자 아이를 낳았는데, 한국에서 태어난 첫 외국인 아이입니다.[279] 제가 산모를 진료하였습니다.

스크랜턴 박사는 오래 전에 그가 이곳에 도착하여 병원과 연관되게 해 달라고 요청하는 편지를 왕에게 보내었으며 그것이 허가되었다는 의미의 편지를 고향으로 보내었습니다. 그 편지는 스크랜턴 박사가 포크 씨에게 대원군 앞으로 소개장을 써 달라고 부탁한 직후에 왔고, 상당한 소동을 일으켰습니다. 아펜젤러 씨 역시 자신이 아직 초기 단계인 대학과 연관되어 있다고 썼으며, 이것들은 출판이 되어 우리 모두에게 돌아왔습니다. 저는 지난 주 일본 공사관에서 개최된 일왕의 생일을 축하하는 만찬에 참석하였습니다. 그곳에는 다른 열강들의 대표와 각 부서의 책임자들, 즉 세관의 메릴, 전신국의 _____, 병원의 제가 참석하였습니다. 그런데 이 문제가 우리들 가운데 상당히 혐오감을 불러 일으켰습니다. 저는 내륙에서 오로지 선교사 역할 이외의 다른 것은 하지 않기를 원하고 있습니다.

상황은 아직도 대단히 명확하지 않습니다. 왕은 대단히 불안해하고 있고, 도시 전체는 경계를 하고 있으며, 밤에 거리를 산책하는 것은 대단히 주의해야 합니다. 총성은 포격만큼 흥분하게 만듭니다.

안녕히 계십시오.
H. N. 알렌

추신: 왕은 대원군과 일본 사이의 곤란한 문제에 대해 무엇을 해야 할지 알기 위해 포크 씨에게 방금 사람을 보내었습니다. 일본 공사는 최근 상당히 자주 대원군을 접대하였으며, 전 섭정은 매일 자신의 집으로 일본 공사를 부릅니다. 이것은 제가 전에 언급한 적이 있는, 김옥균(및 일본)과 전 섭정 사이의 연합에 관한 소문에 무게를 더해 주고 있습니다. 이것에 의해 왕과 왕비는 대단히 심란할 뿐 아니라, 중국도 상당히 흥분하여 신임 영국대표의 도움을 요청하였습니다. 그는 포크 씨에게 왔고, 자신이 한국 문제에 대하여 무지함을 호소하면서 그 문제를 털어놓았습니다. 포크 씨는 영국이 한국의 독립을 인정하지 않고 중국 주재 공사에게 한국에 대한 재판권을 넘긴 반면, 미국은 지난 우편으로 보낸 공문서에 적힌 것과 같이 오로지 한국의 독립만을 고려하기 때문에 그 문제는 자신이 손댈 수 없는 문

279) 앨리스 R. 아펜젤러(Alice Rebecca Appenzeller, 1885. 11. 9~1950. 2. 20)이다.

제라고 분명하게 말하였습니다.

묄렌도르프가 물러난 것과 관련하여 프레이저 영사가 외아문으로 보낸 34통의 편지 중 32통이 외아문에서 보지도 못한 채 묄렌도르프가 없애버린 사실이 드러났습니다. 그리하여 전기와 갤러리 총에 관한 모든 문제가 처리되었습니다. 이 사건은 외아문 사람들의 눈을 뜨게 하였고, 얼마 전 왜 묄렌도르프가 프레지어의 해고를 제안하였는지 알게 하였습니다. 필시 그의 편지들은 묄렌도르프의 악행을 폭로하였을 것입니다.

A.

Horace N. Allen (Seoul),
Letter to Frank F. Ellinwood (Sec., BFM, PCUSA) (Nov. 10th, 1885)

Seoul,
Nov. 10, 85

Dr. F. F. Ellinwood
23 Center St., New York

My dear Doctor,

Mr. Foulk showed me a letter received by this mail from the State Dept., U. S. A. concerning the School teachers etc. They mention a letter from you and quote some extracts under my name. It is alright and Mr. Foulk has several times expressed himself as highly pleased with you and your course out here. Yet in the future it may be well to be a little guarded, for this simple and only reason. What I get comes from our Legation direct and you know it as soon as does our State Dept. The Dep't. are very particular and the diplomatic and consular officers are under most strict orders to keep all their matters to themselves. You may mention things such as "the King wishes them to come" which under my name may come back upon Mr. Foulk. As I am probably better posted than any other foreigner on what goes on among the people together with the gossip of the Legation, I am enabled to render considerable services at times to Mr. Foulk and as he has no Secretary or other person to talk over matters with, he confides in me more than he otherwise would. I don't therefore wish to get him into trouble or being tremble upon ourselves and while nothing out of the way has been done as yet, 1 state the case that you may be upon your guard.

Mr. Foulk informed me today that the King was ill and wished me to come in person and attend to him, they also wished Mrs. Allen to come and see the Queen and tell me about her. Several hours have passed and it is now dark so I suppose it will be postponed, postponement is the natural course of events out here.

Chief Commissioner Merrill today informed me that as a member of the Customs staff, I need pay no more duty on goods for my personal use or that of the Hospital. This is a saving to you of 5~15% on all I eat.

The Methodist lady Mrs. Appenzeller gave birth to a girl baby yesterday, the first foreign baby bom in Korea. I attended the case.

Dr. Scranton wrote home some time since to the effect that on his arrival here he sent a letter to the King asking to be connected with the Hospital, it was granted etc. It came just after he had asked Mr. Foulk for a "letter" to the Tywan Khun and raised quite a storm. Mr. Appenzeller also wrote that he was connected with some not yet embryonic college and these things being published came back to us all. I attended the dinner at the Japanese Legation in honor of the Emperor's birthday last week. There were only the representatives of other powers and heads of departments, i. e. Customs. Merrill, Telegraph. _____, Hospital. myself. Yet it raised a deal of envion ugly feeling among our circle. I wish I were in the interior where we could be missionaries and nothing else.

Matters are still very uncertain. The King is exceedingly uneasy and has the whole city guarded, streets are strolled at night very carefully. The report of a gun causes excitement enough for a cannonade.

Yours Sincerely,

H. N. Allen

P. S. The King has just sent to Mr. Foulk to know what to do about the complications between the Tywan Khun and Japanese. The Japanese Minister has been entertaining him quite often of late and the Ex Regent has been having the Japanese at his house daily. This gives weight to the rumors I before mentioned concerning a union between Kim Ok Khun (with Japan) and the Ex Regent. Not only are the King and Queen greatly disturbed by this but the Chinese are much excited and have asked the help of the new British representative. He came to Foulk and laid the matter before him pleading his own ignorance of Korean matters. Foulk rightly said it was a matter he could not touch, for while England does not own the independence of this country, but gives her Minister to China jurisdiction over Korea, the U. S. declare that they regard only the independence of this country as in a dispatch by the last mail.

On Mullendorf's withdrawal it was discovered that 32 of the 34 letters sent by the Consul Frazar had been destroyed by von M. without ever being seen by the Foreign Office to whom they were directed. The whole matter about the Electric Light and Galley guns is thus earned up. This opens the eyes of the Foreign Office people and shows them why Mullendorf proposed the dismissal of Frazar some time since. His letters would probably have disclosed von M's rascality.

A.

18851112

알렌 박사의 일기 제1권(1883~1886년) (1885년 11월 12일)

1885년 11월 12일 (목)

아펜젤러 부인의 여자 아기인 앨리스가 11월 9일 태어났다. 나는 스크랜턴 박사와 함께 그녀를 진료하였다. 이 아기는 한국에서 처음으로 태어난 외국인 아기이다. 나는 왕의 눈병을 치료하고 있다. 나는 그를 (직접) 보지 않고서는 진단을 내릴 수 없었고, 그렇게 이야기하였다. 어제 포크 씨는 내게 궁궐에서 연락이 올 것이라고 알려주었다. 나는 하루 종일 기다렸었지만, 오늘에야 궁궐의 의원들이 나에게 전령을 보내지 말도록 권하였음을 알게 되었다. 나는 이것을 왕에게 설명하기로 계획하였다.

Dr. Allen's Diary No. 1 (1883~1886) (Nov. 12th, 1885)

Nov, 12[th, 1885 (Thur.)]

Mrs. Appenzeller's girl baby, Alice was born Nov. 9. I attended her with Dr. Scranton. It is the first foreign baby born in Corea. I have been treating the King for a bad eye. I couldn't diagnose it without seeing him and said so. Yesterday Mr. Foulk informed me that I would be called to the Palace. I waited all day and found today that the Palace doctors induced the messenger not to come for me. I have arranged to have it explained to the King.

18851116

한국 - E. A. 스터지 박사 - 한국으로 이적. 미국 북장로교회 해외선교본부 실행이사회 회의록, 1837~1919 (1885년 11월 16일)

한국 - E. A. 스터지 박사 - 한국으로 이적. 한국의 두 주요 항구에 거주할 2명의 의료 선교사 임명을 제안한 H. N. 알렌 박사의 8월 12일자 편지가 제출되었으며,[280)]

최근 샴에서 돌아 온 E. A. 스터지 박사를 한국으로 이적시키고, 그의 선교지부 결정은 추후에 고려하기로 의결하였다.

Korea - Dr. E. A. Sturge - Transfer to Korea. *Minutes [of Executive Committee, PCUSA], 1837~1919* (Nov. 16th, 1885)

Korea - Dr. E. A. Sturge - Transfer to Korea. A letter was presented from Dr. H. N. Allen of Aug. 12th, suggesting the appointment of two medical missionaries to occupy the two chief ports of Korea, whereupon it was

Resolved that Dr. E. A. Sturge, lately returned from Siam, be transferred to Korea, the designation of his station being left for future consideration.

280) Frank F. Ellinwood (Sec., BFM, PCUSA), Letter to Horace N. Allen (Seoul) (Aug. 12th, 1885)

18851117

프랭크 F. 엘린우드(미국 북장로회 총무)가 한국 선교부로 보낸 편지 (1885년 11월 17일)

1885년 11월 17일

한국 선교부 귀중

친애하는 형제들이여,

내가 캘리포니아에서 돌아왔을 때 발견한 알렌 박사의 편지[281]에 담긴 제안에 따라 선교본부는 어제 그동안 샴에서 의료 선교 사역을 하던 E. S. 스터지 박사를, 만일 하나님이 방도를 열어주신다면, 한국의 항구 중 한 곳에서 의료 선교 사역을 시작하려는 의도로 한국으로 이적 시켰습니다.[282] 그는 능력이나 두드러진 영성(靈性), 그리고 삶의 헌신에 있어 높은 명망을 갖고 있는, 선교지로 파송하였던 훌륭한 사람 중 한 명입니다. 나는 그가 귀 선교부의 인력에 확고한 추가가 될 것으로 확신합니다. 현재 그는 심각한 질병 때문에 아내를 미국에 남겨 두어야만 할 것입니다. 나는 다시 한 번 한국에서 여러 일들이 상태, 그리고 부산과 제물포에서 선교를 시작할 수 있는 가에 대한 전망에 대해 선교부로부터 직접 소식을 들었으면 좋겠습니다. 우리보다 앞서 어떤 사람이 갈 것을 염려하여 우리는 그 문제에 대해 침묵을 지키고 있습니다. 만일 가능하다면 그 나라에서 기독교 신앙을 위해, 그리고 우리 선교본부를 위해 유리한 영향력을 확보하면 대단히 좋겠습니다. 스터지 박사는 초봄에 이곳을 떠날 것인데, 그 이전에 새로운 사역을 위한 약간의 추가적인 원기를 얻게 되기를 바랍니다.

나는 캘리포니아와 오리건에 있었던 10월에 포틀랜드의 데니 판사가 묄렌도르프의 자리들 차지할 것이라는 것을 알고 크게 만족하였습니다. 나는 이 보다 더 바람직한 변화를 생각할 수 없습니다. 나는 며칠 후 데니 판사로부터 편지를 받았는데, 그는 그가 본 선교지 및 선교 사역에 대해 만족감을 표명하였고 한국에서 활동하고 있는 여러분들과 모든 적절한 방식으로 협력하려는 자신의 바람을 표명하였습니다. 정치적 상황이 현재와 같이 지속된다면 머지않아 여러분들 중에 데니

281) Horace N. Allen (Seoul), Letter to Frank F. Ellinwood (Sec., BFM, PCUSA) (Aug. 12th, 1885)

282) Korea - Dr. E. A. Sturge - Transfer to Korea. *Minutes [of Executive Committee, PCUSA], 1837~1919* (Nov. 16th, 1885)

판사가 세관의 책임자로 있는 것을 보게 될 것이라는 것을 믿어 의심치 않습니다.

나는 최근 아내를 잃은 푸트 장군을 샌프란시스코에서 만났습니다. 그는 몇 가지 문제에 대해 흥미로운 사실을 알려 주었으며, 알렌 박사의 사업에 대해 칭찬하였습니다.

선교부가 의사 문제와, 특히 두 항구에서 일을 시작하는 것이 현명하다고 생각하는 지의 문제에 대해 추가적인 편지를 기꺼이 쓰기 바랍니다. 스터지 박사는 알렌 박사가 쓴 장단점을 살펴본 후 부산으로 기울어 있습니다.

나는 지금 부재중에 답장을 하지 않은 많은 편지들을 갖고 있어 편지를 짧게 씁니다.

선교부에 안부를 전하며,

안녕히 계세요.
F. F. 엘린우드

Frank F. Ellinwood (Sec., BFM, PCUSA), Letter to the Korea Mission (Nov. 17th, 1885)

Nov. 17th (1885)

To the Korean Mission:

Dear Brethren:

Upon the suggestions made by Dr. Allen in a letter which I found on my return from California, the Board yesterday transferred Dr. E. S. Sturge, who has been in the medical mission work in Siam to Korea with a view of his opening up medical mission work in one of the ports of the country, if the way should be opened to Him. He is one of the finest men we have ever sent out to the mission fields, standing high both as to ability, and as to the marked spirituality and devotion of his life. He will, I am sure, prove a strong accession to your force. For the present he will be obliged to leave his wife in this country, owing to a serious illness. I should be glad to hear again directly from the Mission in regard to the condition of things in Korea, and of the prospects of being able to establish missions at Fusan and Chemulpho. We are keeping the matter quiet for fear some one will come in ahead of it. We should like very much, if it is possible, to secure a commanding influence for Christianity, and for our own Board in that country. Dr. Sturge will go from here early in the Spring, wishing previous to that time to gain some additional strength for his new work.

While I was in california and Oregon in October, I learned with great satisfaction that Judge Denny of Portland is to take the place of Mr. Mollendorf. I can hardly think of a more desirable change. I received a letter from judge Denny a few days since in which he speaks with satisfaction of what he had seen of the mission fields and mission work, and expressed his desire to cooperate in all proper ways with those of you who are at work in Korea. Should the political status quo continue, I have no doubt that you will soon see Judge Denny among you at the head of the Customs Service.

I saw General Foote in San Francisco, who has more recently lost his wife. He gave me some interesting accounts of matters, and spoke highly of Dr. Allen's work.

Will the Mission please write further in regard to physicians and particularly as to the question whether it will be thought wise to open both ports. Dr. Struge inclines to Fusan, after considering Dr. Allen's list of pros and cons.

I write briefly now, as I have scores of unanswered letters which have accumulated during my absence.

With very kind regards to the Mission,

Sincerely yours,
F. F. Ellinwood

어니스트 A. 스터지

그림 6-66. 어니스트 A. 스터지

어니스트 A. 스터지(Ernest Adolphus Sturge, 1856~1934)는 1880년 펜실베이니아 대학교 의학부를 우등으로 졸업하였다. 그는 방학이 되면 과학 연구에 전념하여 의과대학을 졸업하던 해에 시험에 통과함으로서 박사학위(Ph. D.)를 받았다. 졸업 후 그는 미국 북장로교회 선교사로 임명되어 샴으로 파송되었으며, 선교본부의 지원을 받지 않고 샴 최초의 병원을 건립하였다. 그는 2번에 걸쳐 가공할 만한 콜레라 유행을 겪었는데, 부부가 모두 콜레라에 감염되었고 특히 스터지 박사의 병세가 위중하여 1885년 초에 강제로 귀국하였다. 그런데 1885년 8월 12일 알렌이 환국의 두 주요 항구에 지부를 개설하기 위해 두 명의 의료 선교사 임명을 요청하였고, 이에 선교본부는 1885년 11월 16일 스터지를 한국 선교부로 적을 변경하였다. 하지만 스터지는 한국으로 가지 않았고, 1886년 2월 15일 캘리포니아 주의 중국인을 대상으로 한 선교 업무에 임명되었다.

18851118

미국 국무부 장관, 조지 C. 포크(서울 미국 공사관) (1885년 11월 18일) 제252호 *U. S. State Department, Despatches from U. S. Ministers to Korea, 1883~1905*[283)]

제252호

한국 서울 미국 공사관,
1885년 11월 18일

조지 C. 포크,
미국 해군 소위,
임시 대리공사

국무부 장관 귀중,

제목: 국무부의 1885년 8월 31일자 회람 공문에 따라 보내는 한국 서울 주재 미국 공사관의 보고서 및 현재 공사관으로 사용하고 있는 부지의 구입을 미합중국 정부가 고려할 이유 및 한국에서 대표단의 공식 거주지로 만드는데 필요한 예산 요청.

(중략)

한국 서울 미국 공사관의 계획

283) 이 문건에 알렌이 포함되어 있지 않다. 하지만 끝에 첨부되어 있는 당시 미국 공사관 관저의 배치도 왼쪽에 알렌의 이름으로 등록되어 있는 부지가 표시되어 있기에 이곳에 넣었다.

Secretary of Dept. of State, George C. Foulk (U. S. Legation, Seoul) (Nov. 18th, 1885) No. 252 *U. S. State Department, Despatches from U. S. Ministers to Korea, 1883~1905*

No. 252

Legation of the United States, Seoul, Korea,
Nov. 18/ 885

George C. Foulk,
Ensign, U. S. Navy
Charge d'affaires, ad interim

To the Secretary of State,

Subject: A Report upon the United States Legation in Seoul, Korea, transmitted in compliance to a circular letter of the Department of State dated Aug. 31, 1885, and request with reasons, that the United State Government consider the purchase of the Property now occupied as a legation, and expenditure necessary to render it a suitable official residence of the representative in Korea.

(Omitted)

Plan of the United States Legation, Seoul, Korea

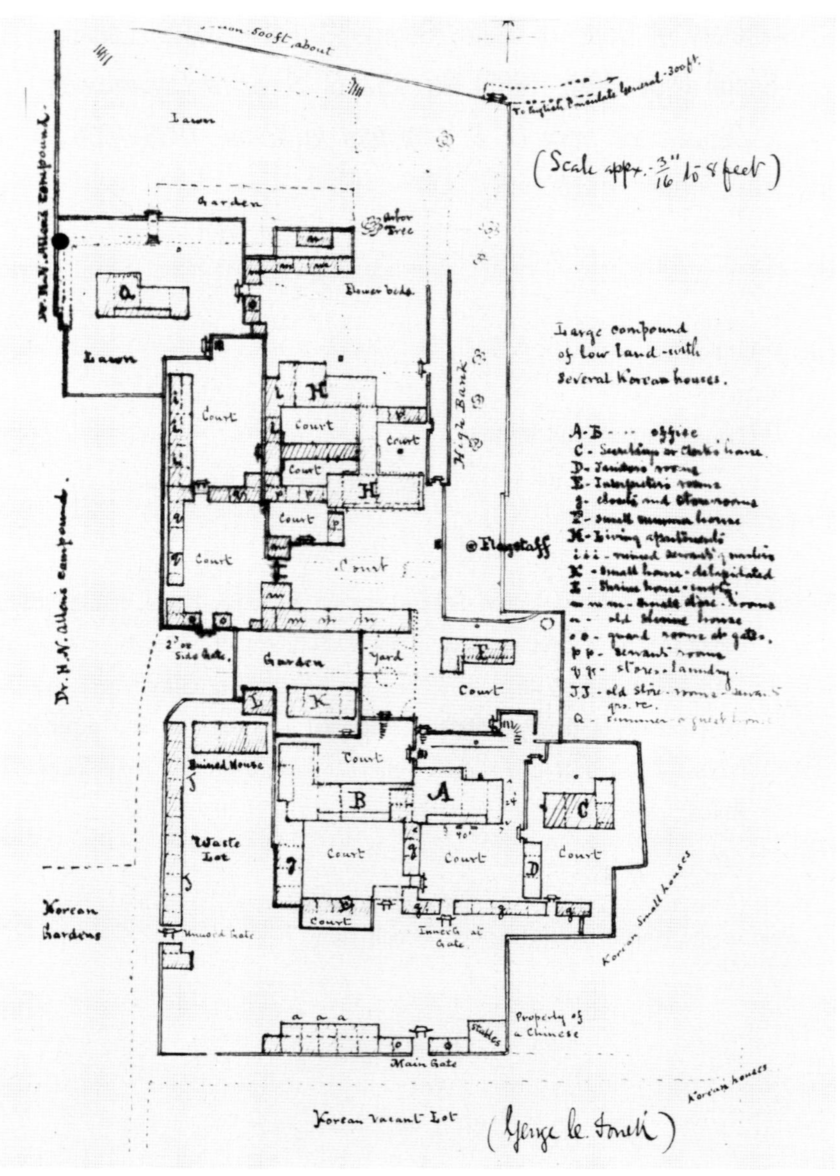

그림 6-67. **주한 미국 공사관의 배치도.** 왼쪽에 호러스 N. 알렌 박사 거주지와의 경계가 표시되어 있다.

18851119

[호러스 N. 알렌과 윌리엄 B. 스크랜턴 박사의 집문서 발급과 등록을 위한 수수료를 보내는 건.] 구한국 외교문서 미안 (1885년 11월 19일)

1885년 11월 19일
(고종 22년 10월 13일)

발신: 미국 대리공사 복구
수신: 독판교섭통상사무 김윤식

미국 공사관
한국, 서울

1885년 11월 19일

각하:

다음과 같이 미국 시민이 서울에서 구입한 자산의 문서 발급 및 등록을 위한 수수료 지불을 위해 한성부윤에게 3,500냥을 보내는 바입니다.

H. N. 알렌 박사	- 3 부지	- 3 문서	- 1,500냥
W. B. 스크랜턴 박사	- 2 부지	- 2 문서	- 1,000냥
W. B. 스크랜턴 박사	- 21 부지	- 1 문서	- 1,000냥
		합계	3,500냥

각하께서 알려주신 대로 저는 각 문서의 발급 및 부윤에 의한 등록을 위해 500냥의 수수료가 부과되는 것으로 알고 있습니다.

동봉한 금액에 대한 영수증을 보내 주시기 바랍니다.

안녕히 계십시오.
조지 C. 포크

김윤식 각하
외아문 독판교섭통상사무

[漢譯]
美館來函

敬啓者, 셔울 漢城府에 보닉시기을 위ᄒᆞ야 돈 三十五兩을 呈上ᄒᆞ옵닉다. 이거시 다름 안이라, 셔울에 鄙國人이 家舍와 地壚을 사ᄆᆡ, 漢城府에 牌旨 文籍헌 筆債읍닉다. 醫師 안련의 家舍 三處에 牌旨 三丈 筆債 十五兩이고, 時奇蘭敦이 初次에 家舍 二處에 牌旨 二丈 筆債 十兩이고, 又 時奇蘭敦의 家舍 二十一處에, 都牌旨 一丈 筆債 十兩, 合三十五兩이오니, 貴督辦게, 牌旨 一丈에, 筆債 五兩式 보닉오니, 査納ᄒᆞ옵쇼신 후의 바드신 표을 쥬옵쇼셔. 專此, 籍請勛安.

美國 代理公使 福　　乙酉 十月 十三日

[Transmission of Payment for the Issuing Certificates and Registration of Drs. Horace N. Allen and William B. Scranton's Houses.]
Diplomatic Documents of Korea with United States
(Nov. 19th, 1885)

1885年 11月 19日 (高宗 22年 10月 13日)

(發) 美 代理公使 福久
(受) 督辦交涉通商事務 金允植

Legation of the United States
Seoul, Korea

Nov. 19. 1885

Your Excellency:

I have to hand you herewith the sum of 3500 cash, for transmission to the Mayoralty (Han Song Pu) of Soul, in payment of fees for the issue of certificates and registry of purchases of property made in Soul by American citizens as follows:

Dr. H. N. Allen - 3 lots - 3 certificates - 1500 cash
Dr. W. B. Scranton - 2 lots - 2 certificates - 1000 "
Dr. W. B. Scranton - 21 lots - 1 certificate - 1000 "
Total 3500 cash

As informed by Your Excellency, I understand that a fee of 500 cash is charged for the issue of each certificate and registration by the Mayoralty.

Please return me a receipt for the amount herewith transmitted.

I am, Sir.
Very respectfully,
Your obedient servant,
George C. Foulk

His Excellency
Kim Yun Sik
President of the Foreign Office

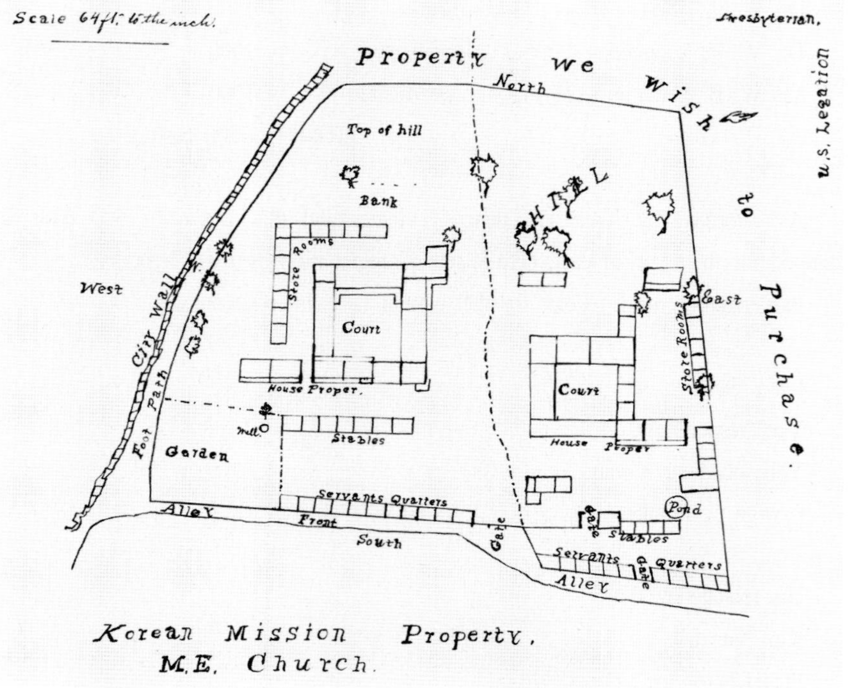

그림 6-68. 1885년 8월 중순의 미국 북감리교회 부지. 위에서 아래로 표시된 점선 오른쪽, 즉 동쪽 부분은 스크랜턴, 왼쪽 부분은 아펜젤러가 사용하였다. Henry G. Appenzeller (Seoul), Letter to the Missionary Society, M. E. C. (Aug. 17th, 1885)

18851120

[수수료를 받았다는 답신.]
구한국 외교문서 미안 (1885년 11월 20일, 고종 22년 10월 14일)
[Reply for Receiving the Charge.]
Diplomatic Documents of Korea with United States (Nov. 20th, 1885)

1885년 11월 20일
(고종 22년 10월 14일)

발신: 독판교섭통상사무 김윤식
수신: 미국 대리공사 포크

미국 공사관에 보내는 편지

삼가 아뢰옵니다. 지난번에 받은 편지를 잘 읽어보았는데 기쁘게도 의사 알렌과 스크랜턴의 집 도합 26곳의 패지 6장의 필채(筆債) 35냥을 한성부에 보내주셨습니다. 이에 답장을 드리며 평안하시기를 송축합니다.

을유 10월 14일 김윤식

1885年 11月 20日 (高宗 22年 10月 14日)

(發) 督辦交涉通商事務 金允植
(受) 美 代理公使 福久

覆送美館

敬覆者, 昨接 貴函閱悉, 忻荷, 醫師 안련과 時奇蘭敦 家舍 合二十六處 牌旨 六丈 筆債 三十五兩 照至, 卽送 漢城府矣, 此覆, 順頌日安.

乙酉 十月 十四日 金允植

18851128

회의록, 미국 북장로교회 한국 선교부 (1885년 11월 28일)

1885년 11월 28일 (토)

의장이 회의를 소집하였다.

알렌 박사는 발의로 (전) 회의록의 낭독을 연기하였다.[284)]

회의의 목적은 서울과 제물포 사이에서 수취인에게 매일 편지를, 그리고 그 수취인으로부터 다른 수취인에게 편지를 배달하는 배달회사의 설립과 관련된 소식을 낭독함으로써 정해졌다. 경비는 3~6달러로 추정되었다. 언더우드 씨의 발의로 우리가 부분적으로 참여하며, 재무에게 우리의 할당금을 지불하도록 지시하기로 결의되었다.

더 이상의 상정된 안건이 없어 폐회하자는 발의가 있었고 통과되었다.

J. W. 헤론
서기

284) 9월 15일에 개최된 회의의 회의록을 의미한다.

Secretary's Book, Korea Mission of the Presbyterian Church (Nov 28th, 1885)

Nov 28, 1885 (Sat.)

Meeting called to order by the Chairman.

Dr Allen, on motion the reading of minutes was postponed.

The object of the meeting was stated by reading a communication relative to the establishment of a daily courier service between Seoul & Chemulpho, the courier to carry letters to subscribers and from them to new subscribers. The cost being estimated at from 3 to 6 dollars. On motion by Mr. Underwood it was resolved that we take part & that the Treasurer be instructed to pay our proportion.

No business further being before the House, a motion to adjourn was made & carried.

J. W. Heron

Sec.

18851200

편집자 단신.
The Foreign Missionary 44(7) (1885년 12월호), 284쪽

한국에서 (일어나고 있는) 사건의 경과를 주시하고 있던 사람들은 여태껏 한국 해관 업무의 책임자이었던 묄렌도르프가 제거되었으며, 오리건 주 포틀랜드의 O. N. 데니 님이 그의 직책을 맡으라는 요청을 받았다는 것을 알고 기뻐할 것이다. 이것은 당연히 미국에 의한 임명은 아니지만 한국 정부 자체에 의해 리훙장의 제의로 선발된 것이다. 묄렌도르프 씨는 독일과 러시아를 위한 계속적인 정치적 음모자이었을 뿐 아니라 그 왕국의 모든 사람들 중에서 기독교의 소개에 가장 심한 반대자이었다. 데니 판사는 고백한 기독교 신자는 아니지만 선교 사업에 호의적이며, 우리가 그로부터 방금 받은 편지에서 "서구 문명의 보다 쉬운 소개와 동양의 국가들과 더 따뜻한 관계를 위한 길을 닦는다."며 선교 사역에 대해 높게 평가하고 있다. 서울에 이미 설립된 병원에 대한 언급으로 그는 말하고 있다.

"저의 판단으로 여태껏 중국에서 이루어진 가장 효율적인 선교 사역은 귀 선교본부가 서울에 설립하여 알렌 박사가 효율적으로 관리하고 있는 것과 같은 선교 병원입니다."

데니 판사는 몇 년 동안 상하이의 영사 업무와 관련이 있었으며, 톈진에 설립된 병원에 대해 그 지역에서 외국인에 대한 현지인들의 마음속에 존재하던 편견을 상당히 제거하였다고 찬사를 늘어놓았다. 그리고 "게다가 육체의 병을 치료할 수 있는 사람은 마음의 병에 대해 처방할 수 있다고 안전하게 믿을 수 있다는 것을 이해하게 될 것이라고 생각해도 괜찮을 것입니다."라고 추가하였다.

Editorial Notes. *The Foreign Missionary* 44(7) (Dec. 1885), p. 284

Those who have kept the run of affairs in Korea will rejoice to know that Mr. Mollendorf, who has hitherto been at the head of the Korean Customs Service, has been removed, and that Hon. O. N. Denny, of Portland, Oregon, has been called to take his place. This, of course, is not a United States appointment, but is a selection made at the instance of Li Hung-Chang by the Korean Government itself. Mr. Mollendorf has been not only a constant political intriguer for Germany and Russia, but has, of all men in the kingdom, been the most bitter opponent to the introduction of Christianity. Judge Denny, though not a professed Christian, is favorable to mission work, and speaks, in a letter which we have just received from him, in terms of his high appreciation of missionary work, as "paving the way for the easier introduction of Western civilization, and for more cordial relations with Eastern nations." Alluding to the hospital already established at Seoul, he says:

"In my judgment, the most effectual missionary work that has yet been done in China consists in the establishment of mission hospitals, such as you have established at Seoul under the efficient management of Dr. Allen."

Judge Denny was for some years connected with our Consular service in Shanghai, and speaks in glowing terms of the hospital established at Tientsin, which he says has done much to remove in that locality the prejudice existing in the minds of the natives against foreigners, and he adds: "It is safe to assume that these people will yet come to understand that those who can cure the diseases of the body can safely be trusted to prescribe for the ills of the soul."

오웬 N. 데니(Owen N. Denny)

그림 6-69. 오웬 N. 데니

오웬 N. 데니(Owen N. Denny, 德尼, 1838~1900)는 오하이오 주에서 태어나 오리건 준주에서 성장하였다. 그는 오리건의 윌러멧 대학에서 법학을 전공하고 1862년부터 1868년까지 와스코 카운티 판사, 1870년부터 1874년까지 포틀랜드 법원 판사, 1874년부터 1877년 오리건과 알라스카의 세입 징세원 등을 역임하였다. 1877년 그는 톈진 주재 미국 영사로 부임하였고, 1880년부터 1883년까지 상하이의 총영사를 역임한 후, 리훙장의 천거로 고종의 외교 고문으로 임명되었다. 친청파인 묄렌도르프와 맞서 한국의 주권을 옹호하는 입장을 피력하였으며, 1885년 한불 조약, 1888년 한러 조약을 체결하는데 중요한 역할을 수행하였다. 그는 1891년 미국으로 귀국하였다.

18851201

알렌 박사의 일기 제1권(1883~1886년) (1885년 12월 1일)

1885년 12월 1일 (화)

신임 중국 공사인 위안스카이가 도착하였다. 나는 오늘 그를 방문하였는데, 반갑게 맞아 주었다. 그와 나는 이상하게 얽혀있다. 병원 직원으로 남아 있는 3명의 영리한 무희들은 값 비싼 사치품들이었기에 위인스카이에게 팔렸다. 그녀들은 상심과 향수병으로 다루기 힘들며, 자식을 볼 수 없는 그녀들의 어머니들은 그녀들을 데리고 와달라고 계속해서 나를 성가시게 졸라대고 있다. 비록 관료 계층에 속해 있지만 나는 그런 일에 대해서는 모르며, 만약 내가 그녀들을 우리 집에서 살게 한다면 그녀들은 기꺼이 나의 하인이 될 것이고 내가 미국으로 갈 때 마다 나와 함께 가려고 할 것이다. 나도 그녀들을 돕고 싶지만 불가능하다.

오늘은 만찬이 있는 날이다. 우리는 추수감사절에 선교사들에게 만찬을 베풀었다. 나는 어제 저녁 허치슨 집에서 만찬을 가졌고, 중국과 독일 공사관 모두 (나를) 토요일 저녁 만찬에 초대하였다. 나는 후자의 초대에 응하기로 하였다. 물론 다른 초대에는 참석할 수 없을 것이다.

나는 조선 정부의 대학 설립을 위한 계획을 짰다. 포크 씨는 처음에 굉장히 호의적이었지만 지금은 미국에서 온 교사들이 이곳에 있지 않다는 이유로 전체 계획에 대해 반대하고 있다.

묄렌도르프는 마침내 중국으로 떠났다. 그는 왕에게 작별을 위해 알현을 하였는데 여기서 그는 중대한 사실을 폭로하였다. 그는 자신이 잘못 하였음을 알았고 동시에 이를 자각하였지만 중국의 지시를 받고 있었기에 그 이외의 것들은 할 수 없었다고 말하였다. 러시아와 그가 한 협상은 난처했던 한국을 돕기 위한 것이었다고 말하였다. 그는 이제 중국과 사이가 틀어졌기에 이를 말하는 것을 두려워하지 않는다고 말하였다. 그 내용은 중국은 한국을 자신의 발 아래에 두는 것 말고 다른 계획은 없으며, 모든 문제들을 중국보다는 외국 대표단에 문의하였으며 만일 그들이 곤란에 부딪히면 자신이 알 필요가 있다고 말하였다.

나는 이 이야기를 이전 나의 학생이었으며 지금은 왕의 통역관이 사람을 통해 들었다. 그는 또한 왕이 누그러졌으며 묄렌도르프가 가는 것에 대해 유감을 표하였다고 나에게 말하였다. 폰 묄렌도르프는 중국 톈진의 세관직에 채용되었고 한국으로 돌아올 것으로 예상된다.

중국인 위안스카이는 의심스러운 신분을 갖고 있다. 그는 인도의 영국 총독과 같은 신분이라고 주장하는데, 이곳의 다른 외교 사절들은 한국의 독립을 부정하는 그것을 인정하고 있다. 포크는 훈령을 받기 위해 고국에 전보를 쳤다.

포크가 미국의 망명자들을 돕고 있다거나 미국 정부의 도움을 받고 있다는 취지의 일부 끔찍한 소문이 퍼지고 있다.[285] 두 소문들은 포크가 서광범의 하인들 중 한 명을 자신의 하인으로 데리고 있으며, 이 사람을 통해 아직도 감금 중인 서광범의 부인과 어머니에게 돈을 주어 왔다는 것에 근거한 것으로 보인다. 또한 서광범과 다른 사람들은 왕과 왕비에게 최근 위협적인 편지를 보내 미국 정부로부터 도움을 받고 있었다고 언급하였다.

최근의 가장 나쁜 소문은 일본에서 온 한국인 관리들에 의한 것인데, 이 사람들이 미국에서 다이너마이트를 공급받았으며, 이제 왕실 가문과 왕족들을 폭살시키기 위해 귀국하고 있다는 것이다. 왕이 포크 씨에게 이 소문들에 대해 물었던 것을 볼 때, 그는 여태껏 그것을 믿고 있었다. 왜 우리 정부가 이 반역자들을 돌려보내지 않느냐는 등 많은 다른 불쾌한 질문이 생겨나고 있다. 전체적으로 우리는 바로 지금 이곳에서 상당히 안전하다고 느끼지 않고 있다.

Dr. Allen's Diary No. 1 (1883~1886) (Dec. 1st, 1885)

Dec. 1st, 1885 (Tue.)

The new Chinese Minister Yuan Shi Kai has arrived. I called today and was well received. He and I are strangely related. The three bright dancing girls left of the member at the Hospital were too expensive luxuries and were sold to Yuan. They are wild with grief and homesickness and their mothers who are not allowed to see them have been importuning me continually to get them away. Although they belong to the official class and do not know work, they are willing to be my servants if I will let them live in my house and will go to America with me whenever I go. I would help them but it is impossible.

Dinners are the order of the day. We gave one to the missionaries on

285) 갑신정변에 실패한 후 일본에 체류하던 급진개화파 서광범, 서재필 등은 1885년 5월 미국으로 망명하였다.

Thanksgiving day. I was at one last eve at Hutchison and invitations are out for one at both the Chinese and German Legation for Sat. eve. I am invited to the latter. One will be dropped of course.

I have had a scheme for the founding of a Korean Govn't University. Mr. Foulk was very much in favor of it at first but objects to the full plan now, as the teachers from America are not here.

Mullendorf has at last left for China. He had a farewell audience with the King at which he made a grand expose, said he knew he had done wrong and was conscious at the time but that he was under such instruction from China that he could not do otherwise. He said that his negotiation with Russia were made as a Korean in order to assist the troubled country. He said he was now out with China and not afraid to speak, that China had no other design than to keep Corea under, that all matters would be referred to the Foreign Representative rather than the Chinese and that if they got into trouble and needed him to let him know.

This was told me by my previous pupil who is now interpreter to the King. He also told me that the King relented and was sorry von M. was going. Von M. takes a position in the Chinese Customs at Tientsin and expects to return to Korea.

The Chinaman Yuan Shi Kai has doubtful rank. He claims to be the same as the English Resident in India and the other Representatives here are both to grant this as it denies the independence of Korea. Foulk has telegraphed home for instruction.

Some diabolical rumors are afloat to the effect that Foulk is supporting those refugees in America, other to the effect that they are supported by the U. S. Gov'nt. Both reports have some foundation for Foulk who has one of So Quan Pum's servants as personal servant, has through this man been giving money to the wife and mother of So who are still in captivity. Also So and the others in their recent threatening letters to the King and Queen stated that they were receiving help from the U. S. Gov'nt.

The last and worst is a report brought by a Korean officer from Japan that these men have been supplied with dynamite in America and are now on their way back to blow up the Royal Family and others. The King so far believed this as to ask Mr. Foulk concerning it. Many other ugly question arise as why don't our Gov'nt return those traitors etc. Altogether we don't feel very secure here just now.

18851203

한국에서 온 편지. *Herald and Tribune* (Jonesborough, TN.) (1885년 12월 3일 목), 1쪽

(중략)

이내 우리는 알렌 박사의 집 대문에 도착하였으며, 우리의 도착이 알려지자 알렌 부인과 아기가 우리를 맞이하였습니다. 그리고 그날 이래 우리는 비록 가장 이교적인 땅이며 우리가 목이 없는 남자 몸뚱이가 길거리에 널려 있는 등등의 무서운 광경을 보고 듣지만, 새로운 나라에서 점점 행복하고 즐거워졌습니다. 한국인들에게는 더 좋은 일에 대한 큰 약속이 있으며, 우리는 사역이 잘 시작되기를 바랍니다.

(중략)

그러나 알렌 부인과 나는 각하가 마시기 전에 작은 잔을 마시도록(혹은 마신 것처럼) 했는데, 한국인들 눈에는 여성에 대한 드문 대접이었습니다. 이제 설명할까요? 여태껏 내가 쓴 연회는 한국인 관리들이 "제중원의 알렌 박사 부부와 헤론 박사 부부에 대해 감사를 표시하기 위해" 개최해 숙녀들도 참여해 알렌 박사 집에 하사하였던 기녀를 만나도록 한 것이었으며, 몇 가지 맛있는 것과 알렌 부인의 오르간으로 연주한 몇 곡을 제외하고 전적으로 한국식 대접이었습니다. 나는 의사들이 조선 정부에 의해 어떻게 받아들여지고 있나 하는 것을 여러분들이 짐작할 수 있도록 이 연회를 특별히 이야기하는 것입니다.

Letter from Corea.

Herald and Tribune (Jonesborough, TN.) (Thr., Dec. 3rd, 1885), p. 1

(Omitted)

Very soon we had reached Dr. Allen's street gate, and when we were announced Mrs. Allen and the baby came to greet to us. And since that day we have grown more and more happy and cheerful in our new country, although it is a most heathenish land and we see and hear much that is horrible, such as the headless bodies of men lying in the streets, etc., etc. Yet, surely there is great promise of better things for Corea, and we hope to see the work well begun.

(Omitted)

But Mrs. Allen and I were allowed (or pretend to do so) from the little cups before his excellency had done so - a rare compliment to a woman, in the eyes of Corea. Now shall I explain? This feast of which I have been writing was given by Corean officials "complimentary to Dr. and Mrs. Allen and Dr. and Mrs. Heron, of the Royal Corean Hospital," and that the ladies might take part and meet the "Kesangs" it was given in Dr. Allen's house, although the entertainment was entirely Corean, with the exception of a few dainties and a little music from Mrs. Allen's organ. I tell you very particularly of this banquet that you may form some estimate of the way in which the doctors are received by the Corean government.

18851206 [No. 274]

[탁송 물품 분실 조사와 미국인 주택에 미국 공사관 병정의 파견.]
구한국 외교문서 미안
(1885년 12월 6일, 고종 22년 11월 1일)

1885년 12월 6일
(고종 22년 11월 1일)

발신: 미국 대리공사 포크
수신: 독판교섭통상사무 김윤식

미국 공사관
한국 서울

1885년 12월 6일

각하

저는 지난 11월 14일 제물포에서 서울로 운송되는 중에 다음과 같은 물품들이 분실 혹은 도난당했다고 보고하게 되어 유감스럽습니다.

오렌지 한 바구니	H. N. 알렌 박사
코르크 마개 뽑는 기구 1개	
소고기 9파운드	
석탄 담는 그릇 2개	아펜젤러 씨
소고기 6파운드	
고운 면직물 한 필	미국 공사관
의약품과 서적을 담고 있는 B라고 표시된 상자 1개	H. N. 알렌 박사

이 물품들은 제물포에 있는 미국인 상인 찰스 H. 쿠퍼 씨가 인부에게 맡겨 말 한 마리에 실어 보냈던 것입니다. 이후 22일이 지났지만 물품들은 찾을 수 없고, 인부를 보았거나 그에 대해 듣지 못하였습니다.

저는 또한 지난 2일 이 공사관 부지에서 두 명의 도둑이 발견되었음을 보고

드려야 하겠습니다. 병정 한 명이 그들에게 발포하였고, 그들은 어느 것도 훔치지 못하고 도주하였습니다. 같은 날 저녁 H. N. 알렌 박사의 주택에서 나무 문 두 짝이 도난당하였습니다.

저는 각하의 정부가 도둑들에 대해 공공안전을 강화할 조치를 취하시도록 보고 드리는 것입니다.

이와 관련하여, 그리고 현재 서울에 거주하고 있는 미국 시민의 경찰 보호가 없음을 고려하여 저는 각하로부터 조선 정부가 (미국) 공사관에 파견한 병정들이 이 공사관뿐 아니라 이 미국 시민들의 거주지도 순찰하도록 지시해 주시도록 허가를 요청 드립니다. 이 집들이 가까이에 있기 때문에 병정들이 순찰하는 것은 어렵지 않을 것입니다.

안녕히 계십시오.
조지 C. 포크

김윤식 각하
외아문 독판교섭통상사무

[漢譯]
美館來函

敬啓者, 이러케 알릅시기 ᄒᆞ옵ᄂᆞᆫ 닐이 불안ᄒᆞ오나, 그 ᄉᆞ이 됴선 十月 初八日 濟物浦에셔 京城에 가져 오난 물건이 闖失이 도얏ᄂᆞᆫ지 혹 盜賊이 奪去ᄒᆞ얏ᄂᆞᆫ지요.

蜜柑 一筐, 병마기 삐는 기계 一介, 牛肉 九斤,	醫師 安連.
石炭 담ᄂᆞᆫ 그릇 二坐, 牛肉 六斤,	美人 아편셜나.
洋木一疋,	公使館
册與藥種一櫃 標則 B,	醫師 安連.

이 물건을 濟物浦에 잇ᄂᆞᆫ 美人 장ᄉᆞ 구파가 馬一疋에 馱送ᄒᆞ얏스나, 그 물건을 우금 二十餘日을 기다러도 물건이 오지 안코 또 볼 수도 옵고, 馬夫 역 不知去處오이다. 更陳者, 十月 二十六日 밤에 盜賊 二漢이 入來公館ᄒᆞ야, 兵丁 一名이 放砲 一度ᄒᆞ야 賊漢이 走出ᄒᆞ고, 同夜 醫師 安連家에 賊漢이 入來ᄒᆞ야, 新造窓子 一部을 見失ᄒᆞ옵기로, 이러듯 아르시기 ᄒᆞ옵ᄂᆞᆫ 닐은, 貴政府가 이쳐럼 盜賊이 심험

을 통촉ᄒᆞ신 후에, 賊患을 禁止ᄒᆞ옵시기를 바라옵ᄂᆡ다. 이 美國人의 집에 아직 把守ᄒᆞᄂᆞᆫ ᄉᆞ람이 옵서, 념여ᄒᆞ야 此館에 肥守ᄒᆞᆫ 兵丁 中 一二名을 數三處 美國人의 집에 晝夜로 보ᄂᆡ와 賊漢을 防守ᄒᆞ오랴 ᄒᆞ오니, 貴督辦의 의향이 읏더ᄒᆞ옵실는지요. 回音을 기다립ᄂᆡ다. 專此佈告, 順頌勛安.

美國 公使 福　乙酉 十一月 初一日

[Investigation for the Lost Goods and Sending Soldiers in American Legation to American Residence.]

Diplomatic Documents of Korea with United States (Dec. 6th, 1885)

1885年 12月 6日
(高宗 22年 11月 1日)

(發) 美 代理公使 福久
(受) 督辦交涉通商事務 金允植

Legation of the United States
Söul, Korea

Decr. 6. 1885

Your Excellency:

I regret to have to report that on Nov. 14th ultimo. the following goods were lost or stolen while on their way from Chemulpo to Seoul.

a Basket of Oranges	Dr. H. N. Allen
a Cork Screw	
Nine lbs. Beef	
Two Coal Scutters and Scoops	Mr. Appenzeller
Six lbs. of beef	
One Piece Muslin Sheeting	U. S. Legation

A Box Marked B, Containing Medicine and Books — Dr. H. N. Allen

These things were sent by Charles H. Cooper, an American merchant at Chemulpo placed upon a horse in charge of a coolie. The articles cannot be found and nothing has been seen or heard of the coolie. although twenty-two days have since elapsed.

I also wish to report that on the 2d instant two thieves were discovered on the grounds of this Legation. One of the soldiers fired one shot at them and they ran off without having stolen anything. On the same evening two doors of wood were stolen from the house of Dr. H. N. Allen.

I report these things in order that Your Excellency's government may take such steps as to provide means for greater public security against thieves.

In this connection, and in view of the lack of police protection for the American citizens now living in Seoul, I would request permission from Your Excellency to direct the soldiers stationed by courtesy of the Korean Government at this legation to keep watch over the residences of these American citizens as well as this legation. As their houses are close at hand it would not be difficult for the soldiers to keep such watch.

I am, Sir.

Very respectfully,
Your obedient servant,
George C. Foulk

His Excellency
Kim Yun Sik
President of the Foreign Office

18851206 [No. 275]

[회답.] 구한국 외교문서 미안 (1885년 12월 6일, 고종 22년 11월 1일) [Reply.] *Diplomatic Documents of Korea with United States* (Dec. 6th, 1885)

1885년 12월 6일
(고종 22년 11월 1일)

발신: 독판교섭통상사무 김윤식
수신: 미국 대리공사 포크

미국 공사관에 보내는 편지

간단히 회답합니다. 편지는 즉시 보았사오며, 제물포에서 오는 물건이 20 여일이 되어도 소식이 없다고 하니 괴한 일이며, 경기 감염에 지시를 내려 알아보겠습니다. 10월 26일[286] 밤에 도둑이 들어 물건을 잃어버렸다고 하니 놀라우며, 흉년이라 그런지 곳곳에 도둑이 않은 모양이오니, 이루 구휼할 수 없어 답답하며, 포도청에 단단히 타일러 각별히 엄금하도록 하겠습니다. 경비하는 병정을 세 곳에 나누어 보내는 것은 편 할대로 하십시오. 이에 회답합니다. 복되시기를 송축합니다.

을유 11월 1일　외무 독판 김

286) 음력이다.

1885年 12月 6日 (高宗 22年 11月 1日)

(發) 督辦交涉通商事務 金允植

(受) 美 代理公使 福久

覆送美館

逕覆者, 편지는 ᄌᆞ시 보아ᄉᆞ오며, 濟物浦의셔 오는 물건이, 이십 여일이 되여도 소식 업다 ᄒᆞ오니, 괴이ᄒᆞᆫ 닐이오ᄀᆞ, 경긔감영으로 지휘ᄒᆞ여 알어보오리이다. 十月 二十六日 夜의 盜賊이 드러 실물을 ᄒᆞ얐다ᄒᆞ니 놀납ᄉᆞ오며, 흉년이라 그러ᄒᆞᆫ지 쳐쳐의 도적이 만ᄒᆞᆫ 모양이오니, 이루 규휼[할脫] 슈업셔 답답ᄒᆞ오며, 포쳥의 신칙ᄒᆞ야 각별 엄금ᄒᆞ라 ᄒᆞ오리이다. 把守ᄒᆞ는 병정을 數三處의 분ᄉᆞᆼᄒᆞ시기는, 편ᄒᆞᆯᄃᆡ로 ᄒᆞ옵소셔. 肅此佈覆, 藉頌台祺.

乙酉 十一月 初一日　　　外務 督辦 金

18851206

호러스 N. 알렌(서울)이 *San Francisco Bulletin* 편집장에게 보낸 편지 (1885년 12월 6일)

한국 서울,
1885년 12월 6일

Bulletin 편집장,
샌프란시스코

안녕하십니까,

우리는 현재 전 세계의 전보망에 연결되어 있다는 사실을 알려드립니다. 지난 겨울에 있었던 것과 같은 ____ ____의 경우에 귀하께서는 제가 전보를 드리기를 원하십니까. 그렇다면 자세하게 알려 주십시오.

안녕히 계세요.
H. N. 알렌

Horace N. Allen (Seoul),
Letter to the Editor, *San Francisco Bulletin* (Dec. 6th, 1885)

Seoul, Korea,
Dec. 6th, 85

Ed. *Bulletin*,
San Francisco.

Dear Sir,

I mention the fact that we are now connected with the universal telegram system. In case of a s_____ ___ such as one had last winter do you want me to telegraph you. If so give me particular.

Yours truly,
H. N. Allen

18851212

호러스 N. 알렌, 젊은 의사들을 위한 새로운 무대. *The Medical Record* 28(24) (1885년 12월 12일), 669쪽

젊은 의사들을 위한 새로운 무대.

Medical Record 편집인 귀하.

귀중: *The Medical Record*의 최근 호에서 나는 특별히 신생 콩고자유국과 관련된 위의 제목을 가진 논문에 주목하였습니다.[287] 나는 동양의 선교지에 관한 몇 가지를 말씀드리고 싶습니다. 이곳 변방에서 젊은이들이 보수가 좋은 개업을 구축할 수 있는 항구는 적습니다. 나는 그런 두 곳을 알고 있으며, 다른 세 곳은 현재 생활할 만큼은 되고 상당히 늘어날 전망이 있지만 이 글을 읽는 사람이 그곳에 가기 전에 다른 사람이 갈 수 있기에 이곳을 기대하기는 어렵습니다. 이들 항구에서 외국인을 위한 업무는 대부분 영국 의사들의 수중에 있는데, 그들은 재정적으로 대단히 잘 해왔으며 축적한 재산으로 살기 위해 은퇴하기 전에 그 자리를 대개 자국의 다른 사람들에게 넘깁니다.

하지만 동양에서 하는 일의 다른 분야는 상당히 열려 있습니다. 현재 소수의 의사들이 3억 5천만 명의 중국인을 돌보고 있습니다. 몇몇의 의사들이 역시 샴과 버마에서 종사하고 있고, 최근에 한국에는 우리 직업을 가진 3명이 있습니다. 이 사람들은 선교회의 어떤 사람과 연관되어 있으며, 고국에서 하고 싶어 하는 것보다 더 확대된 진료를 하고 있습니다.

자신의 직업에 대한 사랑, 그리고 은총을 갖고 있지 않은 사람들에게 은총을 선두에서 전하고 싶은 바람과 함께 선교 정신에 의해 움직일 수도 있는 모든 사람은 저의 의견이 잘 적용될 것입니다. 그런 동기가 없는 사람은 사역을 생각할 필요가 없습니다. 적절한 영적 자격에 관한 질문은 그런 필생의 사업에 대한 특별한 보상을 제시할 사람에 의해 결정되어야 합니다. 저는 특별히 그러한 사역의 더 현세적인 유인책의 일부를 특별히 언급하고 싶습니다.

첫째로 필요성이 대단히 크며, 의료 선교사는 오랫동안 원하였던 것을 채우는 자각을 갖고 있는데, 그것은 아마도 고국에서 일을 하며 자각하는 것보다 더 클

287) A New Field for Young Doctors. *The Medical Record* 28(6) (Aug. 8th, 1885), pp. 154~155

것입니다. 광범위한 내과 및 외과 경험을 할 수 있는 기회는 비할 데 없습니다. 그는 흥미롭고 개척되지 않은 선교지에서 자신의 과학적 연구를 계속할 수 있는 제한되지 않은 기회를 가지며, 다양한 연구 분야에서 권위자가 될 수 있습니다.

사회적으로 그는 고국에서 진료하는 것보다 더 높은 직위를 차지할 수 있는데, 동양에서 외국인 및 종종 현지인들은 전도사로 온 선교사를 낮춰보지만 의사는 상당히 따뜻하게 받아줍니다. 그가 수도에 거주하는 기회를 가진다면 틀림없이 왕궁의 왕진 요청을 받아 왕실을 진료할 것입니다. 그는 자국 및 다른 나라의 해군 및 군인 대표를 포함하여 영사 및 외교 업무와 친해 질 것이며, 이런 식으로 자주 여행을 하였더라도 얻을 수 없을 이해의 품위와 폭을 얻을 수 있을 것입니다. 항구나 수도에서 떨어진 곳에서는 다양한 국적의 선교사들과 교류를 가질 수 있으며, 이 사람들은 모든 의미에 있어 대개 "좋은 가문의 사람들"이기 때문에 그들과 교류하는 것의 효과는 다른 경우에서와 동일할 것이지만 의학 및 과학적 유인이 더욱 클 것입니다.

의료 선교사는 신사처럼 살아야 할 것으로 예상된다는 것을 아는 것이 유인일 수 있습니다. 그는 자신을 해외로 파송하는 경비와 언어를 습득하는 동안의 지원 등을 받은 후에는 잃기에 너무도 비싼 사람이기에 결코 열악한 주거 환경에 있게 하지 않을 것입니다. 같은 이유로 그는 나쁘게 먹거나 옷을 입어서는 안 됩니다. 그의 신분은 지성을 요구하며, 따라서 그는 신문과 다른 출판물을 구독하고 읽어야 합니다. 하인은 너무 싸고 훌륭하며 그의 시간은 너무도 소중해서 그가 천한 일로 시간을 써버리게 하는 것은 어리석은 행위일 것이며, 외국인과 현지인 중에서 그의 입장은 이것을 허용하지 않을 것입니다.

또한 동양은 한때 그랬던 것처럼 세계에서 동떨어져 있지 않다는 것을 명심해야 합니다. 인도는 그들이 할 수 있는 만큼 영국과 상당히 유사하며, 더욱 우리 주변에서 싱가포르, 샤먼[厦門], 푸저우[福州], 닝보[寧波], 텐진[天津], 나가사키, 카히 등의 엄선된 작은 공동체 및 그곳의 가게, 전보 및 신문을 많이 찾을 수 있는 반면, 홍콩, 요코하마 및 상하이에서 우리는 상당한 동양적 기품, 그리고 모든 종류의 가게가 완벽하게 있으며, 광범위한 해운 운송, 전신선, 일간 신문, 성당 및 교회들, 아름다운 명소, 그리고 모든 종류의 오락장이 있는 진정한 외국 도시를 발견합니다.

외국인 거주자는 종종 그들이 떠났던 것보다 더 선호하며 그들의 새 주택에 만족하다고 느끼게 됩니다. 이곳들은 내륙의 선교사들이 계속 새로운 소식과 비축품을 공급해 주는 보관소가 됩니다.

의료 선교사 사역을 위해 필요한 자격은 건강한 신체 및 정신, 흐뭇한 기분,

훌륭한 상식과 판단, 완전한 교육 및 상당한 진료 경험, 그리고 업무에 대한 진지한 공감과 헌신입니다. 젊은이가 학교를 졸업하고 진정한 진료 지식을 갖지 않고 바로 동양으로 오는 것은 대단히 현명하지 못합니다. 그는 즉시 어떤 중요 인물을 치료해 주도록 왕진 요청을 받을 수 있는데, 그곳에서 그는 자신의 결점을 예민하게 느낄 것이며 어떤 것을 조급하게 해서 자신과 동료들을 크게 훼손시킬 수 있습니다. 만일 그렇지 않다면 그는 십중팔구는 하층 계습의 환자로 붐비게 될 것이며, 경험이 없고 혼란스러운 개념으로 머리가 가득 차 있는 젊은이가 매일 20명에서 100명에 이르는 환자로 무엇을 할 수 있겠습니까? 그는 머지않아 그것으로 득을 보겠지만 자신과 환자 모두에게 힘든 경험입니다. 이 업무를 위해 한 사람은 1등급 병원 혹은 이에 상응하는 외부 진료를 최소한 1년을 해야 합니다. 그러한 방식은 분명하며, 동양은 오는 모든 사람들을 수용할 것입니다.

H. N. 알렌, 이학사, 의학박사,
세관 의사
한국 서울, 1885년 10월 8일

Horace N. Allen, A New Field for Young Doctors. *The Medical Record* 28(24) (Dec. 12th, 1885), p. 669

A New Field for Young Doctors.

To the Editor of the Medical Record.

Sir: In a recent number of The Medical Record I noticed an article under the above heading, having especial reference to the new Congo Free State. I wish to say a few things concerning the field in the East. There are a few ports out here where a young man could build up a good paying practice. I know of two such, while there are three others which would now furnish a living, with the prospect of a good increase but it would hardly do to count on these places, as they might be occupied before any person who reads this might reach them. The work for foreigners in these parts is mostly in the hands of British practitioners, who have done very well financially, and usually dispose of their places to others of their own people before retiring to live on their accumulated wealth.

Another branch of the Eastern work is, however, quite open. A small handful of physicians are at present ministering to the 350,000,000 Chinese. A few are engaged also in Siam and Burmah, and recently Corea has been occupied by three of our profession. These persons are connected with some one of the missionary societies, and are doing a more extended practice than they could ever hope to do at home.

To any who may be moved by a missionary spirit, coupled with a love for their profession and a desire to be foremost in imparting its blessings to those who have it not, my remarks will well apply. None without such motives need consider the work. The question as to proper spiritual qualifications must be decided by the individual to whom the especial rewards of such a lifework will present themselves. I wish especially to mention some of the more temporal inducements of such a work.

In the first place the need is very great, and the missionary doctor has the consciousness of filling a long-felt want, which is more than he would probably be conscious of in work at home. His opportunity for gaining a wide medical and surgical experience is unparalleled. He has unlimited opportunities for continuing his scientific studies in interesting and unexplored fields, and of becoming an authority in various lines of research.

Socially, he may occupy a higher position than in practice at home, for while it is true that foreigners and often natives in the East look down upon the missionary when he comes as a preacher, they receive the doctor quite warmly. Should he chance to reside in a capital he will, doubtless, be called upon to visit the palace and treat its royal occupants. He will be on friendly, and probably intimate, terms with the consular and diplomatic service, together with the naval and military representatives of his own and other lands, thus gaining a polish and breadth of understanding that he might fail to get even in extensive travels. Away from the ports and capitals, he would still have the association of missionaries of various nationalities, and as these persons are usually "gentlefolk" in every sense of the word, the effect of association with them would be much the same as in the other case, while the medical and scientific inducements would be even greater.

It might be an inducement to know that the missionary physician is expected to live as a gentleman. It would never do to have him badly housed, as he is too expensive an article to be lost after going to the expense of sending him abroad and supporting him while he gets the language. For the same reason he must not be badly fed or clothed. His position demands intelligence, therefore he must take papers and other publications and read them. Servants are so cheap and good, and his time is so precious, that it would be folly for him to waste it in menial service his position among both foreigners and natives would not allow of this either.

It must also be borne in mind that the East is not out of the world as it once was. India is as much like England as they can make it, further around we find many select little communities as at Singapore, Amoy, Foochow, Ningpo, Tientsin, Nagasaki, Kahe, and others, with their stores, telegraph, and newspapers, while at Hong Kong, Yokohama, and Shanghai we find genuine foreign cities with a great deal of oriental elegance thrown in, and with their very complete stores of all kinds, extensive shipping, telegraph lines, daily papers, cathedrals and churches, beautiful drives, and all manner of places of amusement, the foreign residents come to feel so contented with their new homes as to often prefer them to those they have left. These places form depots from which missionaries in the interior are continuously supplied with fresh news and stores.

The qualifications necessary for the medical missionary work are health of body and mind, a cheerful spirit, good common sense and judgment, a thorough education and considerable practical experience, together with earnest sympathy with the work and consecration to it. It is very unwise for a young man to come to the East, direct from school, without any real practical knowledge. He may be at once called to treat some important personage, where he will feel his defects most keenly and may do something rashly that will greatly injure himself and his associates. If this be not the case he will, in all probability, be crowded with patients of a lower order, and what can a young man, with no experience and a head full of confused ideas, do with twenty to one hundred patients a day? He will profit by it in time, but it is a hard experience both for himself and his patients. For this work a man should have at least a year's experience in a first-class hospital, or its equivalent of outside practice. To such the way is clear and the East will accommodate all who may come.

H. N. Allen, B. S., M. D.,
H. C. M. Customs Surgeon.
Seoul, Corea, October 8, 1885.

18851213

호러스 N. 알렌(서울)이 김규희(제중원 주사)에게 보낸 편지 (1885년 12월 13일)

서울,
1885년 12월 13일

친애하는 김 씨,[288]

200달러로 화학, 물리 및 해부 도구를 구입하겠다는 제안을 수용하겠다는 내용이 담긴 귀하의 편지를 받았습니다.

과도교환(exchange over)은 약 35달러가 될 것입니다.[289]

운송비는 15달러가 넘지 않을 것입니다. 그것은 이곳에서 1달러 정도일 것입니다. 만일 그렇다면 나는 당연히 나머지를 반납할 것입니다. 나는 그렇게 많은 양의 현금을 사용하는 것이 어렵지 않을까 염려하고 있으며, 그렇게 할 수 있도록 최선을 다하겠습니다.

제물포 은행에서는 많은 현금을 1달러에 1,700푼을 받고 있는데 250달러이면 425,000푼이 될 것입니다. 오랫동안 나는 현금을 처리할 수 없었기에 그 액수보다 적을 것입니다. 만일 귀하가 더 좋은 환율에 처리할 수 있다면 나는 그것을 선호할 것입니다. 귀하가 달러를 갖고 있지 않아 유감스럽습니다.

안녕히 계십시오.
H. N. 알렌

288) '김'은 제중원 주사 김규희로 판단된다. '제중원 1차 년도 보고서'에 의하면 재무 담당관이 주사 김규희이었기 때문이다.

289) 외국환은행이 고객과 환거래를 할 때 발생하는 매입 초과나 매도 초과의 경우 환율 변동 위험의 회피 또는 자금의 과부족을 조정하기 위하여 행해지는 일련의 환거래를 말한다.

Horace N. Allen (Seoul), Letter to Kim Kyu Hui (Officer at Jejoongwon) (Dec. 13th, 1885)

Seoul,
Dec. 13/ 85

Dear Mr. Kim,

Your letter containing acceptance of the proposition to buy a chemical, philosophical and anatomical outfit for the sum of $200.00 received.

The exchange over this will be about thirty five ($35) dollars.

The freight should not be more than fifteen dollars. It may be a dollar or so here. If so I will of course return the surplus. I am afraid it will be hard to use such a large amount of cash but I will take it and do the best I can at it.

I understand at the Chemulpoo bank they are taking cash at 1700 to the dollar in large quantities that would be for $250, 425,000 cash. As I may not be able to get rid of the cash for a long time it may go below that figure. So if you can give any better rate I would prefer it. I am sorry you have not the dollars.

Yours truly,
H. N. Allen

18851215

호러스 N. 알렌(서울), 영수증 (1885년 12월 15일)

서울,

1885년 12월 15일

병원 의학교에서 화학, 물리 및 해부 도구를 구입하는데 사용할 현금 425,000 푼을 외아문 독판을 위해 김 주사로부터 받았음.

그것은 금화 200달러와 운송비 약 15달러 혹은 1달러 당 1,700 푼의 환율로 250달러에 해당하는 425,000푼에 해당함.

250달러는 425,000푼으로 받음.

H. N. 알렌, 의학박사

Horace N. Allen (Seoul), Receipt (Dec. 15th, 1885)

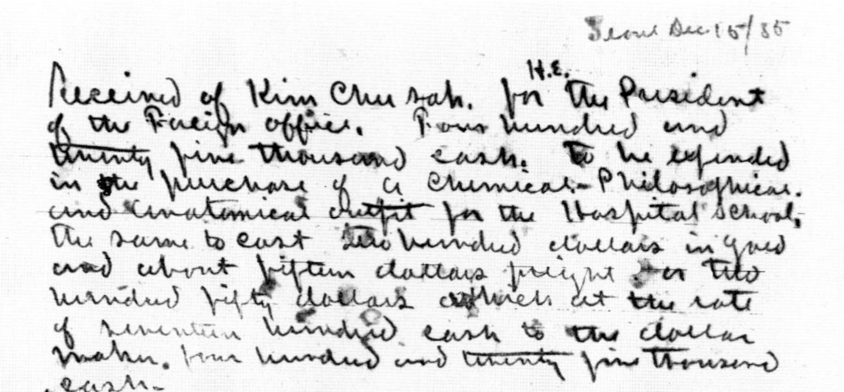

Seoul Dec. 15/85

Received of Kim Chu sah. for H.E. the President
of the Foreign office. Four hundred and
twenty five thousand cash. To be expended
in the purchase of a Chemical-Philosophical
and Anatomical outfit for the Hospital School,
the same to cost two hundred dollars in gold
and about fifteen dollars freight or for two
hundred fifty dollars which at the rate
of seventeen hundred cash to the dollar
makes. four hundred and twenty five thousand
cash.

$250.00 paid by cash 425.000. H.N. Allen M.D.

그림 6-70. Horace N. Allen (Seoul), Receipt (Dec. 15th, 1885)

18851215

호러스 N. 알렌(서울)이 *Messrs James W. Queen & Co.*로 보낸 편지 (1885년 12월 15일)

미국 공사관

한국 서울,
1885년 12월 16일

Messrs James Queen & Co.
필라델피아 체스넛 가(街)

안녕하십니까,

왕실, 병원 및 세관의 의사로서 한국 정부와 관련을 갖고 있는 저는 약간의 교육 사업을 (한국에) 소개하려 노력 중입니다. 저는 제가 의사로 있는 우리 공사관에서 귀 회사의 목록을 보았으며, 한국 정부가 약간의 기구를 구입하고 제가 병원에서 조수를 교육하기 위한 학교를 시작하도록 제안하였습니다. 이것은 그들이 미국에 요청한 교사들이 오는 대로 일본의 한 학교를 모방하여 설립하겠다고 제안한 정부 대학교를 위한 준비입니다.

제안은 받아들여졌습니다. 귀 회사는 가능한 한 일찍 동봉한 물품들을 제게 보내 주십시오. 저는 더 주문해야 할 것이지만 이것은 한국인들에게 새로운 일이며, 작은 시작이 최상의 결과를 줄 것입니다.

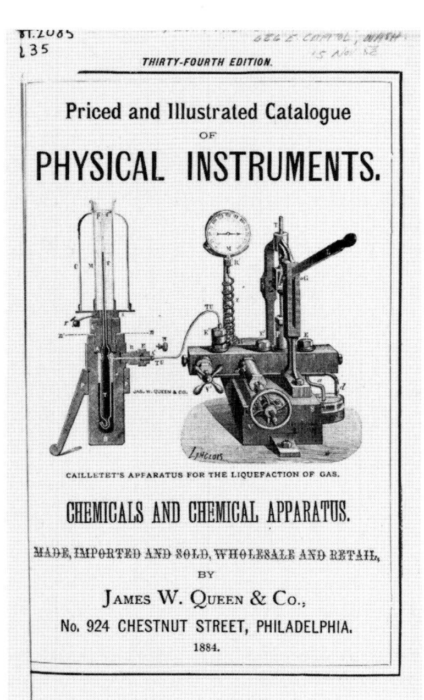

그림 6-71. James W. Queen & Co.의 1884년도 물품 목록. 알렌이 참고했을 것으로 추정되는 목록이다.

어떠한 호의도 고마우며, 아마도 더 완전한 주문이 곧 따를 것입니다 지불은 뉴욕 센터 가(街) 23 윌리엄 랜킨 님께 문의 바랍니다. 저는 그에게 200달러의 귀 회사 환어음을 ___하도록 알릴 것입니다.

안녕히 계십시오.
H. N. 알렌, 의학박사

퀸 목록

퀸 회사의 화학 세 번째 묶음[290]	50.00달러
퀸 회사의 새로 개량된 물리 기구 첫 번째 묶음[291]	100.00
철사로 연결한 골격, 1호	35.00
연부 해부학 및 생리학 괘도	15.00
	200.00

포장은 대단히 확실하게 해 주세요. 수에즈 운하 경우 증기선에 선적해 주세요. 일본 나가사키의 C. 서튼[292] 혹은 중국 상하이의 제임스 달지엘[293]에게 위탁해주세요. 그러나 가장 직접적인 방식으로 보내 주세요.

한국 서울 알렌 박사라고 표시해 주세요.

290) 이것은 완전한 실험 세트로서 고등학교와 대학교에서 사용할 수 있도록 특별하게 선택한 것이다. 화학품은 큰 보관장을 채울 정도로 충분한 양이며, 기구는 모두 1등급이며 미국의 선도적인 대학교 실험실에서 사용되는 것과 동일한 것이다. 화학품은 모두 순수하고 신선한 것이며, 적절한 용기에 들어 있고 옛 명칭과 새로운 명칭이 써진 이름표가 부착되어 있다.

291) 이것은 룸코르프의 유명한 유도 코일, 가이슬러의 멋진 진공방전관, 미터-야드 변환기, 새로운 토플러-홀츠의 전기발생기 등을 포함하는 완전한 기구 한 벌이다. 이 기구들은 통상적인 교과서에 담긴 실험을 수행하기에 충분하다.

292) 나가사키에서 활동하던 청부업자이었다.

293) 미국 성서협회에 의해 파송되어 상하이에서 조수로 활동하고 있었다.

Horace N. Allen (Seoul), Letter to Messrs James W. Queen & Co. (Dec. 15th, 1885)

U. S. Legation

Seoul, Korea,
Dec. 16/ 85.

Messrs James Queen & Co.
Chestnut St., Philadelphia

Gentlemen,

Being connected with the Korean Government as surgeon to the Royal family, Hospital & Customs Services, I have been trying to introduce a little educational work. I saw your Catalogues at our Legation, (of which I am the medical member) and proposed to the Government that they buy a small outfit and let me commence a school for the assistants in the hospital. This will be a preparation for the Gov'nt University which they propose to found, after the style of the one in Japan, as soon as the teachers come who have been asked for to America.

The proposition was accepted. And you will please send me by your earliest opportunity, the enclosed list of goods. I should like to have ordered more but it is a new thing to the Koreans and a small beginning may give the best ending.

Any favor will be highly appreciated and a more complete order will probably come follow this.

Please draw on William Rankin Esq., 23 Centre St., New York, for the payment. I shall instruct him to ____ your draft to the am't of two hundred dollars.

Yours Truly
H. N. Allen, M. D.

Queen Catalogue

Queen's Chemical Lot No. 3.	$ 50.00
Queen's new improved set of Philosophical Apparatus No. 1	100.00
Skeleton Articulated with wires, No. 1	35.00
____ charts illustrating soft anatomy and physiology	15.00
	200.00

Pack very securely. Ship for steamer via Suez. Consign to C. Sutton, Nagasaki, Japan, or James Dalziel, Shanghai, China, our former __yard, but send by most direct means.

Mark, Dr. Allen, Seoul, Korea.

18851215

[해부학, 생리학 및 화학 도구] (1885년 12월 15일)

해부학 및 생리학

6751

완전한 인체 모형, 2000 도해	75.00
철사로 이은 골격	35.00
	110.00달러

화 학

동봉한 목록에 따라	250.00
	360.00달러

대안(代案)

해부도	20.00달러	
화학 도구		50.00
화학 및 물리 기구		100.00
		170.00달러

화 학

1파운드	아세트산	¼파운드	붕산
2온스	구연산	2 "	염산
2파운드	질산	1 "	수산
4 "	황산	¼ "	타타르산
1파인트	에틸알코올	1파인트	메틸알코올
1파운드	알루미나 및 황산암모니아	1파인트	암모니아 수
½ "	탄산암모늄	I파운드	염화암모늄
I온스	인산을 위한 몰리브덴산 암모늄 검사		
½파운드	질산암모늄	1온스	옥살산암모늄
1 "	황산암모늄	2 "	황화암모늄

½드램	아닐린	1파운드	수탄(獸炭)
1온스	안티몬(금속)	2온스	안티몬 황화물
2 "	비소(금속)	1파운드	아비산(亞砒酸)
1 "	석면		
2 "	탄산바륨	½파운드	염화바륨
½ "	질산바륨	½ "	황산바륨
½ 드램	비스무트	½ "	골회(骨灰)
½파운드	탄산칼슘	1 "	염화칼슘
1 "	불화칼슘	1 "	황산칼슘
2온스	이황화탄소	½ "	목탄(木炭)
2 "	염화코발트 액	2 "	질산코발트 액
	구리 포일		
1 "	질산구리	1파운드	황산구리
1파인트	에테르	2온스	염화 제이철
1파운드	황산 제일철	¼파운드	아황산 제일철
1온스	오배자 열매	1 드램	면화약
1 "	인디고 액	½파운드	쇠 줄밥
¼파운드	아세트산납	1 "	탄산납
¼ "	질산납	1 "	납플록사이드
1온스	리트머스	2온스	로그우드
12인치	마그네슘리본	2온스	염화마그네슘
1파운드	황산마그네슘	2파운드.	이산화망가니즈
4온스	수은		
1 "	염화수은	1온스	산화수은
1 "	인염(燐鹽)	½파운드	파라핀
12인치	백금선	1	백금해면
1온스	인(燐)	4온스	흑연
1드램	칼륨(금속)	1파운드	중크롬산칼륨(적색),
½파운드	탄산 칼륨	1 "	염소산칼륨
2온스	크롬산염칼륨(황색),	1온스	사이안화칼륨
1 "	페리시안화칼륨	¼파운드	페로시안화칼륨
2 "	수산화칼륨	2 드램	요오드화칼륨
½ 드램	질산칼륨	1온스	과망가니즈산칼륨

4온스	규산칼륨	½파운드	황산칼륨
2 드램	황시안화칼륨	1온스	중타르타르산칼륨
1 "	질산은	2 드램	나트륨(금속)
1온스	초산나트륨	½파운드	붕산나트륨
1 "	브롬화나트륨	½ "	중탄산나트륨
2파운드	탄산나트륨	1 "	수화나트륨
2 "	디오황산나트륨	1 "	질산나트륨
¼ "	인산나트륨	1 "	규산나트륨
1 "	황산소다	½ "	탄산스트론튬
¼ "	염화스트론튬	½ "	질산스트론튬
2 "	황	¼ "	주석(금속)
1온스	염화주석	1파인트	테레빈유(油)
1파운드	수소를 만들기 위한 모스 아연		
1 "	탄산아연	¼ "	산화아연
1 "	황산염아연		

화학 기구

알코올 램프, 1개	(각종) 유리관, 1파운드
(각종) 시험관, 2다스,	(각종) 유리관 코크, 2다스
(2에서 18온스까지의) 6개 비이커, 한 벌	
놋쇠 취관(吹管), 1개	코크 구멍뚫이 3개, 한 벌
코르크 마개뽑이, 1개	헤센 도가니 5개 한 벌, 2벌
도가니 집게, 1개	1파인트 화학 플라스크
4온스 화학 플라스크, 2개	화학 온도계, 1개
화학 천칭, 1개	놋쇠 연소 숟가락, 1개
2온스 증발접시, 1개	10온스 증발접시, 1개
(수소를 만들기 위해 깔때기, 유도관, 연결 고무를 포함한) 플라스크 관, 1개	
석탄산 기체 등	
삼각 줄, 1개	둥근 줄, 1개
여과지 100개 묶음, 1개	파인트 유리 깔때기, 1개
4온스 유리 깔때기, 1개	사이펀, 1개
계량 유리잔, 1개	영국산 (계량) 유리잔, 1개

갤런 기체 주머니(와 놋쇠 꼭지), 1개 (비중을 재기 위한) 비중계, 1개
비중계 접시, 1개 (불화수소산을 위한) 납 접시, 1개
점적관, 1개 기체 채취용 수조(水槽), 1개
파인트 증류기, 1개 증류기받이, 1개
증류기 대(臺), 1개 (기체 연결을 위한) 고무관, 1개
금속 산화물을 환원시키기 위한 환원관(還元管), 1개
철제 압설자, 1개 유리봉, 3개
샌드 배스, 1개
(기체를 모으고 폭연을 위한) 금속 뚜껑 병, 2개
시험관, 1개 시험관 선반, 1개
시험관 대(臺), 1개 시험관 세제, 1개
(산소 연소를 위한)시계 태엽, 1개 벨터의 안전관, 1개
가는 철선망, 1개 목이 3개인 불프 병, 1개
4인치 웨지우드 약연(및 막자), 1개

포장된 완전한 각 1벌에 50.00달러

화학 및 물리학 (달러)

미터-야드 변환기	.50	모세관 1벌	1.25
원심 후프	3.50	5개 충돌구(衝突球) 1벌	4.50
관성(慣性) 기구	1.00	프린스 루퍼트 방울, 반다스	.20
공기 펌프	20.00	진공 분수	5.00
핸드 앤드 블래더 유리 용기	1.00		
마그데부르크 반구(4인치 직경)		5.50	
기압계 관 및 점적관	2.00	현미경 (소형)	3.50
오목 및 볼록 거울	3.00	프리즘, 강화 납유리	.50
시범 렌즈 6개	2.50	가이슬러 진공방전관	.75
그레넷 배터리	2.00	유도 코일(룸코르프)	6.00
말굽자석	.60	전자석	1.50
자침(磁針)	2.00	펄스 유리관, 프랭클린	.75
공기 온도계	.25	수은 온도계	.50

알코올램프	.50	복합 막대	1.00
각종 유리관, ½파운드	.20	유리 플라스크	.40
전기 발생기	25.00	나선관	2.50
라이든 병(축전지), 쿼트	1.50	전기 종	1.75
전기방전 장치	2.25	영상판	1.50
영상	.75		
평형관	3.50	비중계	.50
비중계 접시	.50	카테시안 다이버 및 병	.75
사이펀 유리관	.40	수격(水擊)	1.00
양수 펌프	2.00	밀 펌프	2.00

포장 및 상자	2.50
	118.80달러
현금 할인	18.80
	100.00달러

해부학 및 생리학

완전히 조립된 인체 골격, 1개	35.00
해부도, 1벌	15.00
인출한 현금	50.00달러

화학품 및 기구	50.00달러
화학 및 물리 도구	100.00
해부 도구	50.00

교육을 위한 완전한 도구

화학, 물리 및 의학	200.00달러

인출한 현금, 화물비 제외

H. N. 알렌, 의학박사

[Outfit for Anatomy & Physiology, Chemistry] (Dec. 15th, 1885)

Anatomy & Physiology.

6751

Complete model of man, 2000 illustration	75.00
Skeleton articulated with wires	35.00
	$110.00

Chemistry

As per enclosed memoranda	about $250.00
	360.00

Alternative

Anatomical charts.	$ 20.00
Chemical outfit	$ 50.00
Philosophical apparatus for Chemistry and Physics	$100.00
	$170.00

Chemistry (Alone)

1 lb.	Acid Acetic	¼ lb.	Acid Boracic
2 oz.	" Citric	2 lbs.	" Hydrochloric
2 lbs.	" Nitric	1 "	" Oxalic
4 "	" Sulphuric	¼ "	" Tartaric
1 pt.	Alcohol Ethylic	1 pt.	Alcoholic Methylic
1 lb.	Alum Alumina et Ammoni Sulph.	1 pt.	Aqua Ammonia
½ lb.	Ammonium Carbonate	I lb	Ammonium Chloride
I oz.	" Molybdate test, for Phosphoric Acid		
½ lb.	Ammonium Nitrate	1 oz.	" Oxalate

1 lb.	" Sulphate	2 oz.	" Sulphide
½ dr.	Aniline	1 lb.	Animal Charcoal
1 oz.	Antimony (metallic)	2 oz.	Antimony Sulphide
2 "	Arsenicum (metallic)	1 lb.	Arsenious Anhydride
1 oz.	Asbestos		
2 oz.	Barium Carbonate	½ lb.	Barium Chloride
½ "	" Nitrate	½ "	" Sulphate
½ dr.	Bismuth	½ lb.	Bone Ash
½ lb.	Calcium Carbonate	1 "	" Chloride
1 "	" Fluoride	1 "	" Sulphate
2 oz.	Carbon Bisulphide	½ lb.	Charcoal
2 oz.	Cobalt Chloride, sol.	2 "	Nitrate, sol.
	Copper Foil.		
1 "	" Nitrate	1 lb.	Copper Sulphate
1 pt.	Ether	2 oz.	Ferric Chloride
1 lb.	Ferrous Sulphate	¼ lb.	Ferrous Sulphide
1 oz.	Gall Nuts	1 dr.	Gun Cotton
1 "	Indigo Solution	½ lb.	Iron Filings
¼ lb.	Lead Acetate	1 "	Lead Carbonate
¼ "	" Nitrate	1 "	" Protoxide
1 oz.	Litmus (best cubes)	2 oz.	Logwood
12 in.	Magnesium Ribbon	2 "	Magnesium Chloride
1 lb.	" Sulphate	2 lbs.	Manganese Dioxide
4 oz.	Mercury		
1 "	Mercuric Chloride	1 oz.	Mercuric Oxide
1 "	Microcosmic Salt	½ lb.	Paraffine
12 in.	Platinum Wire	1	Platinum Sponge
1 oz.	Phosphorus	4 oz.	Plumbago
1 dr.	Potassium (metallic)	1 lb.	Potassium Bichromate (red),
½ lb.	" Carbonate	1 "	" Chlorate
2 oz.	" Chromate (yellow),	1 oz.	" Cyanide
1 "	" Ferricyanide	¼ lb.	" Ferrocyanide
2 oz.	" Hydrate (sticks)	2 dr.	" Iodide

½ dr. " Nitrate
4 oz. " Silicate
2 dr. " Sulphocyanide
1 dr. Silver Nitrate, C. P.
1 oz. Sodium Acetate
1 oz. " Bromide
2 lb. " Carbonate
2 " " Hyposulphite
¼ " " Phosphate
1 " " Sulphate
¼ " Strontium Chloride
2 lbs. Sulphur
1 oz. Tin Proto Chloride
1 lb. Zinc Mossy, for making Hydrogen
1 " " Carbonate
1 " " Sulphate

1 oz. " Permanganate
½ lb. " Sulphate
1 oz. " Bi-tartrate
2 dr. Sodium (metallic)
½ lb. " Biborate
½ lb. " Bicarbonate
1 lb. " Hydrate
1 " " Nitrate
1 " " Silicate
½ " Strontium Carbonate
½ " " Nitrate
¼ " Tin (metallic)
1 pt. Turpentine
¼ " Zinc Oxide

1 Spirit Lamp
2 doz. Test-tubes.
6 Beakers
3 Cork Borers.
5 Hessian Crucibles.
1 pt. Chemical Flask.
1 " Thermometer.
1 Brass Def(lagrating) Spoon.
1 10-oz. Evaporating Dish
1 Carbonic Ac. flask
1 Triangular File.
1 pkg. 100 Filters.
1 4-oz. Glass Funnel
1 Metric Glass.
1 gal. Gas-bag, etc.
1 Hydrometer jar

1 lb. Glass Tubing.
2 " Test-tubes Corks
1 Brass Blow-pipe.
1 Cork Screw.
1 pr. Crucible Tongs.
2 4-oz. Chemical Flask
1 " Balance
1 2-oz. Evaporating Dish
1 Flask tubing, etc.
1 Round file
1 pt. Glass Funnel.
1 Syphon.
1 English Glass.
1 Hydrometer
1 Lead Dish

1 Pipette.	1 Pneumatic Trough
1 pt. Retort.	1 Retort Receiver
1 Retort Stand.	1 lat. Rubber Tubing
1 Reduction Tube	1 steel Spatula.
3 Glass Rods.	1 Sand Bath.
2 Specie Jars	1 Test Glass.
1 Test-tube Rack.	1 Test-tube Holder.
1 " Cleaner.	1 Watch-spring (Oxygen).
1 lat. Welter's Safety Tubes.	1 Iron Wire Gauze.
1 3 neck Woulf Bottle	1 4-in. Wedgewood Mortar

Complete set packed for cash ___ $50.00

Chemistry and Physics

Meter and Yard	$ .50	Set Capillary Tubes	1.25
Centrifugal Hoops	3.50	Set 5 Collision Balls	4.50
Inertia Apparatus	1.00	½ doz. Prince Rupert Drops	.20
Air Pump, Receiver	20.00	Fountain in Vacuo	5.00
Hand & Bladder Glass	1.00	Magdeburg Hemisphere	5.50
Barometer Tube & Pipette	2.00		
Microscope (small)	3.50	Concave & Convex Mirrors	3.00
Solid Flint Glass Prism	.50	Six Demonstration Lenses	2.50
Geissler's Tube	.75	Grenet Battery	2.00
Induction Coil (Ruhmkorff)	6.00	Horseshoe Magnet	.60
Electro-magnet	1.50	Magnetic Needle	2.00
Pulse Glass, Franklin's	.75	Air Thermometer	.25
Mercurial Thermometer	.50	Spirit Lamp	.50
Compound Bar	1.00	½ lb. Glass tubing, ass'd	.20
Glass Flask	.40		
Electrical Machine	25.00	Spiral Tube	2.50
Leyden Jar	1.50	Electric Bells	1.75

Electrical Discharger	2.25	Pair, Image Plates	1.50
Pair, Images	.75		
Equilibrium Tubes	3.50	Hydrometer	.50
Hydrometer Jar	.50	Bottle Imp. & Bottle	.75
Siphon Glass	.40	Water Hammer	1.00
Lifting Pump	2.00	Forcing Pump	2.00

Packing & box	2.50
	$118.80
Discount	
for Cash down	18.80
	$100.00

Anatomy & Physiology.

1 Human Skeleton articulated complete	35.00
1 Set Anatomical Charts	15.00
Cash drawn	$ 50.00

Chemical drugs & apparatus alone	$ 50.00
Chemical & Philosophical apparatus alone	100.00
Anatomical apparatus alone	50.00

Complete outfit for teaching
Chemistry, Physics and Medicine $200.00
Cash drawn, exclusive of freight

H. N. Allen, M. D.

18851216

호러스 N. 알렌(서울)이 윌리엄 랜킨(미국 북장로교회 해외선교본부 재무)에게 보낸 편지 (1885년 12월 16일)

한국 서울,
1885년 12월 16일

윌리엄 랜킨 님,
뉴욕 시 센터 가(街) 23

안녕하십니까,

저는 재무인 H. G. 언더우드 씨에게 은화 250달러를 예치하였다는 증명서를 동봉합니다. 이 돈은 조선 정부가 학교 도구(200달러)를 필라델피아의 *J. W. Queen & Co.*로부터 구입하기 위해 지불한 것입니다. 저는 화물비(하지만 이곳에서 지불할 것으로 예상하고 있습니다.)로 은화 15달러의 교환을 위하여 _____하였습니다.

귀하께서 이 정보와 함께 200달러의 범위에서 *James W. Queen & Co.*의 환어음에 대해 ___해 주시겠습니까. 그리고 얼마를 지불하였는지 즉시 알려 주시겠습니까. 환율과 함께.

안녕히 계십시오.
H. N. 알렌, 의학박사

Horace N. Allen (Seoul), Letter to William Rankin (Treas., BFM, PCUSA) (Dec. 16th, 1885)

Seoul, Korea,
Dec. 16/ 85

William Rankin Esq.,
23 Centre St., N. Y.

My dear Sir,

I enclose certificate of my having deposited with treasurer H. G. Underwood, the sum of two hundred fifty mexican dollars ($250). This is money paid by the Government for a school outfit _____ ($200.00) to be bought of J. W. Queen & Co., Philadelphia. I have ______ed $__ for exchange in the mexican ___ $15 for freight (which I expect to pay here however.)

Will you please with this information, _____ the draft of James W. Queen & Co., to the extent of two hundred dollars ($200) gold. And let me know promptly just what the sum paid was. With the rate of exchange.

And oblige.

Yours truly,
H. N. Allen, M. D.

18851216

호러스 N. 알렌(서울)이 월터 D. 타운젠드에게 보낸 편지 (1885년 12월 16일)

한국 서울,

1885년 12월 16일

친애하는 타운젠드 씨,

전기 건전기의 대금으로 12달러의 환 수표를 동봉하였습니다.

(해독 불가)

(조선) 정부는 화학 도구 구입을 위해 나에게 경비를 주었습니다. 나는 얼마 전 귀하께서 주었던 짧은 물품 목록으로 일을 할 것 같습니다.

최근 며칠 동안 일들이 잘 되었습니다. 군대는 매일 ____ ____ ___하며, 궁궐 북쪽은 중국 ___로 둘러싸여 있습니다. 그것은 김옥균과 많은 일본인들이 8척의 정크선을 타고 한국으로 떠났다는 전보를 받았기 때문입니다. 어제 중국 측이 그들을 생포하였다는 다른 전보가 왔습니다. 중국과 일본은 ____ ___ ____.

중국은 서대문 근처의 구궁(舊宮)을 공사관으로 얻었다고 공표하였으며, (현 공사관) 부지를 병원으로 저에게 주겠다고 제안하고 있습니다. 만일 귀하가 이기기를 원한다면 모든 면에서 대신한 다른 부지는 없습니다.

포크 씨는 두 아이가 새로 태어나서 ___ ____ ____ _____…

안녕히 계세요.

H. N. 알렌

Horace N. Allen (Seoul), Letter to Walter D. Townsend (Dec. 16th, 1885)

Seoul, Korea,
Dec. 16/ 85

My dear Townsend,

Enclosed please find draft Cheque for the sum of twelve dollars ($12.00) in payment for that electric battery.

I wish you would send me Mr. Underwood matter one to ____ about 20 ounces, the other forty to sixty ounces. Also two mission ________, two 1 oz, 2 ____ and 1 _____ some. Also 1 gross wide mouthed bottle (for ointments, etc.) 1 oz, 1 ______ ___, and 2 ___________ quarts with corks for all.

The Govn't has just given me money to buy a chemical outfit. I thought I might work in that little list of goods you send some 2 time ago had it wouldn't answer.

Things have been becoming nice the last few days. The _____ ______ the troops daily and the __ active ___ north of the Palace surrounds with the Chinese _____. It is ____ on account of the receipt of a Telegram saying that Kim Oh Kuin and a lot of Japs had sailed for Korea in eight junks. Another Telegram came yesterday saying that the chinese had captured them. Chinese and Japs are having it but now.

The Chinese report to get the old Palace near the West Gate for a Legation and the prepare giving me their place of a Hospital. There is nothing sites standing in with all sides, if you want to come out on top.

Foulk is flourishing through the ___ of the colony with its two new babies to _______ with his friends.

With kind regards,

Yours truly,
H. N. Allen

18851219

프랭크 F. 엘린우드(미국 북장로교회 해외선교본부 총무)가 호러스 N. 알렌(서울)에게 보낸 편지 (1885년 12월 19일)

(18)85년 12월 19일

H. N. 알렌, 의학박사,
한국, 서울

친애하는 형제여,

귀하의 11월 10일자 편지를 제때에 받았습니다.294) 나는 다시 한 번 전체적으로 우호적이란 소식을 받고 기뻤습니다. 나는 정부와 관련된 모든 문제에 대해 귀하가 조심하고 있다고 말하는 것에 주목하고 있습니다. 나는 교육을 위해 임명된 젊은이들과 관련하여 귀하가 이전 편지에서 한국인들이 결과를 알고 싶어 하기에 (미국) 정부가 나서도록 우리가 할 수 있는 것을 해 주기를 바란다는 인상을 받았습니다.

나는 이전에 우리가 E. A. 스터지 박사가 봄에 귀하에게 합류하도록 임명하였다고 편지를 썼습니다. 만일 기금에 대해 분명한 방도를 찾는다면 우리는 더 나아가 다른 사람을 임명할 수도 있습니다. 여의사의 요청에 대해 나는 우리 여자 선교회의 일부 사람들과 의견을 나누었으며, 길이 열려 있고 계속 요청이 있다면 연내에 이루어질 수 있다는 것에 의심하지 않습니다. 우리는 많은 여의사를 갖고 있지 않으며, 남자 의사의 요청에 대해 우리할 수 있는 것만큼 답을 할 수가 없습니다.

나는 귀하의 편지에서 나의 친구인 프레이저에 대한 슬픈 사실에 대해 알게 되어 유감스러웠습니다. 나는 그가 자신의 자리를 날려 버린 사람이 누구 인지 안다고 생각하지 않으며 아마 그래서도 안 된다고 생각하지만, 한국이 묄렌도르프 같은 불량배를 많이 갖는 불운을 당하지 않기를 바라며 기도드립니다. 나는 그것이 얼마나 더 심한 고통을 줄 수 있을지 알 수 없습니다.

귀하가 서울을 다른 사람의 손에 넘기고 부산이나 제물포가 가겠다는 생각에

294) Horace N. Allen (Seoul), Letter to Frank F. Ellinwood (Sec., BFM, PCUSA) (Nov. 10th, 1885)

대해, 나는 건강 문제로 그것이 필요하지 않는 한 우리가 그것을 허락할 것으로 생각하지 않습니다.

부인과 동료들에게 안부를 전하며,

안녕히 계세요.
F. F. 엘린우드

Frank F. Ellinwood (Sec., BFM, PCUSA), Letter to Horace N. Allen (Seoul) (Dec. 19th, 1885)

Dec. 19th/ 85

H. N. Allen, M. D.
Seoul, Korea.

My dear Brother:

Yours of Nov. 10th came duly to hand. I was glad to receive again tidings which on the whole were favorable. I note what you say in reference to caution in all references to governmental matters. I gained the impression from a former letter of yours in regard to the young men appointed to teach that you wished us to do what we could to stir the Government up, as the Koreans were anxious to know the result.

I wrote you before that we had appointed Dr. E. A. Sturge to join you in the spring. If we find the way, clear as to funds, it is possible that we may go still further and, appoint another man. The call for a female physician I have communicated to some of our Woman's Societies, and I have no doubt that if the way remains open and the call continues, there could be a supply for the demand within a year. We have not many female physicians, and we cannot answer just such a call quite as soon as we could one for a male missionary.

I was sorry to learn from your letter the sad facts in regard to my friend

Frazar, I do not think that he knows just who it is that beheaded him, perhaps it is as well that he should not, but hope and pray that Korea may be spared the misfortune of having many such rascals as Mollendorf. I hardly see how it could suffer worse.

As to the idea of your leaving Seoul in the hands of anybody else and going to Fusan or Chemulpho, I do not think that we should feel inclined to sanction it unless reasons of health positively required it.

With kind regards to Mrs. Allen and your associated, I remain,

Sincerely yours,
F. F. Ellinwood

18851220

알렌 박사의 일기 제1권(1883~1886년) (1885년 12월 20일)

1885년 12월 20일 (일)

우리는 12월 첫 주에 일본 시모노세키의 중국 영사가 중국 공사에게 보낸, 김옥균과 무장한 일본인 무법자들이 탄 8척의 정크선이 일본 시모노세키 항구를 떠나 한국으로 향했다는 내용의 전보에 의해 상당히 소란스러웠다.[295] 나는 일본과 중국 외교관들이 주최한 4시간 동안의 회견 중 2시간 동안 중국 공사관에 있었다. 그들은 모두 크게 흥분하였으며, 또한 전신 사업 문제를 제기하였다. 일본 측은 이곳에서 전신 사업의 모든 권리를 자신들이 갖고 있으며 전신선을 부산까지 연결하고 싶다고 주장하였지만 중국은 반대하였다. 현재의 전신선은 중국 소유이기 때문에 일본 정부는 사용하지 않을 것이다. 그들은 이를 처리하기 위해 이상한 방식을 채택하고 있다.[296] 전에 일본 정부의 고문관 중 한 명이었던 미국인 어윈 씨는 다른 관리들과 함께 현재 도쿄에서 하와이 총영사로 근무하고 있다.[297] 일본 정부는

295) 1885년 8월경부터 갑신정변 실패로 일본에 망명중인 김옥균이 배를 빌려 일본군과 함께 한국을 공격하여 한다는 소문이 있었다. 10월 27일 밤에는 김옥균이 일본군과 함께 제물포에 도착하여 서울을 공격하려 한다는 소문이 돌아 서울에서 소동이 일어났고 왕은 군대를 소집하였지만 곧 거짓임이 밝혀져 사태는 안정되었다. 그러다가 12월초부터 다시 소문이 돌기 시작하여 12월 15일 중국 군함 3척, 영국 군함 2척, 미국 군함 1척이 제물포에 입하였다. 이어 김옥균이 한국을 공격한다는 소문이 담긴 전보가 도쿄, 홍콩 등에 보내졌다. 이때의 소문은 다양하였는데, 김옥균이 8척의 일본 군함과 함께 한국을 공격한다는 것, 주일 중국 공사가 그를 생포하였다는 것 등이 있었다.

296) 1876년 강화도 조약을 체결한 일본은 한국에 통신 수단의 개설을 요구하였다. 그 결과 1883년 4월 조일해저전선부설조약(朝日海底電線敷設條約)이 체결되었고, 1884년 2월 28일 부산과 일본 사이의 전신선이 완성되었다. 이후 1885년 8월 26일 조청전선조약(朝淸電線條約)이 체결되었고 9월 28일 인천-서울-의주를 잇는 전신선이 완성되었다. 이에 일본은 이미 1883년 체결된 조약이 있다며 항의하였고, 결국 1885년 12월 11일 '한국은 서울과 부산 사이의 전선을 가설하며, 그것을 부산에서 일본 전신국에 연결하는 것'을 주요 내용으로 하는 부산구설 해저전선 조관 속약(續約)이 체결되었다.

297) 로버트 W. 어윈(Robert Walker Irwin, 1844~1925)은 펜실베이니아 주의 정치가이었던 덴마크 주재 미국 대리 공사의 아들로 코펜하겐에서 태어났다. 그는 1866년 태평양 우편선 회사의 요코하마 사무소에서 근무를 시작하였다. 그는 1880년 하와이 왕국으로부터 일본 주재 총영사로 임명되었는데, 당시 하와이는 면역력을 갖고 있지 않은 질병이 외부로부터 들어와 인구가 심각하게 감소하는 고통을 겪고 있었다. 1881년 하와이의 카라카우아 왕이 일본을 방문하였을 때 메이지 왕의 요청으로 일본인들의 하와이 이민이 결정되었고, 어윈은 하와이의 일본 담당 장관으로 임명되었다. 1885년 6월 17일 첫 일본인 노동자들이 하와이에 도착하였다. 1900년 당시 하와이의 인구는 약 154,000명이었는데, 이 중 일본계가 61,000명이 넘었다. 어윈은 일본에 체류하면서 많은 정계 및 재계 인물들과 교분을 쌓았는데, 대표적으로 재무장관을 역임한 마스다 타가시(益田 孝, 1848~1938)와 외무경을 역임한 이노우에 가오루(井上 馨, 1836~1915)가 있었다. 마스다와 이노우에는 1876년 미츠이[三井] 물산을 설립하였는데, 이때 어윈이 고용되었다. 어윈은 1900년 마스다와 함께 타이완 설탕 회사를 설립하였다. 설탕회사와 미츠이 물산은 후에 미츠이 재벌이 되었다. 어윈은 1916년까지 설탕회사의 고문으로 활동하였다.

이 사람으로 하여금 일본 공사에게 전달해 달라는 영어로 쓴 요청과 함께 포크 씨에게 일본 암호문 전신을 보내도록 하였다. 포크는 그렇게 두 번을 하였으며, 이후 그들이 자신을 이용하고 있다고 생각하여 거절하였다.

왕은 나의 학교 설립 계획에 대한 소문을 듣고 포크에게 적극 추진하라고 요청하였고, 당연히 그는 그렇게 해야만 했다. 이들(조선 정부)은 화학, 물리 및 해부학 실습 도구를 위해 250달러를 주었다. 중국 측은 자신들의 공사관을 구궁(舊宮)으로 옮기려고 예상하고 있으며, 내게 현재의 공사관 부지를 병원과 의학교를 위한 장소로 제안하였다. 데니 판사는 연봉 7,000달러에 조선 정부의 고문에 부임할 것으로 예상된다.

헤론과 나는 다시 사이가 나빠졌다. 그는 질투심에 사로잡혀 있다. 나는 (이런 긴장을) 완화하기 위해 병가를 얻기 위해 고국으로 보내는 편지를 썼다. (하지만) 내가 그것을 보낼 것이라고 생각하지 마라.

Dr. Allen's Diary No. 1 (1883~1886) (Dec. 20th, 1885)

Sunday, Dec. 20[th, 1885]

We have been a good deal stirred up during the first week by a telegram received by the Chinese Minister from the Chinese Consul in Shimonoseki, Japan stating that Kim Ok Kun and eight junk loads of armed Japanese outlaws had left that port for Korea. I was at the Chinese Legation two out of four hours during an interview held by the Japanese & Chinese Representatives. They were both greatly excited & also brought up the telegraph business. The Japs insist that they have all telegraphic rights here and wish to put up a line to Fusan but the Chinese object. The Jap Gov'nt will not use the present line because it is owned by China. They take a queer way to get around it. Mr. Irwin, an American in Japan formerly one of the Gov'nt advisers is now Hawaiian Consul General at Tokio together with other officers. The Jap. Gov'nt got this man to telegraph in the Jap. cipher to Mr. Foulk with a request in English that he turn it over to the Jap. Minister here. Foulk did so twice and then thinking they were making a tool of him declined.

The King got wind of my school scheme and asked Foulk to push it through, of course he had to. They gave $250.00 for a chemical, Philosophical & anatomical outfit. The Chinese expect to move their Legation to the old Palace, and offered me their present place for a hospital & school.

Judge Denny is expected daily to be a Gov't advisor at $7,000.00 a year.

Heron & I have again fallen out. He is eaten up with jealousy. I have written home to be relieved and sent home on sick leave. Don't think I will send it.

18851221

프랭크 F. 엘린우드(미국 북장로교회 해외선교본부 총무)가 존 W. 헤론(서울)에게 보낸 편지 (1885년 12월 21일)

(18)85년 12월 21일

J. W. 헤론, 의학박사,
한국, 서울

친애하는 형제여,

한국으로부터 귀하의 편지를 받고 매우 기뻤습니다.298) 우리는 아마도 귀하가 서울에서의 사역 및 언어 학습의 중요성과 관련하여 다소 오해를 하고 있는 것 같다는 인상을 받았습니다. 알렌 박사가 파송되었을 때 그는 (미국) 정부의 업무에 종사해야 하고, 외부의 진료 및 진료비를 받는 것을 허용하며, 왕립병원에 들어가 일을 하는 특별한 조치에 대해 선교본부는 투표로 동의하였습니다. 그러나 이 모든 것은 예외적인 것이었으며, 통상적인 선교사의 기준으로 파송된 귀하의 업무는 알렌 박사와는 다른, 즉 한국어를 배워 현지인을 대상으로 직접 선교에 나설 것을 준비하고 동시에 필요하면 병원에서 (일)하는 것이었습니다. 선교본부가 귀하로부터 기대하였던 주요 업무는 현지인들을 대상으로 한 선교 사업이며, 모든 선교 사업의 첫 임무는 언어를 습득하는 것입니다. 우리는 알렌 박사에게 현재와 같은 상태가 지속된다면 이 일이 다소 방해를 받을 것이라고 알렸습니다. 두 명이 병원에 국한되어 일을 하는 것이 필요하며 그들 중 아무도 언어 습득을 진전시킬 수 없다면, 우리는 귀하가 그런 측면을 성취하지 못한 것이 유감스러울 것입니다. 알렌 박사의 병원 사업은 처음에 소개할 수 있는 훌륭한 요소이지만 우리 선교사의 업무는 아니며, 그에 이어 파송되는 사람들은 (본연의) 업무에 직접 임하기를 바라고 있습니다.

나는 귀하가 스터지 박사를 상당히 좋아할 것이라고 생각합니다. 그는 두드러지게 영적인 사람이며, 그가 한국에서 사람들의 육신을 위해 무슨 일을 하건 특히 그들의 정신적 본성에 좀 더 잘 접근할 수 있게 해 줄 것입니다. 알렌 박사의 사업에 대해 내가 이야기한 것은 그가 선교사로서의 정신을 갖고 있지 않다는 것을

298) John W. Heron (Seoul), Letter to Frank F. Ellinwood (Sec., BFM, PCUSA) (Oct. 26th, 1885)

의미하려는 것이 아닙니다. 나는 그가 (선교사로서의 정신을) 갖고 있으며, 그는 세속적인 제안을 거절함으로써 충분히 보여주었습니다. 그러나 그가 요청받은 업무가 우리의 계획이 더 성숙해지면서 수행되기를 바라는 그런 직접적인 선교 사업이 아니라는 의미입니다.

나는 언더우드 씨의 성실함을 알게 되어 매우 기쁘며, 그리 멀지 않은 시기에 학교 사업 자체를 직접 할 수 있도록 허락 받기를 바랍니다.

부인께 안부 전합니다.

안녕히 계세요.

프랭크 F. 엘린우드

Frank F. Ellinwood (Sec., BFM, PCUSA), Letter to John W. Heron (Seoul) (Dec. 21st, 1885)

Dec. 21st/ 85

J. W. Heron, M. D.,
Seoul, Korea.

My dear Brother:

I received your letter from Korea and was glad in hear from you. We get the impression that perhaps you are under a little misapprehension in regard to your relations to the work at Seoul and the importance of leaning the language. When Dr. Allen went out it was by a vote of the Board agreed to be a special arrangement that he should enter the government service, and be allowed to do outside work and receive fees, and the Board also sanctioned his course in entering the Government hospital. But all this was exceptional, and when you went out it was understood that you were upon the ordinary missionary basis, and that your work would differ from that of Dr. Allen's to this, namely, that you were to acquire the Korean language and thus prepare yourself for direct missionary work among the natives, at the same time __disting so far as might be necessary in the hospital. But the main work which the Board expects you to do is a missionary work among the natives, and the first task of all in missionary work is to acquire the language. We have supposed that Dr. Allen, so long as present arrangements continued, might be more on less hindered in this thing, but we should be sorry to have you fail in that respect do we think that it is necessary for two men to be so confined to the hospital that neither of them can well make any progress in the language. The hospital work of Dr Allen is a fine introductory element in the case, but that is not our missionary errand, and those who follow him will, we hope, be fitted to enter the work itself directly.

I think that you will like Dr. Sturge very much. He is an eminently spiritual man, and whatever he does in Korea for the bodies of men will have particular reference to gaining a better access to their spiritual natures. From what I have said of Dr. Allen's work I do not wish to imply that he has not the missionary spirit. I think that he has and that he has shown it abundantly to refusing offers of a secular nature, but what I mean is that the work to which he is called is not so direct a missionary work as that which we hope to carry on as our plans become more matured.

I am very glad to learn of the earnestness of Mr. Underwood, and I hope that the time will not be distant when he will be allowed to work directly in school work proper.

With kind regards to Mrs. Heron, I remain,

Sincerely yours,
F. F. Ellinwood

18851222

호러스 N. 알렌(서울)이 프랭크 F. 엘린우드(미국 북장로교회 해외선교본부 총무)에게 보낸 편지 (1885년 12월 22일)

한국 서울,
1885년 12월 22일

F. F. 엘린우드 박사,
뉴욕 시 센터 가(街) 23번지

친애하는 박사님께,

박사님께 말씀드릴 약간의 흥미 있는 소식이 있습니다. 감리교회 사람들에 의해 선교사들을 대하는데 있어 한쪽으로 치우쳐져 있다고 비난을 받았던 포크 씨는 아펜젤러 목사가 세련되지는 않지만 좋은 사람이라는 것을 알고 그가 학교를 열도록 허가를 요청하는 서신을 외아문을 통해 왕에게 전달함으로써 도와주었습니다. 왕은 어떤 보수도 없이 그에게 10명의 주간 학생을 보내겠다고 제안하였습니다. 예전에 매일 저에게 온다고 말한 적이 있는 저의 이전 학생이었던 왕의 통역관이 알려줄 때까지 저는 그것에 대해 아무 것도 몰랐습니다. 저는 즉시 오랫동안 기대하고 있었던 계획을 추진할 바로 그때라는 것을 알았습니다. 저는 선교부의 찬성을 받았고, 그 다음에 제가 초안을 작성한 대학교 설립 제안서도 승인을 받았습니다. 저는 그것을 포크 씨에게 가져갔으며, 그는 그 계획에 대해 오로지 아낌없는 칭찬만을 해 주었습니다. 그는 제출하기 전에 검토를 위해 이틀을 달라고 요청하였고, 이틀이 지나자 그 계획이 병원처럼 좋은 일이지만, 자신은 미국 정부를 대표하고 있고 조선 정부는 우리 정부에게 한국의 교육 문제에 대한 책임을 맡을 교사들을 요청하였으며, 그들이 오기 전까지 자신은 그들의 업무와 갈등을 일으킬 것 같은 것은 아무 것도 할 수 없다는 이유로 그것에 대해 호의적일 수 없다는 전갈을 보내었습니다. 하지만 대화를 통해 그는 병원과 연관된 학교는 호의적이었지만, (저의) 계획은 제출하지 않으려 하였습니다. 그래서 저는 이 일을 왕의 통역관에게 말하였는데, 그는 기뻐하며 즉시 왕에게 아뢰었습니다. 다음 날 포크 씨는 저에게 이 일을 서두르라고 재촉하였습니다. 저는 화학, 물리학과 해부학 도구에 대한 낮은 가격의 견적을 만들었습니다. 그것은 승인이 되었고, 미리 지급되었습니다. 저는 그 돈을 언더우드 씨에게 맡겼고,[299] 필라델피아에 물품을 주문하였으며, 그 판매상의 환어음에 대해 신용을 지켜달라는 설명과 함께 언더우드 씨의 예금증서를 랜킨 씨에게 보냈습니다. 포크 씨는 우리가 분리된 새 건물을 갖는 것에 반대하였지만, 한국인들은 일을 소규모로 하지 않고, 전체 계획을 바꾸는 새로운 일이 생겼을 때, 관리의 수행원, 하인들, 그리고 상당한 연간 경비가 필요한 병원만큼 큰 규모의 부지를 준비하기 시작하였습니다.

이제 말씀드릴 신임 중국 공사는 제 환자 중 한 사람입니다. 중국 공사관은 벽돌로 지은 외국식 건물이며, 지붕이 높은 큰 방들과 수 많은 다른 큰 건물들이 부지에 산재해 있습니다. 그곳은 멋지고 인상적인 곳이지만 신임 공사는 더 웅장한 것을 원하였습니다. 그래서 거의 절대적인 권한을 갖고 있는 그는 옛 궁궐을 택하여 내년 봄에 건물을 짓고 그 장소를 개선할 것입니다. 그는 외아문 독판이 있는 앞에서 저에게 병원과 의학교를 위해 현재의 (공사관) 장소가 좋은지 물어보았습니다. 당연히 저는 그 일에 압박을 받고 있고, 얼떨떨해 보이는 독판에게 넘기라고 하였지만, (독판은) 중국이 그것을 제안하였기 때문에 반대할 수 없었습니다.

왕은 제가 하는 모든 일에 호의적이며, 이것에 호의적인 왕과 중국이 있으니 우리가 이 일에 실패할 수 있을 것으로 생각하지 않습니다. 제가 앞으로 언급하려는 어떤 문제를 고려하면, 미국에서 교사들이 오지 않을 가능성이 있습니다. 이런 가능성을 알고 저는 그들이 오지 않는 경우 그 일을 우리가 직접 담당할 수 있기를 바라고 있습니다.

신임 중국 공사에 관해서 입니다. 그는 지난 겨울 궁궐의 일본인들을 공격하였던 장군입니다. 저는 지난 겨울 그의 방에서 밤새 머문 적이 한 번 있었으며, 우리는 중국어로 대화하였습니다. 저는 상처를 입은 그의 병사들을 돌보았으며, 그는 저를 잘 알고 있습니다. 그는 영향력이 큰 권한을 갖고 이곳으로 왔으며, 생사여탈권을 갖고 있고 이미 한 명을 참수하였습니다. 그는 인도의 영국 총독과 같은 총독이라고 주장하면서 중국을 한국 위에 두고 있습니다. 이것은 관리들 중에서 상당한 이야기 거리를 만들었고, 아직 잘 해결되지 않았습니다. 그는 또한 왕의 고문으로 왔다고 말하고 있습니다. 왕은 그것을 부인하며 새로운 사람을 요청하고 있습니다. 데니 판사는 리훙장의 적이며, 한국인들이 대단히 열망하는 슈펠트 제독을 쫓아내기 위해 중국이 그 직책에 파견할 것으로 예상됩니다. 데니 판사는 아마도 그가 중국을 떼어내는 데 성공할 때까지 외아문 업무에만 국한될 것이며, 그런 후에 한국을 위해보다 나은 날이 기대될 것입니다.

지난 주에 이곳에서는 큰 동요가 있었는데, 그것은 김옥균이 무장 일본인 무법

299) 언더우드는 당시 선교부의 재무이었고, 그는 선교본부의 재무인 랜킨 씨에게 이를 알렸다.

자들을 태운 8척의 배와 함께 시모노세키를 떠나 한국으로 온다는 내용의 전보를 일본 시모노세키 주재 중국 영사가 이곳 중국 공사에게 보내면서 발생하였습니다. 처음에 그것은 중국이 겁을 주는 것으로 생각되었지만, 영국은 그것을 사실로 받아들이고 군함 세 척을 호출하는 전문을 보내었습니다. 왕실은 엄청난 크게 놀랐으며, 왕은 직접 군대를 사열하였습니다. 후에 일본 암호 형태로 400단어의 전문이 포크 씨에게 도착하였는데, 일본 공사에게도 동일한 내용을 전하라는 영어로 된 지시와 함께 왔습니다. 이것은 한때 일본 정부의 고문이었고 지금은 동경 주재 하와이 총영사인 미국인 어윈 씨로부터 왔습니다. 이것이 대단히 중요할 수 있다고 생각한 포크 씨는 이것을 전달하였으며, 중국 대표와 일본 대표는 즉시 손에 땀을 쥐게 하는 시간을 보냈습니다. 4시간 동안의 격렬한 면담 후에 저는 중국 대표를 진정시키라는 요청을 받았습니다. 어느 누구도 아직 그들의 비밀을 모르고 있지만 포크 씨는 현재 중국과 일본이 지금은 상황이 더 좋아진 러시아 문제에 대해서만 연합하고 있기 때문에 그것이 두 나라 사이에 새로운 갈등을 야기할 것이라고 생각하고 있습니다.

제가 일본으로 가서 김옥균을 유인하여 배에 태우고 중국으로 데리고 가서 그들이 그를 체포할 수 있게 해줄 용의가 있다면, 상당한 돈과 증기선을 제공하겠다는 제의를 간접적으로 받았습니다. 중국은 그를 체포하려 하는데, 그는 최근 자신이 정치적 망명자라는 이유로 일본으로부터 보호 받으려는 주장(그것이 사실이라면)을 하고 있기 때문에, 만일 계속 일본이 그를 단념하는 것을 거부한다면 분명 갈등이 있을 것입니다. 그는 이곳에 많은 지지자들이 있는 것으로 알려져 있어 그의 처단은 상당한 문제를 발생시킬 수 있기에 우리 모두는 그가 이곳으로 압송되지 않기를 간절하게 바라고 있습니다. 일본에 있는 루미스 씨의 서명한 한국의 애국자 김옥균에 대한 기사가 실려 있는 *Illustrated Christian Weekly* 한 부가 이곳에 돌아다니고 있습니다. 처음에 이것은 영어를 구사하는 한국인이 입수하였고, 그는 그것을 읽고 번역하였지만 그것을 어디에서 구했는지 말하는 것을 거절하였습니다. 그는 그 내용이 미국인들이 자신들의 적들에 대해 갖고 있는 시각인지 알고 싶어 잡지를 자신의 선생에게 가져갔습니다. 우리 정부가 미국에 있는 망명자들에게 돈과 다이너마이트를 제공한다는 소식이 전해지자, 대단히 유감스럽게도 왕 마저 이것이 사실인지 알고 싶어 포크 씨에게 사람을 보내었습니다. 중국은 이 기사를 보고 자신들에 관한 사실에 대해 화를 내었습니다. 루미스 씨가 저의 손님이었을 때 저는 대원군을 제외한 모든 사람을 만나보도록 도와주었으며, (저는 전 섭정이 방문했을 때 그를 방안으로 들이지 않았고, 지금 저는 그것을 다행스럽게 생각하고 있습니다.) 그들은 제가 책임감이 있다고 여기는 것 같습니다. 저는 그에게 편지를 쓰겠다고 약속하였고, 이 우편으로 앞으로는 그와 같은 기사에 서명을 빼라고 그에게 요청할 것입니다. 다이너마이트 등에 관한 이야기들은 근거가 없는 것이 아닙니다. 민영익의 집 밑에서 지뢰가 발견되었습니다. 왕에게 접근하려고 시도하던 한 소년이 발견되었는데 조사를 해보니 그 소년은 부산 근처에서 고용되어 왕을 암살하기 위해 왔다는 사실이 드러났습니다.

민영익은 상하이에서 자신이 돌아올 엄두가 나지 않으며 영국으로 출발할 예정이라는 내용의 편지를 저에게 보냈습니다. 그는 젊은이 몇 명을 학생으로 동반할 것입니다. 유길준이라는 학생은 이번 증기선을 타고 미국에서 돌아왔습니다. 그 또한 용의자입니다.

저는 병원과 관련된 여자들 때문에 중국 공사와 사소한 말다툼을 하였습니다. 그 여자들은 저의 요구로 해직되었지만 이 중국인에게 주어졌거나, 정확히 말하면 팔렸습니다. 그는 그 여자들을 심하게 다루었고, 그들이 부모를 보지 못하게 하였으며 그들을 중국으로 데려가겠다고 위협하였습니다. 그들은 저에게 와서 간청하였고, 그들의 부모도 와서 무릎을 꿇고 한없이 눈물을 흘리면서 그들이 와서 우리와 함께 살게 해달라고 간청하였습니다. 그들은 하인이어도 좋다고 하였으며 (그들은 관료 집단에 속해 있으며, 일은 하지 않습니다.) 기꺼이 우리와 함께 미국으로 가겠다고 하였습니다. 저는 할 수만 있었다면 그들을 돕고 싶었지만, 이 일은 명백하게 정부의 문제이고 제가 관여할 문제가 아니라고 그들에게 설명할 수밖에 없었습니다. 이 일은 저를 한동안 중국 공사와 불편한 관계에 있게 하였습니다. 하지만 지금은 모든 것이 해명되었습니다.

제가 언젠가 전에 말씀드렸던 의료 보고서가 로버트 하트 경의 지시로 중국 세관 보고서에 포함되어 출판되고 있습니다. 이 보고서는 이곳의 공사에 의해 일본어로도 번역되고 있습니다. 저는 노력하여 박사님께 몇 부 보내드릴 것입니다.300)

내일 포크 씨는 이 정부에 셔먼호 사건에서 입은 피해에 대한 보상을 제출할 것입니다. 이것은 금전적인 방식으로 무엇을 기대하기 때문이 아니라 정치적인 행보입니다. 중국에 보상을 요구하였을 때 중국과 한국의 관계가 순수하게 의전적인 것이었다고 분명하게 언급하였으며, 그 언급으로 한국이 독립 국가인 것처럼 이 요구가 제시되었다는 것을 보여주고 있습니다. 이 일은 중국 공사를 대단히 심란하게 만들 것입니다.

전신선의 설치가 끝났으며, 박사님께서 만일 사용하실 필요가 있으면 "알렌,

---

300) Horace N. Allen, Dr. H. N. Allen's Report on the Health of Seoul (Corea). *Medical Report, for the Half-Year Ended 30th September 1885. China Imperial Maritime Customs* No. 30, pp. 17~30

서울”이라고 하시면 저에게 배달될 것입니다.

영국 정부는 동양 전체에서 의료비를 재조정하는 중 입니다. 많은 곳에서 사람들이 아무 일도 하지 않고 200~400파운드를 받고 있으며, 그래서 우리들의 모든 계약은 1886년 12월 31일자로 만료될 것입니다. 그들은 제가 더 나빠지기보다 더 좋아질 것이라고 안심시키고 있습니다만, 저는 기다려 볼 것입니다.

포크 씨는 푸트 장군을 위해 이 나라 근해에서 진주를 채취할 수 있는 회사의 권리를 얻었습니다. 지금 장군은 미국 자본에 의해 건설될 서울 제물포 사이의 철도에 대한 특권을 요구하고 있습니다. 아직 이것을 언급하지 말아주십시오.

왕의 통역관이 방금 병기 및 화약 공장의 설립과, 수많은 보석 등에 대해 아메리칸 컴퍼니가 작성한 제안서와 관련하여 왕에게 보내는 편지를 갖고 방금 이곳에 있었습니다. 저는 왕의 요청에 대한 답으로 그 일에 대해 그에게 설명해 주었고, 보상금 등과 관련하여 그것들에 대해 제가 어떻게 생각하는지 그에게 말해 주었습니다.

저는 다시 몸이 좋지 않은데, 맥주를 끊자 고통이 다시 왔습니다. 요즘은 밤에 (어학) 공부를 해서 일반적인 대화는 이해할 수 있고 제가 원하는 것을 이해시킬 수 있습니다. 중요한 편지를 박사님께 썼지만 어떤 일들이 일어나지 않는다면 보내지 않을 것입니다.

즐거운 성탄절과 행복한 새해를 기원하며.

안녕히 계십시오.

H. N. 알렌

Horace N. Allen (Seoul), Letter to Frank F. Ellinwood (Sec., BFM, PCUSA) (Dec. 22nd, 1885)

Seoul, Korea,
Dec. 22nd, 85

Dr. F. F. Ellinwood,
23 Centre St., N. Y.

My dear Doctor,

I have some interesting news to tell you. Mr. Foulk has been accused of being "lop-sided" in his missionary preferences by the Methodists, and finding Rev. Appenzeller to be a good, though unsophisticated man, he assisted him by transmitting a message to the King through the Foreign Office, asking permission for Appenzeller to open a school. The King offered to send him ten day students, without compensation. I knew nothing of it till it was brought to me of the King's interpreter, my former pupil of whom I have before spoken as coming to me daily. I at once saw it was time to press a scheme I had long had in view. I obtained the sanction of the Mission and then acceptance of a proposal for founding a University, which I drafted. I took it to Foulk and he had only unstinted praise for the project. He asked two days to think it over before sending it in and at the end of that time sent me a note saying that while it was a good thing as was the Hospital, he could not favor it for the reason that he represented the U. S. Govn't and the Korean Govn't had applied to our own for teachers who were to have charge of the educational interests of this country, and that until they came he could do nothing that would seem to conflict with their work. In conversation, however, he was in favor of a school connected with the Hospital, but would not present the scheme. I therefore laid the thing before the King's interpreter, who was delighted and took it at once to His Majesty. The next day, Mr. Foulk was asked to urge me to do this thing. I made out a low estimate for a Chemical, Philosophical and Anatomical outfit. It was granted and paid down in advance. I deposited same with Mr. Underwood, ordered the goods from Philadelphia and sent Mr. Underwood's certificate of deposit to Mr. Rankin with instruction to honor the draft of the dealer. Mr. Foulk was opposed to our having a new separate house but the Koreans don't do things in a small way and set about preparing for a compound as large as the Hospital with a retinue of officers and servants and quite an annual expense, when a new thing happened which turned the whole plan. The new Chinese Minister, of whom I will presently speak, is one of my patients. The Chinese Legation is a foreign built building of brick with large high rooms and numerous other large buildings scattered about through the compound. It is a fine and imposing place but the new man wanted something more grand. So being of almost absolute power, he has taken the old Palace where he will build and improve the place next spring. He asked me, in the presence of the President of the Foreign Office, if I wouldn't like his present place for a hospital and medical school. Of course I pressed the thing and had him put it to the President who looked dazed, but couldn't object, as the Chinese proposed it.

The King favors everything I do and with the King and the Chinese in favor of this I don't see how we can slip up on it. In view of certain troubles which I shall mention further on, it is possible the teachers will not be sent from America. Knowing this I wish to have the work in our own hands in case they do not come.

About the new Chinese Representative. He was the general who attacked the Japanese at the Palace last winter. I staid all night in his room once last winter and we conversed in Chinese. I took care of his wounded soldiers and he knows me well. He comes here with influential authority, has the power of life and death and has already beheaded one man. He claims to be Resident as is the English Resident in India, thus placing China over Korea. This has caused a deal of talk among the officials and it is not well settled yet. He also says he came as Adviser to the King. The King claims not and asks for a new man. Judge Denny is expected daily for that office having been sent for by China to shut out Li Hung Chang's enemy, Admiral Shufeldt, whom the Koreans are very anxious for. Judge Denny will probably be confined to the Foreign Office till he succeeds in shaking off China and then a better day may be expected for Korea.

Great excitement has prevailed here during the last week, caused by the receipt of a telegram by the Chinese Representative from the Chinese Consul, Shimonoseki, Japan, stating that Kim Ok Khun, with eight junk loads of armed Japanese outlaws, had sailed from that port for Korea. It was tho't at first to be a Chinese scare, but the British took it up and telegraphed for gun boats (3). The Royal Family were in great terror and the King personally superintended the review (troops). Later, a four hundred word telegram came to Mr. Foulk in the Japanese cipher with directions in English to transmit same to Japanese Minister. It came from an American "Irwin," at one time a government adviser to Japan, now Hawaiian Consul General at Tokyo. Thinking it might be of great importance, Foulk transmitted it and the Chinese and Japanese Representatives at once had a lively time. I was called to quiet the Chinaman after a stormy interview of four hours. No one knows their secrets yet, but Mr. Foulk thinks it will bring about new trouble between China and Japan, as their countries were only united by the aspect of Russia, which is better now.

In a roundabout way I was offered any sum and the use of a steamboat if I would go to Japan and inveigle Kim Ok Khun on board and get him into China so they could capture him. The Chinese are bound to have him and as he has by his last act (if it is true) perfected his claims to protection from Japan on the grounds of his being a political refugee, if Japan still refuses to give him up, there will certainly be trouble. We are all very anxious that he would not be bro't here for execution as it would raise a great trouble since it is known he has many supporters here. A copy of the *Illustrated Christian Weekly* has been going the rounds here, containing an article on Kim Ok Khun, the Korean Patriot, over the signature of Mr. Loomis of Japan. It first appeared in the hands of an English speaking Korean who had read and translated it, but refused to tell where he got it. He brought it to his Master to know if that was the way we looked upon the enemies of his country. Coming as it does upon the news of the stories that our government is supplying the refugees in America with money and dynamite, it is very unfortunate, even the King sent to Mr. Foulk to know if these things were true. The Chinese saw the article and took offense at the fact concerning themselves. As Loomis was my guest and I helped him to see everyone but the Tywon Khun, (I refused to let him be in the room when the Ex Regent called and I am glad now), they seem to hold me responsible. I promised to write to him and will ask him by this mail to omit his signature to such articles in the future. The stories of dynamite etc. are not without foundation. A mine was found under Min Yong Ik's house. A boy was discovered trying to gain access to the King and on examination it was found that he had been hired near Fusan to come and assassinate His Majesty.

Min Yong Ik wrote me from Shanghai that he didn't dare return and that he was about to start for England. He will take some young men with him as students. The student You Kill Chun has returned from America by this steamer. He is also a suspect.

I have had a little tiff with the Chinese Minister on account of those girls that were connected with the hospital. They were removed at my request, but were given, or rather sold, to the Chinaman. He treated them badly, wouldn't let them see their parents and threatened to take them to China. They begged to come to me, their parents came and begged me, on their knees with copious tears, to let them come and live with us. They would even be servants (they belong to the official class and don't do services) and would willingly go to America with us. I would have helped them if I could but showed them how it was plainly a Govn't matter and not one in which I could meddle, but it placed me for a time in the light of a rival with the Chinaman. It is all explained now, however.

The medical report of which I spoke sometime since, is being published in the Chinese Customs Report by order of Sir Robert Hart. It is also being translated into Japanese by the Minister here. I will try and send you copies.

Tomorrow Mr. Foulk will present to this Govn't claims for damages in the "Sherman Affair." It is not because anything is expected in way of remuneration, but as a political move. At the time claims were made on China but she distinctly stated that her relations with Korea were purely ceremonial and it is to remind her of that statement that these claims are presented now as though this were indeed an independent power. It will stir the Chinaman up badly.

The telegraph is now finished and "Allen, Seoul" will reach me if you need to use it.

The British Government are reorganizing their medical services throughout the whole east. In many places men are getting £200~£400 for doing nothing, so all our contracts will expire after Dec. 31, 1886. They assure me here that I will be bettered rather than worse, but I will wait and see.

Mr. Foulk got for Gen'l Foote the right for a company to fish for pearls in these waters. The Gen'l now asks for franchise for a Railroad between Chemulpoo & Seoul to be built by American capital. Don't mention it yet.

The King's interpreter has just been here with letters for the King concerning proposals by an American Co. to build an arsenal & powder works, also in view of a lot of jewelry etc. I explain these things to him at the request of the King and tell him what I think about them, as to bounty, etc.

I am not very well again, stopped beer and my trouble came back. Am studying nights now, can understand an ordinary conversation and make my wants known. Have an important letter written to you which I shall not send unless certain things happen.

With a Merry Christmas & Happy New Year.

I am yours Sincerely,
H. N. Allen

18851223

호러스 N. 알렌 (서울), 한국의 일들 (1885년 12월 23일)

가젯 편집장 귀하. 이 나라는 더 이상 '은자의 왕국'일 수 없습니다. 지금 우리는 새로 설치된 서울-베이징 전신선에 의해 세계와 연결되었으며, 새로운 전신선이 서울에서 남부 항구인 부산까지 설치될 것으로 예상되는데, 그곳에서 전신선으로 일본에 연결될 것입니다.

이미 전신선은 매우 중대한 소식을 중국, 일본 및 한국 뿐 아니라 이 나라 사람들을 신뢰하는 모든 국가에 전달하느라 대단히 바빴습니다.

일전에 이곳의 중국 대리인이 지난 겨울 반란을 선동하였던 역적 김옥균이 무장한 일본인 무법자들을 태운 8척의 정크선과 함께 한국을 향해 일본의 항구를 떠났다는 내용의 전보를 받았습니다. 군인들이 훈련을 하면서 ___ ______한 소란스러움으로 우리는 붙잡혀 있다고 생각하기 충분하였습니다. 전보에 대해 재빠르게 영국과 중국의 포함이 왔으며, 나는 지난 경험이 무엇이었든 외과 도구를 챙겼습니다. 이것은 약 1주일 전에 일어났으며, 그 이후 약탈단의 한 사람이 생포되었고 그 일은 아마도 ____ ____될 것입니다. ____한 김은 아직 붙잡히지 않았지만 최근의 행동으로 보아 그는 단순한 정치적 난민이라는 이유로 일본으로부터의 보호라는 그의 주장을 ___하였으며, 그의 날은 분명 정해져 있습니다.

매일 전(前) 상하이 주재 미국 총영사인 데니 판사가 이곳으로 올 것으로 예상하고 있습니다. 그는 조건부로 연봉 7,000달러에 정부의 고문(顧問)이 될 것입니다. 이 정부는 오랫동안 우리 국무부에 자문과 군사 교관을 요청하였지만 그들을 오지 않았습니다. 정치가 리훙장은 자신이 잘 알고 호의적으로 생각하는 데니 판사를 보내었습니다. 여러분들은 중국이 그렇게 한국에서 일어나는 일에 대해 애를 쓸 수 있다는 것에 놀랄 수 있지만, 중국은 한국에 대한 종주권을 주장하고 있으며 최선이라고 생각할 때 방해한다는 것을 유념해야 합니다. 그렇게 위치해 있기에 중국으로서는 이 나라가 허약해짐으로 인해 큰 이웃[중국]에 재앙을 가져다주지 않도록 막고 싶은 것이 당연합니다. 중국이 보낸 신임 세무사는 이 나라에 축복임이 이미 입증되었으며, 우리는 그가 미국인이라고 내세우는 것이 기쁩니다. 신임 정부 고문으로부터 유사한 엄청난 일이 일어나기를 기대하고 있습니다.

작은 문제로 들어가면 저는 이곳의 선교사 집단이 번영하고 있으며, 최근 한국 땅에서 일하기 위해 감리교회의 두 가족과, 첫 유럽 젊은 여자가 도착하여 증가하였다고 말씀드릴 수 있습니다. 감리교회 사람들은 그들이 확보한 크고 위치가 좋은 부지에 조만간 멋진 큰 학교 건물과 병원을 세울 것으로 예상되고 있습니다. 현재 저를 제외한 모든 사람들이 언어 공부를 열심히 하고 있습니다. 저의 시간은 지금과 같이 계속되고 있으며, 새로운 일이 시작될 것 같습니다. (조선) 정부는 저에게 경비를 주고 제가 정부 병원과 연관되어 시작하기를 원하는 대학에서 사용할 화학, 물리 및 해부학 도구를 구입하도록 요청하였습니다. 그것은 영어를 할 수 있는 학생들에 대한 교육이 될 것이며, 어쨌든 미국 정부에 요청한 교사들의 업무를 방해하지 않을 것입니다. 이 기관에서 일하도록 선택된 선교사들 모두는 아마도 빠르며 배우고 싶어 하는 한국인들을 위해 할 일이 많다는 것을 발견하게 될 것이며, 결국 그것이 병원처럼 좋은 일이었다고 말하는 메모를 보내었습니다. 그는 자신이 미국 정부를 대표하며, 조선 정부가 이 나라의 교육적 관심의 ____가 될 우리 교사들을 요청하였다는 이유로 그렇게 할 수 없었습니다.

H. N. 알렌,
한국 서울,
1885년 12월 24일

Horace N. Allen (Seoul), Affairs in Korea (Dec. 23rd, 1885)

Ed. Gazette. This can no longer be called the "Hermit Kingdom". We now have connections with the world by the newly constructed telegraph line from Seoul to Pekin, and another line is expected to be built from Seoul to the Southern Port, Fusan, where it will connect with the cable to Japan.

Already the wires have been very busy in transmitting messages of vital importance to China, Japan and Korea as well as to all nations intrusted in these peoples.

A telegram was received by the Chinese representative here, the other day stating that the conspirator Kim Ok Kun, who instigated the emeute of last winter, had left a port in Japan with eight junks loaded with an armed band of Japanese outlaw bound for Korea. Judge by the excitement. The din of common and __ __, as the troops were practicing, was enough to lead us to suppose we were being beseized. in English and Chinese gunboats came quickly in ____ to the telegrams, and I planned up my surgical instruments for a repetition of last whatever experience. This happened about a week ago, since which time man of the marauding band have been captured and the matter will probably be ____ed to ____teation. The ___tten Kim has not yet been caught, but as by his last act he has ____ted his claim for protection from Japan, on the ground of his being simply a political refugee, his days are certainly numbered.

Judge Denny, formerly U. S. Consul General at Shanghai, is expected here daily. He is to be adviser to the Government at a salary of $7,000.00 per annum with pre[re]quisites. This Govn't long since applied to our State Dep't. for an adviser and military instructors but as they have not been sent. Li Hung Chang the statesman of the last, sent for Judge Denny who is well and favorably known in the last. It may strikes you as odd that China can thus place man to seek over the affair of Korea, but it must be borne in mind that China claims the suzerainty over Korea and interfere when she thinks best. Situate as they are it is natural for China to wish to prevent this country from doing things that by weakening itself may bring disaster upon her great neighbor. The new Commissioner of Custom, sent by China has already proved a blessing to this country and we are glad to claim him as an American. Great things are likewise expected from the new Governmental adviser.

To descend to smaller matter I may say that the missionary colony here is flourishing and has lately been increased by the arrival of the two Methodist families, of the first European young ladies, work in Korean soil. The Methodist people expect soon to erect a fine large school building and hospital on a large and well located piece of ground which they have secured. At present all are hard at work at the language except myself. My time is taken up at it is, and new labours are about to be assumed. The Government has given the money and asked me to purchase for them a chemical, philosophical, and anatomical outfit for a college they want me to start in connection with the Government Hospital. It will be for the instruction of the English speaking students and officers of the hospital and will not in any way interfere with the work of the teacher who have been applied for to the American Government. The missionaries that choose to work in this institution will probably all find a plenty to do for the Koreans are quick and apt to learn at the end of that time sent me a note saying that while it was a good thing as was the Hospital. He could not have it for the reason that he represented the U. S. Gov'nt and the Korean Gov'nt has applied to our own for teachers who were to be ______ of the educational interests of the country and that _____ ___ _____.

H. N. Allen
Seoul, Korea,
Dec. 34rd, '85

18851229

통리교섭통상사무아문일기
(1885년 12월 29일, 고종 22년 11월 24일)
Daily Records of Foreign Office (Dec. 29th, 1885)

[을유년, 고종 22년(1885) 11월] 24일 황해 감영의 등보(謄報), 해주, 황주, 재령의 누룩 수세를 처음 시작하라는 뜻으로 (해당 군현에) 문서를 보내어 알린 일, 또 보고(報告). 연안의 누룩 및 포구 여각주인 수세 감관 한용식(韓用湜), 장연의 누룩 및 남북포 여각주인 수세 감관 한경운(韓慶雲)을 임명하여 영구히 제중원에 부속시하는 일로 관문도 도착하였다.

[乙酉, 高宗 22年(1885) 十一月] 二十四日 海營謄報, 海州·黃州·載寧麴子收稅設始之意, 發甘知委事, 又報, 延安麴子及浦口旅閣主人收稅監官 韓用湜, 長淵麴子及南北浦旅閣主人收稅監官 韓慶雲差定, 永付濟衆院事, 關文到付,

19080000

호러스 N. 알렌, 한국의 풍물. 단편 및 일화 모음. 선교사 및 외교관 (뉴욕: 플레밍 H. 레벨 컴퍼니, 1908), 68~72, 120~121, 167~168, 188~189, 196~201, 209쪽

68~72쪽

VII. 서울의 밤 및 혁명[301)]

새로 조직된 한국의 우정국(郵政局)에서 우리에게 배달된 첫 우편물은 분실하였던 성탄절 선물이었다.[302)] 최초의 우정국은 1884년 12월 4일 유혈 반란이 일어난 후 얼마동안 서울을 공포로 몰아넣었던 폭도들에 의해 파괴되었다.

보수적인 한국인들은 외국의 혁신을 좋게 생각하지 않았는데, 그중에서 가장 뚜렷한 것 중의 하나는 우정국의 설립이었다.

보수주의자들의 소요가 일어났을 때 우리는 한국에 단지 2~3개월 동안만 체류한 상태이었다. 그날 저녁 나는 서울의 다른 쪽에 머무르고 있던 두 명의 미국인 친구의 숙소에서 저녁식사를 하고 있었다. 한 명은 한국을 자신의 유익한 본거지로 삼고 있던 사업가이었고,[303)] 다른 한 명은 특수 임무를 띠고 한국에 체류하던 해군 장교이었다.[304)]

평화스러운 광경[305)]

그날 밤 발아래에서 마른 눈의 우두둑 소리가 나며 상쾌하고 차가운 달빛이 비추는 조용한 거리를 통해 돌아오면서 그 장면이 너무도 평화스럽고 편안하여 나는 아내와 함께 산책을 하러 나가기로 하였다. 중국에서의 생활 경험으로 우리는 호기심이 많고 무례한 아시아인들이 득실거리는 거리를 조심스럽게 뚫고 함께 걸었다. 그때 우리는 어떠한 이질감도 느끼지 못하였으며, 외국인들이 괴롭힘을 당할 걱정 없이 마음대로 돌아다닐 수 있는 우리의 새로운 집은 더 유쾌한 분위기이었

301) 갑신정변을 의미한다.

302) 알렌이 아내를 위해 요코하마에서 15달러를 주고 구입하였던 멋진 비단 가운이 정변 중에 분실되었다가 1885년 1월 말경 배달된 일을 말한다. *Dr. Allen's Diary No. 1* (1883~1886) (Dec. 28th, 1884); *Dr. Allen's Diary No. 1* (1883~1886) (Feb. 3rd, 1885)

303) 월터 D. 타운젠드

304) 존 B. 버나도우

305) 알렌의 1884년 12월 5일자 일기를 참고할 것.

다. 이 고요한 밤은 우리들이 정착하여 가정을 만들기 위해 온 도시의 광경을 감상하기에 딱 알맞은 것 같았다.

도시의 밤은 조용하였다. 휘파람 소리나 지나가는 탈 것들이 그 정적을 깨지 않았다. 바퀴달린 단 한 대의 탈 것도 굴러가지 않았다. 포장이 되지 않은 거리에서 빠르게 궁궐을 출입하는 관리가 탄 말은 말발굽 소리도 내지 않았으며, 눈에 띄는 유일한 탈 것은 소리 없이 옆으로 흔들거리며 지나가는 관리의 가마이었다. 어떤 여인이 일 때문에 여성의 자유를 위한 시간까지 오랫동안 바쁘게 두들기는 다듬이 소리를 멀리서 들을 수 있었다. 고통 받는 어떤 집에서 한국인 치유자의 주문에 의해 때때로 들리는 소음과 함께 잠 못 이루는 유아의 울음소리, 개 짖는 소리, 혹은 당나귀의 울음소리가 들을 수 있는 유일한 다른 소리이었으며, 그것도 길에서 멀리 떨어진 곳에서 나는 것이었다.

아무런 장식도 없는 집 혹은 울타리가 줄지어 있는 거의 황폐한 가로(街路)를 비추는 고정된 불이나 불이 켜진 창문은 아무 것도 없었다. 볼 수 있는 유일한 빛은 몇몇 통행인들이 들고 있는 초롱불에서 나온 것이었다. 마주 치는 사람들의 대부분은 여 자들이었는데, 각자는 흰 옷을 입고 장옷을 쓰고 있었으며, 밀랍 양초에서 나오는 희미한 불빛이 비치는 작은 종이 호롱을 들고 있었다. 서울의 문들을 닫기 위해 통행금지 종이 울린 때부터 동이 틀 무렵 문을 열 때까지 지위가 높은 사람의 시중을 드는 사람들을 제외한 모든 평민들은 거리를 통행할 수 없었고, 대신 이 시간 동안에 여성들이 이 도시의 자유를 누리는 것 같았으며 그들은 사교적으로 방문하고 필요한 약간의 야외 운동을 하였다. 먼 나라에서 온 외로운 여자가 가보지 못한 이 도시의 거리를 걷는 첫 거동을 하기에 좋은 기회였다.

암살

하지만 무시무시한 폭풍이 일고 있는 바다의 조용한 밑 같지는 않았다. 내가 집에 도착하였을 때 이내 전령(傳令)이 우리에게 불쑥 들어와서 우정국 개국을 축하하는 공식 연회가 베풀어지고 있는 장소에서 살인이 자행되었으니 속히 그곳으로 오라는 미국 공사의 요청을 전하였다.

한국군의 호위를 받으며 도시를 급히 가로질러 가니 피의 세례를 받은 외국 사절들과 한국의 고위 관리들이 대단히 흥분해 있는 것을 발견하였으며, 저녁 행사의 주최자인 민 공(公)은 동맥이 손상되고 머리와 몸통에 일곱 군데의 자상(刺傷)을 입은 상태로 죽음의 목전에서 쓰러져 있었다. 그는 한국과 미국의 조약을 비준하기 위해 미국을 방문하였다가 얼마 전에 귀국하였으며, 한국에서 왕 다음으로 중요한 사람이었다.

나는 그의 건강을 회복시키기 위해 상당한 불안과 위기 속에 3개월 동안 지속적으로 진료하였으며, 건강이 회복된 후에도 흉한 흉터가 생겼고 더 나아가 회복되자마자 공포에 질린 그 한국인은 중국으로 거주지를 옮겼다.

일본과 중국의 충돌

이 반란은 중국의 지원을 받은 온건 개화파와 일본의 지원을 받은 급진 개화파 사이의 투쟁이었다. 며칠 동안 격전이 계속되었고 밤에는 암살당한 고관들의 주택들이 불에 타 그 불빛이 시내를 밝혔다.

일본인들은 잘 싸웠지만 수천 명의 중국군에 비해 140명의 병력 밖에 안 되었다. 그들은 마침내 멋진 신축 공사관 건물에 불을 지르고 자신들이 장악했던 궁궐을 포기하지 않을 수 없었으며, 시내를 가로질러 빠져 나와 제물포까지 가면서 계속 전투를 벌였다. 거리에는 40구 이상의 시체가 방치되어 있었는데, 나는 호위를 받으며 부상당한 중국인과 한국인들을 치료하기 위해 이곳저곳 찾아다니는 동안 개들이 수주일 동안 시체들을 먹고 있는 것을 보았다. 부상당한 일본인은 없었는데, 안전한 어떤 지역으로 피신하지 못한 모든 일본인들은 살해되어 개밥이 되었기 때문이었다.

12명의 서양인은 소수의 일본인 피난민과 함께 앞에 언급한 해군 장교가 지휘하는 정규 호위병이 근무를 하는 미국 공사관에 집합하였다. 그 해군 장교는 일본 피난민들을 중국군의 호송을 받으며 제물포에 정박해 있는 선박까지 인솔하였다. 이 일로 인해 그는 후에 일본 정부로부터 표창을 받았다.

공(公) 생명을 구하다.

드디어 공(公)이 회복되었으며, 그의 주치의는 궁궐과 해관의 의사가 되었고 공(公)의 생명을 구한 서양 의술에 대한 효능을 과신하게 된 수 천명의 한국인들을 치료하는 병원이 마련되었다.

후에 그들은 실제로 바늘이 멈춘, 혹은 '죽은' 시계들을 나에게 가지고 와서 다시 갈 수 있게 해달라고 고집하였다.

쓸모없는 총

이 난리 중에 재미있는 일 하나가 발생하였다. 나의 아내와 아기를 위해 필요할 경우에 사용하도록 단 하나 밖에 없던 연발 권총을 아내에게 맡겨 두었다. 나는 짧고 무거운 카빈 총을 하나 빌려 대단히 불편하기는 하였지만 그것을 항상 휴대하고 다녔으며 밤에는 나의 침대 밑에 두었다. 이 난리가 끝나고 다시 평온해진 후 어느 날 나는 사격술을 시험해 보기 위해 나갔다. 투박한 총은 발사되지 않았는데, 탄창은 탄환으로 가득 차 있었지만 총알이 총의 구경보다 너무 컸기 때문이었다. 하지만 그 총은 (우리에게) 자신감을 안겨주었고 그것이 갖고 있는 얕잡아 볼 수 없는 존재감 때문에 있었을지 몰랐을 어떠한 공격도 보호한다는 목적을 수행하였다.

우정국은 (배달하기 위해) 받은 것으로 여겨지는 약간의 우편물과 함께 파괴되었지만, 한국인들은 체신 업무와 같은 세계적인 체계를 쉽게 방해할 수는 없었다. 우정국의 뒤를 이어 보다 더 훌륭한 다른 시도가 있었고, 우표 수집가들을 위해 몇 종의 우표가 발행되어 근대화에 대해 투장하려 시도하는 것이 얼마나 어리석은 것인지 보여 주었다.

120~121쪽

VIII. 한국과 한국인들

(중략)

음식

……

김치

김치라 부르는 소금에 절인 야채는 배추 혹은 무를 기초 재료로 고추, 굴, 기름 그리고 마늘로 무쳐 만드는데 모든 것을 소금물에 담그고 약 2개월 동안 발효가 되도록 놔둔다.

이 혼합물의 성분은 140가지나 되며, 1배럴 크기의 항아리 속에 저장한다. 먹을 때가 되었을 때 김치는 아삭아삭하며, 마늘을 넣지 않고 만든 김치는 맛이 담백하다. 나는 이 음식을 좋아하는 몇 사람 안 되는 외국인 중의 한 사람인 것 같으며, 매년 겨울철에 먹으려고 마늘을 빼고 김치를 담갔는데 그렇게 하면 불쾌한 냄새가 없다.

진짜 김치의 냄새는 모든 면에서 강하고 독특하다. 그 냄새는 내가 일화를 소개함으로써 가장 잘 설명할 수 있다. 그것은 내가 한국에 온 지 얼마 되지 않아 병원을 관리하고 있을 때 일어났는데, 병원에는 허술한 일이 많았고 악취가 대단히 풍겼다. 하루는 나의 사무실에 들어가자 분명히 익숙하지 못한 예민한 냄새를 맡게 되었다. 하인들을 불러 병원으로 가도록 지시한 환자들을 왜 사무실로 들어오게 하였는지 꾸짖었다. 그들은 어떠한 환자도 들여보내지 않았다고 공언하였고,

살펴보기 위해 창문을 열었더니 그 냄새가 (나에게) 감사해 하는 한 환자가 놓고 간 수상하지 않은 작은 항아리에서 나온 것임을 알게 되었다.

그 항아리는 잘 익고 고약한 (냄새가 나는) 김치가 들어 있었고, 그것을 즉시 내버리라고 지시하였다. 그런 일이 있은 후 노무자들의 숨결에서도 냄새가 났는데, 그들은 좋아했을지 모르지만 나는 그럴 수 없었다. 후에 마늘을 빼고 만든 김치의 맛을 보게 되었는데, 그것은 즉시 나를 사로잡았고 그 기억은 아직도 나에게 즐겁게 남아 있다.

pp. 167~168

XI. 선교사로서의 의견

나는 장로교회의 의료 선교사로서 난징과 상하이에서 1년 동안 거주한 후에 새로이 문호가 개방된 한국으로 가고 싶은 욕망을 품게 되었으며, 상하이의 저명인사로부터 내가 그곳으로 몰려드는 외국인 중에서 입지를 굳혀 그 결과 그곳에서 상당히 수입이 많은 개업을 할 수 있을 것이라는 내용의 편지를 받았다. 사실 동료 의사들은 내가 선교 사업을 포기하고 한국에 가서 입신양명하는 것이 좋겠다고 권하였다. 나는 이 문제를 뉴욕의 선교본부에 제출하였고, 그들은 전보로 그들을 위하여 한국으로 가도록 지시를 내렸다. 그들은 한동안 한국에 선교사를 보내고 싶었지만, 당시 한국에서는 선교사가 허용되지 않았고 따라서 나의 제의가 시의 적절하게 온 것이었다. 나는 즉시 한국으로 들어갔고 그 선교본부의 후원으로 3년 동안 체류하였으며, 한국의 외교 업무를 위해 호의와 승인을 얻어 사직하였다.

그 모험은 성공적이었는데, (조선 정부가) 미국 공사에게 내가 선교사이냐고 물었을 때 그는 내가 미국 공사관의 의사라고 대답하였기 때문이다. 다소 오해가 있는 이 소개는 서양 의학이 '성공'할 수 있으며, 자리를 굳힐 수 있는 때가 될 때까지 모든 것을 순항하게 하였다. 곧 나는 미국 이외의 다른 국가의 공사관 주치의가 되었고, 게다가 궁궐, 해관, 그리고 나를 위해 조직된 병원의 의사로 임명되었다. 이렇게 하여 나는 내 자신의 입지를 굳히고, 제때에 도착한 목회 선교사들을 받아들이고 도와줄 수 있었는데, 오늘날 그 선교지의 놀라운 성공이 당연하게 평가되는 것은 바로 그들 때문이다.

188~189쪽

이미 다른 곳에서 설명하였듯이 우리들은 서양 의술이 호의적으로 시행된 피비린내 나는 반란이 일어나기 몇 달 전에 서울에 도착하였다. 이 사례에서의 의학적 성공은 선교 사업 자체를 시작하는 길을 마련하여 주었으며, 반면 의료인(알렌 자신)에게는 전혀 예상치 않았던 경험을 부수적으로 쌓는 길을 열어주었다. 부상한 공(公)이 회복된 것은 나에게 병원을 제공해 준 것 외에도 나를 어의(御醫)로 임명되게 하였는데, 자연히 궁궐에서는 의료 이외의 문제에 대해서도 나에게 자문을 구하게 되었고, 이 모든 자문의 결과로 몇 년 후에 나는 의료 업무를 포기하고 해외에서 한국의 외교 업무를 거쳐 미국의 영사 업무와 외교 업무를 맡게 되었다. 이 업무를 맡으며 나는 대리 영사의 직위로부터 총영사의 직위까지, 공사관 서기관으로부터 공사의 직위까지 모든 직책을 맡았다

병원

(한국에 간 후) 초기에 지체 높은 한국의 귀족을 성공적으로 치료하자 한국인들이 모든 종류의 병을 치료해 달라며 찾아 왔다. 이 병은 진짜 있는 경우도 있었고 상상인 경우도 있었다. 그래서 나는 이 사람들을 진료하고 치료할 건물을 요청하였으며 얻게 되었다. 한국 최초의 근대식 병원인 이 병원은 왕이 제중원(濟衆院)이라고 이름을 지었다. 그 건물은 반란 중에 암살된 관리 중의 한 사람의 집이었으며, 우리가 그 집을 인계받았을 때 일부 방에는 핏자국이 있었다. 그 집은 수리를 잘 하였고, 환자들이 수백 명씩 몰려왔고 첫 해에 1만 명 이상이 치료를 받았다.

그러던 중 널찍한 건물이 있는 더 좋은 부지를 하사 받았는데, 내가 이 병원과의 관계가 끝나고 오랜 후에 그 병원은 정부와의 관련성이 없어지고 순전한 선교 사업의 하나가 되었는데, '세브란스'라는 이름을 가진 미국인 신사의 희사로 대단히 유능한 책임 의사를 위해 훌륭한 부지에 최신 시설을 갖춘 훌륭한 벽돌 건물이 마련되었다. 병원 이름은 미국인 신사의 이름을 땄다.

초창기의 의료 사업과 관련하여 발생한 사건들 중 몇 가지를 회고해 보면 당시로서는 충분히 심각한 것도 있었지만 재미있었다.

196~201쪽

인삼[306)]

한국의 약전(藥典)은 인삼으로 알려진 식물의 뿌리에 대한 신뢰에 주로 의존한다. 인삼은 몸을 '덥게 하는' 약제가 필요한 모든 한국인 질병에 만병통치약이다. 이 나라는 인삼의 우수성으로 유명하며, 최근 일본이 한국을 점유하기 전까지 왕실의 부수입의 하나이었고 그 판매로 매년 미화 50만달러 이상이 왕실의 금고로 들어갔다.

이 식물은 미국의 귀구(鬼臼)와 유사하며, 뿌리를 돗자리로 가려 재배하는데 성숙하기까지 7년이 걸린다. 산삼은 재배 인삼보다 더 높이 평가되며, 진짜 산삼은 같은 무게의 금(金)을 받고 팔렸다고 한다.

미국의 인삼은 활성이 없지만 한국의 인삼은 "덥게 하는" 성질로 유명하다. 나는 인삼을 먹고 발진이 생긴 외국인과 한국인들을 진료한 적이 있다. 중국인들은 뿌리의 큰 가치를 최음제로 사용하는 것 같다.

내가 공(公)을 치료할 때 한 번은 체온이 올라가며 상처가 염증이 있는 것 같은 모양을 나타내는 것을 주목하였지만 도무지 그 이유를 알 수 없었다. 많은 질문을 한 끝에 마침내 가족이 빠른 회복을 바라면서 그에게 당치도 않은 인삼을 복용시켰다는 것을 알게 되었다. 이에 대해 나의 말에 분명히 따르지 않는 한 치료를 포기하겠다고 선언하였고, 그것이 그들에게 영향을 미쳐 그 이후 내 방식대로 치료하였다. 나쁜 증후는 곧 없어졌고, 나는 전보다도 인삼에 대해 더 탄복하게 되었다.

이상한 통역(通譯)

당시 한국에는 통역이 드물었으며, 나는 이 환자(민영익)를 치료할 때와 후에 병원에서 도움을 받기 위해 몇 명 안 되는 사람 중에서 한 명을 고용하였다. 그는 체온이 내려가는 것을 '아래로 올라간다(increasing to less)'고 표현하였다.

보신탕[307)]

이 환자(민영익)를 치료하면서 발견한 이상한 관습 중의 하나는 그들이 강장제 혹은 음식으로서 개의 머리를 끓여 만든 국을 먹는다는 것이었다. 이 국은 해롭지 않았을는지도 모르지만 기분 나쁜 것이었기 때문에 그것을 먹지 못하도록 완곡하

306) Horace N. Allen, Surgery in the Hermit Kingdom. *The Medical Record* 25 (June 13th, 1885), pp. 671~672.

307) Horace N. Allen, Surgery in the Hermit Kingdom. *The Medical Record* 25 (June 13th, 1885), pp. 671~672.

게 말렸다. 어느 날 아침 나는 환자가 적(敵)들을 먹었기 때문에 그는 적들에게 대갚음을 하는 독특한 방식을 갖고 있다고 선언하였다. 설명을 요청 받은 나는 거리에서 일본인 시체를 먹고 있는 개를 보았는데 그 환자가 그 개를 먹었으니 적의 고기를 먹은 것이 아니냐고 말하였다. 그런 일이 있은 후에는 소고기로 국을 끓였다. 최근의 반란에서 살해된 일본인의 시체들이 거리에서 치워져 매장되었기 때문에 우리는 커다란 위안을 받았다.

개 가죽 찜질약[308)]

중국군 병영의 부상자들 중에서 나는 사타구니에 관통상을 입은 대령이 있는 것을 발견하였다. 총알은 원래 골반 뼈에 뚫린 구멍을 통과하여 골반 뼈는 손상되지 않았다. 내가 그 장교를 진료하였을 때 그는 방금 죽인 개 가죽을 찜질 약으로 상처에 감고 있었다. 그것은 신선하고 따뜻하여 찜질이 잘 되는 것 같았다. 중국인들이 외과 환자로서 뛰어나다는 예로서 그가 부상을 당한 후 90일 이내에 말을 탈 수 있을 정도로 건강해졌다는 것을 언급할 수 있을 것이다.

흙

당시 한국에서는 약품이 매우 귀하고 비쌌다. 키니네는 상하이에서 1온스에 은화 7달러이었고 요오드포름은 너무 비싸 나는 1온스밖에 가지고 있지 않았다. 모든 부상자와 환자를 위한 약품을 어떻게 구할 수 있을까 생각한 끝에 1858년경 런던의 오래된 잡지인 *Lancet*에서 아프리카에서 나와 비슷한 상황에 있던 영국의 한 외과의사가 진흙을 외과용 드레싱으로 성공적으로 사용하였다는 것을 읽었던 생각이 났다. 그래서 나는 우리 집의 뜨거운 온돌에서 진흙을 구웠는데, 그것은 고름을 흡수하였고 새로 바를 때에도 쉽게 깨끗해졌기 때문에 잘 사용하였다. 이것은 더 나은 것을 구할 수 있게 될 때까지 병원에서 많이 사용하였다. 그런 치료를 하는 것이 단순한 한국의 진흙이라는 것을 통역이 이해하지 못하도록 "terra firma"라는 딱지를 붙였다.

미국에서 소염고(消炎膏)라는 이름으로 상당히 알려져 많이 사용되는 약품이 약간의 약품을 첨가한 이 오래된 "terra firma"와 같은 것이라는 것을 나는 알고 있다.

---

308) Horace N. Allen, Surgery in the Hermit Kingdom. *The Medical Record* 25 (June 13th, 1885), pp. 671~672.

중국인의 상처[309)]

당시 몇몇 중국 군인들은 일본군이 휴대하였던 톱니가 있는 옛날의 총검에 찔려 처참한 상처를 입었다. 하지만 그들은 훌륭한 환자들이어서 복부의 자상까지도 치료될 수 있었다.

한 사람은 목에 총검이 관통하여 중요한 혈관이 노출되었고 척추골은 비껴났는데, 총검을 뺄 때 그쪽 목이 손상되었다. 하지만 그 사람은 회복되어 그 후 몇 년 동안 서울의 중국 공사관에서 문지기로 있었는데, 후에 내가 그의 상관의 동료로서 수위실을 지나갈 때 비록 뻣뻣한 목이었지만 감사의 인사를 하는 것을 잊지 않았다.

한 사람은 파상풍으로 엉망이 된 전완(前腕)을 절단하는 것을 허락하지 않았기 때문에 죽었다. 중국인 장군은 외팔이 군인은 아무 쓸모가 없으며, 그런 불구로 고통을 받는 것보다 죽는 것이 낫다는 이유로 권하는 수술을 받지 않았다. 그는 예상한 대로 파상풍에 걸려 자기가 말한 것처럼 죽고 말았다. 그러나 다른 사람들은 회복되었다. 유명한 이발사 겸 외과 의사이었으며 근대 외과의 아버지인 암브로즈 파레[310)]는 그의 이상한 말투로 "나는 환자들에게 붕대를 감아 주었을 뿐 하느님이 고쳐주셨다."라고 말할 것인데, 나는 약을 거의 갖고 있지 않았기 때문이다.

쌀밥 식사

이러한 성공은 중국인들이 그렇게 좋은 외과환자라는 사실 때문임이 틀림없으며, 그것은 아마도 그들이 자극성이 없는 쌀밥 식사를 하기 때문이다.

미국 의학계의 일부 권위자들은 최근 러일전쟁에서 부상당한 일본군들의 치료 결과가 좋은 것은 쌀밥 식사 덕분이라고 하였고, 심지어 미국 군대에도 그런 특성을 가진 급식을 (보급해야 한다고) 주장한 적이 있었다. 아마도 그들은 쌀로 버티려고 결코 시도한 적이 없을 것이며, 따라서 "쌀은 백인에게 적합하지 않다."는 격언의 옳음을 입증하지 못하였을 수도 있다.

어릴 때부터 쌀로 자랐고 부모가 되어서도 같은 방법으로 영양을 취해 왔기 때문에 이 사람들은 쌀을 먹고 잘 자라지만 우리(미국인)들은 생명을 유지하기 위해 쌀을 받아들일 수 없다.

---

309) Horace N. Allen, Surgery in the Hermit Kingdom. *The Medical Record* 25 (June 13th, 1885), pp. 671~672.

310) 암브로즈 파레(Ambroise Paré, ca. 1510~1590)는 프랑스의 앙리 2세, 프랑수아 2세, 샤를 9세 및 앙리 3세의 외과의사로 활동하였다. 그는 근대 외과학 및 법의 병리학의 아버지 중 한 명으로 여겨지며, 외과술 및 전쟁 의학, 특히 외상 치료 분야의 선구자이었다. 또한 해부학자이었으며, 여러 외과 기구를 발명하였다.

중국군 병영에서 부상당한 군인들을 돌보느라 밤을 새우는 등 그렇게 바쁜 날이 계속되어 식사할 시간과 기회가 거의 없던 차에 나는 위안스카이 장군의 아침 식사에 초대 받았는데, 너무 배가 고파서 무엇이든지 먹을 수 있을 것 같았다.[311]

식탁 위에 단지 밥 세 공기 밖에 없는 것을 보고 나는 실망하였는데, 틀림없이 여섯 공기를 먹고도 만족할 것 같지 않았기 때문이었다. 우리는 식사를 시작하였고, 나는 설탕이나 버터, 우유 또는 반찬이 없는 무미건조한 밥을 한 공기도 먹기 전에 목이 메어 더 이상 먹을 수 없을 것 같았다. 그러나 그는 이미 먹은 세 공기 외에 내가 남긴 두 공기를 모두 비웠다.

누구나 더운 기후에 아시아를 여행하다가 발가벗은 어린아이의 크게 부풀은 배를 본 사람은 배고픔을 만족시키기 위해 충분한 밥을 먹기 전에 신체 교육의 문제에서 무엇인가 필요하다는 것을 이해할 수 있을 것이다. 농축 식품에 익숙한 서양인의 작은 위는 단순히 양이 많은 이 음식을 감당할 수 없을 것이며, 나는 카레라이스를 좋아하지만 그 날 아침 배고픈 고통을 만족시킬 정도로 충분한 밥을 먹을 수 없었다. 만일 우리의 군대에게 그토록 익숙하지 않고 견딜 수 없는 식사를 하라고 했다면 전체 군대는 아마 무더기로 탈영하였을 것이다.

209쪽

XIII. 한미관계와 한국이 일본에 끼친 은혜

한국의 도자기

다른 장에서 언급한 것과 같이 공(公)의 생명을 구했을 때 나는 수고에 대한 대가(代價)로 작은 도자기 하나를 선물로 받았다.[312] 왕실의 시종들이 위엄 있게 그것을 나에게 가져 왔다. 비단 보자기를 풀러 멋지게 옻칠한 상자를 꺼내었더니 조심스럽게 솜에 싼 조그만 회색 사발이 들어있는 것을 발견하고 나는 깜짝 놀랐는데, 이것이 한국의 왕실에서 나에게 선물할 수 있는 가장 소중한 물건이라는 것을 실감할 수 있게 되기까지 상당히 어려운 설명을 들어야 했기 때문이었다. 아마도 나의 기대가 너무 컸던 것 같은데, 어쨌건 당시 나는 3개월 동안 힘들고 위험한 일의 대가가 평범한 도자기 정도로 여겨지는 작은 빈 사발에 지나지 않는다는 것이 터무니없는 것 같았다.

후에 한국의 전성기의 골동품에 익숙해짐에 따라 나는 혁명과 약탈 후의 무질

311) 알렌의 1884년 12월 11일자 일기를 참고할 것.
312) 알렌의 1884년 12월 26일자 일기를 참고할 것.

서한 시기에 많은 도자기를 수집하는데 성공하였다. 이 수집품들은 지금 부유하고 예술에 소양이 있는 어떤 미국인이 소유하고 있다. 그는 결국 그것을 스미소니언 협회에 기증하려 하고 있으며, 이 협회의 박물관이 위에 언급한 것 같이 나에게 선물한 작은 회색 사발을 임시로 보관하고 있다.

그림 6-72. 알렌이 소장하였던 도자기. 스미소니언 박물관 소장

스미소니언 박물관의 알렌 도자기 수집품

알렌이 언급한 어떤 미국인은 찰스 L. 프리어(Charles Lang Freer, 1854~1919)이다. 프리어는 미국의 실업가, 예술품 수집가 및 후원자이었으며, 동아시아, 미국 및 중동의 예술품을 많은 소장한 것으로 유명하였다. 그는 1906년 자신이 수집하였던 방대한 소장품을 스미소니언 협회에 기증하여 개인 소장품을 합중국에 기부한 첫 미국인이 되었다. 소장품을 보관하기 위해 프리어는 워싱턴 D. C.에 프리어 미술관의 건축 기금을 제공하였다.

프리어는 1907년 5월 알렌의 소장하고 있던 약 80점의 한국과 중국의 도자기를 구입하였으며, 1920년 프리어 미술관에 기증하였다.

그림 6-73. 프리어에게 넘겨진 후 스미소니언 박물관에 기증된 한국과 중국의 도자기. 스미소니언 박물관 소장

Horace N. Allen, *Things Korean.*
A Collection of Sketches and Anecdotes Missionary and Diplomatic
(New York: Fleming H. Revell Company, 1908)

pp. 68~72

VII. A Seoul Night and Revolution

Our first mail by the newly organized Korean post chanced to be Christmas mail and it was lost. The first post-office was destroyed by a mob which held the city in terror for some time after the out-break of the bloody emeute of December 4, 1884.

Conservative Koreans did not look with favour upon foreign innovations, one of the most marked of which was the establishment of the post-office.

We had only been in Korea a few months when this outbreak of conservatism took place. I had been dining out across the city that evening, at the quarters of two of my American friends who were stopping in Seoul. One was a business man who still makes Korea his profitable home, the other was a naval officer there on special duty.

A Peaceful Scene. - Returning through the quiet streets in the crisp cold moonlight, with the dry snow crunching under foot, the scene was so peaceful and homelike that I planned accompanying my wife out for a stroll. A residence in China had made us cautious about walking together through streets swarming with inquisitive and rude Asiatics. We did not then realize the different and more agreeable conditions that prevailed in our new home, where foreigners might wander at will with no fear of molestation. This quiet night seemed to be just suited for seeing the sights of the city to which we had come to make our home.

It was a silent night city. No whistles or passing cars disturbed the quiet. Not a single vehicle on wheels rolled by. The only equipage to be seen was the chair of an official swinging noiselessly past, while the hoof beats of the horse of a mounted official speeding to or from the palace, made no noise on the unpaved streets. One might hear the distant rat-tap-tap of the ironing stick wielded by some woman whose work was keeping her busy long into the hours devoted to feminine freedom: the cry of a restless infant, the barking of dogs, or the bray of a donkey, with the occasional uproar caused by the incantations of the native healers in some house of affliction, were the only other noises to be heard and even they were remote from the street.

No fixed lamps or lighted windows illuminated the almost deserted thoroughfares lined with blank walls of houses or enclosures. The only lights to be seen were those from the lanterns of the few pedestrians. Most of the people to be met were women, each one white clad and closely veiled, carrying a tiny paper lantern giving out a feeble glow from its beeswax taper. For from the tolling of the "curfew bell" for the closing of the city gates, until the opening of the same at dawn, all common men except the attendants of a person of rank, were excluded from the streets which were then given over to the women, who seemed to enjoy to the full this liberty of the city, and were taking this time to make their social calls and get some necessary out-of-door exercise. What better occasion could there be for the lone woman from a distant land to make her first progress on foot through the streets of this, to her, unexplored city.

Assassinations. - That was not to be, however, for underneath that calm an awful storm was brewing. Soon after my arrival home a messenger burst in upon us with a request from the American minister, that I come with all speed to the place where an official banquet was being given in honour of the opening of the post-office, and where murder had been committed.

After being rushed across the city under an escort of native troops, I found the foreign representatives and the high native dignitaries spattered with blood and terribly agitated, while the host of the evening, Prince Min, was lying at the point of death with arteries severed and seven sword cuts on his head and body. This man had just returned from America where he had gone to ratify our treaty with his country, and he was the greatest man in Korea next to his ruler.

It took three months of constant care, attended with much anxiety and peril, to bring the prince back to health and even then he was a badly scarred and worse scared Korean who, soon after his recovery, took up his permanent residence in China.

Japanese and Chinese Clash. - This emeute became a contest between the conservative party assisted by the Chinese, and the progressionists aided by Japan. There were days of severe fighting and nights when the city was illuminated by the burning of the dwellings of prominent natives who had been assassinated.

The Japanese fought well but they had only one hundred and forty soldiers as against some thousands of Chinese troops. They were finally obliged to burn their handsome new legation buildings, abandon the palace, which they had seized and held, and fight their way across and out of the city and on to Chemulpo, leaving over forty dead lying in the streets where I saw the dogs devouring them during the next few weeks, while being escorted from place to place in making professional visits to the wounded Chinese and Koreans. There were no wounded Japanese, for all of that nationality who could not escape to some place of safety, were killed and thrown to the dogs.

The twelve Western foreigners, with a small band of Japanese refugees, were assembled at the American Legation, where regular guard duty was performed under the direction of the naval officer just mentioned, who later accompanied the Japanese refugees with a Chinese escort, to a ship at Chemulpo. For this he was afterwards honoured by the Japanese Government.

A Prince's Life Saved. - The prince at last recovered and his physician was honoured by being made medical officer to the court and maritime customs service, and was provided with a hospital in which to treat the thousands of natives who had conceived the most exaggerated ideas of the virtues of Western medical and surgical science, because of the fact that their prince had been saved thereby. Later on they actually brought me watches and clocks that had stopped or "died," insisting that I bring them to life.

A Useless Gun. - An amusing incident occurred during this trouble. I had left our only revolver with my wife, to use on herself and the baby if that became necessary, while I had borrowed a short, heavy carbine, which I carried with me constantly, to my great discomfort, and which reposed under our bed at night. When the trouble was over and all was again peaceful, I went out one day to try my marks-manship. The clumsy weapon could not be discharged, since the cartridges, of which the magazine was full, were too large for the calibre of the gun. It had served its purpose, however, in giving confidence and in warding off any attack that might have been contemplated but for its formidable presence.

The post-office was destroyed together with the little mail supposed to have been received, but the natives could not so easily thwart such a world-wide power as the postal service. Another and more successful attempt followed this one, thus providing several sets of stamps for collectors to gather and indicating the folly of trying to fight against modern progress.

pp. 120~121

VIII. Korea and the Koreans

(Omitted)

Food

……

Kimche. - This salted vegetable, called kimche, is prepared from cabbages or turnips as the foundation, mixed with red peppers, oysters, oil and garlic, all put down in brine and allowed to ferment for about two months. There may be as many as one hundred and forty ingredients in the mixture, which is packed in great earthenware kangs the size of a barrel. When ready to serve it is crisp, and when made without the garlic, it is simply delicious. I seem to have been one of the few foreigners who took to this article of food and I always had it put down for winter consumption minus the garlic, which deprived it of its objectionable odour.

The odour of genuine kimche in all its strength is something remarkable. I can best describe it by giving an account of my introduction to it. This happened in the early days, when I was conducting a hospital where neglected cases were plenty and bad odours were very common. Entering my home office one day I was met with a most penetrating smell such as I was not apparently acquainted with. Calling the servants I remonstrated with them for allowing patients to come there when they were under instructions to send them to the hospital. They declared no sick people had been admitted and when we entered, after opening the windows, to make an investigation, we found the odour came from an unsuspicious looking little jar left there by a grateful patient.

It was a jar of the ripest and rankest of kimche, which was at once ordered to be thrown out. From the perfumed breaths of the coolies, thereafter, it was evident they appreciated it even if I could not. Later I was induced to taste some of this compound made without garlic and it won me at once, leaving a memory that haunts me pleasantly still.

pp. 167~168

XI. Missionary Comments

After a year's residence in Nanking and Shanghai as a medical missionary of the Presbyterian Board, I conceived a great desire to go to the newly opened Korea, and was offered letters by prominent men in Shanghai that it was thought would enable me to so establish myself among the foreign residents then flocking to that land, as to result in building up a rather lucrative practice there. In fact my medical friends urged me to abandon the mission work and go to Korea with the intention of growing up with the country. I submitted the matter to the authorities in New York and was instructed by them by cable, to go to Korea in their interest. It seemed that they had been for some time anxious to locate in Korea but missionaries were not then allowed in that country, hence my proposition came most opportunely. I went immediately and remained for three years under the auspices of the mission, resigning, with their good-will and approval, to enter the Korean diplomatic service.

The venture was a success, for when our minister was asked if I were a missionary he replied that I was physician to the American Legation, which introduction, if a little misleading, made all smooth sailing until such time as Western medical science could "make good" and- secure a place for itself. I was soon made a member of the staffs of other legations than our own, besides being appointed physician to the palace, the maritime customs, and the hospital organized in my behalf. In this way I was enabled to establish myself and to receive and assist the clerical missionaries who arrived in due time, and to whom is due the marvellous success for which that mission field is so justly noted to-day.

XII. Medical Notes

pp. 188~189

As has been elsewhere explained, we arrived in Seoul a few months before the outbreak of a bloody entente wherein Western medical and surgical methods were favourably tested. The medical successes in this instance prepared the way for the opening up of missionary work proper, while it incidentally opened the way to the medical man for quite an unexpected career. The recovery of the wounded prince, in addition to furnishing me with a hospital, led to my appointment as medical officer to the royal court where my advice was naturally sought on matters other than medical, all of which resulted after a few years, in my abandonment of the medical work for a career which led through the Korean service abroad, into our own consular and diplomatic service; where I held all the positions from deputy consul to consul general in the one, and from secretary of legation to the first ministerial post in the diplomatic service.

A Hospital. - That early success with the prominent native prince caused the natives generally to come for treatment for all sorts of ills, real and imagined. As a consequence I asked for, and obtained the use of a building in which to see and treat these people. This, the first modern hospital for the Koreans, was named by the ruler, Chai Chung Won, or house of civilized virtue. It had been the home of one of the officials who was assassinated in the entente and some of the rooms were blood stained when we took it over. The house was put in good repair and the afflicted came in hundreds, over ten thousand being treated the first year. In time a better site was granted with a more commodious building, and long after my connection with the institution had ended and the hospital had lost its government connection and become purely a missionary enterprise, as was found to be much the best plan, a fine brick building with modern equipment, on an excellent site, was provided for the very capable physician in charge, through the munificence of an American gentleman, Mr. Severance, for whom the hospital is named.

Some of the incidents that occurred in connection with those early days of medical work are amusing in retrospect, though the serious ones seemed grave enough at the time.

......

pp. 196~201

Ginseng. - The main reliance of the Korean pharmacopoeia is upon the root known as ginseng. This is the panacea for all native ills where a "heating" medicine is required. The country is noted for the excellence of its ginseng which was one of the royal perquisites prior to the recent Japanese occupation, the sale of the crop usually bringing to the royal purse over a half million dollars in our money each year.

This plant resembles somewhat our May-apple or mandrake, and is cultivated under mat sheds for its root which requires seven years to mature. Wild roots are prized above the cultivated ones; genuine wild roots are said to have sold for their actual weight in gold.

Instead of being the inert drug we find it with us, Korean ginseng certainly merits its reputed "heating" qualities. I have seen foreigners and natives with quite an eruption produced by its use. With the Chinese the great merit of the root seems to be for use as an aphrodisiac.

When treating the prince, I was greatly concerned on one occasion by noticing that his wounds had taken on an inflamed appearance with a rise of temperature, for which I could in no way account. At last, after much questioning, I learned that his family, hoping to hasten his recovery, had been surreptitiously administering ginseng to him, whereupon I announced that unless I was to be obeyed implicitly I would leave the case entirely, which made such an impression on them that I had my way thereafter. The bad symptoms soon disappeared leaving me with more respect for ginseng than I had before entertained.

A Quaint Interpretation. - Interpreters were scarce in Korea at that time and I had one of the few to assist me in this case and later in the hospital. He would indicate a decrease in temperature by the pleasing statement that the fever was "increasing to less."

Dog Soup. - One of the strange customs discovered in attending this case was the use of soup made from the heads of dogs, as a strengthening medicine or food. This may have been harmless enough but it was repulsive so I took a roundabout way to stop its use. I announced one morning that my patient had a unique manner of getting even with his enemies, since he ate them. Being asked for an explanation I said that I had seen the dogs devouring the dead Japanese lying in the streets and as he ate the dogs, he thus fed on his enemies. After that beef was used for soup; and to our intense relief, the bodies of those Japanese killed in the recent emeute were removed from the streets and buried.

A Dog Poultice. - Among the wounded at the Chinese camp, I found a colonel who had been shot through the groin ; the bullet had passed through a natural opening in the pelvic bone without splintering the latter, and when I saw the officer he had the skin of a freshly killed dog wrapped around the wound as a poultice. It seemed to have served well enough, being fresh and warm. As an illustration of the excellence of the Chinese as surgical patients, it may be mentioned that this man was well enough to ride his horse within ninety days after being wounded.

Terra Firma. - Medicines were very scarce and costly in Korea at that time. Quinine was seven Mexican dollars an ounce in Shanghai and iodoform was so expensive that I only had one ounce of it. Being at my wits' ends for drugs for all the wounded and sick people, I remembered having read in an old London Lancet of about 1858, how a British surgeon in Africa, similarly situated, had used clay successfully as a surgical dressing. My household was therefore put to baking clay on the hot kang floors, and this was used to good advantage, as it absorbed the pus and was easily cleaned off for a fresh application. This preparation was much used in the hospital until something better could be had. It was labelled "terra firma" in order that the interpreter might not understand that it was simply Korean dirt that was working such cures.

I understand that the much used American remedy which is quite popular under the name of antiphlogistine, is simply this same old "terra firma" with some drugs added.

Chinese Wounds. - Some of the Chinese soldiers had horrible wounds made by the ancient saw-toothed bayonets carried by the Japanese troops at that time. They were excellent patients, however, even recovering from stabs in the abdomen.

One man had a bayonet thrust through his neck, laying bare the important blood vessels and just missing the vertebra; when the bayonet was withdrawn it took that side of the neck away. The man recovered, however, and was for years afterwards the gate man at the Chinese Legation in Seoul, where he never failed to give me a cordial, if stiff-necked, greeting when in later years I passed his gate lodge as a colleague of his master.

One man died of tetanus because I was not allowed to amputate his badly mangled forearm. The Chinese general would not hear to the operation on the grounds that a one-armed soldier would be useless, and a man had better die than suffer such a crippling. He had tetanus as predicted and died from it as it was said he would; the others recovered. As Ambrose Pare, the famous barber surgeon and father of modern surgery, would say in his quaint manner, "I dressed them and God cured them," for of medicine I had almost none before I got through with them.

Rice Diet. - This success must be ascribed largely to the fact that the Chinese are such good surgical patients, which in turn is due in all probability to their non-stimulating rice diet.

Some of our high medical authorities, noticing such good results among the wounded Japanese in the recent war with Russia, have attributed these results to the diet of rice, and have even advocated a ration of that character for our own troops. They probably have never tried sustaining themselves on rice, and may therefore not have proved the truth of the maxim that "rice will not stick to the white man's ribs."

Being brought up on rice from infancy and from a parentage nourished in the same manner, these people thrive upon it, while we cannot hold and assimilate enough rice to sustain us.

I remember that after being up all night with the wounded soldiers at the Chinese camp, following a day of such strenuous work that there was little time or opportunity to eat, I was invited to breakfast with General Yuan Shi Kai, and my hunger was so great that it seemed I could eat anything.

When I saw simply three bowls of rice apiece on the table, great was my disappointment, for I felt quite sure I could eat the whole six and then not be content. We began and before I had finished one bowl of the dry, tasteless stuff, with no sugar, butter, milk or other dressing to go with it, I seemed to be filled right up to my throat and could eat no more, whereupon my host took my two remaining bowls and emptied them in addition to the three he had already eaten.

Any one who has travelled in Asia in warm weather and has noted the tremendously distended abdomens of the naked children, will be able to understand that something is necessary in the matter of physical education before we are able to contain enough rice to satisfy hunger. Our small stomachs, accustomed to a concentrated food, simply will not hold enough of this bulky material, and much as I like a rice and curry, I could not put away enough rice that morning to satisfy the pangs of hunger. Our whole army would desert en masse if our men were put upon any such uncustomary and impossible diet.

p. 209

XIII. American Intercourse and Japan's Indebtedness to Korea

Korean Pottery - On the occasion of my having saved the life of the prince as mentioned in another chapter, my services were rewarded by the presentation of a small piece of this ware. It was brought me in great state by a retinue of palace runners. When the handsome lacquered box was taken from its silken wrappings and found to contain a little gray bowl, carefully packed in cotton wool, my amazement must have been quite evident, for it took much difficult explanation before I could be made to realize that this was the most highly prized article the Korean Court could present me. Perhaps my expectations had been raised too high; at any rate it seemed at that time absurd that my three months of arduous and perilous work were only prized at the price of a little empty bowl of what seemed to me to be quite ordinary chinaware. Later, on becoming acquainted with this ancient product of Korea's palmy days, I succeeded in picking up quite a collection of it, usually as the result of the disordered times following revolutions and lootings. This collection has now been acquired by an American gentleman of wealth and artistic tastes, who intends eventually to present it to the Smithsonian Institution, the museum of which institution is now the temporary custodian of the little gray bowl presented me as above narrated.

19090800

호러스 N. 알렌, 인사말, 1909년 8월 27일 평양에서 개최된 미국 북장로교회 연례회의에서 낭독된 25주년 기념 연제, 7~11쪽

(중략)

1884년 반란이 일어났던 12월 4일 밤 우리는 꽉 찬 창고와 편안한 집으로 멋지게 정착한 상태이었습니다. 나는 그날 저녁 서울의 다른 쪽에서 타운젠드 씨 및 버나도우 씨와 식사를 하고 상쾌한 찬 공기를 마시며 얼은 눈이 덮인 덕분에 모든 것이 깨끗한 거리를 지나 집으로 돌아 왔으며, 당시까지 거리를 나가 보지 않았던 아내와 함께 산책을 계획하였습니다. 우리는 난징과 중국인이 거주하는 상하이에서의 경험으로 외국인 여자는 공공의 길을 피하는 것이 현명하다는 것을 배웠습니다.

집에 도착하여 아내는 자리에 들었고 나도 그렇게 하기 직전에 우리 공사관의 서기관이 미국에서 돌아온 사절인 민영익에 대한 암살이 시도되었으니 그를 진료하도록 요청하기 위해 뛰어 들어왔습니다.

연회는 새로운 우정국 개국을 축하하며 독일인 본 묄렌도르프 씨의 자택에서 베풀어졌습니다.313) 우정국에 불이 났고, 공(公)이 다른 하객과 함께 무슨 일이 벌어졌나 보기 위해 연회장을 급히 뛰어 나갔을 때 그는 한국인 자객에 의해 칼에 찔려 쓰러졌습니다. 다른 한국인 고위 관리들은 유사한 운명을 맞았는데, 더욱 나쁜 것은 이것이 수구파에 대한 개화파의 계획된 저항이란 것이었습니다. 개화파는 당연히 우정국 같은 기관의 진보에 호감을 갖고 있는 것 같았지만, 이 새로운 혁신은 실은 최근의 해외여행의 결과 중 하나로 민영익 같은 수구파 관리가 한 일이었습니다.

일본은 개화파의 주장을 지원하였고 그들의 공사관이 불에 탔으며 일본인들이 한국인의 도움을 받은 중국인에 의해 죽고 쫓겨나간 이 싸움의 정치적 측면 중에서 이것이 사실이라는 것을 생각할 필요가 없을 것입니다.

민영익은 손상당한 동맥으로부터의 출혈로 곧 사망할 것 같았지만 죽지는 않았습니다. 내가 그에게 갔을 때 일군(一群)의 한의사들이 그의 상처에 검은 색의 끈끈한 액체를 부으려 하고 있었으며, 나는 그들이 내 방식을 따르기를 바랐습니다. 나는 크네플러라는 이름을 가진 건장한 독일인에게 상황을 설명하였고, 그는

313) 묄렌도르프의 자택이 아니라 우정국에서 베풀어졌다.

문을 열어 (그들에게) 약 6피트 아래의 지면으로 가는 엄청난 대리석 계단으로 가는 통로를 만들어주었으며, 이 조치의 유일한 잘못은 그들이 단지 종이로만 존재하였고 세관의 수입이 (그들의 위치를) 대리석처럼 굳도록 허용하지 않았다는 것입니다. 나의 적극적인 조수는 강제적으로 이 한의사들을 이 아름다운 계단으로 나오게 하였는데, 아마 그는 시원한 공기가 그들의 궁리를 도울 것이라고 생각하였을 것이며, 계단이 아직도 채석장에 있다는 것을 몰랐습니다. 나는 희미한 불평의 소리를 들었지만 자문에 참여하지 않았습니다.

나는 이 한의사들의 호의를 각별히 원하였으며, 적어도 그들의 악의를 원하지 않았습니다. 그리고 나는 나의 과감한 조수가 마음속에 무엇을 하려는지 알았다면 그의 행동을 승인하지 않았을 것입니다. 그러나 모든 것이 내게 낯설었고, 나에게는 낯설고 아마도 적대적인 도시에서 나의 손에 죽어가고 있는, 나라 전체에서 두 번째로 높은 지위의 사람이 있었습니다. 나는 검사하거나 이의를 제의할 시간이 없었습니다. 하지만 그들은 공(公)이 있는 곳에서 갑자기 쫓겨난 것에 관계된 것에 대해 나를 용서한 것 같았습니다. 그것은 후에 나는 궁궐에서 한의사들을 밀어내었고 수백 명 씩 (환자가) 매일 나의 진찰실로 오기 시작하면서 서울에 있는 모든 한의사의 수입이 심각하게 삭감되었지만 결코 그들의 무례함을 경험하지 않았고 상당한 수의 한의사들이 나의 환자이었기 때문입니다. 사실 내가 21년 동안 그들과 살면서 한국인들이 내게 대해준 모든 것들은 변함없이 친절하고 사려 깊은 것이었으며, 만약 내가 그들에게 화를 내거나 자극하였다면 나는 그것을 깊이 후회하였을 것입니다.

공(公)은 대단히 아슬아슬하였지만 드디어 회복되었습니다. 절대 불가피하고, 변화무쌍한 소규모의 전투 때문에 그는 안전을 위해 이곳저곳으로 이동해야만 하였다. 그의 상처는 터져 화농이 되었으며, 더욱이 그의 가족은 끊임없이 몰래 약을 주었고 외국인들이 도시를 떠나 나의 입장이 점점 더 위험해지고 책임이 증가하였습니다. 내가 기꺼이 사직할 수 있었던 때가 많이 있었지만 다행히도 나는 그렇게 할 수 없었습니다. 고귀한 환자의 치료 결과가 좋지 않았다면 나는 한의사들의 직무를 갑자기 중단시킨 것에 대해 유감스러워 해야만 했을 지도 모릅니다.

밤낮으로 내 시간을 많이 요구하는 공(公)의 치료 외에 나는 터무니없는 호기심으로 위험한 상황에 처해 심각한 총상을 입은 대단히 많은 평민 환자들도 보았습니다. 또한 약 100명의 부상당한 중국 군인들을 진료하였는데, 심각한 상태에 있었던 그들 중 일부가 회복한 것은 거의 기적이었습니다.

이 군대는 동대문 안쪽의 훈련원이라 부르는 곳에 사령부를 설치하였으며, 근처 남산의 산마루 아래에 요새화된 진지를 구축하였습니다. 또한 강에서의 접근이용이하도록 남대문 바깥 남쪽에 요새화된 진지를 구축하였지만 내가 글을 쓸 때까지 진지를 사용하지 않았습니다.

위안스카이 장군이 약 3,000명의 중국 군대를 지휘하였습니다. 그는 후에 황제의 사망으로 면직될 때까지 중국의 주요 관리가 된 바로 그 사람입니다.

당시 나는 중국어를 약간 알고 있었으며, 일부 병사들이 서로 내가 "예수 의사"라고 설명하는 것을 우연히 들었으며, 나는 비용을 청구하지 않을 예정이었고 그들은 자신들이 마음에 드는 만큼 진료를 요청하였습니다. 나는 이 일과 난징의 관리와 가졌던 약간의 경험을 기억하였으며, 나의 진료가 끝났을 때 한 번 왕진에 5달러를 청구하였습니다. 이것에 나에 대한 그들의 존경을 증대시켰으며, 그래서 최근 사건의 모든 설명을 듣기 위해 다음 해 초에 특사가 왔을 때 참석하도록 초청되었으며, 한국의 왕도 궁궐에서 나와 지금은 독립문이 서있는 의주로에 있던 영은문에서 그를 맞이하였습니다. 후에 나는 중국 공사관의 정규 의사가 되었습니다.

이것은 대단히 유혈이 낭자한 작은 혁명이었습니다. 개화파와 구식의 소총과 톱니가 있는 총검으로 무장한 용기 있는 140명의 남자로 구성된 일본 주둔군은 당시 황실이 거주하던 동궁을 장악하였습니다. 그들은 이곳에서 중국과 한국의 혼성군 6,000명에 의해 포위되었습니다. 일본인은 잘 싸웠지만 중요한 순간에 지뢰를 터트려 적에게 경고를 주었으며, 그래서 협력자와 함께 도시를 빠져나가 제물포까지 가면서 싸울 수 있었으며, 호기심으로 구경하던 많은 한국인들이 죽고 부상당하였지만 심한 방해를 받지 않았습니다.

이후 며칠 동안 거리에는 폭도들에 의해 살해된 일본인 민간인의 시신이 널렸으며 그것을 개들이 먹었습니다. 그것은 내가 밤낮으로 진료하러 다니면서 보아야만 하였던 소름끼치는 광경이었습니다. 나는 다니면서 항상 한국 병사들을 동반하였는데, 이보다 더 좋은 것을 알지 못하였기 때문에 안전하게 느꼈습니다.

우리의 공사와 가족은 다른 외국인들과 함께 서울을 떠났으며, 푸트 장군은 나에게 깃발이 휘날리도록 유지하라고 요청하였습니다. 그는 아내와 아이를 제물포에 정박 중인 배로 데려가겠다고 제안하였지만 그녀는 "미커버"를 떠나는 것을 거절하였습니다.[314] 우리에게는 모든 것이 대단히 새롭고 신기했으며, 상황을 적절하게 가늠할 수 없었습니다. 우리는 군인처럼 할 이유가 없다고 믿었으며, 다르게 하는 것이 의심스러웠습니다. 예를 들면 폭도들이 두려워 나는 아내와 아이를 위해 필요하다면 사용하라며 나의 연발 소총을 아내에게 주었고, 후에 격발이 되지 않는 것을 알게 되었지만 나는 카빈 소총을 소지하였습니다.

314) 미커버(Wilkins Micawber)는 찰스 디킨즈의 1850년 소설 '데이비드 코퍼필드'에 나오는 사무원이다. 가난하지만 보다 나은 운명을 낙천적으로 기대하며 사는 사람을 뜻한다.

하지만 왕의 명령에 의해 구조될 때까지 심각한 위험에 처해 있었던 지방에서 해군 무관인 포크 씨가 곧 올라와 우리는 오래 외롭게 남아 있지 않았습니다. 그가 없는 동안 그와 타운젠드 씨가 사용하던 집은 인접한 T. E. 핼리팩스 씨의 거주지처럼 모든 물품과 함께 파괴되었습니다.

조지 C. 포크 중위는 미국 정부에 명령에 의해 귀국하는 한국인 사절단을 담당하였으며, 미국 공사가 소환되자 18개월 동안 공사관의 책임을 맡아 가장 주한 공사관의의 책임을 맡아 가장 훌륭한 사절로 활동하였습니다.

폭도들은 며칠 동안 도시를 장악하였으며, 불타는 집에 의해 밤이 밝혀졌는데, 처음에는 개화파에 의해 살해당한 수구파의 집이 불탔고 그들의 재산은 건물의 방화 이전에 약탈당하였으며, 이후 개화파가 일본인들과 함께 도망쳤을 때 수구파들은 자신들이 당했던 것처럼 개화파의 재산을 처리하였습니다.

외국인들이 피신할 수 있을 때까지 그들 모두는 우리가 구한 일본인 난민 무리와 함께 우리 공사관에 집합하였습니다. 남자들은 푸트 장군과 버나도우 대위의 지휘 아래 정규 경계 임무를 수행하였습니다. 부상자들을 돌보느라 많은 시간 동안 나가있었기에 나는 경계 임무를 수행하지 않았습니다.

우리는 한 번 폭도들로부터 위험에 직면하였지만, 당시 한복을 입고 사람들과 어느 정도 어울릴 수 있는 가톨릭 신부 한 명의 때맞춘 조언으로 우리에 대한 공격을 막았습니다.

많은 환자와 부상당한 한국인들을 그들 집에서 진료하는 것이 불가능함을 알게 된 나는 우리의 대리 공사인 포크 중위를 통하여 조선 정부가 나에게 일종의 병원으로 사용할 수 있는 적절한 건물을 제공해 주도록 제안하였습니다.

이것은 이루어졌고 기구를 위한 경비를 제공 받았으며 한국인 직원이 나를 돕도록 임명되었는데, 머지않아 이 직원이 비율이 높아져 그들이 운영비로 할당된 예산을 써버렸습니다.

나에게 주어진 건물은 피살당한 관리 중의 한 명인 홍(영식)의 집이었으며, 우리가 넘겨받았을 때 그의 침실에는 아직도 핏자국이 있었습니다. 이 집은 서울의 북동지역에 있던 구(舊) 외아문 바로 옆집이었습니다. 급히 청소하고 수리하여 훌륭한 진료를 하였는데, 즉시 진찰실에는 매일 100명이 넘는 환자가 있었고 병동은 약 40명을 수용할 수 있었습니다. 결국 우리는 넓은 도로가 있는 곳으로 이전하였는데, 그곳에서 에비슨 박사가 결국 사업을 넘겨받았습니다.

언더우드 박사는 병원의 개원 즈음에 도착하였으며, 업무에 큰 도움이 되었습니다. 그는 한 번 실패를 하였는데, 그가 환자를 마취시키려 할 때 자신이 쓰러져 나가야만 했지만 그는 최선을 다하였습니다. 스크랜턴 박사 역시 곧 도착하였고 이 업무를 도왔습니다.

모든 것은 통역을 통해 이루어졌으며, 우리에게는 내가 한국에서 알았던 최고의 통역인 신낙균(申樂均)이 있었습니다. 그는 헬리패스 씨의 독특한 속성 영어 교육법의 놀라운 결과물의 한 명입니다.

신(申)은 개종자에게까지 그가 필요한 것을 하였는데, 한 예로 가엾은 한 여자가 죽어가고 있었을 때 그녀를 위해 아무 것도 해 줄 수 없었기 때문에 그는 내가 내세에 대해 이야기한 것을 통역하였으며 그녀는 평화롭고 행복하게 죽은 것 같았다.

나머지 (이야기)는 아마도 여러분들이 아직 여러분과 함께 있는 언더우드 및 스크랜턴 박사로부터 들어 아실 것입니다.

곧 아펜젤러 박사가 도착하였고, 6월에는 헤론 박사가 왔으며, 그렇게 잘 시작된 한국의 선교 사업은 한국을 선교의 선두 국가로 만들었으며, 그 사업은 이 나라의 백성들로서는 현재 이 땅의 주요 관심사입니다. 지금 선교사들은 한국의 유일한 희망 같습니다.

호러스 N. 알렌

Horace N. Allen, Greetings, In: *Quarto Centennial Papers Read Before the Korea Mission of the Presbyterian Church in the U. S. A. at the Annual Meeting at Pyeng Yang, August 27, 1909*, pp. 7~11

(Omitted)

We had just gotten nicely settled with a full store house and a comfortable home over our heads when, on the night of December 4 the *emeute* of 1884 broke out. I had been dining across the city with Messrs. Townsend and Bernadou that evening, and coming home through the crisp cold air with the streets all clean by virtue of the frozen snow that covered them, I made a plan to bring Mrs. Allen out for a walk, for up to that time she had not been on the streets; our street experience in Nanking and native Shanghai having taught us that it was wise for foreign women to avoid public streets.

On arriving at home I found she had retired and before I could do likewise the Secretary of our Legation burst in to call me to attend the returned envoy from America, Prince Min Yong Ik, whose assassination had been attempted.

A banquet was being given at the home of the German, Herr Von Mullendorf, in honor of the opening of the new post office. The latter was set on fire and when the Prince rushed out of the banquet chamber with the other guests, to see what was the trouble, he was cut down by a native assassin. Other high native officials met a similar fate and fared worse, this being a determined stand of the progressive party against the conservatives. While the former would naturally seem to be in favor of so progressive an institution as a post-office, this new innovation was really the work of such supposedly conservative officials as Min Yong Ik, being one of the results of their recent trip abroad.

Of the political aspects of this quarrel in which the Japanese espoused the cause of the progressives and had their legation buildings burned and their people killed and driven out by the Chinese assisted by the Koreans, it is probably needless to dwell as this is a matter of history.

Min Yong Ik was not killed though he would soon have bled to death from severed arteries. When I reached him a party of native doctors were about to pour black pitch into his wounds and I wished them well out of my way. I explained the situation to a German giant of a man, named Kneffler, and he opened a door giving exit to a magnificent flight of marble steps leading to the ground, some six feet below, - the only fault about these steps was that they existed only upon paper and the customs revenues had not yet permitted of their being perpetuated in marble. My willing assistant forcibly invited this native medical faculty to a consultation out on these beautiful steps, perhaps he thought the cool air would help their cogitations and did not know that the steps were still in the quarry. I did not attend the consultation, though I heard faint rumblings from where it was supposedly being held.

Now I particularly desired the good will of these native doctors, at least I did not want their ill will, and I would not have sanctioned the actions of my aggressive assistant had I realized what he had in mind to do; but all was strange to me and I had the man second in rank in the whole country, dying on my hands in a strange and supposedly antagonistic city. I had no time to investigate or remonstrate. They seem however to have forgiven me for my connection with their sudden exit from the presence of their prince, for while I later supplanted the native doctors at the palace and must have seriously cut into the revenues of all the Seoul doctors with the hundreds that began to attend my daily clinics, I never experienced any rudeness at their hands and had quite a number of them as patients. In fact all my treatment by the Korean during the twenty one years of my residence among them was invariably of a kind and considerate nature, and if ever I was otherwise to them through anger or irritation I deeply regretted it.

The Prince got well in time though he had a very close call. Grim necessity and the shifting scenes of petty warfare compelled his removal from place to place for safety. His wounds tore open and suppurated; moreover his family were forever dosing him on the sly, and my own position became more and more dangerous as the few foreigners left the city and my responsibilities increased. There were times when I would gladly have resigned but fortunately I could not do so. Had the results of my treatment of my distinguished patient been otherwise than favorable, I might have had cause to regret the sudden termination of the ministrations of his native faculty.

In addition to caring for the prince, who demanded much of my time day and night, I had as patients a great many of the common people, whose inordinate curiosity had led them into positions of danger and resulted in serious gun shot wounds. I also had about one hundred wounded Chinese soldiers, some of them in serious condition, whose recoveries were well nigh miraculous.

These troops were encamped at headquarters inside to East Gate at a place called Hul Yun An, as well as in a fortified camp on the shoulder of Nam San near by. They also had a fortified camp outside and south of the South Gate, commanding the approaches from the river, but that was not occupied at the time of which I write.

General Yuan Shi Kai was in charge of this Chinese force of some 3,000 troops. He is the same man who afterwards became the chief official in China until deposed as a result of the death of the Empress.

I knew some Chinese in those days and overheard some soldiers explaining to each other that as I was a "Jesus doctor" I would make no charges and they could call upon me as much as they pleased. I remembered this and a little experience I had had with a magistrate in Nanking, and put in a claim for $5.00 per visit when my services were completed. This so increased their respect for me that I was called in to attend their special ambassador when he came over early the next year to get all explanation of recent events, and came in such state that the King of Korea had to go outside the city and meet him at the old Chinese arch that stood where now stands the Independence Arch, just this side of the Peking Pass. Later I was made the regular physician to the Chinese Legation.

This was a very bloody little revolution. The progressives and the Japanese garrison of 140 plucky men armed with old fashioned muskets and saw toothed bayonets, seized the East Palace which was then the home of the royal family. Here they were beseiged by a mixed force of 6,000 Chinese and Koreans. The Japanese fought well and are said to have sprung a mine at the critical moment, which so alarmed the enemy that the former, with their allies, were able to fight their way out of the city and on to Chemulpo, killing and wounding many native curiosity seekers on their way, but meeting with no determined opposition.

Thereafter, for some days, the streets were littered with dead Japanese civilians, killed by the mob, whose bodies the dogs devoured. It was a gruesome sight which I had to see to the full, day and night in my professional rounds. I was always attended by a body of Korean soldiers on these trips, and felt safe enough as I knew no better.

Our Minister and his family left Seoul together with the other foreigners, and General Foote asked me to keep the flag flying. He offered to take Mrs. Allen and the baby with them to the ship at Chemulpo, but she declined to leave "Micauber." It was all very new and strange to us and we could hardly be expected properly to weigh conditions. We trusted where we had little reason for so doing, as in the native soldiery, and were suspicious in other cases. For instance, fearing the mob I left my revolver with her to use on herself and the boy if necessary, while I carried with me a carbine which I found afterwards I could not make explode.

We were not left long alone however, for soon our Naval Attache Mr. Foulk, came in from the country where he had been in grave danger until rescued by order of the King. During his absence the house occupied by himself and Mr.

Townsend was destroyed with all its contents, as was the near-by residence of Mr. T. E. Halifax.

Lieut. Geo. C. Foulk had been in charge of the returning Korean Embassy by order of the American Government, and on the withdrawal of our minister he was left in charge for eighteen months and made a most creditable representative.

The mob had charge of the city for some days and the nights were illuminated by the burning houses - first of the conservatives whose owners had been murdered by the progressives, and their property looted prior to firing the buildings; then, when the progressives fled with the Japanese, the conservatives treated the property of the latter as their own had been treated.

Until the foreigners were able to get away, they were all collected at our legation, together with a band of Japanese refugees whom we saved. The men did regular guard duty under General Foote and Lieut. Bernadou. Being out with the wounded so much I did not have to stand guard.

We were once in danger from the mob, who were prevented from making an attack upon us by the timely advice of one of the French priests who at that time went about in native dress and could mingle with the people more or less freely.

Finding it impossible to attend to the many sick and wounded Koreans at their homes, I proposed through Lt. Foulk, our Charge d'Affaires, that the Korean Govern- ment furnish me with a suitable building which I might use as a sort of hospital.

This was done and money was furnished me for equipment a native staff was appointed to assist me, and in time this staff grew to such proportions that they exhausted the appropriation set apart for running the institution.

The building given me was the home of Hong, one of the murdered officials, and his bedroom was still bloody when we took it over. This house was next to the old foreign office in the northeastern portion of the city, the name of the ward having slipped me. It was hastily cleaned and repaired and did good service, for we promptly had over 100 a day in the clinic and capacity, which was about forty, in the wards. We eventually moved down on the broad street to the place where Dr. Avison eventually took over the work.

Dr. Underwood came along about the time of the opening of this hospital and he was of great help in the work. He had one failing, - he would just about get a patient under the anaesthetic when he would keel over himself and have to be taken out, but he did his best. Dr. Scranton also came along soon and helped in this work.

Everything had to be done through an interpreter, and we had one of the best I ever knew in Korea, - Shin Nak Yun, - one of those wonderful products of Mr. Halifax's unique method of teaching English rapidly.

Shin did what was required of him even to proselyting, for on one occasion, when a poor woman was dying, since nothing could be done for her, he interpreted for me what I had to tell her of a hereafter and she seemed to die in peace and happiness.

The rest you probably know from Drs. Underwood and Scranton who are still with you.

Dr. Appenzeller came along soon and was followed in June by Dr. Heron, and the missionary work in Korea was well started on that course which has made Korea the banner country for missions, and which work is the chief cause of interest in that land to-day on the part of the mass of the people in this country. The missionaries seem now to be Korea's only hope.

Horace N. Allen

1884년 12월 4일	갑신정변이 일어남. 알렌이 민영익을 치료함
7일	갑신정변이 3일 천하 만에 실패로 끝남
8일	미국 북장로교회 해외선교본부, 알렌의 부지 구매를 승인함.
1885년 1월 22일	알렌 일기에 병원 설립안이 실려 있음
25일	언더우드, 요코하마에 도착함
27일	알렌의 병원 설립안이 포크 대리공사의 추천 편지와 함께 조선 정부에 접수됨
	민영익, 병원 설립안 문제를 협의하기 위해 알렌에게 관리 두 사람을 보냄
	민영익, 알렌에게 선물로 100,000냥을 보냄
29일	어학선생 노춘경과 한국어 공부를 시작함
2월 14일	알렌, 병원 설립의 급속한 진행을 알게 됨
18일	김윤식 외아문 독판, 병원으로 사용할 집이 마련되었음을 미국 공사관에 통보하고, 병원 설립안에 대한 조선 정부의 답신을 전달함
19일	포크 대리공사, 외아문에서 보낸 병원 설립안 승인 편지의 영어 번역 사본을 알렌에게 전달함
21일	민영익에게 약간의 생리학 지식을 설명함
23일	외아문에서 보낸 병원 설립안 승인 편지의 번역을 선교본부로 보냄
28일	엘린우드, 알렌에게 헤론의 임명을 알림
	병원 건물로 정해진 홍영식 집을 살펴봄
3월 5일	포크, 미국 국무부 장관에게 제중원의 설립을 알림

11일	병원 설치에 대해 고종의 재가를 얻음
16일	선교본부, 외부 진료 수입의 일부를 사용할 수 있게 해 달라는 알렌의 요청을 승인함
27일	처음으로 왕과 왕비를 진료함
	병원 건물 공사가 거의 완공 단계임
31일	알렌, 병원 건물이 4월 1일 완공될 것으로 예상함
4월 3일	조선 정부, 병원 개원을 게시함
	외아문, 알렌에게 병원 규칙 초안을 보냄
6일	언더우드가 서울에 도착함
9일	제중원에서 환자 진료를 시작함
10일	(음력 2월 25일) 제중원이 특별한 의식 없이 공식적으로 개원함
12일	고종, 병원의 이름을 광혜원(廣惠院)이라 지음
15일	주한 일본 공사관과 진료 계약을 맺음
	영국, 거문도를 점령함
17일	주문한 비품과 의약품을 받음
19일	대퇴부 괴사 적출 수술을 집도함
21일	박준우, 신낙균, 성익영, 김규희 및 전양묵이 광혜원 주사로 임명됨
23일	외아문, 선혜청에 광혜원으로 쌀을 보낼 것을 요청함
24일	외아문, 사포서의 전 사령 3명을 광혜원으로 보내도록 요청함
26일	광혜원, 제중원(濟衆院)으로 개칭됨
27일	외아문, 황해도와 평안도 감영에 기녀를 선발해 제중원으로 보내도록 공문을 보냄
5월 4일	알렌, 제물포에서 5월 3일 도착한 스크랜턴을 만남
5일	스크랜턴 서울로 올라옴
7일	김윤식 독판에게 제중원 의사 추가 고용을 요청함
12일	코카인으로 4건의 백내장 수술을 시행함
13일	외아문, 제중원 의사 추가 고용을 승인함
15일	평안도 순천국의 누룩 도고를 제중원에 소속시킴
	알렌 편지, 최근 기녀 5명이 제중원에 배속됨
22일	스크랜턴, 제중원에서 근무를 시작함 (6월 24일까지)

30일	포크 대리공사, 미국 국무부로 제중원의 성공적 운영을 보고함
6월 6일	곡산(谷山)에 제중원에서 약용으로 사용할 사슴 사냥을 위해 포수를 내려 보낸다는 공문을 보냄
13일	알렌, 한국 최초의 의학 논문을 발표함
17일	고종, 알렌에게 말 2필을 보냄
21일	헤론 가족이 서울에 도착함
	첫 번째 정식 주일 예배를 드림 - 헤론 부부, 스크랜턴 (대)부인과 알렌 부부
7월 13일	미국 북장로교회 한국 선교부의 첫 회의가 열림 (의장, 알렌; 재무, 언더우드; 서기, 헤론)
19일	독일 공사관 진료를 위해 선교본부와의 관계를 종결하는 문제를 제기함
22일	1886년도 예산을 정하는 회의가 열림(일종의 연례회의로 간주할 수 있음)
8월 6일	북학 학도 1명을 추천하라는 왕의 지시가 내림
8일	중국 황제 탄신 기념 만찬에 참석함
9일	제중원의 공식 축하연이 열림
12일	개항장에 의사 파송을 선교본부에 요청함
31일	알렌의 부산 지부 개설에 대한 의견이 제안됨
	해관 의사로 일하는 내용의 계약서를 받음
9월 1일	알렌, 일기에 헤론과의 의견 차이에 대해 적음
2일	부산 지부 개설의 찬반 의견을 엘린우드 총무에게 알림
7일	선교본부, 서울의 주택 두 채 구입을 허가함
	선교본부, 독일 공사관 진료를 위해 알렌이 선교본부와의 관계를 종결하는 제안을 거절함
13일	인천 세관의 도선사 웰치를 진료하고 진단서를 끊어 줌 (서양 의학의 측면에서 한국에서 발행된 가장 오래된 진단서)
20일경	일본에서 콜레라가 창궐하고 있으며, 세 명의 보균자가 제물포에 도착함
30일	세관 의사로서 한국 서울의 건강에 대한 반년도 보고서를 작성함

10월 4일	대원군이 제물포에 도착함 영국, 알렌의 영국 공사관 진료를 승인함
10일	대원군을 알현함
11일	대원군이 알렌을 방문함 첫 개신교 성찬식을 거행함 - 아펜젤러 부부, 스크랜턴 부부, 그의 어머니와 아이, 언더우드, 알렌 부부, H. 루미스, 매리온 호의 메릴 밀러 함장, 프레일리 재무관, 크레이그 박사
11월 3일	일왕 생일 축하 연회가 신축 일본 공사관에서 열림
16일	선교본부, 알렌의 의사를 파송 요청에 대해 스터지를 한국으로 이적시킴
12월 1일	신임 중국 공사 위안스카이를 방문함 대학 설립 계획이 일기에 기록되어 있음
12일	'젊은 의사들을 위한 새로운 무대'란 제목의 글을 발표함
13일	200달러로 화학, 물리 및 해부 도구를 구입하겠다는 알렌의 제안을 수용하는 제중원 주사 김규희의 편지에 대한 답장을 보냄
13일	250달러를 받음 *Messrs James W. Queen & Co.*로 화학, 물리 및 해부 도구를 주문함

1. 공문서 Official Documents

고종실록 [*Chronicles of King Gojong*]
승정원일기 [*The Diaries of the Royal Secretariat*]
비변사등록 [*Records of the Office of Border Defense*]
통리교섭통상사무아문일기 [*Daily Records of Foreign Office*]
팔도사도삼항구일기 [*Diaries of Three Harbors in Eight Provinces and Four Cities*]
구한국 외교문서 미안(美案) [*Diplomatic Documents of Korea with United States*]
Agreement between Kondo Masuke and H. N. Allen (Apr. 22nd, 1885)
Records of the Department of State, Diplomatic Instructions, Korea
Records of Foreign Service Posts of the Department of State. U. S. Legation in Korea
U. S. State Department, Despatches from U. S. Ministers to Korea, 1883~1905

2. 미국 교회 관련 문서 Documents Related to Churches

Annual Report of the Board of Foreign Missions of the Presbyterian Church of the United States of America. Presented to the General Assembly
Annual Report of the Woman's Foreign Missionary Society of the Presbyterian Church
China. *Presbyterian Church in the U. S. A., Board of Foreign Missions, Correspondence and Reports, 1833~1911*
Korea. *Presbyterian Church in the U. S. A., Board of Foreign Missions, Correspondence and Reports, 1833~1911*

Minutes [of Executive Committee, PCUSA], 1837~1919

Missionary Correspondence of the Board of Missions of the Methodist Episcopal Church 1840~1912

Secretary's Book. Korea Mission of the Presbyterian Church

3. 신문 및 잡지 Newspapers and Magazines

Herald and Tribune (Jonesborough, TN.)

Medical Report, for the Half-Year Ended 30th September 1885. China Imperial Maritime Customs No. 30

The Brooklyn Union (Brooklyn, New York)

The Colfax Chronicle (Colfax, Grant Parish, La.)

The College Transcript

The Evening Critic (Washington, D. C.)

The Foreign Missionary

The Japan Weekly Mail (Yokohama)

The Medical Record (New York)

William S. Holt, *List of Protestant Missionaries in China, Corea, Siam, and the Straits Settlements. Corrected to December, 1884*

4. 개인 자료 Personal Documents

윤치호 일기 [*Diary of Yun Chiho*]

Dr. Allen's Diary No. 1 (1883~1886)

Horace N. Allen Papers, 1883~1923, The New York Public Library

Horace N. Allen, Greetings, In: *Quarto Centennial Papers Read Before the Korea Mission of the Presbyterian Church in the U. S. A. at the Annual Meeting at Pyeng Yang, August 27, 1909*

Horace N. Allen, *Things Korean. A Collection of Sketches and Anecdotes Missionary and Diplomatic* (New York: Fleming H. Revell Company, 1908)

* 쪽수 뒤의 f는 사진이나 그림을 나타낸다.

ㄱ

ㄴ

ㄷ

ㅅ

ㅇ

ㅈ

ㅊ

ㅋ

ㅌ

ㅍ

ㅎ

I

J

K

L

M

상우(尙友) 박형우(朴瀅雨) | 편역자

연세대학교 의과대학을 졸업하고, 모교에서 인체해부학(발생학)을 전공하여 의학박사의 학위를 취득하였다. 1992년 4월부터 2년 6개월 동안 미국 워싱턴 주 시애틀의 워싱턴 대학교 소아과학교실(Dr. Thomas H. Shepard)에서 발생학과 기형학 분야의 연수를 받았고, 관련 외국 전문학술지에 다수의 연구 논문을 발표하고 귀국하였다.

1996년 2월 연세대학교 의과대학에 신설된 의사학과의 초대 과장을 겸임하며 한국의 서양의학 도입사 및 북한 의학사에 대해 연구하였다. 1999년 11월에는 재개관한 연세대학교 의과대학 동은의학박물관의 관장에 임명되어 한국의 서양의학과 관련된 주요 자료의 수집에 노력하였다.

최근에는 한국의 초기 의료 선교 역사에 대한 연구를 진행하여 알렌, 헤론, 언더우드 및 에비슨의 내한 과정에 관한 논문을 발표하였으며, 이를 바탕으로 주로 초기 의료 선교사들과 관련된 다수의 자료집을 발간하였거나 진행 중에 있다.

박형우는 이러한 초기 선교사들에 대한 연구 업적으로 2018년 9월 남대문교회가 수여하는 제1회 알렌 기념상을 수상하였다.